彦根城博物館叢書7

史料　公用方秘録

佐々木　克　編

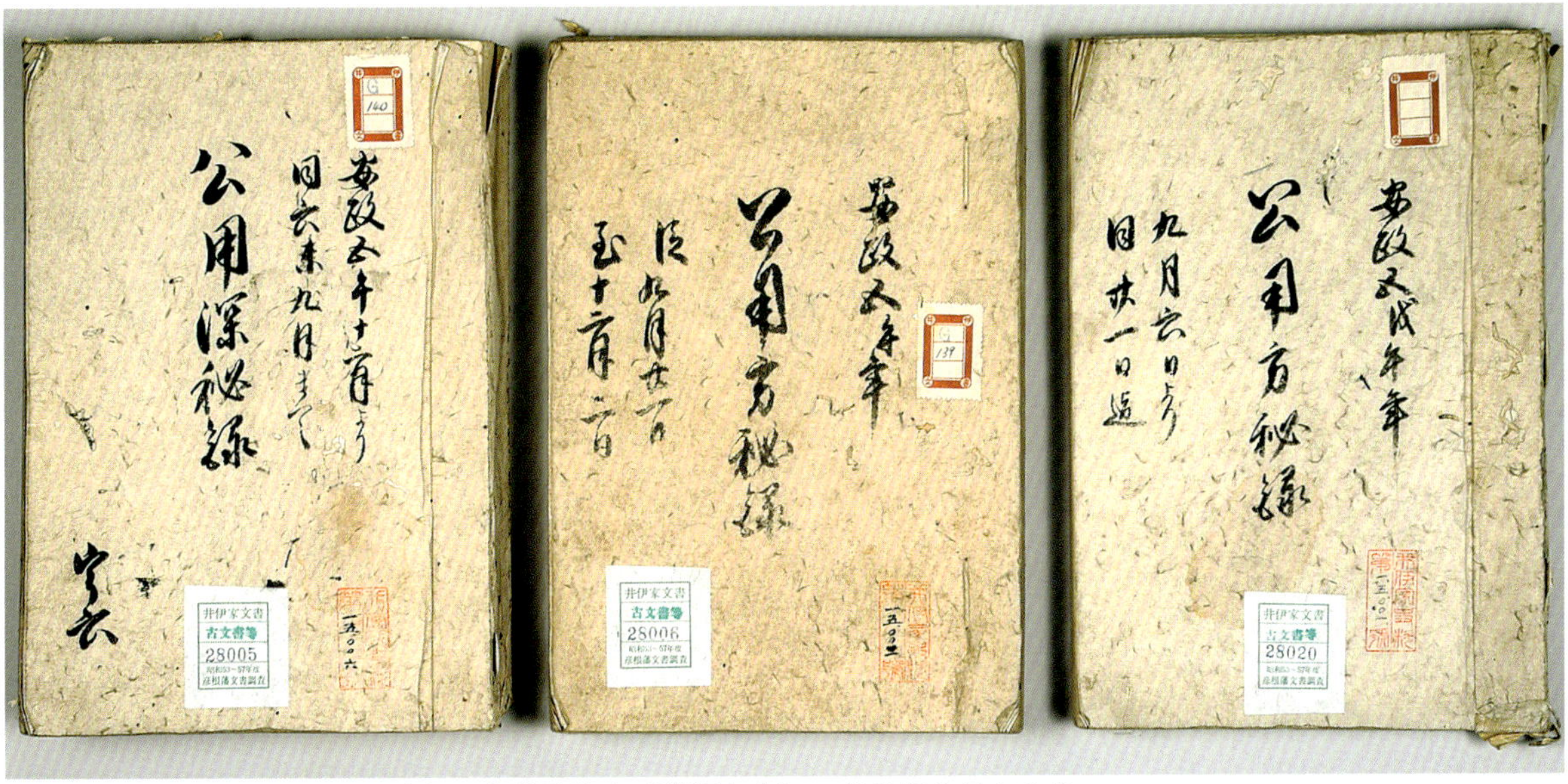

１－①　**公用方秘録・公用深秘録　自筆草稿本（井伊家本）**　彦根藩井伊家文書

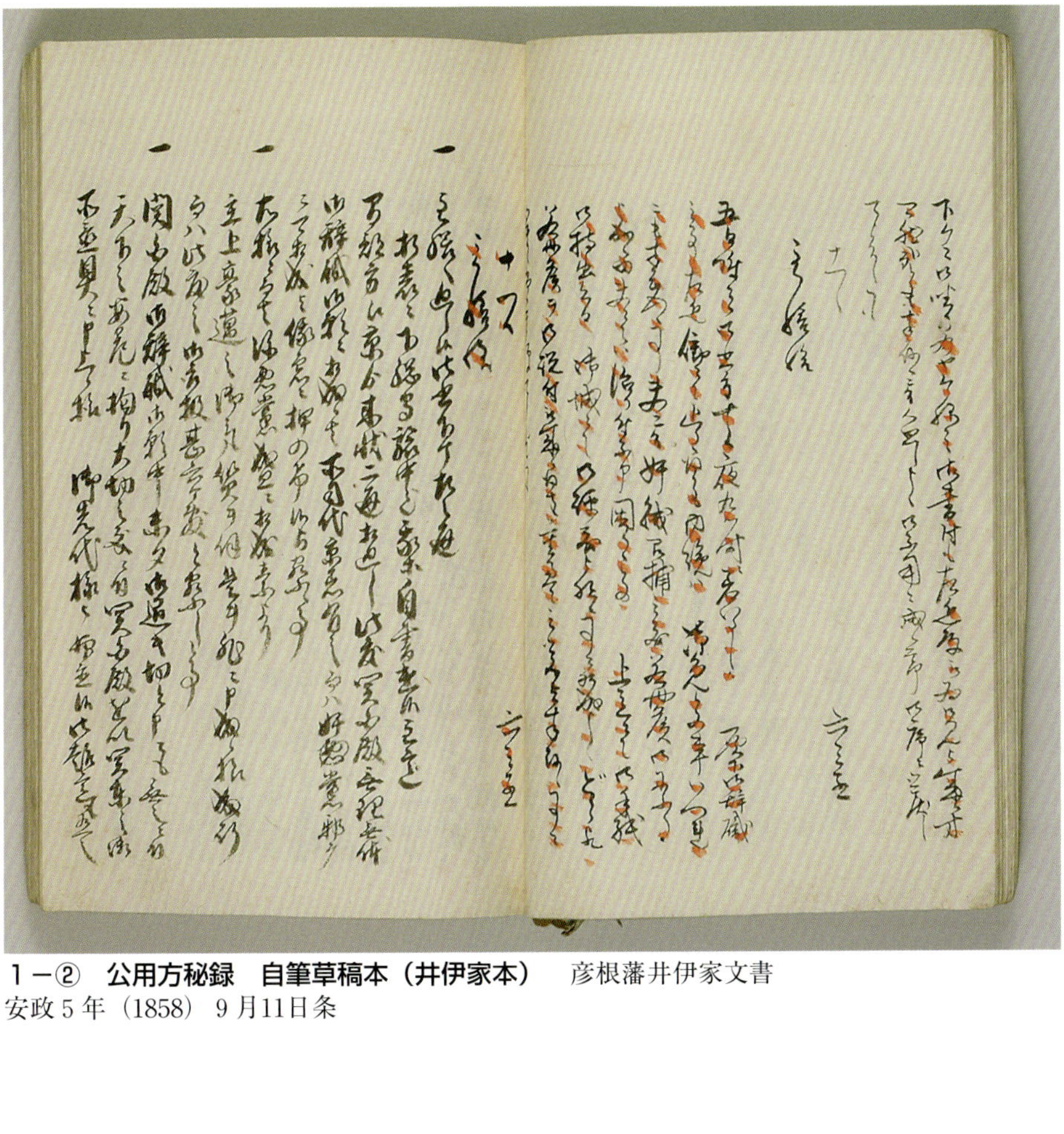

１－②　**公用方秘録　自筆草稿本（井伊家本）**　彦根藩井伊家文書
安政５年（1858）９月11日条

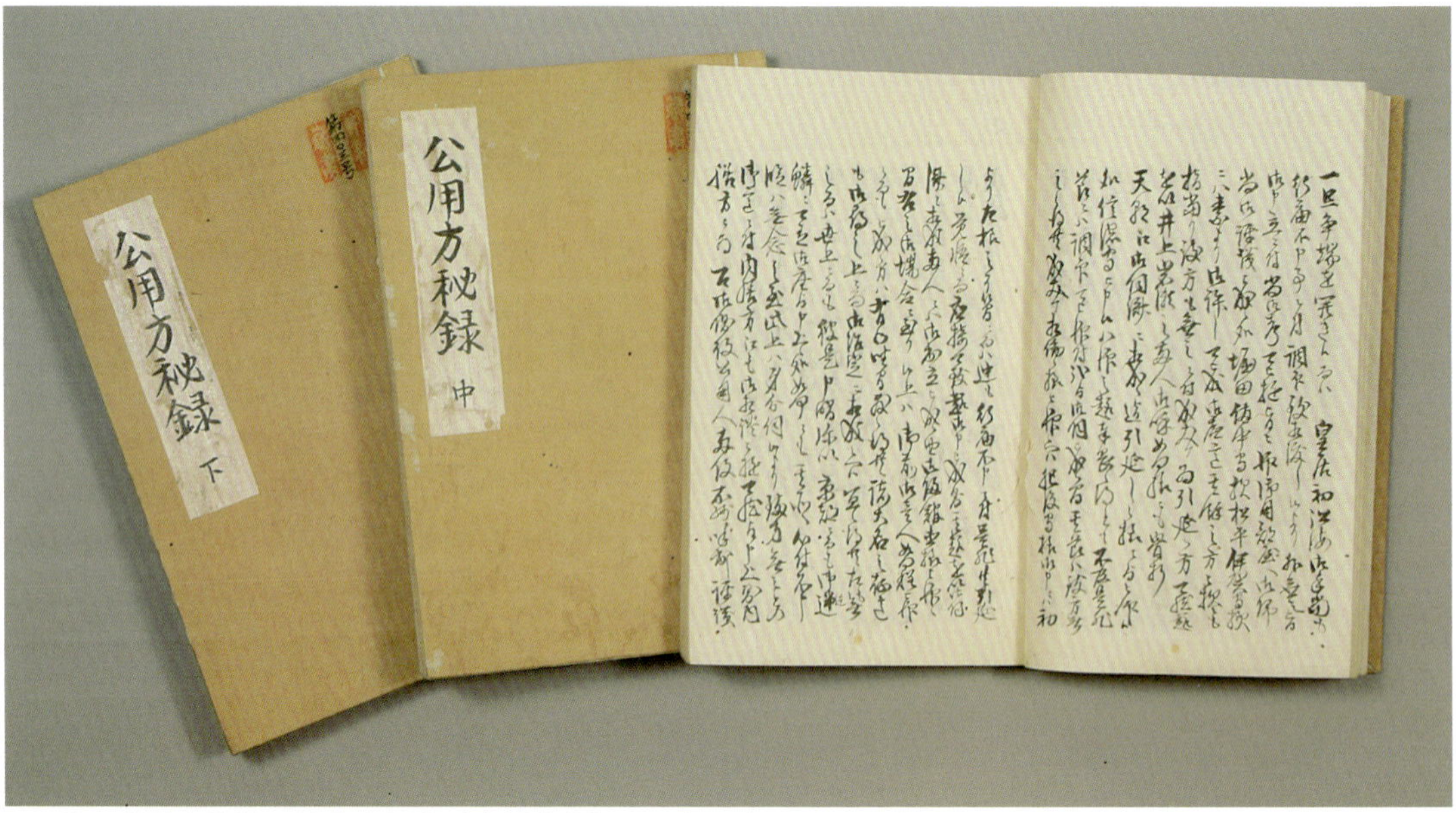

2－①　公用方秘録　清書本写本（木俣家本）　井伊達夫氏所蔵文書

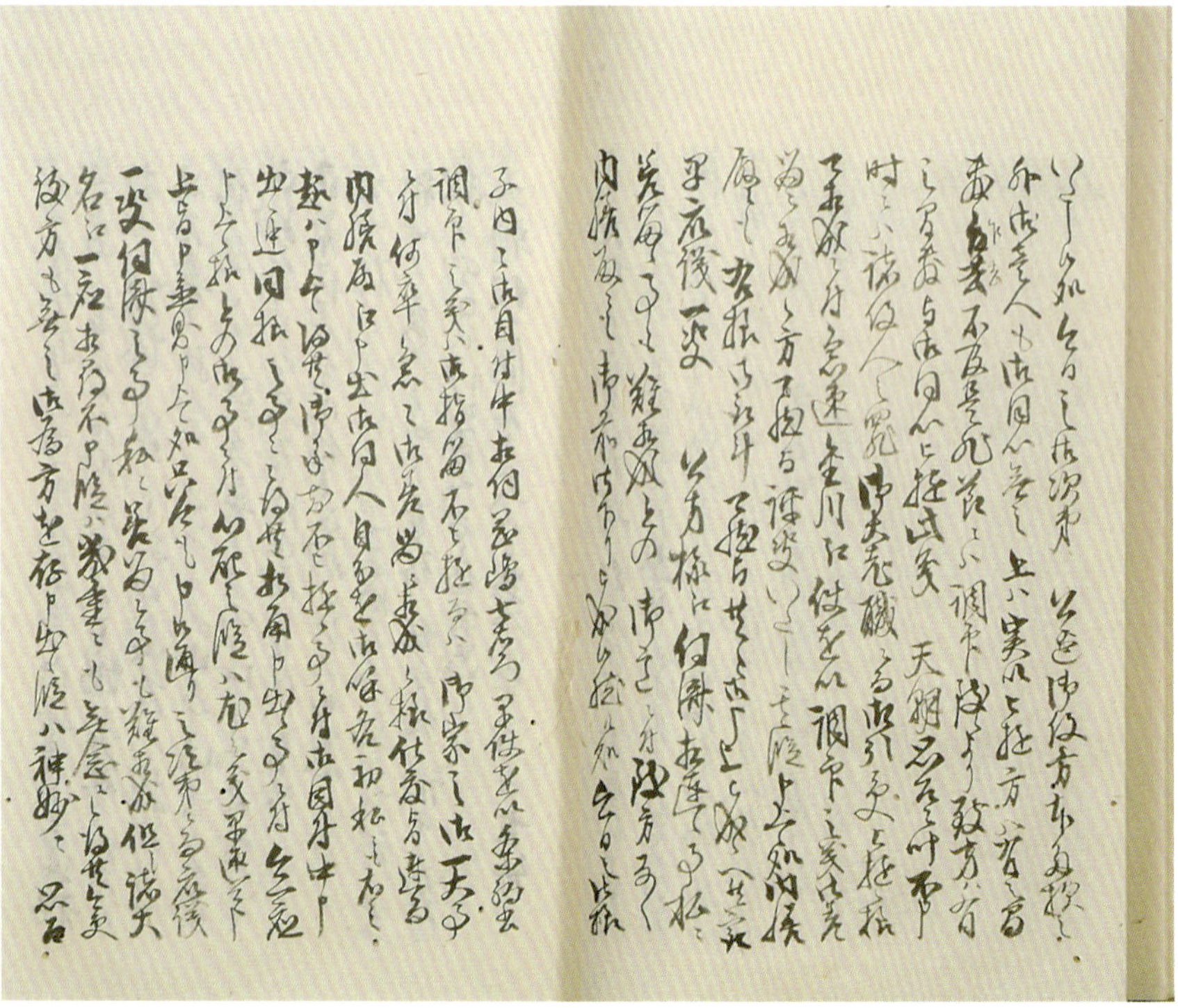

2－②　公用方秘録　清書本写本（木俣家本）　井伊達夫氏所蔵文書
安政５年６月19日条

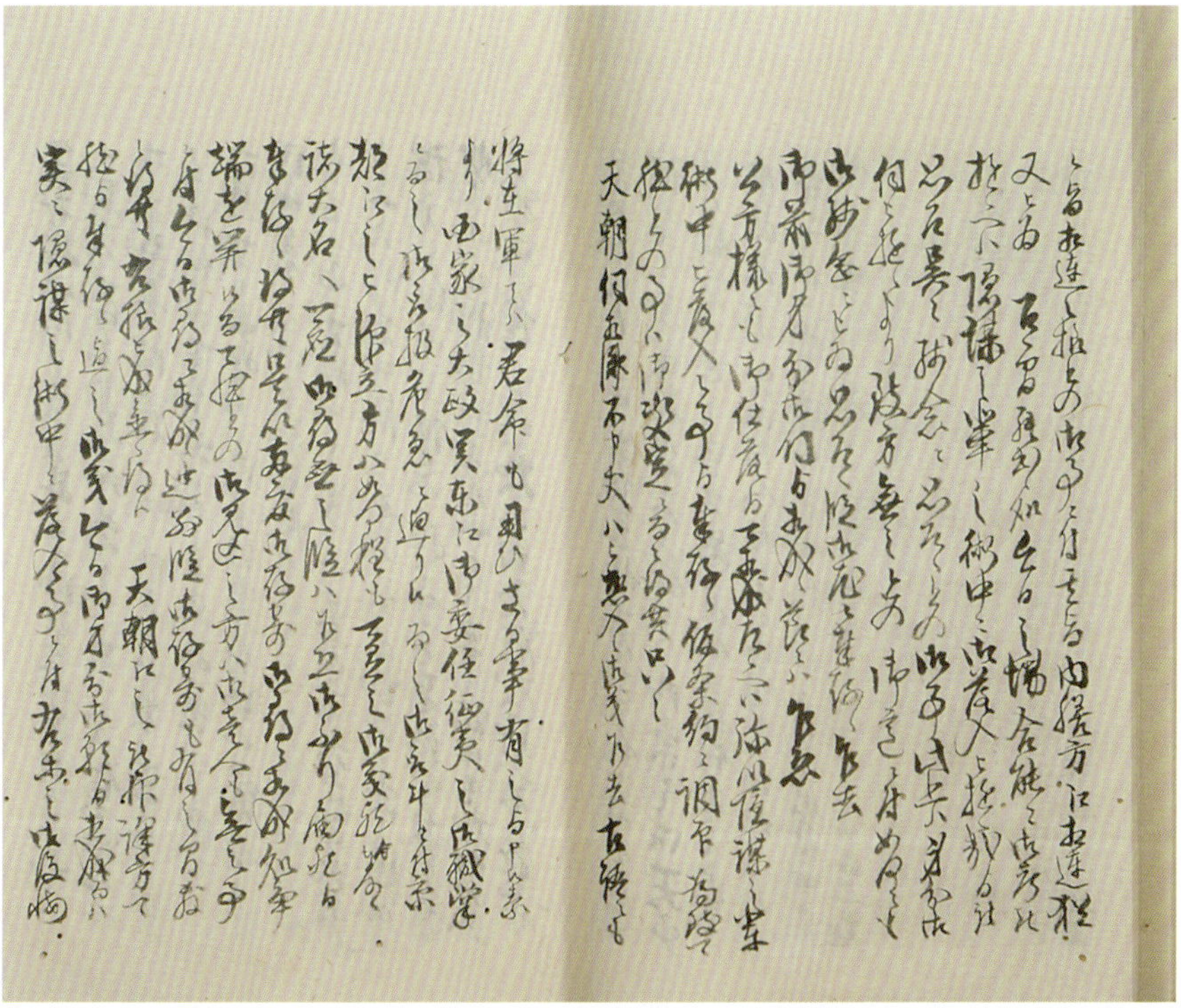

2－③　公用方秘録　清書本写本（木俣家本）　井伊達夫氏所蔵文書
安政５年６月19日条（続き）

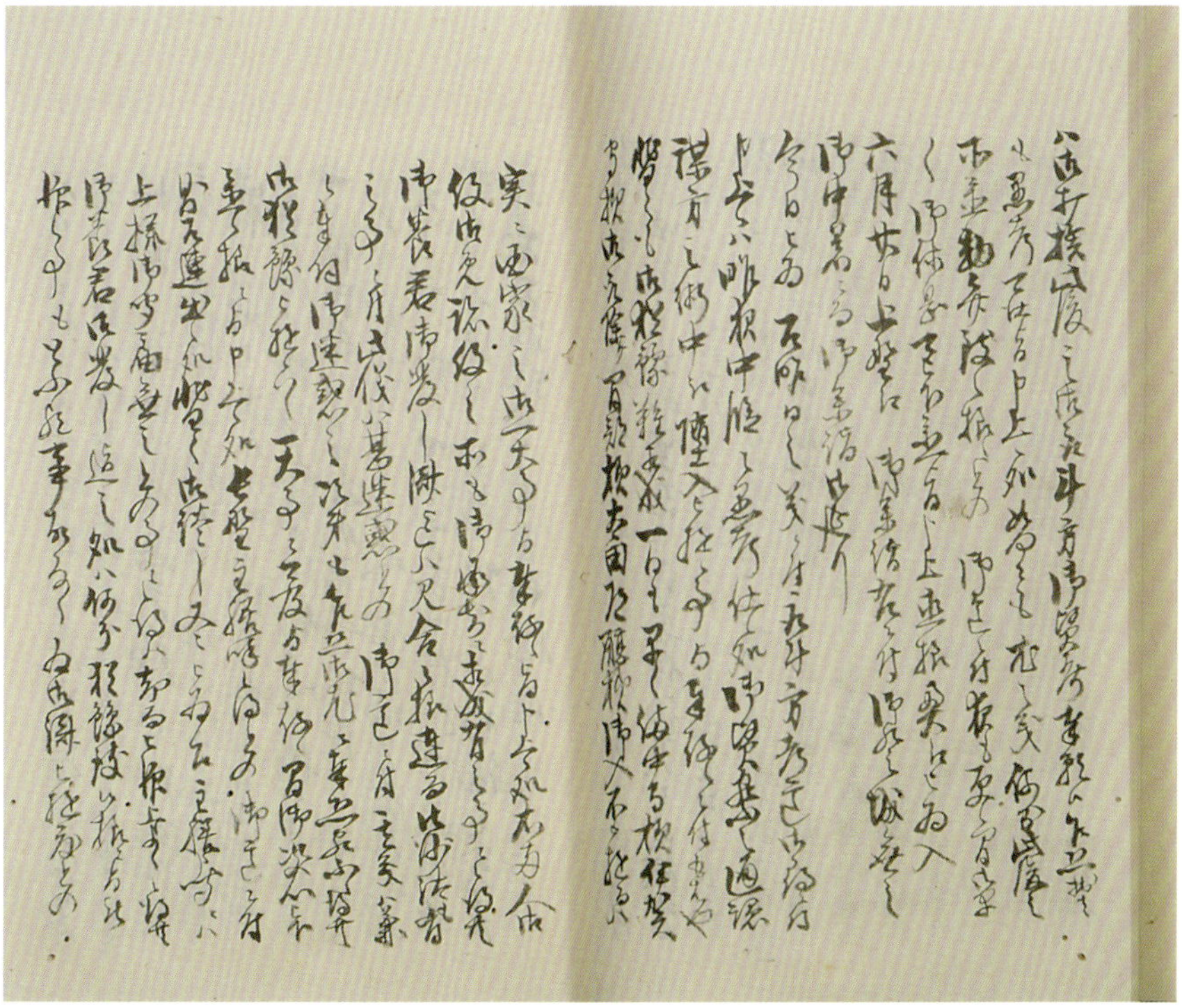

2－④　公用方秘録　清書本写本（木俣家本）　井伊達夫氏所蔵文書
安政５年６月19日条（続き）

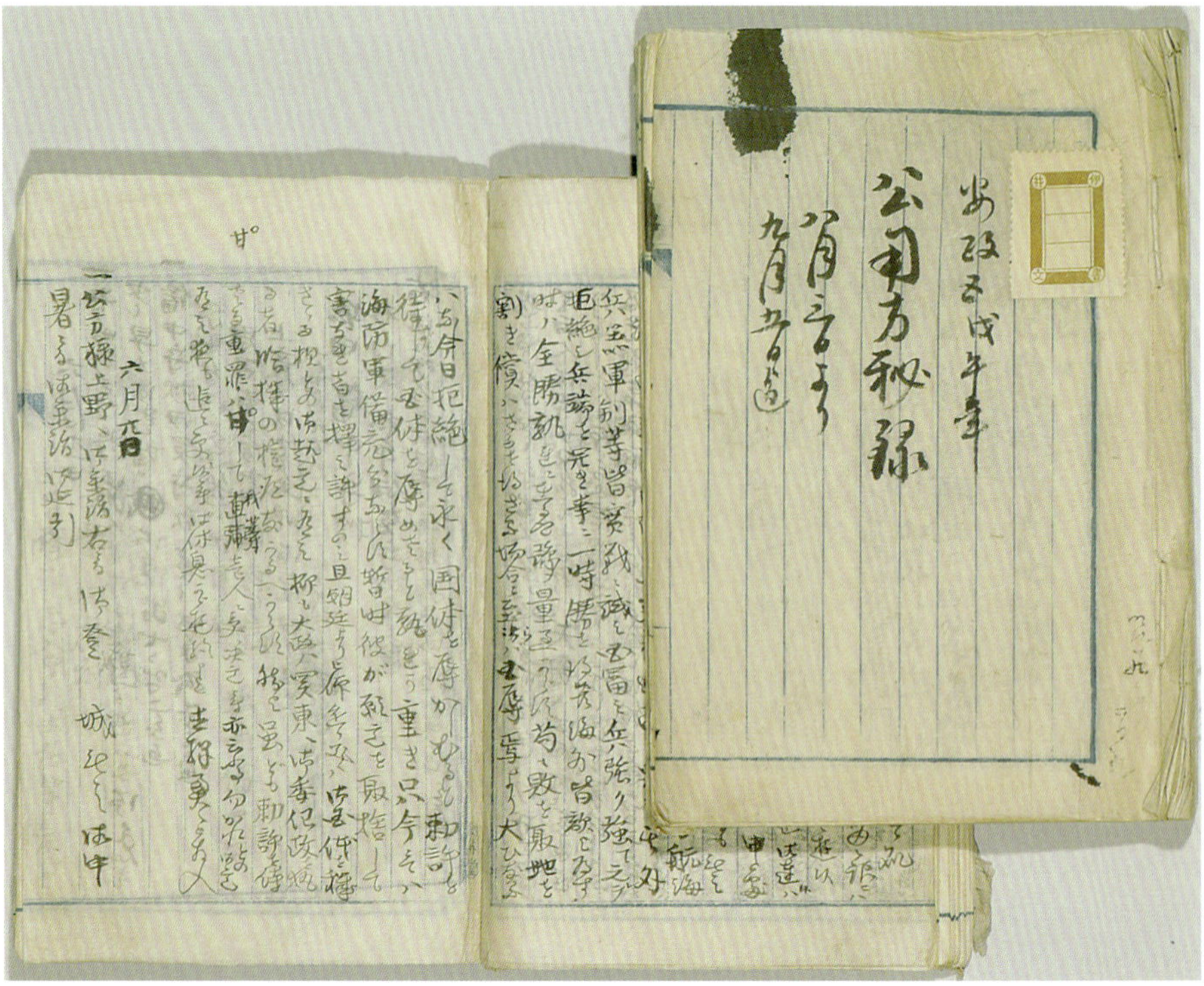

3－①　公用方秘録　提出草稿本（井伊家本）　彦根藩井伊家文書

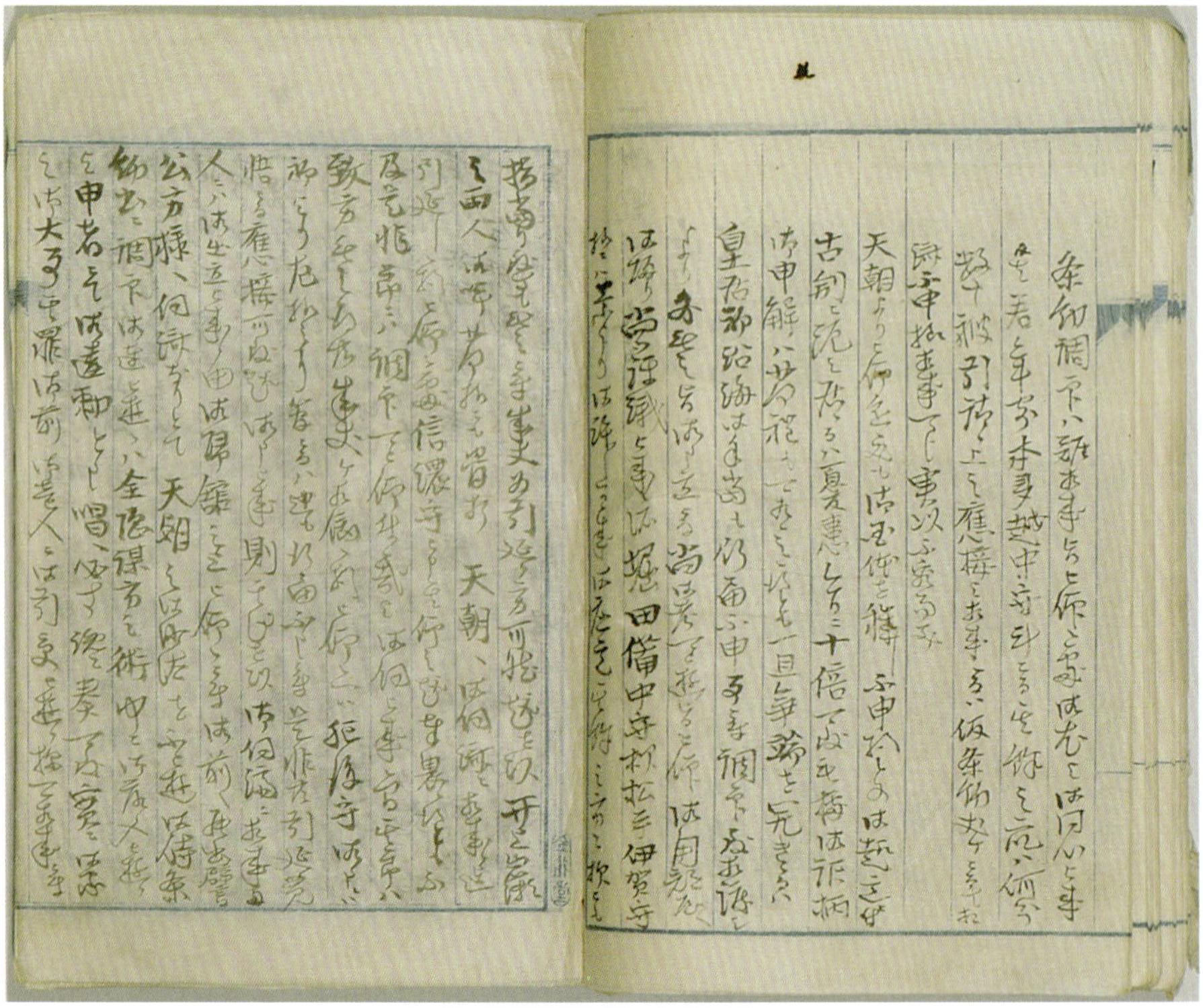

3－②　公用方秘録　提出草稿本（井伊家本）　彦根藩井伊家文書
安政５年６月19日条

叢書刊行にあたって

平成六年（一九九四）六月、貴重な歴史・文化遺産である井伊家伝来資料（「彦根藩資料」）が、彦根市に寄贈されました。これは、ひとり彦根市にかぎらず、広く日本の歴史研究を進めるうえで欠くことのできない資料であり、管理にあたる彦根城博物館に対しては、より一層の調査研究を進め、市民に研究成果の普及・公開をおこなうことが求められています。

そのため、当館では彦根藩資料の計画的かつ創造的な調査研究の推進のため、幅広い研究分野の専門研究者を組織し、研究方針・研究課題を検討し、それにもとづく、いくつかの分野別に編成された共同研究、普及活動を進め、市民の教育・文化の向上に資することを目的として、平成七年十月に「彦根藩資料調査研究委員会」を設置しました。

その後、彦根藩資料の内、安土桃山時代から廃藩置県に至る彦根藩政時代を中心とした古文書資料『彦根藩井伊家文書』（二七、八〇〇点）が、平成八年六月に国の重要文化財に指定され、ますますこの委員会の役割は大きくなり、その成果に対する期待も高まってきました。委員会の発足以来、十年余を経ましたが、これまで十四回の委員会による運営協議がおこなわれ、「幕末政治史研究班」「彦根藩の茶湯研究班」「彦根藩の藩政機構研究班」「武家の儀礼研究班」「武家の生活と教養研究班」の五つの研究班が研究活動を展開してまいりました。各研究班では、それぞれのテーマに沿った独自の方法論を検討し、「新しい彦根の歴史像」の構築を目指し精力的な研究を進めていただき、各研究班の活動成果である『彦根城博物館叢書』をこれまでに五冊公刊しました。彦根藩資料研究の基礎となる研究成果が着実に蓄積されてきています。

これらの研究活動の内容は、各研究班による公開研究会・講演会、毎年の活動を記録した『彦根藩資料調査研究委員会年次報告書』の刊行などによりその一部を公開してまいりましたが、このたび、平成六年度から研究活動を開始した佐々木克を班長とする「幕末政治史研究班」が、『彦根城博物館叢書1　幕末維新の彦根藩』（平成十三年刊行）に続く成果として、『彦根城博物館叢書7　史料　公用方秘録』をまとめ、広く世に問うこととしました。彦根藩維新史の中核史料につき、諸本校合の上提供したものです。

是非ご一読賜り、各研究員が注いできた、新しい彦根の歴史像への思いを感じ取っていただければ幸いです。

平成十九年（二〇〇七）三月

彦根藩資料調査研究委員会委員長

朝　尾　直　弘

本書の構成について

彦根藩主井伊直弼は大老に就任するにあたって、側役宇津木景福を公用人に命じた。以来宇津木は、大老の公用を執務するとともに、直弼の側近として常時身辺に仕えつつ、長野義言から送られてくる機密の京都情報などを直弼に伝え、長野とともに腹心として、直弼の相談相手となった。本書で翻刻した「公用方秘録」は、その宇津木によって記録・編纂されたもので、直弼が大老に就任した安政五年（一八五八）四月から、安政六年十月にいたる公用人の活動記録である。ここには日米修好通商条約の調印を決断するにあたって、最後まで悩みぬく直弼の姿が、その発言とともに再現されるなど、直弼はもとより、彦根藩や幕府内部の動向が細やかに記録されているように、幕末政治史研究にとって、まさに貴重かつ不可欠の史料といっても過言でないであろう。

「公用方秘録」は桜田門外の変で井伊大老が斃れて間もない、万延元年（一八六〇）春頃から、宇津木が中心になって編纂が始められたものと思われる。しかし残念なことに、この貴重な記録は安政六年十月二十三日の記事をもって、突然のように終わっている。これは文久二年（一八六二）七月頃から攘夷論と幕府批判が沸騰したことを背景に、彦根藩当局が藩に累が及ぶことを恐れて長野義言と宇津木斬罪に処したことによる。このような事情から「公用方秘録」は完成を見ることなく、成稿となって清書した部分である「清書本」の他、「公用方秘録」草稿本、および「公用深秘録」「公用秘録」と題された清書本、稿本の諸本が残されたのである。しかもこれらの諸本は一括したかたちで伝存されておらず、諸家に分割されて残された。すなわち本書に収録した「木俣家本」「井伊家本」「宇津木家本」がそれであり、一般に称されている「公用方秘録」は、これらの諸本を総称したものである。

ところで井伊直弼の伝記や井伊大老時代に関して述べられた論文、史論のなかで「公用方秘録」は、ほとんどすべての筆者によって触れられ引用されてきたが、これらで用いられたのは、明治十八年（一八八五）に井伊家が明治政府の修史館に提出したものの写本（おもに現東京大学史料編纂所所蔵の写本「提出本写本」）であり、「公用方秘録」はこれまで活字化されたことがなかったので、「幕末政治史研究班」ではこの翻刻を計画し、平成九年四月から具体的作業に入った。当初は「提出本写本」をテキストとし、彦根城博物館所蔵の諸本とつきあわせて、異同を注記することを考えていたが、本書の解題に記したように「提出本」には驚くほどの改竄がなされていたことが判明した。そこで方針を変更して、諸家に伝存した諸本を比較検討し、宇津木らが編纂した原本にちかいかたちを再現することをめざし、諸本をつなぎあわせて、本書の体裁で復刻したのである。なお改竄・異同の著しくみられる「提出本写本」の安政五年四月から九月までの部分を、参考までに収録した。

本書の作成に当たっては「幕末政治史研究班」の研究員諸君のほか、諸本輪読には佐藤隆一氏も参加され、多くのご協力を頂いた。また翻刻原稿の作成と校正には片山正彦氏、笹部昌利氏、瀬島宏計氏、高井多佳子氏にご協力を願い、かつ翻刻原稿の作成には彦根古文書同好会の皆様にもお手伝いを頂いた。なお原文との付き合わせ等、労の多い校正は、主に母利美和氏、鈴木栄樹氏、渡辺恒一氏、斉藤祐司氏が担当された。これらの方々に心から感謝申上げたい。最後に「公用方秘録」の最初の部分である「清書本写本（木俣家本）」を提供して下さった井伊達夫氏、「公用秘録」の所蔵者宇津木俊弌氏、諸本を所蔵している東京大学史料編纂所および彦根城博物館ほか、ご協力頂いた多くの方々、諸機関にお礼の気持ちを申し上げげて、謝辞としたい。

平成十九年（二〇〇七）三月

幕末政治史研究班班長

佐々木　克

史料　公用方秘録／目　次

解題

史料翻刻

凡　例

1　本書では、『公用方秘録』の諸本を校訂・翻刻し、収録した。諸本は、①「公用方秘録」清書本写本（木俣家本、井伊（旧中村）達夫氏所蔵）、②「公用方秘録」自筆草稿本（井伊本、彦根藩井伊家文書二八〇二〇、二八〇〇六、彦根城博物館所蔵）、③「公用深秘録」清書本（井伊家本、彦根藩井伊家文書二八〇〇五）、④「公用秘録」自筆草稿本（宇津木家本、宇津木三右衛門家文書B―17―2、個人蔵）、⑤「公用方秘録」提出本写本（東大史料編纂所本、東京大学史料編纂所所蔵文書二〇七二―二〇番）である。①については、史料全体のうち、安政五年（一八五八）四月から九月十四日までを全文翻刻した。⑤については、史料全体のうち、安政五年四月から九月十四日までの全文と、安政五年九月六日から同六年九月十四日までの異同部分のみを抄出し、それぞれ翻刻した。

2　右の「自筆草稿本」、「清書本」、「提出本」の区分は、諸本の性格を検討したうえで、本書編纂者が採用した名称である。「自筆草稿本」とは、『公用方秘録』の編纂に従事した彦根藩井伊家の公用人らの自筆による草稿の帳面のことを指す。「清書本」は右の草稿本を公用人らのもとで清書したと考えられる帳面。「提出本」とは、井伊家が清書本を改編し、明治十八年（一八八五）に明治政府（太政官修史館）に提出した帳面を示す。また、彦根藩井伊家文書には、「提出本」を作成するための稿本も存在するが、これを「提出稿本」と称する。諸本の性格と成立過程については、「本書の構成について」および「解題」（『公用方秘録』の成立と改編）を参照されたい。

3　史料翻刻の表記にあたっては、次のとおりとした。

（1）原則として常用漢字を用い、常用漢字にない文字は正字を用いた。

（2）かなは現行のひらがな・カタカナに改めた。ただし、者（は）・茂（も）・而（て）・与（と）などについては、もとの字体のままとし、文中では活字の大きさを小さくした。

（3）史料には、校訂者が読点「、」や並列点「・」を付した。

（4）校訂者による補注は、丸括弧に入れて傍注とした。誤記・意味不明などの場合には、正しい字を傍注するか、右傍に（ママ）を付した。脱字・衍字や疑念が残る場合は右傍に（カ）を加えた。

（5）表紙・貼紙などの本文以外の部分は、該当部分の上下にカギ括弧を付し、その右肩に（表紙）（貼紙）などと傍注を付した。

（6）原本に上書きや塗抹、貼り紙などで改変のある場合には、左傍に「〻（見せ消し記号）」を付し、右傍にカギ括弧を付して改変後の文字を記した。虫損・汚損・破損などで文字の解読が不能な場合には、字数の判明するものは□□で、字数が判明できないものは［　］で示した。

（7）「自筆草稿本」、「清書本」、「提出本」の校訂により判明した諸本の異同については、史料本文の異同箇所を［　］で括り、添削や改変の状況を、直後の＊注で記した。

（8）虫損・汚損・破損などで文字の解読が不能な場合には、字数の判明するものは□□で、字数が判明できないものは［　］で示した。
（9）原文における欠字と平出の箇所については、原文のとおりとした（注：欠字は、人物・場所などに敬意を払い場合、そのすぐ上を一字か二字空ける表記方法、平出は、行を改め、次行の先頭にその文字を書く表記方法）。
（10）東京大学史料編纂所編『大日本維新史料　類纂之部　井伊家史料』一～二十五（東京大学出版会、一九五八年～二〇〇七年）に所載されている書状等については、＊注で、その旨を注記し、『井伊』七（巻数）―四一号などと表記した。

4　本書に登場する人物の役職・地位等については、巻末の「『史料公用方秘録』登場人物一覧」にまとめて掲載した。

5　史料の校訂は、彦根藩資料調査研究委員会「幕末政治史研究班」研究班の研究員による諸本輪読の成果を受け、鈴木栄樹・母利美和・齊藤祐司・渡辺恒一がおこなった。史料翻刻原稿の作成・校正にあたっては、片山正彦氏、笹部昌利氏・瀬島宏計氏・高井多佳子氏の協力を得た。

公用方秘録　清書本写本（木俣家本）

安政五年四月～同年九月五日

（表紙左上題箋）「公用方秘録」

安政五戊午年四月

亜人御取扱之義、旧臘諸大名江存寄御尋有之、京都江ハ御老中堀田備中守殿、海防懸り川路左衛門尉、岩瀬肥後守、原弥十郎、其余小役人被召連、 叡慮御伺ニ相成之処、御伺済ニ相成不申、叡慮之次第被 仰進、三公始、堂上方、非職非役之面々迄御国体ニ拘り候趣九条殿下江追々申立候由、備中守殿ニも京地御発足被成候との事、何分此儘ニ而ハ治り付申間敷、*1［国家危急存亡之秋ニ至り余所ニ被御覧候場合ニ無之、］天朝ニ而第一御憂被遊候兵庫湊丈ニ而も御閉不被遊而ハ、 将軍家之御権威ニも拘り御一大事与奉存候間、別紙之趣被 仰上候ハ、可然歟与存候間指上候処、*2［至極尤ニ而もはや座視可致時節ニ無之候間、急度存寄可申立、乍去近日備中守帰府いたし候間、委細様子承り候上ニ而可申立との御事ニ而書付御手許ニ御留メ被遊、指上候書付左之通、但、四月十六日ニ此書付指上候］

*1［ ］の部分、提出本では削除。

*2［ ］の部分、提出本では、「尤ニ被為思召候、程無ク備中守も着致候間、其上ニ而可申立与之事ニ而書付御手許ニ御留メ被遊」と改める。

亜人応接之次第追々書付類御渡し、且御直話之趣承知仕候処、彼が願意御指留ニ相成候へハ、忽軍艦数艘沿海手薄之場所江指向乱妨可致、左候而ハ万民之憂苦難計、実ニ前代未聞之御治世打続、太平之御恩沢ニ浴し、いつとなく士気弛ミ候折柄、争端を開き候而も勝算無覚束、且彼か願意全交易而已之義ニ而申立候通、御国益ニ相成候へハ重畳之義、一ト先願之通御許容被成置、追々沿海御手当被 仰付、士気御引立充実之御備も出来候ハ、、万夷伏従可致との御遠謀、御仁恤之御取扱御尤之御義与奉存候処、却而世上ニ而ハ打払与申者勇々敷、和を唱候者ハ憶病之如く申触し候由、勝算無之無謀ニ打払申立候輩ハ所謂暴虎馮河之徒、其実ハ彼ヲ恐怖いたし候より出候事ニ而御取用ひニ可相成筋ニハ無之処、京都ニ而ハ深く御案思、今一応諸侯之赤心御尋御坐候様被 仰出候由、一旦諸侯之存慮御尋之上御評決ニ相成、京都江被仰上候義、猶又御尋被仰出候義も如何ニ付、当今之形勢達而被仰進可然義与奉存候処、風説之趣ニ而ハ京都江伝手を求、種々及内奏之向も有之処より、 天朝ニ而も深く御案思右様被仰出候趣ニも相聞へ、実以左様之事ニ候ハ、、急度御沙汰ニ可被及御義、併一旦 勅命御坐候義、強而彼是被仰進候而ハ御尊敬之道ニもはつれ可申ニ付、今一応存意御尋、且京家へ取入、彼是申立候様之義出来不申様御取締被仰出可然与奉存候、数港御開被成候義ハ、彼が懇願難黙止所ゟ之義ニ候得共、兵庫湊之義ハ深く 叡慮被為悩候趣ニ相聞へ候ニ付、如何ニも無拠御訳柄御申諭し、右湊ハ御差除ニ相成方可然、彼が眼目といたし望居候由ニ付、容易ニ承伏致間敷候得共、元来辰年亜人浦賀江渡来之節申立候ハ、一港を開き薪水・食料・欠乏之品被下候様之願ニ候処、今度数港御許し、交易も御免ニ相成候事ニ付、兵庫湊丈之義強而御断ニ相成候迚、忽争端を開き候様之御気遣ひハ有之間敷、懸り御役方ニ而飽迄丹精致候様被仰渡可然、左も無之彼か望ミ通ニ相成不申節ニハ、忽軍艦指向候との事ニ候ハ、、和親ニ者無之、属国之姿ニ相成、 公儀之御威権軽

く可相成与深く心配仕候間、厚く御評議御坐候様仕度奉存候

＊本状は原本あり（『井伊』六―五〇号）。

右[3]［書付御熟考被遊、］内膳方・長野主膳へも存寄御尋ニ相成、御側役江も御尋被遊候処、いつれも此御時節ニ付、断然与被　仰上候方可然旨申上、中ニも主膳事ハ是非被　仰立候様ニ与申上、四月廿日ニも尚又被仰立ニ相成候様仕度旨、同役相談之上申上ル、廿一日、弥千代様、宮内大輔様江御引越ニ付、右相済候ハヽ、可被仰立旨御決心ニ相成候

＊3［　］の部分、提出稿本・提出本では「御草稿」と記す。

一、四月廿二日九ツ時過、御徒頭薬師寺筑前守様御出、御客番小野田小一郎罷出候処、今日推参仕候義、　御上之御一大事為可申上、御家を見込罷出候間、何とも奉恐入候得とも御逢被成下置候様仕度、御取次ニ而ハ何分申上兼候次第ニ付、幾重ニも御目通り之義奉願候迚、封書御渡し被成候旨、小一郎被申上候ニ付、［御逢可被遊哉否存寄申上候様被仰出ニ付、評義いたし候処、此御時節御家を見込御逢之義御願被成候与申義ハ不容易事柄与被察候間、御逢之上御聞取被遊候ハヽ、御心得ニ可相成義も可有之旨申上、］則御逢被遊候処、御人払ニ而数刻御密談、始終筑前守様ニハ御落涙ニ而被仰上候、七ツ時頃ニ相済、御湯漬被差出、筑前様ニハ本意を達し候迚、殊之外御歓ニ而呉々御礼御申御退出被成、　御逢相済候与被為召候間罷出候処、筑前密話之次第ハ、水府老公隠謀有之、当
将軍様を押込、一ツ橋殿を立、御自身御権威御振可被成御謀反有之、同志之者共より御老中方へ申立候者も有之候得共、不及力との義、此上ハ当家へ縋り候ゟ致方無之迚、巨細之訳柄申述悲歎ニ沈ミ申聞候次第不容易事柄ニ付、［聞捨ニ難相成、］只今より書状認、伊賀守方へ遣し候間、留守居之者使者ニ罷越候様用意為致置候様被仰御落涙被遊、奥江被為入、

七ツ半時比御老中様御連名之御奉書、内藤紀伊守様より御到来之由ニ而、御取次吉川軍左衛門指出候ニ付、直様御用使を以指上、［何等之御用召ニ候哉何とも合点不参ニ付、］御同席様方ニも御用召之御方御坐候哉、御取次心得ニ而御使者へ為相尋候処、外様ハ無之趣申聞候間、正ニ御落手[1]［被成候、御請ハ此方］より可被指出旨被相達候様、軍左衛門へ相達ス、右ニ付、内膳殿初御用部屋中、同役へ只今出殿被致候様相達し、御城使富田権兵衛呼出し候処、外勤之由ニ付、手附へ承り候処、御奉書御到来之義承り、直様奥御右筆江駈出し候との事［ニ付、程なく御様子も分り可申与存、彼是致候内、］御用使を以御鎖口へ廻り候様被仰出、程なく御鎖口へ御出、何等之御用召ニ可有之哉と御尋ニ付、此御時節ニ付御部屋入、又ハ直ニ御役ニ而も可有之哉与奉存候、尤御部屋入ニ候へハ御連名ニハ無之哉与奉存候間、山本伝八郎へ内々御先例為取調置候旨申上候処、御部屋入無之直ニ御役被　仰付候御例有之哉与御尋被遊候間、右様之御例ハ無之様奉存候、程なく権兵衛帰り候ハヽ、御様子可相分旨申上、暫有て権兵衛帰候申聞候ハ、奥御右筆加藤惣兵衛様ニ而内々承り候処、御大老職被為蒙　仰候との事、尤今日迄少しも御様子無之、俄事之由御申聞被成候由、直様右之次第奉申上候所、時節柄与申御大任恐入との御意《意》〻ニ付、［国家］大厄難ニ付被仰付候御義与奉存候間、何分御忠勤被為遊候様奉願候旨申上候処、如

何ニも尤之義、［身を厭、家を思ひ候場合ニ無之、］粉骨砕身いたし候而忠勤可致との上意ニ付［難有奉存候、但］国家太平ニ帰り候ハヽ、早々御辞職被為遊候様ニ与申上候得ハ、是ハ如何な事、早き約束与被仰候間、［御尤ニハ候得共］、其期ニ及候而ハ難申上候間、只今申上置候与申上候へハ、尤与御笑ひニ而、内膳へも右之次第申達し、内々役割等為取調候様被仰、［奥へ被為入、］明日ハ宮内大輔様為御聟入御出ニ付、御殿向御飾付等出来上り候処、俄ニ取片付、讃㔟様江御断使被遣、御役之御取調与相成、夜中大混雑ニ御坐候

但、跡ニ而［極密］承り候へハ、［水老方之手段ニ而］松平越前守様ヲ御大老可然旨伺ニ相成、

公方様御驚、［隠謀之次第ハ粗御承知之事ニ付被仰出候ハ、］家柄与申、人物と言、掃部ヲ指置、越前江可申付訳無之、早々掃部へ可申付との

上意ニ而火急ニ御取極り相成候由

＊［ ］の部分は、提出本では削除。

＊1［ ］の部分は、提出稿本・提出本ともに「御請ハ此請ハ此方様」と記す。

四月廿三日

依御奉書六半時過御登城被遊候処、於御座之御間、御懇《懇》之上意を以御大老職被為蒙仰、難有旨御請被 仰上、御老中様御同道ニ而御部屋へ被為入、一老堀田備中守殿江被仰候者、不肖之私、大任被 仰付候段難有奉存候得とも、御時節柄与申何分恐入候間、御役之義ハ蒙 御免度、宜御執成被下候様ニ与被仰述候処、 上之御眼鏡を以被 仰付候事ニ付、御辞退なく御勤被成候様、備中守殿・松平伊賀守殿言葉を尽し被仰候へ共、御聞入無之故、無拠御側衆平岡丹波守殿を以御辞退之趣被仰上候処、思召を以被仰出候義ニ付、辞退なく相勤候様ニ与御懇ニ被仰出、此上辞退致候而ハ却而恐入候間御請申上候旨被仰上、一老之上ニ坐せられ＊1［御政事向］即日より議論御対話被遊候

但、其後奥御右筆組頭原弥十郎殿へ、富田権兵衛面会之序ニ御同人御咄し被成候者、是迄御老中被蒙仰候方々其日之御進退ニ御拘り、中々御政事等御耳ニも入不申様ニ見請候処、 太守様ニハ誠ニ御格別ニ而未畳江あたゝまりの通り不申内ニ＊2［海防の事］御異存被仰出、同役共ニも舌を巻候との御内話有之候

御書付之写

御名

向後、勤方之儀先格之趣ニ不拘繁々登 城、奥表老中列座ニ而申渡有之節ハ列坐可被致候、

端午・重陽・歳暮・参勤等之音物惣而献上物之御残其外音物等、前々之通受納可有之事

一御三家方始其外江も御用ハ格別、外之勤ニ不及候事

一、云々略

＊1の部分は、提出本では「直に天下之政を御聞」と記す。

＊2の［ ］は、提出本では削除。

一、四月廿六日、　御前御壱人被為　召、御政務筋品々御談し、何分不容
易折柄ニ付、深く頼　思召旨難有　上意を被為蒙候ニ付、私筋役中ハ
何事ニ不寄、聊無御斟酌被　仰出候様仕度旨被仰上候処、御安心被為
遊候との御意之由、世上之風説与違中々御聡明ニ被為渉候迚、殊之外
満悦ニ而御内話奉伺候

一、五月五日、御用番中務大輔様、左之通御達し有之、
掃部頭義、今般大老職被　仰付候ニ付、都而御役ニ付而者、着座
者溜詰之上江着坐致候様被　仰出候事

一、五月六日、御壱人被為　召、御養君ハ紀州様ニ被遊度与、堀田備中守
ニハ京都ニ而不行届ニ付、御役御免ニ相成候方与　思召候段　上意ニ
付、紀州様之義ハ御尤ニ奉存候、備中守義ハ猶相考可申上、［且京都
御守護之義ハ
神祖以来御三代様迄、品々御深密之訳柄、委細被　仰上候処、右様之
御主意初而御承知御心得ニも相成候との］御沙汰之由奉伺候

＊この日の記事は、提出本では五月七日条とし、また［　］の部分は、「旨、被仰上
候趣」と書き改める。

一、五月九日七ツ半時前、薬師寺筑前守様御出、御逢有之、六ツ半過相済、
御湯漬被指出
水府老公・松平越前守様・海防懸り之方々不容易隠謀有之由、御
心得ニ相成候義品々被仰上

一、五月十二日、御壱人立　御目見、外夷御取扱振品々御談し、御養君御
取極之事品急ニ被遊度旨御内意有之、［此程中より精々差急き候得共、
松平伊賀守事異存申立、種々説得いたし候得共、何分主意強く御為方
ニ相成不申ニ付、御役御免ニ相成可然旨被　仰上候処、夫々御案外之
義、伊賀ハ精忠之者ニ付其方与手を組、万事取計候ハヽ、為方ニ可相
成与奥向之者も申居候間、其つもり之処、扨々案外との御沙汰ニ付、
主意強く申張候次第、二三ヶ条申上候処、夫ニ而ハ取除ケ候様可致、
乍去　養君之事済ミ迄ハ其侭ニ致置候様との御沙汰之趣奉伺候］

＊［　］の部分、提出本では削除。

一、五月十九日、［今夕、薬師寺筑前守様呼ニ遣し候様被仰出、小野田小
一郎より申遣、御出有之
松平伊賀守様御為方ニ相成不申次第御咄し、御役御免ニ相成候方
可然旨、御小姓頭取諏訪安房守様・高井豊前守様等江被　仰遣、
御内分　公方様へ言上致し候様ニ与被　仰含］

＊［　］の部分、提出本では削除。

一、五月廿二日、［今夜、平岡丹波守様江御直書、富田権兵衛を以被遣、
御返書来
但、伊賀守様御趣意強く、御為方ニ相成不申ニ付、備中守様与御一同
御免ニ相成候方御為方ニ付、其趣言上致候様ニ与被仰遣候処、備中
守と違、伊賀守ニハ奥向ニ而ハ評判宜、御為方与存居候次第ニ付、

何とも御請仕兼候旨申来]

＊[ ]の部分、提出本では削除。

一、五月廿三日[品朝《早カ》、平岡丹波守様ニ御直書、権兵衛を以被遣
但、昨夜申来候義御承知、左候ハ丶今日御壱人立被為
召候様取計可申旨被仰遣候処、承知仕候、只今登　城懸ケニ付、仰
ニ従ひ口上ニ而御請仕候旨申来

一、今日御壱人立被為　召、伊賀守様我意強く備中守様風聞書御下ケ、御
名初評義致候様ニ与被仰出候義をも押包ミ、自侭之取計致候程之義ニ
付、平日之処御賢察被遊候様ニ与被仰上候処、甚御驚、左様之事とハ
更々不被　思召、いつれニも取除ケ之事可然、尚御考可被遊旨被仰出
候由奉伺
今夕、薬師寺筑前守様御出、前文之通、伊賀守様事御為ニ相成不申次
第委細ニ被仰含、平岡并諏訪安房守・高井豊前守等同志忠義之衆より
委敷言上致候様ニ与被仰含、委細御承知ニ而御退出より直様方々江御
出被成候由]

＊[ ]の部分、提出本では削除。

一、五月廿四日、今朝五時比、酒井若狭守様御逢有之
[但、京都之御使之事御密談被遊]

＊[ ]の部分、提出本では削除。

一、五月廿五日、[今朝平岡江薬師寺被参、厳敷説得被致候由、今日、平
岡様を以御目見御願被遊、堀田様・伊賀守様御一所ニ御役御免ニ相成
候様御成度旨被仰上候処、段々御考被遊候処、如何ニも尤之義ニ付指
免し候様可致、併、
御養君之義、漸治定致候処、執政両人も取除ケ障り出来候而ハ一大事
与思召候間、右相済候ハ丶早速御取除ケ可被成間、夫迄見合候様との
上意ニ付、其段ハ御引受御不都合ニ相成不申様取計候旨再三被仰上候
得共、何分御気懸りニ付、達而見合候様との御事ニ付、致方無之旨奉
伺候]

＊[ ]の部分、提出本では削除。

一、五月晦日、間部下総守様へ御直書被進、御留守居呼出し渡

一、六月朔日、公用人本役云々略

一、六月三日、[宿継飛脚を以、
御養君之義、京都江被仰進候由]

＊[ ]の部分、提出本では削除。

一、六月十日、御壱人立御目見、
御養君一条、海防之義、御談し被遊

一、六月十一日、間部下総守様、今日御参勤之御礼被仰上候旨御出御待被
為入、御退出之上御逢、[御密話]有之

＊［　］の部分、提出本では削除。

一、六月十二日、間部下総守様江御自翰被進、御逢可有之間、篤与御談し申候様被　仰含

但、御側役を以　御自翰指出候処、程なく御逢有之、今日仮条約々定相済候処、　天朝より被　仰進候御次第ハ、御尤之御義ニハ候得共、［今更違約も難相成、］此後被喰込不申様、御取締致候より致方も無之思召、夫ニ付天朝江之御使ハ、酒井若狭守様被遣候而ハ如何哉之旨御内意申上候処、御尤之御義、今更条約取縮候而ハ不宜ニ付、一旦仮条約指免し置、追而本国へ此方より使者指越、迷惑之筋ハ及掛合候方可然、御使ハ京地功者之事ニも有之、若州ニ而可然旨御返答有之、［委細ニ申上ル］

＊［　］の部分、提出本では削除。

一、六月十五日、御養君之義、京都江被仰進候御返答、昨十四日迄ニ者是非着可致筈之処、此程中雨天続候而川々問候故歟着不致、弥着不致節ニハ、十八日御発しニ指問候間、御道中奉行本多加賀守江被仰渡、此方より迎之人指出し、川々突破り、御状箱是非共着致候様取計可申旨御達ニ相成、昼時比より早駕篭ニ而手代出立致候由

一、六月十八日、左之御書付御持帰り

去ル十三日、下田湊江亜墨利国之蒸気船二艘入津致し、同所滞留之官吏乗組、右船一艘昨十七日小柴沖江入津致し候、魯西亜船も一艘、一昨十六日下田江渡来、引続入津可致趣相聞候、且又英吉利・仏蘭西も近々江戸近海江近来（ママ）可致哉之由申立候間、為心得相達候

一、六月十九日、応接懸り井上信濃守・岩瀬肥後守、金川より罷帰り申出候者、近々英仏之軍艦数十艘渡来致候趣、尤清国ニ十分打勝候勢ひニ乗し押懸候事ニ付、応接方甚御面倒ニ可相成、乍去仮条約書ニ御調印済御渡しニ相成候ハヽ、如何様とも骨折御迷惑ニ相成不申様取計可申旨申聞候間、三奉行始御役中一同御評義ニ相成候▨（処）、軍艦数十艘渡来之上御免し与相成候而ハ御国威も立不申ニ付、只今御免しニ相成候方可然旨、異口同音ニ御申立被成候間、
天朝江御伺済ニ不相成内ハ、如何程御迷惑ニ相成候共、仮条約調印ハ難相成旨被仰候処、御尤与御同心被成候ハヽ、若年寄本多越中守斗ニ而、其余之衆ハ、何分数十艘引請候上之応接与相成候而ハ仮条約丈ケニ而ハ相済不申様相成可申、実以不容易義、
天朝より被仰進候義も御国体を穢し不申様との御趣意ニ付、古制ニ泥ミ居候而ハ憂患今日ニ十倍可致、無拠御訳柄、御申解ハ如何程も可有之候得共、一旦争端を開き候而ハ、　皇居初沿海御手当も行届不申事ニ付、調印致相渡し候より外無之旨御申立ニ付、尚御考可被遊旨被仰、御用部屋へ御帰、尚御評議被成候処、堀田備中守様・松平伊賀守様ニハ素より御許し可被成御底意、其余之方々様ニも指当り致方も無之ニ付、成丈ケ為引延候方可然趣を以、井上・岩瀬之両人御呼、如何様ニも骨折、

天朝江御伺済ニ相成候迄引延し候様ニ与被仰候処、信濃守被申候ハ、仰之趣奉畏候得とも不及是非節ニハ調印可被仰付哉与御伺被成候間、其節ハ致方無之候得共、成丈ケ相働候様被仰候へハ、肥後守様御申ニハ、初より左様之了簡ニ而ハ迚も行届不申ニ付、是非共引延し候覚悟ニ而応接可致趣御申被成、則其趣を以御伺済ニ相成、両人ニハ御出立被成候由、[御帰館直様被仰候間、右之御場合ニ至り候上ハ、御前御壱人如何程被仰候而も被成方ハ有御坐間敷候得共、諸大名之存意も御尋之上ニ而御治定ニ相成候へハ宜候得共、左も無之而ハ世上ニ而も彼是申唱、弥以京都ニ而も御▨《逆》鱗ニ可有御座与申上候処、如何ニも其所へ心付不申段ハ無念之至、此上ハ身分伺候より致方無之との御意ニ付、内膳方江も御相談被遊可然与申上、則内膳方被為　召、御側役・公用人両役不残呼出し評議いたし候処、今日之御次第　公辺御役方本多様之外御壱人も御同心無之上ハ、実以被遊方ハ有之間敷、《乍去》乍去不及是非節ニハ調印致候より致方ハ有之間敷与御同心被遊、此義、　天朝思召ニ叶不申時ニハ、諸役人之罪御大老職ニ而御引受被遊候様可相成ニ付、急速金川江使を以調印之義御差留ニ相成候方可然与評決いたし、其段申上候処、内膳殿ニも右様御取計可然与共々御申上被成候へ共、最早衆議一決　公方様江伺済相達候事、私ニ差留候事も難相成との　御意ニ付、致方なく内膳殿ニも御前御下り被成候、然ル処今日之御様子内々御目付中相伺、岡嶋七右衛門早使を以条約書調印之義ハ御指留不被遊而ハ　御家之御一大事ニ付、何卒急々御差留ニ相成候様仕度旨達而内膳殿江申出、御同人自分を御呼、各初私ニも右之趣ハ申上候得共、御承知不被遊候事ニ付、御目付中申出候迚同様之事ニ候得共、折角申出候事ニ付今一応申上候様との御事ニ付、心配之段ハ尤之義、早速可申上旨申置、則申上候処、只今も申候通り之次第ニ而、衆議一決伺済之事、私ニ差留候事も難相成、但し諸大名江一応相尋不申段ハ幾重ニも無念ニ候得共、今更致方も無之、御為方を存申出候段ハ神妙ニ　思召候旨相達候様との御事ニ付、其旨内膳方江相達、猶又被為　召候間罷出候処、今日之場合能々御考被遊候へハ、隠謀之輩之術中ニ御落入被遊候哉与被思召、呉々残念ニ思召候との御事、此上ハ身分御伺被遊候より致方無之との　御意ニ付、如何ニも御残念ニ被為思召候段御尤ニ奉存候、乍去

御前御身分御伺与相成候節ニハ、乍恐公方様ニも御仕落与可相成、左候へハ弥以隠謀之輩術中被落入候事与奉存候、仮条約ニ調印為致可然との事ハ御決定ニ而候得共、只々、天朝伺相済不申丈ハ被恐入候御義、乍去、古語ニも将在軍てハ君命も用ひさる事有之与申候、素より国家之大政関東江御委任、征夷之御職掌ニ而之御取扱、危急ニ迫り候而之御取計ニ付、京都江之被仰立方ハ如何程も可有之御義歟与奉存候、諸大名へ一応御尋無之段ハ、乍恐御不行届歟与奉存候得共、是以両度御存寄御尋ニ相成候処、争端を開候而可然との御見込之方ハ御壱人も無之事ニ付、今日御尋ニ相成候迚、別段御存寄も有之間敷候得共、右様被成置候得ハ、　天朝江之被仰訳方可然与奉存候迄之御義、今日御身分御願与相成而ハ、実ニ隠謀之術中ニ落入候事ニ付、右等之御後悔ハ御打捨、此後之御取計方御賢考奉願候、乍恐拙者も愚考可仕旨申上候処、如何ニも尤之義、何分此後之所置勘弁致候様ニとの　御意ニ付、夜も更候間御早く御休息可被下置

旨申上、直様奥江被為入」

＊「　」の部分、提出本では書き改められる。提出本の同日条参照。

六月廿日、上野江　御参詣、右ニ付御登城無之、御中暑ニ而御参詣御延引

「今日被為　召、昨日之義ニ付取計方考意御尋ニ付申上候ハ、昨夜中段々愚考仕候処、御賢察之通隠謀方之術中江堕入被遊候事与奉存候ニ付、もはや暫くも御猶予難相成、一日も早く備中守様・伊賀守様御取除ケ、間部様・太田道醇様御入不被遊而ハ実ニ国家之御一大事与奉存候旨申上候処、右両人御役御免、跡役之所も御承知ニ相成有之事ニ候得共、御養君御発し済迄ハ見合候様、達而御沙汰も有之事ニ付、此儀ハ甚迷惑との　御意ニ付、其義ハ兼々奉伺、御迷惑之次第も乍恐御尤ニ奉恐察候得共、御猶予被遊候ハヽ、一大事ニ可及与奉存候間、御決心被下置候様ニ与申上候処、長野主膳呼候得との御意ニ付、則召連出候処、暫く御談し又々被為召、主膳申聞ニハ、上様御聞届無之との事ニ候得ハ、却而被仰上よく候得共、御養君御発し迄之処ハ何分猶予致候様ニ与被仰候事も、とふ歟事故なく為御済被遊度との　思召ニ而被仰御義、廿五日迄ニハ是非御飛脚も着可仕、今暫く之処ニ付、御発し後ニ成候而ハ如何哉与申聞候間、其段ハ尤ニ候へ共、昨夜中熟考致候処、御前御賢察之通隠謀方術中江被落し入候ニ相違無之、此侭ニ而延々ニ相成候時ニハ御違勅之旨御察当、公方様ニハ御隠居、御家ハ何と可被仰付も難計、一ツ橋御世継与可相成、左候へハ隠謀方ハ十分ニ候得共、正道を守り候人々承知致間敷、左候へハ忽天下二ツニ割れ可申、其節一橋様方ニ御附被遊候哉与申上候得ハ、　上様ニ随ひ候事勿論之義与被仰、尤左様可有之与奉存候、然ル時ニハ

公方様方を朝敵与悪謀方ニ而申唱候様可相成ハ眼前之義与奉存候、右様御大事ニ及候義、御遠謀なく今日　公方様御迷惑ニ被為　思召候丈之義御厭ひ可被遊御場合ニ無之、如何様被思召候而も右御両人御役御免可《ニ》相成不申而ハ、仮条約書江調印被仰付候御申解ハ難相立、実ニ御大事之御場合与奉存候旨申上候処、主膳申上候ハ、六之丞申上候義承り候へハ、実ニ御一大事ニ付、如何ニも御決心被遊候様ニ与申上候得ハ、如何ニも尤ニ付、明日ハ御目見江相願急度可申上、乍去、火急之申上ニ而ハ御聴届之程も如何与心配いたし候間、従是薬師寺江参り右之次第委敷為申聞、同人同志之者より前以委細訳柄為及言上候様取計候へとの　御意ニ付、直様薬師寺江駈付、前文之次第申述候処、御尤之御義、片時も早く御取計無之而ハ難相成ニ付、直様御小性頭取諏訪安房守・高井豊前守江申通し、言上為致候様可仕との御義ニ付、罷帰り其段申上置、弥仮条約調印済ニ相成候ハヽ、明日惣登城ニ而無御拠御次第御達、猶存寄御尋ニ相成候様可被遊、京都江も不取敢宿次を以被仰上可然旨申上候処、尤之義下書取調候様ニとの

御意ニ付奉畏御請申上ル」

＊「　」の部分、提出本では削除。

一、六月廿一日、[＊1]「今朝御出懸、昨日之見込弥動き不申哉との上意ニ付、見込之処動き不申、　御前御気弱く、

上様之　上意ニ御随ひ可被遊哉与、夫計心配仕居候旨申上候処、もは

や決心いたし候間、吉左右待居候様との　御意ニ付、難有奉存、何分御吉左右御待申上候旨申上ル

八ツ半時過、薬師寺筑前守様より御手紙到来、昨日之一条委細両人より致言上候処、至極

御聴請宜由申聞候間、御様子相考居候処、大守様御壱人被為　召候間、御成就ニ可相成与難有奉存候旨申来、大ニ安心致

七ツ時二分過、御駕台より御上り被遊候与直ニ被為　召候間、御跡ニ付、御居間江罷出候処、一条至極御聴請宜全薬師寺より為廻置候故、早く御聴届ニ相成候事与被存、尤今日ハ御迷惑ニ可被為　思召候得共、申上候義御御(ママ)知不被下置而ハ御為方ニ相成不申間、急度覚悟仕罷出候旨も申上候事故歟、至極尤ニ御聞請被下置、大ニ都合宜旨　御意ニ付、誠ニ以恐悦至極、乍恐天下之洪福与奉存候旨奉申上候処、夫ニ付取計方も有之事ニ付、奥御右筆組頭志賀謹八郎退出より罷出候様申付置候間、程なく可罷出、右之者召連、久世大和守方江参り夫々取計可致、則供方ニも控させ置候との　御意ニ付、大和守様御用番ニ候ハヽ、御出被為遊候事御尤ニ奉存候得共、伊賀守様御月番之事、非番御老中之御宅江御出、御取計之義ハ如何ニ可有御座候、　長寿院様御役中ニハ毎々御老中様方御呼寄被成候趣承り伝へ居候間、久世様御呼被成候方可然旨申上候処、如何も(ニ)も尤之義、左候ハヽ、呼ニ遣し候様可致、供方ニハ為引取申様ニ与被仰出、大和守様へ御手紙被遣、左之通、

今日、於　営中相窮候

上意之趣相達候筋有之間、只今私宅江御出可被成候、以上

六月廿一日　　御名

久世大和守様

但、堀田備中守様・松平伊賀守様

思召有之、明日より御登　城御指留被成候様との

上意ニ付、御談し筋有之、決而御心配事ニハ無之旨、御別紙を以被

仰遣

右御取次頭取武藤信左衛門を以被仰遣、大和守様公用人を以指出候処、委細御承知被成候、御返書ハ彼方様より可被進との事ニ付、其段申上ル

無程大和守様公用人児玉金兵衛を以右御返書被指越

貴書拝見仕候、只今貴宅江罷出、今日於営中

上意之趣御達御座候趣奉謹承候、右ニ付不取敢直ニ参上可仕筈ニ御座候得共、私共貴宅江夜中罷出候先例無之、且夜中罷出候ハヽ、必世間ニ而彼是人口申唱候義与奉恐入候得共、先愚存之趣別紙ニ奉申上候、尚御勘考之趣今一応御沙汰被成下候様奉待上候、以上

六月廿一日　　大和守

折表ニ

掃部頭様

折表ニ

以別紙奉申上候

上意之趣御達御座候事故、実以直ニ参上可仕筈ニ御座候得共、本書ニ奉申上候訳ニ御座候、右　上意押はかり奉申上候者恐入候得共、備中・伊賀、明日より登　城御差留之事ニも御座候哉与奉察上候、右実ニ恐入候次第、何共申上方も無御座恐入奉存候、右者先ツ左之通被　仰遣、明日御相談御座候而ハ如何哉与奉存候

　明日ゟ登城御見合被成候様被
　仰出候
　　尚々病気ニ而不参致し候義与
　　思召候旨

右之通、今日被　仰進候ハヽ、両人共明日ハ登城仕間敷与奉存候、其上明日、
上意之趣奉伺候様ニ仕候ハヽ、如何可有御座哉与奉存候、是迄御沙汰引ニ相成候振合ニ御坐候間恐入候得共、愚存之趣不取敢奉申上候、尚御左右次第早速参上ハ仕候へ共、はつと相唱候間、愚意鳥渡奉申上候、以上

　　六月廿一日

　尚以有無之義鳥渡尚御口上書被成下候様奉願候、以上

＊本状は原本あり（『井伊』七―三四号）。

右之御返書左之通

　　尚々本文之次第ニ付、只今より御用番御勤可被成義与奉存候、以上

御返書拝見仕候、然ハ御出被下候様得御意候処、夜ニ入人口等御遠慮も御尤之御義与奉存候、備中・伊賀登城御差留之義ハ時刻も後レ候間、私ゟ左之通両人江相達申候

　然者御自分義、
　　思召有之間、登　城差留候様
　上意ニ御坐候、此段御達申候、以上

右之通相達候間、其旨御心得可被下候

一、間部下総守・松平和泉守両人、明日被為　召、加判之列被　仰付候、此義も　上意ニ御座候間、両人江之奉書今晩御差出し可被下、伊賀守前文之次第ニ付、今夕より御用番御勤可被下、右之件之（々）内藤・脇坂之両人江も夫々御通達可被下候、尤貴様御招き申相談いたし取計候様との　上意ニ付、御出之義申進候義ニ御座候、然ル処御考意も御尤ニ付、奥御右筆志賀・加藤両人江申付、貴宅江指出候間、夫々御取計可被下候、右ニ付而ハ御三家江　上使も可（有）旨御坐、御都合能御取計可被下候、火急之義と而手張可申候得共、此御時節極々御急之事ニ付、何分宜御取計可被下候、委細ハ明日登　城之上可申述候、以上、

　　六月廿一日　　　　御名
　久世大和守様

＊本状は原本あり（『井伊』七―三五号）。

右之通被仰遣、志賀金八郎・加藤惣兵衛両人、大和守様へ御出候様委細御用向御直ニ被仰含

一、右ニ付、猶又御返書大和守様ゟ被遣委細御承知之由、尤、明日加判之
列被　仰付候義ハ、御日柄ニ而差支候間、明後日之被仰付ニ相成候様
被成度旨被仰越、御承知之旨御口上ニ而御返答被　仰進］*2

＊1～2の［ ］の部分、提出本では削除。

一、備中守様、伊賀守様江被遣候御手紙、左之通

以書付得御意候、然者御自分義、
思召有之間、登
城指留候様
上意ニ御坐候、此段御達申候、以上
六月廿一日　御名
堀田備中守様

右同文松平伊賀守様へも被遣

右御取次頭取御使者ニ而被指越、夫々御請書左之通

御書付拝見仕候、然者私儀、
思召有之候間、登
城御差留被成旨
上意之趣被仰聞奉畏恐入奉存候、右御請奉申上候、以上
六月廿一日　堀田備中守
井伊掃部頭様

＊本状は原本あり（『井伊』七—三八号）。

御書付拝見仕候、然者私儀
思召有之、登城不仕様
上意之趣奉謹承恐入奉存候、御請奉申上候、以上
六月廿一日　松平伊賀守
井伊掃部頭様

＊本状は原本あり（『井伊』七—三七号）。

［*3一、今日御退出之節、御下部屋ニ而御右筆組頭志賀金八郎御呼御用筋有之間、罷越候様ニ与被仰候処、此義ハ迷惑仕候旨被申候ニ付、御用筋ニ而参り候様申候事を迷惑とハ何故ニ候哉与被仰候へハ、拙者身分ニ拘り候ニ付、何分御憐愍被下置候様ニ与申、俄ニ戦慄いたし候間、不被参事なれハ勝手ニ可致、夫ニ而ハ身分ニ拘り可申与被仰候へハ、参上ハ可仕候得とも、同役へ一応咄し致候上参上仕度旨申候間、其儀ハ勝手ニ可致旨申置候、何故右様恐懼致し候哉、合点不参事与　御意ニ付、如何ニも不審成事与申上居候処、金八郎被参候旨権兵衛申上、直様御親類席ニ而御逢、御用向御尋被成候処、墓々敷御請も出来不申ニ付、今壱人加藤惣兵衛呼ニ遣し候様被仰出候間、金八郎殿へ其旨申、御同人御手紙被遣、早速御出被成候処、前文之次第ニ而御両人とも久世様へ被遣候事

但、七月二日志賀金八郎自殺被致、不容易事与聞へ申候

一、仮条約書ニ調印済御渡し相成候義、御後悔被遊候得共、今日御内間ニ御混雑被為在候折柄、手強き御懸合ハ難相成ニ付、調印御免しニ相成

候義ハ御尤之御所置ニ候得共、諸大名江一応御尋無之段ハ御手抜之趣ニ候へとも、明日ニも被為　召、一同御尋ニ相成可然旨段々申上候処、御尤ニ御承知被下置候間、京都江被　仰進下案并諸大名江被仰渡候下案二通指上候処、尤ニ　思召候間、明日　御城江御持出、御談可被遊旨ニ而御持参被遊］＊4

＊3～4の［ ］の部分、提出本では削除。

京都江被遣候下案

亜夷条約之義、段々御配慮之御次第一々御尤之御義ニ付、再応諸侯之赤心御尋ニ相成、追々考意書も指出し、今少しニ而書付も出揃候間、其上篤与御評義、猶御伺可被成思召ニ候処、今度魯亜両国之船渡来申立候ハ、英仏之軍艦近々渡来可致、清国ニ十分打勝勢ひニ乗し押懸候事ニ付、御応接方甚御案思申上候、併仮条約之通御承知ニ相成調印済候ハヽ、英仏江ハ如何様ニも申諭し、御迷惑ニ相成不申様取計可仕旨、兼而滞留之使節申立ニ付、厚く御評義御坐候処、朝廷ニ而御配慮被為在候御義も全御国体を思召候而之御義、忽争筋を開き、万一清国之覆轍を践せられ候様相成候而ハ、不容易御義、海防懸り之者共調印之上、約条書御渡し被相成申候、誠ニ無御拠御場合ニ付、右様之御取計ニハ相成候得共、朝廷ニ而御配慮之段ハ実以御尤之御義ニ付、此後之御取締方、沿海御手当等充実ニ相成、被為安　叡慮候様可被遊　思召ニ候、委細之義ハ猶追々可被　仰進候得共、先此段可被遂　奏聞候事

諸大名江御達之下案

亜夷条約之次第

朝廷江御伺ニ相成候処、深く

叡慮被為悩候御次第被　仰進候段、御尤之御義ニ付、再応各赤心御尋ニ相成、今少しニ而存意書ニ揃候間、其上篤与御評義之上御決定可被遊

思召候而、精（々）之御差急き被為在候折柄、今度魯亜両国之船渡来申立候趣ハ、英仏之軍艦追（近）日渡来可致、尤清国ニ十分打勝、其勢ニ乗し押（懸）急候事ニ付、応接方甚御面倒ニ可相成与御案思申上候、併仮条約之通御承知ニ相成、調印も相済候ハヽ、英仏江ハ如何様ニも申諭し、御迷惑ニ相成不申様取計可申旨、使節申立候ニ付、評義致候処、如何程御迷惑ニ相成候共、　朝廷江御申上済ニ相成不申而ハ御取計難被遊御義、乍去、忽争端を開、万一清国之覆轍を践候様之義出来候而ハ不容易御義ニ付、海防懸り井上信濃守・岩瀬肥後守、於神奈川ニ調印致し、使節江相渡し申候、誠ニ無御拠御場合ニ付、有様之御取計ニハ相成候へ共、

朝廷ニ而御配慮之段ハ実以御尤之御義ニ付、此後之御取締方、沿海御手当等充実ニ相成被為安叡慮候様可被遊　思召ニ候、此度之御一条不取敢飛脚を以京都江被　仰進、委細之義ハ追々被　仰進候事ニ候、此後之御所置ニ付、考意も有之向者無覆蔵可被申聞候事

＊本状は原本あり（『井伊』七―四一号）。

一、諸大名惣登　城之義ハ廿三日、京都江ハ明日立ニ而被仰進候様御評決

之趣、御退出之上被仰候
御持帰り之書付左之通

御名

京都表御警衛向之義、尚又御手厚ニ被成度旨被　仰進候趣も有
之候ニ付、此度松平讃岐守・松平出羽守・松平越中守義増御警
衛、藤堂和泉守義ハ臨時出張いたし援兵被　仰付候間、諸事可
被申合候、尤御守護之義ハ是迄之通可被心得候

六月廿二日

一、今日惣出仕、席々ニ而左之通被仰出、御持帰り

亜墨利加条約之次第
朝廷江御伺相成候処、深く被為悩
叡慮候御次第被　仰進候段、御尤之御義ニ付、再応各赤心御尋ニ相
成、今少しニ而存意書も揃候間、其上篤与御勘考之上御決定可被遊
思召ニ而、精々御差急き被為在候折柄、今度魯亜両国之船渡来申立
候趣者、英仏之軍艦近日渡来可致、尤清国ニ十分打勝、其勢ニ乗し
押急候事ニ付、応接方甚御面倒ニ可相成与御案思申上候、併仮条約
之通御承知ニ相成、調印も相済候ハヽ、英仏へハ如何様ニも申諭、
御迷惑ニ相成不申様取計可申旨、亜国使節申立候ニ付、御勘考被遊
候処、如何程御迷惑ニ相成候とも、　朝廷江御申上済ニ相成不申候
而ハ御取計難被遊御義、乍去忽争端を開、万一清国之覆轍を践候様
之義出来候而ハ不容易御義ニ付、井上信濃守・岩瀬肥後守、於神奈
川調印致使節へ相渡候、誠ニ無御拠御場合ニ付、右様之御取計ニ者
相成候へ共、
朝廷ニ而　御配慮之段者実以御尤之義ニ付、此後之御取締方・沿海
手当等充実ニ相成、被為安
叡慮候様可被遊思召ニ候、此度之御一条不取敢宿次奉書ヲ以京都へ
被仰進、委細之義ハ追々被仰上候事ニ候、此後之御所置ニ付、考意
も有之向ハ無覆蔵可申聞候事

＊本状は原本あり（『井伊』七―四一号）。

右於席々大和守申達、書付渡之、掃部頭・老中列座
但、備中守可申達処、病気ニ付如件

控*1
六月廿二日之次飛脚ニ遣之
伝奏衆江相達候趣
一筆致啓達候、外国御取扱方之義ニ付、御使備中守被差登、委細之事情
及言上候処、
勅答之趣も有之候ニ付、猶又御三家以下諸大名江御尋有之、追々差出候
御答書等入
叡覧、其上御所置有之　思召之処、最早亜墨利加条約御取結無之候而ハ
難相成場合ニ至、実ニ不被為得止事次第ニ候、再応被　仰進候日合も無
之、無余義御決着御成候者、深く御斟酌

得共、先般被　仰進候趣を以、今度条約為御取替有之候、右無御余義次第委細別紙之通候、此段先不取敢宜有
奏聞旨被　仰出候、恐惶謹言

老中

六月廿一日　　連判

広幡大納言殿
万里小路大納言殿

別紙

亜墨利加条約之次第、先達而別段御使を以被仰進候処、深く被為悩
叡慮候御次第被　仰出候段、御尤之御義ニ付、再応御三家以下諸大名江赤心御尋ニ相成、今少しニ而存意書も揃候間、其上篤与御勘考之上御決定可被遊　思召ニ而、精々御差急き被為在候折柄、今度魯西亜・亜墨利加両国之船渡来申立候趣ハ、英吉利・仏蘭西之軍艦近日渡来可致、尤清国ニ十分打勝、其勢ひニ乗し押懸候事ニ付、応接方甚面倒ニ可相成与御案思申上候、併仮条約之通御承知ニ相成、調印も相済候ハヽ、英仏江者如何様とも申諭、御迷惑ニ相成不申様取計可申旨、亜国使節申立候ニ付、御勘考被遊候処、如何程御迷惑ニ相成候とも、
朝廷江御申上済ニ相成不申而ハ御取計難被遊御儀、乍去忽争端を開、万一清国之覆轍を践候様之義出来候而ハ不容易御義ニ付、井上信濃守・岩瀬肥後守於神奈川調印致し使節江相渡候、誠ニ無御拠御場合ニ付、右様之御取計ニ者相成候へ共、
朝廷ニ而御配慮之段者実以御尤之御義ニ付、此後之御取締方沿海御手当等充実ニ相成、被為安
叡慮候様可被遊　思召ニ候、委細之義ハ猶追々可被　仰進候得とも、先此段可被遂
奏聞候事

六月

別紙

禁裏附江申遣候趣

伝奏衆へ呈奉書候間可被達候、且又右奉書ハ昨廿一日差立之積之処、及今日候間、備中守・伊賀守連名有之候得共、其侭差立候事ニ付、此段為心得相達候、以上

老中

六月廿三日　　連名

岡部備後守殿
大久保大隅守殿

猶以伝奏衆江呈候奉書指急候義ニ付、東海道・中山道両道より差立候間、跡ゟ着候方ハ追而可被相返候、以上[*2]

＊1〜2の状は原本あり（『井伊』七―三一号）。

［右御持帰り、其方骨折候下書近比宜とて、評判宜旨御沙汰被下置、右書付相達候以前、大目付池田播磨守を以存寄有之向ハ、聊無遠慮可被申聞、自分江逢申度向も有之候ハヽ、直ニ承り可申間、其旨も前以相達し置候様為申達候処、国持衆始今日之御達書・御達触とも近来之御

振合ニ無之迚、評判宜旨奉伺］

＊［ ］の部分、提出本では削除。

一、昨日一ツ橋様御逢被成度ニ付、御屋形江御出可被下哉、　御城ニて御逢可被成哉之旨、御附御家老を以被仰入候間、此節御用多ニ付御屋形江罷出候猶予無之、御登　城被成候ハ、御目通り可仕、何等之御用向ニ候哉相弁不申候得共、初而御逢之義ニ付御斟酌御坐候而ハ不宜、無御遠慮御十分ニ御談し御坐候様被成度旨申置候、今日御逢有之、色々御談し之上、西丸ハ殿方ニ御治定相成候哉と御尋ニ付、紀伊殿ニ御極り相成候与申上候得ハ、御血筋与申御様子も宜御方ニ付重畳之御義、紀伊家之御相続ハ如何相成候哉与御尋ニ付、あなた様御出被成候而ハ如何哉与申上候へハ、大藩之義、自分抔参り候而ハ迚も納り不申与御申被成候通御一笑被遊候、

田安様ニも御逢被成候処、国家之義真ニ御案思、是又西丸之事御尋ニ付、紀伊殿ニ御治定ニ相成候段申上候処、扨々恐悦至極、先比より一橋ニ可相成との風説有之、自然右様ニ相成候与ハ乱之基与潜ニ心配致居候処、右様御極りニ相成候段承り安心致し候迚、殊之外御歓、国家大厄難之折柄にて甚心配致居候処、其元江御役被　仰付候ニ付、上之御力ニ成、是迄之弊風御挽回しニ可相成大慶いたし居候、私弟ニ候得共、松平越前守義不所存者ニ付、毎々異見いたし候得共、中々相用ひ不申、国家之御為ニ候間、御手前より厳敷御示し被下度、実ニ国家安危ニ拘り候御大切之御場合、偏ニ御忠勤被下候様致度旨、御落涙ニ而染々被仰述、一ツ橋殿之御談しとハ雲泥之相違与御噂御座候

六月廿三日

堀田備中守様
松平伊賀守様
思召有之、御役御免、帝鑑之間ニ被　仰付

太田道醇様
間部下総守様
松平和泉守様
御加判之列被蒙　仰
但、道醇様江者年々三万俵ツヽ被下、備後守ト御改名

一、今夕、薬師寺様御出、御密談有之

一、御養君之義京都江被　仰進候御返答　思召無之旨之御状、去ル八日附ニ而今日奥御右筆志賀金八郎御用部屋江持出ニ付、弥廿五日御発し与相成、　上ニも殊之外御悦ニ而御安心被遊、尤京都より八日付之御状ハ、夫々去ル十四日ニ着致有之処、此御状計延着、何とも不審成事との御沙汰ニ御坐候

六月廿四日

一、松平越前守様御出、御逢有之

今度仮条約ニ調印相済候ニ付而ハ、兼而京都ゟ被仰進候御趣意ニ相振れ、不容易御義、此侭ニ而ハ難相済との義被　仰候故、左様之訳ニハ無之、此程御達申候通り之次第、無御拠事柄、京都ニ而御承知ニ相成候ハヽ、尤与御聞取も可被遊旨、御答被遊候処、中々御聞入無之、其中御附人帰り候間、其旨申上御断被成候処、今暫く御談し

被成度との事ニ付、もはや登城刻ニ相成候間、是非御断与御申切被遊候へハ、殊之外御立服（腹）ニ而、左様候ハヽ、只今より登　城可致旨御逢被下候様ニ与御申ニ付、左様之義ハ決而難相成義、時刻も移り候間、御送り御断被成候旨御挨拶被遊御引取被遊候、越前守様ニハ殊之外御立服（腹）之体ニ而御帰り、御中門ニ而御供頭江御手紙様之物御渡し被成候義を見請候者有之、跡ニ而承り候へハ、水戸様江早馬ニ而被参候由

一、例刻御附人ニ而御登　城、御退出夜四時

四ツ半時比、水戸中納言様・尾張中納言様・水戸前中納言様御登城、御大老、御老中江御逢被成度旨被仰入、松平越前守様ニも御登城、久世様江御逢被成度旨被仰入、御三家方御廊下ニ而、此度仮条約ニ調印致候義ハ御違　勅ニ付、今日ハ掃部頭ニ腹切せ不申而者退出不致迚、大音ニ御詈り被成、御役方追々聞付、御用部屋江御注進被成ニ付、間部下総守様被仰候者、私共罷出如何様ニも御なため可申間、掃部殿ニハ御逢無之様いたし度旨御申被成候へハ、御同列ニも御一同如何とも左様被成方可然旨同音ニ被仰候処、　御前被仰候ハ、私初御逢被成度旨被仰候処、御断申候而ハ憶し候様被思召候而ハ、　上之御威権ニも拘り可申、私切腹いたし、　上之御用ニ立候義ニ候ハヽ、厭ひ候訳ニ者無之、各御一同可罷出与被仰候へハ、左候ハヽ、一同罷出可申との御談しニ相成、御逢被成候処、前中納言様被仰候者、条約一条ニ付而ハ、京都ニ而厚く御配慮被　仰進も有之処、　勅答も不相済内ニ調印為致候而御渡しニ相成候而ハ、御違勅ニ相成、以之外之義、三家之場合ニ而ハ聞捨ニ難相成、今日登城致、各存寄承り　御目通りも御願被成候趣ニて厳敷御談しニ付、　御前御答被遊候ハ、仰之趣一応御尤ニハ相聞へ候得共、京都より被　仰進候義ハ、素々御国体ニ拘り不申様ニ与御配慮之所より被　仰進候義ニ有之、然ル処、蛮夷之形勢往古と変革いたし、天涯も比隣之如き航海之術相開ケ、軍製兵器等実戦ニ試ミ、追々強国与相成、諸蛮交易通商相願候ニ付、古制を御守り手強く御断ニ相成候へハ、忽争端を開き可申、左候へハ、手薄之場所々々諸夷乱妨いたし、諸大名御国方ニ当惑いたし可申、尤四方海岸之御国ニ付、沿海充実之御備容易ニ難出来ニ付、彼か懇願成丈ケ御取縮メ通商御免し可被遊思召ニ而、諸大名江存寄御尋ニ相成候処、今日及戦争可然との見込之者も無之、依而、　朝廷江御伺ニ相成候所、大変革之義ニ付、今一応諸侯之赤心相尋候様被　仰進候間、再応御尋ニ相成候処、前同様之見込、在国之向今少しニ而出揃候間、左候ハヽ、再応可被仰進思召之処、英仏之軍艦近日渡来可致、尤清国ニ打勝勢ひニ乗し渡来剛訴可致、左候而ハ争端を開候場ニも至り可申、其期ニ臨、条約御取繕ひニ相成候而ハ、実ニ御迷惑ニ可相成趣、亜夷使節より申立候義尤ニ相聞江、諸大名之存意も和を主といたし、　上ニも和と御決し被遊候御義、京都江不被　仰進御取計之段ハ何とも被恐入候御義与深く　御心配も被遊候得共、一旦争端を開き候得ハ、百万之生霊塗炭ニ困しミ、終ニ清国之覆轍を践候様可相成、　朝廷ニも素より御国体を被　思召候而之御義ニ付、委細之訳柄被仰進候ハヽ、尤与御承知可被遊との　思召ニ而被遊候御義、御違　勅与申義ニ而ハ更ニ無之由、段々理を尽し事をわけ被　仰候へハ、流石之老公も被仰

方無之、越前守義ハ格別之者ニ有之、今日登城致し居候間、此席江呼候様被仰候ニ付、越前守家柄之者ニハ候得共、此御席江被召呼候義如何可有之哉与被仰候へハ、尾張様御申被成候ハ、西城江ハ御年長之御方御立被成可然との京都之　思召ニ有之処、紀伊殿ニハ御幼年之事ニ付、一ツ橋殿御立被成可然、御同人ハ御年長与申、御賢明之方ニも有之、右を御立被成候ハヽ、　朝廷ともニ御満悦可被遊、左候へハ、今度之御申解も御聴わけ可宜と被仰候間、　西城之御義ハ上之　思召より出候義ニ付、私共取計ニハ難相成旨被仰候へハ、左候へハ御目見相願候与被仰候間、上様ニハ少々御様体ニも被為在候御義、殊ニ紀伊殿ニハ御血統と申御聡明ニ被為渉候御事、既ニ明日御発し与相成候義、只今彼是被　仰上候義ハ甚不穏御義ニ付、御控被成候方可然与被仰候へハ、老公御申被成候ハ、今日之形勢無御拠所より仮条約書ニ調印御渡しニ相成候共、いつれニも　朝廷より被仰進候御主意ニ振れ候段ハ、　将軍家ニも被恐入候御訳柄ニ付、右御申解相済候迄ハ御慎被為在可然御義、左すれハ、西城御発し之義も右御申解相済候迄御見合ニ相成可然与被仰候間、此義ハ只今段々申上候通無御拠御場合ニ至り御許ニ相成候御義ニ而、委細之事柄御承知ニ相成候得ハ、尤与御聞請被成候ハ必定之御義、西城も久々御明き有之ニ付而ハ早々御取極メニ相成候方可然旨、備中守上京之節御内意も御座候事故、少しも早く御取極メ相成候義、京都之思召ニも被為叶候御次第ニ付、御延しニ可相成筋とハ相心得不申旨被仰候へハ、左様なれハ何故早く御申解之御使不被指越哉与被仰ニ付、此義ハ宿次飛脚を以早速被仰進、尚御使可被進旨御答被成候へハ、右様之御使ハ少しも早く被進候方可然、未御使ハ定り不申哉与御尋ニ付、此義ハ間部下総守可被遣御内定ニ而、明日被　仰付候御含与被仰候、老公又々(マヽ)仰候ハ、松平越前守義ハ格別之者ニ付、御大老ニ被仰付候ハヽ、可然与御申被成候間、此義ハ、私同役ニ被　仰付候事ニ付、何とも御請申上兼候間、年寄共江御尋被下置候様ニ与被仰候へハ、太田備中守様御申被成候ハ、掃部頭格別入はまり出精御用弁いたし居候事ニ付、越前守被　仰付候ニも及申間敷旨被　仰上候処、老公被仰候者、如何ニも左様ニ可有之、乍去諸蛮引続渡来不容易御時節ニ付、成丈ケ御手厚ニ相成候方可然与被仰候へハ、間部下総守様御答被成候者、仰之趣一応御尤ニハ候へ共、　神祖以来深き　思召被為在、大老・老中共ハ限り御坐候義、　御三家を被為立候も、是亦深き思召被為在候御義、今時御連枝方之内ニ格別之御方有之通、御三家ヲ御四家ニ被遊候事も難相成義与滑稽交りニ御申被成、御一同御笑与相成、御談し相済、御三家方ニハ八ツ時過、手持不沙汰、初之御威勢ニ事変り、すご〱御退出被成候由

右御談し与相成ニ付、若年寄衆初詰合之諸役人衆、何と成行可申哉、公方様之御目見被仰付候様相成候而ハ如何成変事出来可致も難計与手ニ汗ヲ握り御控被成候間、御小姓組御番頭酒井対馬守様ニハ、以前奥勤被成候御方ニ付、御小姓頭取諏訪安房守様・高井豊前守様へ御逢、老公初御三家方今日御登　城之御様子不一通、誠ニ狂乱之如き御有様ニ而、品ニ寄御目通りも御願被成候との事、其子細ハ条約調印為致候事難相済ニ付、今日ハ掃部ニ腹切せ不申而ハ退出不致迚、先刻より高声ニ御詈り被為在、只今掃部殿初御老中方与御討論初り

候処、不軽御勢ひニ付、御様子ニより御目通御願ニ可相成も難計、左様相成候而ハ、如何様之珍事出来可致も難計与表方御役人共手ニ汗を握り居候次第ニ付、如何様被　仰候とも今日ハ　御対顔無之様指含取扱被成候様ニ与御内話ニ付、御両人御驚、早速右之次第内々
　言上被成候処、
公方様殊之外御逆鱗、掃部ニ腹切せ候様との義、不軽悪言、逢度との事ニ候ハヽ、早速逢候而厳敷説得可致、今日天下之人心惑乱為致候も、元ハ前中納言之仕業、此侭ニハ難指置とて、以之外之御気色、尤　上様ニハ平日御温和之御方とて今日之如く御逆鱗被遊候義、御側廻りニ而奉見上候事無之、御対顔与相成候而ハ、何様之義出来可致与皆々顔色を失ひ心配之処、掃部頭初老中より段々説得いたし、承伏被成候旨、内々申上り候へハ、左も可有之迚、甚御気色不宜由、委細之訳柄、薬師寺筑前守様ゟ極密承り候
一、御三家方与御応対相済、御用部屋へ御引被成候御道筋へ、大小御目付・町奉行・御勘定奉行等追々御待請、今日之御応対如何可相成与一同御案思申上候処、流石之老公を御申伏被成候御勢ひ、乍憚奉感称候迚御歓被仰上候由
一、松平越前守様ニハ、御三家方御対話之御様子御聞被成、もはや御一同江は御逢不被成、久世大和守様江御逢、七ツ時比ニすこ〳〵御退出被成候由
一、今朝より江戸地之様子［何となく］不穏、其上前文之通御三家・越前家等御登城も、明日
御養君御発しを御妨被成候御手段もはつれ候与見へ、弥明日御発し与被　仰出候旨、御城ゟ申来、此上ハ水戸方ニ而如何様之工ミ可有之も難計、越前守様今朝之御気色与申、何とも不安心ニ存居候処、夜ニ入候而も御退出無之、甚気遣わ敷、殊ニ雨中暗夜之事ニも有之、何とも不安心ニ候、其旨内膳殿江も申談し、当役ニ而幹之進・権内・自分奥向ニ而臼居安之允・今村多門次参り合居候ニ付、長野主膳下馬江罷越、近辺心懸り之所々見廻り申候、御供方も士分并挑灯持ハ代り合与唱へ罷越、御供いたし候故、御下りニハ、士分倍之御人数ニ相成申候、四ツ時過ニ御帰館被遊候ニ付、御跡ニ付添表御門より這入　御前江出候へハ、御案詞方御箱取調引候与、六之丞与御意有之、活て返たとの御意ニ而、暫く御言葉も無之、御疲レ之御様子ニ付、御小姓へ申、御茶為指上、一ト口召上り候而、今日之始末奉伺、誠ニ危き場合之処よくも御言伏せ被遊候義与、乍恐奉感称候、今夕　思召を以大奥御支立之御膳頂戴被遊候由［も奉伺］

＊［　］の部分、提出本では削除。

六月廿五日

一、紀伊宰相様
御養君被　仰出、宰相様与可奉称、御殿西丸与被　仰出
　但、当分御本丸御逗留与被　仰出

六月廿七日

一、藤堂和泉守様昨夕御逢御願之処、御断ニ相成候得共、此程被仰置候御封書御認、御登城前一寸御逢御願被成候旨、御留守居申来候処、御登

城刻ニ成候而も御出無之ニ付、御持参被成候ハヽ受取、　御城江差上
候様被仰置、四ツ半時比御出ニ付、自分罷出候処、最卒度御早く御出
可被成処御延引ニ相成候得共受取、　御城江指出し候義相成候哉与御
尋ニ付、御持参被成候ハヽ直様御城江差越候様被申置候旨申上候処、
左候ハヽ、右封書御城江差上呉候様被仰御渡、　此程御内話之通精々
御差含被成候得共、国持衆御存意之処丸々御潰し被成候事も難被成、
成丈ヶハ御談し之方江御引付被成候旨、御退出之上密々申上候様ニ与
被仰、御留守居被指置候間、御落手ニ相成候哉否申呉候様被　仰置候
ニ付、直様御城へ為持遣し、御落手之旨御留守居へ相達、御帰館之上
御内話之趣も申上ル、御差出之書付拝見被仰付、左ニ記ス

此間御渡相成候御書付篤与拝見、退考仕候処、魯・亜両国船申立候趣
者、英・仏之軍艦於清国得全勝、其勢ニ乗し近日可致渡来旨、亜使節
より仮条約調印整居候ハヽ、御迷惑不相成様周旋可仕段申出候ニ付、
被遊　御勘考候処、如何程御迷惑ニ相成候共
朝廷江御申上済ニ不相成候而ハ御所置難被遊段、御尤至極ニ奉存候、
乍然灯頭之大難不容易迫地時勢相至候ニ付、井上信濃守・岩瀬肥後守
江被命於神奈川調印相済候由、右様之危殆ニ相及候而者不被得止御所
置ニも可有御座候得共、此義ニ付而ハ最前ゟ乍恐被為悩
叡慮、被　仰出候御主意ニ御座候故、此御場合ニ至候而も迅速以御使
其事情委曲被仰上、一応
天意御伺可有御坐御筋合与奉存候、尤
勅答不被　仰出前患起不測候場合ニ至候者、御不本意至極之儀ニ御坐
候得共、臨機之御所置ニ相成候共、無御余義訳ニも可有御座候得共、
亜使節申立候ニ付、一応之
天意御伺も不被為在調印被命候而者、御違
勅之様ニも相聞へ、何分御尤ニ者不奉存候、此後ハ早々右之御汚辱被
為雪候様御所置御坐候而、被為安
叡慮候様御施行有御坐度、尚此後之御所置ニ付存意も有之候ハヽ、可申
上旨被　仰聞候処、追々建白も仕候通ニ而別段心付も無御座候、以上

藤堂和泉守
六月廿七日　丹羽左京太夫
松平内蔵頭
有馬中務太輔
伊達遠江守
津軽越中守
松平土佐守
佐竹右京大夫

一、午六月、九条関白殿より之御直書左之通
芳翰令披見候、梅雨之時節晴雨不定、追々暑気増加候、愈御堅固御
勤御安寧之御事与令賀候、抑過月者被為補大老職之旨承り、先以大
慶不斜存候、憮(々)之御繁多彼是日々政務配慮之御義与令恐察候、愚拙
者漸宮中雑事計之儀ニ候得共、微才之身故朝暮苦患不少暮居候、併
御心易頼入候、扨亜夷一件於貴地者御心配之御筋、段々無拠条約之

趣意ハ令恐察候、能々相分り御尤至極云々、偖大任職蒙　仰居後、
兼而公武一致之存心、乍去兎角故障之訳云々、幸貴家執権之職掌実
ニ於不佞も内々辱居、何卒々々内密万端御談合之義ニ相成候得ハ、
深安心［*1幾重ニも御互ニ極密ナレハ無差支、総而宜御頼申入度存
候、］且又御指登之使者へ内々申含メ夢々委細申試置候、［*2不苦候
ハ、］御勘考宜御聞取可給頼存候也、頓首謹言

　五月十八日認置　尚忠

　井伊掃部頭殿

　　　座右内々

*1［　］の部分、提出本では「致候」と書き改められる。
*2［　］の部分、提出本では削除。
*本状は原本あり（『井伊』六―八三号）。

右ニ付六月廿七日附ニ而御自筆之御請、左之通

過日者　御懇之令旨忝奉拝誦候、先以酷暑之節、益御機嫌能御勤職
之条恐賀之至忝奉存候、今般就蒙大老職候被為御祝詞蒙　御懇之台
命、冥加至極難有拝謝候、誠不肖之小臣、殊国家危難之場ニ臨重任
難堪、再応雖及辞退候、厳命難黙止痛心此事ニ御坐候、抑墨夷条約
一条ニ付、深被為悩
叡慮、且　勅答之趣、乍恐御尤之御儀恐懼之至ニ付、是迄之御所置
精々致改復度、倩察事情候之処、幕府役人共之心得違者勿論、剰不
容易密計有之候間、右等取除候上ニ無之而ハ対蛮夷手強御所置も難
相成、尤隠謀之趣《起》元者、出於　西城御相続候義ニ付、速固其元内間
一洗之上、外夷之所置ニ可取掛之所存ニ而、雖急候、長蛇恣毒群害
将臻之形勢彼是混雑之間依之漸々令遅滞候之処、魯・墨并英・仏之
軍艦追々渡来之注進有之、雖然可恐者、何分奉始帝都諸警衛并防禦
之手当未行届兼候之上、抱内患只今開争乱候而ハ実《実》ニ国家之一大事
ニ付、雖未経
叡聞候、危急之一計ニ応接人之調印為致之候、実ニ方今之御所置無
念之次第、天朝之思召茂如何可有之哉、恐縮之至ニ奉存候、前件之
始末者先日以飛脚申上候得共、猶巨細為可奉言上之、近々間部下総
守被為指登候、返々今度之一儀
御聞済相成候上ハ、速ニ鎮強僭反側之徒専得平穏之地而可奉安
叡慮之思、宜　御賢察奉希候、使下総守ヨリ茂予願置呉候様申聞候、
猶書外［義言ニ申含、］近日言上可仕候、［唯］日外無実之朝報者所
希
殿下之玄鑑候也、頓首［誠恐］誠惶謹言

　六月廿七日　直弼

*［　］の部分、提出本では削除。
*本状は原本あり（『井伊』七―五四号）。

六月廿八日

一、今早朝、間部下総守様江御使者相勤
［但、御逢有之、水府老公等御取締之御評義、昨日有之
いつれニも其御場合ニ至り可申候得共、未御隠謀も顕不申内ニ被仰

出候而ハ、海防向之義手強く被仰立御邪魔ニ成候処より、右様被
仰出候様世上ニ而も申唱候様相成候而ハ如何哉与被　思召候、いつ
れ後刻御談しも可被成候得共、前以私罷出、篤与御内意申上置候様
ニ与御口上之趣申上候処、段々御討論も被為在候ニ付、罷帰り申上
置〕

＊〔　〕の部分、提出本では削除。

七月二日

一、〔六月廿九日より御中暑ニ付御引籠之処、〕御快方ニ付今日御登　城
御退出之節御意ニハ、志賀金八郎義、昨日自殺いたし候由、京都
より之飛脚一件ニも可有之歟、何とも怪敷事と御沙汰有之
一、京町奉行小笠原長門守様御出、御逢有之
京都之一条并堀割之事も被仰含

＊〔　〕の部分、提出本では削除。提出本では、六月廿九日・七月朔日条に関連記
事を記す。

七月三日

一、例刻御附人ニ而御登　城、御退出夜九半時
一、公方様御脚気之御症ニ而御大病、
殿様御初御老中様方ニも大奥　御寝所江被為　召候由
戸塚静海
青木春岱
遠田長庵
右今日御召抱奥御医師被　仰付　伊東玄朴

七月四日

一、今朝、伊達遠江守様、指向御出、無拠一寸御逢〔被遊候へとも、御登
城刻ニ相成候間、〕御用向〔其方江被申置候様申置候間、〕承り置候様
被仰置
外夷御所置之義ハ、今日之御取計より外無之義ニ候処、手弱き御
所置之様ニ申唱候処より、京都よりも彼是被　仰進候様ニ相成申
候ニ付、外国取扱之義、国持大名御見立、海防懸り被　仰付候
ハヽ、天下之人心も居り合可申、尤永く御加へニ及不申、少し居
り合候迄右様ニ相成候ハヽ、可然、此御時節、士気御引立御改革も
不被　仰出而ハ相成不申、内外御混雑ニ可相成ニ付、旁以右様相
成候ハヽ、可然との御趣意ニ付、御帰館之上申上ル

＊〔　〕の部分、提出本では削除。

一、公方様、今朝より御両使御通し御付被遊、御膳も目形弐拾目御にうめ
ん等被召上、大ニ御宜趣、御帰館之上御沙汰有之、殊之外御大慶ニ御
坐候
一、殿様御初、御老中様方、大奥江被為　召、御用向被　仰含
右者、　思召之御旨被為在候付、尾張中納言様御隠居御慎、水戸前
中納言様急度御慎、松平越前守様御隠居急度御慎等被　仰付候儀被
仰含候由
一、異船三艘、品川沖江乗込

但英国之由
一、魯西亜人、今日出府、愛宕下真福寺旅宿ニ相成候

六月（ママ）五日

*1「一、今暁、久世大和守様ゟ御直書御到来
*2 右ニ付、六之丞呼出し候様被　仰出候趣申来、早速罷出候処、御鎖口江出御、大和守様より之御手紙拝見被　仰付、則拝見仕候処、御三家方御咎被　仰出候義ハ、実以御大事之御義、其上公方様御大病中之御義、万一御大老・御老中方之御取計与御疑心御座候而ハ、如何様之変事出来可致も難計ニ付、　公方様御全快之上、被仰付候方可然、乍去御大病之御義ニ付、万々一之義御坐候節ニハ、宰相様御幼年ニ付、御後見も可被　仰付候間、いつれニも今日之処ハ御見合ニ相成候方可然、昨日御請申上、今日彼是申上候段ハ幾重ニも恐入候得とも、実以御大事之義与奉存候ニ付、今一応御賢考相願度、右様申上候迚、先方江同意抔仕居候次第ニハ決而無之との御文面也、右様申越候得共、
公方様ニも御大病之事故、万々一之義被為在候節、此侭被指置候而ハ大乱之基与被思召候故、右様被仰出候御義与、乍恐奉感伏候事ニ有之処、右様之義申越候ハ心得違与存候、登　城之上、可及評義候得共、同意之者出来候而ハ不宜、間部江参り右之次第篤与申談し、夫より下総へ相談之上太田江も可参、廻れ候ハ、和泉方江も参り候様との　上意ニ付、直様間部様江参り御側役へ面会御目通り相頼候所、早速御人払ニて御逢有之候ニ付、御口上之趣、早速久世様ゟ之御手紙并松平越前守様ゟ不敬之御願書等差上候処、御一覧被成、実ニ不容易方々ニ付、此侭被差置候而ハ大乱之基与深く御配慮を以被　仰出候義、殊ニ夫々御役方へ御内意御達しニも相成候処、御延引ニ相成、万一先方へ泄れ候而ハ一大事ニ付、　御城江罷出候而より御奉書差出し、仮令夜ニ入候共今日之御取計ニ不相成而ハ一大事之事、御主人様思召御尤之御義与被仰候間、御同心ニ候ハヽ、太田様江も拙者罷出候様可仕、乍去太田様江ハ是迄書付ケ不申事ニ付、御前より御手紙願持参致候様可致旨被仰付候由申上候処、尤之義、直様認遣し可申迚御認被下置候間、右御手紙持参早速御逢有之、御口上申達、御書付願（類）入御覧候処、思召御尤ニ奉存候、只今大和守不快ニ付、登　城断之旨申来候間、不快無拠事ニハ候得共、今日抔登　城断候義ハ如何ニ付、押而登　城被致可然旨申遣候事ニ御坐候、是非今日之御取計ニ相成可然旨御同意仕候、扨私事十八ヶ年世を逃れ居候処、大守様御見出し預り忝次第、精力を尽し相勤候心得ニ御坐候、何分宜相願候旨、程よく申上候様ニ与御懇ニ被仰含候ニ付、御両家之御返答申上、書付類ハ太田様御城江御持参可被成旨被仰候間上ケ置、もはや時刻後レ候間和泉守様江ハ参上不仕由も申上ル

*1「　」の部分、提出本および提出稿本では削除。但し、宇津木本ではこの記事あり。
*2（頭注）「出御ハ御出之誤ナルベシ」。提出本にはなし。

一、例刻御附人ニ而御登　城、御退出夜八ツ半時
一、今日御持帰り左之通

松平肥後守[*1]
松平左京大夫
丹羽左京大夫

尾張中納言殿御事、
思召御旨も被為在候ニ付、御隠居被
仰出候、外山屋敷江居住、穏便ニ急度御慎可被在之候、尾張家御
相続之義ハ松平摂津守江被仰付候、此段、松平肥後守・松平左京
大夫・丹羽越前守相越、尾張中納言殿江可相達旨
御意ニ候
右、於御黒書院溜、紀伊守申達之書付渡シ、掃部頭・老中列座、
但溜詰も列坐

中納言殿急速外山屋敷江御引移候様可被取計候、且又中納言殿御
近親之面々其外絶而書通往復等無之様、家老共始江急度可申達と
の御沙汰ニ候条、取締方厚く心附候様可被致候
一、万事摂津守殿江竹腰兵部少輔・成瀬隼人正より無遠慮相伺、宜様
ニ可取計事
右之趣、家老共江可被申聞候

右三人江心得ニ渡候書付
市谷屋敷江被相越、中納言殿不及面談候被仰出之趣、竹腰兵部少
輔・成瀬隼人正其外家老共江被申合可相達之由被申聞書付、兵部
少輔・隼人正江可被相渡候、御請も右之者共罷出申達筈ニ候
御請之義ハ深更ニも可及候間、三人共明日登城ニ而可被申聞候
右、於同席可付を以達之（書）

尾張殿家老
竹腰兵部少輔
成瀬隼人正

右一同、御縁頬江呼寄御敷居江召寄被　仰出候趣、紀伊守申渡之、
兵部少輔ハ可相残候、隼人正ハ　上使之前後江可罷帰旨申聞之
但、松平肥後守・松平左京大夫・丹羽越前守も着坐

松平摂津守

尾張中納言殿御事、
思召御旨も被為在候ニ付御隠居被　仰出、外山屋敷江居住、穏便
ニ急度御慎可被在之旨被仰出候
右、於同席同人申渡、列座同前

扣　掃部頭
申達候書付列座
七月五日
松平讃岐守
松平大学頭
松平播磨守
松平掃部頭

水戸前中納言殿御事、
思召御旨も被為在候ニ付駒込屋敷江居住、穏便ニ急度御慎可被罷
在旨被　仰出候、此段讃岐守・大学頭・播磨守・掃部頭相越、水
戸殿・前中納言殿江可相達旨
御意ニ候
右、於御書院溜、紀伊守申達、書付渡之、掃部頭・老中列座
右四人
水戸前中納言殿、急速駒込屋敷江被引移候様可被取計候、且又前
中納言殿附家来共ハ一同夫々御引替可被成候、且又御近親之面々、
其外総而書通往復等無之様、家老共始江急度可申達との御沙汰ニ
候条、取締方厚く心附候様可被致候
右、於同席、書付を以達之
扣　掃部頭
申達候書付列座
松平摂津守
尾州家相続被仰付、称号
徳川ニ可被改之旨被仰出候、仕置篤可被入念段御意ニ候
右、今晩、松平摂津守宅江為
上使下総守・和泉守相越、達之
扣　掃部頭

御両卿家老江渡候書付
七月五日
徳川刑部卿殿
思召御旨も被為在候ニ付、当分之内御登
城之義ハ御見合被成候様被　仰出候
右之趣可申上旨、刑部卿殿家老竹田豊前守江、於土圭間、紀伊守書
付渡之
同文言
右之通被　仰出候間、田安殿江可申上旨、家老水野筑後守江於同席
同人書付渡之
扣
掃部頭
申渡候書付列座
七月五日
松平越前守
思召　御旨も被為在候ニ付、隠居被
仰付之、急度慎可罷在候
松平日向守
松平越前守事、
思召　御旨も被為在候ニ付、隠居被
仰付之、急度慎可罷在旨被
仰出候、家督之義ハ無相違其方江相続被仰付之
右、於御黒書院溜、細川越中守・阿部伊予守・松平佐渡守・山口丹波守

江両度ニ紀伊守申渡、書付両通渡之、掃部頭・老中列座

松平日向守

家老共

松平越前守儀、隠居急度慎可罷在旨被　仰付之、松平日向守江家督
相続之義被　仰出候処、日向守事いまた年若之事ニも有之、家柄之
義ニ候得共、家老共申合万端相慎、諸事入念可申付候

申達候書付列座
五（ママ）月五日

松平讃岐守
松平大学頭
松平播磨守

前中納言殿御事、
思召　御旨も被為在候ニ付、駒込屋敷江居住、穏便ニ急度御慎被仰
出候、右者兼々中納言殿ニも御心添可被成処、御不念被
思召候、此段水戸中納言殿江可相達旨
御意ニ候

右、於御黒書院御下段、紀伊守申達書付渡之、掃部頭・老中列坐*2

＊1～2の幕府達書は、『井伊』七―八一号に所収。

一、御退出、夜ニ入［甚物忽］ニ付、［内膳殿江申出、御供方］士分代り
合与申御人数指出、田中雄助御持筒組弐十人召連、宇津木幹之進・富
田権兵衛、御用使・御櫛役・非番之向・御目付奥山又市等下馬近江罷
越、潜ニ警衛致候［様取計、尾劦・水戸・越前家江も模様隠密ニ探索、
内膳殿ゟ士分ニ而被遣］

＊［　］の部分、提出本では削除。

七月六日

一、例刻御附人ニ而御登　城、御退出ゟ御用番内藤紀伊守様江御老中方御
一同御越、御用向相済、御帰館夜五ツ時前

但、若年寄本郷丹後守様御役御免、菊之間縁頬詰被　仰付

思召ニ不応御役御免、寄合差扣被　仰付　御側 石河土佐守

御奉公召放、隠居慎被　仰付　御匕 岡　櫟仙院

同人悴 岡　良節

父櫟仙院御奉公召放候ニ付弐百五十俵被下、小普請入被　仰付
組（但カ）知行八百石之由

右若年寄本多越中守宅ニ而同人申渡之、御目付侍座

一、京都より今夕宿継飛脚着致候ニ付、［御返答振取調候様被　仰付、］御
下ケ之御書札左之通

京状写*1

以別紙奉申上候、去ル廿二日之御別紙被仰付通、御手前様方ゟ伝奏
衆江之御書翰一封即刻相達候処、則右御返翰一通并同写一通被相渡、
以急便可差上旨被申聞候ニ付、則差上申候、尤刻附宿次を以御返翰、
本紙之方ハ東海道江差立、写之方ハ中山道江差立申候、以上

六月廿九日　　大久保大隅守
連名宛

別紙

別紙二通之趣、東海道江茂差立候得共延着之程も難計、猶又写二通中山道江差立候、若本紙延着候ハヽ、此写を以本紙同様御取扱有之候様致度存候事

来翰　七月六日致来

別紙之通被　仰出候、仍此段早々申進候、恐々謹言

六月廿九日　　正房
　　　　　　　光成

連名殿

別紙

六月廿一日老中奉書を以言上之義ニ付、三家并大老之内、早々上京可有之候様被遊度、此旨大樹公江被
仰進候事

右七月六日到来、中山道之方到着也*2

*［　］の部分、提出本では削除。
*1〜2の部分、『井伊』七―九二号では、富田権兵衛筆の帳面を所収。

七月七日

一、京都江御返答之草稿［認差上ル、］左之通

*1御三家并大老之内、早々上京可有之候様被遊度、此旨
公方様江被　仰進候旨
叡慮之趣及言上候処、則御領掌被遊候段　仰出候、猶委細之義ハ別紙を以被　仰進候、此旨宜被奏達候、恐惶謹言

月　日　　御連名

別紙

六月廿一日奉書を以言上之儀ニ付、御三家并大老之内、早々上京可有之候様被遊度、此旨被仰進候段
叡慮之越〔趣〕御領掌被遊候、然処御三家之内、尾張中納言殿・水戸前中納言殿ニ者不束之事共被在之、尾張殿者隠居之上、下屋敷ニ居住、急度慎罷在、水戸前中納言殿ニも下屋敷ニ居住、急度慎罷在候様被仰出、水戸中納言殿ニも慎罷在、其外ハ若輩之仁体ニ付、いつれも上京等難被　仰付候、大老井伊掃部頭儀ハ当節之要務諸般引請罷在、差向候御用多端ニ付、是亦急速上京難被仰付候、尤廿一日言上之儀ニ付而ハ、間部下総守儀為御使上京被　仰付、委細之事柄言上候様、去月廿六日被　仰出、酒井若狭守儀も差急罷登候筈ニ候間、先下総守被差登ニ而可有之候間、委細之事柄御乗〔垂〕問被為　在候様被遊度思召候、猶掃部頭引請罷在候要務大凡済寄候ハヽ、時宜次第被　仰進候通上京可被　仰付候得共、急々ニハ出立も難仕候ニ付、此段両

卿御心得候而、宜被達
叡聞候様被遊度候事*2

＊［ ］の部分、提出本では削除。
＊1～2の部分、『井伊』七―九二号では、富田権兵衛筆の帳面を所収。

七月八日

一、是迄都而　御城ニ而被　仰渡之節、御用番之次ニ
殿様御着坐被遊候処、以来ハ御用番之上江御着坐被遊候、夫より御用
番・非番之御老中御列坐ニ相成旨御取極被遊候段　御意有之

七月九日

今日京都江奉書被指越候趣ニ而御下ケ左之通

貴翰致拝見候、然ハ六月廿一日奉書を以言上之儀ニ付、御三家并大
老之内早々上京可有之候様被遊度、此旨
公方様江被　仰進候旨
叡慮之趣及言上候処、則御領掌被遊候旨被　仰出候、猶委細之儀ハ
別紙を以被　仰進候、此旨宜預　奏達候、恐惶謹言
七月九日　年寄衆
連名判
広橋大納言殿
万里小路大納言殿

［　別紙
六月廿一日奉書を以言上之儀ニ付、御三家并大老之内早々上京可有
之候様被遊度、此旨被
仰進候段
叡慮之趣御領掌被遊候、然処、御三家之内尾張中納言殿・水戸前中
納言殿ニ者不束之事共被在之、尾張殿者隠居之上、下屋敷ニ居住急
度慎罷在候様被　仰出、水戸中納言殿ニも慎罷在、其外ハ若輩之仁
体ニ付いつれも上京難被　仰付候、大老井伊掃部頭儀ハ*1［御守護御
警衛向一体之取締為取調、兼而上京被　仰付候御含も被為在候折柄、
旁以早速上京被仰付度　思召候、然ル処、魯亜英三国之船、神奈
川・品川江入津、尚英仏等之軍艦数十艘追々渡来可致趣ニも相聞、
当節之要務諸艘引請罷在候間、暫時御猶予之義被　仰進度、］尤廿
一日言上之義ニ付而ハ、間部下総守為　御使上京被　仰付、委細之
事柄言上候様、去月廿六日被仰出、酒井若狭守儀も差急罷登候筈ニ
候間、先下総守被差登ニ而可有之候間、委細之事柄御垂問被為在候
様被遊度　思召候、此段両卿御心得候而宜被達
叡聞候様被遊度候事］

＊［ ］の部分、提出本では「但、別紙に前之御草稿与同断ニ付略ス」として省略されるが、＊1［ ］の部分などが異なる。提出本の同日条参照。

七月十日

一、田安中納言様江
公方様御大病ニ付、以来御政事向御相談可被成旨、御側平岡丹波守

様を以被　仰出

一、英吉利人応接、太田備後守様於御宅有之

七月十二日

*1一、五ツ打三寸廻り御附人ニ而御登　城、御退出八ツ半時過、御召服染帷子御上下

一、魯西亜使者登　城

公方様御病気ニ付、為御名代

宰相様大広間御上段ニ出　御、　御目見被為　請

但、御式書ニ　殿様御下段御老中様方上ニ御着坐与相成有之ニ付、右者、

公方様御上段江出　御之節ニハ御中段ニ御着坐被遊候御規格ニ而、天保度ニも

将軍　宣下并正月六日寺院御礼之節ハ御中段ニ御着坐被遊候義ニ有之、則右御例書書抜入御覧、今日御中段ニ御着坐被遊候様仕度旨申上候処、此程御式書　言上済ニ相成有之、今日差懸り候事ニ付、如何可有之哉、且

立御御礼被為　請候節之式相分り不申との

御意ニ付、左様候ハ、、御留記跡ゟ　御城江可差上、右ニ而御進退御承知可被下置、一体昨日申上候得ハ宜処、今朝心付指懸り奉申上候段ハ奉恐入候得とも、御中段ニ御着坐与申義、外々様ニ而御大老御勤被遊候而ハ相成不申、其訳ハ

厳有院様*2「御幼年之砌、

久昌院様」御大老之節、御中段御着坐被為遊候御形ニ而、　御代々様御中段ニ　御着坐被為遊候趣ハ、先々小野田小一郎より承り居候義、今日ハ外国人拝礼之義ニも有之候得者、是非御中段ニ御着坐不被遊而ハ御家格ニ拘り候段申上候処、御承知ニ而、御留記、　御城江差上候様　御意ニ付、御入用之処計引抜、御鍵番ニ為持、　御城江指上、則御中段ニ　御着坐与相成、尤、下ゟ二畳目ニ御着坐被遊

御持帰り左之通

掃部頭

右掃部頭義、御下段年寄共之上江着座之積ニ取調候処、先格も有之候間、御中段江着坐候様仕候

*1（頭注）「寸或ハ分ノ誤りか」。提出本にはなし。

*2「」の部分、提出本になし。提出稿本にはあり。

一、上様御上段之節ハ、いつとても

殿様御中段ニ　御着坐被遊候御先格ニ有之間、心得居候様奥御右筆江被　仰渡候由御意有之

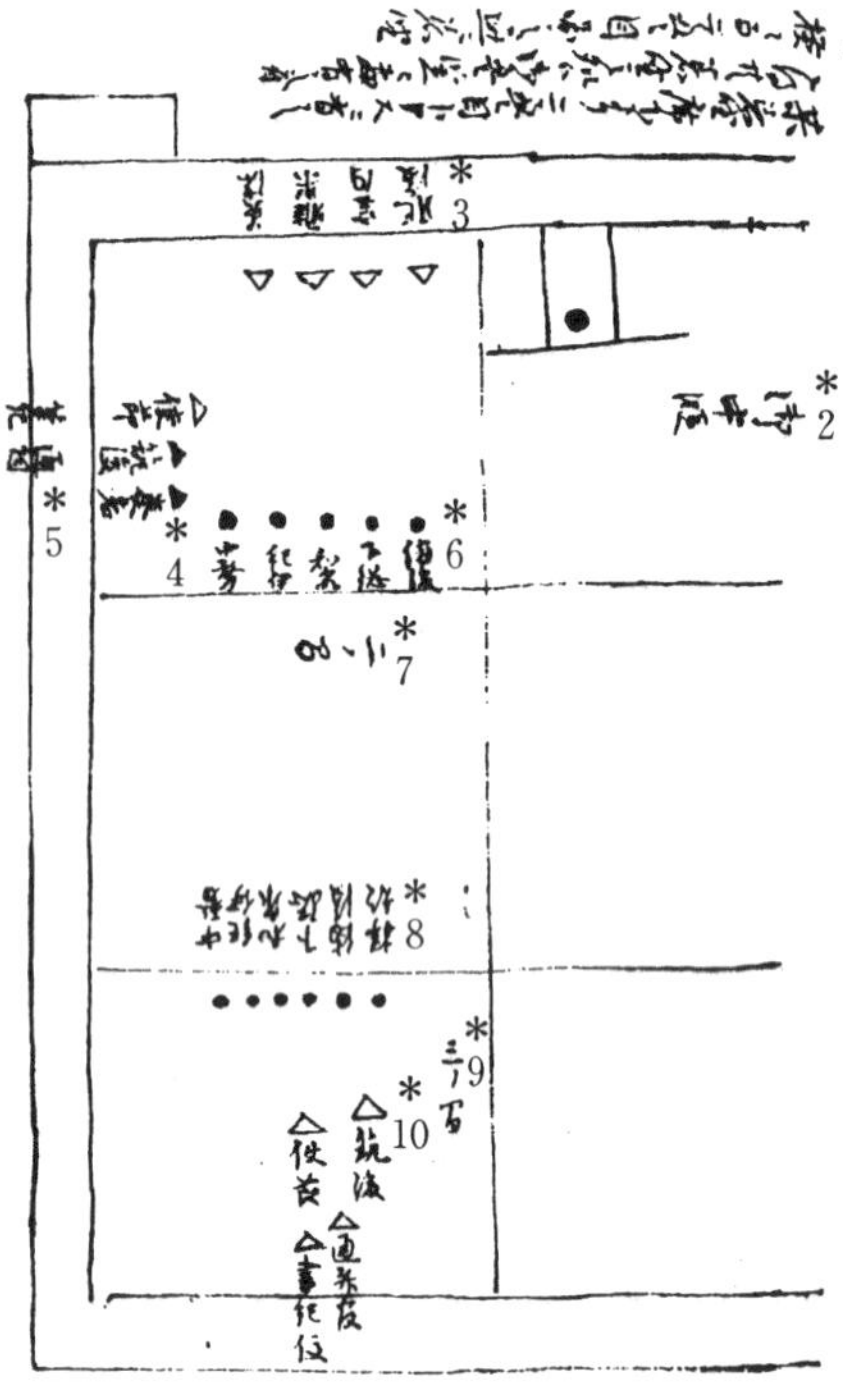

（図中文字）

*1「某着坐席下より二畳目ト申スニ有之
候得共、着坐之処ハ御畳竪ニ敷有之ニ付、
横ニ而畳目図之通ニ着坐」

*2「御中段」

*3「△肥後　△宮内　△雅楽　△美濃」

*4「▲奏者　▲筑後　△使節」

*5「通詞　筆記」

*6「●備後　●下総　●和泉　●紀伊　●中務」

*7「二ノ間」

*8「●掃部　●備後　●下総　●和泉　●紀伊　●中務」

*9「三ノ間」

*10「△筑後　△使節　△通弁官　△書記役」

使節拝礼済退去候与一印より二印江引、老中ニも同様引カレ列居、尤、某ハ御下段中央ニ而中礼して参る、一同御目見済、　入御アッテ御襖ノ両人一同之列ニ入、夫より大目付宜敷旨申聞ケ、一同ニ三ノ間三印江罷越し、使節御礼謁之

但、溜詰ハ使節拝礼済、居直り後へ、西御縁江引かれ候事

七月十四日

一、御持帰り、左之通

掃部頭

御政事向之儀、万端惣括被致候ハ当然之事ニ候得共、当節外国江拘り候御用筋ハ、別而御大切之事ニ被
思召候間、外国御用重立候儀者厚く申談、其外心附候義も有之候者、無伏蔵申合候様被
仰出候

*本状は原本あり（『井伊』七―一一三号）。

七月十六日

一、英吉利応接、都而亜人約条之通ニ而相済

一、明十七日、[長野主膳京都江出立、]間部下総守様京都江御持参之御書付草稿[御屋敷ニ而]御出来、御用部屋江御指出、御相談被遊候処、少々御点削御坐候ニ付清書致、[主膳より]九条　殿下江入　御内覧[候ニ付持参、]草稿ハ下総守様江[六之丞持参]上ケ置

＊［　］の部分、提出本では削除。

京都江被　仰進之草稿左之通

先般備中守儀、外国御取扱方之儀ニ付、為御窺
叡慮　御使被　仰付、上京之節、亜墨利加条約一条委細及言上候処、
神州之大患国家之安危ニ係り誠ニ不容易、奉始　神宮、　御代々江
被為対恐多被　思召、　東照宮以来之良法を変革之義者、闔国人心
之帰向ニも相拘、永世安全難量、深被悩　叡慮候、尤往事〔年〕下田開港
之条約不容易之上、今度仮条約之趣ニ而ハ御国威難立被思召候、且
諸卿群議ニも今度之条々殊ニ　御国体ニ拘り、後患難測之由言上候
ニ付、猶御三家以下諸大名江被　仰出、再応衆議之上可有言上旨、
叡慮之趣御尤之次第ニ　思召候、依之、
勅諚之通、御三家以下諸大名江被　仰出候処、各存意別冊之通言上
候、右之内、凡外洋各国之形勢変革ニ随ひ、蒸気船等致発明、航海
之術益相開、天涯も比隣与相成、加之、軍制兵器等実戦ニ相試ミ、
往古とハ強弱勢を異にし、異人ハ禽獣同様ニ唱来候得共、今ニ至候
而ハ各国往々非常之人材も出来、全く強大国与相成、世界中割拠之
勢ひを振ひ候折柄、是ゟ容易ニ兵端を開候而ハ勝算有之間敷との見
込も当然之理ニ有之、併無饜之夷情近付候而者、後患難測、此上、
神祇（祇）冥瞻其恐不少候ニ付、段々衆議相建候得共、何分彼か懇願
種々有之、精々談判之上取縮、漸く今日迄之御所置ニ相成候義、
譬旧染之弊有之候共、一時ニ改復致し、只今無謀之争端を開候而ハ、
一旦戦ニ者勝利を得候共、忽洋外之各国仇讐之思をなし、若　皇国
四面之海岸を襲来、通船運漕を妨け、竟ニ者御国力疲弊之時を窺ひ、
諸蛮之軍艦一時ニ指向候ハヽ、如何成大事ニ及ひ可申も難計候間、
仮条約案文之趣御差許相成、先ツ神奈川・長崎・箱舘・新潟等ニ而
交易御差許有之、得失利害御試之上、無別条候ハヽ、五六年之後兵
庫も御開相成候共、其間ニ者京師を始諸国海岸之御警衛も相整、凡
十三四年之内御試可有之、尤外国ニより使者差越候ハヽ、墨夷之例
ニ倣ひ江戸表へ被召寄、西洋各国之風俗情態其様子をも篤与御糺可
有之、其内防禦之手術十分相整候上ハ、時宜ニ寄り和戦之二道何れ
共御心ニ可被任哉ニ候得共、只今之処ニ而者、穏当之御沙汰ニ無之
候而者難相成次第、衆評之趣言上之ため、　御使可被差登御用意候
処、去月十七日、下田表江渡来之亜船江彼国之使者ハルリス并通弁
之者乗組、神奈川江入津いたし、書翰差出、今度、英仏之軍艦清国
之戦に勝、其勢ニ乗し近々弥御国江渡来致し、強訴之企有之由及注
進候、尤昨年以来相願候仮条約案文之趣御差許有之、調印相済候
ハヽ、何程之軍艦渡来候共、御心配無之様可致之由申立候ニ付、諸
役人中評義ニも仮令忽及戦争候共、被為遂奏聞候上ニ無之候而ハ調
印不成者勿論之事ニ候得共、併彼是手間取候内、英仏等之軍艦渡来、
自然混雑致し、無拠兵端を開、万一清国之覆轍を践候様之義有之候
而ハ、憂患今日ニ十倍致し、汚辱を後代ニ伝へ候共、相雪キ候術無
之、実以不容易儀ニ候間、非を見て進むも道ニあらす、何分危急之
場合ニ迫り、応接方井上信濃守・岩瀬肥後守調印致し候義、御差許
相成候、然処、先般　勅諚之趣も有之、仮令一時之御計策ニ候共、
不被為遂　奏聞候而、右様御取計有之候義ハ、

叡慮之程も如何可有之与恐入　思召候得共、諸大名建議ニも只今争端を開候而ハ不容易御一大事之由、尤一両人者別段之存意も申立候得共、今日之形勢御採用難相成次第者前文之通ニ候得者、只紙上之当理而已ニ有之、実ニ無御拠次第、宜被達　叡聞候、猶被　仰出候条々之御旨者、左ニ被　仰進候

被　仰出之条々

一、永世安全可被安
叡慮之事

一、不拘国体、後患無之方略之事

一、下田条約之外不被遊　御許容候節ハ、自然及異変候も難計ニ付、防禦之所置被　聞食度事

一、衆議言上之上
叡慮猶難被決候ハヽ、伊勢
神宮　神慮可被伺定儀も可有之哉之事

右者、弘安度蒙古之冠(ママ)襲来候時之如く、一国之義ニ候ハヽ、如何様ニも可奉安
宸襟様之手術も可有之候得共、方今洋外各国之形勢を御洞察有之候而者、容易之御所置も難相成、又此後御国港内ニ夷族を必不寄様可致義者決而難相成時勢ニ付、御熟考衆評之上、堅制強兵を内に蓄へ、外ニ者永世平安之術を行ふニ道を以て為へきため条約再議年限之間、西洋各国ニ和親御取結ひ相成候ハヽ、素より利欲ニ走る夷情、追年御国ニ多分之品無之、一同ニ其利を得候事不能事実を弁知致候ハヽ、是に於て銘々奇特之懇儀を結ひ独自由之志願を起し可申事、必然之儀ニ候得者、其期ニ及ひ漸々
皇統至尊之徳を示し、神国清浄之風儀ニ懐け、自然と尊信之志を生し、我ゟ彼を可制御威勢ニ相成候上ハ、洋外諸蛮之大軍も不可恐、中ニも抜群ニ帰服致し献貢之品持来候時ハ、交易ニ倍して報ひ遣し候様御所置有之候ハヽ、交易之名を改献貢と《と》して諸品持来候国も出来可申、右を第一之遠客として別段厚く御取扱有之、御撫恤を加へられ候ハヽ、其余之諸蛮も随而相倣ひ可申、其上不敬之国も有之候ハヽ、服従之国々ニ謀り、御製禦有之内にハ御国禁厳重にして従ハしめ候様御取計有之候ハヽ、幾千之年を住(ママ)すして海外之諸蛮此方之掌中ニ納る、事、三韓掌握之往古ニ復すへし、仮令時勢之儀迄ニハ不及候共、各港ニ厳禁之制度を立、狂(ママ)者ハ厳重ニ罰し、守者ハ撫恤を加へて弥懐け漸々
皇国之風に従ハしめ、開闢以来相承之　神武を以海外ニ御威光を示し、天壌与無窮之　皇統万代に余慶を伝へ給るへき程之事ハ難かる間敷歟、然者方今之場合ニ臨ミ、強て僅之兵庫一港を閉候与も、若此上異変出来危急ニ迫り、無拠義(ママ)内近辺迄数港を御開有之候様相成候而者、此上幾許可奉驚
宸襟程之御大事出来之程も難計候得者、仮令五六年之後一度ハ兵庫を開、大坂も商売之ために居留は御差許相成候とも、前条之通厳禁を立、終ニ夷人を此方之策ニ入候様致候ハヽ、行々　御心配之筋無之様可相成哉、実ニ方今之形勢猥ニ兵端を開候而ハ其害永世ニ及ふ、一々寛宥穏当之御取計有之、漸々至尊之徳を示し術を以て懐け候時ハ、宇内無比類

皇統至尊其実を弁へ候ハヽ、夷狄といへとも尊信之心を生せすんハあるへからす、左候へハ、永世安全可奉安
叡慮基本、且　御国体ニ不拘後患無之方略ニ可有御坐被　思召候、右之通十三四年之後、条約改正迄之間篤与御試精々人力を尽し候上、弥国家之御大事ニ及ひ、自然和戦両条難被決儀も有之候ハヽ、伊勢
神宮之　神慮御伺ニ相成、無二之御決定被遊度　思召候、右之趣宜被達
叡聞候

＊本状は原本あり（『井伊』七―一一五号）。

七月十七日

＊1
［一、御内用ニ付、太田備後守様・間部下総守様へ六之丞御使者相勤候事
御直筆御心覚書持参

一、此度英人御取扱全く御両侯御働ニ而御都合宜き事
岩瀬肥後守
永井玄蕃頭
右両人者邪智奸佞之者一印之徒ニ有之、御要心之事
一、堀田同類異国風をこのミ彼レニ諂ひ候由之事
堀織部正
一、右様之者外国奉行申付候者一術ニ有之、当時勤振考中之事
井上信濃守
右両人ハ岩瀬・永井ニ同意之事
但、岩瀬・永井如き邪智者無之、織部之方ハ
随分手堅き趣ニも相聞候へ共、異国風ニ染候事ハ同前
御目付
津田半三郎
右律義成者ニ候得共、岩瀬・永井等年来懇意之趣ニ付、立合之廉立申間敷哉之風聞之事
通詞
森山多吉郎
右甚悪説有之候得共、未タ不分明ニ付、探索中之事
但、同役出来候事専一之事
水野筑後守
右素より同役とハ見込別段ニ付、先達岩瀬・永井等堀田江申立、応接ヲはなれ候事
一、今度外国奉行之内、筑後を邪魔ニ致候趣ニ付、又々讒訴
一、外国奉行江御達し之時、たとへハ両人出候節者筑後を御加へ可然事
一、祝炮之一条、初者御一同不為打方之御見込之処、内実外国奉行為打候据りニ而事を不尽、却而上をくらませ勢終為打候方ニ相成候事、残念子細アル之事
一、右ニ付、既ニ井上信濃守申聞候ニハ、異人申候者、世界一同之法を押立候義ニ付、此後日本之法を以て異人江ほとこし候義ハ迚も難相成と、只管彼レ之礼式ニ随ひ可申段申聞、此義至極之大事ニ候事

但、是迄之御応接懸り之底意ハ皆々右之通ニ候事

一、追々開港交易之義等可申出、右辺之処、誠ニ以気遣敷、少茂御油断御坐有間敷候事

右件書御渡し委細御趣意被　仰含候間、御両人様江御目通相願被　仰含候次第申上、御返答申上ル*2］

*1~2［］の部分、提出本では削除。

七月十八日

［一、今夕、河村対馬守様・薬師寺筑前守様へ六之丞御内使者相勤

但、河村江ハ水府之様子探索、薬師寺江ハ奥向御取締之事被仰遣候也］

*［］の箇条、提出本では削除。

同十九日

一、英吉利使節応接相済、今日退帆いたし候

但、英人、支那之振合を以条約取結度旨申立候得共、亜人条約通りより御許し無之間、厳敷被　仰渡承伏いたし候事

七月廿日

一、松平和泉守様江御内用ニ付、六之丞御使者相勤御逢有之、罷帰り御返答申上ル

七月廿一日

［一、間部下総守様江御内用ニ付、六之丞御使者相勤、御逢之上御返答被　仰置申上ル

但、京都御使所司代・伏見奉行御発駕、水戸老公御慎方等之義ニ付、被仰談］

*［］の箇条、提出本では削除。

七月廿三日

［一、酒井若狭守様江六之丞御使者相勤

但、京都江御発駕ニ付、仮条約調印一条之御申解方、御陣屋地早々御渡しニ相成候事等被仰遣、彼方様よりも品々御直ニ被仰含、着衣今広打おろし刃一腰被下置候間、罷帰り幹之進を以伺之上頂戴致、彼方様御側御用人中嶋作兵衛迄御礼手紙翌日指出ス］

一、薬師寺筑前守様御出、品々被　仰上御尋も有之、六之丞御取次致、御湯漬・御菓子被指出、夜四ツ時御退散

*［］の部分、提出本では削除。

七月廿六日

一、薬師寺筑前守様御出、御湯漬被指出、今日御頂戴之御菓子被遣、六ツ時過より御逢、五ツ時前相済

［一、御直翰　御答封

右長野主膳江被下置、御賄へ相達、主膳上京致居候ハヽ、直様京都江遣し候様相達、六之丞ゟも御用状指出ス］

＊［　］の部分、提出本では削除。

七月廿八日

一、御持帰り
　折表ニ[*1]　御名
　申達候書付　御黒書院溜 芙蓉間御列坐

松平讃岐守
松平大学頭
松平播磨守

水戸前中納言殿御慎之義ニ付、其方共申合御取締万事可申談、且家来共之内申付、駒込屋敷江為相詰可申候、竹腰兵部少輔・水野土佐守江へ申談候様可被致候

右於御黒書院溜、下総守申渡書付渡之、御名・老中列坐

竹腰兵部少輔
水野土佐守

中山龍吉儀、未幼年之義ニ付、水戸前中納言殿御慎之義、其方共申含万事心を附御取締附候様可被取計候、松平讃岐守・松平大学頭・松平播磨守江も申談可被取計候

右於芙蓉間同人申達書付渡之、列座同前

大目付　山口丹波守
御目付　野々山鉦蔵

水戸前中納言殿御慎之義ニ付、松平讃岐守・松平大学頭・松平播磨守江御取締之為万事可申談、且家来共之内、駒込屋敷江為相詰候様竹腰兵部少輔・水野土佐守江も相達候ニ付、御取締附候様可取計旨被　仰出候間、得其意、時々見廻心付候様義ハ無遠慮、右之面々江申談可被致候、尤事立候義ハ早々可被申聞候

右於新部屋前溜、下総守申渡書付渡之、列坐無之

折表　御名

控　松平讃岐守始へ相達候書取

組合之者共、松平讃岐守其外江罷出候ハ、月番之老中江引渡候上、町奉行江相達、揚屋入可申付事

　但、老中江罷出候ハ、町奉行江引渡、同断申付候事

一、其仁相応之者ハ大名之内江御預可被仰付候事

一、万一以之外不法之取計方有之候ハ、町奉行より捕方可申付候事

一、右ニ付、内探見ほし附置候義御目付ニ而可取計候事[*2]

＊1〜2の幕府達書は『井伊』八―一六号に所収。

右ニ付、被　仰出左之通

其仁相応之者ハ大名江御預ケ被仰付候事ニ候得とも、此方様江参り候節ニハ、竹腰兵部少輔殿・水野土佐守殿江相渡候事

但、物頭以上ハ右御両人江引渡し、平士以下ハ町奉行江引渡し可申旨

　伺済ニ付、其旨内膳殿江達ス

初件物頭以上之取扱
御取次頭取　壱人
御取次　壱人
御中小姓　壱人
非番御供目付　弐人
御騎馬徒　拾人
御足軽　拾五人

二件平士取扱
御取次頭取　壱人
御中小姓　弐人
御騎馬徒　三人
御足軽　弐拾五人

物頭以上拾人罷越候ハ、警固初件之通、平士以下十人ニ候へハ二件之通、右之通人数多少ニ寄警固増減可仕、入置候場所ハ御作事方役所可然旨、内膳殿被相伺、伺之通被　仰出候事

七月廿九日

［一、御内用ニ付、間部様へ六之丞罷出候事
御逢有之、外国へ御使者并中山一条之事、確堂様之事ニ付而之御談］

＊［　］の部分、提出本では削除。

八月朔日

［一、伊達遠江守様へ御内用ニ付、御側役之廉ニ而六之丞御使者被　仰付
但、水戸様御取締一条御内意被仰進］

＊［　］の部分、提出本では削除。

八月二日

一、松平確堂様江御手紙［下書認候様、昨夜被　仰付候間、左之草稿、今朝六之丞認差上ル］

＊［　］の部分、提出本では「之写」と改められる。提出稿本では、「御草稿左之通」とした上で、「之写」と改める。

一書啓上仕候、残暑強く御坐候処、御揃益御勇健ニ被為渉目出度御義ニ奉存候、然ハ私儀先般御大老職蒙仰候処、兼而御承知被下置候通愚昧者ニ付、再三御辞退申上候得共、厳命難黙止御請申上候得共、御見聞之通国家大厄難指湊候折柄、難堪重職困苦仕候得共、奉窺
上慮、今日迄仮成勤続候所、
公方様御大病　宰相様ニハ御幼年、御三家方始一橋殿ニも無御拠御次第ニ而、無此上御手薄之御時節ニ付、清水御屋形被進、国家之御鎮護ニ被遊度との　思召ニ付、此程下総守より　御内意申上候処、御多病ニ付御隠居被為遊候御訳柄、委細ニ被　仰遣候趣承知仕、御尤ニ奉存候、乍去
恭廟之御連枝も、今日ニ至り候而ハ御残り少く被為成、誠ニ　御血

統も御手薄旁以
*1御内意被　仰出候御義与奉存候、御病苦ニ付世○御逃れ、風月を友と被遊候御身、再ひ俗事ニ御携被遊候義、御迷惑之段ハ深く御察申上候得共、国家之御大政御相談被遊度との
御内慮ニて、素より烈敷御勤ニハ無之御事ニ付、程よく御請被　仰上候ハヽ、
公方様ニも　御安心、万民之幸福不過之、譬思召之通御隠遁被為在候とも、国家御安危ニ拘り候御場合ニ至り候而ハ、余所ニ被御覧候御義ニハ有之間敷ニ付、枉て御請被仰上候様仕度、此段奉願候、右申上度如此

月日

*2［但、八月四日確堂様へ被遣候］

*1頭注「塵之誤か」。提出本にはなし。
*2［　］の部分、提出本では削除。
*本状は『井伊』八―四四号では、「公用方秘録」より引載。

八月五日

一、彦根表より宿次御飛脚着、三条様より京御留守居山下兵五郎被召呼、御尋有之、九条様衆嶋田左近より長野主膳江之手紙到来ニ付、開封入
御覧、今夕木曽路宿継指立、左之通及文通

一書啓上仕候、秋暑之節先以
殿様益御機嫌能日々御登　城御精勤被下置、御同意難有奉存候、然ハ今五日嶋田左近ゟ別紙到来、［御約束之通］開封、則入　御覧候処、追々貴兄より御差出被成候御紙面も相届、嶋田氏御忠諌ニ而　殿下御辞職　思召御止り被遊候趣御承知、誠ニ御安心、天下之幸福不過之迚御満悦被遊候、隠謀方大敗北ニ而、三条様ニも御心配之御様子、［一笑仕候、］此御様子ニ候得者、程よく御治りも付可申哉与被　思召候得共、水老公御慎方不宜、夜分極々御忍ひニ而御出歩行、御簾中より上野宮様江御文被遣、京都江頻ニ御手入有之趣、駒込御屋形ニ而者今日ニも京都より飛脚着いたし候ヘハ、御慎御免ニ成候との義咡（囁）合居候趣ニ相聞へ、何分御不慎此侭ニ指置候而ハ、終ニハ水戸之御家ニも疵付候様可相成との御配慮ニ而、別紙之通御取締被　仰出候間、此後之処ハ先々御安心ニ候得共、是迄ニ京地江十分讒訴被成候事与被察、自然真顔ニ御聞込、御慎御免等之御沙汰御坐候而ハ、折角是迄御取鎮ニ相成候義も再発いたし、忽争乱ニ及可申与深く御配慮被為在候、若刕侯ニハ最初之御様子とハ事代り、内藤豊後守様ニ京地荒ら切為致、其跡へ御上京可被成御心組ニ候へ共、左候而ハ、御手後レニ相成候間、少しも早く御発駕被成候様御責付被遊候得ハ、病気御申立、とかく遅々被成候得共、もはや不日ニ御発途被成候趣ニ御坐候、内藤様ニハ今度御城主格ニ被仰出候ニ付、格別ニ御意気込御登り被成候趣ニ御坐候、貴兄御差〔着〕後御模様分り次第、急便を以不取敢被仰上、委細之訳柄ハ追々ニ被仰越候様仕度奉存候、［此節　御上之御評判誠ニよろ敷御登城御出引、町家之面々拝ミニ出候趣　御坐候、戯作もいろ〳〵出候得共、隠謀方ヲ誉候ものハ壱人も無之、天下之人心隠謀方ヲ飽迄憎ミ候事与奉存候、是ニ而も奸佞与申事顕然与いたし候事与奉存候、戯

作一弐別紙ニ認御廻し申候、」

公方様ニも当月八日御発し之由、是計ハ取戻し無之、何とも残念至極ニ奉存候、田安様ニハ程なく御後見与被仰出候趣ニ御坐候、くれ〳〵も貴地御模様分り次第早々被仰上可被下候、右得御意度、如此御坐候、已上

宇津木六之丞

長野主膳様

尚々時下御厭乍憚専一ニ奉存候、嶋田氏御忠勤之程御感心被遊候旨も宜御伝へ被成候様被　仰出候、以上

＊［ ］の部分三箇所、提出本では削除。

＊本状は『井伊』八―五一号では、「公用方秘録」より引載。

［一、別紙得御意候[*1]

公方様ニも弥来ル八日ニ御発しニ相成候ニ付、間部様ニも御発駕大延引ニ相成候間、御忌中ニ而も不苦候間、早々御上京被成候様との御沙汰ニ相成候様被遊度　思召候

一、将軍宣下之義、彼是手間取候而ハ、又々浮説ヲ唱候様可相成ニ付、速ニ　宣旨下り候様精々御差含御取計被成候様被　仰出候

＊本状は『井伊』八―五一号では、「公用方秘録」より引載。

別紙

世のあり様を見て隠れ居るといへとも、天道

太田姫稲荷　是を捨おかす、老人たりといへとも国家の治

真を司る

佞人君を計るといへとも、必是を近寄せす、心配して骨を砕き、終ニ三徳の功を顕す

千日賄賂を贈る人ありといへとも、一切是を取もたす、音信不通たりといへとも仁義の人は愛すへし

井伊大名神
下総外宮物社

口演

御罰中様益不機嫌ニ御座候得共、弥奸佞御尤至極ニ奉損候、就而者私見出之儀、以御為日増ニ難渋仕難計死合ニ奉葬候、叱ル処、此度私儀掃部宿ゟ山之手江隠居被為候ニ付、岡ニ新工夫為致武士ヶ死るい并東条蘭死類相始め、御毒用向専一ニ仕懸ケ、毒念入奉差上候間、御すいきニ思召、小用向被仰詰被下候様、御毒医様方ゟ猶又御吟味之衆江宜敷御吹聴奉希上候

一、和法親玉おころし　折詰　五九匁ニ上

一、巻添佐倉餅

一、気衆あらこ　十三ニ付　西

一、同伊賀餅

一、親父腹太もち

一、三家ゑちせん　かゞみ餅　廿四文

一、御附あんけら餅

一、大勢死ざい餅

一、家老水戸切団子

一、国主しりもち

一、上意まつ風

一、名君掃部ぞうに　各様御安心之為メ大安売　三十五万石

此外御宅めし

さそこわめし思召次第

一、右之外志賀死武士が死御心懸次第

見世并当日ゟ
扶持方取上申候　本郷小石川土佐死ばち

水戸谷丹後

申渡 掃部頭申渡
老中列座

宰相様御若年被成御坐候間、御政事向之儀当分之内田安中納言殿御後見被成候様ニとの御遺言候、何も念入大切ニ可相勤旨被仰置候］[*2]

*1〜2の［ ］の部分、提出本では削除。

八月九日

一簡拝呈仕候、今度ハ御同前誠以奉恐入候御義御坐候、猶更御職務御心労之御義、万々御察申候、随分御加養御精勤之程奉仰候、扨此程御懇書を以御内移り御坐候、御手薄之御時節ニ付、拙者身分御引取ニ相成、清水御殿被下置、国家鎮護之御内意、再度之御沙汰ニ付、恐謹勘弁仕候処、兼而御承知之通未熟之某病身之義、右様之大任迚も相勤り候義ニハ無之、且国家之御安危ニ拘り候御時節、隠居之身ニ候得共、乍不及抛身命随身之忠節相尽し可奉報　御厚恩与不安寝食心思慮仕候得共、御内移り御坐候御引取清水御屋形被下置候而之大任者、何分ニも不及力、幾重ニも御断奉申上候、今度之御一条御伺候ニ付而も、強く心配之処より病気差発、諸症相加り気分鬱々敷、追日相勝不申、大躰ニ而者急ニ全快も無覚束次第、乍去再応之御沙汰難黙止、迚も相勤り候義与者不奉存候得共、責而者此侭之義ニ候得者、身分ニ応し候義ハ全快之後可也ニも相勤り可申哉、此段心底無覆蔵申上候、程能御汲取宜御取扱被下度奉相願候、過日之御答旁奉呈寸楮候、頓首

八月九日

猶以時候御自愛専一奉存候、病中平臥御答延引乱筆御容恕所仰候、以上

井　掃部頭様　　　　松　確堂

*本状は『井伊』八—七二号では、「公用方秘録」より引載。

[*1]［右御返書取調候様被仰付候、六之丞認左之通上ル

御懇書謹而拝見仕候、如高諭今度者絶言語奉恐入候御義ニ御坐候、然者此程　御内意奉申上候清水御殿被進、国家御鎮護之義御熟考被遊候処、御未熟御病身之趣を以御辞退、併国家之御安危ニ拘り候御時節ニ者、今日之御場合ニ而も被為抛御身命御忠節被為遊候との御義、無御拠御訳柄ニ者候得とも、田安殿ニも前代未聞之大厄難差湊候折柄、何分御手薄之事ニ付、如何様ニも御納得被成候様取計可申迚、此程別紙御書下ケも御渡しニ相成、閣老衆ニも是非御承引被為在候様御進メ申呉候様申聞候間、其旨可申上心得之処、此程之御混雑ニて取紛居候折節、御断被仰下置候事ニ付、御主意之処、尚又田安殿江も申上候処、前文之通之思召ニ而、飽迄御進メ申候様被仰候間、再応申上候義ニ御坐候事ニ臨ミ候節ニハ、御忠節被遊候との御

義御尤ニ者候得共、清水江御引移り、御鎮護与被為成候得者、所謂禍を未然ニ防候訳、強而御承諾無之時ニ者清水ハ永く明き御殿与相成、御血統も御手薄旁以深き　思召を以被　仰出候義、御未熟抔与御謙遜も時ニ依り候御義歟与奉存候、尤御病身之義者一同承知罷在候事ニ付、成丈不奉懸御苦労心得ニ候間、是非とも御承知被成下置候様一同押而御願申上候間、枉而御承引被成下置候様御尤御請旁此段申上候]*2

*1～2の［　］の部分、提出本では八月十日条に記される。
*本状は原本あり（『井伊』八―七四号）。

八月十一日

一、御本丸御局より内用文　壱封
右松平大隅守様ゟ御到来之処、其筋より申出候事ニ無之而者、御取扱被成兼候趣を以御返却被成、来紙御返書写封し置

八月十二日

一、明日御退出頭江六之丞罷出候様、間部様衆より申来候間、御請書指出ス
一、御飛脚立ニ付、長野主膳方江左之通及文通
　然者萩原宿　御日割通御旅行被成候間、最早無御滞御上着可被成と小幡二郎八江御伝言被下、則申上候処、能御都合ニも御満悦被遊候、[太閤様ニも内覧御免被相成候由ニ付而者、]　殿下ニも答御威光相増、万事之御都合可然御義与被為　思召候、とかく三条様之処御解ケ兼被成候事与被為　思召候ニ付、とふ歟程よく御説得方御丹精被遊〔成〕様ニ者　思召候、　御上ニも此程御疝瀉、其上御歯痛ニ而十日より今日　御登　城御断ニ相成候得共、最早御快方ニ付明日より御登　城被遊〔成〕候間、御安心可被遊、水府之義といろく取沙汰仕候得共、藩中割れくハ〔ニ〕相成、一致不致ニハ相違無之趣ニ相聞へ申候、今日之向ニ而も、京地より之御沙汰を待居候趣ニ相聞申候、追々御取締も被仰出候(ママ)候得とも、とかく不取締之沙汰有之、此上御咎等被仰出候様之義無之様との御配慮ニ而、いろく御手当方被仰出候事ニ御坐候、去ル五日六日頃ニ一ツ橋様之御家来、上方江両人登り候由、此者ハ水*1府より附参り候者との事、老　公之御●(ママ)中よりも種々御手入有之御様子ニ付、其辺之処も厚く御含御手当方御工風被成候様ニ与　思召候、今日若州様江罷出候処、もはや御快方ニ付十六日ニ御発駕被成候趣ニ思召候、貴兄江も宜申進候様ニとの御沙汰ニ御坐候、彼方様を探索被成候処、京地之御模様大ニ宜相成候ニ付、此様子なれハ大体治りも可相付哉と思召候迚御喜悦ニ御坐候
一、将軍　宣下之義、御例より遅く候様之義御坐候而者、又々人気ニも拘り候事ニ付、成丈ケ御都合宜様精々［御入魂方］御働被成候様被仰出候、右得御意度云々

*1（頭注）「字不分明ニ付欠字、疑ラクハ慎ミナラン」。
*［　］の部分、提出稿本では墨塗り、提出本で削除。
*本状は原本あり（『井伊』八―八四号）。

八月十四日

一、太田様・間部様江御内用ニ付、六之丞罷越ス
　　仏蘭西船御取扱之義ニ付御目通ニ而申上

八月十五日

一、長野主膳より之手紙昨日着、宿継飛脚を以今日左之通及文通、来紙別ニ有之故略ス

去ル五日八日両度之御書付、昨十四日八ツ半頃着拝見仕候、秋冷之節先以御機嫌能日々御登　城被遊候間、御安心可被下候、［随而］貴様御道中無御滞彦根江御着、御用番五右衛門殿・助右衛門殿・左馬助殿［・半介殿］江当地之御模様委敷御咄、廿七日大風雨ニ而川々満水御滞留、朔日ニ彦根御出立、三日ニ御京着被成候処、廿七日ニ彦根表より飛脚差立被置候事ニ付、殿下ニも御待兼被為在候由、夫迄之御模様御伺被成候処、危急之場ニ迫り御辞職と御決心之次第、左近殿江被下候御書并若君様之御書ニ而、其時之有様想像仕、能も御踏答へ被下置候御義与　御上ニも御満悦、殊ニ若君様之御孝道御精忠ニ御感伏、流石藤氏之御正統、殿下之御孫と被仰、再三御感賞被遊候御義ニ御坐候、江戸表より追々被指立候御紙面、七月七日十一日十六日与追々到着、関東之御模様御分りニ相成、殿下御辞職も思召止り、隠謀之方簱色悪敷、終ニ太閤ニも内覧御免ニ相成候由、乍去三条殿ニハ今以根強く種々御働被成候処、久我・中山之御両卿隠謀与申事御合点参り、　殿下之御正道ニ御従ひ被成候間、此上者深く御心配ニ不及旨被仰上、先々御安心御大慶被遊候、此程若州侯より探索之模様ニ而者、隠謀方大敗軍之趣ニ相聞へ御安心ニ御坐候処、此度之御申上ニ而者、又々御案思被遊候得とも、如何ニも危急之御場合さへ御答《（マヽ）》へニて、御持答へ被遊候程之義、追々隠謀方負ケ色ニ相成、貴兄より関東之御模様被仰上候事ニ付、もはや大丈夫与者　思召候へ共、今日ニ至り候而者隠謀方必至之場合ニ付、死ニ物狂ひニ而如何様之義仕出し候も難計、誠ニ御大切之御場合ニ付、御如才者無之事ニ候得共、無御抜目御手配り可被成、若州侯ニも弥明十六日ニ御発駕ニ相成候間、今日　御城ニ而尚被　仰含候思召ニ御坐候、＊2［若州侯と間部侯与被仰方両様ニ相成候而者不宜候ニ付、兼而御取調、殿下江御内覧御願被成候御主意御一様ニ相成不申而者不宜ニ付、若州様御着之上其旨御申上被成候間、間部様其旨御咄し置被遊候様ニとの義御承知ニ候間、其旨御心得御取計可被成候、三条殿江御使者御勤被成候事ハ、　殿下ニも御気遣ひニ被為　思召候趣ニ候へ共、貴兄ニ者矢張参殿御説得被成候御心得之由、右等者当地より何とも御指図者被遊兼候得共、三条様之御根強之御勢ひ其時ハ理立戻り候ニ伏し候へとも、兎角初念ニ生質悪心ニ候ニ而者、容易ニ御承伏者被成間敷、却而害ニ相成不申哉与御案思被遊候ニ付、左近殿江も御厚談之上ニて御取計可然与　思召候、］＊1水府藩中面会いたし度との義、何とも合点不参事ニ候、右様之者江御対面者決而不宜、例之御大胆ニ而御面会、先方之様子御聞取、利得ニ被成候御心得ニ可有之候得共、右様之事者大事君子危ニ近不寄、至而一大事之場合之前之小事、決而御面会不被成方宜旨可被申進旨被仰出候、飽迄御大切之御場合、前文之通隠謀方ニ者必至与働居候時節、市中之御滞

留甚気遣敷ニ付、御屋敷内ニ住居、成丈御忍御用向御勤被成候方可然哉与被為　思召候間、［篤と］御考量可被下、右之次第者内膳殿より隊長江も可被仰遣候間、弥御屋敷へ御住居被成候ハヽ、其由御申出随分御用心専一ニ可被成、呉々も軽々敷御取計無之様ニと被仰出候

一、仏蘭西之船三艘金川沖ニ昨十四日渡来、即日応接御坐候処、英夷通りニ相願候との事、此義ハ兼而御免ニ可相成御覚悟ニ候得共、御朦中之義ニ付、万端慎候様御達ニ相成候処、祝炮等も相止メ慎居候趣ニ御坐候、是迄之御応接方とハ事変り、追々　御国威も相立難有奉存候

一、間部侯御上京之節、御忌解と申御都合ニて可然、少も早く御上京之方可然　殿下思召之由、御承知被遊、昨日右之次第被仰進候処、御承知ニ付、其都合ニ御発駕被成候間、左様御承知可被成、当地先ツ相変候事も無之、御安意可被成、右御報旁得御意候様被　仰付、如此ニ御坐候、以上

八月十五日　　宇津木六之丞

長野主膳様

＊3［猶々　殿下之御忠精ニて　徳川之御家ハ不及申、万民之幸福与思召候間、御礼呈書も被遊度思召候得とも、此節誠ニ御繁勤ニ付、先貴兄より厚御礼御取繕置可被成、近々御直書被進候事ニ御坐候、

以上

＊本状は原本あり（『井伊』八―九四号）。

一、別紙得御意候、岡大夫江御伝言之趣承知仕候、三条家御説得御承伏不相成節ニハ、御合力米も不被進と迄ニ御申上可被成との義ハ、余り御未練ニも相聞不宜との思召ニ候間、迚も御聞請不被成御模様ニ候ハヽ、御止メ可被成、委細ハ本文ニ得御意候通、左近殿江も御談し之上宜御取計可被成候、以上］

＊1（頭注）「朱書御筆」。提出本にはなし。

＊［　］の部分五箇所、提出本では削除、提出稿本では、＊1の部分は記載あり、

＊2・3の部分は黒塗りにより抹消。

＊本状は原本あり（『井伊』八―九四号）。

一、今夕石谷様ゟ御内用ニ付、権兵衛・六之丞罷越

但、水府一条也

八月十六日

一、先比水府御家老より太田備後守様へ格別御懇意之訳を以指出候書付、［六之丞江御下ケ御諭し方下案取調候様被　仰付候、被指出候書付左之通］

＊［　］の部分、提出本では削除。提出稿本では墨塗りにより抹消。

前中納言殿慎被　仰付候義ニ付而者、元より御懐を不奉存候儀故、国許士民之人情心痛之余動立候様之義も可有之哉と深懸念被致、精々被申付静謐相成居候処、此度之被　仰出ニ付ニ而ハ、君臣之情合如何様存詰動立候ものも可有之哉与深心配被致候、旁別紙申上候意味厚　御再慮被為在候様被奉願候、此段申上候様被申付候

午七月

別紙

昨日岡田信濃守・太田誠左衛門両人江御渡相成候御書付二通、水戸殿被致承知候処、前中納言殿慎被　仰付候、以来元ゟ敬上之素意厳重相慎被罷在、何等不慎之廉も無之候処、此度連枝方始江取締方被仰付候段、畢竟不被行届義有之故と深被致心配候、併下総守殿より両人江御申諭之趣とも是与申証跡も無之候得共、風聞を被受候儀有之故との趣ニ候得共、右迄　御疑心奉受候義、祖先以来忠孝之志取失候姿ニ相成、恥辱無此上、殊更三家方之義ハ一躰と申内、尾張殿・紀伊殿之家老迄立入取締被　仰付候義、三家方之規格ニ不相立、乍恐
東照宮ゟ三家御立置被遊候甲斐も無之様相成、第一水戸殿於一身孝道も不相立、誠ニ以歎ヶ敷次第被存候、前中納言殿儀ニ付、何歟風聞等有之候ハヽ、家老共之内御吟味之上不慎等之証論も有之に於てハ、其廉を以被　仰出候ハヽ、幾重ニも手切取締方可被申付候間、昨日御渡御書付連枝方始取締向立入候義ハ、厚御評議之上　御免被　仰出候様偏被奉願候、此段申上候様被申付候

午七月　　武田修理

太田誠左衛門

［指上候草稿］

別紙御内意被仰入候、何等御不慎之廉も無之処、御庶流始江御取締筋被　仰出候義、御心外之段一応御尤ニハ候得共、是与申廉相顕レ候得者、其侭ニ可被指置義ニ者無之、　御親藩御格別之訳柄ニ付、厚き思召を以　公辺御役人迄御指かへニ相成候義ニ有之間、御主意御守り御談し之上、御締も付候様相成候得者、御不慎之説も相止ミ御為方可然義ニ付、各厚き　思召之処会得被致、此旨宜被申上候

＊［　］の部分、提出本では「水府御家老江」とする。提出稿本では墨塗りの上、「水府御家老へ」と貼紙により改められる。

口述

前中納言殿御義、上方筋江極密御手入不容易事柄も相聞へ候得共、御親藩格別之御訳厚き
思召御含を以御慎被　仰出候処、御ヶ条ヲ以不被　仰出ニ付、却而御家臣共彼是申唱候義も有之哉ニ相聞へ、以之外心得違与存候、譬公辺御調達之筋有之候へとも、被　仰出筋相守り、御主意相立候上穏ニ被　仰立候義ハ格別、況今度之義者別条之次第ニ付、即今被仰出候義彼是被　仰立候而者、御違背ニも相当り、国持等之規範ニも相成候御家柄御不似合ニ被存候間、厚勘弁可被致事

一今夕太田様江御内用ニ付、六之丞罷越

但、水府一条ニ付御役人方居り合不宜始末、并白井宗伴内訴之事等也

八月十九日

一、御内用ニ付太田備後守様江六之丞罷越、夜四ツ半過罷帰ル

但、備後守様早速御目通り被　仰付候間、此度仏蘭西人より承り候流行病ニ付而之薬法御触達之義、御老中様方御同意之処、彼是御異存被仰候義如何ニ有之、且御仁恵之御筋合之義ニ付、旁以御心配被成候得共、右様御触達等ニ相成候而ハ、兎角異国風を御信し被成候様成行可申、日本ニハ右を治し候薬法無之義ニ候得者、致方も無之候得共、左様之訳ニも無之、仏人之薬法急度功能有之義ニ候得者、町奉行等より達し候ハヽ、忽チ弘り可申、既右仏人教候薬法とて世上ニ而も存知候者多分有之哉ニ相聞へ、左候得者、御触達与申ニも不及義ニ可有之との思召之旨申上候処、至極御尤之儀ニ付御同意被成候由、水府御家老へ御達し方之御書取も被遣、御尤ニ付、尚相考候様可致、扨今日京都より飛脚到着、異国江条約調印一条ニ付、御三家・大老之内上京致候様被　仰進候処、［上京不致、為御使間部下総守罷登り候趣之処、］今以上京不致、異国江之条約何分　叡慮ニ不応との趣厳敷　勅諚之旨被　仰下置候、右　勅諚之趣ニ而ハ迚も御申解御聞届無之哉与被存候程之御文言ニ候得共、伝奏衆ゟ添状有之、右抔被　仰出候得とも、決而御隔意被為在候訳柄ニ者無之旨申来り候、尚又水戸殿より御書を以　勅命之趣も有之、御為筋申上度候間、同列之内両人罷出候様被　仰下候間、此節御慎之御方江老中罷越候義ハ有之間敷事ニ候得共、　勅命与承り候而者御断申上候事も難相成ニ付、自分下総守同道ニ而罷出候処、中納言殿御逢綸旨拝見仕候処、老中江被下候与御同文言ニ而、伝奏衆より之添状も無之故、中納言殿ニも甚御驚如何致候哉と御尋ニ付、右　勅諚之趣ハ拙者共へ被下候与御同様之御義奉恐入候、只今右様取計可仕与申見居へも付不申、誠ニ不容易御義、此程より掃部頭も不快ニ而登　城不致候得共、明日者押而登　城之義申遣、篤と評義可仕旨申上候処、如何ニも尤之義、自分ニも深ク心酌いたし候間、何分
上之御為宜様取計被呉候様致度、　勅答之致方当惑致候間、今日之処ニ而ハ受取同様之事ニ致し置候との御沙汰ニ而、深ク御案思被為在候、右之次第ニ付、何とも御迷惑ニハ可有之候得共、明日押而御登　城被成下候様致度、尤押而御登　城之段ハ私より申上置候間、例刻より遅く御上り、右御評義相済候ハヽ、直様御退出被成候而宜間、何分御登　城被成候様可申上旨被　仰含候ニ付罷帰り、御目通り相願、委細ニ申上ル

＊［　］の部分、提出本では削除。提出稿本にはあり。

八月廿日

一、昨日京都より被仰遣候御請下案［取調、内膳方江も相談之上差上候様六之丞江被仰付、則取調、左之草稿差上候］

＊［　］の部分、提出本では、「左之通り」と改める。提出稿本では墨塗りに胡粉塗りの上、「左の通り」と加筆。

去何日出宿継飛脚昨十九日着、被　仰下置候
勅諚之趣奉畏候、亜夷条約調印一条ニ付、御三家・大老之内上　京仕候様、先達而被　仰下置奉畏候得とも、無拠訳柄有之、御猶予之義申上、兼而被　仰付候御使間部下総守近々上京致候段申上置候間、早速発足可仕之処、　公方様俄ニ御大病、御内実　薨御ニ付、忌服

之恐れも御座候間、上　京之節旅中ニ而忌解ケ之比合相考発足可仕之心得ニ而、踟躕仕居候義ニ御坐候、内実之次第、御両卿迄可申上置之処、無其儀延引仕候段何共不行届奉恐入候、御詫之義宜御執成奉願候、委細ハ下総守上　京之上可申上候得共、不取敢御断申上候、何分宜奉願候、恐惶謹言

八月廿日

猶以昨日も申進候通、忌中ニ而も不苦との義ニ候得ハ、早速上　京仕候間、御心得可被下候、以上

＊本状は原本あり（『井伊』九―一一号）。

例刻御供揃御太鼓之住進申来り、奥より被為出、暫有て御登　城、暮時御退出

今日種之（々）御評議御坐候而、下総守直ニ上京可致との見込も有之候得共、［左候而ハ浮足ニ相成候姿ニ付］詰り、今朝差上候下案ニ少々点削之上差出候趣御沙汰有之

＊［　］の部分、提出稿本では、墨塗り抹消、提出本では削除。

八月廿一日

一、薬師寺筑前守様御出ニ付、六之丞罷出被仰上、御尋等有之、御湯漬被差出御到来、合之御菓子箱被遣

一、間部下総守様より六之丞江御逢被成度旨被仰越候ニ付、罷出候旨申上候処、京都江御発駕之御比合、水府御家老江御諭し、流行症ニ付薬法書等之義被　仰含、則罷出候処御逢有之、今度水府江　勅諚之出候起本、藤堂侯等之義被　仰含候間罷帰り、御目通ニ而申上ル＊1

＊提出稿本では、＊1の部分に「権兵衛之内御逢被成度与被仰越候間申上、権兵衛罷越ス」と記した上で墨線で抹消するが、原本における墨消しと考えられる。

八月廿二日

一、間部下総守様へ御直書被進、六之丞持参御返答被進候間、安之丞を以指上候

一、太田備後守様江六之丞御使者相勤

水戸中納言様江此程御逢之節、老公与御同服（腹）ニハ無之御様子ニ御見極被成候趣ニ候得共、一旦被仰出候義其侭ニ相成候而ハ、御威権ニ拘り候間、乍御苦労御諭しニ相成候様との義申上候処、御尤之儀、此程被遣候諭し書ニ而至極宜候得共、少々御存寄も被為在候間、今一応御談し之上御取計可被成との事、彼方様御家来京地之内密被遣ニ付、心得ニ可相成風聞書抜指上候処、近々拙者御長屋へ可被指出ニ付、［厚談致候様被仰、右御家来両人江御内々金子弐拾両上書銀三十枚と認被下方、公用人牧田貞右衛門へ達し被呉候様申述、備後守様御逢後相渡候処、早速被申上、右様之義何共御気之毒ニ思召候得共、折角之思召ヲ以頂戴物之義ニ付、御辞退も如何ニ付、頂戴為致可申、厚御礼申上候様ニ与御念比ニ被仰出、罷帰り御直ニ申上ル、右金子者御側役之廉ニ而被下御用之趣、内膳殿より御達相願、受取候事］

＊［　］の部分、提出稿本では罫紙切除の上、別紙により貼り継ぎ「厚談致候様被仰候」と記す。提出本も同様に記す。

一、去十二日付長野主膳ゟ和田多仲名前ニ而書状着、直様入御覧、帷子・菓子・茶盌も来、帷子ハ御預ケニ付御小納戸江渡、二品ハ御手許江指上ル

八月廿三日

一、長野主膳ゟ、間部様御上京五六日立候而御忌解ニ成候比合御考、少しも早く御上京ニ相成候方可然との　殿下御内意も御坐候ニ付、左之通間部様へ被仰遣候［而ハ如何可有御座哉之旨、六之丞下書認差上候処可然ニ付、後刻可被進旨被　仰出］

然ハ長野主膳ゟ去ル十二日出之書状昨夕着致、京地之模様申越候内、去ル七日、九条殿ニハ参　内無之処、［三条家を初］隠謀之徒参、主上を奉勧、今度之　勅諚出候趣、ケ程之大事関白御承知無之与申儀ハ、如何ニも不軽事ニ候得共、何分隠謀方勢ひ強く
主上豪邁之　御気質江付ケ込取計候事ニ付、殿下直諌被成候ハヽ、違勅与唱御職掌御免ニいたし候工ミも有之趣ニ付、容易ニ御手出しも難被成、貴兄之御上京を御待兼之趣、　殿下家臣嶋田左近へ内々被遣候御書借請、証拠ニ指越し候ニ付、入御覧申候、右御書ハ早便差戻し呉候様申越候間、御覧後御戻可被下候、付而ハ、　御忌解之比合御考、御発駕ニ相成候ハヽ、御都合可然、左候へハ、来月十日過之御発途ニ付、もはや日間も無之事ニ付、内外御都合も可有御坐与奉存候間、不取敢此段得御意候、委細ハ近日拝顔可申上候

＊［　］の部分、提出稿本では墨塗りにより抹消、提出本では削除。
＊本状は原本あり（『井伊』九―一二一号）。

一、御直書　御壱封
右間部下総守様へ被進御使役河嶋佐左衛門江相渡仕候処、正ニ御落手、彼方様ゟ御返書可被進旨申帰り、［程なく御返書御到来、］奥へ指上ル

亜墨利加国江　外国奉行　水野筑後守
本条約為取替　御目付　永井玄蕃頭
可被差遣間可致　津田半三郎
用意候　加藤正三郎

右被　仰付、書付御部屋番持帰り

＊［　］の部分、提出稿本・提出本ともに「其段申上、暫く有之、御返書来ル」と改める。

八月廿四日

一、去十五日・同十八日両度飛脚、長野主膳ゟ之書状着、入御覧
一、間部様江六之丞御使者相勤
京都江御発駕之義此程被　仰進候処、彼地江被仰進候事有之ニ付、御返答来候上ニ御治定可被成旨被仰遣候得共、［主膳ゟ］少しも早く御上京可然、御忌中ニ御発駕被成候而も宜段ハ殿下御内調被成候旨申来候間、御進メ申参り候様ニ与被仰付候間、［主膳手紙持参］委細申上候処、左候ハヽ、十日前後之処ニ而御出立可被成旨御返答有

之、御直ニ申上ル

＊⌈⌋の部分、提出稿本では「主膳ゟ」「主膳手紙持」を墨塗りにより抹消し、後者の「参」の次に「上」を加筆、提出本ではいずれも削除し、後者は「参上」と改める。

一、六之丞・権兵衛之内御逢被成度旨、石谷様ゟ申来、権兵衛今夕罷出ル

八月廿五日

一、彦根江之御飛脚立ニ付、長野主膳方江之文通入御覧、左之通申越、但し、来紙ハ別ニ封し有之

去ル十二日付、和田多仲名前ニ而被指出候御書付、同廿二日ニ着、拝見仕候、秋冷之節、先以

御上益御機嫌能被為遊御坐、御同意奉恐悦候、然ハ去月廿六日之御直書并指上候愚書、去十日着致候由被仰下、安心仕候、八日出ニ被仰下候後、先々御別条無之由、其節被仰下候水戸藩斎藤喜介江御面会被成候処、御按外之事共ニ而却而不便ニ被思召候由、夫々被仰下、右様之者へ御出会御大切之御用先甚危き事、乍恐　御上も御案思被遊候間、向後右様之衆へ決而御面会不被成様先便申進候事ニ御坐候、先々事故なく相済、一ト安心仕候、　三条様ハ⌈[*1]隠藩(ママ)之張本ニ候得共、⌋臨機之御取計も可有之哉との思召ニ而、九日夜御参殿被成候処、御不例御申立、若狭守を以申上候様との御義ニ付、何事も不被仰御退出被成候処、其後正親町三条殿へ左近と貴様之事を色々附会し、九条様江ハ度々御出被成候由、⌈[*2]御申ふらし被成候との事、不軽事共ニ御坐候⌋

＊1・2⌈⌋の部分、提出稿本では墨線により抹消、提出本では、＊1の部分は削除されるが、＊2はそのまま記す。

一、今度御別紙三通、公卿御参内、　殿下御承知無之　勅命を水府迄も被下候由、　殿下を邪魔ニ被成候事、是ニ而も分明之由御尤ニ奉存候、右　宣旨去十九日ニ着いたし候所、間部様御上京之上委細言上可被成との御請ニ相成候由、貴地ゟ被仰上候と御同様之御取扱ニ相成申候、水府江

勅諚下り候ニ付、御老中之内ニ而御両人御出候様ニとの御書御城江来り、御慎之御方江御出被成候義ハ如何ニ候得共、　勅諚ニ付而之御事と有之事ニ付、太田様・間部様御出被成候処、　宣旨御取出し拝見致候様との御沙汰ニ付、御拝見被成、右者御同様之宣旨私共江も被下候旨御答被成候へ者、如何御請致候哉との御尋ニ付、只今到着仕候義不容易事柄、殊ニ御名不快ニ而、此程より登　城も不致ニ付、明日ハ押而も登　城之義申遣し、其上評決仕候旨被仰候処、如何ニも尤之義、自分ニも深く心配致候、何分ニも公辺御為宜様取計被呉候様ニ与被仰候、御様体真ニ御驚之体ニ相見へ、更ニ御存無之御様子之由、右勅諚之御文言、是迄之御文格与相違いたし、何とも合点不参事ニ付、御探索被成候処、出処ハ水老公ニ而、先日申進候山本貞一郎御使ニ参り候趣ニ相聞へ、尚御穿鑿中近々証拠も出候様子ニ相成、隠謀露顕之糸口実ニ邪ハ正ニ不勝、自業自得与奉存候

一、殿下与御家御内通有之由之投書ニ付、嶋田氏指控被　仰付候由、御迷惑御気之毒、乍去御忠節故之義却而美名之基と奉存候、所司代御

上京之節ハ、桑名辺迄御出迎、京地之模様委細被仰上、一ト先彦根へ御引取、間部様御上京之節、忍ひ而御供可被成との事可然旨御沙汰ニ御坐候

一、御旅宿へ投書致候ニ付、亭主和介気ヲ付候由神妙之事ニ候、付而ハ方々より御用心之事申候得共、京地七口ニ固メ候程之場ニ至り不申而ハ、御案思申候ニ及不申との義御尤ニ候得共、前文ニも得御意候通、御大切之御用先ニ付、成丈ケ御用心専一ニ奉存候

[*3]一、殿下非道之御辞職ニも相成候ハヽ、直ニ［御人数被差登、鷹司殿・近衛殿・粟田宮を初、御門出入を厳敷御差留、昼夜番を付置、］悪謀之方宮中出入を留置、　殿下を以奸悪之始末言上ニ相成候ハヽ、非道之　勅命ハ出申間敷、其義御手後レニ相成、万一非道之義ニ而も一旦勅命出候上ニ而ハ、違　勅之唱へニ相成候而ハ不容易との御配慮御尤ニ奉存候、乍去下として摂家并門跡方を押籠候事ハ公儀之御失徳を万代ニ流し候御義ニ而、何共奉恐入候事ニ付、右辺之処ハ、成丈未然ニ防き不申而ハ不相成義ニ付、御所司代江篤と被仰上置候様仕度奉存候

＊［　］の部分、提出本では削除。

［一、越前之家老、江戸より火急ニ上京、水戸屋敷ニ忍ひ居候由、薩州ニも卒去との事、隠謀方ニ而ハ落力与被察候］

＊［　］の箇条、提出本では削除。

一、関東思召之処、漸々
主上江通し御書付御指上被成候様ニとの
御内　勅も御坐候との事、誠抜群之御働、とふ歟関東之　思召貫通いたし候様、此上御丹誠被成候様可申進旨　上意ニ御坐候

［一、自然之節、　殿下を以被　仰上候次第ハ、近々書取可被入　御覧旨、是も御内命之由、山下兵五郎も三条殿正道ニあらんと漸合点参候よし、是迄之処ニ而ハ余程邪魔ニ成候事与歎息仕候、右様御心配中、千種殿御訪之節之御詠、至極面白迚再三御感吟被遊候、拙ハ歌道不案内ニて一向相分り不申候得とも、斯迄烈敷御中ニ而御ゆとり被為在候義感伏仕候事ニ御坐候］

＊［　］の箇条、提出本では削除。

一、右御便り之節、御菓子・御茶盌・御帷子被遣候得とも、[*4]何之訳与申義御認無之、定而御失念与被存候、高貴之御方之御品も難計ニ付、大切ニ仕舞置申候、重便否御申越可被下候

＊3～4の部分、提出稿本では切除され、別紙貼継ぎの上、［　］の部分を削除して記す。

一、去十五日出御書付、昨廿四日着致候、近衛殿初鷹・三・徳四人、十二日御参　内、御下りハ丑之刻ニ相成候由、其子細ハ水府江之　勅命　殿下御不承知ニ付、存分ニ者難被　仰出ニ付、又々御工風之由、何分隠謀方勢ひ強く、折々
主上をも奉驚候処より　殿下之御趣意難立廉多く、右之口より御聞被成候へハ、間部侯御上京候ハヽ、堀田侯同様ニいたし度御企有之由、隠謀方之間者ハ却而間部家より之隠密方与申居候由、飽迄隠謀方手を尽し候事与［恐怖仕候］

＊［　］の部分、提出稿本では墨塗り抹消の上、「あきれ候」と改め、提出本でも同文に改める。

一、［二条殿ニ而被参物甚思召ニ叶候由、］摂家ニ而
公儀之御猶子ハ［彼御家］*5計りニ而、昔より国家惑乱之節者官武御
治メニ相成候例も有之候ニ付、方今関東より　台命被下候ハヽ、急
度御取治可被成、尚又先日来とハ事替り、御名之御功績、水老之
思召違等之義委敷御承知相成候［旨、　台命下り候ハヽ、　殿下を道
具ニ遣ひ御取治御手段之思召有之由、尤らしく被仰候得共、更ニ油
断不相成由、其子細ハ御自分御勝手宜敷義ニ付、正道江御立帰り被
成度思召も可有之候得共、其元ハ悪謀方之手段ゟ出事ニ而、何と成
ともして　勅命を出し、抜群不相成様之巧可有之、近右徳とも毎々
御密会、三条家とハ無二之御間与御聞込被成候間、貴兄御答ニ者其
御家柄ニ而者御尤至極之御事ニ候得共、関東ニ而者殿下ニもあれ太
閤殿ニもセよ、夫等江御手寄治道を御求可被遊　思召ニハ更ニ不被
存、勅命之通兼而諸大名赤心御尋行末之見留無之廉ニハ尚精々御心
配被為在、］就中条約［調印之事ハ主人御不承知之処、強而為致候
次第、定而御聞ニも達し可有之、併是も取通し不相成候事を内間ニ
而兎角討論候而も無詮事ニ付、］御心配之上調印之事、却而後年之
幸ひニ可相成様之御所置［ニなし、漸々］天朝江申上、右ニ而御安
心相成候ハ、重畳之事、其上ニも官家ニ而御良策有之候ハヽ、夫ニ
随ひ可申、是非ニ不拘、異国之事ハ水府之御所置無之而者思召ニ不
叶と申事候ハヽ、致方無之候間、関東ニ而者手を束候て者、御所置
を御覧可被成　思召ニ而も候半歟、［併其節ニ至、一印を将軍ニし
てなと被申候とも、御譜代者勿論、国司方ニ而も決而御同意有間敷、
其時諸侯之赤心者相分り可申与御申上被成候処、右様之思召者決而
無之、只官武一致万代無窮之安政を思召計ニ候得共、二条殿江御由
緒を以　台命下候ハヽ、御治可被成との事ニ付、御答被成候ハ、只
今右様之
台命之下り可申筋者有之間敷、但、御由緒を思召候事ニ候ハヽ、第
一此節次第相違之事専ら虚偽を以奉驚
思召ニ触候廉者、是々ニ而其子細承り度と被　仰進候ハヽ、関東ニ
而も実以御由緒を御建被遊、且
朝廷江も御忠節之御事与　思召候ハヽ、御願無之とも其場ニ至可申
義与奉存、尤、只今関東へのミ実情被尽候而も、
朝廷江御忠節少く候而ハ御取用ニ者相成間敷、不取留風説等ニ而
毎々奉驚　宸襟、殊ニ甚敷ニ至而者、態与虚偽設而
主上を奉驚候様之不義不忠之御方も有之趣、身分ハ賤しく候得共、］
天朝を思ひ、国家を思ひ、政事を被執候事を［難有与存候志之程ハ、］
［兼而も御承知可有之、然ルニ］神州一之大逆と迄申唱候人を正道
と思召、右様之投書を御取用ニ而、省中之御惑乱言語ニ絶候次第、
［ヶ様之時節ニ言を出し候ハ、］神国之道を不知者ハ格別、我徒ニお
ゐてハ有間敷候［へハ、何も時節ヲ御待候方可然与御申上被成由、
右御答振御尤ニ奉存候、然処此程中御不快ニ而御登　城無之中ニ、
別紙之通、外国奉行江亜国本条約為取替として可被指遣旨被仰渡、
御前ニも御驚、右様ニ而者不宜旨、間部侯江被　仰進候処、此義者
御考意有之事ニ付、御案思不被下様ニとの御返答有之、未思召之処
ハ不伺候得共、条約調印等手早くいたし、彼国江安心為致置候方、
此後御懸合方可宜、右等之訳柄、御上京之上ハ、嘸砕き被　仰上候

思召歟与恐察いたし候ニ付、仮条約之事、御上御家不承知ニ候処与申
候義者御申立被成候事指障り可申与奉存候、御考量可被下候]

＊[ ]の部分、提出稿本では削除の上、＊5の部分を「二条殿」と改める。提出本では改稿後のものを記す。

[一、切支丹之一条　皇国厳禁之事ハ海外江響き渡り有之、譬彼国ニ邪宗有之候とも、今度之使可申唱筋ニ者無之、彼礼拝堂之事も御調相成候処、元来彼国ニ而者、神仏共左程信仰する事者聞へ不申、然ルニ礼拝堂之事申上候者、　皇国之　思召ニ可相叶筋と心得申上候事ニ而、行々海外各国ニも
皇国之神道ニ引入可申義、却而其術之一助ニも可相成義ニ有之との趣意ニ、間部侯御上京之節、御答も被成度旨御尤ニ而、左様致度事ニ候へ共、条約書ニ踏絵之事も廃し有之、彼国之宗門ヲ防不申との事書載有之ニ付而者、
皇国之神仏を礼拝為致可申つもりなと丶申義ハ偽言ニ相成不宜、彼国之者礼拝いたし候事ハ不苦、　皇国江伝染不致様厳禁を立、寺院ニ而も厳重ニ相改候様いたし候との方可然哉与奉存候、尚御考間部侯御上京之上、御申上可然奉存候]

＊[ ]の箇条、提出本では削除。提出稿本では墨線により抹消。

一、小笠原・長州江も近々御出被成候由、大久保勢州江も御出之趣、御両人とも御丹精ニ而、風説書も被遣候折を以三井・小の善之金談も御働可被下候

一、尾州家より年長之御方西丸江御立被成様との勅命下り候ハ丶、日光同様と有之、左候へハ、一万三千と見江候由、佐倉より龍章へハ当礼五百金、永々三百石との事、是ハ急度証拠ニ成候品ニ付、此方へ御廻しニ相成候様ニハ相成間敷哉、被遣候迚、[此上]咎ヲ被　仰付候ニ者無之候得共、今以残党彼是申立候間、其節之奥之手といたし度事ニ御坐候、御働可被下候

＊[ ]の部分、提出本では削除。

一、去十八日付之御書付も、昨十八日九半時ニ着致し候 十五日方ハ御留守居〆申出候付、七時ニ着致候、十五日出ハ却而遅く着致候間、以来迚も丁字屋へ御出し被下候方早く届申候 七日以後、　朝廷之御模様種々ニ相成候得共、終ニ
勅命下り候次第、委細被仰付〔出〕、扨々隠謀方根強き事ニ御座候、[併段々之御忠精ニ而]
主上ニ者御合点参り、彦根者其心得ニ者可有之＊6[、貴兄之義者兼而]御承知との御内　勅も御坐候との御義、彼投書三条殿御持参被成、(マヽ)
叡覧候処、見るへきものニハ無之迚御下ケ、○役者　殿下之御辞職無之義を御怨之処、ヲレカラハ何も申聞た事無之と被仰、○役者大閉口赤面との事、気味能事、全貴兄之御丹精与[御上ニも]深く[御]大慶＊7[被遊]候

＊[ ]の部分、提出稿本では墨塗りにより抹消し、＊6は「儀を」、＊7は「致」と改める。提出本では改稿後のものを記す。

一、間部侯一日も早く御上京、尤、御上着之上五六日位して御忌明ケ之御都合ニ而可然、御内　勅之義御願被成候処、其義者不宜、忌中なから出立不苦候事ハ御取調被成候との御沙汰之趣被仰越、此義早速間部様江被仰進、来月十日前後之所ニ而御発賀(駕)与御取極り付申候、尤、貴地江御問合之事も有之ニ付、聢与御日限御治定ニ而相成不申

候事ニ御坐候

［一、此方御刀之御挨拶として、　殿下ゟ御茶之節ニ被為　召、貴品御贈、是ハ深き　思召有之候而之御音物之由、外ニ白銀三枚被進候得共、廿一日出ニ御指出し被成候由承知仕候］

＊この箇条、提出稿本では墨塗りにより抹消、提出本では削除。

一、投書等之事始メもはや相済候義ハ一々不及御報、文略御免可被下候、
　殿下之御書　若君之　御書等惣而拾三通返上仕候間、正ニ御落手
可被下候
右御報迄、早々、以上
　八月十五日　宇津木六之丞
長野主膳様
尚々御全快ニ付、今日より御登城被遊、難有御安心可被成候、以
上

＊本状は原本あり（『井伊』九―二八号）。

八月廿八日

一、六之丞御内用ニ付、間部様江罷出ル
主膳より申来候京都之模様申上、且来月三日京都江御発駕ニ付、御用向御尋、今日水戸殿江之御模様等相伺、罷帰り御直ニ申上ル

八月廿九日

去十一日、京都町奉行岡部土佐守ゟ彼地家来之者江、於鞍馬口陣屋地六千坪可相渡旨達有之、翌十二日、家来之者指出候処、南町奉行組之者共立会受取候趣申越候、此段御届申達候、以上
　八月廿九日　御名
［右明日御持出ニ相成候事］

＊［　］の部分、提出稿本では墨線により抹消、提出本では削除。

一、今日御［指］[*1]出被相成候［ニ付、］下書[*2]［取調候様被　仰付候ニ付、内膳殿江も御談し申、左之下案差上ル］

［今度被仰下候］
勅諚、墨夷条約調印一条、先達而諸大名衆議　聞食度被　仰出之詮も無之、誠ニ　皇国重大之義、調印之儀言上、　叡慮御伺之御趣意も不相立、尤、　勅答之御次第ニ相背、軽率之取計、　大樹公賢明之処、有司心得如何与　御不審　思召、右様之次第ニ而者蛮夷之義ハ暫差置、方今御国内之治乱如何与更ニ深被脳　叡慮、何卒　公武御実情を被尽、御合躰永久安全之様ニ与偏ニ被　思召、三家或ハ大老上京被仰出候処、水戸・尾張両家慎中之趣ニ被聞食、且又其余宗室之向々も同様御沙汰之趣ニ及聞召、右者何等之罪状ニ候哉難被計候得共、柳営羽翼之面々、当今外夷追々入津不容易時節、既人心之帰向ニも可相拘被脳
宸衷、兼而三家以下　諸大名衆議被　聞召度被　仰出候者、全永世安全　公武御合躰ニ而被安　叡慮候様被　思召之外、虜（ママ）計之義ニ而も無之、内憂有之候而者殊更深被脳
宸襟、彼是国家之大事ニ候間、大老・閣老其他三家・三卿・家門・

列藩・外様・譜代共一同群議評定有之、誠忠之心を以得与相正し、
国内治平　公武御合躰
徳川御家を扶助有之、内を整、外夷之侮を不受様被　思召、早々可
致商議　勅諚之趣奉畏候、
右者御国体を深く被為　思召候而之御義、乍恐御尤至極ニ奉存候、
一体御政務万端御委任之御義ニハ候得共、如何ニも重大之御事柄ニ
付、諸大名之建議をも被聞召候処、蛮夷之形勢往古与変革致し、航
海之術相開ケ、軍制・兵器等実戦ニ相試、強弱勢を異ニし、争端を
開候而ハ不可然との御見込多分ニ有之、尤、打払を申立候向も有之
候得共、必勝之算無之、　皇国四面之海岸江群蛮引受候而ハ、一旦
之勝利ハ有之候得共、終ニハ奔命ニ疲レ、　御国体ニ拘り可申との
衆議一決之上、仮条約一件
叡慮御伺ニ相成候処、今一応諸侯之赤心相尋候様被　仰出候ニ付、
則御尋ニ相成候処、同様之見込ニ有之、今少し出揃不申ニ付、　御
返答不相済候内、亜国之使者申立候次第も有之、仮条約調印為致候
訳柄ハ難尽筆紙、為　上使間部下総守被差越候筈ニ相成候処、　御
不例引続御中陰ニ相成、彼是延引ニ而事情御分り不被遊ニ付、又々
　勅諚被成下候段、乍恐御尤之御義ニ奉存候、乍去再応迄御尋ニ相
成候義、殊ニ古例ニも無之、別勅別而慎中之水戸家江被成下候様之
義者、実以不容易御義、乍恐国内治平　公武御合体との厚き　叡慮
も却而御主意ニ振(ママ)ル争乱之基ニ可相成ニ付、御中陰中ニハ候得とも、
不日ニ下総守上京委細言上仕候、依而水戸殿江勅諚之趣も列藩江被
達候事ハ御指止被成候間、此旨宜被達　奏聞候様可被取計候

右御持出ニ相成候処、間部侯左之通御持出ニ相成、御同人様御上京ニ
而、此度之義御取計被成候事ニ付、被任其意、今日宿継ヲ以被差立候
由

＊本状は原本あり（『井伊』九―三一号）。

秋冷之節御坐候へ共、愈御安躰珍重存候、然ハ今般水戸中納言殿江
備後守・下総守御逢御相談被成度趣被申越候ニ付、両人罷出候処、
八月八日、其御地ニおゐて中納言殿江被仰出候御書面、御別紙ニ三
卿・家門之者以上隠居ニ至迄、列藩一同ニも御趣意ニ相心得候様、
向々伝達可有之旨被　仰出候ニ付而者、如何可致哉御尋ニ付、三
家・三卿之向江者御通達可被成段申上置候処、又候列藩一同江も御
通達可被成旨御申聞候得共、先達而列藩之者共再応之存意書差出候
ニ付而ハ、委細之訳柄言上可仕、為御使下総守上京被　仰付之義ニ
付、七月九日、御暇も被下、其後早々発足可仕処、　御先代様御不
例、引続　薨御も被為成候間、自然御使之義も及延引候処より、今
般被　仰進候義与恐察仕候間、於関東無御拠御差支之御模様柄も有
之、旁以右等中納言殿より御達ニ不及、御心配之義者下総守上京之
上可申上段、其等之義為御任被進候様申上置候、右之段御程能御含
御執成之程御頼申入候、以上

八月廿九日　　　　間部下総守

広橋　御両卿当
万里小路

＊［ ］の部分、提出本では削除。＊1は「持」、＊2は「左之通」と改められる。
提出稿本では＊1・2［ ］の部分を墨線により抹消の上で、＊2は「イケ」
と傍注あり。

＊本状は原本あり（『井伊』九―三二号）。

［一、両海道江宿継飛脚を長野主膳方江、間部侯九月三日江戸御発駕、別紙泊り割之通木曽路御登り▨被成候間、兼而御心組之通御旅中迄御出迎、京地之御模様御申上可被成、京都江御附添被成候事ハ、＊3［一藩へも］極密ニ而御越可然、今朝御指出之下案ハ御止メ、別紙下総守様御持出之方、今日被指立候＊4［得共、下総守様御上京之上被 仰置、以後者別勅等出候様之義有之候而者 公儀之御威権ニ拘り一大事ニ付、此義厚御差含御取扱御坐候様ニとの手紙御覧ニ入指出ス、］木曽路之方江者尚又左之通返書指出ス

去廿一日、大津駅より之御札、同廿八日着、拝見仕候、然者大久保伊勢守殿へ御出被成候処、近来御登り被成候御役人ハ、関東方とて堂上方ニ而ハ気遣ひ被成候よし、此後之御所置之処、御厚談之次第御尤ニ奉存候］

＊この箇条、提出本では全て削除。提出稿本では、＊3・4の［ ］の部分を墨線により抹消。

［一、三印より森守（寺の誤カ）を以嶋田江之文通御留守居方江参り、探索致し候との事、御留守居不行届不軽事ニ御坐候、以後之処者御示し被置候事とハ奉存候得とも、尚拙子よりも厳敷申遣候様可仕候、梅田源左衛門と申儒者、元若州藩ニ而五ヶ年前御暇ニ相成候者、小浜藩江之手紙ニ、今度諸司代ニ而御上京ニ相成候得共、御大老ハ謀反人ニ而、彼手先ニ被仕候、貴兄ハ邪智大逆、殿下取入云々、何分太閤殿江被取入不申而者不相成との文言ニ而、小浜家中大心配、東都江追々申来候ニ付、其出処御取調候得者、前件之者より申出候事ニ而、右書状ハ江戸表江相廻し候趣、小浜藩本多孫左衛門と申人、貴兄御旅宿江参被申候由、然ハ此梅田と申者、早々若州江御召捕ニ相成候様之手段肝要との義、御尤ニ奉存候、殿下ニも若州侯ハ不安心ニ被為思召候趣ニ候へ共、 御前より此義ハ十分被仰置候事ニ付、御気遣ひ無之、乍去万一之義御坐候節ニハ、当方江被仰上候而ハ手後レニ相成事ニ付、間部侯江御申出、御取計被成可然御義与奉存候、併右様之義御座候節ニハ、若州之御家ニも拘り候義、決而御気遣ひ無之義与奉存候

＊この箇条、提出稿本では墨線により抹消、提出本では削除。

［一、貴兄御在京之義、色々申立候間、殿下ニも深く御案思被下置、一ト先国元迄御引取可然与被仰下、殊ニ此侭御在京ニ而ハ、弥殿下を落し候御手立ニも可相成ニ付、御家を悪逆与申立候者共ハ、彼投書ゟ其手懸り相付候由、又間部侯御上京之上ハ、必治メ可被成御手段も大抵御行届ニ付、所司代廿八日桑名泊り之由ニ付、彼方江御忍ひ行、本陣ニ而此頃京地之様子、且太閤方江引入候御手段等之事、篤与御申上、間部侯御上京迄ニ殿下之御職御別条無之御計ひ方等御申置、第一梅田源二郎若州へ不容易義共申遣候証書も、かの者被召捕、太閤殿との通信を御断可被成との事御尤、右様之徒ハ早々御召捕ニ

相成候ハヽ、一洗可致与被存候〕

＊この箇条、前条同様。

＊5〔一、当地より十五日付之書状、廿日ニ着いたし、水府之御家来ニ御出逢之義、深く御案思被仰遣候次第、難有被思召候由御尤ニ奉存候、併御気遣ひ被成候ハヽ、太閤方与三条家ニ付、今日迄御無難、尤、御用心之次第等も被仰上候間、御安心被為遊候、〕若州も上洛、間部侯も上京与成候得ハ、尚又御気遣ひハ無之候得共、＊6〔御大切之御身、如何ニも御食養生等〕無御油断御堅固ニ御精勤、早々関東江御下り、今時之御苦心昔語ニ相成候ハヽ、如何計嬉敷、　御上御満悦之御気色も可奉伺与夫而已楽罷在候事ニ御坐候

＊この箇条、提出稿本では＊5・6〔〕の部分、墨線で抹消、提出本では全て削除。

〔一、間部侯御上京之上、＊7〔いつ方之評義ニもかけす、殿下より御直ニ御指上ニ相成、直ニ　勅諚相成候様之御手段、十分ニ取扱被成候間、〕御安心ニ候得共、只々両勢ニ御壱人、其間御職御持答之種而已御心配ニ相成候ニ付、却おしからさりし命さへと被思召候由、此処被　御覧、此程御前ニも思召被出候との御沙汰、上下之差別ハ御坐候得とも、厄難ニ当り候時之御情合ハ同し御事と感憾仕候

＊この箇条、提出稿本では＊7の〔〕部分、墨線で抹消、提出本では削除。

〔一、殿下より之御直書二通、今便返上仕候、其余之書付願ハ当方ニ留置申候、三条様御合力米之事、委細被仰越、具ニ承知仕候

一、御勝手方金談之事も御厚配被下候よし、如何ニも前文之一条相済不申而ハ六ヶ敷可有之、御程合御考御働可被下、貴兄へ被仰付候事、御元方も大悦之由申越候〕

＊〔〕の前二箇条、提出稿本では墨線により抹消、提出本では削除。

〔一、廿一日出御飛脚も昨日着、＊8〔　殿下本願寺小笠原より之御音物御手許江差上申候、〕右御報迄如斯御坐候、以上〕

＊この箇条、提出稿本では＊8〔〕の部分、墨塗りにより抹消し、「仕候」と改める。提出本では削除。

八月廿五日　　宇津木六之丞

長野主膳様

＊本状は原本あり（『井伊』九―三四号）。

一、今日御退出より太田様・間部様・水戸様江御出、今度勅諚列藩江御達ニ不及旨御申上被成候由

八月晦日

〔一、今日御持帰り左之通〕

＊1水戸殿家老　岡田信濃守
大場弥右衛門
武田修理

中納言殿御為筋ニ不相成義も相聞へ候間、隠居被　仰付

水戸殿家老　安嶋帯刀
水戸前中納言殿家老　尾崎豊後

中納言殿御為筋ニ不相成義も相聞候間、表家老被　仰付
水戸殿家老
鈴木石見守
今般御用筋有之候間、早々出府候様被仰出
太田丹波守
是迄隠居慎ミ候処、御免被　仰付
右之通、御取計相成候様被　仰出候間、其段中納言殿ニ可被申上候
八月
右、封し候而、水戸殿江可申上旨下総守相達、家老太田誠左衛門江
書付渡之、備後守列坐
松平讃岐守
松平大学頭
松平播磨守
中納言殿御用筋御直談之節可罷出候、御取締之義ニ付、此後繁々罷
出不苦候事
水野土佐守
竹腰兵部少輔
先達而水戸家御取締之義被　仰付候処、先御見合被　仰出候
右、於　御城書付を以達之*2

＊［ ］の部分、提出本では「右、御持帰り」と記す。
＊1〜2の幕府達書は『井伊』九—三八号に所収。

九月朔日

一、間部下総守様明後迄（ママ）日、京都江御発駕ニ付、為御餞別*1［御野袴地五端・八丈縞五端・御樽代五百疋御内々］被進、御使者六之丞相勤、左（ママ）も書取
指上ル
昨晦日飛脚着、長野主膳ゟ申越候ハ、隠謀方急々ニ迫り、種々奸計
を廻らし、手先多分有之、八月廿一日、宵暗ニ　関白殿御内玄関江
侍弐人上下を着用し、四ツ目之小丸挑灯を灯し、案内を乞、大封書
を投出し逃去候由、兎角　殿下を落し可申与必術与相働候者之内ニ、
梅田源二郎・安藤石見介・入江伊織・梁川星巌・奥村春平与申者、
尤相働居候趣ニ付、御上洛之上、品ニ寄御召捕ニ相成不申而ハ治り
申間敷、いつれ主膳事、上方近き御旅館江罷出、委細言上仕候趣申
越候、此段乍恐奉申上候
九月朔日　　宇津木六之丞
*2［御逢有、御音物之御礼、主膳方江之御用向幷太田様へも罷出呉候様
との御事ニ付、備後守様へも罷出ル］

＊［ ］の部分、提出本では削除。提出稿本では、＊1の部分を「御内々」と改めた上で墨塗りにより抹消、＊2の部分は削除する。
＊本状は原本あり（『井伊』九—五七号）。

九月二日

一、木曽路宿継飛脚を以主膳方江左之通申越ス
以書付得御意候、然ハ昨夜間部様江罷出候処、御逢有之候ニ付、貴

兄ニ者定而垂井宿迄御出迎可被成、尤、忍ひて参上仕候事ニ付、御家来之内、誰殿へ尋参候様可仕哉与相伺候処、中村勘治与申者へ御申含置被成候間、右江尋御出候様、尤、本名ニ而ハ不宜ニ付、小川大介与御改名御出候様御返し（ママ）申候様ニとの御事ニ御坐候、［梅田初五人之悪徒之事申上候処、町御奉行直様申越為召捕可申哉との御談しニ付、時宜ニ寄其場ニ及ニ与貴兄より御申越之事ニ付、御上京之上之御取計ニ而可然旨申上候処、左候ハヽ、大津駅迄小笠原長門守呼迎へ、談し候様可致との御沙汰ニ付、至極可然旨申上置候、申も］恐多き事ニ候得共、一体御軽卒之御気質歟与被伺候ニ付、御心得迄ニ申上置候、　殿下を御目当、貴兄を頼与被成居候より外無之由ニ付、何分御丹精御吉左右奉待候

＊［　］の部分、提出稿本では墨塗りにより抹消、提出本では削除。

一、水府之義、種々風説御坐候ニ付、尚又別紙之通被仰出候、京地之悪党共勢ひ挫き候御一助ニも可相成哉与奉存候、右得御意度、如此ニ御坐候、以上

六月二日　　宇津木六之丞

長野主膳様

＊本状は原本あり（『井伊』九―六一号）。

八月廿四日付之御書付、同晦日ニ着、拝見仕候、秋冷弥増ニ相成候処、先以

御上益御機嫌能被為遊御坐、御同意恐悦至極ニ奉存候、然ハ十七日付ニ而指出候紙面、大津より御帰藩之御途中ニ而相届、水府ゟ之隠密使、京并彦根江忍入候一条御承知、京地ニ而ハ間部侯之隠密与思ひ候様仕懸ケ、数多忍居候由、貴兄両度迄御面会候ハ、六十才計之小男ニて眼疾之様御見受、表ハ柔和ニ相見へ候得共、弁舌至而一物有之様御見請被成、杉浦・浜田両人之内ニハ無之哉与被仰越、杉浦仁左衛門ハ眼疾有之、人体府合いたし、油断不成義与奉存候

一、広橋殿御下向御忠心与相聞へ候得共、水府両君ゟ御文通も御坐候故、油断不成との事、御尤ニ御承知被遊候

一、嶋田氏より貴兄江之紙面拝見、扨々隠謀方根強く、　殿下御配慮奉恐入候、嶋田之心配察入候事ニ御坐候、梅田初隠謀方ニ而手強く相働候五人之者共ハ、品ニ寄御召捕ニ相成不申而ハ治り申間敷、いつれ上方近き御旅館江貴兄御出迎ひ、委細被御申上被成候旨方々、間部様江申上置候、御同人様火急ニ御上京ニ付而ハ隠謀方手筈相違致可申、御上京之上ハ迅速ニ御取計、兼而御見込之通り、　殿下より直ニ被達

叡聞、速ニ御埒済ニ相成候様御丹精可被下、併余り居江膳之様相成候而ハ、間部様御気受如何ニ付、随分下総様御手柄ニ相成候様御取計被成候様ニとの御沙汰ニ御坐候、［嶋田へ此節之為見廻浜ちりめん三疋被遣候由申上、　御承知ニ御坐候］

＊［　］の部分、提出本では削除。

一、此度若州様御上着ニて、彼梅田を召捕候上ニ而も、弥悪謀方強く殿下之一大事ニも可相成時者、時宜ニ寄、彼投書ニ付御疑として表向貴兄京都江被召出、御吟味之筋ニ相成候様可被成も難計、其期ニ至り太閤方之悪謀共御取押へ可被成、其節御所司代腰を折不被成候

様、兼而御心得之一書御下ケ之義、御尤ニ奉存候、乍去間部侯急発与相成候ニ付而者、右様之御計策被成居候而者御手後と可相成候ニ付、御下ケ之義者不奉願候、程なく間部侯江御逢之節、何角之義被仰上、御取計可然与奉存候、右御報旁如此ニ御坐候、已上

九月二日　宇津木六之丞

長野主膳様

＊本状は原本あり（『井伊』九―六二号）。

[一、間部侯、彦根御領分御通行之節、蒸菓子・干菓子・薄霞茶三重箱入・延命酒弐壺一升宛入、外ニ松茸壱籠被進之義、酒居・大久保江申遣ス]

＊[ ]の部分、提出本では削除。

一、水府御役人御入替人印之分ハ、悪党旨御国行御役御免、無印之分御取立ニ相成候被調之由ニ而、讃岐守様被仰上候書付拝見被　仰付、左ニ記

＊1側用人　小山田軍平
右跡江　三浦贇男△
側用人江　久貝十次郎
国勝手　戸田銀次郎△
大学頭付　津川伊太夫
小性頭取　平松茂木
金奉行江　皆川八十吉
小性頭取江　山崎伝四郎
小性再勤　久貝正吉
中沢丈衛門
庭奉行　国分五郎次
小性頭取江　麻沼四郎八郎
小納戸再勤　渡辺富之進
大納戸奉行江　軽部平之允
国勝手　修理倅　武田彦右衛門
国勝手　岡田杢助

三日程過　岡田信濃守
大場弥右衛門
武田修理

二日　安嶋帯刀
尾崎豊後

五日　鈴木石見守
太田丹波守

出府之義者追而公辺ゟ被　仰出

御簾中殿三日八ツ時駒込江被引移候事＊2

＊1～2の名前書は、『井伊』九―六四号に所収。

一、間部下総守様京都江御発駕ニ付、於御座間御三所物御紋付御鞍覆・御鞍鐙御拝領被成候事

一、松平薩摩守様、於御国許、七月廿日御卒去ニ付、天璋院様御父之御忌服被為受候事

九月三日

一、九条殿御内嶋田左近ゟ六之丞江之手紙、京御留守居山下兵五郎添状、
八月十五日出、今日着致入　御覧

［一、御内々御渡し之書付］

昨日政事方申付　宇都宮弥三郎

家老　白井織部

若年寄　興津蔵人

出府申付　太田誠左衛門

＊1 此者不宜候ニ付、国元騒動為致候様ニ与申付、国勝手其上ニて不申付、尤、今朝発足致候

安嶋帯刀京都江御請之使者被申付候処免し、代り興津所左衛門江被申付候由

＊1（頭注）「此下り脱字有之歟、主意不通ニ相見へ候所有之」。提出本にはなし。

＊［　］の部分、提出本では削除。提出稿本では「御内々」の部分を墨塗りにより抹消。

＊右の名前書は『井伊』九—六五に所収。

九月四日

一、御持帰り御書付、左之通

折表ニ　掃部頭

徳川摂津守家老江渡候書付

徳川摂津守殿家老衆江

御家政向之義、諸事被入御念候者勿論ニ候へ共、御三家方之義ハ、夫々之御格合・御仕来も有之事ニ付、御相続未御間も無之、御初政ニ候へ者御一己之御了簡不被押立、御附家老始、古老之者江篤与御相談巨細御聞糺、万端御取扱可有之、抑御三家方之御立置候深き御主意之段をも厚く御心得、
公儀御セ話不被為掛候様御心掛可被成候、尤、御家政向等御改革被在之候共、上下一致之上被行候様可被成旨可被申上候

右書付、於山吹間、竹腰兵部少輔・鈴木丹後守江備後守渡之

別段竹腰兵部少輔江達

＊1 中納言殿御事、当時御慎中之事故、御改(ママ)事向御口出者被成間敷義申迄も無之候得共、今日被　仰出之義も候間、別而御忽之御心得無之、御慎之義厚被心懸申上置候様可被致候

＊1（頭注）「改恐政之誤歟」。提出本にはなし。

公用方秘録　自筆草稿本（井伊家本）

安政五年九月六日～同年十二月二日

○彦根藩井伊家文書二八〇二〇

（表紙）

安政五戊午年
公用方秘録
九月六日より
同廿一日迄

（九）
八月六日　快晴

一、例刻御附人ニ而御登　城、御退出七ツ時
一、勅使　准后使今日御参▨着、右ニ付　上使内藤紀伊守様へ被　仰付候事
一、御持帰之御書付、左之通

大目付江

国持并庶流外様万石以上、交替寄合・表高家并小普請之面々ハ、明後八日より月代剃可被申候、溜詰・同格・御譜代大名・高家・雁之間詰・御奏者番・菊之間縁頬詰・諸番頭・諸物頭・諸役人・御番衆、月代剃候義ハ先可有延引候

右之通、可被相触候

申合書付

此度　御新葬ニ付、参向之公家衆江付届・音物等ニ不及候、若公家衆より音物有之候ハ、其筋評義之事

一、御自翰入御状箱　壱
一、御扇子箱　同
右三条前内大臣様御使者丹羽豊前守被参、時候御口上、今般御使者被差出候乍御序御使者被指出候由、安之丞を以申上、御相答相達ス
一、青木兵部少丞・山口新少内記ゟ昆布壱箱ツヽ、先例之趣を以指上候ニ付、明日御持出ニ取調指上候事
一、九条殿御内、嶋田左近方江之返書、左之通

八月廿三日附之御懇書去三日ニ着、謹而奉拝見候、秋冷弥増ニ相成候処、先以御勇健ニ被為渉、乍憚目出度御義ニ奉存候、七月廿一日付指上候書状八月七日ニ着、申上候件々御承知、尚亦義言上京仕候而、当地之模様委細御承知被　仰上候処、御安心被為遊候由、其後御地之御模様時々刻々之変事委細義言より申越、委細承知、殿下之御配慮貴様之御苦心、主人ニも深く御察被申上、私迄も奉恐察候事ニ御坐候

一、八月八日　勅諚之義ニ付、御内教厚き　思召之程主人ニも難有仕合ニ被存、乍恐宜御礼御取繕被　仰上被下候様申上候様呉々被申付候、

水戸殿江御別勅与申義、其起元ハ、仮条約一条無拠御次第早速可被

仰上之処、

公方様御不例引続　薨御ニ付、御延引相成候付、御案思被為遊候而之御義ニハ付、御尤ニハ候得共、古来例ニ無之水戸家江　御別　御別

勅、殊ニ御慎中之水戸殿江　殿下御承知も無之　勅諚被下候段ハ、御間違之筋ニて、主人ニも当惑被致候、水戸殿より勅諚之趣、列藩江御達ニ相成候時ニハ　将軍家之御威権二ツニ相成候道理、忽国家惑乱之萌ニ付、御達ニ及不申、京都江ハ御配慮之次第御迷惑ニ相成不申様可被　仰上旨、御老中様方より被　仰上、御達しハ御見合ニ相成、右一条も、間部侯御上京之上、委細被　仰上候筈ニ御坐候、乍恐　主上ニハ御国体を被為厚く　思召候、難有叡慮ニ候得共付込、奸佞之私欲より御方水府江権威を御付事を工ミ、私欲を施し被成候御隠謀、忽チ国家争乱ニ及候義ニ御心付無之段、何とも奉恐入候義ニ御坐候、

征夷之御職掌ハ　朝廷之御主職重ニ候処威権軽く相成候時ニハ天子之御威光ニ拘り候と申義御心付無之哉与主人ニも長歎被致候義、右様之事増長致候而ハ実ニ忽争乱之基ニ付、　殿下之御賢考偏ニ被相願候義ニ御坐候、水府之義ハ　公辺より段々御世話有之、御家老初不宜面々俗ニ天狗連与唱候面向々隠居又ハ退役、忠直之人々再勤被仰付候間、追々御取締も付候様可相成与奉存候、併夫迄ニ貴地江隠密被遣候者共多分ニ有之、八月廿九日ニも両士被指登候様子ニ付、少しも油断不成義ニ御坐候○素より隠謀ニ荷担之人々ハ不及是非候得とも、水老公之文章如何ニも御尤之御論ニらしき御迷ひ被成候方々江言行御相違与申義御合点参り候様仕度、当表ニ而ハ右等之処、市中迄も弁へ居候歟、今度御慎被　仰付候義、御気之毒与申者壱人も無之、是則善悪邪正分明之証拠ニ御坐候

一、八月七日、左右大臣・内公・三前内府公・徳大寺前内府公等無理往生之　勅諚御出し、殿下之御失作ニ相成候御奸計委細ニ被　仰下、如何ニも　柳営六月廿四日押登　城之有様与御同様危急ニ迫り候御模様、死ニ物狂ひ程恐敷物ハ無御坐、此度間部侯御上京ハ、実ニ死地ニ入候而之御働、殿下ニ御縋り生路を御求メ被成候より外無之ニ付、主人より呈書ニ而御願被申上度存心ニ候得共、義言投書之一条も有之、此節呈書等被致候而ハ、却而　殿下御取扱之御障りニ可相成与哉御遠慮被成居候次第、御執成御取繕宜被仰上被下候様御頼申上候様呉々被申付候、実ニ国家之安危ニ拘り候御大切之御使、偏ニ　殿下之御威光を以臨機応変迅速之御取計、　御威光を以万民安堵仕候様御願被申上候、投書之一条ニ付、貴様ニも御差扣被為蒙　仰候段承知被致、扨々御気之毒ニ被存候、乍去古より忠臣義士災厄ニ係り候事其例少ナからす、却而万世江美名を御伝へ、御子孫御繁栄之基ニ可相成、指当り義言より御通路方如何可有之哉与主人ニも其所案思被居候、義言事も極密間部侯御供ニまきれ、小川大介与改名いたし、御同人公用人中村勘次与申仁与同居いたし候筈ニ申遣し置候、御心得迄申上置候、義言より申越候梅田源二郎初隠謀方手先ニ而相働居候者共ハ、品ニより町方より御召捕ニ相成候方可然歟与奉存候、其余被仰下候件々秘蜜(密)之義ニ付、相済候義ハ件々態与御請不申上候、呉々も御大切之御場合ニ付、飽迄御丹精御吉左右奉待候旨、宜申上候様被申付、御請旁此段申上候、以上

九月六日　　宇津木六之丞

嶋田左近様

＊本状は草稿原本なし。削除・加筆部分は原本における添削と考えられる。提出本では添削後のものを記す。見せ消し部分は墨線による。

＊本状は『井伊』十一―六号では、「公用方秘録」より引載。

御飛脚立ニ付、一書得御意候、秋冷弥増ニ相成候処、先以
御上益御機嫌能日々御登　城被為遊、恐悦至極御同意ニ奉存候、然ハ八月廿三日附嶋田左近より之書面去三日着、隠謀方八月七日　殿下御承知無之　勅諚を被下候次第柄を初、京都之模様如何ニも御六ヶ敷御模様次第ハ追々貴兄より被　仰越候通りニ而御坐候得共、結文ニ至り間部侯御上京之節ハ、臨機応変迅速之御取計与申義御坐候、是ハ貴兄より被仰越候ニ彼虎之巻之義可有御坐与、是而已今日之力与奉頼候事ニ御坐候、水府江別　勅被下候義者如何ニも御間違之筋ニ而、将軍之御威権二ツニ分れ候様相成候而ハ忽争乱之基、（朱点抹消）異国之義ハ暫指置、方今御国内之治乱如何与被為脳叡慮候与申、　勅諚ニ反し候次第、殿下之御賢考御願被成候旨左近方へ申遣候、此義ハ左右大臣初メ、隠謀方を御押へ被為遊候種ニ可相成与奉存候、乍恐　主上ニハ御国体を深く御案思被為遊候難有　思召ニ候処、奸佞之党　聖慮をくらまし候次第可憎事、　将軍之御威権軽く成候得者、天子之　御威光も薄く成ニ拘り候与申事御心付無之段、別紙之通実ニ歎息仕候義ニ御坐候、水府御取締向行届不申ニ付、尚又天狗連御退ケ、忠直之者再勤被　仰出候、今度ハ中納言様ニハ御打解、讃岐守様初庶流方へ御家政御談し被成候様相成、能御模様ニハ候得とも、今以京地へ御手入有之、八月廿九日又々両士上京いたし候趣ニ相聞へ申候間、京都治り付候へハ、水府も治り可申、夫迄ハ何分油断成不申、今日之御急務ハ京都之御一条ニ有之、　御上ニも深く御案思被為遊候間、飽迄御丹精御吉左右奉待候より外無御坐候、右得御意度如此ニ御坐候、以上

九月六日　　　　宇津木六之丞

長野主膳様

猶々時下御厭乍憚専一ニ奉存候、（朱点抹消）御薩州も弥卒去之御届出、隠謀之□□□弥簱頭弥残党勢ひを失ひ、岩瀬肥後守も昨日御作事奉行へ転役被仰付、追々当表御一洗被遊候間、京地治り付候へハ太平ニ帰し、万民安堵可仕与奉祈願候事ニ御坐候、以上

＊本状は原本なし。削除・加筆部分は原本における添削と考えられる。提出本では添削後のものを記す。（朱点抹消）の見せ消し部分は提出本作成時のものと考えられる。

＊本状は『井伊』十―七号では、「公用方秘録」より引載。

九月七日

一、例刻御附人ニ而御登　城、御退出七時二分過

一、御香奠献備有之、上野江之御使者頭取衆相勤之

但、当役ニハ取扱無之

一、渋紙包

右者御頂戴之御品之由ニ而、御賄頭より為持来、奥江上ル

一、御持帰り書付、左之通り

紀伊守殿口達

明八日公家衆参堂ニ付、月代剃相詰候事

一、青木兵部少丞・山口新少内記より昆布壱箱ツヽ、先例ニ付御到来、御持出御相談有之処、帰路御暇之節、為御答礼白銀壱枚ツヽ、御使者を以御贈りニ相成候御先例、備後守様御持出ニ而御相談済、御取究ニ相成候

事
一、御持帰り、左之通
　　大目付江
九月
　十日　　惣出仕
　十三日　溜詰同格
　　　　　御譜代大名
右之通、為伺御機嫌出仕候様可被相触候
　　大目付
　　御目付 江
今般仏蘭西より使節差越、条約取結之義申立候ニ付、英吉
利之振合を以仮条約為御取替相成、昨六日退帆致し候、此
段為心得相達候
右之通、向々江可被相触候
*［右之写、御勤番御用番方江達ス］
*［ ］の部分、提出本では削除。
一、明八日上野江　勅使参堂ニ付、御詰被遊候段被　仰出候、
右者一件留有之ニ付、略し而不記

九月八日

一、勅使参堂ニ付、備後守様御登　城江御附人ニ而上野江御出被遊、委細
一件留ニ記之、御帰館暮時六ツ時過
*提出本では、この間に提出本写本（東大本）抄本No.1を挿入。提出稿本で、この部分の頭注に、朱書で「▨此所へ入」と記し、九月十一日条のところにNo.1の写しを貼付する。
一、佐野松茸　廿五本ツヽ、時候御見廻、左之方々江被進
　備後守様　和泉守様
　紀伊守様　中務大輔様
　　大目付江
明九日出仕之面々花色小袖半袴着用、四時出仕候様可被達候
　折表ニ　覚
明九日花色小袖半袴ニ而例刻登　城之事
但、部屋番并供廻り共平日之通りニ候事
一、非番開門ニ者不及候事
一、今朝長野主膳ゟ九条殿関白御辞職之義申来候間、太田様へ六之丞罷出、
御直答有之、罷帰り御直ニ申上ル

九月九日

一、例刻御附人ニ而御登　城、御退出七半時過
一、御中陰中ニ付、表御門内大番所明不申候

但、当役御取次平服之事

一、茶　壱箱

広幡大納言様ゟ

右者此度為勅使御下向時候為御見廻御到来、明日書付ニ而御持出御相談有之

九月十日

一、例刻御附人ニ而御登　城、御帰舘七ツ半時三分過

一、今日御退出ゟ　勅使之方江御出可被遊処、御頭痛気ニ付御延引、右ニ付取扱向無之

一、御城ゟ　御法号御持帰

温恭院様与奉称、右之趣御勤番江相達

大目付江

御代替之御礼之覚

初日、　正月朔日出仕之分

二日目、同　二日出仕之分

三日目、同　三日出仕之分

右之通可被心得候、御太刀目録可有献上候、日限之義者追而可相達候

一、前々より作り御太刀御馬裸脊一疋宛献上之分并作り御太刀御馬代献上之分、何も嘉永六丑年　御代替御礼之節之通可有献上候

一、初日・二日御礼者直垂狩衣大紋布衣素袍可有着用候

［一、三日目御礼ハ長袴着用可有之候］

＊［　］の箇条、提出本では削除。提出稿本にはあり。

一、在国在所之面々ハ、以名代之使者元日御礼之衆ハ二日目年始之通御太刀可有献上候、尤使者素袍可着候

但、在府之向も病気ニて出仕難成面々ハ、是又初日・二日目之内、以使者御太刀御馬代可被差上候

一、万石以上之隠居部屋住、在国在所又者在府之分も病気幼少之面々者以使者御太刀御馬代可被差上候

一、万石以下之諸大夫并三千石以上、在所又ハ御役所ニ在之面々、且又病気幼少之分、三日目以使者御太刀可被差上候

一、御礼被申上候面々為御祝義、御名・老中・若年寄中へ可被相廻候、尤不込合様可被心得候、且病気幼少隠居之面々者、御名月番之老中江使者可被差越候

一、在国在所之面々使札可被差越候

右之通、可被相触候

大目付
御目付　江

松平故薩摩守妻、今晩死去ニ付、

天璋院様御定式之通、今日より五十日十三月之御忌服被為　請候事

九月十一日

（以下二行墨線で抹消）

一、例刻御附人ニ而御登　城、御退出七半時過

一、長野主膳江之御用状、宿次ヲ以左之通申遣ス
一、間部様江御手紙被進候［ハ、可然与奉存候ニ付、下案御考端迄左之通認差上ル］

然ハ去ル二日、二条殿、関白殿江被参、無理無体ニ御押付、無是非御辞職御願被成候よし、察する処、所司代京着以前ニ関白殿を押のけ不申而ハ奸之党邪魔ニ成候故、右様無体之義出来候事与被存候、付而ハ今度被　仰含候　御趣意も貫通不致、関東ニ而ハ諸夷を恐れ　朝廷を軽蔑し、猥ニ条約致し候抔与　主上豪邁之御気質ヲ伺、是ヲ非ニ申成し候様可成行与実ニ御迷惑之程御察申候、関白殿御辞職御願とハ乍申、未御当職中之御義、天下之安危ニ拘り候御大切之義ニ付、殿下を以関東之御所置分明ニ申上候様御先代様被　仰含候　御趣意も御坐候事ニ付、右御一条ハ是非御取扱御坐候様相成不申而ハ、何分御先代様之　思召も相立不申、関東ニ而御国体を厚く被　思召候而之御所置も、却而蛮夷ニ被恐嚇、
朝廷ヲ御蔑視被成候との御疑念御解兼、折角御国体ヲ　思召候難有　叡慮も、却而争端之基与可相成ニ付、如何様ニも御丹精、関東之御所置ハ御国体ヲ厚く　思召候処より、　勅答も不済内ニも条約御許しニ相成候与申所之　御趣意　叡聞ニ達し候ハヽ、御疑念御晴れ、　公武御一致ニも可至、左無之而ハ奸賊ノ為ニ万民塗炭ニ落入候様可成行与歎息仕候、兼而御承知之奸賊手先之者共初一々御召捕、厳敷御吟味候ハヽ、奸謀相顕れ、
君側之悪人御除き被成候御手段も付可申、
将軍家我意之振廻抔与奸賊可申唱候ヘ共、実ニ危急存亡之秋ニ付、御英断御坐候様仕度、御如才ハ無之御義ニ候得共、所司代初諸役人江京地之模様篤与御聞糺し、何分ニも関東之
思召貫通いたし候様御忠精可被下候

＊［　］の部分は、原本では朱点が付され、提出本では、「控」と改められる。
＊本状は原本あり（『井伊』十一―七号）。

九月十一日

一、例刻御附人ニ而御登　城、御退出七半時過
一、長野主膳江之宿次御用状指立、左之通申遣ス

八月廿九日桑名駅より御差立之御札昨九日ニ着、致拝見候、御帰藩後去月廿四日付京地より書状御到来之処、悪謀之徒頻ニ　殿下ヲ退ケ、間部侯御上京之節、妨之手段専ら之趣、　宮中ニてハ御名と殿下と手ヲ引、御謀反之思召有之、貴兄左近と発頭申立、御局向ハ太左三前内等より御手入、無憚所悪言御申ふらさせ候ニ付、　准后様も御たまりかね、二三日御引立られ度旨殿下へ被仰上候次第ニ付、当分貴兄御上京不可然旨　台命ヲ被下候よしを廿六日御発途、醒ヶ井より志賀谷之名前ニ而大垣江御越、川船ニて廿七日夕方桑名江御着被成候処、御宿所より飛脚ヲ以京都之書状御到来、其文中ニ、貴兄江戸御出立之節、若州鯖江より大金ヲ以御あつかい御家ゟも同断ニ候処、三条家ニてハ此度之悪計ニ御取合なく、貴兄御目見も

無之との事、七日比女乗物ニて九印奥江御忍入、壱万両御指上、表方江も夫々賄賂有之との事、此度江戸江之　勅使三条殿・久我殿ニて御務之筈ニ候処、貴兄御在京中ハ如何成姦計も難計とて御見合ニ相成、貴兄御帰藩後、裏松殿ゟ之手先とてしらへ候よし、又三条殿の仰と聞候ニハ、貴兄定而江戸へ御下りをすれハ、九印とはら合セての事故、油断不相成とて北野松蔭坊等へも追々尋ニ参候よし、梁川星巌も所々江聞合ニあるき、御在京中ハ彦根ゟ之目付参、星巌宅ニ逗留いたし候様外村禎輔ゟ俊平・星巌等江文通有之、彦根ニても忠義之士ハ段々御諌言申上候得共、一向御聞入無之、依而家中ニツニ割候との事、惣而貴兄御在京中ハ、投書等ニ而諸人ヲ為驚、只今ニてハ憚なく銘々名を顕し申歩行候趣申来候由委細被仰下、如何ニも手強キ奸計痛心仕候、扨七ツ時比若州侯御着船、御本陣江御出、薄暮より初夜迄御閑談、彼梅田源次郎ゟ之書状御手元ニ有之、御一見被成候処、右文中ニ、

　御所司代御再勤誠ニ以御大切、関東ニてハ　勅諚ニ御背き彦根公ニハ一橋公ヲ押のけ、紀公ヲ押立御退役押込等思ひ之儘之御振舞云々、御家中一統江血判被仰付、家老極諫致候得共御用ひ無之、彦根公ニ御同意被成候而者、朝敵と申者ニて、万世逆臣之罪名御蒙可被成、当地此節情実委敷御存被成度ハ、頼三(ママ)陽之男三樹八郎と申学者差出し可申云々、

坪内先生梅田言明別紙

主上と御同意正論家ハ粟田王・近衛左府公・中山大納言・久我大納言・万里小路・徳大寺・野宮宰相・八条三位・大原三位・三条内府公等、鷹司右府公是も随分よし、九条殿ニハ彦根と内通、　御上使御登ニ相成候ハヽ、又大もめと被存候、殿様ニ者如何之御心得ニて御登候哉、御家来衆殿様ヲ皇国之罪人ニ被致候てハ済不申、一統腹ヲ御切被成候御覚悟より外ハ無之候

右一通、今一通ハ八月八日付与相見へ

　八月七日、

　勅書ヲ以列卿ヲ被召候云々、　主上出　御ニ而　叡慮之趣被　仰出候処、何レ茂敬伏一決、九条殿ハ兼而彦根侯と御同意ニ而、関東江御内通之処、一言も御出し被成候事難成、畏縮被成候由、八日早朝早打ニて御老中方手ヲはなれ、尾張公・水戸公へ　宣旨被下、此度何之子細在て尾・水・越押込候哉、　勅命ニ違ひ条約調印、天下ヲ誤候姦者之役人共ヲ尾張・水戸其外連枝有志之諸侯江勅命を伝へ、速ニ右之者ヲ可相除との事、実ニ古今之御英断、粟田様ゟ伊丹蔵人御使ニ而源次郎へ急々為知候由、五六日之間ニ江戸ハ勿論、天下不日ニ大震動可致、当月三四日尾張より弐千余人出発、中納言様ヲ御国江迎帰候覚悟之由、御帰国候得ハ直ニ御上京と申沙汰、御国太守公ハ兼而彦根侯とハ無二之御合体ニ候へ者、如何ニも危事と奉恐察候、何卒早々御覚悟御定被成候様との云々、

抑若州侯ニハ御京着之上、先太閤方江付合候方可然との御見込ニ而、内藤豊刕ニも色々手ヲ被入候間、何と歟説得方も可有之との

事ニ付、貴兄被仰候ハヽ、尋常之時節ニ候ハヽ、御尤ニ候得共、方今之形勢恐らくハ内藤侯御働被成候とも、悪謀方ニてハ忽関東方辺敵ニ被成候事必定、況御所司代ニ而ハ、悪地江御踏込御身柄不相応ニ付、御上着後悪方之諸方ゟ色々指込候事共可有之、一々書付ヲ御取置候而、第一ニ梅田源二郎ヲ御召捕ニ相成、投書一件より悪謀申ふらし候梁川星巌・三樹・高木・安藤等之連中ハ、梅田之口ふりニ任セ、一々御召捕ニ相成、善悪共其申状世間江不漏様被成置候ハヽ、悪謀之一連ハ彼者共何事を白状候も難計と心配致可申、其筋太・左・右・徳大・三前内等便ニ任セ、右様之御企ハ不容易、御改心無之候ハヽ、如何様之義出来も難計と実事ヲ以御諭相成、関東之様子具ニ被仰進候ハヽ、自然と悪方之弱ミニ可相成、其節　殿下と御名と御謀反云々之義決而無之、嶋田左近御咎ハ御免相成候様表向被仰上候ハヽ、一統恐縮可仕、其上ニも悪謀甚敷候ハヽ、無拠関東江被　仰上、太・左・三前内之三発頭ヲ一件相済候迄之所、参　内御指留ニも可相成思召ニ無之而ハ、此度之善悪邪正之御証人と御成被成候事ハ出来申間敷、左候へ者精々彼手先之小悪人共ヲ御召捕、大変之場ニ迄不至様之御良策専一、其上ニてハ前々ゟ御心易き太閤ヲ始、御無難之御取計ハ可有之、其節梅田之口ニてかの御名御謀反一件之義明白不相成候ハヽ、貴兄ヲ御疑人として御呼出し御吟味ニ成候ハヽ、悪謀方之手先ニハ口ハ開かせ不被成と迄御申上、此処ニてハ間部侯御上京迄ニ御所司之御働ハ一も相立不申旨段々御申上被成候処、甚御満悦ニて京地之様子委敷御承知、是迄之御見込ニ而ハ実ニ不宜、早々梅田ヲ召捕、夫々御計ひ可被成、付而者三浦七兵衛と申御小姓頭、是ハ何事も承知之者ニ付、同人へも咄し相談致呉候様との御事ニ付、同夜貴兄旅宿へ被参、夜七時迄御閑談、扨又粟田宮着、調印一件其処治り、謀反難遂候ハヽ、条約中切支丹宗弘メ之廉ヲ以諸寺諸山之一揆ヲ催し、御名ヲおとし候手立在之様子ニ付、右拝礼堂之義ハ日本ノ地ニ暫ニ而も商館ヲ建住居いたし候ニ者、仏ヲ祭らてハ不叶と申事ヲ聞込居候故之事与申訳ヲ段々御申上被成候へハ、甚御悦ニ而近江大掾藤原忠広之御脇差鍔壱本、外ニ金千疋御茶と御菓子と入たる一箱御頂戴、尚又御帰藩之後追々上書も可被成御約束ニ而、大垣へ御上り、翌日御帰藩可被成旨委細御紙面之趣承知、追々危急之場ニ至り、御心痛御察し申候、先々御所司代御聞請宜御同喜仕候

一、去ル四日付宿継飛脚、去ル八日朝五ツ時前ニ着致候、去月廿九日之飛脚ゟ都而一日早く着致候京都嶋田ゟ去三日付之書状御直書着、御所御直書二通御到来、殿下御辞職之事も当二日悪謀方存分ニ　主上ヲタマし奉り、扨々大変、実ハ此場御案思候得共所司代ハ御着無之、町奉行ハ悪謀之手先召捕ハ扨置、内調も付兼、乍残念期ヲ御失ひ、今ニ成候而者京地ニて悪謀之為ニ被害候ハヽ、却而此大変ニ及候迄ニハ及間敷、なからへたるが御残念ニ被思召候との御義、御心中押計御同意当惑千万、御上ニも八日朝公家衆上野江参堂ニ付、只今御出駕と申所へ御手紙着、荒々御覧、殊之外御驚、直々御懐中上野ニて御相談も可被遊迚御出相成申候、殿下之御辞職天下之

存亡　主上之天下ニかへかたく、可成丈悪謀之徒御押込被遊候御手段御十分被遊候上ニて、先其手先之者ヲ狩尽し、右ニて治り候ハ、宜敷、夫ニて不治節ハ、太・左・右○役者三前内・徳大等之御方ニハ厳敷被仰出候共、　主上と殿下とさへ御正道ニて御治メ被遊候ハヽ、朝敵と申迄之大乱ニハ及申間敷、無左而ハ水老・一印等江
勅命ニ而も出候上ニてハ、大乱ハ勿論、正道之方却而違　勅ニ落入候事必定ニ付、御辞職と申候而も未御跡職無之間之事ニ候へ者、只今ならハ御治メ方も可有之歟、今暫相後レ候而者実ニ大変、国家存亡此期ニ決し候事ニ付、是ゟ大津迄御登り篤与御伺之上、尚又可被仰上、此度之治り方御手後レ相成候様之義無之様被成度、廿五日附ニ申進候通、摂家宮方ヲ関東之　思召ニ而御押籠等之事ハ不被成候得共、国家之存亡ニ係り　朝廷公儀ニ難替御場合至候ハ、末代迄御称号ニも抱り不容易義ニ付、精々其期ニ至り不申様ニハ御働可被成御覚悟、桑名より被仰越之通ニ而、決而手強き事てハ無御拠次第、何分ニも梅田源次郎義ハ若州へ御召捕ニ相成候上ニも御家よりも御声懸させられす而ハ不相成程之義ニて、其外梁川星巌ハ貴兄御上京中彦根ゟ目付参居、自分宅ニ逗留と申出候由、是も今一度御吟味之上時宜ニ寄、早々御召捕無之而者正邪相分兼、手先之悪小人共ヲ狩尽し、右ニて悪謀方之手ヲ為引候之外穏当之御取計ハ有之間敷、御家ヲ悪逆又ハ　朝敵のと申触し候輩ハ御家ゟ御声懸させられ、早々御召捕ニ不相成而者正邪分明ニ言上之道付不申ニ付、庵・新両大夫江も御申上、一刻も早く貴兄ニハ上方江御出不被成而ハ御手後レ可相成与御心配被成候由、右様相成候上　殿下御無失之御罪さへ被雪候様相成候ハヽ、八九迄ハ御穏当ニ治り可申歟、間部侯江も木曽路江飛脚御指出し、醒ヶ井ニて御申上、貴兄ニハ京大津之外ニ御出候てハ御間欠ケニ相成候との義御尤ニ奉存候、実ニ　殿下御辞職と承り候而者間部侯ニも御当惑、所司代ニも御手寄所無之御次第ニて御察申上候事ニ御坐候、此上ハ御賢考之通、梅田初悪小人共委く御召捕、右等〔等ニ〕て治り付候へハ重畳之義、夫ニても猶手強く候ハヽ、摂門諸大臣迚も其侭ニハ難被指置ニ付、急度御沙汰御坐候より外無之候得とも、夫以彼小人共ヲメ上ケ白状為致候上ニ無之而ハ、御押へ方も有之間敷、兎ニ角悪小人御吟味方急務、御賢考之外無之義と奉存候

一、山下兵五郎も是迄ハ同人身之上御厭ひ、惣方御取成し、漸々改心ニハ及候得共、御留守居より漏候事多端、右之証之為殿下幾度も御困り、此度ニて三度之　台命ニ付、山兵御用召、弥太郎上京之御取計ニ相成候由、今以彦根より京地へ文通有之、一印を押のけ候事ハ御名之御失徳、夫ニ付而ハ貴兄を非道と申立候者有之、御困り之由、扨々不軽事共奉恐入候義ニ御坐候、段々不容易難所ヲ御凌き、今日迄御押鎮被遊候処、此一挙ニして頽敗可致哉と痛心至極、御上ニも貴兄之御胸中御想像、御歎息被遊、宜申進候様ニ与御懇之御沙汰ニ御坐候、右御報迄如此ニ御坐候、以上

宇津木六之丞

長野主膳様

猶々

御書三通今暫く御預り申置、跡ゟ返上可仕候、

殿下之御胸中奉申上候迄も無之、若御所之御書拝見、不覚落涙仕、龍章心中察入候事ニ御坐候、御大切之御場合、時下別
而御厭奉祈候、以上

*本状は、提出本では改稿の上、安政五年九月八日条に記す。提出稿本では、改稿後のものを切り取り、九月十一日条に貼付する。

一、長野主膳江左之通申遣ス

一書得御意候、然者
関白様御辞職之義被　聞召、殊之外御驚、是与申も正道を御守り
公武御一体万民安堵仕候様ニとの御配慮ニ而、奸佞之党種々隠謀御迷惑御凌き、飽迄正路を御立被［下置候、*1御高庇ニより］
御養君様之御義ヲ奉始、関東之御都合万端宜、もはや条約一条御申解相済候得者、穏ニ治り候様可相成之
思召被為在候折柄、御辞職との義、実ニ十方(ママ)ニ暮、御手を被為附様も無之、是与申も関東より之御仕向段々御手後ニ相成、
殿下之御迷惑ニ相成候迚、御切歯御落涙被遊候、何分此儘ニ而者忽争乱之兆ニ付、閣老江も談し、右之取計可致迚御登
城被遊、御退出ニ相伺候得者、貴兄より被遣候御書付之内要文二通間部侯江被遣、奸悪党
主上豪邁之御気質を伺、条約調印者夷賊ニ被恐嚇、
朝廷ヲ蔑視いたし、御国体ヲ穢し候抔与尤らしく申上、万国之形勢古与変革いたし、今日之御所置ニ無之而者、却而御国体ヲ失ひ候場ニ至り候故、諸大名之御存寄も御尋之上、御許しニ相成候次第ニ付、
関東之　思召貫通いたし候得者
御逆鱗可被遊御筋合ハ無之ニ付、一刻も早く間部侯御上洛被成候ハヽ、今日之場ニハ至り不申処、呉々御残念ニ被為
思召候ニ付、御辞職とハ乍申御願中之御義、今度之　御使者天下之安危ニ拘り、御大切之御義ニ付、関白殿を以関東之御所置具ニ申上候様、
御先代様被　仰置候御趣意も有之事ニ付、右一条者是非御取扱御坐候様、尤備後守様へ御所司代之節、先関白二条殿御辞職之上、御引合被遊候御例等も有之趣も被仰進候由、兼而間部侯ニも御聞込被為在候奸賊手先之者共召捕ニ相成厳敷御吟味、右ニ而奸党手ヲ引候様相成候得者重畳、左も無之時ニハ、奸賊共〆上ケ隠謀白状為致、
君側之悪人御除キニ相成候より外無之、左候ハヽ、
将軍家我意之御振廻抔与奸賊可申唱候得とも、何分危急ニ迫り候御場合ニ付、御所司代江も御談し、御英断被成候様ニ与被仰進候

*［　］の部分、提出本では、「成」に改められる。原本では朱点が付され、提出稿本では、墨塗りにより抹消の上、「成」と改める。見消し部分は*1は朱点、それ以外は墨線による。

一、自然此上老公御後見、大老・閣老御引かへ等之厳敷
勅諚出候共、関東之形勢御承知無之故之御間違より出候事ニ付押返し、事実相違之義不被　仰上而ハ忽大乱ニ相成候間、老公之風聞書等迄被入　御覧、御申解被遊候
思召ニ候得とも、何分ニも右様御間違之義出来不申様御丹精可被成、

右等ニ付而も　殿下御辞職ニ相成候而者、関東之　思召貫通不致、
終ニハ大乱ニ至り可申、且是迄国家之為ヲ被為
思召候御忠節御方御辞職与相成候而者、
公儀之御義理合も済不申ニ付、何分ニも御勤続相成候様、御所司代
江も御厚談御取計被成候様ニ与被仰進候趣ニ御坐候、自然此上水府
江御別　勅被下候共、御封之侭
公儀江御指出し被成候様讃岐守様を以被　仰上、御承知之由ニ御坐
候、呉々も御手後レニ相成　殿下之御迷惑ニ相成候段、幾重ニも御
残念ニ被　思召候得とも、外ニハ諸夷之取扱、内ニ者奸佞之者共御
仕置、殊ニ
公方様甍御等ニ而今日之場ニ至り御当惑被成、何とも被恐入候得と
も、未御願中之御義ニ付、間部侯御所司代江御厚談、御間違之筋被
仰解、　君《悪》側之御除き、
公武一致万民安堵仕候様之御取扱御願、前文之御佗宜(ママ)御内々御取計
被成候様ニ与被仰出候、以上

九月十一日　　宇津木六之丞

長野主膳様

＊本状は原本あり（『井伊』十一―一八号）。

此御書付者、貴兄江此御趣意ニ而申進候様ニとて之御書下ケニ御坐
候、［若申上候様之御書付も左近殿江為御見被成候方可然哉とも奉
存候］ニ付、御廻し申候、御不用ニ成候節、御序ニ御戻し可被下候、
以上

十一日　　六之丞

主膳様

＊［ ］の部分、提出本では削除。原本には朱点が付され、提出稿本では、墨塗りにより抹消。

［五日附之御書付、十日夜九ツ時ニ着いたし候、　殿下御辞職之事、
左近働ニて止り候得とも、内覧ハ　御免との事、いつれニも奉恐入
候事、夫ニ付奸賊召捕之義、若州侯御にふり被成候由、夫ニてハ治
り付不申困り候との　上意ニて御手紙御持出、今日　御城ニて御評義(ママ)
被遊候事ニ相成申候、どう歟若州侯ヲ御説付被成候得者、重畳之
御義与奉存候事ニ御坐候、尚々重便可申上候、以上

十一日　　六之丞

主膳様］

＊［ ］の部分、朱点が付される。

一、主膳へ廻し候御書下ケ、左之通

折表ニ下総守旅中迄我等自書遣候主意

間部方江京ゟ来状二通相廻し、此度関白殿無理無体御辞職御願ニ相成
候者、所司代京着有之而ハ奸悪党邪魔ニ可相成与、俄急ニ押のけ候与
察候事
一、右様ニ而者弥悪党盛ニ相成、素より
主上豪邁之御気質ヲ伺、是ヲ非ニ申成候様成行而ハ、此度之御取扱甚

六ヶ敷と察し候事

一、関白殿御辞職御願中、未タ御退キ切と申ニも無之ニ付、天下之安危ニ拘り大切之義ニ付、関白殿を以関東之御所置具ニ申上候様、　御先代様被　仰置候御趣意も有之、右一条ハ是非御取扱御坐候様御懸合之事

　但し、備後守所司代之節、先関白二条殿御辞職之上、御引合有之義も有之との事

一、兼而御承知之奸賊手先之者共召捕ニ相成、厳敷吟味有之候ハヽ、奸謀相顕レ、　君側之悪人御除キ被成候手段も付可申、　将軍家我儘之振廻抔与奸賊可申唱候へ共、今日之場合ニ至り候而ハ実ニ危急存亡之秋ニ付、平穏ニ而已ニ而ハ治り付申間敷、御英断之事所司代江も御相談

［一、自然此上老公御後見、大老・老中とも引かへ等之厳敷勅諚下り候節之覚悟、何レニも関東之形勢御存知無之而ハ被仰出候義ニ付、右様ニ而ハ迚も天下治り不申、大乱ニ相成候段押返し可申上積り、尤老公是迄之風聞取集御覧ニ入候積り、左候へハ違　勅と申事又々相起り可申候得共、決而違　勅之筋合ニ者無之、御合点之参り候様可申上候事、精々此上之　勅諚者出不申様御訪付之事］

＊［　］の部分、朱点が付される。提出本では、抄出№2のように改められる。提出稿本では、原本のものを写した上で墨塗り、加筆により№2のように改める。

一、水戸家へ又々別　勅下候節者、御封之儘
公儀江御指出しニ相成候様、讃岐方を以申上候事

一、九条関白殿、是迄段々御骨折、天下之為被　思召、
御養君様御取極を初、上方ニ御一人ニ而御踏こたへ、今日迄之所御静謐ニ参り候者、莫太之御忠節ニも只今御無失ニ御役御免ニ相成候而者
公儀之御義理合も不相済御次第、御政道も明か不成事ニ付、何卒間部・所司代相働き御勤続きニ相成候様致度候事

＊本状は原本あり（『井伊』十一―一七号）。

一、間部様衆田子一郎左衛門へ遣し候書付、左之通

関白殿江去ル二日二条殿御出、無理無体ニ御辞職被成候様との　勅命、不及是非御辞職ニ相成候よし申来、御名様ニも御当惑被成、御老中様方江も御相談ニ而、昨日宿継を以御旅中迄御当方之御見込被　仰進候趣ニ付、此程中不一形御配慮之事ニ付、御趣意之処極密相伺御咄し申度旨申上候処、御心配御尤ニ被　思召、密々御伝へ申候様申候様ニとの御沙汰ニ付、伺候御趣意左ニ認申候

一、御所司代御京着ニ相成候而ハ、悪党方邪魔ニ相成候故、無体ニ御辞職与相成候、　大守様ニハ関白殿より外正道を御守り被成候御方ハ無之ニ付、頼与　思召御上り被遊候処、右様之御次第ニ而ハ御当惑可被成与深く御案思被成、御辞職与申而も未御願中之義、天下之安危ニ拘り候御大切之御使ニ付、関白殿を以関東之御所置具ニ申上候様、
温恭院様被　仰置候御趣意も被為在候御義ニ付、右御一条ハ是非御取扱御坐候様被成可然との御義、兼而御承知被為在候奸賊手先之者共御召捕御糺しニ相成、御吟味被　仰付候ハヽ、奸党手を引治り付可申歟、夫ニ而も鎮り不申節ニハ右之者共厳敷御責付隠謀白状為致、　君側之悪御除不被成而ハ治り付申間敷、右様相成候ハヽ、　将軍家我意之御振廻抔与可申唱候得共、実ニ危急存亡之秋ニ付、尋常之事ニ而ハ治り付

申間敷ニ付、御英断被遊候様ニ与被　仰進候得共、若刕侯并内藤豊州侯ニハ飽迄穏当之御取扱ニ而御平治被成候御見込ニ付、　大守様も右へ御泥ミ猶予被為在候而ハ終ニ大乱ニ及可申迚、深く御心配ニ御坐候、此段御内々申上候事

＊本状は原本あり（『井伊』十―一九号）。

一、水府之義、讃岐守様御差出

九月九日下　城掛小石川江参り、中納言殿江逢候節、別紙名前書相渡、斎藤左次右衛門始八人昨日出府、［此屋敷ニ罷在候、右様度々出府致甚心配致候旨申聞ニ付、右等之出府ハ、何等之趣意ニ而出府］致候哉と相伺候処、　将軍　宣下相済候ハヽ、前中納言殿此上厳敷御咎被仰出候由ニ候間、右之節之御固ニ出府致候段申候事ニ有之候旨、中納言殿被申候事、右之外ニ茂国元より小金辺迄、士分之者・郷中之者取交三百人余罷登り、何様申諭候而も引取不申、甚心配之由、其中ニ大番組平三郎弟加治八次郎与申者出府之義厳敷指留候処、自殺致相果申候、右之通之勢ニ而甚困り候旨、中納言殿被相咄候事

斎藤左次右衛門　矢野長九郎
山田豊太郎　下野隼次郎
佐々千次郎　佐野順次郎
後藤政次郎　住谷寅之介

＊［　］の部分、提出本では削除。提出稿本では、頭注により補筆。
＊本状は原本あり（『井伊』十―一六号）。

一、間部下総守様・酒井若狭守様ゟ之御状并書付類［御渡、内膳方へ相談「候」（黒点にて抹消）致し、御両人江之御紙面下案仕候様被　仰渡、御書付］左ニ記

＊［　］の部分、朱点が付される。提出本では削除。提出稿本では、墨塗りにより抹消。

＊1
折表　備後守様　下総守
紀伊守様

御翰致拝見候、弥御勇健御勤仕可被成与珍重奉存候、私義旅行之義御丁寧被仰付奉謝候、無意ニ御坐候間、其段御休意可被下候、扨晦日若狭守私江之封物御披見相成候処、心得ニも相成候品ニ付、御侭御廻達被下辱奉存候、内藤豊後守書状之趣等御心配之趣御同前奉存候、乍然私義者発足後ニ相成候事故、只今如何共致方無之、右ニ付而も若狭守より別紙之通旅中へ申越、則下諏訪駅ニ而庄次郎・清五郎へ申付、写之上差上申候、九条殿并両伝奏辞職ニ相成候而者、実ニ当惑之至ニ御坐候、右ニ付若狭守ゟも申上候由御返答御延引可然与之義ニ付、愚案ニ者其御地ニおゐて九条殿辞職之儀、是迄差而不快等之模様も不相聞、今般急ニ病気申立辞職被相願候段、何共御不思議ニ被　思召、何れ御意味御程柄も可有之哉、夫等之辺御承知無之候而ハ否御返答被　仰進、急之趣之御主意被仰遣候而ハ如何可有之哉、是迄之御例合等者不存候得共、関白之職者御大切之御事、殊ニ此砌軽々敷御辞職与申義も如何ニも京地御軽卒之様ニ奉存候、右等之御模様一応御尋向有之候而ハ如何可

有之哉、若狭守ゟも私上京之上、相談之上可申上旨申越候得共、心付候間、此段申上候、御日合等も只々御延引ニ相成候而不宜御場合ニ候ハヽ、前書之趣御取計可然哉、何レ上京之上若狭守へ申談、尚可申上候得共、心付之程御賢察宜御取扱被下度奉願候、実今般之御役者至死之義ニ而御坐候、旅中種々愚考仕候得共、上京之上ニ無之候而ハ、撞留之義ハ無之、空敷晴雲之義遠蹄山行仕候、御賢察奉願候、早々御受迄、頓答

九月八日夜中　　諏訪駅

尚々一考仕候処、

御先代様ゟ被　仰含、是々ハ九条殿江、是々ハ広橋・万里小路へ与被　仰含、　御当代様ゟも被仰含候義、且当時御後見田安殿ゟも被　仰聞候義有之候間、御替職之御方ニ而者何レニも難申上旨、尚関東江申上、　御当君様被　仰付有之迄者御新職之御方々江ハ難申述旨ニ而断可申哉ニ奉存候、此段も為念申上置候、此義之上若狭守江も申談、急々宜都合無之上京候ハヽ、本文之趣ニ可申哉与奉存候、

御端書ニ被仰下候水府一条、未相治り兼候由、此義も旅中甚以心配仕候、何分御当主之為ニ可相成候者無之、隠居を初邪勢強候間、格外之骨折ニ無之候而者治り申間敷、右ニ付而も京地一条無事故相済候ハヽ、水府位ハ如何様共可相成、当時邪謀之極ニ相成候間、今一段破壊候様祈居候事ニ御坐候、文略乱筆御海恕可被下、不具

一、九月八日長窪宿江到来、和田宿ニ而開封京都状之内

下総守様　　若狭守

九条殿辞職之義、昨朝伝　奏衆より被申越候付、別紙写三通差上申候、尤右者東海道より御同列方江致進候事ニ御座候、私家来之者相招、内々申聞候者、昨二日夜五時比

勅書有之、其趣者過日貴所様より伝　奏衆迄内含之御直書有之候処、伝　奏衆より内々九条殿江入披見候処、其侭承り置候而不達叡聞候義有之、右様之義ハ不容易筋ニ付、早速可達　叡聞筈之処、無其儀　御不審ニ

思召候旨、其上一体平日御疑惑被遊候義も有之、何分御疑心御霽不被遊候間、兎ニ角辞職之願今度被差出候得共、右ニ付関東ニ而彼是評論無之様被致度、仮令願書被指出候而も、関東往復其外彼是手間取候義ニ付、神速ニ御免相済候事ニハ難相成義ニ有之候間、外より彼是申立候者有之候而も、何卒取用無之様被致度、左候ハヽ、自然其内善悪明白ニ相成、復職被致候義も可有之、右者御自身之為ニ者素より無之候へ共、　朝家之儀ニ付深く心配被致候故被申聞候、掃部殿・貴所様・私等心を不変一致ニ相成罷在候得者、其内ニ者御取戻しも付き可申与被存候旨、内々被申越候義ニ有之候、扨右　御免之義事端相発り候訳者、去ル八日　勅諚之趣者、九条殿ニハ不被致参内、外健（建）白之堂上計ニ而事相整候而関東江相達、跡ニ而九条殿江

叡慮之趣無拠右様取計候旨、恐入候段御断申達候義有之、其節右之面々を厳重ニも被成候ハヽ、此度之義も有之間敷哉、多人数ニも有之、先ツ寛宥ニ被成置候故、尚又右之者共申合せ、此度貴所様　御使以前

私京着以前ニ九条殿辞職、近衛殿被任関白候事ニ無之而ハ、万事　勅
諚通りニ難参与、頻ニ達
叡聞候故、速ニ前書之通　勅書被下候事ニ相成候次第ニ有之、ケ様ニ
申セバ、此度之御辞職を残念ニ存、彼是申候様ニ相聞へ可申哉ニ候得
共、左様ニハ無之、終ニ当時健(建)議之面々時を得候事与相成、其段ハ甚
歎ケ敷存候、必(畢)竟九条殿・掃部殿・貴所様・私等一致ニ相成ニ相成(衍カ)居
候而者、諸事
叡慮通りニ難相成与、右之処江運を附ケ候義ニ相聞へ候旨、右嶋田左
近私家来之者江申聞候、右之次第御心得申上度以早便申上候事ニ御坐
候、尚御勘考御賢慮之程何分御教諭奉願度奉存候、右之段申上度早々
如此御坐候、以上

九月五日

九条関白当職辞退被願申候、願之通被遊
勅許候而、近衛左大臣江関白　宣下可有之被
思食候御内慮之趣、関東江宜被申入候事

九条関白一昨年被蒙重職、深被畏入候得共、其後兎角持病差発、至此
頃逆上強健忘、迚茂急速快気之期如何可有之哉、繁務之御時節被恐入
候付、辞職之義被相願候事故、願之通被遊
勅許候而、近衛左大臣江関白　宣下可有之被
思食候ニ付、　御内慮被　仰進候間、
思食之通無滞相済候様宜有御取計候事

九月

九条関白内覧之義茂被辞申候ニ付、当時繁務之折柄候間、直被　聞食、
近衛左大臣江内覧
宣旨被下候、其許御心得迄内々申入置候事

九月

九月五日　若狭守

下総守様

二、九月八日長窪宿江到来、和田宿ニ而開封京都状之内

関白殿辞職之義、関東江早速致注進候様本紙ニ申上候得共、尚又致勘
弁候へハ、不容易事柄ニ付、貴所様御上着迄ハ注進之義者先ツ見合置
御賢慮相伺候上可取計与存候付、此段申上置候、以上

九月五日　若狭守

下総守様

三、九月八日長窪宿江到来、和田宿ニ而開封京都状之内

下総守様　若狭守

貴翰拝見仕候、如仰秋冷之節御坐候処、弥御安栄可被成御旅行与珍重
御義奉存候、然者水隠之陰謀ニ而、此節危急ニ迫り関白殿辞職之義必
術と被働候趣、右ニ付逐一被仰付候趣委細承知仕候、然ル処右辞職之
義、昨四日夜別封申上候次第ニ相成、私義も驚愕仕候、右ニ付而者貴
所様御上京之上、猶思召相伺可申、就而者関東江之御注進ハ指扣可申
与存、其趣別封ニも認候処、此節師範之公用人調役等相詰居、早速注

進可致旨頻ニ申聞、委細之訳者難申聞候間、不得止致注進候へ共、今一応申進候迄者御返事御越被成間敷旨、直書ニ而申進置候間、何れ貴所様御上着之上御賢慮相伺、其上ニ而尚又江戸表へ可申進積ニ御坐候間、右様御承知被下度奉存候、且又追々風聞探索罷在候処、山本貞一郎義ハ病死いたし候趣、其外近藤茂左衛門与申者疑敷義有之、則今日町奉行ニ而召捕及吟味候積、今朝談合候事ニ御坐候、尚分り次第可申上候、将又水隠腹心之家来両人、去月廿九日夜被差立候由ニ御承り込之義承知仕候、然ル所右様京地江相越候儀ニ而者甚以御不為之儀、於私も迷惑奉存候、何卒水隠御取計方ケ様之御次第ニ不相成、御締り附候様之御取計ハ有御坐間敷哉、御勘考被成下度奉存候、此節之探索書三冊、茂左衛門紙面写一通、為御参考入貴覧申候、猶不日御上京之上、御面話相伺可申与御待申上候、以上

九月五日

尚以今日差上ケ候探索書一通ハ、差急き留不仕差上候間、追而御返却被下度奉願候、以上

風説

一、九月二日、摂家方以下於
御所御寄会、戌刻御一同退出之後、夜中三ケ度近衛左府殿、九条殿江被相越、同夜両度鷹司右府殿、近衛殿江被相越候由

一(ママ)、九月朔日夜、太閤殿諸大夫壱人近衛殿江御呼出ニ相成、於玄関人払之上、左府殿御直談有之候由、是迄御同列方諸大夫江於玄関御逢之義者振合無之由

一、関白職御辞退一件ニ付、九条殿諸大夫之内壱人近習両三人中番壱人表通り出奔ニいたし、尤内実関白殿ニも御承知ニ而、右之者共京地送り出し候一件ニ付、昨四日、家中一同惣詰ニ而大混乱、昨夜中ニも当地ヲ抜し候哉之由、此義ハ慥ニ御家中之内より口外仕候旨、昨夜承込申候

右等之儀、最早入御聴候義与ハ奉存候得共、此節之義ニ付御含迄ニ申上置候事

酒井若狭守より差越候風説書之内

一、当八月八日、伝　奏万里小路家ニ而、水戸殿当地御屋敷留守居鵜飼吉左衛門江被相渡候水戸殿江之
勅書、右吉左衛門悴幸吉并薩州家中之由、実名不分、鵜沢信三与名乗居候者諸共守護、同夜当地出立、東海道下向、同月十七日、江戸小石川御屋敷江着、同夜御家老安嶋弥次郎を以、右
勅書中納言殿江差上候

一、同廿一日、水戸殿より　御所方江之御返翰、前書鵜飼幸吉受取、東海道旅行、同月廿七日、夜帰京致し候由

一、鵜沢信三義者、小石川御屋敷内、前書安嶋弥次郎方ニ逗留罷在候由

別紙酒井若狭守書状之内ニ有之候山本貞一郎病死致し候趣、取調差越候書面之内

木屋町二条下ル樵木町十一屋源兵衛貸座敷ニ、当八月五日より

逗留罷在候

此茂左衛門、国元にてハ苗字被差免有之、近藤与名乗候由

松平丹波守領分
信州松本城下
本町三丁目
堤屋茂左衛門
六十才計

此者義、砂村六治とも申候由

同人弟之由
信右衛門
五十四五才計
［下男　壱人］

右砂村六治与申もの、昨日申上置候通、当八月晦日病死致候義
相違無御坐候

右、茂右衛門方抱
宰領飛脚
源右衛門
四十才計

右今三日信州表江之下し荷物宰領致出懸、茂左衛門江立寄候ニ
付取留、様子相尋候処、小サキ渋紙包ニ受取候迄ニ而、書状等
ハ一切受取不申旨申聞候間、着用を為脱、篤と相改候処、左之
通

近藤茂左衛門より
江戸浅草向嶋新梅屋敷前
山本貞一郎宛書状一封
但、封中書状ニ者山本さい・うめ・とよ宛ニ有之

近藤六左衛門宛　此書面類ハ所司代不差越
倉科七郎左衛門宛　候間、定而京地ニおゐて取
笹井新助宛　調中之事と存候
近藤源次郎宛

外ニ同人江之端書弐通
六条御殿勘定所より
信州松本正行寺江之
印鑑

右之通股引之中に隠し居候ニ付、為取出見改候処、書状文中ニ
委細之義も相見、前書病死致し候人躰正敷山本貞一郎ニ引当候
*2
義与奉存候

*［ ］の部分、提出本では削除。提出稿本にはあり。
82頁の*1～*2まで『井伊』十—一一号では富田権兵衛筆を含む帳面より引載。

*1
［右御返書下案、左之通指上ル

九月八日諏訪駅ニ而御認之貴札相達致拝見候、先以御壮健ニ御
旅行珍重之御義ニ奉存候、然者若狭守より貴様江之封物并内藤
豊後守書状も御落手被成候処、御発途之事ニ付、如何共被成方
無之との御義御尤ニ奉存候、尚又若狭守より御旅中江指出候書
状下諏訪駅ニ而御披見、庄次郎・清五郎江為御写御遣し、正ニ
入手致候、九条殿并両伝奏辞職ニ相成候而ハ、実ニ御当惑之趣
御尤至極ニ奉存候、若狭守より御延引可然与之義ニ付、御賢考
ニハ九条殿差而不快等之御模様も不相聞、今般急ニ病気申立辞
職被相願候段何共御不審ニ被思召、何レ御意味御程柄も可有之
哉、夫等之辺御承知無之候而ハ否御返答被　仰進兼候趣之御主
意被

仰進候而ハ如何可有之哉、是迄之御例合等ハ御承知不被成候
得共、関白職ハ御大切之御事、殊ニ此砌軽々敷御辞職与申義も
如何ニ付、京地御軽卒之様ニ被存、右等之御模様一応御尋向有
之候而ハ如何可有之哉、若狭守ゟも貴様御上京之上御相談可申
上旨申越候得共、御心付之侭被仰付候趣、尤御日間等も只々御
延引ニ相成候而不宜場合ニ候ハヽ、前書之通取計可然哉、何レ
御上京之上若狭守へ御談、尚可被仰下候得共、御心付之程被仰
下候▨、夫々承知御尤ニ奉存候、又御一考ニハ
御先代様ゟ被　仰含、夫々ハ九条殿江、是々ハ広橋・万里小路
江被　仰含、
御当代様ゟも被　仰含候義、且当時御後見田安殿ゟも被仰聞候
儀有之候間、御替職之御方ニ而ハ何レニも難申上旨、尚関東へ
申上、
御当君様被　仰付有之迄ハ、御新職之御方々江ハ難申述旨ニ而
御断可被成との御事、此儀〔此程申上候〕ハ当方見込与符合いたし候、右等ヲ
表与し、内実伝手ヲ求、水府之隠謀ニ堂上方奸計之次第被達
叡聞候様之御取計肝要歟与被存候、右ニ而
主上御解ケ、関白殿御辞職御差留与相成候場ニ至り候へハ、波
風不立最上之御都合与奉存候、右ニ而治り付不申節ニハ、御前
策之ヾ　処へ居候より外無之、尤是迄関白ニ限り不申、伝　奏衆
ニ而も御役之義ニ付、関東より御口入被成候例有之候ハヽ、尚
又手慥ニ而御都合可然与奉存候ニ付、内々御取調可被下、肝心
之九条殿御辞職与相成候而者、丸々奸党計ニ相成、是を非ニ申

成候時ニハ、如何とも被成方無之、実ニ猛火之中江御踏込被成
候御有様与奉恐察候、何分為国御成功祈居候、右御報旁云々
尚々水府之義も御配慮被仰下候次第御尤ニ奉存候、御当主ニ
ハ御合点ふり追々能御模様ニ相成候得共、天狗共一時ニ狩尽
し候事も難相成、心配いたし候へ共、如仰京地一条無事ニ相
済候得者、水府者自ラ治り可申、誠ニ御太切之御場合御苦心
御察申候」*2

*1～2の［　］の部分、提出本では削除。提出稿本では切除のうえ、別紙により写し、貼り継ぐ。

*本状は原本あり（『井伊』十―三一号）。

一、［若州様江之下書］
然者下総守旅中江被指越候御紙面、同人より相廻り致拝見候処、九
条殿并両伝　奏ニも御辞職との事驚入候次第、嘸々御当惑御察申候、
右様奸党盛ニ相成候而者尋常之事ニ而ハ治り申間敷、実ニ危急ニ迫
り候御場合ニ付、奸人手先共御召捕ニ相成候事御尤之御義、近藤茂
左衛門ニ限り不申、不審成者共ハ不残御召捕ニ相成候ハヽ、奸党も
手を引候様可相成歟、夫ニ而も益勢ひ盛ニ成候時ニハ、飽迄吟味い
たし隠謀白状為致、奸党ヲ御取押へニ相成候義御尤ニ被存候、今時
九条殿御辞職ニ相成候而者、関東之御趣意貫通不致様可成行与深心(ママ)
配いたし候、御如才者無之事ニ候得共、何与歟御賢考を以御辞職可
相成様御取計御坐候様致度、此段得御意候*3

*［　］の部分、提出本では「若州様へ御返書控」と記し、本文末尾*3の部分に

「以上」を加筆する。提出稿本も同じ。

＊本状は原本あり（『井伊』十―三〇号）。

九月十二日

一、例刻御附人ニ而御登　城、御退出七ツ半時

＊1
［一、左之通御考端ニ申上ル

御所司代より御辞職之義被　仰進候ハヽ、成丈ケ御返答御引延し
との義、今日之処ニ而ハ御尤ニ候得とも、此後関東より被　仰進
候義も彼方より御返答延引ニ相成候節、御察当も難出来様相成候
而ハ、後年御指問出来申間敷哉与被存候、依而別紙之振合ニ一応
被　仰進候而ハ如何可有御坐哉、左候ハヽ、下総守様彼地ニ而被
仰立候強ミニも相成、日限往復丈之御引延し被遊候ニも御安心歟
与奉存候間、御考端迄奉申上候

九月十二日　宇津木六之丞

＊本状は原本あり（『井伊』十―二九号）。

今度関白殿御辞職之義被　仰進、早速
御返答可被　仰進処、今般間部下総守
上使被　仰付候一条ハ不容易事柄ニ付、関白殿両伝奏を以達
叡聞候様ニとの　御先代様被
仰含候御義ニ有之、此義ハ下総守上京之上委細可申上義与存候、
依而御返答暫く御延引ニ相成候間、宜御差含伝　奏衆迄御達し
置可被成候］＊2

＊1〜2の［　］の部分、提出本では抹消。

九月十三日

一、例刻御附人ニ而御登　城、御退出七ツ半時

一、下総守様御旅中へ被進候御書下御下ケ被遊、左ニ記ス

九月八日諏訪駅ニ而御認之貴札相達候、弥御勇猛ニ御旅行珍重
存候、然ハ若狭守ゟ貴様江之封物并内藤豊後守書状御落手被成
候処、御発途後之事ニ而如何共被成方無之との御義御尤ニ存候、
尚又若狭守ゟ御旅中へ指出候来状写御遣し、正ニ入手致候、九
条殿并両伝　奏辞職ニ相成候而ハ、実ニ御当惑之趣御尤至極ニ
存候、若狭守ゟ者御返答御延引可然との義ニ而御賢考ニハ、九条
殿差而不快等之模様も不相聞、今般急ニ病気申立辞職被相願候
段、何とも御不審ニ被思召、何レ御意味御程柄も可有之哉、夫等
之辺御承知無之候而ハ、御返答被　仰進兼候趣之御主意被　仰
進候而ハ如何可有之哉、是迄之御例合等御承知不被成候へ共、
関白職ハ御大切之御事、殊ニ此砌軽々敷御辞職与申義も如何ニ
付、京地御軽卒之様ニ被存、右等之御模様一応御尋向有之候而、
如何可有之哉、若狭守ゟ貴様御上京之上御相談可申旨申越候得
共、御心付之侭被仰下御尤ニ存候、然ル処昨夜若狭守ゟも宿継
を以九条殿御辞職御願、近衛殿へ内覧被　仰付候趣申来り、若
狭守之別紙ニ此御返答者遅ク候方都合宜、貴様御上京之上御相
談も申度趣申来候間、一同申談候処、只々　御返答引延し居候

計ニ而者如何可有哉、何とか若狭守方江申遣候方可然哉、猶篤与
評義致し申遣候方決候ハヽ、可申上候、又御一考ニハ
御先代様ゟ被　仰含、夫々者九条殿江、是々者広橋・万里小路
江被　仰含、
御当代様も被　仰含候義、且当時御後見田安殿ゟも被仰聞候義
有之間、御替職之御方ニ而者何レも難申上旨尚関東江申上、御
当君様被　仰付有之迄者、御新職之御方々江者難申述旨ニ而御
断可被成との事、此儀者　御此程申上候見込与符合致候、右を表と
し、内実伝手を求メ、水府之隠謀堂上方奸計之次第被達
叡慮候様御取計肝要歟と存候、右ニ付
主上御解ケ関白御辞職御差留与相成候場ニ至り候へ者、波風不
立最上之御都合与存候、右ニ而治り付不申節ニ者、御前策之処
江参り候ゟ外者無之、尤是迄右辺之義ニ付、関東ゟ御口入被成
候例有之候ハヽ、尚又手慥ニ而都合も宜敷、其方ニも御取調可
被下候、肝心之九条殿御辞職ニ相成候而者、丸々奸悪党計ニ相
成、是ヲ非ニ申越候時ニ者如何とも被成方無之、実ニ猛火之中
江御飛込被成候如く呉々も遠察仕候、何分為国御成功祈居候、
右御報旁如此御坐候、以上

尚々水府之義も御配慮之次第御尤奉存候、御当主ニ者先々御
合点も参り、追々能模様ニ相成候得共、天狗共人気立候趣、
何レ一旦之処者少々騒キ候程之義無之而者治り付申間敷と存
候、此節精々評義致居候、如仰京地之一条無事ニ相済候へ者、
水府者自ラ治り可申、誠ニ御太切之場合、御苦心御察し申候
事ニ候
一若狭守書中ニも水隠腹心之家来上京之義甚以御不為之義、於
若狭守も迷惑、何卒水隠御取計方右様之御次第不相成御締り
付候様云々、是者兼々若狭守見込ニ候へ共、当方ニ而者御存
知之通り成丈心配いたし、追々と御取締も付候事ニ相成、京
都江水隠家来共出候義者京地之方ニ而厳敷穿鑿ヲ遂ケ、一々
召捕にも相成候ハヽ、隠謀方自ら手ヲ引可申、此処若狭守何分
手弱く被存候間、御考之上御申越可然と存候、当方よりも若
狭守へ文通致候心得ニ候、御承知置可被下候

＊本状は原本あり（『井伊』十―三一号）。

一、若狭守様江被進候御下書
然者下総守様旅中江被指越候御紙面、同人ゟ相廻り致拝見候処、
九条殿并両伝　奏ニも御辞職との事驚入候次第、嘸々御当惑御察
申候、右様奸党盛ニ相成候而者尋常之事ニ而者治り申間敷、実ニ
危急ニ迫り候御場合ニ付、水隠之廻シ者之趣之もの、其余ニも
精々御吟味、奸人手先共京地江入込候者共、御召捕ニ相成候様御
取計可然存候、左候ハ、奸党手を引候様ニも成行可申、夫ニ而も
益勢ひ盛ニ成候時ニハ、飽迄吟味いたし隠謀白状為致、奸党ヲ御
取押ニ相成候義御尤ニ奉存候、今時九条殿御辞職ニ相成候而者、
関東之御趣意貫通不致様可相成与深心配致候、御如才者無之事ニ
候へ共、何与歟御賢考を以御勤続ニ相成候様致度御取計第一御当

方之御都合ニ御坐候、此段得御意候

*本状は原本あり（『井伊』十―三〇号）。

一、御干菓子　　壱箱
　天璋院様江
　右、御朦中為伺御機嫌御宅仕出しニ而、御一紙目録を以御献上有之
一、松平讃岐守様御留守居呼出し、明日御登
　城被成候様被　仰出候旨相達ス
　但、例刻御登　城ハ御服(腹)瀉ニ而迷惑、迚も御登
　城難被成、九半時比より御登
　城被成候而も可然御義ニ候哉、夜中御使者を以御伺被成候処、九半
　時より御登　城ニ而可然旨被　仰出、相達ス
一、御印封書　　一通
　右、松平肥後守様御留守居を以御内願被成候御趣意ハ、　今度
　将軍　宣下済、京都江
　上使之義御願被成度思召候得とも、年来御勝手向御不如意、殊ニ先
　年震災後者別而御差問、甚御心配之折柄ニ付、自然　上使之御沙汰
　御坐候ハヽ、今度限り　御免ニ相成候様被成度、尤今日太田備後守
　様へも御同様御内願書御差出被成候ニ付、厚御差含御頼被成候旨則
　申上、委細御承知御書付御落手之旨相達ス

九月十三日

一例刻御附人ニ而御登　城、御退出

一、水府風聞書京都江被遣候［間、下案取調候様被　仰付差上候草稿、左
　之通］

*［　］の部分、提出本では「御下書」と改める。提出稿本も同じ。

*1［然者京地風聞之趣ニ者、関東御暴政を被行候抔与種々不取留風説を
申唱、堂上方ニも右之風説御聞込も有之哉ニ而、何歟御確執も有之
候哉ニも相聞、以之外之義ニ有之候、此義先達而ゟも京地ニ而右様
之取沙汰も有之哉ニ相聞へ候得共、全巷説ニて、御取用可有之抔与
ハ意外之義ニ御坐候処、即今右等御取用ニも相成候哉、　関白殿
始、伝　奏衆・議奏衆之内ニも御辞職ニ相成候由、御事実ハ相弁
不申候得共、此節柄奸計ヲ以悪説申触し候義共御取用ひニ相成候
而ハ、実ニ国家大混乱之基与相成可申、深奉恐縮候、関東ニ於てハ、
朝廷を深御尊敬被為在、　公武御一体永世被為安
叡慮候御義ハ申上候迄も無之御次第、
温恭院様ニも種々被為脳　台慮候処、仮条約調印ニ付而者委細之
事情早速可被　仰上候処、彼是御内間御混雑之義も被為在、無拠
御延引ニ相成候折柄、隠謀之徒申立候ハ、諸夷ニ被恐嚇、　朝廷
を御蔑視被為遊候抔与種々恐多風説　叡聞ニ達し、猶又被為脳(悩)
叡慮候段、乍恐御尤至極奉恐察候得共、御内輪ニ御混雑有之、今
日之場ニ至り候御義ニ御坐候、戦を唱候内ニも水戸前中納言殿ニ
ハ条理正敷如何ニも御卓論ニ候得共、御直ニ伺候得者、今日可及
戦争場合ニ無之与被仰、言行御相違御不似合之事共、是ニハ深き
御意味有之義、其実ハ一ツ橋殿を西城江御立、御自身御後見可被

成御工ミニ而種々之御計策、御役人共ニも内々服従之者も有之、堂上方ニも彼偽卓論ニ御迷ひ、御荷担被成候御方も有之哉ニ相聞へ、既ニ　御養君之義被　仰進、　御勅答六月八日附ニ而京都より被指下候処、一同ニ被指出候書付類ハ同十四日ニ着いたし、御養君一条之御書付ハ、同廿三日ニ相届候次第不審千万ニ候得共、御急之御義ニ付、其儀ハ被指置、廿五日御弘メ与御治定ニ相成候処より、押而御登　城、種々御申立被成候次第ニ成行、此義分明之御沙汰ニ相成候へハ不容易御義ニ付、御寛仁之　思召を以御慎被　仰出候義ニ有之、御立服（腹）も可被成処、不絶京地江種々御手入有之、別　勅等被下候御場合ニ至り、此侭ニ而ハ御国体を被為

思召候難有

叡慮も、却而争乱之基与相成ニ付、水府風聞書御廻し申候、右等ハ外向之説ニ候得共、分明ニ御糺しニ相成候時ニハ実ニ不容易事柄、関東御内間之義他へ御泄し申候義、何とも奉恐入候得共、国家大乱ニ相成候御大切之御場合ニ付、無拠申上候事ニ付、右等之次第御内々被達

叡聞候様、宜御取計可被成候」*2

*1～2の「　」の部分、提出稿本では、別紙により挿入。見せ消し部分、墨線による。

一、午九月十三日、次飛脚ニ被差遣候下総守様并酒井若狭守様へ之御書状、

左之通、　今日御持帰り候也

下総殿へ申遣候趣

九条関白殿御辞職之義ニ付　御内慮被　仰進候間、別紙之通表状ニ而酒井若狭守江相達候、依之右写壱通為御心得進之候、以上

九月十三日　　年寄衆連名

間部下総守様

*本状は原本あり（『井伊』十―三三一号）。

九月十三日之次飛脚ニ遣之

酒井若狭守江申遣候趣

九条関白殿御辞職之義、今般御内慮之趣被　仰進、早速御返答可被　仰進処、此度間部下総守

御使被　仰付候一条者不容易事柄ニ付、関白殿・両伝　奏を以達

叡聞候様ニ与

温恭院様被　仰含候御義ニ有之候間、下総守上京之上委細可申上与存候、依而御返答暫く御延引ニ可相成候間、宜被差含候様伝奏衆へ可被達置候、以上

九月十三日　　年寄衆連名

酒井若狭守殿

*本状は原本あり（『井伊』十―三三三号）。

若州江別紙之写

本紙相認候処宿継到来、九条殿関白御辞職之　御内慮被仰進

候ニ付、別段御直書を以、右者不容易儀ニ付、何下総守上京之上、得与御談被成候得共、先御返事者少々御手間取ニ相成方当地御都合宜敷義有之、無程下総殿も京着ニ候間、尚御談判之上、今一応御申越可被成段御申越御尤之義、定而御見込も有之事与遠察仕候、然ル処一同評義致候ニ者、只無謂御返答御引延しニ相成候而ハ、此後関東より被　仰進候義有之節、京都よりも御返答遅滞致し候時之御察当も難出来様相成候而ハ、後年御指問出来申間敷ものニも無之、心配致し候間、再談之上御右筆ニ別紙之通為認、今便御廻し申候、定而此節右様之義差出ニ相成候方、下総守殿其御地ニ而被仰立之強ミニも可相成与心付候事、乍去其後之御模様も相分り不申候間、右様申出候而不宜御振合ニも御坐候者、不差出御見合ニ相成候様可被成候、此段御心得之為内々申進置候、尤右之儀下総殿旅中江も申遣置候間、御取計方其方ゟも御申遣し可被下候、
以上

九月十三日

＊本状は原本あり（『井伊』十一―三三号）。

九月十四日

一、例刻御附人ニ而御登　城、御退出より御広敷江御越被遊、御帰館七半時過

一、長寿院様御役中御留書抜、今日持出被遊、左之通

正徳元辛卯年

十月朔日

一、阿部《御老中》豊後守様御出之節ハ、向後者南御座之間江御通り被成候様ニ［可仕旨］被　仰出候

＊［　］の部分、提出本では削除。

同二壬辰年

九月六日

一、八時過、阿部豊後守様御城より直ニ御出、御奥方江御通御逢被成、其以後御料理出ル

同　十三日

一、八時過、　御城より直ニ阿部豊後守様御出、御奥方江御通御逢被成、御気色御尋之
上意有之、即為御礼井伊兵部少輔様御名代ニ御頼、御用番井上《御老中》河内守様并御側御用人間部越前守様・同本多中務大輔様江御越被成候

同三癸巳年

六月十三日

一、今日御用ニ付、阿部豊後守様御出、於十八畳敷御逢被遊

七月朔日

一、今日為御公用御老中土屋相模守様・同秋元但馬守様・井上河内守様御出、御坐之間江御通、御次払《（マヽ）》ニ而　御対顔

一、御老中様方御出、　御城過暫　御対顔

七月七日

一、八時過、阿部豊後守様御出、奥方江御通御次払之由、御用相済、十

八畳之御坐敷ニ而御料理出ル

十二月十六日

一、秋元但馬守様御用ニ付、八時比御出、於御坐之間御次払　御対顔、相済、御茶出ル

同　十八日

一、土屋相模守様・秋元但馬守様・久世大和守様九半過御出、御坐之間江御通、八時前御帰

正徳二壬辰年

九月廿六日

一、尾張中納言様・水戸中納言様・紀伊中納言様、御三人様共ニ為御誓詞御調、五時御出被成、則御老中様之内土屋相模守様・秋元但馬守様・阿部豊後守様御出、大久保加賀守様・井上河内守様ニ者　御城ニ御残り被成候由、且又大御目付横田備中守様・御目付稲生次郎左衛門様・御同朋衆弐人・奥御右筆組頭井出源左衛門、右之衆御出、於御書院御誓詞相済、即刻御帰

但、御誓詞前、御茶・御多葉粉盆・御火鉢出ル

一、殿様ニハ一昨夜ゟ今朝ニ至り御脱紅(ママ)、御入不被成、依之御書院江者御出不被遊、御座之間迄御出被成、備中守様・又五郎様御白洲之中程迄薄縁迄御出迎、御老中様方ニも御玄関縁取迄御出迎、御帰之節も右同断

一、御三家様御帰後、御老中様方御座之間江御通り、殿様江御逢被成、其後於御小坐敷御菓子・御吸物出ル

一、御三家様并御老中様方共ニ御帰之節、備中守様江御頼被成、　殿様江御伝言被　仰置候ニ付、御礼御答として、何れも様へ即刻御使者被遣之

一、佐野松茸　百本青籠入

田安中納言様へ被進、御附田村伊予守様へ向被遣、田村様へも三十本籠入被遣、当役奉札也

四

九月十五日

一、例刻御附人ニ而御登　城、御退出七ツ半時

一、御持帰り左之通

申合書

松平薩摩守卒去ニ付、
天璋院様御朦中為伺
御機嫌差上物之内

掃部頭
老中
中務大輔

御精進物

右来十八日可差上事

但、御賄支度之事

＊この部分、井伊家の提出稿本では、「是レマデハ長寿院様御時代ノ事」「是ゟ六之丞ヨリ義言ヘノ書翰、一行アケ置候方古今分明ナラン」との頭注あり、提出本で

は一行あけられる。宇津木家本写本では「一、長野主膳江宇津木六之丞ゟ之文通、左之通」と記して本文を続ける。見せ消し部分、墨線による。

九月五日付之御状、同十日夜着いたし□＊1［候］、秋冷弥増ニ相成候処、先以
御上益御機嫌能日々御登　城被為遊、御同意奉恐悦候、随而貴様愈御安全ニ御忠勤為御国奉賀候、然ハ　殿下御辞職之義、嶋田氏之忠精ニ而　関白職者其儘、内覧　御免与迄御挽廻し、少し色を御直し候趣被仰下候得共、御所司代よりハ矢張御辞職被　仰越候付、貴兄被仰遣候と者相違いたし候、何分御目当ニ被成候肝心之御方御倒れ被成候而者、天下暗夜与相成候事ニ付、
御上を始御老中様方ニも深く御配慮被為在、今度下総守様御登り被成候者、国家之安危ニ拘り候御大切之御使ニ付、　殿下を以関東之御情実分明ニ被達
叡聞候様ニ与、
温恭院様被　仰含候御義ニ付、今時御辞職ニ相成候而者御指支ニ有之、其次第ハ下総守様委細言上可被成、暫く　御返答御延引ニ相成候段御所司代江被仰遣候、右等ニ而彼是御日間もとれ可申間、其内ニ奸計之次第、能手筋ヲ以
叡聞ニ達し、　御心解御辞職御差留与相成不申而者忽大乱ニ及可申ニ付、何分御丹精可被下候、梅田召捕之義、若州侯ニ而ハ　殿下内覧　御免ニ相成候付、近衛殿之御取扱ニ可相成、其手先之者ヲ御捕ニ相成候而者不宜与の義、兎ニ角穏ニ為御済被成度との
思召ニ可有之、左候而者是迄正道を御守り、御壱人ニ而御踏こたへ被遊候　殿下之御恥府（ママ）□＊2［辱御］家心之汚名御雪き被遊候事難相成ニ付、飽迄正道ヲ□＊3［守］御治メ、
殿下之御忠精相顕れ不申而者、明らけき御政道とハ難申、此義間部・酒井之御両侯江可被　仰進候得とも、貴兄ニも其御心得ニ而嶋田氏とも御厚談、如何ニも御丹精内間より御手を御尽し、
主上之御心解御復職ニ相成御手段専一与奉存候、嶋田より若州之御家来江厚談、夫より若州侯御勢ひ付、龍章殿之赤心貫通いたし候事与奉存候

＊1〜3の［　］の部分、木俣本で補う。

一、右迄相認居候処江、今八日付御差出し之御手紙若州衆より相廻り致拝見候、扨々大乱御察申候事ニ御坐候、梅田御召捕ニ相成候との事、如何ニも是より糸口明き可申候、貞一郎者残念、併茂左衛門御召捕、書類も御糺しニ相成候ハヽ、手掛り出来可致与被存候、星厳（巌）ハ遠行との事、是も召捕候ハヽ、証拠ニ可相成者、乍残念致方無之候、当地よりも水府之風聞書も御廻し、急度御申立ニ相成候様ニ而、明日ニも宿継を以被仰遣候御含ニ御坐候、鵜飼父子之事ハ御所司代よりも貴兄御見込之通被　仰越、則今日水府江御達ニ相成候段相伺申候、如何ニも今日之場合ニ相成候而者必至之働与相成候ニ付、成功も早く可有之、嶋田之勇々敷端書、貴地之御模様想像仕、大ニ気力を得候事ニ御坐候

一、御徒目付松永伴六・永坂為蔵与申者、探索方功者ニ而諸国江も是迄出候者ニ付、京地江罷越、水府ゟ堂上江手入之次第、証拠ニ可成もの取出し候つもりニ而御内意被仰含、今日爰許出立いたし候、様子

ニ寄貴兄江も談し候様ニ与申手紙も渡し置候、右ハ彼薬師寺より廻り候風説書出し候者共ニ而、無二之忠臣ニ付、無御覆蔵御談し被成候而宜御坐候、水府より京地江手入有之迚、是程ニハ有之間敷との御油断も御坐候処、御辞職ニハ御驚、関東ニ而も必死之御勢ひニ相成候間、程なく御吉左右可被下与、夫而已御待申居候、右御報旁此段得御意候、以上

九月十四日　　宇津木六之丞

長野主膳様

尚々いつも〳〵御壮与承り、安心大慶此事ニ御坐候、内膳殿も流行病ニていつれへ参り候哉分り不申、大心配ニ御坐候、権兵衛も風邪ニて頼合、右等ニ而一入取込乱書御免可被下候、已上

＊本状は『井伊』十―三七号では、「公用方秘録」より引載。

一、九月十四日、宿次嶋田左近江之文通下案

然者去二日

殿下御辞職御願との義承知被致、仰天歎息十方与暮、　御胸中御察被申上、落涙被致候次第ニ御坐候、乍去未御願中之御義ニ付、如何様ニも御丹精、御辞職ニ相成不申様御取計可被成旨、主人并御老中様方より間部様・酒井様江呉々被仰進候趣ニ御坐候、尤御辞職之義関東江被　仰進候処、今度間部様

上使として御越被成候御事柄者、国家之安危ニ拘り候御大切之御義ニ付、　殿下を以委細之情実分明ニ申上候様ニ与

温恭院様被　仰含候御義ニ付、今時　御辞職与相成候而、忽御指問ニ相成候趣を以　御返答方暫く御延引ニ相成候段、宜

奏聞被成候様ニ与、当方より御所司代江被仰遣候様ニ御坐候、左候へハ、いつれニも彼是御日間取ニ可相成、其内ニ隠謀之次第具ニ被達

叡聞、御辞職御指止与相成不申而者、上

天子より下万民之不幸与相成候御義ニ付、飽迄御忠精被成下度、乍恐　殿下之御儀ハ奉申上候迄も無之、若君様御忠孝之　思召義言より相伺、不覚落涙、貴君之御胸中奉御察候御義ニ御坐候、邪者正ニ不勝之天理ニ付、終ニ者関東之　思召貫通いたし候様可相成候得共、近衛殿ニもせよ殿方様ニいたし候而も　御使之御趣意相立候得者宜との、間部侯・酒井侯ニも思召候様相成候而ハ、

殿下并主人之汚名御雪被遊候期無之、左候而者被対　殿下、関東より御義理合も相立不申義ニ付、此義も主人より被申越候得共、深く心配被致候事ニ御坐候、何分ニも間部・酒井御両侯江御厚談、御不都合無之様精々御取扱被成下候様、御頼申上候様被申付候、呉々も　殿下之御威光を以浮雲御吹払、晴天白日之世ニ御挽廻シ被下置候様、伏而被相願候義ニ御坐候、此段貴君迄相願候様被申付、如斯

＊本状は原本あり（『井伊』十―三八号）。

九月十五日

一、例刻御附人ニ而御登　城、御退出七ツ半時

一、御持帰御書付、左之通

　申合書

松平薩摩守卒去、
天璋院様御朦中為伺
御機嫌差上物之内
　掃部頭
　老中
御精進物
　中務大輔
右来十八日可差上事
但、御賄支度之事
［一、金弐千疋宛
右、松永伴六（御徒目付）・永坂為蔵、上方筋江被遣候ニ付被遣
一、金　二枚　代金拾五両
右、松永伴六、是迄水府探索方骨折候ニ付被下
右、半介殿へ申出、受取遣ス］

＊［　］の部分、提出本では抹消。木俣本では、この部分のみを九月十五日条に抄録する。

九月十六日

一、例刻御附人ニ而御登　城
一、長野主膳江之下書

去十二日附之御書付、今十六日八ツ時ニ着仕候、秋冷弥増ニ相成候処、先以
御上益御機嫌能日々御登　城被下置、恐悦至極御同意難有奉存候、然者去八日後京地之模様委細ニ被仰下、則御紙面　御覧ニ入御承知、御苦心之程乍恐御察被遊、宜申進候様との御沙汰ニて、とふか　御一筆被遣度　思召ニ候得とも、御退出江讃岐守様為御逢御出、ま事ニ日夜少し之御透も不被為在候次第ニ御坐候間、私より宜申進候様与之御事ニ御坐候、先々梅田・近藤等御召捕ニ相成＊1［候より、］夫より隠謀露顕いたし候様相成候得者、重畳之御義与奉存候、間部侯ニ者必死之御覚悟ニて、飽迄御手強く御取計可被成御含之由被仰進、若州侯ニも余程御意気込被成、此様子なれハ大ニ宜との御沙汰ニ御坐候、＊2［今日ニ迫り候而者手ぬるき事ニ而者勝利無之事与奉存候、彼一万両之御調より御家老衆江迄も表向御尋与申場ニ可至も難計、其節江戸伺与申様之事ニ而者埒明不申ニ付、神速ニ御取計之義、則御家老衆よりも御伺ニ相成、時宜次第御考量之上御取計可被成旨被　仰出候間、左様御心得可被成候］

＊1・2の［　］の部分、提出本では抹消。提出稿本では墨塗りにより抹消。

一、殿下御直書之御主意、御目当与被成候由御尤ニ奉存候、御辞職之義も御差止ニ相成候様被成度旨、関東より被
仰進候御調之趣ニ御坐候、
温恭院様御繁昌之節、　御養君之義者京都より御取極被進候様被成度との　御直書、近衛殿江被進候との事、自然隠謀方手詰ニ及

候得者、右御書ヲ証拠ニ被成候底意有之哉ニ相聞候事も有之、右
等者全偽書ニ付、　殿下御聞込候而も御驚不被下置候様ニ与、左
近方江も申進候事ニ御坐候、兎ニ角関東之思召貫通いたし、水府
隠謀之次第
主上御会得被下置候様之御手段肝要与奉存候、右御報旁如此御坐
候、以上

九月十六日　　宇津木六之丞

長野主膳様

尚々時下御厭専一奉存候、
殿下之御書、跡より返上可仕候、以上

＊本状は原本あり（『井伊』十—四六号）。

一、竹腰兵部少輔殿御家来呼出し、水戸家一条ニ付取扱之義、過日当分御
見合候様被　仰出候得共、讃岐守様へ御出、御心付之儀御相談被成候
義聊不苦候間、無御指扣御越被成候様との義被　仰出、相達ス

一、九月十六日嶋田左近江致文通候、左之通

一簡呈上仕候、秋冷弥増ニ相成候処、益御勇健被成御勤職、目出度奉
恭賀候、然ハ奸賊手先共も追々御召捕ニ相成候趣承知、左候ハヽ、隠謀
之手段相顕レ候手筋も出来、奸賊恐服いたし候而御勝利ニ可相成吉兆
与難有奉存候、右ニ付而も弥　殿下御辞職被遊候而者又々奸賊力を得、
正道相立不申様可成行ニ付、御辞職御差止ニ相成候様ニとの義、関東
より被
仰進候御調ニ相成候趣ニ御坐候、扨又
温恭院様御繁昌之節、　御養君之儀ハ京都ニ而御取極被　仰進候様申
成度との
御直書、近衛殿江被進有之ニ付、自然之節ハ右御書を証拠ニ被成候御
底意之趣、内々相聞へ以之外之事、左様之義者決而無之、素より紀伊
殿与御決心ニ而御取極ニ相成、　御安心被遊候次第ニ有之、右様之義
全偽書ニ御坐候間、関東より急度御申解被成候事ニ御坐候得共、右等
之事
殿下被為　聞召、万々一御迷被下置候様之御儀出来候而者不宜ニ付、
密々右之趣も　御内聴被成置被下候様仕度、此上奸賊猛威を振ひ候時
ニ者、御威権を以御取挫き被成候より外無之候得共、御身柄之御方ニ
疵付候様相成候而者、乍恐
天子を始、将軍家之御失徳ニも相成候事ニ付、可成丈者波風不立様被
致度、主人ニも心配被致候事ニ御坐候、何分関東之　思召貫通いたし、
水府之奸謀与申事
主上御会得被下置候様相成候ハヽ、余者枝葉之事ニ付、忽浮雲消散可
仕、此所幾重ニも御忠精奉仰候、右等之趣申上候様被申付、如此ニ御
坐候、恐惶謹言

九月十六日　　宇津木六之丞

嶋田左近様

尚々此節之御苦心呉々奉恐察候事ニ御坐候、随時御厭奉懇祈
候、以上

＊本状は原本あり（『井伊』十―四五号）。

「一、松平久之丞様江申遣ス左之通

乍恐書取を以奉申上候、永坂為蔵事、昨日掃部頭被申候義不行届之様被存候ニ付、為念一応申上候様被申付候次第ハ、為蔵義御内用ニ而当分御番除キ候様、御徒目付御組頭江御達御坐候様被致度趣ニ御坐候、此段宜御取扱奉願候

九月十六日　宇津木六之丞」

＊「　」の部分、提出本では削除、提出稿本も同じ。

一、九月十六日御持帰之御書付、左之通

折表ニ
控
九月十六日之次飛脚ニ遣之、
酒井若狭守江申遣候趣

九条関白殿内覧之儀も被辞申候ニ付、当時繁務之折柄候間、直被
聞食、近衛左大臣殿江内覧
宣旨被下候、御自分心得迄内々被申聞置候旨、伝
奏衆被申聞候、則被差越候書付写一通被越之到来、則及言上候、
以上

九月十六日　連名

酒井若狭守様

折表ニ
控
九月十六日之次飛脚ニ遣之、
下総殿江申遣候趣

九条殿御辞職之儀ニ付　御内意被　仰達候処、御自分上京之折柄にも有之候ニ付、右御返答暫く御延引可相成段相達、其趣者先便申進候処、尚又別紙之通酒井若狭守江相達候間、委細同人江申談、可然御取計可被成候、依之右写并九条殿内覧被辞候儀ニ付、若狭守江申遣候写共二通進之候、以上

九月十六日　内藤紀伊守
松平和泉守
太田備後守

間部下総守様

折表ニ
控
九月十六日次飛脚ニ遣之、
酒井若狭守江申遣候趣

九条関白殿当職辞退之儀被相願候、願之通被遊
勅許候而、近衛左大臣殿江関白　宣下可有之被
思召候
御内慮之趣、当地江宜申上旨、且九条□[関]＊1白殿一昨年被蒙重職、深被畏入候得共、其後兎角持病差発、至此比逆上強健忘、迚も御快気之期如何可有之哉、繁務之御時節被恐入候付、辞職之儀被相

願候事故、願之通被遊
勅許候而、近衛左大臣殿江関白　宣下可有之被
思召候付、
御内慮被　仰達候間、
思召之通無滞相済候様宜取計旨、伝
奏衆被申聞、書付被差越候付、写弐通被越之到来候、則及言上候処、
九条殿未御老年与申ニも無之、其上当職御間も無之候間、御差留
被遊候方可然哉与被　思召候旨被　仰出候間、此段程能伝　奏衆
江可被達候、以上

九月十六日　連名

酒井若狭守様

別紙

九条関白殿御辞職之儀ニ付
御内慮被　仰進候処、右御答者延引可致旨先便申進候、然所関白
殿未御老年ニも無之、御職務間も無之事故、御差留被遊可然旨御
沙汰ニ付、則別紙之通申進候、右者関白殿御辞職之儀、当地より
御指留被　仰進候先例も無之候得共、未御老年ニも無之、当職御
間も無之、殊ニ当節京地も人気立居候趣、彼是聞も有之事ニ候得
者、只今御替職之期ニ而者有之間敷、御自分ニも厚く被骨折、兎
ニ角御差留行届候様可被取計候、併ケ様之儀表向被　仰進、当節
之模様如何与被存候ハヽ、伝
奏衆江相達し候儀者見合置、下総守京着候ハヽ、得与被申談、見込
之処被申越候様ニ与存候、以上

九月十六日　連名

酒井若狭守様

＊1の［　］の部分、木俣家本により補う。

九月十七日

一、例刻御附人ニ而御登　城、御退出七半時
一、間部様ゟ之御手紙拝見被　仰付、左ニ記ス

貴翰拝読仕候、愈御安清被成御勤奉珍賀候、然者今般関殿《(ママ)》辞職之儀
ニ付、旅中江若州ゟ申越候趣其外水老慎御免、越印大老ニ可相成等
之
勅諚相下候趣、只々
［御幼君与《(をカ)》軽蔑ニ而　御若気之至りニ而］一方口悪方之申分計御聞込、
逆鱗之余、＊1［前後之御勘弁も無之段ハ］実悲歎千万之儀ニ御坐候、
従是備殿・紀殿江御文通いたし置候通、私儀も此度者天下分目之御
奉公与存、一命ニ掛相勤候心得ニ御坐候、若州江も委細申遣置候得
共、尚京着之上ハ都合宜可申談与存候、右ニ付而者於江戸水老家来
上京之者共、無御手抜召捕方被仰付候様奉願候、左も無之候而者、
京地ニ罷在候者を捕候而も、又々改ニ悪人通路いたし候而者万事差
支不都合ニ御坐候、○関殿辞職迄ニ而極り不申候ハヽ、御直聴言上
出来可申と之事、是ハ第一之力ニ御坐候、［九関を除き他之者ハ

皆々敵方、其敵方を説説（衍カ）候義甚六ヶ敷、此儀を乍旅中色々心配致候義ニ御坐候、何分両伝共敵方ニ而者議奏ハ不及論、手の付方無之候、

実

天照皇八幡之御末ニ至り、　帝徳之薄事歎敷御事ニ御坐候、乍去」御自分様を初、如何様之御沙汰京都ゟ被　仰出候共、水老等ゟ如何様之難題申掛候共、御聞入無之、

上様御守護第一ニ被成下候様奉願候、○天下ニハ難替候間、水老を慎御免ニ付登　城候様被　仰出、於殿中召捕か、差ころし候外ハ無之哉と迄存詰候得共、是ハ不宜、○又考、摂内ニて大老御免之儀、自京都被　仰出候ハヽ、内通を水老承知ニ而何か申出し候哉も難計、其儀を　勅命とハ乍申慎之身分ニ而天下の政事へ口出、不顧其身与の旨意を以駒込屋敷水戸家来不残追出し、

公儀より御附人御遣候様之取計ハ如何可有之哉、御賢考物ニ御坐候、○水御当主殿ハ、先達而備殿・私両人之説解ニ而少々本性ニ相成候得共、跡之取計讃州之相談少々ハ落付候趣、此後如何様混雑有之候とも驚候御心得ニ而者治り不申候、厚御心得御取計之程奉願候、○御中陰明ニ而櫟仙院御吟味御取懸り、同人を苦問候ハヽ、水老申付毒殺の邪謀其外申談候処明白ニ可相成哉ニ奉存候、吟味取懸り候趣意ハ、［御側衆ゟ御水気御通し附候ハヽ、可然与再三申聞候ゟ、左候ハヽと申聞其御薬上候趣、御医師御匕（匙）も相勤候者其役ニ無之者より心付御薬調上与申儀、如何ニも疑敷事ニ御坐候、今一条ハ御病気心配候ハヽ一刻も早く申出候儀之処、悠々寛々与上の空匕いたし居候儀、於御用部屋御尋向之節、苦心御案し申上候様子無之事、又」御医師中申談も無之御薬上ケ候儀、是等を始与致候吟味誤候ハヽ、可然哉ニ奉存候、此賊白上いたし候ハヽ、一番之手懸り、敵打之根本ニ御坐候、此儀相分り候ハヽ、水老御切腹申上候而茂可然儀ニ御坐候、右様相成、一橋・水戸江押込、又ハ紀州へ押込可然候、京地ハ私種々相考、敵不残取調、壱人ツヽ問詰か又ハ顕然いたし候儀ハ此罪を唱、閉門・押込・隠居等之取計可有之、是ハ若州江申談、九条殿存寄承り之上可取計哉ニ存候、

帝体ハ御安全ニ被為在候様［幾重ニも相願候、私意ニハ御坐候得共、］*2 私諸（所）司代被　仰付候節、御九歳ニ被為在、当時弐拾八歳ニ被為在候［事、実　思召ハ善道ニ被為在、御側ゟ悪謀へ落入候事ニ御坐候間、］御尤千万之儀ニ御坐候、○如何様之御事出来候共、［此上弱き音（者）を御出被成間敷候、］大丈夫ニ相願候、備後殿御初江も厚宜奉願候、御別紙類跡ゟ返上可仕候、差急候間御預り置申候、○尚以岩瀬肥後之儀委細奉承知候、於京都沙汰有無ニ不寄関殿へ可申上置候、御休意可被下候、○何れ長野氏江逢候ハヽ、得実説可申与心懸居候、先貴報迄、早々頓首

九月十三日　飛脚加納ニ而到来、於河渡御返事認候

尚々旅中ニ而者朝暮寒気強［御坐候、］霜降り申候、何卒折角御厭御大切ニ御勤可被成候、備殿へも宜御伝言奉願候、乍憚私儀以之外ニ丈婦（ママ）ニ御坐候、此模様ニ而者*3［公家］之者共一呑ニ可仕与勇気十分ニ御坐候、乍去強気を出し荒々敷ハ不仕候間、此義も御懸念被下間敷候、何れ長野江ハ明日泊り醒ヶ井辺ニて申談候様可相成与存居候、私方ニても閑者（ママ）壱人京地江差出し置

候間、此者与長野与申談候様可致含ニ而御坐候、乍序御心得迄
申上置候、御聞捨可被下候、何分ニも
上様御儀ハ宜奉願候、上野御参詣も御延引与申事ニ而先安心仕
候、只今ゟ御苦労を遊し、御身ニハ御障り被遊候而者不相成、
御心配ハ必々被成間敷様被　仰上可被下候、江戸ハ尊前様・備
後殿初御心得、京ハ此愚老如何様共必死ニ相成相勤候間、御休
意被下候様仕度、第一田安殿御事御心配ニ而御障り御坐候而者、
是又不相済御坐候、老婆心ニ而思過、くた〳〵申上恐入候得共、
御海恕可被下候、拝

赤牛大賢君　勝
御返事　百拝

＊［　］の部分、提出本では削除の上、＊1は「りと」、＊2は「実ニ思召ハ善道ニ被為在候得とも、悪謀之一方口のミ御聞込、御逆鱗」、＊3は「悪謀」と改める。提出稿本では、本状は別紙により改めたものを綴じ込む。
＊本状は原本あり（『井伊』十一—三四号）。

＊4［十六日之処江可書入
一、今日内密書秘見(ママ)候処、酒井ゟ内々家来二人差越シ内談之様子逐一々承知候、然処酒井之目当ハ此方関白内覧之処、万事用弁之助とも相聞候覚悟ハ最初より聞置候得とも、先当職者辞退与相成、譬酒井江及内談候而、公武静謐之意味承候義ニハ不間ニ合、扨又今日昼後関白以下辞退之内、内覧丈者被　免之趣敬承候、此事中古ゟ頓与無先例、是以上御気違同様之御下知恐入悲歎ニ存候、何共無致方事、とふか今日左大臣江内覧被　仰出之趣、左候ハヽ、関東迄御内意前ニ内覧被免候而者、迚も酒井江往復者不相成、実ニ此上者左大臣始、是ゟ水戸之本意竪ヌキ望ヲ叶ハセ候ハんや、先第一水戸家差控も被赦之処、定而関東江通達ニも可相成哉、左候ハヽ、気毒ナガラ井伊家大老職之不行届亜夷利(ママ)調印之事次第を以、又々関東江被仰立、其子細ハ此処者間部下総守上京之上、色々と難題之上ゟ之御尋等厳重ニ取計ひ、詮スル処ハ関東ニ而大老辞職致サセ申訳之為ニ可相成手段も兼而承知候、此等之次第柄も有之候儘、酒井今すぐニ近衛家江手ヲ入ず、唯一通りニ而内覧ハ有之共、都而得と勘考之上、万事此処ハ取計方頼度候、又々相変り候義も候ハんや、何分唯今禁中之惑乱中、如何共難量存候故、呉々も酒井も聢与心中ニ相考候事之取計ひ方可有之也、何分左大臣はじめ上之気違ヲも不顧、思付之儘種々と姦計のミにて甚敷邪気之人々ニて候故、此上却此頃勘考候ハ御所ニ而不法外ニ関東を為方ニこか(カ)し、内意ハ　深謀計の手段、水戸家と組合、如何様之応接も量りかたく、唯々左大臣始向不見ニ強キ事のミ取計ひ、夫ヲ関東ニおゐて正直ニ御受申上候而者、段々増長こそあれ、静ニ治ル目当も無之様ニ存候故、全躰公家ハ大ニ厳しく、将軍家より之沙汰の計ひに中昔之通被致候ハヽ、皆々手をひき隠便にも相成へく候故、此所ハ先々間部上京之上ハ厳敷省略之取計ひ無之而者、尋常之心得ニてハ恐らくハ御所中治り兼候様ニ存候、右之次第ニ相考候故、酒井も篤与関東与今一応談合之上、堂上はしめ之取治メ方頼度候、実ニ唯

今ハ先例も旧キ定もなし二、強キ思案之向不見之人を御用ひ之時節故、何卒此方之愚慮を篤与若狭守ニ承知之上、勘考之取計ひ幾重にも頼度候、左無之ハ詮ズル所　禁中之御為方御治りハ附申さず、譬此方辞職候とも、一躰公武之為ニ申咄し候儘、此所を深推察あり度、内々彼所司代密人江咄しの様ニ存候、扨内藤豊後守ハ禁中之御用懸の訳ハ如何成事や、当方ニてハ解せず、是も序ニ尋あり度候、且又先達而水戸江下されの　勅諚書之跡に左・右・内・三条・二条・近衛大等之名前之入候事も、於此方も内々吟味候処、弥連名認有之也、併関白ハ不知、又々秘して申さぬ事共也、且此水戸家ゟ之返書之写一寸内々見セ申候、且又去ル八月七日、当職ヲ皆々越ての取計ひ事故、左はじめ身躰伺の事も実ニ候、併唯御憐ミん之御さた也、其後ハ猶々　朝廷の政事向甚違乱と相成心配之処、今度之辞職の姦計ニも相成、口惜敷次第々々、扨万里小路大印事、水戸へ内通尤可有之、其実ハ大納言の妹、当時水戸家之妾と相成、子も五人計アル様子ニて、不絶文通之よし、准后方ニ上臈出勤の人の姉にて、委敷准后にて承知之事ニ候、夫故左大臣ゟ万里大江内談にも及ひ、太閤と両方ゟ日々の様子水戸家へ申遣候様子ハ顕然の事也、此義も所司代江申心得て有之候ハ、宜候へ共、伝奏故不計水戸の事申され候てハ将軍家之差支にも相成へく、一寸申置候、其事を不弁に間部ゟ両伝へ一名にて書状おこし候所故、直様今度之姦計にも却無罪落入候の事出来候、何卒々々若狭守ニも此返報の勘考も可有之存候、偖又投書工夫之面々厳重ニ頼込候事も不宜、後々又差支の端ニも相成べく、乍併右等之人物が作文悪評を立サセ候事抔所司代江申置、是ニて万事不差支候様執計ひ置の事無難存候、且彦印ハ過日も申入通り、何卒大老之勘考を以、左大臣以下之処、水戸家之謀計ニ一味之儀吟味を遂られ、左大臣の内覧ハ勿論、関白宣下迚も将軍家ニて差支候趣京都江申越ニ相成候ハヽ、定而禁中ニて談合陸ケ敷相成候ハヽ、甚以於当方大慶不少、万事於関東も都合宜与存候、何分深勘考、水戸与一味姦計の罪を申立られ候ハヽ、甚以都合相談事も禁中にて矛盾と相成可申、何分深勘考、全躰間部ゟ此方身分極り難迫ニも相成候まヽ、間部ニも同様心配頼度、此段相含、大老へ通達事申咄し候様、早々頼度候事」[*5]

＊4～5の「」の部分、提出本では全て削除。提出稿本も同じ。

九月十八日

一、例刻御附人ニ而御登　城、御退出七ツ半時前
一、御持帰り御書付、左之通り

大目付江

御代替之御礼日限

十月
朔日　初日
二日　二日め
三日　三日め
右三日共五時揃

右之通り候間、得其意向々江可被達候

申合書付

温恭院様御霊前江年中拝礼、献備物等之儀、

温恭院様御代中

慎徳院様御霊前江拝礼并献備物之通可致事

一、薬師寺筑前守様江御内用ニ付、六之丞罷越御請申上ル

九月十九日

一、例刻御附人ニ而御登　城、御退出

一、今日之御持帰り、左之通

大目付
御目付　江

十月七日

日光御門跡其外寺社御礼、表向五時揃

同　十一日

増上寺其外寺社御礼

表向五時揃

右之通可被得其意候、装束等其外諸事前々之通可被心得候、

尤西丸御目付江も可有通達候

申合之書付

御代替御礼之節

初日　二日め　三日め

一、部屋番供廻り年始之通

一、用人取次熨斗目着用、広間向不残麻上下之事

一、門開置可申事

但、番人看板羽織為着候事、日光御門跡其外

寺社御礼之日、増上寺其外寺社御礼之日

一、用人取次広間向着服、右同断

一、門開置可申事

但、番人看板羽織為着候事

一、部屋番供廻り着服、右同断

申合之書付

十月朔日

御代替之御祝義

上様江御太刀目録を以御礼申上候事

但、右御太刀目録宅ニ而支度申付、右御馬代者御納戸江相

納候事

九月廿日

一、例刻御附人ニ而御登　城、御退出七時

［一、佐野松茸　弐拾五本宛

河野対馬守様

薬師寺筑前守様

右御内々被遣、六之丞手紙ヲ以指越ス」

＊［　］の部分、提出本では削除。提出稿本も同じ。

九月廿一日

一、例刻御登　城、御退出

一、長野主膳江之文通、左之通

以書付得御意候、冷気弥増ニ相成候処、先以御上益御機嫌能日々御登　城被為遊、御同意奉恐悦候、当地先相変候義無御坐、今般御自翰御下ケ被遊候間、御廻し申候、御頂戴可被成候、間部様御旅中より度々御文通御坐候趣之処、先々御日割通り御旅行被成候趣ニ付、十七日ニ者御京着被成候御義与奉存候、京地奸賊も梅田・近藤等御召捕後、火先弱り候哉之風説承り大悦仕居候、右風説之内、別紙之通貴君事悪敷申立御坐候ニ付、　御考ニハ水野土佐守殿御自分不宜事を貴君より可被　仰上哉との御疑念より、却而貴君之事を悪敷為申立候御手段ニ可有之与被　思召候、未〔誠〕事ニ油断不成御事ニ付、御心得迄申進置候様ニ与の御沙汰ニ御坐候、間部侯者勿論、御所司代ニも手強く可被　仰立御覚悟与相聞へ、御当方ニ而者勿論、其御覚悟ニ而御取扱被遊候趣ニ相伺、九条様ニも御力ニ相成、　思召通りニ御治り可相付哉与御吉左右奉待候、貴君并嶋田氏之御苦心奉遠察候事ニ御坐候、尚々貴便可得御意候、

以上

＊1　宇津木六之丞

長野主膳様

尚々、時下御厭御勤仕為御国奉懇祈候、内膳殿ニも御快気被成候間、御安意可被成候、以上

＊1の部分、提出本では「九月」と記す。提出稿本にはなし。

京都風聞之内

一、井伊家ハ全く九条家之庶流也、此辺之処、且井伊家国学者某（此人紀州江戸国学舘江折々来候而、紀藩門弟より人物承り候処、評判不宜、又井伊家門弟江承候処、御同家御役以前者古事記の講義申上候而、随分博識与美称）江州之産、京地ニ罷在候者ニ而九条家江取合由、三条前内府公ニも立入候由、近比三条殿ニ者他之者一切御逢無之御断之由、元来三条殿者当時之英才立入之面々不少処、当時御憚之御様子

一、御持帰り、左之通

大目付江

御中陰明ニ付、来ル廿八日惣出仕之事

右之通可被相触候

九月廿一日

御申合之書付

松平故薩摩守妻死去ニ付、

天璋院様御朦中為伺

御機嫌差上物之内

御名

老中

中務大輔

御精進物

右来ル廿四日可差上事

但、御賄支度之事

○彦根藩井伊家文書二八〇〇六

（表紙）

安政五午年

公用方秘録

従九月廿一日
至十二月二日

九月廿一日

一、例刻御登　城、七ツ時前御退出
御持帰り

大目付江

鳴物之義、所作ニ仕候者計、来ル廿八日より可被差免候
右之通可被相触候

大目付江

御中陰明ニ付、来ル廿八日惣出仕之事
右之通可被相触候

一、温恭院様御残り之御品　思召を以左之通御拝領、尤御老中様方ニハ御三所物・御印籠壱宛之由、依而恐悦申上ル、御触も廻ル

一、御三所物
但、御紋付赤銅七子金裏張

一、御印籠　弐
内壱　象牙彫松竹梅鶴の巣籠り、緒〆珊瑚珠、御根着象牙集り亀
壱　蒔絵羽衣富士三保の松原
緒〆孔雀石、御根着堆朱

九月廿二日

一、例刻御附人ニ而御登　城、御退出七時三分過

一、御持帰り之御書付、左之通

申合之書付

御名
老中
中務大輔
若年寄中
牧野遠江守
稲垣長門守

御忌明ニ付、来廿八日御肴一折宛献上之事
但、一紙目録を以差上候事

一、此度ハ代金ニ付、御賄支度ニ不及候事

九月廿三日

一、例刻御登　城、御退出七半時過
一、石谷因幡守様江御内用ニ付、六之丞罷越ス
　但、山本貞一郎家族吟味方之義被　仰遣

九月廿四日

一、於増上寺
温恭院様御法事中ニ付、六ツ時御供揃ニ而本堂江御参詣被遊、御帰館
五時三分過
　但、御召服長御上下
一、例刻御附人ニ而御登　城、御退出七ツ時四半過
一、天璋院様御朦中為伺御機嫌、御精進もの一紙目録を以献上被遊候、尤
御賄御支度
　但、松平故薩摩守妻死去ニ付而也
一、太田備後守様へ御内用ニ付、六之丞御使者相勤
　但、根証文一条之書付、公用人牧田貞右衛門江相渡、委細申談置候事

九月廿五日

一、例刻御附人ニ而御登　城、御退出七時過

九月廿六日

一、例刻御附人ニ而御登　城

九月廿六日義言江之返書

去十八日出之御書付、同廿四日九半時ニ着、廿日附之御書付、同廿
五日朝五時過着、夫々拝見仕候、冷気弥増ニ相成候処、先以　御上
益御機嫌能日々御登　城被為遊、恐悦至極御同意奉存候、然者去十
四日夜、間部侯醒井御本陣江御出、京地之事実次第柄等委敷被申上、
第一鵜飼吉右衛門并悴子幸吉を御吟味ニ相成、偽　勅諚之御穿鑿議
可然旨被仰上候処、大津迄小笠原長州御呼、為召捕候様可被成、其
余被仰上候件々至極御聞請宜敷候ニ付、高貴之方々へハ為及不申而
も、不日ニ治り可申との御見込之由、誠ニ以恐悦至極ニ奉存候、
*［粟田宮弥強情ニ候ハヽ、妾を取預ケ、］鵜飼父子御召捕ニ而も、猶
御内覧之御辞退無之ハ、鷹司殿《内》初小林民部大輔・金田伊織ヲ御召捕
相成候ハヽ、左府公一言之申訳無之との御見込之由、十七日ニ大津
迄御出候処、小笠原長州十《六》六日ニ大津江被参、厚談有之との事ニ付、
定而御召捕ニ相成候事と御安堵被成候よし、嶋田より之別紙も御廻
し致披見候処、極密之御書下ケも入　台覧御満悦之趣、
此方様厚キ　思召も通し難有奉存候、間部侯之義も稀成御気量ニ而、
頼母敷　思召候由重畳之御義与奉存候、左近も必死之働、ま事ニ能
行届候事与感心仕候、*［三条様へも御恐怖之由、気味能事ニ御坐候］
一、鵜飼之手紙、草津辺ニて御召捕ニ相成候写御廻し被下、熟覧《考》仕候処、
何分合点不参事、御賢考之通、右等ニて誘引、彦根を為騒、夫ヲ隠
謀之種ニ可致奸計も難計候へ共、右飛脚召捕ニ相成不申節ニハ、此
手段はつれ可申、水藩之人気を引立候工夫ニも可有之歟、何分合点
不参事ニ御坐候、急発等之御備ハ兼而御厳重ニ候得共、此御時節之

事ニ付、万一之節之御手懸り配り尚更御懸念被成候様ニ与被仰遣候、扨々隠謀方根絶く御苦心奉恐察候、間部侯より御直書ニも、貴兄之御丹精ニて何角御都合宜旨被仰進、　御上ニも御大慶被遊候、当方も御如才なく御手入有之、飯泉喜内与申者御召捕相成候処、堂上方ゟ之往復書大分有之、山本貞一郎妾も御取押《押》へ、書面類も御取上ケニ相成候間、証拠ニ相成候義も有之趣ニ而、専ら御取調中ニ御坐候、御書面類夫々御覧被遊、追々能御模様ニ相成候迚、御喜悦ニ御坐候、此程も御直書被遣候間、尚宜申進候様との御沙汰ニ御坐候、右御報迄如此御坐候、已上

九月廿六日　　　　宇津木六之丞

長野主膳様

猶々時下御厭御勤仕専一奉存候、両大夫同役共も宜申上度との事ニ御坐候、以上

尚々殿下之御書ハ御預り申置、跡ゟ返上可仕候、以上

＊［　］の部分、提出本では削除。提出稿本では墨塗りにより抹消。

＊本書状は原本あり（『井伊』十一—六号）。

別紙得御意候、京地より廻り候風聞書之内ニ、此度御召捕ニ相成候梅田源次郎よりもまた〳〵張本人有之との事見へ候由、右等ハ御如才無之事ニ候得共、為御心得申進置候様との御沙汰ニ御坐候、以上

一、後閑弥太郎江之文通、左之通

然ハ三条様へ御出之節、一条被仰遣候、主膳江之御手紙御家老衆より相廻り入　御覧候処、御主意之処御弁へ御丹精被成候趣、褒メ置候様ニ与被　仰出候、誠ニ不容易御時節御配慮之段奉遠察候、何分此上御忠精御吉左右奉待候、主膳も壱人ニ而之苦心察入候事ニ御坐候、御助勢被遣被下度為御国奉頼候

一、渡辺一兵衛義、堂上方江出候而、此節柄之噂善悪共いたし候而ハ、如何成指障り出来可致も難計ニ付、右等之処厚心得、決而其辺之噂いたし不申様篤与御申含被成候様ニ与被　仰出候、此段得御意候、以上

九月廿六日　　　　宇津木六之丞

後閑弥太郎様

尚々時下御厭専一ニ奉存候、去十八日付主膳より之手紙、正ニ相届申候、御同役へも宜御伝へ奉憚（ママ）候、以上

＊本書状は原本あり（『井伊』十一—五号）。

一、御持帰之御書付、左之通

明廿七日御遺物被下候ニ付、麻上下着用、例刻登　城之事

九月廿六日

天璋院様御朦中為伺御機嫌、明廿七日御広敷江相越候義ハ相止候事

九月廿七日

一、例刻御附人ニ而御登　城、御退出八ツ半時過

御持帰り、左之通
一、御代替之御礼ニ付、十月朔日五時江四寸前之御土圭へ御附人ニ而登　城
同　二日
一、同断、附人ニ而登　城
同　三日
一、同断ニ付、五半時江四寸前之御土圭へ附人ニ而登　城
大目付
御目付
天璋院様御忌解之義、田安殿より被申上、掃部頭・老中より
も相願候ニ付、明廿八日より御忌被為
解、御精進も被為解候事
九月廿七日
右書付紀伊守渡之
一、御置物　岩ニ金ノ龍、銀ノ波
御卓　桐ニ鳳凰、黒檀
温恭院様御遺物御頂戴被遊
但、御礼之義、御用御取次を以被仰上候

九月廿八日

一、例刻御附人ニ而御登　城、御退出七半時過
但、御召服御上下

一、薄塩鮭　五尺
水戸中納言様より時候為御尋、御内使者山方運阿弥ヲ以御到来
御取次頭取を以御礼使者被差出、御日用人（ママ）取計之事
一、生鮭　三尺
一、大和柿　壱籠
田安中納言様ゟ時候為御尋、御内々御用人中三名手紙六之丞宛ニ
而御到来、翌日御用人宅江為御礼六之丞御使相勤候処、以後ハ不
及御使者文通ニ致候様ニ与御用人より申来候事
一、鮮鯛　壱折
天璋院様ゟ御奉文を以御頂戴、御礼者
御城ニ而被　仰上、此方取扱無之
今日御持帰り、左之通
天璋院様御精進被為　解候ニ付
御肴一折宛　（御名
老中
右、明廿九日一紙目録を以可差上事
一、今日於　御座間、是迄之通念入レ相勤候様
上意御坐候由
一、脇坂中務大輔、今日　御本丸江被召連候旨被仰出候ニ付、公用人御使
者ニ而二種千疋御到来、御来り之通此方よりも被進
[*1]［一、薬師寺様御出、六之丞面会、　御手許より御菓子被遣
但、自然京都より是非御三家・大老之内上京致候様申来候節之義、高

井・諏訪御両人より御心得方よく〳〵申上置候との事、平岡円四郎探索方等之義、六之丞御取次ニ而御蜜《密》談有之

一、太田備後守様へ六之丞御使者相勤

御逢有之、京都ニ而ハ三条大□殿を裏切之大将ニ可被成との事ニ候得共、今度之一条張本たる人ヲ御遣ひ御治メ被遊候而も、向後御取締付申間敷ニ付、水府隠謀之次第具ニ達

叡聞、荷担之御方々ハ御示しニ相成不申而ハ、御政道相立不申、左様相成候節ニハ御手間取ニ可相成候得とも、其義ハ致方無之ニ付、右之趣下総守様江可被仰進与思召候得共間、其御方様よりも右之思召を以被　仰進候様被成度、　殿下之御書も御内々御廻し被成候処、御尤ニ被思召候、今晩御認置、明日於　御城尚御談し可被成との御返答、水府御取扱之御趣意等被仰含、罷帰り申上ル」*2

*1〜2の「」の部分、提出本では削除。提出稿本も同じ。

九月廿九日

一、長野主膳方江宿次飛脚を以、左之通申遣ス

去廿一日・同廿二日両度之御紙面致拝見候、如仰冷気弥増ニ相成候処、先以　御上益御機嫌能日々御登　城被為遊、御同意奉恐悦候、

御守護之義

関白殿より御尋ニ付、御答振御家老《衆》へ被仰上候御書付拝見、御尤之御義ニ奉存候、鵜飼父子御召捕ニ相成候付、悪謀方火先弱り、*1「三条殿ニも御恐怖被成候由ニ付、右方《御同人ヲ》も裏切之大将ニ可被成、御所司代御趣工之由、左候ハヽ、手軽《易》く御成就ニハ可相成候へ共、悪謀方張本之御方を御遣ひ被成候而ハ後難正道之御取計《ハ》ニ無之、御上之思召とハ相違仕候ニ付、今日御別紙　御書下ケ之通、間部侯江被

仰進候《由》　殿下之御書与　御上之思召与符合仕《候》、実ニ早直りハ再発之患御坐候道理与奉存候、《尤》正道之御取計ニ而ハ手間取、一入御苦労《手数》相増▨候段ハ奉恐察候得とも、《何分》後患無之様之御取計奉願候義ニ御坐候」山貞之手帳森寺預り居、御取上ケニ相成候処、加奈川(ママ)調印之奸謀等不容易事共も有之由、《当方ニ而も》同人宅向嶋梅屋敷近辺ニ有之、則御手入ニ相成候而書類御取上ケ、飯泉喜内書類も御取調、証拠ニ相成候品々京都江御廻しニ相成候趣ニ付、《右等を以》悪謀方御取調《ニ》之相成候ハヽ、《尚》悪《更》謀方衰弱いたし、御勝利ニ可相成与奉存候奉恐悦候

*1「」の部分、提出本では削除。提出稿本では墨塗りにより抹消。

一、嶋田氏より去廿二日付ニ而過日之返書到来、御上御配慮之御次第

殿下委細ニ御承知、殊之外御大慶被為遊候旨申来、則紙面奉入

御覧候処、御安心被為遊候、右ニ付別段《奉頼候》嶋田氏江今便書状差出不申候間、貴兄より宜御伝被下候様仕度、今日之　御草稿《書下》之御趣意嶋田氏へ御伝へ、　殿下之入　御聴候様御取計ニ相成可然哉与奉存候、誠ニ此節ハ御大事之御場合ニ付、少し御睡眠之御暇も無之由、御繁務御大切之御場合ニ付、御尤ニハ奉存候、《得共》▨乍去▨ニ少しハ御気力御養ひ不被成而ハ、御勤続も難被成与御案思申上候、呉々御用心専一ニ奉存候《可被下候》、右御報旁如此ニ御坐候、以上

九月廿九日　宇津木六之丞

長野主膳様

猶々くれ〳〵も時下御厭専一ニ奉存候、両度ニ被仰下候義相済候
事ハ不及御報、文略御免可被下候、以上

＊本状の添削部分は、書状原本の通りである。
＊本状は原本あり（『井伊』十一―一七号）。

［御直書左之通 [*3]

九月廿九日、間部江遣し候別紙之下書

上略

今度御申越御文中ニも、三条家返忠、此上之処十分ニ参り候ハ、弥御都合宜ク云々、此義ニ付小子深く心配致候子細ハ、三条者小子間柄ニ而、一通り申セハ取持をも可致筈ニ候得共、実々ノ所隠謀方之大将ハ三条ニ相違無之、先年より其兆相顕レ居候事ニ而、元来佞智多欲卑劣之生質、家内事ハ土州と取やり之中、家来ニ者森寺因幡守父子・丹羽若狭（豊前）守・柳田等之奸物付添居、中々以本心ニ立帰り候様ニ者参り難く、此段ハ間柄故、能々試ミ心得居候事ニ候、然ルニ万一返忠ヲ頼ミニ被成候様ニ而ハ、一旦之処都合宜敷とも、決而始終之御安心ニ者相成不申、最早両地とも手入、近々隠謀露顕ニ及へ候からハ、成丈本筋を以治メ候様致度、左候ハ、たとへハ十日ノものか、三十日、五十日相懸り候而も、往々御安心之事ニ而、貴様之御働も抜群之事ニ候、然ルニ三条ヲ御説得之義ハ、一時之御計策なれハまだしもの事、返り忠より跡々御引立之思召ニ而者、右申候如く御安心之場ニ者決而至ルましく、何レニも詰り厳重之御咎不被仰付而ハ相済不申事ニ候、右様三条ヲ善キ方江導き可申との手段ハ、素より若劦之見込ニ而、同人より出候事と遠察致候、此論若州発足前問答いたし候処、若劦ノ申候者、三条事夫程ニ悪物とも不存様子、只九条ト三条申合、不宜故之事と申候間、決而左様計ニ而ハ無之と申置候、若劦ハ先役在京中、三条とハ至而懇意之義、転役後茂彼方より慕ひ居候事も承り候位之事ニ而、此義油断者決而〳〵相成不申候、元々三条家風儀も不宜候故、簾色悪敷所より還而手を入レ候も難計、何分三条之義、若劦之策ニ乗り候而はまり出来候而ハ相成不申、只管之心配ニ候事

一、三条之罪状と申ものハ、先便ニも申進候通り、先達伝奏をも勤居り、公辺之御規格をも心得居なから、外様土州・伊達等へ　公儀御内実之義段々内通いたし、加之、一橋之御取持ヲ致候、此一事ニ而も大罪之事ニ候、既ニ土劦へ一橋之義申越候手紙を難計一見いたし候事も有之、以之外成事ニ候、勿論土劦ニ者家内之続きも有之候へ共、伊達ハ何之縁も無之処、文通其余家来迄も遣し懇意ニ致候事、御法ニ背き候次第、此度伊達入道へ申諭し候内之一ケ条ニ而、遠江父子共恐入り候得者、三条とても同様之義、万一三条ヲ御引立ニ成候而者、右辺之釣合も不宜、右之外ニも飯泉・山本等三条家へ引合も段々有之、三条即今改心与申事ハ難き事ニ候間、一旦之計策ニ御用ひハ御心次第、詰りハ是非々々厳敷御咎有之様、左なく而ハ勧善懲悪之道も相立不申事と存候、若劦之見込者左様ニ者有間敷、此義貴様之御据り第一之事ニ候、甚申過き失礼ニ候へ共、天下之御為一大事之事ニ付、無覆蔵申進候

右様之主意、今便下総守方へ内々申越候事」*4

*3〜4の［　］の部分は、提出本では全て削除。提出稿本も同じ。
*本状は『井伊』十一—一六号では、「公用方秘録」より引載。

一、例刻御附人ニ而御登　城、御退出七ツ半時過
　御持帰り

　　御献上馬之義ニ付、酒井右京亮様御渡し被成候書付
　　　覚
　　御代替御礼献上之御馬、明後朔日朝六半時、諏訪部弥三郎御厩へ
　　為牽差越候事
　　　九月廿九日

一、上様五ツ時御供揃ニ而、明晦日紅葉山江
　御参詣被遊候段、御勤番御門支配御目付江相触ル
一、六ツ時江御附人ニ而、御登　城、紅葉山御先勤被遊候段被仰出、夫々
　相達ス

九月晦日

一、六時江御附人六半時比ニ帰り、直様御出駕、御帰館四ツ時
　但、御先勤初而御勤ニ付、恐悦申上ル
一、石谷因幡守様へ御内用ニ付、六之丞罷越ス
　但、水府一条御吟味物之義也

十月朔日　快晴

一、御代替初日御礼ニ付、六ツ半打一寸廻り御附人ニ而御登　城、御召服
　のしめ半御上下、御下部屋ニ而御直垂ニ御召替、御退出ゟ御広敷へ御
　出、御帰館八ツ時弐分過
一、当役御取次熨斗目上下着用
　但、三日とも

九〔十〕月二日

一、六ツ半打壱寸廻り御附人ニ而御登　城、御退出九ツ時過
一、宿継飛脚ヲ以、後閑弥太郎・長野主膳へ左之通文通いたし候
　九月廿五日附之御書付当月朔日ニ着致候、冷気弥増ニ相成候処、先以
　御上益御機嫌能日々御登　城、就中九月廿九〔晦〕日ニ者、上様紅葉山物
　御霊屋江御参詣ニ付御先勤、朔日・二日・三日与御代替之御礼被為
　請、恐悦成事、江戸地之人気者大ニ穏ニ相成申候、去廿三日未明ニ
　御京着之積ニて、御所司代江も御申入被成候処、小笠原長州よりも御
　伝言有之、御取計被成能由、薩州初、土州・長州等之事御探索御坐候
　処、決而左様之事無之よし、渡辺金三郎ゟ申来、御安心之趣、此義者
　薩州ハ家督ニ付　公義（儀）江之御礼等ニ多人数家来も出候由、長州・土州
　ハ兵庫・大坂等之御固ニ而御人数出候事ニ候、全跡形なき事ニハ無之
　との御沙汰ニ御坐候、夫等を種として水藩之人気を引立候謀計ニ可有
　之、如何ニも能もの御手ニ入、重畳之御義与奉存候、水藩之奸物三人

又々上京之由、何分御油断難相成ニ付、御書取御家老衆へ御指出し、則御家老より之御書付も御廻し、夫々拝見、御手配り御行届ニて安心仕候、定而御聞及可被成、水藩之郷士共迄駈集め、千人計も小金辺江出張いたし居候、水府より引取候様御示し被成候而も引取不申処、先月廿六七日頃ニハ皆々引払申候、
公辺より御手入ニ成候時ニハ、水戸之御家ニも疵付候事、且者　御中陰之事ニ付、旁以隠便ニ被成置候得とも、此後右様之事有之候得ハ、急度御手入可有之義与奉存候、右等之者共之人気を引立候手段にも可有之哉与奉存候、小林民部権大輔も御召捕ニ相成、悪方一同恐怖、左府公も御恐怖、左・右・三条・太閤殿等外堂上方ニも、御寄合中ニハ、有躰白状之方可然抔との御論も起り、*1［三条殿ニ者弥以御恐怖、拘服ニ堪かね被成候由、此御方者此度之御張本ニ而、御返り忠与見へ候而も、］中々油断成不申次第ハ、先便御廻し申候　御書下ケ之通ニ御坐候間、御勘弁可被下候、とかく御所司代御見込ふら付、貴兄・嶋田氏ニも御困り之由、一体極御懸念之御方ニ付、いろ〳〵与御見込も動キ候事与被存候、小林も御召捕ニ相成、其上当方ニて御糺しニ相成候悪方之書類も追々京地へ御廻しニ相成候に付、此節ニ而ハ、悪方弥気力ヲ失ひ候様相成、御利運ニ而、追々御吉左右可被仰上与頼母敷存居候事ニ御坐候、いよ〳〵関東之　思召
主上江貫通いたし候得共（者）、条約一条も穏ニ相済可申、其上ニ而ハ御所向御政道猥ヶ間敷事共ハ、十七ヶ条之御法則を以御改正、弥以公武御合躰、　皇女御申下し与申場合ニ至り不申而者、後患難計、此義者君上与　殿下御在職中ニ無之而者相整不申との御文（見）込、至極御尤ニ奉存候、素より右等之処、
君公之御眼目ニ御坐候間、何分ニも御丹精可被下候

*1［　］の部分、提出稿本では墨塗り抹消の上、「候由ニ候へとも」と改める。提出本では改稿後のものを記す。

一、後閑弥太郎・渡辺金三郎入込格別出精御用弁之由、　御上ニも御満悦被遊候、小子ゟ御褒詞、尚此上相勵候様可申遣旨被　仰出候間、弥太郎方江申遣候得とも、貴君ゟも程よく御伝へ可被下候
*2［一、粟田宮妾之事御穿鑿中、宮中ニ而猥なる事有之、参　内御指留ニ相成候との事、自業自得心地能事ニ奉存候］

*2［　］の部分、提出本では削除。提出稿本も同じ。

一、いつそや之御ゆかた并御茶碗ハ
主上之御品之由承知仕候、定而左様之事ニも可有之哉与大切ニいたし置候間、則差上申候
*3［一、三井・井善金談之事ハ、此節柄不宜与存候間、先便春迄御見合被下候様申進候間、此節御承知被下候義与奉存候、］右御報旁如此御坐候、
已上

*3［　］の部分、提出本では削除の上、前条末尾に追い込む。提出稿本では墨塗りにより抹消。

十月二日　宇津木六之丞
長野主膳様
猶々貴書并　殿下之御書も直様奉入御覧候、追々能御模様ニ相成、御大慶被遊、実ニ此程之御苦心御賢察、日々御噂奉伺候事、

当地悪方手先も石谷ニて吟味有之、追々証拠物も出候趣ニ御坐候、
殿下之御書者暫御預り、跡ゟ返上可仕候、三大夫ニハもはや御全快ニ付、御安心可被下、両大夫同僚よりも宜申上度よしくれ〳〵被申聞候、已上

＊本状は原本あり（『井伊』十一―四一号）。

一書得御意候、冷気弥増ニ相成候処、先以
御上益御機嫌能被為遊御勤職、御同意奉恐悦候、随而貴様弥御安全被成御勤、目出度奉存候、然者貴地悪徒方之手先追々御召捕ニ相成候付、徒党之方々御恐怖被成候よし、右穿鑿方渡辺金三郎殿入込出精御用弁ニ相成候趣ニ御聞込、御上ニも御満悦被遊、此上出精被致候様、御内々貴様ゟ御達シ被置候様との御沙汰ニ御坐候、貴様ニも今度之御用向格別御入はまり御出精被成候趣相聞へ、褒メ置候様との御沙汰ニ御坐候、奸悪之徒十分ニ広り有之様子ニ付、主膳も苦心之趣ニ御坐候、実ニ国家存亡之秋ニ候間、飽迄御丹精御坐候様仕度、当地ニ而も悪徒共追々御召捕ニ相成、証拠ものも貴地へ御廻しニ相成候ニ付、奸賊弥手ヲ引候様可被成与奉存候、右得御意度如此ニ御坐候、已上

十月二日　　宇津木六之丞

後閑弥太郎様

尚々時下御厭専一ニ奉存候、朔日・二日・三日
御代替り之御礼被為請、恐悦至極、此上ハ少しも早く　将軍　宣下相済候様祈居候事ニ御坐候、以上

＊本状は原本あり（『井伊』十一―四二号）。

一、御持帰り之御申合書

徳川賢吉殿・徳川摂津守殿相続之為祝義
　　掃部頭より
　　老中
弐種五百疋ツ、　徳川賢吉殿・徳川摂津守殿
一種ツ、　貞慎院殿
一種三百疋ツ、　摂津守殿御簾中
　　若年寄中より
一種三百疋ツ、　徳川賢吉殿・徳川摂津守殿

右之通相続之御礼被申上候、以後使者を以可致進上候事

一、賢吉殿・摂津守殿相続并元服御一字官位相済候、以後追々直勤之事
　但、摂津守殿ニ而者貞慎院殿・摂津守殿御簾中江之口上も可申述事

一、月番者使者遣、同様口上も可申述事

覚

一、来七日・十一日之内

御代替之為御祝義
御守殿御住居江可相越之処、御用多ニ付、蜷川相模守を以御用
捨被　仰出候間、使者可差出事
一、同断ニ付、田安殿・刑部卿殿江も可相越之処、御用多ニ付、御
断之由家老申聞候間、使者可指出事
一、廻勤之衆、大番所ニ而引請候事

十月三日

一、下総守様衆中村勘次江左之通り申遣

＊[1]
一書呈上仕候、冷気弥増ニ相成候処、弥御安泰被為成御勤職、目出度御義ニ奉存候、然者御徒目付松永伴六与申仁、探索方心得居候者ニ付、水府之模様内探り被仰付候処、如何ニも深秘之義迄聞出し、則書取
大守様御在府中毎々御手許江御廻し被成、御承知之仁ニ御坐候、右伴六義、当時田安御屋形御普請役相勤居、探索方功者之趣ハ中納言様ニも御承知ニ付、此節京地江遣し、内探り為致候而者如何哉与御名様江御談し有之ニ付、伴六存寄相尋候様被仰付、則相尋候処、如何にも探索仕、一廉之御用ニ立候様丹精可仕、乍去壱人ニ而者行届兼候ニ付、永坂為蔵与申者同道仕度、右之者ハ探索方ハ伴六弟子ニて、素より御為筋を存候者ニて、相応働も有之由申聞候間、中納言様江も御談し之上京地江被遣、内探り致候ハヽ、直様大守様江申出候様篤与被仰付、則御手前様江拙子付状も伴六江相渡し置候次第ニ御坐候、然処、右為蔵悪物ニて、水府江荷担之者ニて、京地江参り候而者不宜ニ付、早々引戻し候様被　仰進候得共、誠実ニ御奉公仕候伴六受合之人物ニ付、あふけ《な》無之人物とハ奉存候得（者と掃部頭様ニも御得心被成候付、此間も御直書ニ而其旨被仰進候得共、御其方様ニ而○）共○、気遣敷被思召候者被差遣候事も如何ニ付、呼戻し候様ニ与被仰出候へとも、素より隠密罷越候事に付、住所も不定事ニ付、呼戻し方も無之、尤当方江遣し候書面者、京地ニて丁子屋与申者方江指出し候約束ニ付、右方江拙子より書状指出し、為蔵風聞不宜ニ付、穿鑿之上差戻し候様可仕、いつれニも
御手前様江相伺、取計候様可被致旨申遣候間、罷出候ハヽ、篤与御糺し之上、宜被仰付御坐候様仕度、此段御手前様迄得貴意候様被仰付候、右之次第
大守様江も宜被仰上可被下候、右得貴意度如此御坐候、已上
宇津木六之丞
＊[3]
中村勘次様
猶々時下御厭乍憚専一ニ奉存候、主膳事御厄介何分宜奉頼上候、以上＊[2]

＊1の部分上段加筆「尚以伴六義京地ニ而ハ松本半大夫与変名致居候、御心得可被下候」。この加筆、提出本では本状の猶々書の後、＊2の部分に加筆する。
＊3の部分、提出本では「十月三日」と加筆あり。
＊本状は『井伊』十一―四三号では「公用方秘録」より引載。

松永伴六江之手紙、左之通

一書得貴意候、冷気弥増ニ御坐候処、弥御安泰ニ御旅行御上京可被成与目出度奉存候、然ハ永坂為蔵殿水府荷担之仁ニ而、此節上京致候而ハ、何様之義仕出し可申も難計ニ付、御呼戻しニ相成候様被成度趣、間部侯より被仰遣候、右為蔵殿事貴君御吹挙之事ニ付、右様之人物とハ不奉存候へ共、前文之通被仰越候事ニ付、一応得御意候様被申付候ニ付、猶篤と御考、万一疑ケわ敷事も候ハヽ、品よく御申諭し、何成とも当地江御用向ニ詫し御差戻しニ相成可然、左も無之事ニ候ハヽ、疑念御晴し被成候様、下総守様内中村勘治（ママ）へ御面会御申解可被下、勘治方へも右之趣申遣し置候、宜御勘弁可被下候、此節ハ御手懸りも出来候哉、奸物手先共追々御手入有之ニ付、一入御取入方御骨折与奉存候、何分為御国御丹精奉祈候、御代替り御礼も首尾能相済、殊ニ三日共快天ニ而、別而恐悦至極、朔日・二日・三日程なく御吉左右可相窺与楽罷在候、右得貴意度如此ニ御坐候、以上

十月三日　宇津木六之丞

松本半太夫様

猶々時下御厭専一ニ奉存候、為蔵殿江も宜御伝へ可被下候、本文之義極密ニ御心得可被下候、以上

＊本状は『井伊』十一―四四号では「公用方秘録」より引載。

一、御代替三日目御礼ニ付、五ツ時御附人ニ而御登　城

十月四日

一、例刻御附人ニ而御登　城、御退出七半時三分前

十月五日

一、五ツ打三寸廻り御附人ニ御登　城

一、御庭前之菊花　一筒

一、生鰈　一岡持

田安様より御到来、御用人中より六之丞宛ニ而為持来候事、御礼奉札六之丞より指出ス、文面書役留ニ有之

一、佐竹右京太夫様より献上之残駒御到来

但、鹿毛三才之由

一、別紙御状御下ケ、御返答方内膳殿へも相談之上、取調指上候様被　仰付

折表ニ

備後守様

和泉守様　下総守

紀伊守様

＊1［諸司代見込

鷹司殿父子之義ハ、今般一件之重犯人ニ付、此儘ニ而相済候ハヽ、再度之謀計も難計候間、右家来小林民部・金田伊織之両人吟味申口を以難差置一条ニ相成候上、右御父子を遠島ニ被仰付候ハヽ、＊2更ニ外堂上方江出し候者無之可及御静謐、左候ハヽ、近衛殿内覧御辞退之場合ニ引付、九条殿御報職ニ相成候様相納り可申との事

下ケ札

鷹司殿父子御咎之儀追而ハ出仕も相成候歟、又ハ口出しも出来候様之御咎ニ而者、又々混乱ニ可及候間、再ひ世ニ不出様之御咎、申さハ流罪ニも被仰付候ハヽ、外堂上方ハばた〳〵と可相成、尤外堂上方ハ御咎ニ及間敷との見込ニ候事

下総守論

右之通鷹司殿父子御所置ニ付而者先例も差当り無之、両六波羅之旧例御用与申事ニ茂相成間敷、且ハ今般之一条鷹司殿江(腹)同服之者も有之候間、其一味之堂上ハ夫々御仕置付可申候而者不相成、禁中一統の混雑ニ相成、其上当於　主上者無類之御豪気之趣ニ付、如何様之　思召も出申間敷与も難計、左候而ハ、関東朝敵之穢名を生し、御一大事之義ニも可相成哉、甚以懸念千万ニ御座候

下ケ札

似寄之例も有之候ハヽ、御差越被下候様致度存候事］

＊［　］部分、提出本では削除。提出稿本では、＊1～2の部分を墨塗りにより抹消し、以下は本紙を取り除き削除する。

下総守見込

今般之御使御程能相済（此程能と申義、別紙ニ相伺候）、其後於関東一件御吟味、京地之分迄御召下しニ相成、於関東御吟味詰、水戸老公御悪計相顕レ、御同人儀厳重之御沙汰ニ相成、最早再御目の出不申御所置ニ相成候ハヽ、自然鷹司殿ニ於ても御邪曲御謀策出申間敷哉、是等之辺不及御相談取極候義ニ者不相成、天下之御一大事ニ御坐候間、篤与御良考之上被　仰下候様いたし度存候

公家衆法度

一、不寄老若背行儀法度輩ハ、急度可処流罪

但、依罪軽重可定年序事

右ケ条ニ相当り可申哉ニ存候得共、何分御治世以来重き公家衆等流罪等之例不及聴儀、且ハ被対　禁中御遠慮之筋ニも不相当、乍去此儘被差置、天下の災禍ニ相成候義ニ付、何共難相決事ニ御坐候右見込之義、据り無之候而者取計方ニも差支候義ニ付、及御相談候、早々御下知被仰下候様存候事

［九月晦日］

＊［　］の部分、提出本・提出稿本ともに削除。

＊本状は原本あり（『井伊』十一―二〇号）。

御返答下案

鷹司殿父子之義ハ、今般一件之重犯人ニ付、此儘ニ而相済候ハヽ、再度之謀計も難計候間、右家来小林民部・金田伊織之両人吟味申口を以難差置一条ニ相成候上、右父子を遠嶋ニ被仰付候ハヽ、更ニ外堂上方口出し候者無之可及御静謐、左候ハヽ、近衛殿内覧御辞退之場合ニ引付、九条殿御報職ニ相成候様相納り可申との若狭守殿御見込ニ付、御考論之趣［篤与拝見、（朱書）「熟読御趣意〇」］討論致候処、罪之軽重ハ可有之候得共、鷹司殿計被所重科、外堂上ハ御構ひ無之与申而ハ難相済、尤今度隠謀之張本ハ水老公ニ付、鷹司殿御釣合ニ而ハ、御生害を

御進メ不申而ハ難相成御場合ニも可至、左候而ハ不容易御事柄、上之御失徳ニも相成候事ニ付、太閤殿御慎、鷹司殿御隠居御慎、其余罪之軽重ニ従ひ御咎メ被仰付候ハヽ可然歟、九条殿御復職之義ハ、御慎中之水戸家江別　勅被下候様之義ハ国家惑乱之基、不束之廉を以御取計之方可然哉与存候、尤小林・金田吟味口ニより而ハ、其節之御所置ニ付、取極メ候事ニハ無之候*7付取極メ候事ニハ無之候得共、今日之処ニ而、当方之見込前文之通評義仕候、此後御取締方等之御懸念御尤ニ存候、尚御考量可被下候

*3の部分朱書加筆「十月七日朱書之通御直し、太田様ゟ被指出候趣ニ而十月十九日下書御下ケ被遊」

*4の部分加筆「〇御尤ニ存候、尤両人吟味口ニより難被指置御筋合ニ候ハヽ、重き御咎被　仰付候共、子細ハ無之候へ共、可成丈ハ穏当之御取計ニ而、此度之一件、一ツ橋を西城江入可申との工ミより外夷御取扱之義を悪候様ニ申立候水府隠謀之次第柄達叡聞、事実御分りニ相成候ハヽ、隠謀荷担之向ハ夫々御咎メも付候様自然与可相成、左候ハヽ、九条殿御復職之道も付、近衛殿ニも御辞退ニも相成、御安心之場合ニ至り可申、厳科を以一時衆人を威伏為致候方ハ何分不穏御所置、向後御取締も不宜哉与被存候、尚御考量可被下候」とあり。

*6の［　］の部分、提出本・提出稿本では削除。なお本状の原本は現存しないが、推稿途中の草稿（『井伊』十一―五二号）などによれば、*5～7の添削は、原本草稿時のものと考えられる。

下総守様来状

外国一条京地之御模様者追々御承知之通ニ候処、尚又上京之上及承候処ニ而者、兵庫開港之義ハ、何レニも御差止相成候様被成度　思召之由、所司代内話之趣ニも、表向者立派之御沙汰も有之候得共、内実之所ハ、只々京地廻り三十里内江異人不立入様被成度、三十里内江不立入様ニ相成候ハヽ、さして御六ケ敷儀も有之間敷哉之由、今般兵庫開港之義ハ、御差止相成候様御沙汰も可有之哉之風聞も有之候ニ付而ハ、猶篤与勘弁致し候処、異船一条を始、其外諸事何分御六ケ敷場合故、右一ヶ条ニ而も、京地　思召相立候ハヽ、御都合も宜哉与存候得共、兵庫開港之義ハ、条約も相済候上之義ニ可有之候得共、何与歟差支之義出来之廉を以、来春亜墨利加江被差遣候者共江被　仰付、彼国江及懸合候様ニ者相成間敷哉、左候ハヽ、今般兵庫之義弥御沙汰有之候ハヽ、右者容易ニ難相整儀ニ可有御坐候得共、厚き御沙汰之次第も有之間、代港相開、兵庫之義ハ差止候積、精々心力を尽し、彼国々江及懸合候様可仕旨申上候ハヽ、御都合も宜哉与存候間、尚又篤与御評義之上、否被仰下候様致し度存候

*本状は原本あり（『井伊』十一―二〇）。

右御返答下案付札

*8［思召之処至極御尤之御義、元より右様ニ相成候得ハ、万事御都合も宜ニ付、何茂心力限り熟（孰）れ共相考、兵庫開港之処御差支を付ケ、明春彼地江相越候者共江篤与可申渡、乍去兼々御承知之通り第一彼レ之相望候眼目之場所ニ付、如何様ニ故障を付、代港之義申諭し候共、容易ニ承服も致し申間敷、亜墨利加而已ならす、先比追々ニ参り候

諸夷江も条約相済候事ニ付、尚更彼レニ強ミも有之、強情申立、彼ゝ条約破レ候処迄之勢ニ可相成与被察候事ニ付、詰ル処ハ争乱之覚悟之上ならてハ、中途ニ而引ニ不被引場合ニも至り可申歟、実ニ不容易事ニ御坐候、　朝廷之　思召一事として通徹不致処、御不満ニ思召候而ハ、行々　官武御一致之場ニも至り申間敷ニ付、是迄兵庫開港之御取計ニ相成候義ハ、聊以御恐憶之御所置ニも無之、右等之御趣意如何ニも御丹精御申解被下候而も、御承引無之節ニハ致し方も無之ニ付、其砌尚又可被仰下候、尤戦と決し候上ニハ、却而治り候御場合も可有之哉ニ候得共、穏当之掛合ニ而ハ可行届見込無之、何分御勘考可被下候］

＊［　］の部分、提出本・提出稿本ともに削除。

＊8の部分朱書加筆は、次のとおり。

「前朱書同断、」

「然者、御申越し至極御尤義、素より兵庫を閉候得ハ、万事御都合も宜御事者、疾より心付居候義ニ而、是迄時々懸り之者共江も討論ニ及候得共、何分段々次之第柄ニ而、何分六ケ敷、第一彼レ之相望候眼目之場所ニ付、たとへ来春彼地へ参り、如何様故障を付、代港之義申論候共、迚も取整可申共不被存、其上アメリカ而已ならす、先比追々参り候諸夷江も条約相済候事ニ付、尚又彼レニハ強ミも有之、強情ニ申立、条約破レ候処迄之勢ひニ可相成与被察候事ニ而、詰ル処ハ、争乱之覚悟之上ならてハ、代港之義ハ相整申間敷、左候へハ、還而宸襟をも被為悩候期ニ至り可申義、往々之御大事ニ有之、今日之処ニ而　朝廷之思召一事として通徹不致処御不満ニ思召候段者、何とも奉恐入候得とも、右辺之義ハ、御発途前ニも兼而御咄合も有之事ニ而、貴様ニ者御承知も御坐候次第ニ有之、兵庫開港之御取計ニ相成候義ハ、聊以恐憶之御所置ニ者無之義与存候間、如何ニも御丹精被尽、御申解ニ相成候様仕度、今般度ゝ御使之専務、何分天下之御為ニ候間、何分ニも御骨折被成候様一同ゟ申上候、猶又如何程御申解被成候而も御承引無御坐節ニハ、致方も無之〇」

「〇其砌ハ又々可被仰下、左候ハヽ、戦ニ決し候より外無之、何分穏当之掛合ニ而者、代港之義可行届見込更ニ無之、御勘考可被下候」

＊本状は原本あり（『井伊』十一―五三号）。

十月六日

一、例刻御登　城、御退出七ツ半時過

一、御飛脚立ニ付、左之通及文通

以　書付得御意候、然者、松永伴六・永坂為蔵義、貴様江御預之趣申上書入　御覧候、右様相成候而者、被遣候詮も無之ニ付、早々穏便ニ罷下り候様御取計可被成旨被　仰出候間、下総守様江其旨御申出之上、御戻し可被成候

一、貴様愈御安全奉賀候、主膳江之一封正ニ御達可被下候、以上

十月六日　　宇津木六之丞

後閑弥太郎様

＊本状は『井伊』十一―六一号では「公用方秘録」より引載。

以　書付得貴意候、冷気弥増ニ相成候処、愈御壮栄ニ御旅行御京着之由承り、目出度御義ニ奉存候、然者いつれゟ内訴いたし候哉、為

蔵殿風聞不宜趣、間部様御聞込被成候趣ニ付、貴様御吹挙之人ニ付、御気遣ひ無之旨主人より被及文通候へとも、京地探索ハ御行届ニ付、いつれニも御呼戻しニ相成候様被成度との事、此上者致方も無之、主人ニも甚残念ニ被存候得とも、御呼戻し可申旨被申付候、右様相成候而者、為蔵殿者不申及、貴様ニも折角之御忠志無ニ成候而已ならす、御心外之次第、主人ニも御察被申義、乍去御胸中御潔白ニ付、聊御心ニ被為懸候訳ニ者無之間、御心懸りなく御下り被成候様可得貴意旨被申付候、為蔵殿へも程能御通達可被下候、余者拝顔万々可申上候、以上

十月六日　　宇津木六之丞

松永伴六様

尚々長途之御旅行折角御厭御下向奉待候、以上

*本状は原本あり（『井伊』十一―六二号）。

九月廿八日出之貴書、去四日ニ着、拝見仕候、冷気弥増ニ相成候処、

先以

御上益御機嫌能日々御登　城、不相変御退出も遅く候得とも、聊御疲之御気色も無之御精勤被下置、誠ニ以恐悦至極御安喜可被成候、然ハ鵜飼父子・小林・金田等御召捕ニ相成、悪謀方恐怖致候由御同喜仕候、一橋江綸旨治世ニ而者六ヶ敷ニ付、御家江切込候ハヽ、直様御出シ可被成との近衛殿御内愈之由、摂家三公之重職ニ而右様之思召、扨々歎ヶ敷次第ニ奉存候、水府方ニ而もとかく御家ヲ欝陶敷存、御家江押掛候なと、申唱候よし、東西共御家ヲ目懸ケ候ニ付而も、　君上之御武威天下ニ冠たる事顕然ニ而、心地よく奉存候事ニ御坐候、御所司代枝葉ニ携り、肝要之所ニ御心付無之故、三浦七兵衛江厳敷御説得被成候次第、御紙面拝見、切歯致候、右様御あセり被成候事ニ付、其次第被仰上候ハヽ、御手ぬるく可被為　思召との御懸念ニも候哉、今度之重犯人ハ鷹司殿父子《御》「ニ付、小林・金田之吟味口ニより御父子」ヲ遠嶋ニ被仰付候ハヽ、外堂上方口出し候者無之、近衛殿内覧御辞退、九条殿御復職ニ可相成与被仰越候、斯迄之御気《意》込ニ候ハヽ、今日迄之御所置御手強く可被成所、右様被仰越候而も、関東ニ而御取用ひ無之与申事疾御承知ニ而、いかめしく被仰越候義何とも笑止千万、依而御乗合なく御返答被仰遣候、間部侯も表ハ強く見へ候得とも、内実者鋭気くぢけ候与見へ、兵庫ヲ閉候ハ、すら〱与済可申、亜米本国江使者ヲ以何様ニも懸合、代港ニ而為済候様相成候ハヽ、可然与の御談し、夫さへ出来候事なれハ、下総守様御上京ニも及不申、今日之場合与成候而者、何分条約変し候事難相成、強而変し候時ニ者曲我ニ有て、後日不埒之事有之候而も制し候事難相成ニ付、条約ヲ守り、彼レ曲ヲ待、日本之威ヲ示し候時ニ者、信義を以伏従為致候との義ハ飽迄御承知ニ而、今日前文之様成事被仰進、　君上ニも甚御危踏被遊候ニ付、委細御紙面ニ而被仰越候得とも、貴様ニも御心得鋭気御引立被成候様可被成、尤前文両条極秘ニ被　仰越候事ニ付、泄れ候様相成候而者一大事、貴兄御心中ニ秘し被置、御大事之場合ニ付、何分御丹精被成候様ニ与被　仰出候、何よりも恐悦成事者、昨日宿継着、此節之御義ニ付、

将軍　宣下御早き方

叡慮も被安候ニ付、当年中ニ御都合次第与被仰進候由ニ而、　君上
ニも御満悦一御安心被遊、全御忠勤顕れ候義与大悦仕候、水府も此
節者火之消候如く音沙汰もなく、悪方追々消滅、程なく平治可致与
難有奉存候事ニ御坐候

＊［　］の部分、提出本では削除。提出稿本にはあり。

一、松永之一条、如仰精忠之者ニ付被遣候処、いつれゟ悪敷吹込候哉、
甚御気遣之趣ニ付、無是非呼戻し候様被　仰付、何共乍残念致方も
無之候、嶋田氏之紙面も披見、不相替御忠精感伏仕候、御出会之節
宜御伝へ奉憚候、殿下之御書者取揃、跡より返上可仕候、右御報
旁如此ニ御坐候、以上

十月六日　　宇津木六之丞

長野主膳様

尚以時下御厭専一ニ奉存候、彦根も不軽大火恐入候事先々御同
前、近火ニ無之仕合ニ御坐候、以上

＊本状は『井伊』十一—六三号では「公用方秘録」より引載。

一、今日御持帰り、左之通

十月七日

一、日光御門跡其外寺社　御代替御礼有之ニ付、五時江四寸前之附人
ニ而登　城

同十一日

一、増上寺其外寺社　御代替御礼有之ニ付、同断附人ニ而登　城

一、十月十五日　釈奠
右前日献備之御使者可差出旨書付、御部屋番持帰り、御用番へ達ス

十月七日

一、御代替ニ付、日光御門跡初寺社之御礼ニ付、六半打壱寸廻り御附人ニ
而御登　城、御退出七ツ時

一、当役四人共今日誓詞被　仰付、御次幷内膳殿へ御礼申上ル
但、御用部屋ニ而御側役侍坐

十月八日

一、今朝差懸り御疝瀉・御歯痛ニ付、上野御参詣御延引、御登　城御断、
例之御手紙被差出

一、石谷様へ御内用ニ付、六之丞罷越

一、玄猪ニ付、明夕七ツ打三寸廻り御附人ニ而御登　城被　仰出、夫々相
達ス

十月九日

一、御快方ニ付、今日御登　城、御老中様方へ例之御手紙遣ス

一、例刻御登　城、御退出八ツ半時弐歩前

一、去月廿九日暁子之刻、彦根御城下大火ニ付、御届書御持出、御用番様
へ御差出

江州彦根城下町家ゟ去月廿九日暁子之刻過出火、風烈及大火、
卯之刻火鎮申候
一、四十四軒　家中屋敷・足軽家共
一、百四十四軒　町家
一、十九ケ所　土蔵
合弐百七軒
右之通致焼失、人馬怪我無御坐候、此段御届申達候、以上
十月九日　御名
但し、御持出ニ付、小奉書半切認折懸也、上書　御名奥御右筆
認、頭取・表御右筆へも御家老衆より被相達候事
一、湖東御手炉　壱箱
一、丸形青籠入交肴
右田安様江被進、六之丞ゟ御用人迄文通いたし、返書来、入　御覧
一、玄猪ニ付、夕七ツ打三寸廻り江御附人ニ而御登　城、御退出夜四ツ時
一、玄猪御祝之餅御役義初而御頂戴ニ付、恐悦申上ル、御頂戴之餅当役へ
頂戴、御礼申上ル

十月十日

一、例刻御附人ニ而御登　城、御退出七時過
一、松平和泉守様公用人中川善右衛門御用ニ付被為召、御坐之間ニ而御用
向被　仰含
[但、八丈縞壱反被下置、六之丞達之]

＊［　］の部分、提出稿本では墨塗りにより抹消するが、提出本では記載あり。

十一《(ママ)》月十一日

一、御歯痛、其上御疝瀉ニ付、御登　城御断、例之御手紙出ル
一、寺社御礼ニ付、当役御取次のしめ着用、御広間向上下
一、石谷様へ御用ニ付、六之丞罷越

十月十二日

一、正六日便り丁子屋へ出し、主膳へ左之通及文通
去二日附之御書付同八日着、致拝見候、冷気弥増相成候処、
御上益御機嫌能被為遊御坐、御同意奉恐悦候、随而貴様弥御安健被
成御勤珍重御義奉存候、然者御地之御模様過半御行届ニ相成候得共、
若印臆病御再発ニ而御埒付不申、十倍御苦心之趣御察申候、間印ニ
ハ御聞受宜由御同喜仕候、御心得ニ御承知被成度との御書付者、隠
謀方胸ニ釘、御返答ニ御当惑可被成御賢考之由、関東御謀反与申
義分明ニ御申解、御疑念晴不申而者後患之基ニ付、此義飽迄御丹精
可被下、小林・金田不容易件々白状いたし候処、若印ゟ間印へ指出
し候事ハ暫く見合候様ニ与、小笠原長州江御内意有之由、不軽御義
与奉存候、併いつ迄も御押へ置被成候而者、若印御身分にも拘り候
事ニ付、もはや間印江も御達ニ相成候事与奉存候得とも、右様之御
所置ニて、万事御手後御不都合ニ可相成与深く御配慮、若州侯ニ依
頼被成候事者御尤ニ候へ共、国家之御大事ニ預り候事ハ急度御存寄
御申立可被成、若州侯之御性質御会得不被成而ハ、御行違之事出来

可致旨、長州江石谷氏より篤与通達被致、ケ様之御取計ニ相成申候、*1［三条殿御返り忠ニ而、関白御復職之義者両三日中ニ御取計可被成との事、此御方者隠謀之張本ニ付、一時之計策ニ御遣ひ被成候事ハ格別、反り忠之功ニより罪科御糺し不被成様相成候而ハ後患生し不宜旨、先日間印江被仰進候事ニ御坐候、］*2［何よりも恐悦なる事ハ］少しも早く

将軍　宣下可被下との一事、天下之人心落付、国家之幸福与奉存候、右一条者、条約一条相済候上ならてハ、御沙汰も有之間敷与被存候所、今般之御沙汰ニ相成候事ハ、近衛殿関東江御忠節御顕シ、内覧を御保チ可被成御下心歟与被察候間、若御両所も兎ニ角御埒方之宜処へ御眼を被附候様可相成哉、左候而者大疵早直りニて再発之基、悪謀方猛火之如き勢ひ之中ニ而、九条殿御壱人御踏こたへ被成候御忠精ニ而大乱ニ及不申、実ニ抜群之御忠節ニ候処、却而汚名を蒙らせられ御辞職被成候を御構ひなく、反り忠之御方を其儘ニ御遣ひ被成候而者、御政道ハ相立不申ニ付、右之次第深く御配慮、間・若御両所へ被仰進候へ共、彦根謀反与被申立候御潔白立ニ被仰進候様ニ御聞込御坐候哉ニ被察、何とも歎ケ敷次第、貴兄并左近殿ニ者、右辺之処深く御配慮之趣御尤ニ奉存候、謀反抔との流言ハ、隠謀方ニ而取エミ申立候事ニ付、隠謀露顕ニ及候得者、御疑念ハ御晴れ被成候ニ付、聊御潔白立被成候訳ハ無之候得共、邪正分明ニ相成不申而者御政道相立不申、此末如何成大患可生茂難計ニ付、深く御配慮被為遊候事ニ御坐候

*［］の部分、提出稿本では墨塗りにより*1・2を削除。提出本では*1のみ削除。

*3［一、五日附之貴書同十一日ニ着、拝見仕候、間部侯江被進候御直書写早速殿下之　台覧ニ入可申迚、龍章満悦ニ而持帰り被申候由、左候ハ、、

御上之御実情貫通可仕与大慶仕候、諸司代ニハ三条殿江取入御復職之事計ニ御懸り、全く近衛殿奸計ニはまり、正邪分明ニ可相成筋者少し茂御構無之、正邪相分らす、御復職与相成候とも、矢張主上御疑念不被為晴候ハ、、又々御辞職眼前之事ニ而、御復職却而災害之基本との義御説解被成候得とも、更ニ御聞入無之、剰貴兄之悪風聞等御取集め、妙満寺御廻しニ相成候由、扠々不軽次第、間部侯ニも

将軍　宣下すらりと済候ニ付、涙よわく御成被成候様子ニ被察、此分ニ而者貴兄如何程御働被成候而も詮なき而已ならす、却而害を生し候様可成行哉与御案思被遊候付、三大夫江も厚談仕候処、御所司代之御所置苦々敷御事ニ候得共、今日貴兄御引取被成候ハ、誰有て、　殿下之御味方申上候者無之、弥以奸賊盛ニ相成可申ニ付、此後御不手際之義出来候共、飽迄御踏答御丹精被下候様仕度、乍去只今迄之姿ニ而者、迚も正面利屈（理）計ニ而者通り不申義与被察候ニ付、敵之謀ニ乗候而、此方ニも御手段御坐候様仕度、其策者先三条殿之働ニ而御復職、条約一条さへすら〳〵与済候事ならハ、強而堂上之旧悪者御糺し不被成振ニ見せ置、其内奸悪之次第とくと

主上江御申上、邪正相違与申義御会得之上ニ而夫々御咎も付候ハ、、乍恐

朝廷御一洗ニ可相成、左近殿之紙面ニも段々

殿下之御丹誠ニて　准印様江被仰進、主上御疑被為解候様、急度御取計ニ可相成、太平之基御開き可被遊との義有之、此御策奇々妙々　主印さへ被為遊候得者、其余者枝葉之事ニ付、早く御復職、悪物次第ニ御遠さけ被為遊候様仕度事ニ御坐候、可相成者、是非正邪分明正当之御取扱飽迄奉願度事ニ候得とも、肝心之諸印、其御見込ニ無之時ニハいたし方無之ニ付、無拠申上候事ニ御坐候、乍去其後之御模様善悪之程も難計、如何ニも貴兄御出張候とも、所詮無之而已ならす、却而禍を招キ候様子ニも御見込被成候ハヽ、御病気ニ相成候而成とも、御引取被成候後与奉存候、呉々も表より入候歟、裏より廻り候歟、いつれニも　朝廷之悪物御一洗ニ相成候処眼目ニ而、御取計方専要歟与奉存候、　御上ニも不一通御案思被　遊候事ニ付、何分御考量可被下、右御報旁如此御坐候、已上

十月　　宇津木六之丞

長野主膳様

猶々敵ニ乗候而之一策、手弱き事与可被思召候得とも、水府江被下候
勅諚も、殿下ニハ不承知被仰立候得とも、無理往生ニいたし今日ニ成候而ハ、矢張同し罪[*5]ニおとし入可申なと、の事ニ付、無拠申上候事ニ御坐候、何分御賢考可被下候、已上」[*4]

*3～4［　］の部分、提出本では削除。提出稿本では*5より前の部分は本紙を切除、後の部分は、墨塗りにより抹消。

*本状は『井伊』十二―一〇号では「公用方秘録」より引載。

一、御同扁ニ付、御断御手紙御用番へ被指出

十月十三日

一、御快方ニ付、御登　城被遊候間、例之御手紙被差出

［一、例刻御登　城、御退出七ツ時過］

*［　］の部分、提出本では削除。提出稿本にはあり。

一、紀州様御元服・御一字御頂戴并御官位、尾州様御一字頂戴・御官位被仰出候ニ付、御退出より御駕寄有之旨、御用部屋坊主衆申聞候趣御部屋番より申来、頭取方へ心得達ス

十月十四日

一、例刻御附人ニ而御登　城、御退出七ツ時前

十月十五日

一、五時之御附人ニ而御登　城、御退出八ツ時前

十月十六日

一、例刻御附人ニ而御登　城、御退出七時過

一、長野主膳江之返書、左之通

去五日・同八日両度之貴書拝見仕候、寒冷弥増ニ相成候処、先以御上益御機嫌能日々御登　城被為遊、御同意奉恐悦候、然ハ三浦七兵衛江御応接之次第委細承知御尤之御義、少しハ七兵衛も合点参り

候由、悪謀方勢ひ挫ケ候ニ付而ハ、御詮議も行届候様可相成御見込之由、何分狐疑強き御様子ニ而、御迷惑之段遠察仕候、併貴兄并左近殿之御丹精ニ而、追々能御模様ニ相成、難有奉存候事ニ御坐候

一、関白御辞退御差留之御書も六日御進達ニ相成、七日堂上方惣御参　内ニ相成、定而御復職之御沙汰とハ可相成候得共、正邪不分明ニ而ハ迚も御請ハ無之旨、兼而御伺ひ被成候間、三四度之間ニハ、追々正道ニ立帰可申、一度御復職ニ相成候上ハ、たとひ悪方ニ而其儘ニ可指置手段有之候とも、殿下之思召決而左様ニ無之、いつれニハ正道ニ相成候事ハ必定、不日ニ吉左右可申上与被仰下、扨々能御模様奉恐悦候、近衛殿・三条殿御改心と申計ニ而ハ、迚も関東之　思召
主上江御貫通之場ニハ至申間敷候得共、
准后様二日より御出勤ニ付、［段々御手段も被為在候間、いつれニも不日御十分之場ニ至り可申旨］追々能御模様御承知、殊之外御大慶被遊候、何分此上御丹精奉希候、右御報迄如此ニ御坐候、以上

十月十六日　宇津木六之丞

長野主膳様

猶以昼夜御差別なく御苦心中ニ候得共、聊御疲レ之気色もなく御精勤、為御国奉恭賀候、今暫之処別而大事之御場合ニ付、御厭御勤仕専要ニ奉存候、毎々御文中ニ芥川舟与申義御坐候、実名ハ何与申人ニ候哉、御序ニ為御聞被下度被仰下候（奉存候）、袖珍武鑑壱冊御廻し申候、御落手可被下候、水府御屋形御国ニ而も、此節至而静謐之趣ニ相聞へ、貴地悪謀方敗北ニ付、弱り候事与奉存候、両太夫同役江之御伝言相達候処、宜御礼御挨拶申上呉候様との事ニ御坐候、以上

＊［　］の部分、提出本では削除。提出稿本では墨塗りにより抹消。
＊本状は『井伊』十二—二四号では「公用方秘録」より引載。

別紙得御意候、

将軍　宣下もすらり与相済候ニ付、下総守様ニハ殊之外御満悦ニ而、全若州侯の御働迚、鬼之首取候様被　仰進候由、如何ニも恐悦至極之御事ハ申迄も無之候得共、是も悪謀方之計策ニ而、関東江御深切らしく被成、夫ニ而是迄之罪ヲ御逃れ被成候御手段ニ無之哉、自然右様之奸計ニ御はまり被成候而ハ、後患可恐事、兎ニ角正邪分明ニ相成不申而ハ御安心之場ニ至り不申、此意味毎々被　仰進候得共、若州侯ニハいつれニも此度之義済候得ハ宜との御見込、下総様ニも今度之御喜悦ニ而、大体ニ而為御済被成度御様子ニ相見へ、甚御心配被遊候事ニ御坐候、貴兄并左近殿ニハ　御上与御同様之御心得ニ而御働被為入候事ニ付、御如才ハ無之事ニ候得共、程よく下総様へ御申解、後之患残り不申　公武御安心之御場合ニ至り候様、殿下之御賢慮をも御伺御取計被成候様可申進旨、呉々被　仰付候、何分今少し之処、御ゆるめニ成候而ハ、後来可恐事ニ御坐候、先々追々能御模様ニ相成、勢ひ能御精勤被成候御義与奉存候、左近殿江御出逢之節、宜御伝へ奉頼候

一、松永半六・永坂為蔵帰府之義ニ付、中村勘次殿より返書到来、委細承知仕候、事済之事ニ付、別段再答不致旨御伝へ被下候様奉頼候

＊本状は原本あり（『井伊』十二—二五号）。

十月十七日

一、例刻御附人ニ而御登　城、御退出七時三歩前
一、御持帰り之御書付左之通
　　　大目付江
此度東叡山
温恭院様御霊屋御造立不被為在
常憲院様
有徳院様　　御霊屋
孝恭院様
御相殿被　仰出候ニ付、御順之義ハ、
温恭院様
孝恭院様与之御順ニ
御霊牌御安置可被遊旨被　仰出候間、此段寄々可被達候
　　　大目付江
御代替ニ付
天璋院様　本寿院様江向後端午・重陽・歳暮之御祝義被差上候
ニ不及候、其外是迄之通可被差上候
右之通、五万石以上之面々松平秀麿江可被相達候
　　申合之書付
御代替ニ付
天璋院様　本寿院様江端午・重陽・歳暮之御祝義ハ向後差上候
ニ不及候事
　　但、年頭者是迄之通差上候事
一、伊達伊予入道様ゟ御逢被成度旨申来、六之丞罷出、御用向被仰含候間、
罷帰り御直ニ申上ル
　　但、遠江守様并土州・肥前本末之事

十月十八日

一、例刻御附人ニ而御登　城
一、備後守様へ御内用ニ付、六之丞罷越、御逢有之
　　但、義言より之紙面持参、入　御覧、間部様へ被仰進方之義ニ付
而之事

十月十九日

一、例刻御登　城、御退出七ツ半時過
一、御用ニ付、六之丞太田様へ罷出ル、御逢有之
　　但、昨夜之一条ニ付

十月廿日

一、例刻御登　城、御退出七ツ半時一歩前

十月廿一日

一、五ツ打三寸廻り御附人ニ而御登　城、御退出九半時過

一、安藤対馬守様公用人山田左一郎御使者ニ付、今日彼方様御門前御通行之節、下坐呼上不仕、御取次内下坐不仕、甚御失礼ニ被思召、夫々御咎被仰付、御使者を以御断被仰上候段被申述、則申上御承知被為入御念候御義、早速御咎御免相成候様御相答申達ス、右御挨拶御使者、頭取武藤信左衛門へ申達ス

但、右者御用番方へ可相達処、晩景ニ及、指懸り候ニ付、本文之通取計、其旨広瀬美濃方へ申遣置

十月廿二日

一、長野主膳江之文通、左之通

去十二日付之御書付同十八日ニ着、拝見仕候、寒冷弥増ニ相成候処、御上益御機嫌能日々御登　城、恐悦至極御同意奉存候、然ハ、去八日二条殿九条殿へ御越、今度

主上御疑念被為晴、関白内覧共御辞退御指留被遊度　思召ニ候間、表向被仰出候ハヽ、御請被成候様との御事ニ候処、御病気ニ而御辞退被成候へハ、又々御越御諭し被成候処、何分御猶予御願被成候由、右者三条殿・正親町三条殿等近衛殿と御相談之一計略ニ而、御復職之上、条約一条御難題被　仰出、夫ヲ御取持被成候ハヽ、弥彦根与内通致し、関東之より賄路（略）ニ耽り、　関東之贔屓いたし候*1［ニ相違無之与御申立可被成恐敷謀計］ニ付、正邪分明ニ相成不申而ハ、飽迄御辞職与御決心之由、御所司ニハ、三条殿・近衛殿江手寄、兎ニ角御復職ニ成さへすれハ宜との御手段、夫ニ而ハ悪謀方奸計ニ落入候旨、段々御申立被成候へとも御用ひ無之、*2［結句貴兄・嶋田氏等邪魔ニ被成候付、妙満寺江右之次第御申立被成候所、是亦御所司代之方江御傾き被成候御様子、委細被仰下候御紙面入　御覧候処、此程妙満より御直書を以被仰越候次第、余程御所司之意ニ御随ひ被成候様子ニ相見へ、］左候而ハ、正道之不容易事ニ付、貴兄御手紙太田様へも御見せ、正邪分明之御取計ニ相成不申而ハ、御安心之場ニ至り不申、田安殿始御一同今日之御取扱振ニ而ハ、深く御配慮被成候間、善悪ニ随ひ、賞罰分明ニ御取計可被成、尤、右様相成候ハヽ、容易ニ御埒付ニハ相成間敷ニ付、御越年之御覚悟ニ而御取計被成候様ニ与厳敷被仰進候趣ニ御坐候、此手紙着いたし候ハヽ、貴地之御模様も変り候様可相成、御所司之御取扱何共合点不参次第、夫ニ付、十倍之御苦労奉察候、今度之一条一時之事ニハ無之、積年之隠謀与相聞へ候間、急ニハ解ケ兼候事ニ可有之、何分御気根よく御忠勤奉仰候

一、殿下并若御所様之御直書六通今便返上仕候、正ニ御落手可被下候当地相変候事無之、奸物共追々御吟味御坐候得共、慥成証拠物ハ未出不申、小林・金田等も今一際厳敷御糺し、証書ニ而も出候ハヽ、御埒方も早く付可申与奉存候事ニ御坐候、右御報迄如此

宇津木六之丞

十月廿二日

長野主膳様

尚々時下御厭乍憚専一ニ奉存候、両大夫同役ゟも此節之御勤方御察

申候旨宜御見廻申進候様との事ニ御坐候、以上
右者手廻しニ相認置候処、十五日付之貴書、同廿一日ニ着、十五日夜　宸翰之　勅書を以、是迄種々他之申口ニ御迷ひ之事委敷御書取ニ而、関白職、内覧共、是迄之通御勤被遊候様との　御書御頂戴被遊候由、十六日表向之　勅命難有御請可被遊与御決心ニ相成候由、左候へハ、条約を始　公武御合体万代不易之治道無疑、恐悦至極之旨被仰下、扨々難有仕合、早速御紙面奉入　御覧候処、誠ニ以御満悦、是与申も
殿下之御精忠、左近殿・岩崎殿・浅田殿等之御忠魂天ニ通し、万民之幸福不過之迚、御紙面繰返し　御覧被遊、殊之外之御喜悦中々難尽筆紙次第ニ御坐候、段々之御忠精ニより、今日之場ニ至り候事、御手柄とも何と申上候も無之、余り嬉敷、夢之様ニ被存候事ニ御坐候、此上ハ、如何ニ奸計ヲ廻し候共、もはや大丈夫とハ奉存候得共、如何ニも尖き奸党充満いたし居候事ニ付、聊無御油断御成功偏ニ奉祈候、
十五日付之御紙面十六日より跡ニ而着、もはや恐悦状拝見後之事ニ付、別段御請不申上、略義御免可被下候、以上
　十月廿二日　　宇津木六之丞
　長野主膳様　　御賄手代北村六右衛門へ渡
猶々、嶋田氏江も難有狩居候旨、宜御伝へ被下候様奉頼候、両大夫同役共ニも難有狩御同意恐悦之旨、宜申上呉候様との事ニ御坐候、以上

別紙得御意候、小林・金田関東江御呼寄、御吟味与相成不申而ハ、何分手ぬるき御吟味ニ而埒明不申旨、尤ニ御承知御談しニ相成候処、右様手ぬるき埒明不申而ハ、被召呼候事可然候へ共、関東ニ而御吟味ニ相成、京地江被仰遣候様ニ而ハ手跨きニ相成、御手後レニ相成候事ニ付、町御奉行ニ而行届不申事ニ候ハヽ、御所司代・下総守様ニも御透聞ニも被成、厳敷御吟味ニ相成候而可然旨御評決ニ相成、其旨被仰遣候ニ付、御行届ニ可相成与　思召候、右ニ而も不行届ニ候ハヽ、尚亦御申越被成候様ニ与被　仰出候、以上
　[名当月日前同断]*3

*1〜3［　］の部分、提出本では削除。*3の部分は、「十月廿日、宇津木六之丞　長野主膳様」に改める。見せ消し部分、墨線による。
*本状は『井伊』十二―三九号では「公用方秘録」より引載。

一、例刻御附人ニ而御登　城、御退出八ツ半時壱分過
一、酒井若狭守様ゟ御直書御到来、御同人衆三浦七兵衛ゟ六之丞江も手紙到来、京都御一条ニ付、入　御覧

十月廿三日

一、例刻御登　城、御退出八ツ半壱歩前

十月廿四日

一、例刻御附人ニ而御登　城、御退出七ツ時壱歩前

十月廿五日

一、例刻御登　城、御退出より御用番脇坂中務太輔様へ御宅寄合ニ御出被
遊、御帰館七半時過
　但、牧野備前守様御遺領被仰渡ニ付而也

十月廿六日

一、例刻御登　城、御退出七ツ半時過
　一、鳥籠御置物　　熨斗拾本一包
　　上様江御内献上　　青白水引
右御鍵番大塚錬三郎附添、　御城ニ而御用部屋坊主を以御部屋江指
上ル
　　進上
　　　鳥籠御置物
　　　　　井伊掃部頭
　右楷書ニ認、大奉書半切
一、間部下総守様より此上在京罷在候而ハ、如何様之難題出候茂難計、実
当時之御模様悪謀方多く、彼方ニ而種々探索いたし堂上銘々仇敵と相
成、只々関東ヲ困らせ候事而已心懸居、誠以人気不宜、此上御迷惑筋
出来候而ハ御不為之義、何卒以急便御用向有之、御使御用相済候ハヽ、
早々帰府仕候様被　仰出候様致度、大坂等之見分も延引、一刻も早く
帰府致度、何分宜奉頼候、
右者太田備後守様へ被遣候御紙面御下ケ[*1]「下書、内膳方へも相談致指
上候様被　仰付、左之通下案指上ル」
然ハ、当節貴地之御模様悪謀方多く、彼方ニ而種々探索いたし堂
上銘々仇敵与相成、只々関東ヲ困らせ候事而已心懸居、人気不宜、
此上御迷惑筋出来候而ハ御不為ニ付、以急便御用向有之、御使御
用相済候ハヽ、早々御帰府被成候様可取計旨、備後殿江被仰越承
知いたし候、右ハ条約一条之義御聞済之上之御義ニ候哉、先比備
後殿へ被仰越候ニハ、兵庫開港之夷人雑居之義ハ何分六ケ敷御様
子ニ付、右両条之処ハ、来春亜国江被遣候御使より如何様ニも懸
合、
叡慮之相立候様被成度由、御申越之趣ニ而ハ、中々御使御用向相
済候義とハ不被存、如何成思召ニ而右様被仰越候義哉、一切合点
不参、備後殿初御同列方ニも不審ニ被存候事ニ御坐候、抑此度之
御使ハ不容易御義、数百年来鎖国之御法も御変革不被成而ハ難相
成気運ニ至り候事情申上方、備中守不行届散々之次第ニ而、此度
之御使御人撰、
温恭院様ニも深御配慮之上、御眼鏡を以貴様江被　仰付候処、御
領掌被成候付　御安心被為遊、私ニも兼而之御覚悟と申、御上京
後之御文通ニも、此度之御用向不相済内ハ、十年が弐十年ニ而も
御在京被成候御決心与被仰越、頼母敷存居候処、誠ニ以案外之次
第、如何之思召ニ候哉、此儘ニ而御帰府被成候節ニハ、
温恭院様御霊前江何与被　仰上候哉、
上様江ハ如何御請被成候御義哉、何とも不審千万、尤、京地悪謀

方充満致居候義も、兼而之御覚悟、今更御驚可被成訳ニも無之、追々手先共御召捕ニ相成候事ニ付、右之者共厳敷御糺し、御使之御趣意相立不申而ハ［*2上之御為ハ不及申、（朱書）国家之御為○貴様之御身分ニも拘り］○実ニ御一大事之御義ニ付、兼而之御覚悟江御立戻り、所司代等手弱き事申立候共御泥ミなく、必死之御覚悟ニ而邪正分明ニ御糺し、　御所向御取締付、　公武御合体御安心之場ニ至り候様御忠勤奉仰候

*3［右朱引ハ、内膳殿御入被成候間、其儘　御手許へ指上ル］

*1［　］の部分、提出本では「右ニ付、間部様江被遣候御書面案、左之通り」と書き改められる。なお、提出稿本では、頭注に「右者太田以下、元本ニハ別行ニ認メ有之、矢張元本ニ準シタル方可然ナラン」と記す。＊2〜3は提出本・提出稿本ともに削除。見せ消し部分は、朱線で囲まれている。

十月廿七日

一、例刻御登　城、御退出暮六ツ時
一、伊達伊予入道様江御用ニ付、六之丞罷越ス
　但、土州・鍋島内匠頭殿等之事也

十月廿八日

一、例刻御登　城、御退出七時前
一、今日　御代替御誓詞被遊、御直御認、尤神文ハ天保度も代筆被　仰付候付、山本伝八郎江被仰付、左之通

用紙中奉書、牛王紙も同紙

　起請文前書

一、今度　御代替ニ付、弥重　公儀御為第一奉存、聊以　御後闇儀無之、及心候程御奉公可申上事
一、御為方別而大切ニ奉存、諸事　御用向之儀年寄共申合、念入相勤可申事
　附、以　御威光私之奢仕間敷事
一、御一門方始諸大名不依誰人、奉対　御為以悪心申合、一味仕間敷事
一、御用向相談之刻、親子兄弟知音之好身、又者雖為中悪敷輩少茂贔屓偏頗仕間敷候、年寄共列坐を不兼、無遠慮存寄之旨心底不残申談、多分ニ附可申事
　附、老中始其外対　御為不宜与存寄候義於有之者、再往申談、若承引無之上ハ、御取次之御側之者を以言　上可致事
一、御尋之儀、御一門方始諸大名諸傍輩無贔屓偏頗有躰ニ可申上候、少茂讒言申上間敷事
　附、壱人立被　仰聞候義并　御隠密之品者不及申、御前向之義堅沙汰仕間敷事
一、跡々より被　仰出候御法度之趣堅相守、自今已後被　仰出候御条目・壁書等、是又違背仕間敷事
右条々雖為一事於致違犯者
梵天帝釈四大天王、惣而
日本国中六十余州大小
神祇、殊伊豆箱根両所権現

三嶋大明神八幡大菩薩
神罰冥罰各《可》罷蒙者也、
仍起請如件
安政五戊午年十月廿八日　井伊掃部頭直弼判
上
（朱筆）「此上包紙者大奉書」

起請文

（朱筆）「右前書性（姓）名実名花押上文字并
包紙上書共御直筆、神文他筆
天保度之御例也」

＊本状は原本あり（『井伊』十二―四八号）。

一、安政五戊午年四月廿五日御誓紙詞

起請文前書

一、今度大老職被　仰付、難有仕合奉存候、弥重　公儀御為第一奉存、
聊以　御後闇儀無之、及心候程御奉公可申上事
附り、御威光を以私之奢仕間敷事
一、御一門方始諸大名不依誰人、奉対　御為以悪心申合、一味仕間敷事
一、御用向相談刻、親子兄弟知音之好身、又者雖為中悪敷輩少茂贔屓偏
頗仕間敷候、年寄共列坐を兼、無遠慮存寄之旨心底不残申談、多分
ニ附可申事
附り、老中始其外対　御為不宜与存寄候義於有之者、再応申談、
若承引無之上ハ、御取次之御側之者迄言　上可致事
一、万一御尋之義有之ハ、御一門方始諸大名諸傍輩無贔屓偏頗有体ニ可
申上候、少茂讒言申上間敷事
附り、壱人立被　仰聞候義并ニ御隠蜜（密）之品者不及申、御前向之義
堅沙汰仕間敷事
一、跡々より被　仰出候御法度之趣堅相守、自今已後被　仰出候御条
目・壁書等、是又違背仕間敷事
右条々雖為一事於致違犯者、
神文
安政五戊午年四月廿五日　井伊掃部頭
直弼判
上

誓詞

十月廿九日

一、例刻御登　城、御退出七ツ時

十一月朔日

一、長野主膳江之文通、左之通

十八日付之御紙面同廿四日ニ着、拝見仕候、寒冷弥増ニ相成候処、
先以
御上益御機嫌能日々御登　城被為遊御同意奉恐悦候、然ハ　殿下御
復職十七日ニ御参　内被遊候処、兵庫開港与夷人雑居之義ハ、飽迄
も御不承知ニ候間、其儀御心得被成候様被　仰出候よし、若州方ニ
而ハ此度も堀田同様之御扱ニ而ハ不治筈ニ候間、兵庫ハ是非御除無
之而ハ不相成、妙満寺も
温恭院様被　仰置候様被　仰立候而も、一旦諸司代御説得ニ伏し、
関東江御相談ニ被遣候、左候へハ、
御遺言も動出し候抔与申立られ候由、其余被仰下候次第、興之醒候
事共ニ御坐候、兵庫閉候事手安く出来候事ニ候得ハ、若州侯御再勤
ニも不及、為指御心配ニも及不申、此義ハ若州侯ニも疾より御承知
ニ而御上京之事、今更右様之事被仰候筈ニハ無之、たとへ被仰候迚、
妙満ニ而御踏答可被成之処、▨浮足ニ成、関東江妙満より御相談被
成候事ハ、兼而被為蒙　仰候御使之御主意相立不申、　御上ニも甚
御不満ニ御坐候、尤、此程も得御意候通、御老中様より厳敷被仰進
候御紙面、追々着いたし候ハヽ、貴地之様子も変し可申与奉存候、
今日之御場合ニ而ハ　殿下より強而被仰立候得ハ、敵之落し穴江入
候事ニ付、矢張悪謀方を責付、　主上御合点被為遊候様之御都合ニ
可相成ニ可相成哉与奉存候
一、廿二日出之貴書同廿八日ニ拝見仕候、若州侯妙満江御出、兵庫之義
ハ極而御承知無之間、此一条ハ御持帰り、関東ニ而今一応御相談之方
可然由被仰候処、妙満ニ而ハ、夫者下策也とのミ被仰候趣、扨十九日
ニ　殿下御参　内ニ相成候処、御疑念被為晴候与申も、皆々悪謀方
之拵事ニ而　殿下之御再出之事ハ、関東之御望ニ任セ被成候迄之趣
ニ而、右等御内間之事者惣而為御済、条約之事ハ、是非　主上之　思
召相立候様との事、左候而ハ、忽争端を開き可申、弥及合戦候ニハ、
国内之隠謀人苅尽し不申而ハ難及戦争との御答、御尤ニ奉存候、隠
謀方より　主上江十分ニ申上有之事ニ付、中々一時ニ御解ケ被遊候
訳ニも参ル間敷ニ付、妙満様ニも兼而之御覚悟之通、十年か二十年
ニ而も、御解ケ被遊候迄ハ御滞留との御覚悟ニ無之而ハ、御成就ニ相
成不申処、此程ハ大分隠謀方申立候事尤与御聞請与見へ、　御上ニ
も深く御案思、此程厳敷御手紙被進候、内藤豊州*1之御取計甚不宜趣
ニ付、是も御呼戻し、御召《追々》捕へ相成候者共も関東へ御呼下し、厳敷御
吟味之御都合ニ相成申候、右等之響ニ而、妙満ニも今一際御踏込、若
州も御改心、隠謀方弥手を引、
主上も実々御疑念被為晴候ハヽ、難有御義与奉存候、　新御所様之御
書拝見、未御幼年之処、能も御行届御忠孝之程乍《奉》恐感心候、
御上ニも行末頼母敷御方迚、御賞感ニ御坐候、右御書も御坐候通、
一日ハ悦、一日ハ憂との義、実ニ御名言与奉存候、貴地之相場ハ
日々狂ひ候ニ付、一入之御苦心奉遠察候、当方ニ而ハ、
御上ハ不及申、田安様初御閣老方ニも此上如何程面到《(倒)》ニ相成候共、
少しも御動揺被成候義ハ無之間、何分此上御丹精可被下、右之趣申
進候様被　仰付候間、御報*2［旁如此］

*1の部分上段に加筆「豊州御呼戻し之事ハ、未被仰越候得共、御呼戻しニ御内便御坐候由ニ候間左様御心得、決而御他言被下間敷候」

＊提出稿本は添削後のものを写すが、提出本では＊2の［　］の部分は、「旁如斯御座候、以上」と改め、＊1の上段加筆の部分は削除。
＊本状は『井伊』十二―五七号では「公用方秘録」より引載。

一、例刻五ツ時江御附人ニ而御登　城、御退出八ツ時過

十一月二日

一、例刻御附人ニて御登　城、御退出八半時

十一月三日

一、例刻御登　城、御退出六時三歩前

同　四日

一、例刻御登　城、御退出八半時
一、仙台馬　御覧ニ付、拝見被　仰付
＊1［一、間部様より之御紙面御下ケ下案取調指上候様被仰付、左之通認差上ル］

然ハ、去月廿七日付、備後殿初江之御紙面致披見候処、廿四日御参
内、御使之御主意程よく被仰上、七分ハ恐悦之旨、扨々御手柄弥
御十分ニ御行届との御吉左右も不遠承知可仕与楽罷在候、若州ニハ、
兎角深入仕過候得共、趣意強何分被成方無之、内藤豊後ハ▨多弁
ニ而、種々御差支之義も＊2［有之由、］両人とも御手助ケニ可
相成之処、却而御邪魔与成、余慶之御心配御察申候、右様之次第ニ
付、御胸中少しも御明し無之、所司代ニも不満之由、右等ゟ悪謀方
江御引込れ之様ニも相聞へ候事与被思召候付、私家来江御存念為御
聞被成候処、恐入候由、右之訳柄家来より未何とも不申越候得とも、
若州・豊後等前文之振合ニ而ハ、秘密之御計策御尤之御取計、右故
御参　内之節御都合も宜義与感伏仕候、吟味物之義も所司代出席所
ニハ無之、強く吟味を厭ひ候故、小笠原長門も困り入候由、此上御
逗留被成候而も、無詮而已ならす御不為ニ可相成、京地之悪徒ハ畢
竟水府ニかふれ候事ニ付、根元之水府御取締之上ニ無之而ハ、貴地
江御手入難成との義御尤ニ奉存候間、御使一条万端済ニハ早々御引
取可然与奉存候、併水府江別　勅被下候義ハ、　主上御国体之義深
く御配慮江付入候而之悪計与奉存候、譬真実
叡慮より出候事ニ而も、右様之別
勅出候様相成候而ハ　公儀之御威権ニ拘候義、　関東之御威権軽く
成候得ハ、
朝廷之御威光も薄く成候趣を以諫争可被致之処無其儀、剰卑賤之者
へ
勅諚相渡し、　忍而関東江持下り候等之義ハ実以前代未聞、　公武御
不和之基不容易次第ニ付、此大間違急度御糺し、御咎メ被　仰出候
義ハ追而之御取計ニ而宜候得共、恐入候与申処迄ニ至り、　主上ニ
も悪謀之次第成程与　御会得不被下置而ハ、向後之御取締付不申、
不安心千万ニ奉存候、呉々も御参　内御都合宜趣承り大慶至極、右
之御歓旁、尚存付之義得御意候、御賢考可被下候

＊1の［　］の部分、提出本では「一、間部様江之御返書御草稿、左之通」と書き改

められる。提出稿本では墨塗りにより抹消の上、朱紙により提出本のように改める。＊2の［　］の部分は、提出本では削除。提出稿本にはあり。
＊本状は原本あり（『井伊』十二―五九号）。

十一月五日

一、例刻御登　城、御退出八半時

十一月六日

一、例刻御登　城
一、御飛脚立ニ付、長野主膳江左之通及文通

去月廿五日付之御書付当月二日着、致拝見候、然ハ、下総守様去月廿四日御参　内被成、条約一条之義、兼而　殿下与密々御打合御坐候ニ付、至極御都合宜、七分ハ恐悦之旨被　仰下、扨々難有、御上ニも殊之外御悦ひ被遊候、全貴兄・嶋田氏之御忠魂天ニ通し候御義与奉存候、下総守様より御同列様方へも御同様被仰遣候由下、右之御模様ニ候得ハ、程なく十分ニ御行届之御吉左右可被仰越与奉待候事ニ御坐候、先日来下総守様ニも最初之御勢ひ与違　御使御用向相済候ハヽ、大体ニ而御引取被成度趣被　仰越候得とも、猶又下総守様御返事ニハ外付、御同列様ゟ厳敷被仰遣候処、若州・内藤豊州ニも御取扱振如何与御見込被成候付、御胸中少しも御明し不被成故、悪徒江御引込れ之様ニも聞へ候事哉与　被思召、此儘長々御逗留被成候而ハ、若州与御不和ニ相成、御為筋ニハ不相成ニ付、御使一条相済候ハヽ、御引取被成度、堂上之悪謀も水府ニかふれ候事ニ付、根元之水府御取締付候上ニ而、邪正御糺しニ相成可然旨被仰越候ニ付、
（朱書）「御初御一同御評義も御坐候処、此方思召とハ首尾能少々振レ候義ニ而
君上より被　仰進候ニハ、御使一条万端済候ハヽ、早々御引取可然、
＊1京都悪計方をも御糺明無之、只々改心之段〇」
併水府江別　勅被下候義ハ、主上御国体之義深く御配慮江付入候而之悪計与思召し、譬真実叡慮より出候事ニ而も、右様別　勅出候様相成候而ハ　公儀之御威権ニ拘り候義　関東之御威権軽く成候へハ　朝廷之御威光も薄く成候趣を以諫争可被致之処、無其義、剰卑賤之者江　勅諚相渡し、忍而関東江持下り候等之義ハ、実以前代未聞、　公武御不和之基不容易次第ニ付、此大間違ハ急度御糺し、御咎メ被仰出候義ハ追而之御取計ニ而可然候得共、恐入候与申所迄ニハ至り不申而ハ御取締付不申ニ付、前文之御主意被仰進候趣ニ御坐候

＊1の部分、上段朱書加筆は次のとおり。
「ニ而、そこ〳〵ニ而御引取ニ相成、御帰府之上水府初之御取締向御取計被成候思召ニ候哉、於京地右之始末ニ而ハ、甚御取計方御面到（倒）之義与被思召候、下総守様ニも実之処、若州・内豊等皆々頼ミニ不相成候事故、御心配者呉々も御察被遊候得共、初之勢ひ之様ニハ参り兼候所も有之、右之御僻論も出候間、此度之御返答振下総守様能々御会得被成候様被仰進方、御一同大ニ御心配被遊候事ニ候、詰ル処、御使御一条首尾能済候ハヽ、其上ハ御引取ニ相成候而も可然候へ共、彼水戸へ別　勅下り御一条於京都大間違ニ而、公儀御威権軽く成候得者、朝廷之御威光も薄く相成候道理、公武御不和之基、不容易件々者急度御糺しニ相成、実ニ恐入候而御咎之道も付候場ニ至り候迄者、下総守様京地ニ而御事

済、御帰府有之様無之而ハ不宜与、右之御主意被仰越候御様子ニ御坐候」
一、去月廿七日付之恐悦状、今朝*2□〔巳〕之刻ニ着、直様奉入　御覧候処、九分之吉兆被為聞召候事ニ付、御満悦ハ申迄も無之、　殿下之御義聞度毎ニ益御感心被為遊候迚、呉々御賞歎被遊候御義ニ御坐候、右之御様子ニ而、程なく万歳を唱候様可相成与奉存、誠ニ以恐悦至極難有仕合ニ奉存候、先達而ゟ之　御書類も取揃、近々一同ニ返上可仕候、今日御飛脚立ニ付、不取敢御報迄如此ニ御坐候、以上

十一月六日　　　　宇津木六之丞

長野主膳様

*本状は『井伊』十二―六六号では「公用方秘録」より引載。

*3［一、嶋田左近より長野主膳江手紙、左之通

十月廿四日　御使　御参　内　御返答、廿五日

将軍　宣下　陳議被行之、十月廿七日巳刻、関白殿御参　内、　議奏・伝奏参　内、非職非役之堂上壱人も参内無之、　主上小御所出御、　関白殿・議奏　伺公、今度従関東表亜夷一件御返答有之ニ付、存意　勅問有之、尤廿四日御使御退出之後、　主上ニハ　御返答之御事ニ付　御叡覧御熟考被為在候得共、是迄水老公者誠ニ天下壱人之武臣と被　聞召、朝廷第一之忠臣とのミ被為　思召詰候御事ニ付、

*5関白殿十九日御再出後、如何▨御粉砕被遊候共、善道ニ被為帰候御手段も不被為付候上、是迄阿諛佞姦之諸臣昼夜御座右ニ有之、悪奏既ニ勿体なき御事なから、悪魔ニ被御引込被為在、　殿下内覧御辞退迄ニ相成候事ハ、中々一朝一夕之事ニ而ハ無之、不容易義ニ有之、然ル処、御再出後ニ而も矢張太・左・右・前内・正三〇役方へも御内談被為在候御模様ニ而、則廿七日　殿下御出座両役列座、既ニ御趣意強き御事柄ニも可有御坐事ニ、兼而　殿下御推察被為在、被対　主上被　仰上候御口上者、亜夷一件ニ付、当春来段々御迷之御体相、甚以不奉得　叡慮、只今ニ押詰り有之候ニ、右様ニ御決断不被為在御事ハ、如何成御事ニ被為在候候（ママ）、今度ト申今度ハ御小刀細工ハ御止メ被遊、和戦両条之御決答被為在候様、如何様ニも　御叡決次第幾応ニも関東江懸合可申候間、御思召之通速ニ被　仰出候様仕度と押詰言上被為在候処、乍恐何歟御迷惑之御模様ニ而、左府公へも御相談被遊度御様子、左も無之而ハ、左府ゟ後手〳〵申も難計抔之御言葉之端被為見候ニ付、　殿下又候言上ニハ、乍恐御政事ニ付而一端諸列卿之異存御尋済之上ハ、再三再四迄御▨酙（斟）酌被遊候筋ニ而ハ決而有之間敷、何も〳〵　▨▨　思召通ニ被　仰出可然奉存候、尤、左府始非職非役之人々惣而御政事ニ携可申御例者一切無之筈ニ御坐候、実ニ至只今御迷被為有、其上左府・右府抔へ御酙（斟）酌被為在候御事こそ、実以不奉得　叡慮奉存候、尤、今度之一件、実ニ不容易義ニハ御座候得共、於関東も無拠次第不残打明テ奏　聞仕ル義ヲ、深く御疑惑被為在候御事ハ、甚以不御宜、一以虚忘ヲ言上可仕筈者無之事ニ可有御坐奉存候、尤、不容易企国家邪謀成就候而ハ、外夷之事ハ先つ暫跡廻しニ仕置、忽騒乱之世ニ相成候而ハ、被悩　天意候而已ニあらす、　玉座安寧之程ハ勿論、数年間　尊崇之

廉ニ触候旨逐一白地ニ言上候上ハ、乍恐篤与〳〵御熟考被為在、
御叡聞之上、和戦両条先ツ　御心之儘ニ被仰出候様仕度旨、再三再
五言上有之、
主上御命ニハ、殿下《然ハ》ニハ如何之見込ニ有之ト
勅問被為在候、依之殿下御答ニ、此義ハ春来尽心心底言上仕候事ニ
付、至只今候而ハ、別而奉言上異存更ニ不被為在候旨被　仰上、乍
去関東ニおゐても調印麁忽之件々逐一無包隠言上候上者、実ニ後来
之御所置こそ第一之事と奉存候、尤、違　勅与申次第も非無之候得
共、譬ハ物之善悪ニ不限、被　仰出候事ヲ戻り候節者、委(悉カ)皆違　勅
筋ニ相当り候得共、若万一不御宜次第被　仰出候事を御請申上候而
者、都而国家之御治りニも不相成のミならす、如何成弊を生し可申
も難計、猶又今度之墨夷一件只今之姿ニ而ハ　主上御好不被為在候
御事ニ付、如禽獣被　思召、諸臣一同奉畏候事ニ御坐候得共、たと
へハ　主上万々一亜夷ニも非常人才有之事を被　聞召、何品ニよら
す工を尽し有之事、　叡慮ニ奉叶候様之御事万々一有之候節者、　帝
都江可被召も難計、左様相成候共、表向ハ御委任之関東へ可被仰下
義有之候共、関東ニ於テ不奉畏候ハヽ、忽チ違　勅之唱難逃、去迚
も　帝命ニ随奉り候而ハ、国家之御為如何可有御坐ニ付《於》、関東表諸
大名衆議参考之上、不一致之上書差上候共、　勅命ニ戻り候而ハ、
何国迄も違
勅之唱へハ不可逃、左様有之、猶予仕旁延引相成候▨義於有之者、御
委任之有司被召、御詰問御坐候共、諸臣一同千辛万苦仕、弥諫奏数十
度ニ及候迚も　御聞届不被為在候節ハ、如何仕候ハヽ、第一違　勅之
唱へも無之、第二国家之御為ニ相成候哉、第三億兆京極之諸民治乱之
岐路を忘れ、御恩他浴し候半哉、実ニ非常之　御聖断不被為在候半而
ハ、呉々難叶奉存候ニ付、乍恐無包隠心底打明し、奉狂　玉顔候而も、
国家之御為者奏　聞仕候事ニ御坐候旨、言上被為在之
荒増此通言上被為在候内
主上ニハ、殆与乍恐　御赤顔被為在候との事
此言上之間、議奏・伝奏一言半句も出言無之事
暫有て、中山大納言殿・徳大寺大納言殿、殿下之御側へ御寄添ニ而、
殿下之御建論御尤千万、何分ニも乍恐　叡慮被為迷候御事ニ付、
殿下之如台慮此上厳敷和戦両条御聖断之上被　仰出ニ相成候而ハ、
関東之立ツ所有御坐間敷、左候而ハ、御一層可被悩　叡念　思召候
哉ニ奉伺候間、何卒関東へ厳敷事ハ不被　仰出候様仕度奉存候、実
ニ〳〵先刻ゟ御諫　奏之事件、私共ニハ心魂ニ銘し難有事ニ御座候
得共、当春来之事ニ付而者、種々下説　御聞ニ相成、余り雑話過候
処ゟ其弊も可有御坐哉も難計間、何卒関東へハ御和らかニ被仰出、
片時も早く　公武御合体被為在度、偏ニ奉願トのミ両卿より殿下へ
*6 言上有之、依之殿下言下ニ御即答ハ、両卿之心配一段神妙尤之至ニ
候へ共、惣而当春以来諸堂上之挙動甚以不得其意、都而口上と心底
ト相違之事而已ヲ書認メ、或ハ殿下へ言上ト太閤江言上とハ、事実
雲泥之相違ニ相成候事多端、加之内々党を結ひ、夜々会合密話等有
之、惣而隠謀ニ似たる振廻、　朝廷御大切之余りとハ乍申、所作と
言語と相違のミ被申出候事不審千万、此上口ト心ト相違之事のミ奏
聞有之候而ハ、都而　朝廷之御為而已ならす、其人々之為方ニも不

*7可宜狩候間、口ト心ト相違無之、真実真の赤心ヲ割テ言上奏　聞有之候様致度ものニ候与被　仰入候事ニ御坐候由、夫より叡心余程御柔らかに御成被為在候御事ニ而、既従午刻比夜戌刻前迄於　主上御前御政談被為在、殿下被仰上候ニハ、先々能々　御賢慮被為在候様仕度との御事ニ而御和談相済、戌二刻御退、戌半刻還　御之事、

右十月廿七日　宮中　御前話之大略、たとへ親子兄弟たり共、相洩し候事者不相成　宮中之御秘事、不可洩之極秘　主上　殿下議伝之外壱人も不相知事ニ有之候間、前文之御次第者　其御主君様・太田様之外御咄しハ御無用、尤、此書付御覧之義ハ　其御主君様御限ニ可被成下候、御覧済御返却可被下候、尤　宮中之秘語ハ不申上事御法則之御事ニ御坐候得共、実々天下之御安危ニ可胸中事ニ付、聊為奉安　玉意ニ筆記差上可申事ニ御坐候、尤、如前文廿七日ニハ、余程御合点参り候様ニ有之候得共、中々油断難相成、また〳〵御安心ト申場ニハ決而〳〵難至候得共、廿七日ニ者翌朝御辞職被為在候共苦狩間敷との御決心ニて、如斯　御一世御一代之御事ニ被為有候条、呉々　其御主君公へ言上可被成下候、猶追々可申上候事

十月廿八日　　龍章謹書

長　義言君」*4

*5～7の部分、上段加筆は次のとおり。

*5「付札

既廿四日ニも御返答振ニ依而ハ、即刻御再答勅答可被為在御模様、玉机之上ニハ九通御認物被為在候趣、猶又廿七日も何か六七通御机上ニ有之候得共、何も御出し無之、先々今日九分半之御首尾歟共奉存候得共、中々油断ハならぬ御事之由」

*6「此両卿是迄ト相違真実如此心底なれハ、誠ニ改心ニ候得共合点不参、誠ニ油断不相成との御沙汰ニ御坐候事」

*7「今日之言上御取用無之節ハ、直様御辞職被為在候と被思召候事」

*3～4「　」の部分、提出本では全て削除。

*本状は原本あり（『井伊』十二―四六号）。

一、伊達伊予入道様江六之丞御使者相勤

但、土州隠居一条之事

*8一、左之書付拝見被　仰付、

十一月朔日午之刻到来

折表

備後守様　　下総守

和泉守様

紀伊守様

中務大輔様

一翰致啓上候、愈御安静御勤被成、珍重奉賀候、然ハ、私義廿四日初参　内いたし、

主上御風気ニ而無御拠出　御無之、

天盃頂戴之後、於小御所御下段、九条関白殿并広橋大納言・万里小路大納言江

温恭院様被　仰含候夷人御所置并再度之　勅諚御受、且諸藩建白
仮条約、其上無御拠御事情等別紙之通申述、　御使相勤申候、尚
此上　勅答之趣ハ、被　仰出次第可申上候、以上
十月廿五日
尚以時候折角御厭被成候様存候、将別紙之趣ハ、先為御安心被
仰上、田安殿・掃部殿を初御一同ニも御一覧可被下候、御模様
柄先七分通ハ宜も可有之哉、御返答次第ニ者御坐候得とも、御
使丈ハ相勤候間、此段申上置候、委細ハ帰府之上、尚又可申上
候、不備
下総守
折表
備後守様
和泉守様
紀伊守様
中務大輔様

以翰墨申上候、然ハ、今日参　内之節
出　御無之候義、此間中より少々御風気被成
御坐候得共、御日合無之ニ付、御様子次第
出御も可被遊哉之所、今日も右之通難被遊ニ付、無御拠　天盃
頂戴計ニ相成候事ニ御坐候、乍然全御当分之義ニ付、御機嫌伺等
ハ無之相済候、此段御安心一寸申上置候、委細ハ明日之宿次ニ可
申上候、以上
十月廿四日

御使相勤次第
一、小御所御下段九条関白殿着坐、広橋・万里小路両伝　奏案内、諸
家申上候書付、夷人条約書付二箱并今般　御使ニ付書取、非蔵人
持参、小御所入口ニ而受取、持参持出
一、関白殿御挨拶有之、御下段江入、関東御機嫌御伺　御返答申上、
御挨拶有之、品々持出し、今般御使被　仰付候義申上候旨申述、
諸家建白并仮条約右ニ付書付、且添書共、伝　奏衆へ差出

口上
一、先達而夷人渡来より於関東種々御心配有之候得共、時世貿易流行
ニ付、墨利加ゟ相願候趣ニ付、諸家江も御沙汰有之、各建白申上
候後、御聞届無之候ハヽ、忽可及争戦趣ニ而、三百年ニ近キ泰平、
一時ニ混乱と相成候而者、被対
禁帝恐入被　思召、且御軍備も弓箭・鎗・釼・長刀等之品者、重
来之御武備ニ候得共、炮術ハ西洋方ニ不及、殊ニ人命ニも相懸り
不容易事ニ付、御事柄御静謐之方ニ相成、当春堀田備中守上京之
上、其段申上、条約も取結候段ハ、先達而御承知被為
在候通之義ニ而、其後備中守帰府之処、京地ニおゐて之取計振一
向ニ不相分、
温恭院様ニも甚以御分解難被成御坐候事、　其内英吉利・仏蘭茂
押寄セ候趣、墨利加官吏申出、諸藩建*議者有之候得共、別段之良
策も無之、無拠調印ニ相成候事、［其節掃部頭ニ者甚以不承知ニ

而、御聞済無之争戦ニ及ひ候共、被対
京都御義理合も不相立、殊ニ官武御和合ニ不相成候而者不相済義
ニ付、調印御差延しニ而、京都江被　仰進候方与申切候得共、備
中守・伊賀守、右掃部頭病気引中取計相済候事、」実以恐入被
思召候得共、今更致方無之、是等之義御和非申上候、附而者度々
勅諚被　仰出、私義　御使被　仰付、早々上京可仕心得ニ御坐候
得とも、私儀ハ久々退役ニ而、御事柄等一向存不申候間、追々取
調居、殊ニ御暇迄被　仰出候事故不取合、　上京可仕心得ニ御坐
候処、三家大老之中上京、
勅諚被　仰出、其節三家大老上京難仕訳ハ申進候通之訳柄ニ有之
候処、又候
勅諚ニ而諸藩建白被　仰出候得共、此義ニ付而者差支之筋有之、
右差支与申義者内々密謀之者有之候間、諸藩建白再難被　仰出筋
ニ御坐候、右等訳合も御坐候処、先
上様御不快無間も御大病、引続
薨御ニ相成、御中陰中上京も如何と其節御打合申上候通りニ而候
得共、何分重き御事柄ニ付、今般私押而上京仕候旨申述之
＊「」の部分、提出本では削除。提出稿本では墨塗りにより抹消。
一、九条殿江右申上候同様之姿之書面ニ者候得共、先御覧可被下与別
紙書付差出、其後只今之姿ニ而者外ニ良策も無之、兵庫御警衛筋、
是等之御振合ニ相成候ハヽ、如何可有之哉与書取指出、右一覧後、
九条殿被申候者《ニ》、何卒兵庫并雑居之義ハ無之様いたし度旨被申、
此儀誠以御尤千万ニ御坐候得共、何分兵庫之義者京都・大坂両所
之替りニ御坐候間、只今断候ハヽ、忽争戦ニ可相成、只々御警衛御
手厚被成、今暫御見合之内、貿易筋利順（ママ）無之様いたし、彼方より
不参様致し候外無之、雑居之儀者、譬ハ一ト屋敷之内へ夷人共入
置、用向有之候節計、一里又ハ二里と申迄ハ罷出候事、日本人と
雑居ニ者不相成候
一、左候ハヽ、其屋敷内江日本人入可申哉
右者貿易筋ニ付、日本人取引之節、日本役人と夷人之役人与立合
之上、町人共売買貿易為仕候儀ニ付、雑居御心配ハ更ニ無之候
一、万里小路申候ニ者、左様相成候而も、＊「追々手広く夷人いたしハ
不申哉」
其儀者条約并添書等御覧被成候ハヽ、大凡御分りニ可相成、堅約
条取極置候事故、議定外之義いたし候ハヽ、忽此方江参り候義及
断候事ニ御坐候
＊「」の部分、提出本では削除。提出稿本にはあり。
一、九条殿被申、邪宗門蹟絵等之儀者如何ニ候哉
昔、切支丹パテレンハ邪法ニ御坐候得共、当時西洋ニおゐて邪宗
門仕候者無之由、仏法一通り同様之趣ニ者候得共、元々夷人之事
故、立方ハ違居候、其訳ハ天主と申者を立候事、切支丹と＊「同様
ニ者候得共、名前も切支丹と」不唱、只々仏法の梵天ニ御坐候、
其梵天の下知を受、人間を相守と申事ニて梵天王と同様之義取方、
乍然私も西洋ハいやニ御坐候、条約ニも彼宗門広めハ不致、彼方
計之所置と相成居候間、此義ハ更ニ疑念無之候、
蹟絵之儀ハ、嶋原ニ而二三百間百姓蹟絵ニ而、我信する本尊を知

り、蹟を難有存候より追々増長致し候間、蹟絵禁制ニ相成、平穏之御取計と相成、昔とハ表裏之訳ニ有之候

＊［　］の部分、提出本では削除。提出稿本にはあり。

一、此時、両伝も相決り候旨申聞候

一、九条殿被申候ニ者、何卒夷人の不参様之謀策有之度与之義、御尤千万、其義者

温恭院様深御心配被為　遊候御事、当時田安殿并掃部頭・備後守を初私共ニ至ル迄右様仕度昼夜心配仕候義ハ御同様之事ニ而御坐候、乍去開港を断候得者、戦争ハ道具不備、依之貿易差許候ハ、、彼方立腹不致、其内道具相備り、此道具ハ銃と軍艦ニ御坐候、全備之上、熟練いたし、其節

主上之思召通

上様之思召并御所堂上方御存寄、関東ニおゐて私共迄御同様之存念通、軍ニ而も豪勢とも強盛とも可仕候、左候ハ、、彼方も恐ろ敷存参り不申、只々日本人之強豪英傑ハ備り候得共、銕炮之術をかき候間、彼方ニ不及候義ニ御坐候、右道具全備之場迄、今少し御艱忍可被下、当時

主上之思召も不立と申処、甚以恐入候得共、

思召通ニ致し候得者、争戦与相成、内乱を生、

皇居も危く恐入、其儀ニ付而　関東ニ而者心配ハセつなく御坐候

一、広橋申、御談論御尤ニ存候

一、万里小路、夷人を不寄様之計策ハ実ニ無之物ニ候哉、

左様ニ御坐候、夷人を不寄と申儀ハ、譬ハ此日本地ニ而も町人共堂上・武家等江出入候儀ハ、元ニわれ〳〵の利を見込候儀ニ而御坐候、其利順差支候与招候而も、出入者断ニ相成候、此道理ニ而彼方損失多く相成候与参り不申候、既ニ

東照宮御代諸蛮御許ニ相成候処、日本地ニ而者利順無之訳を以、第一英吉利御断申上候、其後切支丹御制禁ニ付諸蛮共御断ニ相成候、当時各国貿易流行ニ付、日本も同様与存参り候間、従是損失有之候ハ、、参り申間敷、夫等之内武備厳重ニ相成候ハ、、弥以恐れ可申与存候、堂上方も味方、関東方も味方、差別無之、御為ニさへ相成候ハ、、宜与存候、右之外仕方無之、全私共の智恵無之事ニ而恐入候

一、九条殿被申、段々被申聞候趣致承知候、何れニ言上可致候、奉畏候、当

上様ハ殊之外御勢宜御坐候間、只今之御姿ニ而今少御成人被成候ハ、、思召通蛮夷之者も恐れ可申与奉存候、九条殿・両伝　奏も

上様之御容子相伺、感心之様子ニ御坐候

一、如斯御心配之儀を御年若之

上様江色々申上、万一御病身ニ而も可相成哉与深恐入心配いたし候、

主上ニおいて天下　御一人の御事御心配之所実以恐入候与、私暫時無言流涙仕候、

両伝も甚以感歎ニ被存候様子ニ而御坐候

九条殿江差出候書付

外国御取扱方之儀ニ付、当春　御使被差登候節、　勅答之趣も有
之候ニ付、再応御三家以下諸大名江赤心御尋有之、追々御答書差
出、今少しニ而揃候間、入　叡覧候上御所置可有之思召之処、先
般不取敢被　仰進候通、亜墨利加・魯西亜之軍艦渡来、英吉利・
仏蘭西之軍艦近日渡来可致旨申立、渡来候者、十分之条約御取結
之儀可申出趣ニ相聞、其以前亜墨利加仮条約調印不相済候而者、
応接方甚六ケ敷、御許容無之節者忽戦争与可相成、併被　仰上無
之候而者御取計難被遊儀故、深く御斟酌思召候得共、諸大名御答
書之趣も、多分者平穏之御所置相成候様ニ与申立候儀ニ而、其中
聊存寄申立候向も有之候得とも、是与申方略も無之、万一無謀之
戦争を引起、難取返国家之御大事ニ及ひ候節者、御累代御委任之
詮も無之、其上国家之為を被　思召、被為悩
宸襟候御趣意にも却而相振れ候儀ニ付、何共御斟酌ニ者被　思召
候得とも、無拠場合不被為得止事、仮条約為御取替相成、其後渡
来之国々江も同様仮条約為御取替相成候、右者全く戦争を御厭ひ
被遊候儀而已ニ而者無之、国家之安危、合戦勝敗之上ニ無之候而
者難計儀ニ付、彼之情態をも探り、追々
公武御合躰ニ而　皇国之神威を海外ニ輝し、万代安寧之御計策被
為在度御趣意を以、前件之次第ニ御所置有之、奉安
宸襟候様被遊度　思召ニ御坐候、右之次第
温恭院様ニ者不一形御心痛被遊、委細之事情具ニ可申上旨被　仰
付置、尚
上様よりも被　仰付候事

折表

　内密被　仰含候旨申述、九条殿迄指出候書付

外夷一条ニ付而者、親藩之内従来之宿論も有之、追々同意之向も
出来、不容易隠謀有之哉ニ而、堂上方其外江種々之儀ニ申込、兎
角関東之御所置御不都合相成候様ニ与追々手段を巡らし、外夷一
条及混乱候ハヽ、其機ニ乗し可被遂隠謀内存ニも相聞、其余にも
外禍に乗し内乱を引起し、非望を希候隠謀之向有之哉之由ニも相
聞、実ニ外夷御取扱振ニ寄候而者、内外之大患を一時ニ可引起、
万一争端を開候ハヽ、三百年ニ近き太平も忽紊乱之世与相成、左
候時者、如何様被　思召候而も、可被奉安
宸襟期も有御坐間敷、自然関東之御力に不及、譬大藩之向御守護
申上候共、戦争之世与罷成候而者、乍恐　皇居御安穏可被為在様
無之、加之外夷渡来、其虚ニ乗し、自由自在之所業ニ及ひ候者、
実ニ不一ト形御事、仮令右様之儀ニ不至候共、戦争之後、条約取
結候ハヽ、当時清国同様之姿ニ相成、彼方十分ニ条約可取結、右
様内密之次第も有之候故、
温恭院様別而深く御心配被遊、仮条約御取結有之、先ツ内外共穏
ニ相済、此上者外患を精々御所置有之候ハヽ、追々被遠候様之御
取計も相成可申、右被遠候ト申儀者、差当其場ニ不至候共、元来
西洋人渡来候ハヽ、売買利潤之為に御坐候間、損益之場合を以遠
さかり候義ニ御坐候、昔
東照宮御代諸蛮より貿易相願、御聞済ニ相成候節、英吉利者利潤

無之故を以御断申上候由、当時各国貿易盛ニ被行候間、日本ニおゐても貿易被行候ハヽ、利潤可相成与見込、相求候義ニ可有之候得共、日本之町人共儀者如何様正路ニ仕候而も万国ニ勝れ売買筋巧者ニ付、日本ニおゐて損失無之様取計候儀者眼前之事ニ御坐候間、諸蛮貿易追々損失ニ及ひ、彼方より遠さかり可申、左候ハヽ、御懸念も無御坐候様ニ可相成候節、是より及断候ハヽ、其訳合ニ者不相成、却而立腹いたし争論を引出し、其後者戦争に及ひ可申ハ必然之儀、右戦争とを相成候ハヽ、兼々悪謀方其虚ニ附入、日本国内之反逆指起り、関東より厚

禁中を御尊敬被為在、御警衛向等御坐候とも、自然御行届成兼候処より

宸襟も被悩候御場合ニ至候共、其節之御所置被成方無之、右様之御次第ニ及ひ候而者深恐入被　思召候御趣意も有之、只々

叡慮安からん事を

温恭院様深御心配被　思召候、就而者、昔代之合戦者弓矢刀鎗長刀之上ニ而之合戦ニ御坐候得とも、当時者銃芸之工を尽し候儀、日本国内ニおゐて大小銃追々製造仕候得共、当時全備之場ニも至不申、今少々年数を重ね候ハヽ、是等之戦器も全備ニ至、調練進退、軍艦之掛引等ニ至迄熟達仕候、其節者蛮夷之者共幾千万にても、日本之強豪を以打払候ハヽ、必勝無疑与奉存候、未備之具を以満備之夷人を相手ニ仕候儀者、彼を不知、我を不訳之儀ニ而、必敗之至極与奉存候、指当時条約談判差縺候ハヽ、忽争端を開き、隠謀ニ陥り候而已ならす、果者大乱とも可相成哉与御心痛被遊候儀ニ御坐候、併是等之趣(朱書)「言」言上無之内者、左計り内外之大患を抱有之候事とハ

御叡知被為在間敷候得者、唯軽卒之計ひと而已被　思召候も難計、其段者深く御斟酌思召候得とも、右之通内外之大患を醸し居候儀不容易次第ニハ候得とも、追而者御引戻し之期も可有御坐候間、今暫く之処、偏ニ国家之御為、生民御救ひと被

思召、幾重ニも　御勘考被為在度、尤、御警衛向者勿論、御平常之儀も如何様ニも被成進、何卒被奉安

宸襟候様被遊度　思召候、此段内密殿下迄可申上旨、

温恭院様取分厚く被　仰含候御儀ニ御坐候事

諸家建議書并条約書江添、

伝　奏衆江差出候書付

当春為御使堀田備中守被差登、亜墨利加条約一条委細及言上候処、神州之大患国家之安危ニ係り、誠ニ不容易奉始　神宮　御代々江被為対、恐多被　思召、

東照宮以来之良法を変革之儀者、闔国人心之帰向ニも相拘、永世安全難量、深被悩

叡慮候、尤、往年下田開港之条約不容易之上、今度仮条約之趣ニ而者

御国威難立被　思食候、且諸卿群議にも、今度之条々殊ニ　御国躰ニ拘り後患難測之由言上候ニ付、猶御三家以下諸大名江被　仰

出、再応衆議之上可有言上旨
叡慮之趣御尤之次第ニ　思召候、依之
勅諚之通御三家以下諸大名江被　仰出候処、各存意別冊之通申上、右之内聊存寄申立候向も有之候得共、是与申方略も無之、抑外洋各国之形勢変革ニ随ひ、蒸気船等致発明、航海之術益相開、天涯も比隣与相成、加之軍制兵器等実戦ニ相試、往古とハ強弱勢を異にし、夷人者禽獣同様ニ唱来候得共、今ニ至候而者、各国往々非常之人材も出来、全く強大国与相成、世界中割拠之勢を振ひ候折柄、是より容易ニ兵端を開候而者、勝算有之間敷との論も当然之理ニ有之、併無饜之夷情を附候而者後患難測、此上神祇（祇）冥睠、其恐不少候ニ付、段々衆議相建候得共、何分彼か懇願種々有之、精々談判之上取縮、漸く今日迄之御所置ニ相成候義、譬へ旧染之弊有之候とも、一時ニ改復致し、只今無謀之争端を開候而者、一旦戦ニ者勝利を得候とも、忽洋外之各国仇讐之思をなし、若　皇国四面之海岸を襲来、通船運漕を妨、竟ニ者御国力疲弊之時を窺ひ、諸蛮之軍艦一時ニ指向候ハヽ、如何成大事ニ及ひ可申も難計候間、仮条約案文之趣御差許相成、先神奈川・長崎・箱館・新瀉（潟）等ニ而交易御差許有之、得失利害御試之上、無別条候ハヽ、五六年之後兵庫も御開相成候共、其間ニ者京師を始諸国海岸之御警衛も相整可申、尤、外国ニより使者差越候ハヽ、墨夷之例ニ倣ひ、江戸表江被召寄、西洋各国之風俗情態其様子をも篤与御糺可有之、其内時宜ニ寄、和戦之二道、何れとも御心ニ可被任哉ニ候得とも、只今之処ニ而者、穏当之御沙汰ニ無之候而者難相成次第、衆評之趣言上之ため、御使可被差登御用意候処、亜墨利加・魯西亜之軍艦神奈川江渡来、亜国之使者ハルリスよりハ書翰差出、今度英吉利・仏蘭西之軍艦清国之戦ニ打勝、其勢ニ乗し、近々弥御国江渡来致し強訴之企有之由及注進候、尤、昨年以来相願候仮条約案文之趣御差許有之、調印相済候ハヽ、何程之軍艦渡来候とも御心配無之様取扱可致之由申立候ニ付、諸役人中評議ニも、仮令忽及戦争候共被為遂　奏聞候上ニ無之候而者調印不相成者勿論之事ニ候得共、併彼是手間取候内、英仏等之軍艦渡来、自然混雑いたし、無拠兵端を開き、万一清国之覆轍を践候様之義有之候而者、憂患今日ニ十倍致し、汚辱を後代ニ伝へ候共相雪候術無之、実以不容易義ニ候処、非を見て進むも道にあらす、不得止事場合ニ付、応接掛井上信濃守・岩瀬肥後守調印致し候義御差許相成候、然処、先般
勅諚之趣も有之、仮令一時之御計策ニ候共、不被為遂　奏聞候而、右様御取計有之候義者、　叡慮之程も如何可有之与恐入思召候得共、諸大名之建議ニも只今争端を開候而者不容易御一大事之由、尤、一両人者別段之存意も申立候得共、今日之形勢御採用難相成次第者前文之通ニ候得者、只紙上之当理而已ニ有之、実ニ無御拠次第、宜被達
叡聞候事

折表
伝　奏衆江差出候書付別紙

亜墨利加仮条約調印相渡候旨言上之義ニ付、御三家并大老之内

早々上京候様被遊度旨被　仰進、御領掌被遊候処、其砌被　仰進候通、御三家并井伊掃部頭とも上京難被　仰付訳柄ニ而、御猶予之義被　仰進候義ニ御坐候、其後尚又　勅諚之趣も御坐候ニ付、旁差急私被差登、委細之訳柄申上候様ニ与被　仰付候事

折表
備後守様　　下総守
和泉守様

京都町奉行小笠原長門守申聞候ニ者、同役岡部土佐守儀、兼々於江戸承込候ニ者、同人義、
御所方ニ而関東御為ニも不相成哉之趣風聞有之候処、今般上京之上、万事御用向取扱いたし候処、更右等之所置者無之、性来正直之者ニ而、別ニ才気と申義も無之候計、得実一辺之者ニ有之、邪曲ケ間敷存念ハ全無之候、殊ニ当御役、最早九ケ年も精勤いたし候事故、今般日光御附弟ニ付　満宮御下向御附添被　仰付、江戸江罷出候ハヽ、何与歟御賞之筋相願度内存之趣申聞候間、御自分様方江宜可申進旨及答置候、右土佐守義ニ付而者、毎々申上置候通、外ニ故障之筋者無之候得とも、全前書之通差働無之、町奉行懸り吟味物等も自身取扱候義者難出来、自然与力共へ任セ候様ニ相成、御威光も薄、京地御取締方江も相響候儀迄ニ而、至極宜義与者難申候得共、是迄御使番より直京都町奉行ニ相成候者之義、公辺吟味筋之義者実以不案内より之義ニも候間、今般帰府之上、当人相応之御役替被　仰付、跡役之者ハ、吟味物等差心得候方被　仰付候様御取計之程相願候、右等之趣、長門守ひたすら内願申聞候、猶ほ至極尤之義与存候間、御程能御執計可被下候、以上

十月廿五日＊9

＊137頁下段＊8～＊9の書付等は原本あり（『井伊』十二―四〇号）。

十一月七日

一、例刻御附人ニ而御登　城、吹上於御庭犬追物
上覧ニ付御拝見、御庭も御拝見被遊、御帰館七半時四半過

十一月八日

一、今暁寅上刻　御男子様御出生ニ付、左之御届書并御手紙、御月番和泉守様江幹之進持参、着用服紗上下
但、表御玄関江罷出、公用人面会申込上参上へ被通御使者相勤、御内玄関より引取

御届書、左之通

拙者妾腹今暁寅上刻出産、男子致出生候、依之産穢左之通
産穢　十一月八日ゟ
　　　同　十四日迄
右之通御坐候、此段御届申達候、以上
十一月八日　　御名

御用番和泉守様江之御手紙、左之通

以手紙致啓上候、拙者妾腹今暁寅上刻男子致出生候、依之産穢別紙以書付御届申達候、此段為可得御意如此御坐候、以上

十一月八日　　　　御名

松平和泉守様

猶以産穢ニ付、御三家　御城付其外江も見廻等断之義被仰達可
被下候、以上

右之外御老中様方江者、「依之来ル十四日迄産穢御坐候、此段」云々、
若年寄江者令啓達候、為可申入

一、九半時前御血忌　御免ニ付、御城より申来候写

桧御奉書折表ニ

〆井伊掃部頭殿　　乗全

うらニ　　松平和泉守

其方血忌被遊御免候間、只今
可有登
城候、恐々謹言

十一月八日　　乗全御判

御自分血忌之処、此節御用多ニ付、今日御免被遊候間、只今御登
城可被成候、尤御礼之義ハ御退出より御勤候様ニ与存候、此段
以別紙申進候、以上

十一月八日　　松平和泉守

御名様

右檜御奉書者慥ニ御落手之旨、御使へ相達し、御請者御用番方取扱
ニ而認させ被相渡候ニ付、入　御覧、御取次頭取御使者ニ而和泉守
様へ被指出、御添手紙御返事ハ奥御右筆ニ而認、御覧済、御使へ御
取次を以相渡候事

一、御血忌　御免ニ付、即刻御供揃ニ而御登　城、御退出ゟ為御歓御用番
和泉守様へ御越可被遊処、時刻移り御断ニ付、御直勤代御使者被仰付、
権兵衛相勤申候、尤、着用麻上下、御退出七半時過

一、前件御登　城ニ付、今朝御案内被遣候御老若方へ御手紙被遣之候、尤、
御登　城中ニ付、御鍵番ニ為持　御城江差出し、尤、間部様江者御手
紙無之、御自用方より文通ニ而相済

十一月九日

一、例刻御登　城、御退出

十一月十日

一（ママ）
*1［一、宿継御飛脚立ニ付、長野主膳江之返書、左之通

去二日付之御書付拝見仕候、寒気強相成候処、先以
御上益御機嫌能被為遊御座、就中八日ニ
御男子様御誕生、益御繁栄恐悦至極奉存候、御用多ニ付、即日御血
忌御免、直様御登　城御精勤被下置難有奉存候、然ハ、廿四日間部
侯御参　内後も色々入組候事共出来候処、廿七日　殿下御参　内御

諌争ニ付、御解被遊候得共、兵庫一条ハ何分御六ヶ敷、殿下より御内々五ヶ年計交易試候而、其内ニハ彼レニ利益無之様ニ仕懸、自然与彼より遠さかり候様可被成、必御心配無御座候様上様之　御直判ニ而出来候ハヽ、御取治メ方可有之との思召ニ候得共、品々御指支も被為在候間、他之御考妙満より御願被成候由、　殿下之思召ニハ五七ヶ年と御談合も有之候而も、右年限中ニ未見留付不申時ハ、　公武御合体之場ニさへ至候ハヽ、又々御相談之被成方ハ急度有之候との御見居ニ候へハ、何と歟此程ニ而治り候様ニ被成置銘々之処ハ如何様共可相成との事ニ付、御後見之御一判歟、御大老・閣老方之御判ニ而相済候様被成度との　思召之由、右等ニ而相済候へハ重畳之御義、何分悪謀方十分ニ讒訴いたし候事ニ付、　殿下ニも御困り被遊候御義与奉存候、若刕侯も　殿下御逢御止メ与被　仰出候ニハ御驚、七兵衛を以御詫入、左近殿より七兵衛江段々説得ニ而、若刕侯ニも御心付御改心之御様子、能御都合ニ相成申候、とふ歟妙満等御一致之御取計奉祈候事ニ御坐候、御請合御判之義申上候所、是ハ(朱書)「御一己之御見込ニ而ハ」随分可整との御沙汰ニ御坐候、小林・兼田(金)・鵜飼等之義ハ、関東江被為　召候趣ニ付、此節ハもはや御沙汰之趣貴地ニ而発覚いたし候事与奉存候、両地之悪人共為突合御糺し無之而ハ埒明申間敷、右之者共召下され候ニ付、悪謀方恐怖いたし手を引候様仕度奉存候

一、鯖江之藩壱人忍ニ而江戸より上京、此度土刕・予刕等へ御隠居之御内意御家より被仰遣候ニ付、例之一発ニ而もいたすへき歟、又妙満侯ハ御帰路ニ而打取可申、貴兄・小子ハ大悪人故、何と歟いたし不申而ハ相成不申との風聞有之ニ付、忍ニ而登り候由、是皆悪徒之手段可憎事ニ御坐候、土刕ハ此程重役出府いたし、御隠居為致候との事、御両家とも御気味悪敷、御引支度与見へ、久々御登　城も無之候得とも、御家より之御内沙汰等ハ虚説ニ御坐候、何分悪徒充満之世之中、早々　公武御一体を奉祈候事ニ御坐候、右御報迄如此ニ御坐候、以上

十一月十日　　宇津木六之丞

長野主膳様

猶々時下御厭乍憚専一ニ奉存候、水府ハ此節音沙汰なく相成申候、貴地之御取締出来候へハ、もはや御安心之場ニ至り可申、若刕侯ハ論外之義、間部侯今一際御墳(憤)発被下置候様仕度、先々殿下御復職ニ付、格別之御事なく御治りも付候様可相成与楽御吉左右奉待候義ニ御坐候、以上」*2

＊1～2の部分、提出本では十一月九日条に入れる。
＊本状は『井伊』十二―七〇号では「公用方秘録」より引載。

*3「一、間部下総守様ゟ六之丞江之御直書、左之通

折表ニ　宇津木六之丞殿へ

今般江戸より別紙之義申参り致一覧候処、公儀御政事向御太切之御事ニ付、御手前ゟ拙者家来へ何事も御咄有之候哉ニ存候、右様之御所置有之候ハヽ、外々江も自然漏候義可有之間、以来如何様　御主人ゟ被仰付有之候とも、拙者迄被申越候義ハ格別家来共へ之御咄、且書取等御渡之儀ハ急度御遠慮被下候様存候、拙者家来之儀ニハ候

得共、万一他言ニ及候節ハ拙者之大難ニ候間、呉々厚勘弁有之度候事

*本状は原本あり（『井伊』十二―六九号）。

一、先達而田子一郎左衛門へ遣し候書取写

関白殿江去二日二条殿御出、無理無体ニ御辞職被成候様との　勅命不及是非、御辞職ニ相成候よし申来、掃部頭様ニも御当惑被成、御老中様江も御相談ニ而、昨日宿継を以御旅中迄御当方之御見込被仰進候趣ニ付、此程中不一形御配慮之事ニ付、御趣意之処極密相窺御咄し申度旨申上候処、御心配之処御尤ニ被思召、密々御伝へ申候様ニとの御沙汰ニ付、伺候御趣意、左ニ認申候

一、御所司代御京着ニ相成候而ハ、悪党方邪魔ニ相成候故、無体ニ御辞職与相成候、

大守様ニハ、関白殿より外、正道を御守り被成候御方ハ無之ニ付、頼与　思召御上り被遊候処、右様之御次第ニ而ハ御当惑可被成与深く御案思被成、御辞職与申而も未御願中之義、天下之安危ニ拘り候御大切之御使ニ付、関白殿を以関東之御所置具ニ申上候様、温恭院様被　仰置候御趣意も被為在候御義、右御一条ハ是非御取扱御坐候様御掛合被成可然との御義、兼而御承知被為在候、奸賊手先之者共御召捕、御糺しニ相成、御吟味被　仰付候ハヽ、奸党手を引治り付可申歟、夫ニ付而も鎮り不申節ニ、右之者共厳敷御責付、隠謀白状為致、君側之悪御除キ不被成候而者治り付申間敷、右様相成候ハヽ、将軍家我意之御振廻抔与可申唱候へ共、実ニ危急存亡之秋ニ付、尋常之事ニ而ハ治り付申間敷ニ付、御英断被遊候様ニ与被仰進候得共、若州侯并内藤豊州侯ニ者、飽迄穏当之御取扱ニ而御平治被成候御見込ニ付、

大守様も右江御泥ミ、猶予被為在候而ハ終ニ大乱ニ及可申迚、深く御心配ニ御坐候、此段御内々申上候事

*本状は原本あり（『井伊』九―一二〇号）。

一、間部侯様江之御請、左之通

乍恐御請奉申上候、

*5 御前御発駕後、種々之風説も御坐候処、一向御様子も相分り不申、［ニ付、］田子一郎左衛門殿御案思被申上、殊ニ深く心配被致、［不一方］［心配］

若大守様ニも殊之外御案思被為在候ニ付、［由ニ而］極密御様子伺度旨度々田子一郎左衛門殿被申出候ニ付、［聞］［御尤之義与相心得○極密］○別紙書取御廻し申候処、右書付御手許へ被指上候付、何事も御咄申候哉ニ　思召、自然他へ漏候而ハ、御前之御迷惑ニも相成候間、勘弁仕候様委細被　仰下置候趣奉畏、何共不束之取計仕候段奉恐入候、尤、右書取之外ニ、何も咄合仕候義無御坐、向後之義ハ急度心得候様可仕、何分不勘弁之取計仕候段幾重ニも奉恐入、御断奉申上候

十一月十日　　宇津木六之丞[*4]

＊3～4の［　］部分、提出本では削除。提出稿本では切除跡あり。これらは原本なし。
＊5の部分に朱書で「朱書御直し也」と加筆あり。文中の「　」内の加筆はすべて朱書で記される。
＊本書状は『井伊』十二―六九号では「公用方秘録」より引載。

十一月十一日
一、例刻御登　城、御退出八ツ半時

十一月十二日
一、御風邪其上御頭痛ニ付、御登　城御断
一、夕八ツ時前、赤坂三分坂より出火、及大火、
精姫君様御住居風筋悪敷ニ付、御老中様方御登　城　御上ニハ御不快ニ付御断

十一月十三日
一、御不快御同篇ニ付、御登　城御断

同　十四日
一、御快方ニハ候得共、未聢与不被遊候付、御断

十一月十五日
一、御快方ニ付、例刻御登　城、七ツ時御退出

但、五ツ時へ御附人也
一、今晩七ツ時比、下谷練壁小路より出火、追々大火ニ相成、京橋ニ而焼止ル、夜五ツ時比鎮火
一、七ツ半時比、大名小路松平相模守様御屋敷出火ニ付、御老中様方御登城有之候得とも、御頭痛気ニ付、御登　城御断

十一月十六日
一、御頭痛御快方ニ付、御登　城

十一月十七日
一、例刻御附人ニ而御登　城

十一月十八日
一、例刻御附人ニ而御登　城
一、御持帰之御触、左之通

大目付江
上様御事　将軍　宣下御当日ゟ
公方様与可奉称候
右之通可被相触候

十一月十九日
一、京都江正六飛脚立ニ付、主膳へ之手紙丁子屋へ出ス

去八日付之貴書拝見仕候、向寒之節ニ御坐候得共、君上益御機嫌能日々御精勤被為遊、恐悦至極御同前ニ難有奉存候、然ハ去七日　殿下御参内之節并二条殿御越、御咄し之様子ニ而ハ上々之御首尾、若刕侯ニも実々御改心与相成、此度こそ実ニ御安心与被仰下、扨々難有奉存居候処、十二日付之御書付十八日着、拝見仕候得ハ、又々からりと御模様かわり、下田条約之外ハ御許容難被成との御義、扨々案外之次第、乍去大坂出売兵庫御差止抔与被仰出候節ニハ、夫位之事ハとふ歟成そふなものと岡目よりハ可存、一向今度之如く無謀之被仰出与相成候時ニハ、却而被成能御場合も可有之、折角　殿下并嶋田・貴兄も御安心之場ニ至り御喜悦之処、水之泡与相成、嘸々御落力、殊ニ嶋田氏ニハ病中之厭ひなく日々夜々奔走御苦心之由、別而奉察候事、御忠精之段ハ、毎々御感賞被為在候次第ニ御坐候、併隠謀方右様無謀之事ニ至候而ハ、もはや奸佞邪智も底ヲ振ひ候事与被存候、若刕侯不軽御所行ハ追々被仰下候得とも、兼而表ハ堂上ニ随ひ、関東之御趣意通シ候様可被成との御事ニ付、其御手段ニ可有之歟与実ハ半信半疑ニ御坐候処、今般　御上初江被仰進候ハ、条約之内一二ヶ条ハ　叡慮ニ御随ひ御折レ合ニ而御納得ニ相成候様被成候ハヽ可然抔との事ニ而、御一同興ヲ御覚し、今度ハ如何ニも厳敷被仰進候御様子、左候ハヽいかなる御改心可被成、間部侯ニも御越年之御覚悟ニ而飽迄御丹精可被成御決心与相聞へ申候、実ニ少しニ而も叡慮御立被成度事ハ、山々　思召候得共、左候而ハ、忽奉悩　震襟候義眼前ニ付、無拠被仰上候処、種々悪奏、主上ヲ迷し候大罪人、可憎之至、当地之御据りハ磐石之如くニ候間、何共御苦心奉推察候得とも、此上御忠勤奉希候、右御報迄如此御坐候、以上

十一月十九日　宇津木六之丞

長野主膳様

猶々不相変

新御所様御忠孝ニハ、　御上ニも御感賞、乍恐右様御賢明之御方摂家ニ御出被遊候事ハ天下之幸福与奉存候

＊本状は『井伊』十三―一九号では「公用方秘録」より引載。

一、例刻御附人ニ而御登　城

一、今朝鮒鮨御献上之事

十一月廿日

一、例刻御附人ニ而御登　城

同　廿一日

一、例刻御附人ニ而御登　城

同　廿二日

一、例刻御登　城

同　廿三日

一、例刻御附人ニ而御登　城

十一月廿四日

一、例刻御附人ニ而御登　城

同　廿五日

一、例刻御附人ニ而御登　城

同　廿六日

一、例刻御登　城

同　廿七日

一、右同断

同　廿八日

一、不時御礼ニ付、五打三寸廻り御附人ニて御登　城

十一月廿三日

一、御飛脚立ニ付、長野主膳江之返書、左之通

*1 去十四日付之貴書同廿一日ニ着、致拝見候、△○然ハ、二条殿関東御猶子之廉を以、今度之一件御働御自分之功ニ被成度思召有之、且左・右大臣、三条家等之姦計ニ而、殿下之手を離レ御懸合被成度思召と相見、其後兎角差縺ニ相成候様、外様之諸侯江廻状等之事、或者大坂所々之蔵屋敷江非常之人数手当等頼被遣候事も、二条殿重立テ御働被成候処、御同人今般関東御下向ニ付、段々　主上江御申上、御自分より御求ニ而、表ハ　勅諚之趣を以、八日ニ二条殿江内藤豊州御招、下田条約悉皆御取戻等之御沙汰ニ相成、翌九日内豊・印妙満寺へ御行向御申入之処、妙満侯之御答ニ、右様非職之御方江御答ハ出来不申、　殿下或ハ両伝を以被　仰出候ハヽ、御返答可被成との事、内豊印立服ニ而有之儘ニ御申、夫より二条殿御参　内ニ而御取拵、十二日夕、俄ニ御発輿御指留、尤、二条殿ニハ此度江戸表へ御下り、大老・老中へ御直談候ハヽ、皆々ハ不相成候共、条約之内何と歟可被成、殊ニ大老ハ兼而互ニ心も存合有之、幸ひ之事と被　仰上候由、是皆近・三等御相談ニ而、妙満之手ヲ離レ候姦計之由、右ニ付、二条殿関東ニ而此事被申立候ハヽ、壱尺之事被申候ハヽ、一丈も大事之様ニ御取成、扨此度之一件ニ付而ハ、間部上京ニ付於京都も御承知之処、関東へ御直ニ被　仰下候事ハ不容易義ニ付、是ゟ京都へ御返答可申上旨之御答ニ相成候ハヽ、二条殿御困りニ可相成歟、万一是非御返答承り候抔与被申候ハヽ、江戸表へ二印御留置、京都へ御懸合可然歟、若又

勅書ニ而も御持下ニ相成候ハヽ、尚更御手重く御扱、二条殿をハ江戸表ニ御指留ニ而、京都江者間部在京中ケ様之義、関東江被　仰出候義御不審之趣、殊ニ二条殿事是迄種々御働、殊ニ二条殿事大坂表所々蔵屋敷等江人数催足等之事不容易風聞も有之、右様之御方江大

事之　勅諚下り候事ハ不審との趣を以、京都へ被仰進候ハヽ、可然歟、いつれ　殿下之思召御伺、否可被仰上候得共、御含迄ニ被仰上候由、則御紙面を以申上候処、段々之御配慮御尤ニ御承知被遊候、右一条ニ付而ハ、間部侯より被仰進候事も有之、誠ニ手詰之御場合御大切之事ニ付、御閣老方江も御厚談、二条殿被仰立方ニより、臨機之御取計可被成　思召ニ御坐候、先日来之御模様与からりと変し候事ニ付、　殿下ヲ奉初、嶋田・貴兄ニも御配慮之段、深く御察申上候、併無謀法之被　仰出御坐候共、　関東之御据りハ磐石之如くニ候間、終ニハ御解ケ御合体之場ニ至り可申与奉存候、何者歟切込、*2御家之御家来怪我人有之抔との風説も御坐候由、*3例之隠謀方より申立候事ニ可有之、跡形も無之義御省念可被下、水府も此節ハ音沙汰なし、追々折々御内々之御音物等被遣候、余程気味悪敷成候事歟与被察候

*1の部分に「△向寒之節、先以君上益御機嫌能被為遊御坐、御同意恐悦奉候○」と加筆あり。

*3の行間加筆「例之」は、提出本・提出稿本ともに、*2の部分に挿入。

一、御側御勤被成候石河土佐守殿、此程切服（腹）被致候由、不容易事有之与見へ申候、志賀何分慥成証拠御手ニ入不申故、右様自害為致候場ニ至り、残念ニ奉存候

一、竹輿東行之連中悪党も廿日過京地出立之由、右等着、当方ニ而為突合御吟味ニ相成候ハヽ、隠謀方露顕之道も付可申与奉存候

一、二条殿御下向ニ付而ハ、嶋田氏被申候ニハ、貴兄か嶋田、関東へ御下り不被成而ハ御不都合ニ可有之との事、御尤ニ奉存候、乍去此義ハ御見込之通、多分妙満へ御振向ニ可相成与奉存候、自然御下り被成候方御都合宜との事ニ候ハヽ、急便を以可申進候、御見□如仰隠謀方ゟ事六ヶ敷致候程、跡々御取締ニハ可相成与奉存候

一、此度妙満寺より御答書下案拝見仕候処、至極宜出来、此所ニ而御据り被成候間より致方無之、□是ニ而も御聴届無之而ハ如何ニも御無体之御義与奉存候、伊達遠江守様ニハ御隠居御願被成候、土刕も御隠居為致候迚、重役出府致居候趣ニ御坐候、右之次第ニ付、*4隠公家ニ荷担いたし候諸侯ハ有之間敷、其段ハ御安心歟与奉存候、乍去今一段之処成就不致而ハ、実ニ御安心与ハ難申、何分程よく御治り付候様奉祈候事ニ御坐候、御報迄如此ニ御坐候、以上

十一月廿三日　　宇津木六之丞

長野主膳様

尚々時下御厭御勤仕、乍憚専一ニ奉存候

*5［　別紙

別紙得御意候、紺屋町弥兵衛之一件、内膳殿ニも不一形御骨折、追々御懸合御坐候得とも、御規定有之ニ付、御役方ニ而承伏不致、無理ニ押付候へハ御法ハ容易ニ動し候事も不相成、場ニ至り殆与御困り被為入候ニ付、御内々御文通写御廻し申候、如何ニも大金之事ニ付、急々償も六ヶ敷可有之、小子も考も付不申候ニ付、及御相談申候尚御賢考否可被仰下候］

*本状は『井伊』十三―二六号では「公用方秘録」より引載。*4の「隠公家」は、提出稿本では同じ、提出本では「隠謀家」と記す。提出本では*5［　］の別紙部分を削除した上で、添削後のものを筆写。提出稿本では、切除跡あり。

十一月廿四日

［一、例刻御登　城］

＊［　］の部分、提出本では、「一、例刻御付人ニ而登城」とする。

十一月廿五日

一、例刻御登　城

同　廿六日

一、右同断

同　廿七日

一、右同断

同　廿八日

一、不日御登　城ニ付、五ツ打三半廻り、御附人ニ而御登　城

同　廿九日

一、例刻御登　城

十一月卅日

一、例刻御登　城

十二月朔日

一、将軍　宣下ニ付、七ツ半時五寸廻り御附人ニ而御登　城、今日　御中段ニ　御着坐

同　二日

一、御饗応御能ニ付、六時へ御附人ニ而御登　城、御退出夜五ツ時過

＊1［一、京都へ飛脚出候ニ付、左之通及文通］

再陳、呉々も不悪〳〵御承知可給候、尚時気随分〳〵御自愛専要ニ存候、甚紛雑中、尚々拙乱書赤面之至御推覧可給存候也

向寒之砌、愈御安福令大賀候、尚又承度存候、抑今度御大礼ニ付、愚拙も参向畏令(ママ)候、誠ニ不案内之儀、万端宜々御頼申入置度候、且京都出立前蒙　仰候義有之、右者兼日間部も上京之事ニハ候得共、春来貴官江御直ニ被　仰含度ニ付被　召候得共、何分貴官ニ者格別御用繁ニ付、御上京無之ニ付、不得止先々其儘被遊置候処、此度愚拙参向幸之儀ト被　思食、則拙方ハ古来関東御由緒柄ニ付、　叡慮之辺篤与貴官江御懇談可申入候様蒙　仰候得共、実者甚愚昧之拙深く恐縮之次第、達而〳〵御理申上候処、再三之　御沙汰ニ相成、其上関白始ゟも何分由緒柄之事、殊ニ懇談之儀不廉立候間、何れ御請可申上様との事ニ付、不得止事候、就而者何卒＊2へ(ママ)御大礼後、早々御用閑日ニ一応拝顔之義御頼申入度候、誠ニ貴官ニ者何角と無々御用多、御取紛と令愚察、一入〳〵御気之毒ニ存候得共、何分此分ニ而者、今一段　御気済不被為遊候故、深々被悩　叡慮候御事数度　御沙汰

ニ而候、何分篤与貴官江打明、御内談申入候様呉々被　仰付候、
只々国家之大事、御念之上御念被為入候　思召ニ候歟、不悪〱御
承知成給、拝顔之儀宜々御頼申入候、決而〱御心配無御坐候様ニ
と存候、甚愚文難尽、禿毫御賢察可給、実者家僕津幡陸奥守儀御聞及
も候歟、右者貴家御由緒之人ニ候間、若々御差支無御坐候ハヽ、同
人江荒々模様申含置候間、御直ニ御聞取成給間敷哉、此儀、平常蒙
御懇命打明、内々申入候事ニ候、先々早々右之段御頼申入度、如斯
也、*3［穴賢々々］

十一月晦日　　　　斉敬

掃部頭殿
御内披

*本状の原本あり（『井伊』十三―三八号）。*1［　］の部分、提出稿本では、墨線により削除。提出本にあり。*2の部分、提出本では「何卒〱」と記す。*3［　］の部分、提出本では削除。

去月十八日・同廿一日・同廿五日付三度之貴書相届申候、向寒之節、
先以
君上益御機嫌能被遊御坐、就中、朔日ニ者
将軍　宣下も御首尾能相済、恐悦至極、是ニ而人心も落付、　御上
ニも一御安心、乍恐小子迄も難有、実ニ天下之幸福与奉存候、天気
快晴ニ而、万民御登　城拝見群衆いたし、
君上之御徳を口々ニ申唱居、聞度事ニ嬉敷心地能事ニ御坐候、然者
卅日之夜、二条殿ゟ別紙御到来、［昨日］御返書［之下案指上候処、］
別書之通［御書下ケ御坐候ニ付、尚又下書江書入仕候、朝差上候所、
右ニ而可然ニ付、］一応御老中様方江御相談可被成趣ニ而、御持出
ニ相成申候、夫々写御廻し申上候、二条殿江御内　勅等之御沙汰者
無之与相見へ申候、全く殿下より御内教ニ付、何事も心丈夫ニ御取
計出来、扨々難□（有カ）、殿下并　君上無御坐候ハヽ、世ハ何と成り可申
哉、後世ニ而者神与仰候事与奉存候、いつれニも御内教之通、当方
ニ而者御取合無之、間部侯江振向被遣候　思召ニ御坐候、此程より
被仰下候義とも一々御受者不仕、荒増当方之御模様申上候、右之次
第嶋田君江も御伝へ被下候様仕度、今日者初日御能ニ而、未明より
御登　城、いろ〱*4［取］□込居候間、委細者重便与申残候、以上

十二月二日　　　　宇津木六之丞

長野主膳様

尚々時下御厭専一ニ奉存候、若州ニ者殆与御困り御察申上候、如
何ニも厳敷被仰遣候ニ付、真ニ御改心与承り安心仕候、とふ歟間
印与手ヲ組御取計御坐候様仕度事ニ御坐候、以上

*本状は『井伊』十三―四五号では「公用方秘録」より引載。［　］の部分、提出稿本で墨塗りにより抹消し、提出本では削除。
*4［　］の部分、木俣家本により補う。

公用深秘録　清書本（井伊家本）

安政五年十二月六日～同六年九月十四日

○彦根藩井伊家文書二八〇〇五

（表紙）
安政五午十二月より
同六未九月まで
公用深秘録
宇六

十二月六日

一、御飛脚立ニ付、長野主膳江左之通返書遣ス、外ニ、殿下并新御所之御直□〔書〕類戻し候事

十一月廿八日付之御書付、去四日着、拝見仕候、甚寒之節、先以上方様益御機嫌能被為遊御坐、御同意奉恐悦候、然者小林・鵜飼一条都合宜敷相成、加納繁三郎・渡辺金三郎懸りニ而厳敷吟味ニ相成候由、水戸屋敷より来状、文中ニ秘物破烈与申事ハ必死ニ切込候隠語之由、扨々悪敷工ミニ御坐候、去月廿三日　殿下御参内之節、妙満寺より御指出之　勅答御披露相成候処、主上御覧被遊、水戸ハよほとの事をいたし候と見へ候、夫ニ付而者、太閤ハ甚心得違、右府も共ニ入道いたさせねはなるまい、□〔三〕条ハにくいやつしやと被仰、左府ハ難逃事とハ聞へ候得とも勤功も有之、博（傳カ）も勤候事故入道ニハせぬ様ニとの　上意、又殿下江ハ御心配之程も追々相分り候との御沙汰、春来始てケ様成目出度　御詞も出候よし、扨々難有御事、夫ニ付而も又々悪謀方ゟ手を替、品を替、讒訴可□〔致〕ニ付、□□〔油断〕ハ成□〔不〕申候へとも、右程迄ニ御解ケ口付候段ハ難有□□〔御義〕、何分此上御丹精可被下、彦根明性寺本山用ニ而此程出府致、昨日面会致候様〔処〕、先達而より是も本山用ニ而上京致居候由ニ付、京地之風聞承り□〔候〕ヽ処、十月頃より　御家之御評判う□□〔つて〕替り、大ニ宜相成、此節ニ而者　御家之御蔭ニ而安楽ニ暮候与申唱候趣ニ承り候、下方之噂もいつとなく雲上へも響候様可相成、左候ハヽ、愈以御解ケ被遊候様可相成与難有奉存候事ニ御坐候、扨此程二条様より御直書被進候ニ付、御返答書下案此間之便りニ御廻し申置候振合ニ御認、四日ニ被進候処、同夜津幡陸奥守参り、拙子致面会候処、御返書之趣、二条殿ニも御尤ニ思召候、兼而右様之御返答ニも可相成哉与思召候ニ付再三御辞退、実者御発途〔輿〕ヽも右辺之事ニ而、俄ニ延候様成事ニて無御拠御請も被成候事ニ有之、何分御対面無之而者御帰路之上□〔被〕仰上方も無之、御当惑被成候、決而□〔御〕心配筋ニ者無之ニ付、何分御逢之義御頼被成候趣之御口上、陸奥守、私迄之咄しニ、弥御対面無之節ニ者其趣を以御伺ニ可□〔相〕成、左候而者長御滞留御迷惑□〔之〕次第ニ付、何分御逢御坐候様取計呉候様申聞、□〔則〕申上候処、御迷惑之御次第者深く□〔御〕察被成候得とも、御逢被成候*1「事ハ、私ニ者難被成事ニ付、弥御逢被成候」時ニ者閣老江も談し、　上慮も御伺之上ニ無之而者難被成次第ニ付、今度之処、宜御断被成候旨被仰出候、右津幡ハ御承知ニも可□□〔有之〕、中野小三郎殿弟ニ付、二条殿御書ニも、陸奥□□〔守へ〕御逢御聞取被下候様被成度との事有之候得とも、是以□〔御〕役中ニ者御規格

有之、容易ニ御逢被遊候事難相成ニ付、御断ニ相成申候、其後、今日迄何之御沙汰無之、定□〔而〕万里小路様江も御談し之上、又々何与歟可被仰越哉、此分ニ而者済申間敷与被存候、此上押而被仰進候時ニ者、御主意柄御□〔書〕取ニ而□〔も〕被遣候ハヽ、其次第ニ寄り、上慮も御伺之上ニ而御逢可被成との御返答可被遊御含ニ御坐候、決而御心配筋ニ者無之旨呉々申来り候ニ付、申上候得者、営中ニて御見上ケ申候が、為指可恐御方とも見へ不申とて御笑ニ御坐候、是ニ而済候時ニハ宜候得□〔と〕も、無拠次第柄ニ相成候節ニ者、□〔御〕逢之上、厳敷御説得被遊候方可然歟、何も御心配筋ニ者無之抔与呉々被仰進候処を以相考候得者、御恐怖被遊候而御逢無之抔□〔与〕御汲取違出来候而者、却而御為不宜義も可有之哉与存居候事ニ御坐候

一、大坂出商売□〔之〕事者何与□〔歟〕御工風も可有之との、妙満より御□〔答〕ニ成御都合宜旨、兵庫開港者今暫く御間も有之事ニ付、如何ニも厚く御配意之上之御事ニ而□〔可〕然事与奉存候ニ付、其余之処一日も早くすらり□〔と〕済候様奉祈候

一、三浦七兵衛事、□〔五十〕日目計ニ□〔而〕御旅宿江参り、諸司代より御菓子重詰御頂戴之由、是ハ関東より厳敷被仰遣候ニ付、御恐怖之所□〔よ〕り、右様之事ニ相成候与御推察之趣、如何にも左様之事ニも可有□〔之〕、右様之御所置何とも歎ヶ敷次第ニ御座候、先々御改心ニ而邪正分明□〔ニ〕御糺し被成候趣ニ付、大ニ□〔安〕心仕候

一、此度之一条相済候とも、跡々之処御取締急度付不申而者難相成、御守護向之事も京都御陣屋者是迄通り、大津之処者御十分ニ御手当被成度、付而者八幡・大津辺御預ケ地之儀、御尤之御目論見、拙子者元より右様ニ相成候ハヽ、可然与存、一昨年彦根ニ而内々御預所ニ可相成村柄迄取調候処、筋方抔□〔ニ〕而者甚不進ニ相聞へ、先々手を引居候事ニ御坐候、一体新規之事与申候得者、御為筋ニ而も彼是故障申立候弊風も御坐候ニ付、弥与申時ニハ重たる御役方承知之上ニ無之而者指問出来可申与被存候間、其辺之処も御考可被下候

*2〔一、新御所江御進物之事、御上ニも実ニ御感心被為遊候ニ付、近々何そ可被進　思召ニ御坐候、〕もはや相済候義ハ不及御報、文略御免可被下、右御報迄如此ニ御坐候、已上

十二月六日　宇津木六之丞

長野主膳様

＊本状は『井伊』十四—四号では「公用深秘録」より引載。行間の〔　〕は、提出本により補う。＊1・2の〔　〕の部分、提出本では削除。＊1〔　〕の部分、提出稿本では頭注に加筆、＊2〔　〕の部分は削除の上、前条へ追い込む。

十二月十四日

一、二条殿より御直書御到来、御返書下案取調、左之通指上ル

＊この間に提出稿本では「壱号書類此内へ入ル」として提出本抄出のNo.3が挿入される。

御懇之令旨謹而奉拝誦候、如尊命厳寒之節、益御機嫌能被為渉、乍憚目出度御義ニ奉存候、十六日ニ者　御発輿之由、恐悦之至、寒威も強、別而御厭乍恐専要ニ奉存候、抑過日御内命之儀ニ付、御□〔承〕知被成下置候旨被仰下置奉敬承候、一体今般御下向幸之折柄ニ付、　御目通も奉願度含ニ候得共、先書ニ奉申上

候次第ニ而無其義、遺憾之至ニ奉存候、将亦家僕渡辺市兵衛義ニ付、
蒙仰奉畏候、此義者、重臣共□［へ］も為申聞、追而従是否可奉申上候、
一応之御□［受］奉申上度如此ニ御坐候、頓首、誠恐誠惶謹言

御名乗

＊本状は『井伊』十四―一八号では「公用深秘録」より引載。行間の［ ］は、提出本により補う。

一、長野主膳江左之通及文通

去二日・同五日附之御書付致拝見候、甚寒之節、先以　君上益御機嫌能御勤職被為遊、御同意奉恐悦候、今年者例よりも寒威強御坐候処、日々御退出も遅ク、伺候得者、前々より之御仕来之趣ニ而御火鉢も無之との事、昼之　御膳不被召上、火もなく薄暮迄ニ御勤労、何とも申上様も無之、無勿体御事ニ御坐候、乍去此度之御忠勤者天ニ通し候哉、下々之者迄も
御上之御徳を賞歎仕居候趣ニ承り居候処、去ル二日、此度　宣下ニ付、御祝ひ之御能有之、公家衆始諸御大名ニも拝見、町々名主共迄拝見被　仰付候、いつ□［も］御大礼後之御能ニ者芝入と唱、名主共拝見被　仰付候御形りニ而、此時ハ町人共も御客之□［心］持ニ而面白き□［所］ニ而ハ声懸、町奉行より難有拝見致候様との直□□［達も］声上ケ褒候事之由、然処今度者
御前を奉見上、世直し大明神様あなたの御蔭□□［ニ而］御能拝見仕候様相成難有与申、わんわ与申候趣、下賤之者ニ而何之弁へも無之所、右様申唱候事、天ニ口なし、人を以いわしむるとハ此事ニて、実ニ此度者□□［万代］不朽之御忠勤与難有御事、堂上方ニも右之様子御見聞ニて、よもや御合点も可被成与存候事ニ御座候、加藤（納）・渡辺之両人忠勤ニて、小林・鵜飼始、吟味正路ニ行届候由被仰下、大ニ能御都合ニ相成申候、何分此度之一条ハ邪正分明厳重ニ御糺し無之而者何時再発も難計、乍去大名之中死罪等被仰出候様相成候而者、是亦騒動之基ニ付、寛猛之御所置、一大事之御場合与被仰下、御尤至極、何分悪謀方飽迄根強く候間、無拠手荒之御所置ニ可成行哉与歎息罷在候事ニ御坐候、＊3［付而者嶋田氏与御厚談ニ而之御草稿等御丹精之御義与奉存候］

＊3［ ］の部分、提出稿本では墨塗りにより抹消、提出本では削除。

一、小林民部権大輔ゟ御取上ケ之書付写御廻し、則御紙面共入　御覧申候、追々悪謀顕れ候様相成申候、右等之事共、一々達
叡聞、御疑念御晴れ被遊候様奉祈候、妙満侯も御風気・御頭痛甚敷ニ付、両三日御政事も御休之由、竹輿も弥今日五日ニ出立、警衛□［弐］百人計、宿□［々］江も厳重之御触出候由、大切之囚人ニ付、御尤之御義、加藤（納）・渡辺格別之骨折ニ而、小林初大事□［も］白状致候由、山本貞一郎日記帳等御一覧被成候処、大事之件々分明ニ而、日下部伊三二等之働振、三条殿、土州江之御入魂、水府
勅諚も三条殿御引請ニ而、
＊4［主上御位御すへり等之事も皆］御同人之御所為、森寺・丹羽等之働も明白ニ有之由、右様之書類御隠し置被成候御所司代之御深意、如何ニも合点不参事ニ候、大原三位殿、万里小路（富小路）左馬権頭殿与申十九

歳之御児を以讒訴被成、
殿下ニも殆御困り之由、右体ニ而者何分穏当之御所置ニ而者御治り付不申哉与奉存候、右等之模様ニ付、御熟考被成候処、京地ニ而ハ、小林・鵜飼等之□[申]口ニより、近衛殿・鷹司御父子・二条殿・万里小路殿・大原三位殿等を初、自博為致候様之御手段ニ御取懸り、関東より者前件之書類着次第、公家方不容易反逆之荷胆(担)被成候ニ付、官武とも此侭被指置候而者、何時国乱を生し可申も難計旨、京都江御相談被　仰進候ハヽ、　殿下より御挨拶有之様ニ相成候ハヽ、先罪状ハ定り不申、其侭為慎□[置]、扨一件相済候上、何とか御咎メ被　仰出、引続御合体之御仕方□[二]御懸り相成候様之手順ニ而可然との御見込ニ付、
殿下江も御伺之上可被　仰越旨、種々御厚配御尤□□[之御]義□[与]奉存候、先頃或方より小林を一ふく致させ候手段も御坐候よし、悪謀方ニ者眉ニ火之付候心地ニ而死ニ物狂ニ働可申間、少しも油断不成事ニ候

＊4 [ ] の部分、提出稿本では墨塗り、提出本では削除。

一、妙満より強　勅答之内、少々御抜指之書付御廻シ、拝見仕候処、御行届之義与奉恐感候
一、去五日・同八日付之御書付、夫々相届拝見仕、甚寒ニ候得とも御壮勤之由承知、目出度安心仕候、思召寄、天正丸、同役中江御恵被下、忝いつれも宜御礼、寒中御見廻申上度旨申聞候、此程疝ニ而折々胸痛仕候ニ付、早速相用候処、功能有之、別而難有奉厚謝候
一、君上江も天正丸并絵図御上ケ、御喜色ニ御坐候、絵図拝見仕候処、重宝之品追々出来候様仕□[度]事ニ御坐候、大切之大巻物抜書、池内大学江上書計見せ候処、三樹八郎ノ手跡也と申候ニ付、早速頼も御呼出し御吟味ニ相成候よし、梁川星厳方江参会之節、水老公を大坂城内江移し可申との建白いたし候事白状之よし、不軽事共ニ御坐候、梅田源次郎、右之連中之由、伏見ニ而者何ヲ御吟味被為在候哉との御不審御尤千万、合点不参事□[二]候、豊嶋伊勢守始町奉行御役宅ニ御留置ニ相成、書付御廻し、夫々承知仕候、追□[々]正道之御調ニ相成御同慶仕候
一、今月朔日、就吉辰、
将軍　宣下　御官位　御任叙、并
天璋院様　御叙位等之義、妙満侯より為御知有之、恐悦思召候旨御同意奉存候、前文申上候通、下賤者迄も誠信難有奉存候事ニ御坐候
一、五日、御紙面御指出し候後、同夜又々
勅書を以　殿下江被　仰出候者、兵庫開港等之事、飽迄も不相成趣、是皆大原三位殿之奸計之由、七日ニも又　勅書を以被　仰出候ニハ、最初諸司代近衛殿ニ而被申候ニハ、此度関白元之如く九条殿江かへり候様御働相成候ハヽ、関東より如何様申来候共、水戸家一条ニ付京都ニ而御吟味者不致と請合候事故、鷹司父子ハ御咎ニ而、一生出頭不致とも不苦候へ共、左府公ハ取調向無之様　関白より懸合候様、上より諸司代之御直書御下ケニ而被　仰出、
殿下も殆御困りニて、右之通表向被　仰出候而者、関東之答方如何可有之哉、第一諸司代者中ニ立迷惑可致、此上者諸司代ハ　関東ヲ拝むより外無之、右ニ付被　仰出方、妙満之思召も有之候ハヽ、御申上被成候様被　仰出、殊ニ以今　関白と大老与手を引候之由、是迄

十分御聞込之事故、御疑念被為在候趣も有之、旁以今度之妙満より御答ハ一大事之場ニ付、御考量之趣御申上被成候次第被仰下、一々御尤ニ奉存候、此上ニも厳敷　勅命出候節ニハ、内間之姦悪不残断絶不致而ハ治り申間敷との義御尤ニ奉存候、貴地御模様次第　関東より被　仰進方篤と御考、　殿下之御内慮も御伺之上、被仰上候様仕度奉存候、追々隠謀破れ懸候ニ付、半ゟ堂上ニ而も二派ニ分れ、鷹司殿御父子ヲ大将として〇役者三条殿等ハ水戸を立候よし、一手ハ二条殿ヲ大将《し》とて、大原三位殿等者水戸ニさわかせ、一乱之[*5]「上ハ天下を　朝廷ニ而御治メニ相成候様との奸計」之由、いつれニも国家惑乱可為致謀計、天魔之所為、重悪人ニ候へ共、とふ歟格別之騒きニ相成不申、程よく御治り付候様いのり居候、粟田之伊丹蔵人・鷹司殿之高橋兵部権大輔・三条家之富田織部等も、追々御吟味ニ相成候由、竹輿道中固メ厳重ニ而、膳所ニ而ハ足軽百人、鉄炮切火縄物頭・大目付等警固いたし候由、右様厳重之次第悪謀方ニて承り、恐怖之余り今度之　勅諚ヲ御勧メ申上候事ニ而、内実ハ治り之糸口与被思召候由、御尤ニ奉存候、乍去隠謀之術計尽果候所ニ而ハ必死之働可致ニ付、中々油断成かたく、水府之落付居候事も、貴地之釣合切れ候ハヽ、何事を仕出し可申も難計与奉存候、石谷ニ而吟味口《申》御廻し申候様被仰下、承知仕候、過日因幡様江相伺候処、伊三治江尋候へハ幸吉へねしり、幸吉ハ伊三治ニかふせ候様成事ニ而、為突合吟味不致而者埒明不申ニ付、御呼下しニ相成候趣ニ御坐候、右吟味も枝葉之事而已多端ニ而要文少もいらぬ手数計多く候へ共、小事より段々大事ニ移り不申而ハ穿鑿行届不申、其内ニ而京地之引合有之向ハ御書抜、御老中様方江御差出し、貴地江御廻しニ相成候趣ニ御坐候、右一条并鈴木藤吉郎一条ニ付、毎日〳〵夜分迄御白洲有之、寸暇無之、拙子抔参り候而も、容易ニ御目ニ懸り候事も難相成程之事ニ御坐候、竹輿連着致、貴地ニ釣合有之者之義ハ内々為知もらい御廻し可申、尚又御老中様ゟ　御前江御出し被遊候書面之内ニ而も、貴地御心得ニ相成候義ハ相願御廻し可申候、別冊ハ貴地ニ而必用之物ニ而《も》無之候得とも、水府之模様能探索いたし有之ニ付、御廻し申候様御沙汰ニ付、写取御廻し申候

*5「　」の部分、提出本では削除し、「企」と改める。

一、二条殿江先日之通御返書被進候得ハ、いつれ又何と歟可被仰遣与存居候処、御尤ニ御承知被成与申、御返書十三日ニ被進、十六日ニ御発輿ニ相成申候、御往復之御書簡御心得ニ御廻し申候、一体当地之模様水戸も先落着、何も申進候程之事無之、宣下後ハ一統安心ニ而一入落着候様子ニ相聞申候、是与申程之事も無之ニ付、とかく御無音御免可被下、度々之御請取束ね御報迄、如此ニ御坐候、以上

十二月十九日　　　　宇津木六之丞

長野主膳様

猶々時下御厭専一ニ奉存候、今度御屋敷御拝領之由、目出度奉存候、御礼両大夫江も申置候

*本状は『井伊』十四―二四号では「公用深秘録」より引載。行間の「　」は、提出本により補う。

折表ニ

掃部頭殿　御内披　　　斉敬

向寒之砌、愈御安福令大賀候、尚又承度存候、抑今度御大礼ニ付、愚拙参向畏入候、誠ニ不案内之義、万端宜々御頼申入置候、且京都出立前蒙　仰候義有之、右者兼而間部も上京之事ニハ候へ共、春来貴官江御直ニ被　仰含度ニ付被　召候得共、何分貴官ニ者格別御用繁ニ而御上京無之ニ付、不得止、先々其侭ニ被遊置候処、此度愚拙参向幸之義与被　思食、則拙方ハ古来関東御由緒ニ付、叡慮之辺篤与貴官江御懇談可申入候様蒙　仰候得共、実者甚愚昧之拙、深恐縮之次第、達而〳〵御理申上候処、再三之　御沙汰ニ相成、其上関白始よりも何分由緒柄之事、殊ニ懇談之義不廉立候間、何れ御請可申上候様との事ニ付、不得止事候、就而ハ何卒〳〵御大礼後、早々御用閑日ニ一応拝顔之義、御頼申入度候、誠ニ貴官ニ者何角与嘸々御用多御取紛与令愚察、一入御気之毒ニ存候得とも、何分此分ニ而ハ今一段御気済不被遊故、深く被脳（悩）　叡慮候御事数度御沙汰ニ而、何分篤与貴官江打明、御内談申入候様呉々被　仰付候、只々国家之大事、御念之上御念被為入候　思召ニ候歟、不悪〳〵御承知成給、拝顔之義宜々宜御頼申入□[候]、決而〳〵御心配無御坐候様奉存候、甚愚文難尽、禿毫御賢察可給候、実者家僕津幡陸奥守義、御聞及も候歟、右者貴家御由緒之人ニ候間、若し御差支無御坐候ハヽ、同人江荒々模様申含置候間、御直ニ御聞取成給間敷哉、此義も平常蒙御懇命打明、内々申入候事ニ候、先々早々右之段御頼申入度如斯也、穴賢々々

十一月晦日

再陳、呉々も不悪〳〵御承知可給候、尚時気随分〳〵御自愛専要ニ存候、甚紛雑事、尚々拙乱書赤面之至御推覧可給存候也

*6［掃部頭殿　御内披　　　斉敬］

＊6［　］の部分、提出本では削除。行間の［　］は、提出本により補う。

＊本状は原本あり（『井伊』十四―三八号）。

御懇書被成下奉拝誦候、先以愈御安全恐賀之至奉存候、今般御下向乍憚御苦労之御儀ニ奉存候、先々御大礼無御滞相済、恐悦之御事ニ候、然ハ御発興前被為蒙　仰候御義有之、右者下総守上京之事ニ候得とも、春来愚臣被為　召被　仰含度思召之処、御用繁ニ而無拠御断被　仰進候ニ付、其侭被指置候処、今度御下向幸之儀、殊ニ関東御由緒柄も被為在候ニ付、叡慮之処篤与愚臣江御懇談之義被為蒙　仰、再三御辞退も被為成候得とも、　厳命且関白殿御始よりも達而被仰候事ニ付、不被得止、就而者御大礼後、早々御目通之儀蒙　仰、委曲奉領掌候、先達而ゟ速ニ上京、御用向をも可相伺之処、何分御用繁ニ而御猶予之義被　仰進候次第、延引ニ及候段奉恐入候、右ニ付、今度幸之折柄、御内談可被下との御義、素より国家之安危ニも拘り候大切之御用向与奉恐察候間、何事も指置、早速伺公可仕之処、退而愚考仕候得者、右一条者御先代并当　将軍家より下総守江委細被　仰含、為　御使上京致居

候義ニ付、
叡慮之趣聊無御隔意同人江被　仰出候様仕度、肝心之御使を差置キ御内談御座候而も、愚臣一己之御答難相成、矢張京都下総守方江不申遣候而者相成不申次第、其上
将軍家江申上候時ニ者　御使之廉浮候姿ニも可相成与苦心仕候事ニ付、背　尊命候様　思食候而者奉恐縮候得とも、何分前文之次第ニ付、御下向中御目通り之義者御勘弁被下候様奉希願候――――

十二月四日

御端書御念入候御義忝奉存候、寒入別而寒威強く相成候折角、御厭被為成候、無拠次第ハ不悪御賢察之程奉希上候、将又、津幡陸奥守義ニ付御念頃蒙仰、千万忝奉存候、已上

＊本状は『井伊』十三―四六号では「公用深秘録」より引載。

厳寒之砌、愈御万福令賀寿候、抑、過日者内
勅之義ニ付御面談御頼申入候処、御入念之細答成給り、御尤之儀ニ承り候、尚御示之趣、殿下始江も篤と可申入存候、何卒〳〵愚拙方ニも、又下総守方ニも不辱君命様、穏ニ公武御合體之義専要ニ所祈候、扨先年来、其御家来渡辺市兵衛長々御借用御頼申入置、深く忝存候、夫故手馬も追々宜乗立出来、重畳忝存居候処、最早年内余光も無之、当年中之御約束申置候得共、今一段之所ニ而帰国ニ相成候而者甚残懐、且者愚拙大困りニ存候間、何共御憑申兼候得共、尚又明年中御借用偏ニ御頼申入度、且同人義、誠ニ出精致呉候間、何卒〳〵聊之手当も相遣し度覚悟なから、御承知之通り手薄之拙方不任心中痛心之至、呉々申入兼候得共、一段御取立被遣給り候義者相叶間敷哉、右様之義、実ニ可申入筋ニ無之候得共、永々在京苦労ニ相成、深く気之毒成次第ニ存候間、例之御懇情之辺不顧赤面打明、此段御頼申入度候、不悪〳〵御承知給候ハヽ、大幸之至、深く忝存候、先々荒々右御頼迄、如斯候也、穴賢々々

十二月十二日夜認

再陳、今朝来雪気一入〳〵寒気難堪候、随分〳〵御用心〳〵と存候、最早十六日ニ者愚拙も出立、何角与取紛居、尚々大乱筆不文御推覧可給存候也

掃部頭殿御内披　　斉敬

＊本状は原本あり（『井伊』十四―九号）。

尊書奉拝見候、如　命厳寒之節、先以弥御安全被為渉、目出度御儀奉存候、明十六日ニ者御発輿之由、恐悦之至、寒威も強、別而御厭御旅行被為在候様奉祈候、抑過日御内命之儀ニ付御請申上候次第、尤与御承知被成下候旨被仰下奉敬承候、一体今般御下向幸之折柄、御目通りも相願度含ニも候処、先書ニ申上候次第ニ而無其儀、遺憾之至り奉存候、将又渡辺市兵衛義ニ付蒙　仰奉畏候、此義ハ重臣江も申遣候間、否哉追而従是御戻可申上候、右一応之御受如斯御坐候、誠恐誠惶謹言

十二月十五日　　井伊掃部頭

＊本状は原本あり（『井伊』十四―一八三号）。
＊この間に、提出本では提出本抄出のNo.3が挿入される。

一、義言江之手紙一段与宜敷候、京都之囚人、弥今日着、榊原式部大輔・松平飛騨守江御預ケニ相成候事

一、日下部伊三治義大病ニ付、段々手当申付候へとも、一昨朝病死いたし、甚残念之事ニ候、是ハ伊達之長左衛門吟味ニ相成、京都よりも囚人下り候趣ニ承り、伊三治心ヲ突病気重り候趣ニ付、重病ニ相違無之由也、

右之段可申遣事

十二月十九日

十二月廿一日

一、長野主膳江之返書、左之通

去十二日付之御札致拝見候、甚寒之節、先以上々様益御機嫌能被為遊御坐、御同意奉恐悦候、併君上ニハ御風邪ニ付、十九日より御登　城御断ニ相成申候、乍去全御当分之御義、不日ニ御出勤可被遊間、御安心可被成候、今度　勅書之写御廻し被下、右之内ニ大老・老中同意之由ニ候得共、疑念被為残云々、右者此度初而被仰出候事ニ付、妙満侯より御返答ニ者、[是迄追々申上候得共、猶御疑念被為残候様ニ而者、]此上如何程正道申上候共、此侭ニ而ハ迚も　官武御合体、国家安穏之道ヲ得候事者六ヶ敷候ニ付、追々召捕遂吟味、邪正分明ニ仕候上言上可仕之旨、御申上之手続ニ相成候由、然ル処、竹輿東行以来も追々御召捕ニ相成候付、悪謀方ニハ余程弱り恐怖いたし、此節ニ而ハ一日も早く一件相済、妙満侯之御帰府而已相待候様子、愈年内中ニ諸事相済候様ニ与　殿下江被　仰出候由、是又悪謀之所為ニて、妙満侯此侭御立ニ相成候而者、此後如何様之変事出来可致も難計、仮令御暇ハ出候共、官武実々之御合体ニ而、万代御安心之場を御見据有之候迄御帰府も被成間敷と、　殿下も妙満も御決心ニ者候得とも、如何様之悪計と而、是非為立候様之手段も難計ニ付、妙満寺江御奉書下り候様との御事、嶋田氏より之紙面ニも同意ニ付、則申上候処、尤与御承知被遊候、妙満侯ニも如何ニも永々之御上京御丹精之御事ニ付、何そ被下ニ而も御坐候ハヽ、尚更可然哉与申上候処、此義者　御上ニも御心付御取調被為在候趣ニ御坐候、右様相成候ハヽ、妙満侯ニも愈以御励精被遊、真ニ　公武御合体御安心之場ニ至り可申与奉存候、十七ヶ条増ケ条、其外御取締之御ケ条書者　殿下より下り次第御指上可被成旨、誠ニ殿下之御忠精ニ而追々正路開ケ、実ニ［万民之幸、嶋田・貴兄之御忠勤、実ニ］抜群之御義与乍憚奉感賞候

＊［　］の部分、提出本では削除。

一、新御所より《公》今般　将軍宣下御首尾好相済候御悦御書取者、妙満侯江廻り有之ニ付、跡より御上ケ可被成、其余書類沢山ニ有之候得共、跡より御廻し可被成旨承知仕候

一、竹輿連も無難ニ到着、榊原式部大輔様・松平飛騨守様江御預ケニ相成申候、追々御吟味始り可申、千葉・斎藤之事被仰下、是ハ御召捕ニ者相成不申候、水府も先落着居候得とも、忍ひ〳〵ニ御人数江戸江参り候趣、死ニ物狂ひ之働可致も難計ニ付、油断成不申候、田安

様大納言ニ御昇進、一ツ橋之御胸中御察申候事ニ御坐候、最早年内余日も無之、早春万端済、目出度御帰府奉待候、右御報迄如斯ニ御坐候、以上

十二月廿一日　宇津木六之丞

長野主膳様

尚々、時下御厭乍憚専一ニ奉存候、乍例相済候事者不及御報、文略御免可被下候、以上

＊本状は『井伊』十四―二六号では「公用深秘録」より引載。

一、主膳江之返書

去十五日付之御書付致拝見候、然者二条殿より御直書被進候ニ付、御返書案　殿下も至極宜敷思召候旨、右御返書ニ而ハ如何可有之、是非御逢被成度抔との御難題も可被仰進哉与存居候処、案外すらりといたし候御返書御到来、右御往復之御書写、先便御廻し申候通りニ御坐候、［御同人様者　王政ニ御戻し被成度張本ニ付、御帰路之上者、是非御咎メ無之而ハ不相成与　殿下之御甥子ニ候得共思召候との事、早く先非御後悔、此上御咎メ軽く相済候様相成候ハヽ、重畳之御義与奉存候］

＊［　］の部分、提出本では削除。

一、京地自搏筋も、嶋田氏段々之働ニ而、加納繁三郎より手を御廻し、若印江御申上之処、若印より者御自分之思召付ニして嶋田江御相談有之、至極能都合与御怡被為入候処、先比　殿下之思召通御指図御願之事、　殿下之思召より出候《出候》与申而者、後日如何成御迷惑ニ可相成も難計ニ付、若印見込通言上被成候様ニ与被　仰出候ニ付、又々御延引、品ニより二印ゟ自搏被成候様之御手段ニ可相成も難計、左候へ者、又々貴兄之御骨折与可相成旨、時々相場狂ひ、別而苦心奉恐察候、当節之御模様ニ而者、大体年内ニハ御事済之道付可申歟、左候ハヽ、正月中旬より御取締之方ニ御取懸り、二月中旬比ニ者大体諸事相済、夫より妙満侯ニ者大坂・兵庫海岸江御廻り、三月之御帰府ニも可相成歟与思召候得とも、江戸表ニ而、竹輿連中之御吟味御手続を以、京都江被仰越之御次第ニ寄候事与思召候旨、右御吟味方十分御指急ニ者候へ共、多人数之事ニ付、中々容易ニ埒付申間敷与被察候、右ニ不抱、条約一条すらり与　勅答御坐候様奉祈候

＊1 一、今度之一件、大体相済候ハヽ、第一御守護向之事被仰出候事必定ニ付、其節ハ御引受御都合可被成御心組ニ御坐候処、今般大津・八幡辺御預り地之義ニ付、筋方始、重立候御役方不承知之旨申進候処、右等之義、御役方ニ而不承知申出候時者、此後御手当方如何いたし候而可然哉、御承知《家老》衆へも思召之処御申上被成度候得とも、　御城下与京地との事者何時ニ而も御懸合も出来可申ニ付、先江戸表之御決心御承知不被成而者何事も御申出難被成候間、［急々］否御承知之処ハ貴兄御帰藩ニ而、直ニ御懸合被成候而も可然、御警衛向追々厳重相成候上者、御守護之義、此儘ニ而者相済不申、京地之処者是迄通りニいたし候にもせよ、大津ニ而御手当有之様とか、名目付不申而ハ不相成、其節、名目計ニ而宜敷候ハヽ、是迄之通ニ而も可然候

へ共、自然実備入用之節ハ、是迄之姿ニ而者治り申間敷、其上悪謀より、彦根之人数者大体江戸表江相詰、彦城ハ空虚ニ相成居候抔与申立候義も有之ニ付、愈厳備ニ不相成而者不宜之旨、殿下御内命も有之候ニ付、御預り地之義、御内々御申上、先々其辺ニ而只今迄穏ニ相成居候得共、何レ今度之一件相済候へ者、直ニ第一御守護之方被仰出候事者当春来被仰候事ニ付、其手当方之義、右御預り地・大津築出し等御指支ニ而ハ忽大混雑と被　思召候旨、万一此御返事御沙汰届不申内ニも、御守護筋之義被　仰出候ハヽ、御為筋之義者貴兄御一存ニ而も御引受、指当り候処事済候様可被成御覚悟、異存申立候方江一々相談、不決心之事有之候而者　御家之御恥辱者勿論、後来之障りニも可相成義ニ付、此段ハ兼而含置候様、尤末其端《はし》も出不申義ニ付、兼而之御踏《ふまへ》江ニ被仰下候趣承知仕候、一体右御答方者、貴兄御見込之処　殿下迄被　仰上候事ニ候哉、又者兼而御内命も御坐候趣を以被　仰上候事ニ候哉、大津築出し之義ハ、京地御備米被指置候御場所之義、大津近辺御預所之義も、急速御人数出張を初、惣而御弁理、御備へ筋之強ミニ相成候事ニ付、右様公辺江被　仰立度　思召之旨被　仰上候事者御指問無之義与奉存候、未御内調も無之事取極メ御申立被成候而も、　公辺御指問之程も難計、且ハ当時御役場（柄）ニ而、　公辺之義御自由ニ被遊候様相聞へ候而者恐入候訳ニ有之、右等之処者御如才ハ無之御事ニ候得共、為念申進候、とかく京地へ多人数指出し置候得ハ厳重与心得候ハ大成間違ニ而、事ニ臨、彦根より荒手之人数加り候へハ、警衛之御人数も勢ひを増、実備ニ相成可申ニ付、遠国より警衛之方ニハ火急之間ニ逢不申事ニ付、平日より相応之御人数詰居不申而ハ間ニ逢不申候得とも、譺（纔）十八里之場所、殊ニ湖上早船ニ而ハ壱時余りニ大津迄ハ漕付候場所之義ニ付、御家之御人数者彦根ニ厳重ニ備へ置、急発駈登り候へハ英気鋭く、京地之人気も改り、御実備与申事京家ニ而も御会得有之、京地者勿論、大津等へ此上御人数御指出しニ相成不申様、御指含御取計被下候様いたし度、竹輿連中白状之模様ニ寄候而者、如何ニも厳重之御咎被　仰出候方可有之も難計、悪謀方ニ而者、御家ヲ押倒し候得ハもはや手ニ立候者ハ無之与存居候事ニ付、弥大き成御仕置ニ而も被　仰出候御模様ニ候得ハ、又々増御人数御呼寄ニ相成候様仕度与奉存候、追々京・江戸江御人数増詰与相成候而者、実ニ彦城空虚与相成、諸士奔命ニ疲レ、御勝手向ハ礑与御指問、肝要之御場合ニ至り、十分之御忠勤も難相成様可成行哉与深く心配仕候ニ付、前文之処、厚御賢考可被下候

＊［　］の部分、提出本では削除。

＊1の部分に「此件ハ別紙極密状ニいたし遣し候事」と加筆あり。

一、梁川星厳方江参会いたし候三樹八郎（ママ）・池田大学・梅田源次郎、右四人反逆之四天王与自称いたし候由、其連中（内）之外、長刕藩吉田寅次郎と申者力量も有之、悪謀之働抜群之由ニ而、各申合、一旦水老之謀反ニ而争乱之世となし、詰る処者徳川之天下を京都江預り、各同志之徒ニ而執権可致との目論見之由、右等之義、伏見ニ而追々吟味之節、何故不申哉与尋候（所）、可申聞程之人物無之故不申与申答候由、右様之大事を思立、国家之御為方を存付候程之力量を以、公儀江言上候ハヽ、急度御恩賞ニも可預之処其義なく、悪謀ニ組し候事者、自

力ニ誇り、治世之御恩沢忘却いたされ候より之事也、一旦之過者可取返様も無之、此上者有様言上候而、罪ヲ軽くする方可然と極深切之意を以申諭し候へハ、其理に伏し、落涙して何事もすら〳〵と申出候由

一、三樹八郎も同様之吟味ニ而、是も不残申出、彼梁川星巌之指図ニて、長州大楽某ニ貴兄之投書を為書候節、貴兄を指殺候相談も決し候事等迄、不残申出候由

*2
[一、梅田源次郎申口ニ、粟田宮者今度之一条水戸ニ為騒候而、御自分還俗して

天位を奪ふへき之思召ニ候へ共、若其事不成就候ハ、　将軍ニなるへしとて、当春来白糸おとしの具足、銀之兜、長光ノ身ニて金作之太刀等御出来候、其御謀反ハ伊丹蔵人承知ニ候間、梅田源次郎申候と申て御尋可然旨申之、蔵人御召捕御尋候処、一も二もなく有体ニ申之、当宮ハ一山一家中も困り居候趣、とれ〳〵も大胆不敵之国賊共ニ御坐候

一、鷹司家高橋兵部権少輔御呼出しニ而、御役所留相成、此者ハ小林程ニ入込働候事ハ無之由ニ候へ共、当春東より徳川之家格を御取上ケ、京都ニ而天下を一統し給ふ様ニと申来り候事共ハ承知之趣、左候へハ、京都ニ而天下之政事を被成候様ニとの謀反ハ、三樹・梅田等之思立之様ニ申居候得共、其始ハ左様ニハ無之、惣而此度之召人之内、池内・三国両大学、三樹八郎(ママ)、梅田源次郎等之儒学も有之、与力抔ハ眼下ニ見下し居候故、一通ニ而ハ何事も不申、尤拷問計ニ而申様之人物ニ無之、既ニ長州吉田寅次郎ゟ参居候手紙ニも、仮令呼出しニ相成候共、与力之中ニ者相手取可申聞人物者京・江戸共ニ一人も無之旨申居候由、此度東行之池内・三国両大学も、右之連中ニ而儒癖ニ誇候者共ニ付、其癖欲を祢誉して為申候事上策之由、梅田も長々伏見ニ而吟味中、書取甚多く候へ共、一ツも御用立候申口ハ無之候処、此度京江被引戻、両三度之吟味ニ而すら〳〵と大事を皆申出、右様之次第ニ而、京家ニも申勝候者ハ無之様ニ存居候折柄、今度十一人関東へ御指下し相成候ニ付、大ニ驚一統恐怖之由、左候へ者、今度関東ニ而之御吟味方者、一二応ニ而すら〳〵と大事不残為申、上方ニ而も驚入候位之事ニ無之候而ハ、御威光ニも拘候義ニ付、江戸表之御吟味方与力等、御人撰第一ニ被思召候間、石谷氏江咄し置候様被仰下、御尤ニ奉存候、右者大事之御吟味物ニ付、五手之御懸り与成、寺社ニ而板倉周防守様・大目付久貝因幡守様・御目付松平久之丞様・町奉行石谷因幡守様・御勘定奉行佐々木信濃守様江被仰付候、何茂当時之人物与承り候間、御如才ハ有之間敷与奉存候

一、松平伊賀守様京留守居者京住ニ而、是迄ハ松井杢之丞与申者壱人ニ有之処、先頃ゟ赤坐寿兵衛与申者上京、留守居両人ニ相成候よし、右赤坐、先頃金閣寺江参詣いたし、無罪之主人右様ニいたし候事者、彦根之所為に有之迚、さん〳〵ニ悪口申居候趣、同寺役人より御聞込、右之趣妙満寺江御申上被成候、妙満仰ニ者、堀田備中・松平伊賀より、今度之

上使不都合ニ相成候様、手を廻し候趣も相聞へ候間、右之趣者姓名相糺し呉候様被仰候ニ付、御糺被成候処、前文之通、尤金閣寺ニ而下部之者申居候ニ者、久敷京地ニ潜り居候趣ニ相聞候処、此度為御糺

之処ニ而者、先月より上京与申居候よし、是迄御留守居壱人之処、
此度ゟ二人ニ相成候条、不審ニ存居候由」*3

＊2～3の部分、提出本では全部削除。

一、若州侯、先日妙満寺江御行向之節、御咄し序、貴兄之事御存ニ候哉
と御尋ニ付、妙満御答ニ者、私方与彦根ハ格別之間ニ付、桜田家来
も多分参り候間、左様之者も有之哉、聢与者覚不申与御答之由、若
州仰ニ者、右義言と申者、とふも不宜趣之風聞有之、彦侯之御為ニ
も不相成与被申由、妙満御笑之由、然処十二日、諸司より三浦七兵
衛・望月禎蔵両人ヲ被遣、寒中為御見廻金五百疋被下、此度之一件
者、貴兄与嶋田之働ニ而今日之場ニ至り候とて不軽御誉ニて、存付
之義も有之候ハヽ、申呉候様との事ニ付、貴兄御答ニ者、近頃ハ嶋田
も多用、貴兄も潜居、何事も御承知無之、唯々江戸表之御趣意与諸
司之思召与一致候様仕度与計御答被成候由、兎角表裏之御所行恐入
候事ニ御坐候、此節上方ニ而も水老之悪を唱、
君上之御評判至極宜敷よし、追々浮雲も散し御疑念晴れ、
勅答相済候様奉祈願候、右御報迄如此御坐候、已上

十二月廿六日　宇津木六之丞

長野主膳様

一、別紙得御意候、今日御登　城被遊候処、於
御坐之間段々御懇之
上意を以、御手自御鞍御拝領、別段格別之上意を以、御手自御指料
之御小サ刀御拝領被遊候、右御拝領済、御鞍者
有徳院様常々御用ひ被遊、夫ゟ
御代々様御用ひ被遊候御品ニ付、御すれも御坐候侭被下置候趣、御
小サ刀者、
慎徳院様御指之趣、御側平岡丹波守様御口達被成候由、右御品拝見
仕候処、誠ニ結構之御品、御小サ刀銘延寿国資、此御銘ニ深キ
思召御坐候御義与奉存、誠ニ御出格之御義、恐悦不過之、段々之
御精忠も顕れ候義与感涙仕候、貴兄ニも嘸難有可被思召、太田備後
守様ニ者御鞍与御脇差、外御老若様方ニハ御鐙御拝領被成候由、御
飛脚立指急キ、此段得御意候、以上

十二月廿六日　宇津木六之丞

長野主膳様

＊本状は『井伊』十四―四〇号では「公用深秘録」より引載。

一、長野主膳江之返書、左之通
去十八日付之御書付相達候、厳寒之砌先以
御上益御機嫌能被為遊御坐、御同意奉恐悦候、然者頼三樹八郎(ママ)・梅
田源次郎等之口書御一覧被成候処、奉始　神宮、被対　御代々之
宗廟云々、神州之瑕瑾なと申、　勅諚より、諸侯之赤心、御三家上
京等之事、皆此両人梁川星厳等之申出候事ニ而、夫を粟田宮・久我
殿江入説いたし、夫より
天聴ニ達られ候事共明白ニ相成候由、久我殿ニ者、半より御心付ニ
て正道江被立戻候趣、然レハ久我殿ハ其始之罪者一番重く候得共、

只今ニ至り候而者一番軽く、久我殿諸大夫春日讃岐守ヲ御呼出しニ相成、御役所留ニ而頼・梅田等之申口之証人ニいたし、久我殿ニ者第一自搏いたされ候て、入道隠遁位之内願ニも相成候ハヽ、自搏第一ニ致され候廉を以、慎位ニ而相済候様被成度御見込之由、最初者隠謀与申事御心付なく、実ニ御国体を思召候而之御所置ニ候へハ、全御見込違丈之事ニ付、御自搏ニ而御遠慮被成居候ハヽ、御遠慮御免と申位之処ニ而為御済ニ相成、右之御方より自搏被成、夫々御埒付候様相成候ハヽ、至極之御都合与奉存候

一、八月下旬歟、粟田宮より御尋ニ付、梅田源次郎上書之趣意御見分被成候処、左之通

謹而公家衆之御上書を拝見仕候処、皇国之神徳、万国与異成義を御主張被遊候事ハ、如何ニも奉敬服候、乍去、外夷之驕傲を御惜ミ候而、幕府之御所置御手弛きを甚御憤り被遊候事、一応ハ御尤ニ候へ共、御書中ニ裁断之御所置御一言も無之候得者大義之不立事ニ而、是も亦　幕府之儀与五十歩百歩之違ひ歟与乍恐奉存候、此度之義者古今重大之事故、関東ゟ　朝廷江伺ひニ相成候事ニ候得者、大本大義之相立候様、天下江貫通仕候程之事ニ而無御坐候而者、　御国威者相立申間敷歟与奉存候

一、長崎・箱館・下田等商館之義ハ、既ニ御挙用相成候上者、不及是非候、乍去、是茂御国体を不失様之御政道を、此方より厳重ニ御立可被遊事ニ有之度段被仰候様奉存候

一、此度夷人之願条を御挙用被遊候而者、御国体相立不申候［、御国体を失ひ候而者、御国威も相立不申候］間、奉始　神宮、御代々之被対　宗廟候而も相済不申候故、御英断を以御挙用不被遊方歟、尤、御挙用不被遊候節者彼申条を申募、万一兵端ヲ開き候も難計候、其節者速ニ天下之諸侯江打払之　勅命賜り可申、万一侯《危》急存亡之場合ニ臨ミ候ハヽ、主上、三公・九卿・百官を御引連レ候而、御親征可被遊、　天下之照臨ニ被為盟、其他不被為回　叡慮、御代々之　宗廟　三神器と倶ニ御存亡ヲ同しく被遊候、此旨　大樹公江被　仰達、三家始　天下之列侯江可申達との　勅命ヲ可被下歟と、乍恐奉存候、

右之通、同人申口之内ニ有之候由、如何ニも右等之所御取用ひニ相成、今日之場ニ至り候事与被存候、実ニ御国体ヲ思ひ候而之事ニ候へハ、ケ様論ハ起り申間敷、隠謀有之故、兎ニ角争乱為致度底意与相見へ、実ニ可憎国賊与奉存候、

右之外、頼三樹等申口も同様之事之由、［間部侯御上京前より天下　王政之議論等始り、二条殿を謀主といたし候由、誠ニ危き場ニ至り候事与、今更汗背いたし候］

＊［　］の部分、提出本では削除。

一、十五日夜、三浦七兵衛・嶋田と両人御旅宿江被参、七兵衛申候ニ者、今度堂上方自搏さへ被成候ハヽ、関東より御尋問無之様可致との諸司思召之由申候ニ付、堂上方自搏被成候節、御大老始之謀反等被申立候次第、全く心得違之旨、諸司代より御紏しニも相成候ハヽ、其上関東より別段御尋問者有間敷候へとも、是迄之如く大老之謀反等

之事吟味候様、江戸表より申来候而も、夫者御大老之御私事として御糺しも無之故、此間之　勅諚ニも、矢張　殿下と手を引候抔之事被　仰出候位之事故、たとひ堂上方自搏被成候而も、右等之辺迄明白ニ不相成而者関東より御尋問無之与者難申与御答被成候得者、七兵衛より嶋田江申候ニ者、自搏さへ被成候ハヽ、関東より御尋問無之とハ妙満候も被仰候事と申候ニ付、翌日御伺被成候処、左様之事者無之、何分邪正分明ニ不相成而者難済旨被仰候由、如何にも後々《ノチ》御取締肝要之事ニ付、成丈之御宥免者御坐候而も、邪正之御糺しハ肝要之義与奉存候

一、先日、三条殿ゟ岡田式部ヲ以、加納繁三郎方へ内々被申遣候ニハ、家来も追々被召捕、此上如何相成候事哉、前内府殿入道隠遁位ニ而可相済哉と尋候節、加納答ニ、先達而より段々申上候事を以今其侭ニ被成置候ハ如何之心得ニ候哉、入道隠遁さへ被成候ハヽ、其上たとひ関東より厳敷被仰出候而も、入道も致し居候上ハ、又々御勘弁も可有之と答候由、其翌日、一昨日、
殿下江も入道隠遁之事内々被伺、若州江も相談被致候趣、　殿下へ内伺之中ニハ、是迄甚心得違いたし何共申上様無之旨、重々御誤り之由、右様之御心得ニ候へ者、御心得違之次第、　朝廷江第一御断被仰上候ハヽ、　叡慮も御解ケ被遊候様可相成、其功ニより御咎も軽く相成候様仕度事与奉存候

一、竹輿東行厳重之御取扱ニ付、悪謀方恐怖致候よし、御仕置方関東之御模様方強く相聞へ、
殿下之御挨拶ニ而軽く済候様相成候ハヽ、可然との義、御尤至極、此義ハ御上ニも尤与御聞請被遊候、其余被　仰越候義承知、夫々御答不仕、略義御免可被下、貴地ニ而御吟味之御書類少しも早く当地へ御廻しニ相成候ハヽ、当地御吟味も埒能相済可申与奉存候、憂年も時来り歳暮与相成申候、此廿五日ニも奥御能有之、　御上ニも御拝見被遊候、春ニも成候ハヽ、
御疑念も被為解、御事済ニ而目出度御帰府可被成与楽御待申居候、御報迄如此ニ御坐候、以上

十二月廿八日　　宇津木六之丞

長野主膳様

尚々、両三日ハ別而厳寒ニ御坐候、折角御厭乍憚専一ニ奉存候、時節柄取込、尚来陽目出度可申上候、以上

＊本状は『井伊』十四―四二号では「公用深秘録」より引載。

一、去廿三日付之御書付今夕着、拝見仕候、然ハ十九日
殿下御参内之節、今月六日之　勅答、妙満寺より被指上候御書取并御趣意書等　奏聞ニ相成候折柄、両伝奏衆御帰路ニ而直ニ参　内、関東之御模様、此度　将軍　宣下御頂戴之御式、其御進退向、惣而御十三位之御所作ニハ無之与、
公方様御賢明之趣御祢誉之旨奏聞相成、且先日来、間部侯より被指上候御書取之義ニ付、
天気如何ニ被伺候廉々、　殿下より御奏達ニ相成候ニ付、　主上殊之外御解させられ、扨仰ニ者、此様子ニ而ハ堂上之面々是迄心得違いたし候段不容易候へ共、此事関東より表沙汰ニ相成候而者夫々

家々迄疵付可申、左様ニ而ハ不宜候間、何与歟銘々より罪状申出、此方ニ而相応之咎メ申付候ハ、可然との御事ニ付、　殿下御沙汰被遊候而ハ不宜ニ付、所司代江見込御尋之上ニ而　天気御伺可被遊との御事之由、嶋田を以　殿下ゟ之御沙汰ニ氷解之場ニ至り候間、早々申上候様ニとの御沙汰之趣着、直様御手紙を以申上候処、殊之外御満悦ニ御坐候

*4［一、三条様御合力米之事、御所司代より御取持之一条如何ニも卑劣成事、捧服成事共ニ御坐候］

＊4［　］の部分、提出本では削除。

一、若州侯より三浦七兵衛を以被　仰候ニ者、此度又々関東より御沙汰有之、何歟諸司代ニ而悪謀之取持ニ而もいたし候様思召候哉、兎角若狭守様之御赤心相通し不申迚、申訳被致候ニ付、貴兄之御答方委細被仰下、夫々御尤ニ奉存候、一旦悪謀方江御取入被成候事も、詰り　関東之御為筋ニ相成候様之御取計ニ候ハヽ、関東より彼是被仰遣候訳ニハ無之義与奉存候、此度之一件大体□〔片〕付候ハヽ、貴兄ニも表向御上京之躰ニ被成、諸司代江も御伺御守護向之事ニ付而も御為方ニ相成候様御取斗可被成旨、御尤ニ奉存候

*5［一、嶋田氏ニも出勤被致候様相成候為御悦、被下物之義相伺候処、何分火急之事ニ付、貴兄江為御任被成候間、宜御取計被成候様被　仰出候ニ付、貴地ニ而御取計被下候様仕度、依而別紙相認御廻申候］

＊5［　］の部分、提出本では削除。

一、朔日御大礼之砌無調法有之高家御咎メ被　仰付候、御挨拶不被成候ニ付、　主上御不興之趣、乍恐御尤之御義、惣而右様之御振合ニ相成候へ者、公武とも御合躰、重畳之御義与難有奉存候

一、九月十九日御築地内之投書御写取、御家老衆へ御指出しニ付、追而御廻しニ可相成旨被仰下承知仕候、従是者とかく御無音ニ而貴地ニ而御待兼之趣御尤至極、時々御文通可仕之処、従当方御心得ニ申上候事〔程〕之事も無之、年尾ニ而一入御用多く御返答も取束ね申上候様之事ニ而、何とも奉恐入候、併御心得ニ相成候程之事ハ急使ニ可申上候間、左様御承知可被下候、以上

十二月廿八日　　宇津木六之丞

長野主膳様

尚々、土州ハ来春御隠居御願被成候趣、阿州ハ御改心ニ而、早御参府御願御許容ニ相成候趣ニ御坐候、以上

*6［別紙得御意候、殿下段々之御忠精ニ而　御疑念被為解候趣御承知、誠ニ以御満悦、　御直書を以御礼も被　仰上度　思召ニ候得共、此節柄御遠慮ニ付、貴兄より厚く御礼之義御取計可被成、嶋田氏之義も兼々気之毒ニ　思召候処、雲霧晴レ候趣　御承知、殊之外御満悦為御悦別紙目録之通被遣候間、貴兄より程能御伝へ被成候様ニと被仰出候、宜御取計可被成候、以上

十二月廿八日　　宇津木六之丞

長野主膳様］

＊6［　］の別紙部分、提出本では削除。

＊本状は『井伊』十四―四二号では「公用深秘録」より引載。

一、長野主膳江之返書

旧臘廿五日付之恐悦状、昨二日着、拝見仕候、然者外夷条約一条、従
関東被　仰上候御趣意之旨
天朝ニも御尤ニ被　聞食、旧臘廿四日以
勅書　関東より被　仰上候通りニ被　仰出、同廿五日所司代　殿下
へ御参殿之上、右御書付御頂戴相成、廿六日諸司代妙満寺へ御行向
ひ、廿七日妙満寺より御答書御指上相成手順ニ相成候由、尤妙満寺
より追々外夷遠放ケ候様、精々心配可仕之旨御返答之筈ニ相成、是
ニ而
叡慮も御立被遊候御積之由、国家之幸福不過之、千秋万歳恐悦至極
ニ奉存候、
君上御登　城中ニ着致、御退出直様貴書奉入御覧候処、御満悦無限、
誠ニ御喜悦御安堵被遊御同前ニ奉恐悦候、貴兄ニハ永々潜龍之御姿
ニ候処、一陽来復致意気揚々与御越年、程なく拝眉、何角伺候様可
相成与誠信難有奉存候、右御請迄如此ニ御坐候、以上

正月三日　　宇津木六之丞

長野主膳様

*7「御追書拝見仕候、右様速ニ御事済候事ハ、二条殿江戸表より　殿下
へ御内書被遣、十九日
殿下御手元へ着、其御文言ハ、今度於関東大老始江懸合可申之心組
ニ有之候処、関東ニ而ハ更ニ相手ニなり不申、且
叡慮之旨も有之、殿下思召之旨も可相通与存候得共、何分当地ニ而
懸合候而者　御使も浮候なと丶申立、一向相手ニなり不申候ニ付、
無拠空敷帰洛仕候、
主上江申訳も無之次第ニ付、帰洛之上、　殿下之思食御懇話を伺候
上ニ遂　奏聞候積ニ御坐候間、此書状決而
主上江御洩し被下間敷旨被仰越候由、然ル処、廿二日泉涌寺出火ニ
付、廿三日　殿下御参内之砌、思召之旨も有之、極内々　殿下より
被仰上候ニ者、関東江之御返書向、二条大納言ゟ言上之上被
仰出候御趣意ニ有之候処、実ハケ様成手紙ヲ指越候間、同人帰洛迄
ハ決而不申上様との事ニ者候へ共、此節柄、若　思食之一端ニも可
相成歟と存、極内々入
御覧候間、此事ハ極密ニ被成置被下候様との言上、
主上御一覧之後、二条大納言事請合と申候故、右様申付候事也、然
ルに、唯今オマヘ迄ケ様之手紙ヲ指出し候と申而者、見下ケ果タル
人物也、此趣ニ而ハ、関東へ恥ヲ売ニ行候様成ものニ而、元来二条
ハ役ニ立ぬ男と、けしからぬ御逆鱗ニ被為在、扨ケ様之事ニ候ハ丶、
二条帰洛迄相待候ニも及不申、早々関東へ返事指下し候様との　御
沙汰ニ相成候処、　殿下仰ニ者、併此後何と歟二条大納言働を以、
少しニ而も懸合付候も難計候ニ付、今暫御見合被為在候而ハ如何可
有御坐与被仰上候処、
主上仰ニ、イヤ〳〵あのやう成者の便をまち居候而者、弥関東の気
味も悪敷するやうのもの故、一日も早く返事指出し候様との御沙汰
ニ相成、扨ケ様に□〔猶〕予いたし居候間ニ者、罪人をも弥厳敷吟味いた

し候様、下総守も申事ニ候間、一日も早く返事を出し、あまり厳敷吟味ニ不相成様、オマヘノ働ニ而穏ニ相成候様との旨、嶋田ヲ以被仰越候由

一、右之趣ニ而者、二条殿御自分之私欲より姦計を廻らし、却而御自分十分恥辱を関東江迄売弘メ、関東之御為ヲ□［被］成候事ハ御心之外之働与被仰下、御尤千万、実ニ御案外之御忠節与奉存候

一、妙満寺より毎々被　仰上候御書取ニ、是迄申上候而も尚御疑念被為残候と申而者、此上如何程申上候共、迚も　官武合躰万代治平之道ハ付申間敷、此上ハ悪謀方之吟味を遂ケ、邪正分明之場ニ至り候之外致方無之旨被仰上、引続竹輿東行之事始り、終ニ恐悦之場ニ至り候事、且ハ二条殿心之外之働ニ而、一段速ニ相成候様成ものと御一笑被成候由、御尤ニ奉存候

一、十九日附当方ゟ之書状、廿五日ニ着いたし、二条殿御往復御状写御落手、虚言之証与可相成旨、御尤ニ奉存候

一、此上ハ悪謀方御仕置一通りニ付、御安心之趣、追々御吉左右被仰下候事ニ付、其内ニ者恐悦状到来可仕とハ奉存候得とも、如何ニも悪謀方根強く候間、
君側之悪御取除ケニ不相成而者、御平治之場ニ至ル間敷与存居候処、案外速ニ相済、恐悦至極とも何共申上様も無之次第、実ニ
君上之御精忠貫通仕候事与難有次第、妙満侯江御褒詞之御書之事、御承知ニ御坐候

一、殿下江是迄之御働御懇配難尽筆紙之旨、御年頭状之節、　君上御自書ヲ以、早々被仰進候様被成度旨、御尤至極ニ奉存候、いつれ妙満侯より表向被　仰上候上可被進思召ニ御坐候、今便者小子より嶋田氏迄一書指出置候様ニとの　御意ニ付、御礼状認遣し候へ共、今度之御大切拙筆ニハ中々書取候事難相成、尚又程よく御執成奉頼候

一、是より御守護向之事も被　仰出候事与思召候由、大体ハ妙満寺御帰府之上之御治定ニ被成度旨、御尤ニ奉存候、水戸藩望月四郎太夫上京いたし候由、未働候事哉、役々ニ而も心配いたし探索中之由、御尤ニ奉存候

一、別紙二通、以今若印之御働振ニ而御困り之由、此度妙満寺より御手紙ニ而御改心可被成与思召候由、如何ニも厳敷御書面ニ御座候、右御書面并先日来御老中様方より厳敷被仰遣候ニ付、御改心被成候哉、昨日御老中様方江之御紙面、甚被恐入候御返答之趣御沙汰奉伺候、此後之御取締向、誠ニ御大事之事与奉存候、いつれ龍章より委敷義者右書取御廻し可被下旨、夫々承知仕候、右御報迄」*8

*7〜8の「　」の部分、提出本では全て削除。行間の［　］は、提出本により補う。

*本状は『井伊』十六―三号では「公用深秘録」より引載。

嶋田江之文通、左之通

別紙得貴意候、条約一条ニ付、　官武
思召相違いたし候事ハ、素々悪謀方所為ニ付、
殿下乍恐御千辛御万苦被為遊候趣者主膳ゟ可被申越、主人ニも深く被恐入候次第、一旦之処□［ニ］而者、悪謀方之奸計ニ御落入被遊候哉与

手ニ汗を握り被居候処、追々隠謀相顕れ、今度ハ御疑念も被為解、程よく　勅答も出候趣、主膳より申越、主人之大慶中々難尽筆紙、公武之御為者申迄も無之、万民之幸福、実ニ　殿下不被為在候ハヽ、世ハ何と成行可申哉与、繰返し〳〵御高徳を賞歎被致、附而ハ貴君之御忠精毎々賞美被致候折節、無罪之罪ニ御沈ミ被成候事被承、如何ニも御気之毒被存候、併古より忠臣罪に落入候事不珍、程なく雲霧も散し可申与被申居候処、先便表向□□［御出］仕も被成候様被承、殊之外大慶被致居候処、引続今度之吉左右承知被致、実ニ手之舞、足之踏所も不知与申程之喜悦、早速自書を以
殿下江御礼も被申上度存心ニ候得共、未表向吉左右も承知不被致、且ハ段々　御疑念も被為在候処、漸氷解いたし候場合ニ付、暫く猶予被致候ニ付、貴君迄不取敢私より厚く〳〵御礼申上候様被□［申］付候処、中々拙筆書取之義難相成、実ニ九牛之一毛相認候次第、何分主人存意貫通仕候様御執成之程、伏而奉願候、誠ニ　新御所様ニハ、たくひなき御孝心、国家之義を深く御配慮被為在候御事ニ付、嘸早御喜悦被遊候事与御噂被申居候、実ニ一旦潜龍之御姿ニ而御勵被為在候事ニ付、百陪（倍カ）之御苦心与奉恐察居候処、終ニ御成功之場ニ至り、御心地能御事与奉恐察候、私迄も御高庇ニより、いつ之春よりも長閑覚へ候様相成難有義ニ御坐候、右申上度尚期深春候、恐惶謹言

正月三日　　宇津木六之丞

嶋田左近様

*行間の［ ］は、提出本により補う。
*本状は『井伊』十六―六号では「公用深秘録」より引載。

*9［一、左之御書下ケ、旧冬廿八日出ニ長野主膳方江遣し可申所、取落ニ相成候間、今日断申遣ス

義言江一昨日之拝領物之義、吹聴可申越候

一、若州江当方ゟ厳敷申参り候義ハ、若州之書中ニ御折合ニ相成不申而者迚も治り不申、又条約之内一ヶ条成共引かへニ不相成而者いつ迄も治り不申なとヽ、関東之御主意者丸つふしニ致候申越方、不得其意、兼而上辺者京へ付候而、内実忠義を尽し候段者、発足前我等備後へも申聞心得居候得とも、段々之模様何分若州心得方不宜、其上右書中甚以如何ニ相聞候間、厳敷押遣し候処、甚返事ニ赤心を以申上候なとヽ、いらさる赤心立□（いたカ）し、何とやら当方ゟ申遣候主意、会得無之様ニ相聞候間、又候押し遣し候事ニ候、然ルニ七兵衛申候趣ニ而者、案如く当方より申遣し候主意ニ者齟齬いたし、彼方勝手成取方いたし居候事と存候、此義心得之為、義言迄申遣し置可然与存候

極　廿八日］*10

*9～10［ ］の部分、提出本では削除。
*本状は原本あり（『井伊』十六―五号）。

［正月五日］*

*［ ］の部分、提出本では削除。

一、長野主膳江之文通、左之通

一書得御意候、春寒強御坐候処、
御上益御機嫌能日々御登　城被為遊、御同意奉恐悦候、然ハ旧臘廿五日出立恐悦状着、其後鯖江侯幷御所司代より之恐悦状御到来可有之与、日々御待被為在候得とも、今以着不致、尤、旧臘廿四日付之御便り後者未御便り無之ニ付、其内ニハ着いたし可申候得共、余り延着ニ付御案思被遊、如何可有之との御沙汰ニ付、廿五日出ニ申参り候趣ニ而ハ、最早狂ひ候気遣ひも無之、自然相違之義も候ハヽ、別飛脚ニ而可被仰上旨、貴兄より申上も有之処、其後便りも無御坐候故、御気遣ハ有之間敷与申上居候得共、是程之御大事ニ付、刻付之急便を以被　仰上候ハ必定、余り延着ニ付、御案思申上居候事ニ御坐候

一、別帳壱冊御廻し申候、右者　御上より下総守様江御廻しニ相成、早速御取押へ可被成旨被　仰進候間、直様其御取扱ニ可相成、小笠原長門守様へハ石谷様より委敷被　仰進候、右之内、智順義者内実公辺江返り忠之者ニ付、御気間ひハ無之候得共、麟孝者真之隠謀方ニ有之、此者ハ旧冬之内ニ上京いたし居候趣ニ付、少しも早く御召捕ニ相成候様ニ与思召候、尤、密書等も可有之ニ付、右等之品被取隠不申様之手当方専要与思召候、右之趣、貴兄より密々渡辺・加藤等江前文之次第御申含被成候様可申進旨被　仰出候、小笠原様ニも御所司代ニ御斟酌之御様子ニ御申上被成候間、当方之思召ハ、悪謀之次第ハ、飽迄御穿鑿御仕法　御憐愍ハ其上之御取計ニ有之、吟味方ゆるかせニ相成候而ハ思召ニ相叶不申、御所司代之御見込も可有之候へ共、当地之　思召ハ動き不申ニ付、其御心得ニ而御取計被成候様今日被　仰遣候ニ付、左様御承知可被下、追々被仰下候趣ニ而ハ、最早　御疑念も被為解候事ニ付、あふなけハ無之とハ被存候得共、此度之書面ニ大日本史編集等之事迄書立、如何にも
朝廷を大切被成候趣取なし有之、如何ニも悪物之秀才、可恐可憎事与奉存候、智順事ハ前文之次第ニ付、御取押へニ相成候而も表一通りニ而、内実御いたわり之御取扱御坐候様、石谷様より小笠原様被
仰遣候間、此旨も両子へ為御心得置可被下候、右之趣申進候様被
仰出、如斯ニ御坐候、以上

正月五日　宇津木六之丞

長野主膳様

＊本状は原本あり（『井伊』十六―九号）。
＊提出本では、この間に提出本抄出のNo.4を挿入。提出稿本では「別紙二一〇号書類一綴此所へ入ル」と注記される。

一、長野主膳江之返書、左之通

新暦之為御嘉儀貴翰忝拝誦、如命御慶愛度申納候、先以
上方様益御機嫌能被為遊　御超歳、御同意奉恐悦候、随而貴様愈御壮栄被成御越年、目出度御義奉存候、被入御念早々御祝書忝、右御礼御祝辞申上度、尚期永陽之時候、恐惶謹言

正月十一日　宇津木六之丞

長野主膳様

尚々、　君上江之御祝儀申上、両大夫同役江之御祝詞相達申候、
尚宜との事ニ御坐候、以上

別紙得御意候、大晦日ニ者、間部侯御参　内、諸事御事済之上、恒
例御拝領物之外、御格外之　御思召を以、真之御太刀御拝領被成候
旨、妙満侯より為御知有之、　殿下よりも嶋田を以、御皆済ニ而、
於　関東も御安心之御事ニ可有之旨、貴兄より御申上被成候様申来、
猶又関東より御帰洛之方々　御上之御評判何方ニ而も宜敷、且御薫（勲）
功莫大之旨、諸人称讃致、　殿下にも御満悦被　思召候条、分而被
仰進候旨御承知御満足被遊候、右之御請程よく被仰上候様被　仰出
候、右御一条恐悦状着後、間部侯ゟ之御状到着不致ニ付、　御上ニ
も御不審ニ　思召、小子も甚御案思申上居候処、大晦日ニ万端済ニ
相成候趣之御状、去ル七日ニ着致し御安心被遊、恐悦不過之、誠以
難有、貴兄之御胸中嘸早与想像仕候
一、若侯思召ニ者、京地之事者銘々迄残り候義ニ付、御諸司之手ニ而治
り付候様被成度思召、右者貴兄より兼而御申上置被成候様被成度と
の御事、弥御改心、何卒一日も早く御取締相附候様被成度旨、御尤
ニ奉存候
一、旧臘廿九日、御所司代より三七を以、し丶ら御慰斗目・御紋付御小
袖・麻御上下御頂戴被成候よし
[君上へも申上、両大夫・同役江も吹聴いたし候様被仰下、承知仕候]
＊［　］の部分、提出本では削除。
一、水戸家江
勅書被下候義ハ、御国体を被為
思召候而より之御間違ニハ可有之候得共、右様之義
公辺之御威権ニ拘り候へハ、
朝廷之御威光ニも拘り候次第、殊ニ御大切之　勅書、軽キ者江御渡
し、忍ひ而持下り候抔、以之外之義、水戸家ニ而も右様之
勅書被下候ニ付、如何可仕哉与
御差出しニ可相成処、彼御家ニ而者眉目与被成候義、是亦大成間違
之筋ニ付、向後右様之御間違出来候而者、実ニ
朝廷之御威光ニ拘り、国家惑乱之基ニ付、右様之義出来不申様被遊
度、右
勅書此侭ニ而ハ不宜、此度　勅答も相済候事ニ付、旁以　朝廷江御
取戻し相成候様、　殿下并間部侯江程よく御申上被成候様ニ与　思
召候、右
勅書此侭ニ而者、水府御心得違之種与相成、大害之基本与深く御配
慮被為遊ニ付、御丹精[可有]
＊［　］の部分、提出本では「可被下候」と記す。
一、悪謀荷担之堂上方御咎メ方
主上より御内意有之、間部侯より当方江被仰進候処、竹輿連中御吟
味詰ニ相成不申而ハ不宜との御見込も有之候へ共、身分も違候義、
且ハ
主上之　思召を以被仰出候義ニ付、別段之御取扱ニ相成候而も可然
との　思召ニ而、御談判被遊御折合ニ相成候得とも、余り不当之義
出来候而者不宜ニ付、一応御仕置懸りニ而為取調候上との御評決ニ

相成候由、間部様より機会を失ひ候而ハ不宜与被仰進候義、至極御尤ニ被為　思召候間、精々御差急被遊候ニ付、不日ニ御返答被　仰進候旨も宜御申上被成候様ニ与被　仰出候間、左様御承知、宜御取計可被成候、已上

正月十一日　　　宇津木六之丞

長野主膳様

＊本状は『井伊』十六―一九号では「公用深秘録」より引載。

去五日附之御紙面、同十二日ニ拝見仕候、然者旧臘格別之　御拝領物之義難有被為思召、一旦之御危難之節ニハ如何可成行哉与、実ニ御苦心被成候処、今日之場ニ至り恐悦被仰上候事、誠ニ難有被思召御感涙被成候段御尤至極、　年始ニ御出之御客、　又者御使者等迄　御上之御徳を賞讃而已ニ而、心地能春を迎、別而長閑ニ相覚申候、御詠吟拝見、御存之通り和歌者不案内ニ候へ共、御実情之処、乍憚感吟御胸中想像、御同前ニ難有奉存候事ニ御坐候、水府も此節者大弱り、金銀ハ不及申、御重代之重宝ニ而も賄賂ニ遣ひ、とふ歟無難ニいたし度とて内々相働居候よし、夫ニ而も不行届節ニ者絶体絶命必死之覚悟抔与申居由、此言葉おとし心ニ候哉、憎き事ニ候、いつれニも　勅答も相済候上者、水府計騒き候迚何程之事ニも無之、夫ニ付而も、先便得御意候水戸家江之　勅書、少しも早く御取戻しニ相成候事、　朝廷公儀之御為、且ハ水府之御為ニ而、詰りハ万民之仕合候間、御骨折御説得可被下候

一、御詰《預》り地之義、委細御趣意被仰下、　殿下より御沙汰有之、間部侯御持帰りニ而御評議与相成候事ニ候へハ、何も御指問ハ無之、実ニ永々　御守護之御弁理究竟之御義、大津之事ハいつれニも御取建ニ相成候方御為方与奉存候ニ付、篤与御取調、御帰府之上被仰上□〔候〕御都合可然与奉存候

一、諸司代より旧臘三浦七兵衛を以被仰遣候ハ、京地之事、行々当職ニ而治メ不申而ハ不相成義ニ付、此度堂上方自搏一件ニ付而も、諸司代之申条ニ而治り候様不致而ハ、跡々之御為ニ不相成候間、右之趣、貴兄より当方江御申上ニ相成候様との御事ニ付、貴兄被仰候ハ、いつれニ諸司代を慕ひ候様無之而者治り不申、乍去自搏と申而も、堂上方旧悪を被改候ニ付而者、御自分〳〵之悪行懺悔被成候而、或ハ入道、当官辞退、隠居等被相願候事ニ候ハヽ、其後関東より厳敷御沙汰等有之候共、精々諸司代之御働ニ而、御銘々之御僉議等者無之様相成候ハヽ、入道之後も諸司代ヲ御頼候様可相成、然るニ唯今之御振合者、銘々当官辞退、或ハ隠居、重きハ入道被致候も、病気申立ニ而、旧悪之事者不被仰出様との御事ニ而ハ、邪正分明ニ者難相成与御申被成候へハ、三七申候者、其義ハ尤ニ候得共、妙満寺江被伺候処、関東之　思召も可有之、混雑之儀候而ハ不宜間見合候様被仰候ニ付、何共いたし方無之与之事ニ付、貴兄御答ニ、右者堂上方自搏之手続ハ諸司代ゟ之御働ハ格別、妙満寺江被伺候而ハ六ヶ敷も道理、其儀ハ　主人家江御伺相成候共同様之義ニ可有之、乍去銘々自搏して隠居ニ而も入道ニ而も勝手に被成候事ハ、只今なら御指支ハ有之間敷、各旧悪ヲ懺悔して自搏被成候手続ニ相成候事ニ候ハヽ、諸司代の御名ヲ被出候迄ニも及不申、三七□（与）貴兄之御心得ニ

而も不苦候、御申被成候へハ、何分邪正分明相成候上ハ、元日より
表向御出歩行被成候様とて、御着用物品々御もらひ被成候よし
　右ニ付、嶋左より眼玉之伝言之処拝見、不覚吹出し不絶抱腹次
　第、乍去、右様之御所置ニ而者何とも恐入候事ニ御坐候
右自搏筋御見込之通ニ而宜との　思召ニ候ハヽ、別封ニいたし、三
七江為御見被成候而も宜様ニいたし指置候様被　仰下、承知仕候、
右者先便申上候通り、
主上より御内沙汰有之、間部侯より当方江御伺ニ相成、不日ニ御返
答も被仰進候御都合ニ相成御坐候事ニ付、今日□［ニ］至り候而ハ真ニ自
搏□［被］成候者重畳、自搏等之御趣工ハ御止メニ相成候方可然哉与奉存
候
一、去八日付之御書付拝見仕候、追々御吟味筋厳重ニ相成、此上ハ堂上
方夫々自搏之手続ニ相成候ハヽ、早々事済可申、近衛殿老女村岡も
御呼出し、御役所留ニ相成候へ共、未何事も不申、尤取次ハいたし
候得共、鷹司殿家来小林民部権大輔事、何事も近衛殿江者御直ニ申
上候由ニ付、小林を御吟味相成候ハヽ、近衛殿諸大夫式部権少輔之
事も相分可申歟之由、且三条殿家来森寺因幡守・同丹羽豊前守口上
御廻し披見いたし候、此二冊者未江戸表江者廻り不申ニ付、石谷江
廻り候而も可然との義承知仕候
一、小林口書二綴、是ハ町奉行ゟ当地江相廻り候由、
殿下御書下ケハ如何可有之与被思召候ニ付、御手元之扣御廻し、外
岡田式部探索書も同様之由被仰下、入　御覧申候
一、牧式部も帰洛早々御呼出し、御役所留ニ相成、其外探索書も参り候
得共、妙満寺江入御覧、
殿下江上り候分も皆々下り不申ニ付、跡より御廻し可被成旨
一、貴兄ニも、今暫く御潜居之方可然との妙満寺思召ニ付、御見咎之由
永々之事ニ而御欝滞推察仕候、乍去もは□［や］御安心之上之事ニ付、是
迄とハ大ニ相違仕候事与奉存候、妙満侯も泉涌寺・智恩院・養源院
等御参詣、七口御警衛所御見分も被成候由、御心地能御巡見も被成
候事与奉恐察候、真之御太刀御拝領ニ付、御贈答御歌御実情ニ而面
白き御事、御心中無早御嬉敷事与推察仕候
一、嶋田氏　殿下より当坐之為御褒美、白銀二百枚拝領之吹聴申来候処、
　御当方ゟ被　仰越、御書取為持被遣候与行違ニ相成候よし、よき
都合与奉存候、嶋田も扨々手柄成事、心地よく精勤被致候場合ニ至
り、御同慶仕候、御序ニ宜御一声奉憚候
一、日参御児宮小路左馬頭殿一件、妙満寺より出候御書取諸司代江廻り、
直ニ　殿下御手元上り候由、追々御取締も付候様相成恐悦奉存候、
御諸司之御書取ハ如仰御手弱く奉存候、自搏一条ニ付、妙満寺江御
指出し被成候御見込書之通なれハ重畳之御義ニ候得共、風与悪謀方
ニ而手弱き御所置与見掠候而ハ大害与奉存候、尚御賢考可被下候、
右御報迄如此、云々

宇津木六之丞

長野主膳様

＊本状は『井伊』十六―四二号では「公用深秘録」より引載。行間の［　］は提出本により補う。

［　極密書

兵庫之北風某与申者、近国ニ而之富家之由、右之者御舘入ニ相成候ハヽ、亀蔵・権蔵両人も同様之富家ニ而、諸共ニ御出入も可仕見込ニ有之、幸右北風者間部侯之御家中毎日御出会被成候芥川舟之廻縁之者ニ付、右舟ミ江御出入ニ相成、

御家御勝手之仕法を付呉候ハヽ、是迄御出入之者も一致して御仕法付候様可致与御申聞、此程内々間部侯江も御申上被成候処、尤ニ思召、舟ミより先方江程よく引合候様被仰候ニ付、御頼被下候由、とふ歟、右之者御舘入ニ相成候へ者重畳之義、何分御丹精可被下候

一、京都三井・井善等御出入之事、御役方江扶持方さへ遣し候ハヽ、何時ニ而も出金いたし候様之見込ニ候へ共、右様之事ニ而ハ、却而御家を見透され候様可相成との御配意、御尤千万、大金調達出来之上ニ而、御扶持被下候との順なれハ可然与存候、内膳殿ニも御同意ニ候間、右之御含ニ而御取扱可被下候］

＊［　］の部分、提出本では削除。提出稿本では、墨塗りの上、半丁を切除。本状は原本あり（『井伊』十六―四二号）。

正月十三日

一、石谷因幡守様江権兵衛罷出ル

今度京都より御指下し御吟味物、五手之御懸りニ候処、寺社奉行御・御勘定奉行ニ而飽迄御僉議御坐候而、大騒動ニ可相成も難計、当時御幼君之御義ニ付、大体ニ而為御済ニ相成候方可然との御見合ニ而、石谷様御見込とハ甚相違いたし候ニ付、段々御討論之上、評定所組頭之見込も御尋被成候所、是等ハ尚更穏当之御取扱可然与申居候由、隠謀之者有之、

御幼君之節御調無之与相成候而ハ、

公儀之御威権ニも拘り可申与御歎息候由被仰越、委細申上候処、以之外心得違、右様之義水府江聞江候時ニハ大害之基ニ付、右御掛り和泉守様江罷出、委細　思召之処申上候様、六之丞へ被仰付

一、松平和泉守様江今夕六之丞罷出ル

指向被　仰進候御義御坐候ニ付、御目通相願度趣、公用人中川善右衛門を以申上候処、早速御逢有之、御口上并思召之通申上候処、右様委敷御事柄者御承知不被成候へ共、今日於営中、右之御様子粗御承知被成、奉行ハ説得いたし候而も中々手先共迄行届不申、不捨置義ニ付、板倉周防守・佐々木信濃守者御役御免ニ成不申而者成申間敷哉与、御同列ニも御談被成候事ニ有之、思召与符合いたし候ニ付、明日承り、糺速之取計ニ可致、備後殿江も明朝罷出、委細之訳柄、且思召之処申上置呉候得者尚更御都合宜旨被仰候間、罷帰り伺候上、罷出候様可仕旨申上、寒夜御使太義ニ思召候趣ニ而、御酒御肴御菓子等被下置罷帰り申候処、夫々御承知、明朝太田様江も罷出、委細申上候様被仰付

正月十四日

一、太田様江御内用ニ付、六之丞御使者相勤

御直書持参、御目通相願、委細御口上之趣申上候処、御承知被成、品ニ寄夕刻可被召呼旨ニ付、罷帰り其段申上、尚亦夕刻罷出候様処御

逢有之、御用之次第被仰含、可相成ハ十六日ニ押而御登　城被遊候
様ニハ相成間敷哉、尤、右御用丈之事ニ付、九ツ比ゟ御上り、御用
済次第御退出被被(衍カ)遊候而宜敷旨被仰候間、罷帰り申上候

正月十五日

一、太田様并水野筑後守様江、六之丞御使者相勤
太田様へ罷出、明日押而御登　城之義被仰進候処、何分聢与不被成
候ニ付、明日御登　城難被成、指向候御用向ニ付、色々御養生被成
候得とも、御熱気も強く御登　城難被成ニ付、宜敷御取扱御坐候様
被成度旨、公用人牧田貞右衛門ヲ以申上候処、御口上之趣委細御承
知被成候、御登　城無之而ハ指問候廉も有之候得共、御不快之義ハ
致方も無之、同列共申談如何様ニも可仕、御大事ニ御保養被成候様
ニ与被　仰出
一、水野様江此度異船渡来之模様并書翰、太田様御受取ニ相成候而者余
り軽々敷相成候ニ付、外国御奉行ニ而御受取ニ相成候方可然　思召
候旨申述候処、筑後守様疔ニ而此程中御引籠中、異船渡来之由ニ付、
押而も御出勤被成度候へ共、何分御出勤難被成、御同役江御文通ニ
而御様子ハ時々御承知被成候間、右之義も御心付被成候間、御同役
江御申遣し被成候ハヽ、国王之書翰ニ候へハ御執政ニ而御受取被成
候而可然、彼国東海之軍将国王之命を承り候へ共、指向候用向有之
ニ付、書面指越候義、左すれハ此方ニ而外国奉行受取御老中江指出
候事、必当之訳ニ付、右之訳柄申諭し候ハヽ、可然旨申遣候得共、最
初備後殿御用多ニ而御受取難被成趣ヲ以談判いたし、左候ハヽ、滞留
いたし居可申与申聞候所より、致方なく御受取之埒ニ相成候事与被
察候、もはや御治定ニ相成候事ニ付致方無之との御趣意、且亜国江
一番ニ使節被遣候より、清国江一番ニ被遣候ハヽ、可然との御見込、
利害得失御咄し、御序ニ申上置候様ニとの御事、至極御尤ニ存候ニ
付、罷帰夫々申上ル

正月十七日

一、今朝太田様御登　城前江、六之丞罷出候様申来候ニ付、罷越ス
御逢有之、竹輿連御吟味方ニ付、板倉様・佐々木様ゟ三奉行物懸り
之義被仰立候事ニ付、御相談被仰進、罷帰り申上候

正月十八日

一、薬師寺様御出、色々御談有之
戸川播磨守様江御心得方御伝言、御壱人立被為召候様との事ハ至極
可然ニ付、其趣ニ御取扱被下候様可申遣旨被　仰出候ニ付、廿日ニ
其由通及文通

＊提出本ではこの間に提出本抄出のNo.5を挿入。提出稿本では、朱書で「三号四号此所へ写シ込ミ」と頭注あり。

正月廿一日

一、伊達春山様ゟ罷出候様申来、六之丞罷越、御逢在之
但、伊予守様御入湯願いつ比可被仰付哉、御出立前御仏参、御近親
様方へ為御暇乞御出、并吉見長左衛門之事、阿州弾正大弼様より之

御伝言、長崎伝習御用等之事御談し有之

正月廿四日

一、御書付類御下ケ取調候様被　仰付候内、左之御書付有之ニ付、其儘ニ而ハ後年障りニ可相成ニ付申上、書添返上仕候

一、安政五午年九月十五日附ニ而酒井若狭守様より、同廿三日太田備後守様江御到来状之写

当地御警衛向之義、弥御大切ニ被　思召候ニ付、去ル寅年拙者御警衛被　仰付、松平時之助も同様被　仰付候間、申合可相勤旨被　仰付、脇坂中務大輔殿当地御勤役中御達有之、異船近海江渡来之節者、最寄要所之方御土居内江当番年ニ者一番手人数差出、御所九門江二番手人数差出可申、非番年ニも相応人数指出、右之節者御土居内江差出相固候様御達有之候処、去ル卯年世上穏ニ相成、禁裏ニも　御安慮被遊候由ニ而、出張人数差略候而も不苦旨被　仰出候ニ付、当番年ニ者一手之人数差出、非番年ニ者百人余指出来候処、当六月猶又御手厚ニ被　仰出候ニ付、拙者并時之助儀、是迄相手代当番非番相立御警衛相勤候得共、向後両人共家来定詰ニ被　仰付候、然ル処、今般拙者儀所司代被　仰付候ニ付而者、二条御城御警衛向之義者都而御任セニ相成、在番之番頭者勿論、市中取締等夫々及差図、御警衛向厚行届候様、其外援兵之儀、且陸路御固、其節之模様ニ寄可及差図旨、中務大輔殿御勤役中、其御地より被　仰越候ニ付、外御警衛之面々と一同相成候儀者差支候ニ付引離、二条御城并　御所向之守護専一ニ可致存候、且所司代ニ付、御役懸之者并平常之火消固等人数も差出置候事ニ而、殊ニ若州海岸并越前敦賀湊者当地近海要所ニ候間、防禦筋も手厚ニ相備置可申事ニ付、是三通之人数者難指出候、併当時勢ニも有之候付、所司代勤役中ニ者候得共、拙者家江者前々　御内命之趣も有之候ニ付、右之御趣意之通、別段臨時不虞之為御守護一手之人数拙者拝領屋敷ニ差出置、所司代ニ付御役宅ニ差置候人数も折混、精々手厚ニ致度候間、七口内并　御所九門之御固之方江者不差出候事ニ致し度存候

一、松平時之助、是迄相手代同様人数差出候処、向後家来定詰ニ被　仰付候、然処前書相伺候通、拙者義、二条御城并　御所向之守護専務之事ニ付、七口内并　御所九門之御固等引離候上者、右箇所々、時之助一番手二番手人数差出可致御警衛旨可相達候哉

一、拙者御警衛方之代、拾万石以上之向ニ而今壱人被　仰付、時之助申合、七口内并御所九門両手ニ而御警衛被　仰付候様相成候ハヽ、如何可有之哉、右之通被　仰付候上者、向後時之助同様、一番手二番手人数差出可置旨相達可申候哉

一、松平讃岐守・松平出羽守・松平越中守江此度当地増御警衛被　仰付候間、御守衛筋厚く可心掛旨被　仰付候付、何茂一番手二番手人数迄差出、陣屋地被下候迄者、夫々御警衛被　仰付候口々最寄之寺院江為相詰可申、尤遠路隔候得共、異船動静之模様ニより、早速出馬可致旨相達可申候哉

右之趣、御自分様迄相伺申候間、宜御差図被下候様致し度存候、以
上

九月十五日　酒井若狭守

太田備後守様

＊本状は原本あり（『井伊』十—四二号）。

[此御書付之趣、後ヾ《後》年御警衛を御守護与致候御下心与見候間、別紙之趣意を以御押へ置、且御老中様方奥御右筆辺ニ而も、御守護与御警衛之差別混し不申候様御諭し置被下置候様仕度奉存候

右之外ニ心付候義も無御坐候ニ付、御書付類返上仕候

正月廿四日　公用人]

＊[ ]の部分、提出本では削除。

別紙左之通

所司代勤役中是迄通り御警衛人数者難指出、併当時勢ニも有之候付、所司代勤役中ニ者候得共、其方家江者　前々御内命之趣も有之候付、右之御趣意之通、別段臨時不虞之為御守護一手之人数拝領屋敷ニ差出置、所司代ニ付御役宅ニ指置候人数も折混、精々手厚ニ致、七口内并御所九門之御固之方江者不差出事ニ被致度旨得其意候、然処、

帝都御守護之義者

神祖以来深き　思召を以井伊家江御委任之事ニ付、当時掃部殿御役中ニ候得共、御守護之人数者被指出置候義ニ有之、不虞之備一手之人数被指出候事者尤ニ候得共、御守護之備与唱へ被申候事者遠慮可有之事与存候

＊1

＊提出本では、＊1の部分に安政六年正月廿九日条の＊1～2の[ ]の部分を挿入。提出稿本では、この間の頭注に「三号▨▨▨▨▨、四号此所へ書込」との朱書あり。別綴文書を挿入するが、別綴文書は提出本抄出のNo.5と、前記＊1～2の[ ]の後半「勅書之御答、間部侯より被差出候写」以下の部分である。

正月廿九日

一、長野主膳江之返書左之通

去十二日付之御書付拝見仕候、然者

君上御風邪ニ付十二日より御引籠、今度者少し御念入候而邪気御抜ケ兼、御全快之場ニ至り不申候得共、差向候御用向も被為在候ニ付、今廿一日より押而御登　城被遊候処、先々御当りも不被遊、日々御登　城被遊恐悦奉存候、　太閤殿ニ者愚味（昧カ）之上被及御老衰、昨年来被為廻御病痾、諸判御不弁御不行届、且御見込違之段誠恐入思召、依而御落飾之義御願、左府殿ニハ当官随身兵状（杖）等御辞退、且御落飾之御願、右府殿ハ諸事御浅智ニ而、諸藩之忘説邪正不分明之次第猥ニ言上、全御見込違之趣ニ而当官御辞退、且御落飾御願、三条殿諸事御不行届御見込違深く被恐入、御落飾御願、夫々去十一日ニ御願ニ相成候由、右様御自分より恐入御願ニ相成候へ者、穏ニ而至極之御都合与　御上ニも被思召候、[貴兄并嶋田氏御働格別之御義与奉

存候」

一、十二日諸司代参　殿之事ハ、当官落飾等御願ニ付、　主上　思召ニ者、亜夷一条ニ付而之事ニ候ハヽ、元来昨春堀田備中守上京之節、甚不得其意申上方ニ而、外夷と戦争いたし候ニ者、外夷之軍法を習練之上ならてハ軍ハ出来不申抔、惣而　将軍之本職とも不覚、其上川路左衛門抔、猥ニ承久之例抔申立、無道之振舞等申立候ニ付、一統心配いたし候より事起り候義ニ而、其義者朕も同様申聞候事也、然ルニ間部上京之上、初而先役之所置ハ不宜、当時大老・々中之所置ハ正道に有之旨相分り候義ニ付、一統改心《(ママ)》上ハ、別段被罰候訳ハ無之、若墨夷之義ニ付不宜与申立候ハヽ、先第一備中守こそ重々罰候筈との御事ニ而、右当官辞退・落飾等相願候事ハ何等之趣意ニ有之候哉、若狭守・下総守へ相尋候様、　殿下迄被　仰出候ニ付、十二日諸司代参殿ニ相成、十三日諸司代妙満寺江御行向ひ之上御相談ニ而御返答相成候由、殿下思召ニハ、此御返答ニ者墨夷一件之事ハ更ニ不申、王政廻復之廉を以申上候様との御事ニ付、色々御心配被成候由、此御一条者跡々御取締肝要之処ニ付、御厚配御尤ニ奉存候

［一、嶋田江之被下物、浜縮緬代銀三拾枚之事申上置候］

一、去十五日付之御書付拝見仕候、今井小源太之義、御上ニも御承知ニ付、　御書下ヲ被下置候間、御廻し申候、全浅野様御勤役中之功ニより御賞美ニ相違無之候へ共、折悪敷人気ニ障り候事、右等ハ御所司代町奉行等ニ而考へ可有之事との御沙汰ニ御坐候、加藤《(納)》・渡辺等今度格別被働候者共江御賞賜方、小笠原様より急度被仰立可然義与御噂ニ御坐候、呉々も折悪敷所ニ而人気立候事ニ御坐候

一、京地ハ追々御埒付ニ相成候ニ付、当方之義深く御案思被成候間、少しも早く御帰府被成度旨、御尤ニ奉存候、其御地もはや御安心与申御見居も付候ハヽ、一日も早く御下りニ被下候様、拙よりも万々相願候事ニ御坐候、御長屋之事御尤ニ奉存候、御上屋敷も詰り有之候得共、御着之比合分り候ハヽ、如何様ニも御繰合出来候様相願可申、一体御長屋向之事ハ誰江為御任置被成候哉、名前為御聞被下候様いたし度申談し取計候様可仕候

一、智順義、御召捕ニ相成候次第申立候趣等被仰下承知、右申口之趣ニ而ハ中々油断不相成、深く御配慮、北野・清水等江　君上之御身御災難無之様御祈願被成候処、二月三月ハ至而御大事之月ニ而、四月よりハ至極宜旨被仰下、如何ニも四月ニも成候ハヽ、御安心之場ニ可至、人事を尽し候上ハ、神仏を祈候より外無之義与奉存候

一、当官御辞退・入道御頼ニ付、去十日勅諚写、同間部侯より御返答之写拝見、勅諚之趣ニ而ハ、隠謀荷担与申事　御承知無之事与存候、御返答之趣程よく　御聴入ニ相成、夫々御願通りニ被　仰出候ハ、跡々御取締も聢与致し、国家長久之基与奉存候

一、麟孝ハ未手ニ入不申由、御手配り厳重ニ恐れ、未京地江踏込不申控へ居候事歟、此者御手ニ入候ハヽ、証拠ニ可相成物御手ニ入可申事与被存候

一、水府も又々騒立候哉ニ相聞へ申候、併在府之天狗共ハ京地之釣合も

切レ候故歟、此節ハ大弱りニ而金銀財宝ハ不及申、御家重器迄も賄賂ニ遣ひ、とふか御舘無難ニ相済候様ニ与働居候趣ニ御坐候、此手段ニ乗り候御役人も有之歟、折角御差下しニ相成候召人、今以墓々敷御吟味も無之、就中、御懸り寺社御奉行板倉周防守様・御勘定奉行佐々木信濃守様御異存御申立、石谷様与二ツニ割れ甚面倒ニ付、御上ニも深く御配慮被為在候、しかし此一条も程なく相済可申、左候へハすら〱与御埒付候様可相成、此一条ハ中々難尽筆紙、程なく御帰府之節可申上、為指御心配ニ及不申候、神仏御告之如く、四月ニ至り不申而ハ御安心之場ニハ至り申間敷、二三之両月ハ実ニ御大事之御場合与奉存候、右御報如此御坐候、以上

正月廿九日　宇津木六之丞

長野主膳様

＊本状は原本あり（『井伊』十六—六一号）。

＊1［去十日出候　勅諚写、左之通

蛮夷之義ニ付、去年十二月晦日心中氷解之旨及返答候通、弥此上ハ関東与合体ニ而、早く夷族を遠ケ度念願而已ニ候、然ルニ、左・右大臣、三条前内府等、自昨年称所労無出仕、右府ニハ何歟武辺差支之筋有之歟、左府ニハ自身所労引籠、三条前内府も同断、殊ニ遠所江退去候趣聞及候処、今度各辞官落飾願出候、右者如何成事哉、元来

神州之瑕瑾ヲ深憂苦して、夷族ヲ遠ケ度忠憤之志より、大臣を初人々心苦致呉候訳ニ而、大樹江対し異心を夾ミ候筋ニハ一切無之処、道路遠隔之儀、関東江者如何相聞へ有之疑念未散スニ候得共、去年晦日申出候通、弥以関東与合躰決定之上者、他事者打捨、於関東役ニも早く疑を解き、国内平穏之処置肝要ニハ無之哉、朝廷ニも大臣数輩永く引籠候而ハ、彼是公事等差問候間、速ニ出仕候様致度、宜関白取計可被有之候事

右

勅書之御答、間部侯より被差出候写

鷹司太閤殿・近衛左大臣殿・鷹司右大臣殿・三条前内大臣、辞官落飾被相願候義ニ付、

宸翰之御写等拝見被　仰付、委細酒井若狭守を以被　仰下候趣、奉謹承候、先達而中より右之方々家来等及吟味申口之趣、別冊之通ニ而、諸藩浮浪之妄説ニ被惑、邪正不分明之次第、篤与可被加勘弁処無其儀、猥ニ言上、隠謀悪計を被取持候筋ニ相当り、御心違之事共等先非後悔被致、辞官落飾被相願候段御殊勝之御義、右ニ付而者、夫々被相願候通

御聞届被為　在候方可然奉存候事＊2］

＊1～2の［　］の部分、提出本では正月二十四日条末尾に挿入。本状の原本あり（『井伊』十六—四四号）。

＊3［一、前文与同時、主膳江極密申遣ス

竹輿東行之面々吟味方大切之御義ニ付、寺社御奉行板倉周防守様・

町御奉行石谷因幡守様・御勘定奉行佐々木信濃守様・大目付久貝因幡守様・御目付松平久之丞様御懸り被　仰付、五手之御調与相成候処、板倉・佐々木御両人、最初ゟ之手続御承知無之迚、書面類御見分、又ハ石谷与討論等ニ而段々引延し、其上ニ而御両人御申立被成候者、的証も無之ニ付、今日迄之御調之所ニ而為御済ニ相成候方可然、此上強而御吟味ニ相成候節ニハ、如何様之大事ニ可及も難計、御幼君之御義ニ付、御大事之御場合与奉存候間、何分御吟味詰ニ相成候而者御為筋ニ相成不申との御見込、石谷様ニハ可及大事義、強而吟味者不好事ニ候へ共、不容易隠謀可有之与見へ候事、御幼君之御時節ニ付吟味不被　仰付与相成候而ハ、公儀之御威権ニ拘り候義、其上隠謀之者御吟味無之候得者、御静謐ニ治り候与申御見居へ有之候哉与御考被成候へハ、発覚致候上ニハ不及是非候へ共、穿而害を引出し候義不宜との御評議二ツ割れ、何分御評決ニ相成不申、左候ハヽ、双方御見込上江伺候様可致迚、御引分れニ相成候由、其後評定所組頭木村敬蔵殿、石谷様江参被申候者、水府老公ニハ人望も有之、格別之御方ニ御坐候処、御大老意趣有之御慎与相成候抔与世上ニ而ハ申唱候との咄し、石谷様ニも興を被覚候次第、右敬蔵ハ川路与無二之入魂之由、佐々木も川路之引立ニ而別魂之趣ニ付、素より隠謀落胆いたし居候事哉、又ハ水府之賄賂ニより右様申立候事哉、未御見留ハ付不申、よもや板倉ハ関係いたし候様之事ハ有之間敷、一体評判宜方ニ候処、不軽見込違案外成事ニ候、とかく隠謀方ニ而ハ水府初御咎被　仰付候事ハ、高松侯より之讒訴御大老御聞込より事起り、石谷ハ素ゟ御大老之手ニ付居候抔与申唱候趣ニ付、　御上より遮而御決断被為遊候時ニハ、愈以右様之悪説申懸ケ、人心を惑候様可相成哉との御配慮ニ而、御老中并大小御目付等御尋ニ相成候所、板倉・佐々木之如き御見込之方ハ無之、大体御評議も寄り候ニ付、両三日中ニ者御埒も付可申ニ付、此一条ハ決而御心配ニ及不申候、誠ニ案外之事ニ而、余慶之御心配御手後ニ相成候事ニ御坐候、一体佐々木与申人ハ、御勘定手より追々立身ニ而、終ニ奉行ニ迄経上り候程之人ニ付、川路同様秀才之悪物与聞へ申候、併妙満侯ニハ殊之外御気ニ入之人与承り候間、其旨御心得可被下、是ニ付而も隠謀方根□□[深キ]事、油断成不申義与奉存候」*4

一、太閤殿初、左大臣・三条殿等御咎方之義、
主上之　思召ニ而被　仰出候趣ニ、間部侯御直書ニ而被仰遣候間、惣而間部侯より被仰遣候通御紙面類御取調、明日比宿次を以被仰遣候由ニ御坐候、*5「右御紙面類ニハ、矢張　関東より罪状御取極メ之様ニも見へ申候由、関東より御取極与成候時ニハ、竹輿連中御吟味請之上ニ無之而ハ罪状御取極難相成ニ付、飽迄
主上之　思召を以御咎被　仰付候事ニ相成不申而者、後々御不都合ニ相成候間、此所厚く御心得御取計御坐候様ニ与被仰出候」*6

一、堀割一条之義、若州様御発駕前ニ小笠原様へも何となく御止メニ相成候様御差含、御取扱御坐候様ニと御談しも有之、小笠原様へ御直ニ被仰含置候御義も有之、最早御気遣無之事ニハ思召候得とも、万一再発いたし候様之義御坐候而ハ一大事之義ニ付、貴兄御在京中ニ、若州侯・小笠原様江も尚又篤与御主意御咄し、篤与御取固メ被成置候様ニ与被仰出候、越前・敦賀なとも今度御見分御坐候得とも、京

都近き御場所ニ付、右ハ御差除ケ、多分新瀉（潟）ニ御取極可被成　思召
ニ付、其段者御安心被与申義、若州様江被仰上候［而宜］との御沙汰ニ
御坐候、［一］体堀割之一条ハ、未間部様江ハ御直話不被遊候よし、鯖
江之為ニハ堀割出来候方御弁理之趣ニ付、被申上候事ニ候ハヽ、不
容易御次第、柄篤与間部様へも御申上置被成候様ニ与被仰出候間宜
御取計可被下候

＊3～4、5～6の［　］の部分、提出本では削除。本状は原本あり（『井伊』十六―六二号）。行間の［　］は「公用深秘録」草稿本で補う。

一、長野主膳江之返書

正月廿二日・同廿五日両度之御紙面拝見仕候、兎角春寒去兼候処、
先以　御上益御機嫌能日々御登城被為遊、御同意奉恐悦候、其御地
も追々御静謐ニ相成、妙満侯ニも口々御巡見、酒井様為　御上使御
上着ニ付、人気も大ニ穏ニ相成候由、恐悦奉存候

一、水府江之　勅書御取戻し之一条、若州侯卒忽より大間違与なり、　殿
下御逆鱗之御模様、貴兄・嶋田氏、右ニ付大御骨折之次第委曲被仰
下、扨々余慶之御心配御迷惑之段深く御察申候、先々九分通御治り
付候趣承り安心仕候、若州よりも三七ハ邪魔ニ相成候との聞へも御
坐候、今度
殿下御逆鱗ハ、後々御取締ニ相成可然御義与奉存候

一、殿下より御内命、今度之一条、一通り相済候与申迄ニ而、間部帰府
ニ相成候而ハ其跡之処甚心配ニ有之、諸事皆済、行々御安心与　殿
下も思召、も［者］や帰府被致候而も宜敷与被仰候迄ハ御帰府不被成様
被成度との義、是ハ旧冬　御上并太田様ゟも被仰遣候事ニ御坐候、
然ル処、此節間部侯荷物等御取下付有之、右者無拠帰府之事ニ候
ハヽ、跡々之処慥成目付壱人京住被申付候而、諸事関東与合躰候様
不致而ハ治り申間敷与被　仰出候由ニ付、諸司代ハ今度様之御取計
ひも有之、行々無覚束御見込与御推察被成候間、貴兄被仰上候者、
関東之思召ハ勿論、間部侯も此末御合体御安心ニ相成候迄者御帰府
之思召ハ有之間敷、尤　殿下江御相談もなく御発駕ハ決而無之旨被
仰上候由、御尤ニ奉存候、此一条　殿下御賢察之通、間部様ニも御
滞屈与見へ、御帰府被成候様関東より被仰候様被成度趣被仰越候由
ニ候得共、京地之義もはや御気遣ひ無之、御安心与申場ニ至り不申
而ハ不宜ニ付、今暫く御在京御取締も付、御安心之場ニ至り候上御
帰府被成候様ニ与、御返答被遣候様御沙汰ニ御坐候、如何ニも永々
之御在京御退屈御迷惑之段御尤ニ候得共、再発いたし候而ハ一大事
之事ニ付、其所貴兄よりも折を以程能被仰上候様致度奉存候

一、貴地ニ而聞へ宜御役人、関出雲守殿・川村対馬守殿・大井十太郎殿
＊7 加藤正三郎殿、中ニも加藤ハ格別之由聞へ有之旨、則申上置候、惣
目付とて別段被差置候事御不相成哉との義も申上置候、新規之義ニ
候得とも、時宜ニ寄候而之御取計ニ付、此義ハ今度之一条并京地之
有様御会得被成候妙満侯篤与御考量之上、如何ニも惣目付与申者被
指置候方可然旨被仰上候ハヽ、御埒も早く付可申、貴兄より内々被
仰上候計ニ而ハ、
御上ニも御取扱方御面倒ニ可有之歟与奉存候、尚御賢考可被下候

＊7の部分、上段加筆は、次のとおり。

「御下札

此四人之名前下総よりも申越候、然ル所、関出雲者モト留役出ニ而多弁之男、佐々木同様之人物、尤之撰□［与］ハ不被存、川村対馬、是ハ差働有之者ニ候得共、先年太田氏シクジリノ時、水の越前、川村江申付、太田之風聞を取候由ニ而、太田ノ憎ミ強く候事、大井・加藤者随分宜敷見込ニ者候得共、是以加藤者アメリカ使節付添蒙り居、大井者誠之新役、加藤とても古役とハ申難く、飛出候而ハ御目付中之気配も障り可申哉、夫も論ナク候得共、夫程之人物ニも無之、評義一決不致候事」

＊8［一、君上御災難除之御札差上申候、御志之程御満悦ニ而御礼奥江上り申候、一体御札類ハ御小納戸江下り候事御定例ニ候処、奥江上り候ハ格別之御義、一段之御仕合与奉存候

一、此間極密得御意候一件ニ付、去二日板倉周防守様御奏者番ゝ〔番〕寺社御奉行両御役御免、雁之間席被　仰付、佐々木信濃守様御役御免、寄合席指控被　仰付、木村敬蔵殿御役御免、小普請入被　仰付、寺社御奉行松平伯耆守様・町御奉行池田播磨守様、御勘定当分助、公事方助ニ而御両人懸り被　仰付候、右ニ而正道之御調ニ可相成与奉存候

一、〔去〕廿八日出之御書付拝見仕候、近・鷹・三之罪状書并水府勅書御取戻し之御書取共、妙満侯より御指出しニ相成、翌廿六日
殿下御手元迄上り候間、近々御都合可相成与被仰下、夫々御書付拝見仕候処、誠ニ御都合能被仰立候事ニ而、御上ニも御歓被為在候、とふ歟被仰立通り、すらり与相済候様いのり居候、右　勅書御取戻之御沙汰も相済候上ハ、　殿下其跡御取締方迄篤与御相談被遊、十七ヶ条御規則迄も御建被遊度之思召有之候へ共、妙満侯ニハ御使之廉ハ勿論、水　勅御取戻し迄も御用済相成候上ハ、無謂御滞留も相成間敷ニ付、近々
殿下と妙満侯御対面之上御相談可然との義、御尤ニ奉存候、　御上初御当方之思召ハ、悪謀再発不致様御取締付候上ニ而御帰府被成候様との思召ニ付、
殿下と御相談御安心之所ニ而御帰府ニ相成候へ者、重畳之御義与奉存候］＊9

＊8～9の［　］の部分、提出本では削除。

一、間部侯御発駕被成候ハヽ、貴兄ニも御出立可被成歟、御勝手之事御埒付之上ニ而御発途可被成歟、両条之処御配慮之次第委細申上候処、一ト先御帰府被成候様ニ与被仰出候間、左様御承知可被下候、御帰府之節、性名を御替被成候事、河原氏考へ尤ニ　思召候間、如何ニも性名御替、成丈御用心被成候方可然との思召ニ御坐候

一、新御所公之御手紙　御覧、実ニ行末頼母敷御方与御感心被為遊、思召付も無之、指向候御用向等ニ而御延引ニ相成候へとも、其内ニ［被進物之事も何分者被進候事与奉存］候、右御報旁如此

＊［　］の部分、提出本では削除。

二月八日　　宇津木六之丞

長野主膳様

尚々新御所公之御手紙、返上仕候

一、富田《トミ》より進上致候大小　殿下江被入
御覧、下り不申由同人へ相咄し候処、左様之事ニ候ハヽ、又々取集
指出し候様可致との事ニ候
一、通神鳥一枚絵之義、吟味為致候処、此節もはや余り出不申由、右様
之画ハ其時限りニ而売買止り候趣ニ御坐候、漸手ニ入候丈進上仕候、
以上

＊本状は『井伊』十七―八号では「公用深秘録」より引載。

二月三日

一、昨二日　思召有之、板倉周防守様へ御奏者并寺社奉行御免、雁之間詰、
佐々木信濃守様御勘定奉行御免、寄合被仰付、評定所留役組頭木村敬
蔵殿御役御免、小普請入被　仰付、京都より之召人吟味、松平伯耆守
様御勘定奉行助、池田播磨守様同断御懸り被仰付
　但、池田様ハ町奉行也

二月十六日

一、長野主膳江左之通及文通
去五日、同八日付之御手紙夫々拝見仕候、今以春寒去兼候処、先以
君上益御機嫌能日々御登　城被為遊、御同意奉恐悦候、［＊1然ハ板倉
様佐々木之一件御承知御立腹之次第、御尤ニ奉存候、右様御心得違
之御役方またゝ有之、余慶之御心配恐入候事ニ候、併先便得御意
候通、夫々厳重ニ被仰付候ニ付、一体御役方眠も覚、弥々御為方五
手之御調ハ勿論正路ニ相成、此節御調も始り候間、追々分明ニ分り
候様可相成与奉存候］＊2

＊1～2の［　］の部分、提出本では削除。

一、間部侯御帰府御急之趣、委細被仰下承知、此義者、貴兄より被仰越
候、御同様之御趣意ニ而、弥廿一日ニ貴地御発駕与御決心之趣、御
老中様方へ下総守様より被仰進候由、一体堂上方御咎も済、京地御
取締も付候ニ付、御帰府可被成旨、表状を以御伺之上御帰り被成候
御都合可然との御評義ニ而、右之次第可被仰進御書面御出来之処江、
前文之通、廿一日御発途御治定之御手紙到着いたし候得共、矢張御
認置之御書面、昨十五日宿継を以御差出しニ相成候由、　勅答も相
済候事、且ハ開港以前ニ　勅答之次第御達し等之義も有之、旁以御
帰府御急き被成候事御尤ニ候得共、　殿下御案思之通、後々御取締
急度付候上ニ無之而ハ御不安心千万ニ付、右之処御見留付候上ニ御
帰府ニ相成候様被成度　思召ニて被仰進候事ニ御坐候、水
勅御差戻し之事も、段々之御丹精ニ而程よく御承知ニ相成候趣、恐
悦之至、　御上ニも御安心御満悦ニ御坐候、右御取戻し之一条、如
何様之御振合ニ相成候事哉、自然下総守様御承り込ニ而御帰府之上、
水府江御達ニ相成候様之次第ニ候得ハ、水藩ニ而疑惑いたし返上仕
兼候様之義出来可致も難計、一体　勅書
公儀江御差出しニ相成候方可然旨、御老中様方より御達しニ相成候
節、中納言様ニハ御指可然旨御老中出し可被成思召之処、天狗共自然之節ハ、　右　勅
書を振廻し、死ニ物狂ひ之種与いたし居候事ニ付、中々承知不致、
中納言様強而被仰候ハ、如何様之義出来可致も難計ニ付、今日迄其

侭ニ相成有之次第、実ニ天狗共ニハ守り本尊といたし居候事、下総守様御承りニ而、御帰府之上御達しニ相成候而ハ疑惑致、中々返上致申間敷、左候時ニハ水府御違
勅与相成候ニ付、厳重ニ不被　仰出而ハ難相成、左候へハ忽破レニ及鉞戟を用ひ候場ニ可至も難計、左候而ハ吹毛疵を成候訳ニ付、今般関東之　思召御尤与御承知ニ付、先達而之　勅書ハ返上致候様ニ与伝　奏を以被仰出、所司代より御達しニ相成候様被遊度　思召、自然左様難相成御次第ニ候ハヽ、水府之一件御埒済迄此侭ニ被成置候方却而可然との　思召ニ候間、下総守様江、右之趣程よく御申上被成候様ニ与被仰出候

　但、下総守様江遮而被仰上候而ハ不宜、本文之主意御老中方ゟも被仰遣候事ニ付、貴兄江御沙汰御坐候ハヽ、其節本文之趣意御含御答被成候様ニ与之御事ニ御坐候

一、亜夷条約之内ニ、五月ニ至金川開港与御取極ニ相成有之候得共、右宿開港与相成候時ニハ宿駅付替へ不申而ハ難相成、交易願立候夷人之為ニ古来より之往還付替候与申義如何ニ付、横浜ニいたし候様ニ与
君上より被仰出、永井玄蕃頭・井上信濃守両人、於金川ハルリス江応接いたし候処、何分承伏不致、強而申候得ハ各国江相談之上返答可致との由、依而右御両人被仰立候者、此上強而申候ハヽ、各国申合せ剛訴可致、其場ニ及、御許しニ相成候而ハ御体裁不宜ニ付、金川ニ御取極ニ相成候方可然与申立、御評義与相成候処、諸御役人方一同、御両人御申立之通り御許しニ相成候方可然与被仰上、備後守様始御老中様方ニも、右申立之方ニ御泥ミ被成候得共、　御前ニハ左様ニ不被　思召、飽迄金川ハ不相成与御拒絶之訳ニハ無之、当方不都合之訳を申諭し談判致候事ニ付、彼レより軍艦指向剛訴可致訳も無之、万一数十艘渡来致候迚、此方よりハ飽迄穏ニ応接いたし居候而宜義、彼か意ニ違ひ候時ニハ恐嚇可致ニ付、其意を迎へ只今許し候迚御体裁宜とハ不被存、十分ニ事を尽し候上、無拠次第承知之上許し候方可然、兎角彼かいふなり次第ニ致置候様、京都之思召も有之歟ニ被察候ニ付、今度ハ十分ニ応接いたし承伏致候得ハ重畳之義、夫共不許而ハ難相成事ニ候ハヽ、其場ニ至り許し候方可然旨断然与被　仰立、御閣老方ニも御承服被成候ニ付、水野筑後守・堀織部正・村垣淡路守三人被召呼、御趣意之処篤与被仰含候処、御尤与承伏いたし候ニ付、永井・井上与引替、右御三人十一日より金川江御出張被成候、右之御評義ニ付、十日之御退出夜五ツ半相成申候、御前之御英断ニ而夷人江之応接方も一洗いたし候事、誠ニ以難有御義ニ御坐候、此義ハ嶋田等も承り候ハヽ、嘸大慶可被致、十三日暁七ツ時ニ永井・井上之御両人御出、御逢中夜ハ明ケ候次第ニ御坐候、是迄之弊風御染込之御役人方を一変被遊候事ニ付、中々不容易御骨折、他ニ而も
御上不被為在候ハヽ、世ハ何と成行可申与申、一日之御不参ニ而も世上ニ而気ニ掛苦ニ致候折柄、今月ハ七日計も御不参ニ付、貴地迄も聞へ、所司代より御尋御坐候様相成候事与奉存候、実ニ昼夜之御心労奉恐入御安思申上居候得共、少しも御怠慢なく御精勤被下置、天下之幸福与難有奉存候、御報旁如此御坐候、以上

二月十六日　　宇津木六之丞

長野主膳様

＊本状は『井伊』十七―一七号では「公用深秘録」より引載。

二月廿六日

一、長野主膳江町飛脚ニ而返書、左之通

去十二日出之貴書拝見仕候、漸春暖相催候処、先以君上益御機嫌能日々御登　城被為遊、恐悦至極御同意ニ奉存候、*1［然ハ近・鷹・三〻之御四方、大原家等之罪状之事、主上も御承知にて御安心之処、九日ニ　殿下御参内之節、　主上仰られ候ニハ、今度之一件、元来ハ昨春堀田上京之節不道理成事を申候ニ付、右様之役人ニ任せ置候而ハ天下之事甚気遣ひニ有之候ニ付、朕も不安心ニ存、臣下江も其趣申聞、水戸江

勅諚申下し候事也、尤、水戸江申遣し候事ハ、関東へも相達し置候上ハ無理成義ニ而ハ無之、然ル処、此度下総守上京ニ而始而是迄之役人之所置ハ悪敷、唯今之役人ハ正道ニ有之事を承り、一統安心候故ニ諸事氷解、墨夷一件者飽迄不承知ニ候へ共、関東江対し延引之事申出候事也、然ル上者、臣下之無調法ニ而も無之候へ者、四方を始大原三位抔入道為致候事決而不相成、夫共墨夷一件之義ニ付、是非共臣下を入道為致候与申候ハヽ、　御譲国之御決心与、強　勅一昨日ニ打てかわりたる仰、依而　殿下被仰上候者、一応御尤ニ者候へ共、関東より者　朝廷を嵩尊之余り罪状一件も段々品を付、関白江迄申来候事ニ候へ共、尚忠聊も私之計ひ可致之心得無之故、一々言上仕候事ニ御坐候、本筋ニ而申さハ、関東より諸司代江申越、諸司代自分ニ斬別ニ参罪状申聞候筈之処、左様候而者御外聞ニも拘り、殊ニ太・左・右・三条等、表ハ墨夷一条ニ事寄、左候へハ一寸計上江ハ申上、下ニ而ハ一丈も働き、已ニ大巻物之如く　徳川家茂江ハ九拾万石与へ甲府江遣し、諸侯ニ封し候抔与申立候へハ、関東ニ而其侭不指置も道理也、又政事向ハ既ニ御委任之上者、墨夷一条とても京都ゟ彼是可申筋ニ者無御坐候、尤、水戸方ニ而申候処ニ而ハ、天下者

朝廷之ものニ候へハ、御回復之趣ニも有之候得共、武家江御委任と申も頼朝将軍以来掟ニ而、只今始り候事ニ而も無之、其後

朝廷ハ微々タルものニハ候へ共、応仁乱後之有様ニ比し候へハ、織田・豊臣・　徳川と段々

朝廷も宜敷相成候処、今更　王政回復等之事を申候者、対関東候而も不相成義ニ候、然ルニ、夫々右様之悪謀ニ荷担候得者、三公始関東之自侭ニ不致、銘々ゟ為願辞官落髪等之沙汰ニ相成候事ハ、全

朝廷を尊崇之故ニ而候処、右様之事被　仰出候而者不相済、乍去　勅愈之事ニ而候へハ可申遣候得共、一昨日御承知之旨若狭守江申置中一昼夜隔ニ而表裏反復之事を申候ハヽ、

天子ニ無二言と申場ニも相叶不申、其上

天位を御譲被遊候事も、　太子立坊等も相済、御時節ニ至り候而之上ニ候ハヽ、　恐悦之御事ニ候得共、唯今俄ニ御譲国等之事ハ決而申出候事ハ不相成、強而右様之事被　仰候ハヽ、尚忠ハ明日辞職可仕

与厳敷被　仰上候処、
主上仰ニイヤ〳〵おまへ辞職与申事ハ決而不相成与被　仰候ニ付、
色々言上之上御下り、翌十日朝、
殿下御直翰を以、昨日被　仰候四方罪状御不承知之旨、弥関東へ申
遣し候而可然哉与御伺ニ相成候処、直様　宸翰を以御答ニ、右関東
江申遣し候事ハ不宜候間、若狭守与熟談之上、精々軽く事済候様ニ
との御事ニ而、余程御和(ら脱カ)き之御様子、尤、右様被
仰(出)候変事ハ決而他より之言上ニ有之事、定而大原ニ而も候半歟迚、
一両日大原家之進退十分御探索之趣夫々承知、扨々大変乍恐　殿下
御迷惑奉恐察候、併、段々御忠精之御諫言ニ而御和らきニ相成難有
御事、右起元ハ、彼板倉・佐々木之一条より変心生し、大変ニ及候
事と奉存候、実ニ　殿下被　仰上候通、三公方之罪状関東より被
仰進候様相成候而者、
朝廷ハ不及申、関東之御失徳ニ付、右様不相成様被成度　思召候間、
偏ニ　殿下御忠精之程頼思召旨、程よく御申上被成候様との御沙汰
ニ御坐候、呉々も御心配御苦労之程、深く御察被遊候御事ニ御坐
候]*2

＊1〜2［　］の部分、提出本では削除。

一、間部侯も弥廿日ニ者御発駕与御治定之由、右者十六日出之書状ニ申
上候通、銘々之御取締付候上、
殿下ニも御安心之場ニ至り候上、表状を御伺被成候上御帰府被成候
様ニ与、去十五日出宿継を以御老中様方より被仰達候由、宿継之事
ニ付、廿日迄ニ者着いたし可申、江戸表之事御案思も御尤ニ候得共、
折角貴地之御都合宜相成候処、跡戻り致候而者一大事之事ニ付、と
ふか右飛脚着、今暫く滞留ニ相成候得者宜(か)と毎々御沙汰有之、右様
之事可有之哉与御案思被遊、旧冬も被仰進候義ニ有之処、扨々困り
候事と御あせり被為在候事ニ御坐候、今一応関東之御返事御承知之
上ニて御治定ニ相成候得者宜処、扨々不都合成事出来、　殿下江被
対候而も御気之毒ニ　思召候事ニ御坐候、此旨宜御申上被下候様仕
度奉存候

一、去ル十五日出之貴書拝見仕候、然者十日之夜
御所南門江五寸廻り位竹ニ而×之如く打付、十一日夜何人歟取払候
由ニ而、段々探索ヲ御入被成候得共、一向相分り不申、定而鷹印等
之御所行ニ而も有之哉と申候由、何之為ニ右様之事仕候事哉、兎角
人心を為迷候手段と相見、可惜事ニ御坐候、去廿一日飛脚屋と申、
油紙包帳箱壱裏御門江持参、上書ニ御名様御内椋原主馬様・田中雄
助様・九条殿内塩小路大蔵権少輔・信濃小路民部少輔与有之、開封
致候処、

中将様　　左大臣

右之通上書之壱封有之、添書等も無之、何とも不審成事悪謀方之手
段ニも可有之与被察候ニ付、右紙面塩小路・信濃小路江廻し、為念
尋遣し候様被仰出、右書面封之侭主馬・雄助より相廻し申候、此書
状も十日出与認有之、　南門之一条与同日ニ有之、同し悪人之手段
ニ者無之哉、嶋田氏江御出会之節、右之次第御咄し置可被下候

*3［一、四方之罪状も、水老之御仕置相定候迄ハ御不承知之勅諚ニ而、御趣
意甚六ケ敷、　殿下も殊之外御心配ニ而、妙満寺ニて出来候　勅答

も漸御打合ニ相成、去十四日諸司より　殿下江上り、直ニ九ツ半時
殿下御参　内ニ相成、右之御様子ハ未御分り不被成、分り次第可被
仰下旨承知仕候、とふ歟程よく参り候様いのり居候事ニ御坐候」*4

*3～4の「」の部分、提出本では削除。

一、妙満侯弥廿日御発駕御治定ニ付而者、　殿下御心細く　思召候へ共、
無拠義ニ付、今暫く悪謀落着迄、貴兄并舟之居残り跡々之事情御考、
御内々　殿下と関東御往復之事、間部侯御在京中之通御取計御坐候
様被成度、貴兄事ハ
御上ニも御承知之事ニ付宜候得共、舟之事ハ妙満寺江御斟酌も有之
ニ付、貴兄より妙満寺江御申上被成候処、御両人御居残り之義御承
知ニ相成候間、御居残り被成候由則申上、御承知ニ御坐候、如何ニ
も永々御上京、此上御居残り御大任何とも御苦労至極、一体其御地
之御用相済候ハヽ　御上にも早く御逢被遊度との　思召、小子も御
待兼居候次第ニ御坐候得とも、貴地之御模様相伺候得者、間部侯御
発駕後之事、御大事之御場合ニ而御忠勤奉希候、当地之義御案思被
成候事、御尤至極、中々油断成不申、乍去
君上段々之御忠勤ニ而、諸御役方も追々正路之方々御進ミ、邪曲之
方者退き候様相成、先日得御意候通、金川ニ而今般応接も、　思召
通り亜国江使節被遣候義ハ秋迄延期之事ハ承伏致、金川与横浜との
場所替之返答ハ五月迄待呉候様、彼方より申出候場ニ至り、十分之
応接ニ而、
御城内ニ而も是迄ニなき応接ニ而心地能事迚、専ら評判も宜く、彼
使節ハルリス応接中甚立腹いたし候得とも、水野・堀・村垣立会、
御目付加藤正三郎殿等飽迄手強く応接有之、彼方より返答五月迄待
呉候様申出候場ニ至り気味能事、右四人之方々御褒詞被　仰出候、
是と申も、全　君上御居り宜処より之御義、難有奉存候事ニ御坐候、
去廿四日ニ永井玄蕃頭御軍艦奉行、井上信濃守小普請奉行江転役被
仰付、酒井隠岐守・加藤正三郎外国奉行被　仰付候、是ニて弊風一
洗いたし応接方正路ニ相成、追々御国威も相立候様可相成与難有奉
存候、異国之一条、水府之一件も不容易事ニ候得とも、指向き
御城内御一洗不被遊而者難相成ニ付、種々御配慮御苦心奉恐察候事
ニ御坐候、水府も間部侯御帰府之上者厳重之被　仰出も可有之、其
節ニ者必死之覚悟与申、御国より急発之手当致居候ニ相違無之由、
尤、天狗共老公なくならせられ候へハ、公儀より御咎無之とも、い
つれニ咎メ蒙り鼻柱も打折られ、羽も抜かれ候与申事承知ニ付、此
者共ハ死ニ物狂ひ之働いたし可申、乍去水藩志有之者共ハ御家大事
ニ付、自然之節者、天狗共ヲ敲き殺し候手当もいたし居候趣ニも相
聞へ、当時之処ニ而者如何ニも沢山なる天狗と見へ候得共、時勢ニ
つれ天狗組へ這入居候者も多分有之様子、右様之次第ニ而、迚も一
致いたし合戦等ハ出来不申、自然之節ニ者　御家之御一手ニ而も十
分ニ御取押へハ出来仕候、況哉御譜代御大名、諸御旗本も有之事ニ
付、可恐事ハ更ニ無之、前以御大名方江討手之御内意等御坐候ニも
及申間敷与奉存候、最早当地ニ而ハ水府之隠謀与申事誰知らぬ者も
無之ニ付、荷担いたし候者ハ有之間敷候得とも、貴地ニ者悪謀方大
分有之事ニ付、又々
主上を欺き、　勅諚等出し候様之義御坐候而ハ、実ニ御取計方六ケ

敷一大事之義ニ付、御忠勤奉仰候
一、一条殿諸大夫若松杢権頭・入江雅楽頭口書御廻し、正ニ入掌、則奉入　御覧候、関東調伏之事相違も無之様子、不軽事共ニ御坐候
一、江戸表ニて、先頃竹輿連等申口并投訴大巻物之本書等紛失致し候風聞御坐候由、右様之事ハ更ニ無之事、是も悪謀方より申立候事哉与奉存候
一、鵜飼書翰ニ曲木と有之候ハ、小子ヲ指候事ニ候、手ヲ廻し悪謀より探索ヲ入候趣ニ付、用心いたし候様被仰下千万難有、是迄迚も油断ハ不仕候得とも、猶更要心可仕、不思議一名ヲ得候事与独笑仕候、右御報迄如此御坐候、以上

二月廿六日　　宇津木六之丞

長野主膳様

*本状は原本なし。『井伊』十七―三一号では「公用深秘録」より引載。

十八日付之御書付拝見仕候、十六日以　勅書被　仰出候罪状一件、妙満侯ニも殊之外御心配ニ而、時宜ニより今五六日も御延引可相成哉之趣、併、五六日之御逗留ニ而可治之御見留有之候ヘハ御滞留も宜敷候ヘ共、同様之義ニ候ハヽ、何之所詮も無之義ニ付、御老中、其上昨年来御催有之候　公武御約定御判之一条も、間部侯段々御骨折ニ而、其御沙汰相止候様之手続ニ相成居候ヘ共、主上ニ者、其　御思召被為在候ニ付、弥六ケ敷模様ニ候ハヽ、間部侯急之御立も可然歟之　殿下思召も被為在候ニ付、御発駕之処御治定ニ相成不申由、種々御苦心奉恐察候、何卒御程能御折合付候様奉祈候
一、十五日出ニ被遣候一条殿家来入江雅楽頭・若松杢権頭申口之内、近衛殿より右府殿ヘ御相談ニ而、関東重き御役人調伏之祈禱、伊勢国武内近江ヘ被仰付候、重き御役人被指候者、御上与太田侯・間部侯御三方、右江水野土佐守も加り有之候ニ付、矢張　御養君一条与被察、公方様をも調伏之事知れ不申由、扨々奉恐入候事ニ御坐候、調伏祈禱之的証之申口初而出候ヘハ、追々其類も発覚可致、何分不容易義ニ付、根ヲ断不申而ハ又々如何成大事を相巧ミ可申も難計との義、御尤ニ奉存候、入江・若松も近々東行之連中ニ加り、都合十四人ニ候ヘ共、武内近江も近々御召捕出京可相成、左候ヘハ是も東行与思召候旨、貴地ニ而ハ追々御行届ニ相成恐悦奉存候
一、囚人も薩州・仙台之両輪之御押ヘ、近々加州之御挨拶ニ相成、皆々無別条罷帰り可申との専ら風聞有之ニ付、又々悪謀方勢ひ付、辞官落飾違背ニ相成候事之由、　君上之太田侯与御隔失(確執)相成候抔与申唱候由、悪謀方之奸計可恐事ニ御坐候
一、貴兄・舟之御滞留之義、妙満侯御承知ニ而御書下ケ之趣承知、此義ハ別紙ニも申上候通、君上ニも御承知ニ御坐候、貴地治り方、三月下旬ニも及可申御見込之由、何分御丹精奉存候
一、先月廿九日後、御便り無之旨被仰下、去八日、同十六日被指出置候間、もはや御承知之御義与奉存候、右御報如此御坐候、以上

二月廿六日　　宇津木六之丞

長野主膳様

＊本状は原本なし。『井伊』十七—三二号では「公用深秘録」より引載。

三月九日

一、長野主膳方江之返書、左之通丁子屋へ出ス

二月廿二日付之御書付拝見仕候、春暖之節、先以君上益御機嫌能日々御登　城被為遊、御同意奉恐悦候、然者、間部侯ニも弥廿日ニ御発駕被成候由、殿下も御承知之上ニ而御発駕ニ相成候由被　仰下、

御上ニも御安心被遊候

一、貴兄御用済御見留付候所ニ而、一度表向御上京之振ニ而、御所司代・町御奉行江も跡々之事共御申談し之上、御帰藩一両日相立候処、世間ニ而者江戸表へ御下り之様ニ御見せかけ、又々御上京、京地之事相済候上、潜ニ御登り可被成旨、至極之御都合与奉存候

一、竹輿も弥廿五日立ニ而東行、渡金附添之由面会、貴地之御模様も可承与奉存候、石谷様江も為引合候つもりニ、此程御約束申立候、同人之今度之精忠可感事ニ御坐候、とふ歟出格之御沙汰ニ相成候様仕度奉存候

一、御守護向御手当之次第御尋之義不容易ニ候、間部侯御帰府之上、表向御承知御答も被遊候事与奉存候、当時御勘弁御都合ニ相成、早く被仰上候事、御尤ニ奉存候

一、廿五日付之貴書拝見仕候、御守護一条ニ付、大津築地并御預り地之事、御尤ニ奉存候、［築地出来候得ハ永々御益筋、且当時御入用丈之金子ハ調達為致可申との事、兼而大津奉行申居候、右辺之処、聢与御談し詰被下候様仕度、］両条とも御帰府之上、篤与御厚談之上取計ニ仕度奉存候

＊［　］の部分、提出本では削除。提出稿本では、この部分墨塗りあり。

一、廿八日付之御書付拝見仕候、水勅御取戻し之一条、間部侯江被仰上候処、御勘弁方も被為在候間、急度御取返し被成候との御事之由、右様御見居へ候も御坐候事ニ候へ者、重畳之御義と奉存候

一、間部侯御発駕、廿一日所司代ヲ　殿下被召、四方罪状之内落飾者御不承知、其外之向々も軽く相成候様との　御内命ニ付、所司代より御別紙之通言上ニ相成、右所司之御答書　殿下御参　内之節御持参可相成筈之処、思召之次第も有之、廿四日久我殿ヲ以奏聞ニ相成、廿七日　殿下御参　内ニ而被　仰上候ニ者、彼御四方御罪刑之義、此上押而関東江被仰進候而者、

公武御合躰之御旨趣ニも相悖り、其上四方夫々自書ヲ以被伝候義ニも有之、旁以願意之通速ニ被為　仰付候方、御憐愍之廉ニも可有御坐歟ニ思召候条、遮而御奏上被為在、尤、　殿下ニ者、右罪刑三方者御摂家御同列ニも有之、且太閤殿ニ者格別御懇篤之御間ニ付、牧式部少輔も段々若州江被仰込、尤、罪軽ニも有之候ニ付、種々御挨拶被仰入候辺ゟ東行人数究り之内より、一人別ニ京残ニ相成候程之御事ニ付、太・左・右三公之御進退向ニおゐてハ、可成丈ケ御寛宥之義御願被成度者勿論ニ候得とも、既ニ若州之御返答書ニも、御為不相成義者、此上如何様被　仰出候共、関東江申遣し候事難仕云々、且又間部御滞留中度々言上之書類、夫是考へ被為合候而者、此上折

角御寛宥之義関東江被仰進候共、画餅とも可相成、　殿下之御実情
御打明し委細ニ奏上被為在候処、漸
御叡知被為在、勅答ニ者殿下之言上成程至極尤也、是迄種々苦心被
致候処
御満足ニ思召、悉皆　殿下江御委任被遊、四方罪刑者勿論、諸事宜
敷様心配取計可有之旨御直命被為在、誠ニ御気之毒思召候得共、
先々御静謐御安心之場ニ帰し、此上違変者有間敷旨為御知御坐候由、
委細御紙面ヲ以申上候処、誠ニ初中後、段々之御丹精ニ而上々之御
都合ニ相成、国家之大幸不過之迚、御満悦ニ御坐候、先日来
御直書も被指上度　思召ニ候得共、何分御繁勤候へハ程なく万端済
ニも可相成、其上ニ而被進候方御心障りも無之、旁以御猶予被為在
候事ニ御坐候間、不取敢御礼之義、宜御取計置被成候様ニ与被　仰
出候、貴兄ニも千辛万苦御勤労ニ而、今日之場ニ至り御安心被為遊
旨、宜御伝へ申候様ニとの御意ニ御坐候、誠ニ昨年来御忠精ニ寄
御安心之場ニ至り、於小子も難有、嘸早貴兄ニも御安心御大慶可被
成、嶋田氏ニも大安心被致候事与奉存候、是亦忠精之次第毎々御沙
汰も有之、全丹誠ニて成就致候との御沙汰ニ候間、程よく御伝へ置
可被下候
一、大火之義、御聞込御心配之段御尤ニ奉存候、四御屋敷共御別条無之、
御近親様方御類焼も無之恐悦至極、焼場之書付者先便御廻し申候間
御承知与奉存候
一、悪謀之残党、嶋田を妬ニ種々姦計ヲ企、東西与力江同人を召捕呉候
様ニ与手入等いたし候ニ付、殿下ニも御案思被遊候由、誠ニ憎き事
ニ御坐候、貴兄御帰府之砌、御所司代・町奉行江も御逢被成、委敷
御頼置被成候御覚悟ニ而、此義昨年被仰下候処、御返事不申上旨被
仰下候得共、一向右等之義覚不申候へ共、御両所とも是迄も御逢被
成候御方之義ニ付、何之御子細も無之、御為筋之義者御申上被成可
然御義与奉存候
一、梵鐘御指止内願書写為御見、誠ニ能く御書綴与、乍憚奉感伏候事ニ
御坐候
一、朔日之御書付拝見仕候、廿七日より御神事ニ付、当月六日七日比過
て四方罪刑可被　仰出筈ニ相成候由、扨々奉恐悦候、右相済五六日
も立、一ト先御帰藩と申御手続与被　仰下、左候へ者、もはや格別
間もなく御帰府可相成与楽御待申居候、当方五手之御調も追々手詰
ニ相成、不遠御吟味詰、扨水府之御埒方与可相成、此時者いつれ大
騒ニ可相成、左候へ者万端済、千秋楽与楽居候事ニ御座候
一、大久保勢州御跡役之義、相分り候ハヽ、可申上候、悪方之御役人者御取除ケ、
此節ニ至り大体御一洗御安心之場ニ至り候、全御精忠御高徳与ハ乍
申、斯迄根強キ隠謀、未一年不満内御平治被為遊候事、前代未聞之
御大切与御同前ニ難有奉存候、先者御報迄如斯ニ御坐候、以上
＊1
宇津木六之丞
長野主膳様
尚々花も盛と相成、六日ニ上野迄見物ニ相越候、ま事ニ満花ニ
御坐候、花見る心地ニ相成候事、呉々難有き事ニ候、同役江之
御伝言相達候処、尚又宜との事是亦御帰府待居候事ニ御坐候、
以上

＊本状の原本なし。『井伊』十八―一一号では「公用深秘録」より引載。提出本では、＊1の部分に「三月九日」と加筆。

三月十六日

一、間部下総守様、六之丞江御逢被成度旨被仰越、夕刻罷出ル
御逢有之、京都之御一条委細ニ被仰含、九条殿并若御所御家臣嶋田左近江被進被下物之義御相談被仰進、罷帰申上ル

三月十七日

一、御退出後、六之丞被為　召　御意ニハ、下総守今度御使首尾能相勤候ニ付、御褒美御取調有之候処、自分江も御賞賜之品も有之哉ニ被察候ニ付、自然左様之義有之候而ハ、閣老中之気配ニ拘り、ケ様相成候而ハ不宜、自分事ハ御賞賜等望候様之底意ハ更ニ無之、只々国家安泰ニ治りさへすれハ宜との心得ニ付、万一右様之御配意も御坐候而却而不宜旨、田安殿江内々申上置、夏目左近江も篤与為含置候様、石谷因幡へ申置候、然ル所、今日平岡丹波御用部屋参り、明日下総を召候趣、其跡ニ而自分ニも御用有之間、居残り候様ニ与相達候、此程田安殿江も申上、左近江も為心得候ニ付、御賞賜ハ有之間敷候へ共、御褒詞ニ而も被仰出候事哉と被察候、御褒詞ニしても改而被仰出候様ニ而ハ不宜ニ付、坪内伊豆守へ其旨為含候様可取計旨被仰出候間、則坪内様御用人大竹五兵衛呼出し、御趣意之処篤与申含候処、委細罷帰可申聞由ニ而、翌十八日朝又々五兵衛罷出申聞候者、京都之御一条、下総殿御骨折者勿論之事ニ候得共、　太守様御厚配御指揮行届候故御都合宜相済候趣者、
公方様ニも御承知、同役者勿論、諸向ニて承知之事ニ付、今度御賞賜無之而者不相済次第ニ候得共、御内意之趣、同役左近迄被仰聞、御自分之御名誉ハ御打捨、国家之御為筋被為　思召候段、乍憚感伏仕、御賞賜之事ハ御時節も可有之与申上、御延引之御沙汰ニ相成、今日者御褒詞丈被　仰出候事ニ有之、是も止メ与成候而者丸々御廉も抜候事ニ付、一存ニ而ハ何とも御請難申由返答申来、則申上候［処御承知、五兵衛事、昨夜より大義懸候事ニ付、何そ為取候様ニとの　御意ニ付、八丈嶋壱疋被下ニ致］

＊［　］の部分、提出本では削除。

三月十八日

一、御座之御間江被為　召御用談後　上意ニ者、京都之一条も首尾好相済大慶致ス、段々不一通骨折ニ候処、安心可致との御懇之　上意、備後始江も宜申置候様との被為蒙　御沙汰候事

三月廿日

一、京都御警衛向之儀者、旧年被仰込候次第、於関東夫々規則も可有之与被　思召、当家之儀者、
禁裡守護之事
東照宮御深密之御旨有之趣御伝承、私始心得居候義ニ者乍可有之、方今之時勢、殊更
王室平安御安慮被為遊候様専一ニ可為守護、左候ハヽ、外警衛与者事替り候哉、若自然変事之節ハ、ケ様々々との手当等之次第、兼而御覚悟之為

具ニ書取申上候様御沙汰之趣、奉畏候、右　御守護之義ハ、東照宮以来私家江御委任之事ニ付、代々大切ニ相心得、非常為手当急速之備を始、出馬之手当等迄厳重ニ手配致置、自然之節者纔ニ十八里之里程ニ付、迅速ニ駈登り守護仕候、湖上ニハ松原・長浜・米原三湊ニ夥敷用意船備へ置、其上小早船与名付候船者、松原より大津迄湖上十五里余之処、一時計ニ漕付候船等も多分用意致置候ニ付、異変之節ニ者、海陸共ニ迅速ニ人数指登せ候手配ニ御坐候、兵粮米等者大津蔵屋敷ニ指置、不足之節者、彦根表より運漕之手筈ニ御坐候、右馳登り候人数者素より御警衛方与者違候事ニ付、
禁裏を守護仕候事勿論ニ候へ共、夷賊逆賊之形勢ニ寄敵軍江押掛打砕、又者追払等之軍略者予め申上様も無之、臨機之取計ニ御坐候、誠ニ
神祖以来御代々様より厚被　仰含候御大切之御用向、殊ニ近来不穏御時節ニ付、平日人数も指出置候程之折柄ニ付、先年私上京仕、地理をも致見分、弥以御守護向手厚く申付置候、当時御役中在府之事ニ者候へ共、重役始家来共江厚申含置候ニ付、異変之義御坐候共、急度御守護仕、聊不奉悩
宸襟心得ニ御坐候、此段御請申上候

*本状は原本あり（『井伊』十八―三〇号）。

三月廿八日

去十五日付之御書付拝見仕候、暖和之節、先以
御上益御機嫌能日々御登　城被為遊、御同意奉恐悦候、然ハ、去ル十二日大臣御転任之内、愈可被　仰出御治定ニ而、既ニ　殿下始御参　内之御供揃与相成、嶋田氏等御鼎足ニ而御満悦之折柄、一条殿御所労御申立、御参内御断ニ相成、大御混雑之次第御別紙ニ委敷被仰下、扨々御案外之御事ニ御坐候、其後御諸司より厳敷御入説ニ相成候所、一条殿ニも御恐怖ニ而御断等之次第も御別紙ニ而承知仕候、実ハ近衛殿より御悦ニ託し御怨ミ口上被仰入候より、右様混雑ニ相成候処、御所司代加藤繁三郎等働ニ而御折合も相付候由、扨々御心配之段与奉恐察候

一、去十八日出之御書付拝見仕候、一条殿ニも先々無故障、殿下ニも十七日ニ御参　内ニ而、大臣御転任之御内意も無滞相済候由、恐悦不過之、是ニ而江戸下りニ譬候へ者、箱根も過、品川泊り之御心持与被仰下、大安心、近衛殿・鷹司殿ニも御自身より御出願之事故、今更被成方無之、只々
主上之不承知を御勧被成候より外無之処、彼武内近江祈祷之一件ニ而、実ニ難遁次第を
御叡知被為在候事故、　殿下之思召御尤とのミ相成候由、もはや狂ひ候御気遣ひも無之由被仰下、扨々難有、　御上ニも御安堵被遊候大安心御同喜仕候

一、十七日三大臣之御内意、一条殿左大臣・花山院殿右大臣・二条殿内大臣、各難有御受ニ相成候事御しらセ御坐候由、最早大磐石与被仰下、

一、先便申上候大津築出し之義、犬源も兼而御為方ニ相成候仕法申居候事ニ付、御入用筋とも心配ニ及不申旨被仰下、御尤ニ奉存候、併、右者全く内調之事、今度者御入用ハ是丈ニ而ケ様ニ々与申所、大津奉行ニ而急度取極め、下方請人・調達金等迄之出方、聢与取極相伺

候埒ニ御取計被下候様仕度奉存候

一、御守護筋御尋之義、間部侯より御書付御渡しニ相成申候、素より　御深密之訳柄ハ、御尋ニ而も打出し御答ニハ難相成候へとも、自然之節之御手当方、御安心ニ相成候様之御答書不被指出而者難相成、当地御取調中ニ御坐候大事之御書付ニ付、御心配柄ニ御坐候

一、加納繁三郎、此度之一条抜群之働ニ付、委細御別紙被　仰下、則右紙面入　御覧、下り候与直ニ間部侯江指上申候

一、廿二日付之御紙面拝見仕候、拝賀も愈廿八日与御治定ニ相成候ニ付、廿三日ゟ一ト先御帰藩、廿八日ニ御上京、夫ゟ御帰府之御手続被　仰下、扨々恐悦、千秋楽与相成、誠ニ以難有奉存候、先日来追々御模様被仰下候ニ付、御受も可仕処、少々時気当りニ而弱り居、夫ハ全快仕候得とも持病疝ニ而胸痛ミ、何分執筆ニ困り心外之御無音御免可被下候、何も不遠拝顔、万々可申上与楽罷在候、以上

三月廿九日　　宇津木六之丞

長野主膳様

尚々御厭御旅行専一ニ存候、

御上ハ勿論、両大夫同役ニも大安心、御帰府御待申居候、以上

＊本状は原本あり（『井伊』十八―三四号）。

別紙

渡辺金三郎江之御状正ニ相達候、受取書参り候間御廻し申候、御入手可被下候、同人江面会、貴地之模様具ニ承知、扨々危き事、今更胆を冷し候次第、全同人之働与賞美仕候処、左ニ無之、加納繁三郎格別之丹精ニ而万端都合能参り候事、其尾ニ従ひ周旋致候而已之事迚働之次第委敷承り候間、　御上江も委細ニ申上置候、実ニ両人之御忠勤格別之事与奉存候、いつれ

上より御賞賜も可有之候得共、　御上ニも御感心被遊候抔ハ、繁三郎殿江貴兄より程よく御伝へ置被下候様仕度奉存候、金三郎も御目通り被　仰付、御懇之

御意も有之、同人も大悦奉存候、石谷氏へも為引合候処、貴地之模様碇与分り、五手吟味之都合ニも宜迚、石谷ニ而も大悦、池田播磨江も為引合候つもり迚、大悦ニ御坐候、五手之御調も追々御済寄ニ相成候趣ニ付、不日ニ御埒も付候様可相成与奉存候、追々太平ニ帰し、扨々難有御同喜仕候、以上

三月廿九日　　宇津木六之丞

主膳様

＊本状は原本あり（『井伊』十八―三五号）。

四月九《（ママ）》日

一、嶋田左近江之文通、左之通

一書啓上仕候、暖和之節益御勇健ニ被為渉、目出度御義ニ奉存候、誠ニ昨年来前代未前《（ママ）》之御混雑危急ニ廻し候之処、乍恐　殿下之御精忠ニより、関東　思召貫通致シ、　公武御合体御安心之場ニ至り候事、実ニ　殿下之御高徳与主人ニも誠信難有被奉存、御礼呈書も可被指上之処、五手懸り吟味物も追々御調も済寄候間、不日ニ水府も

御埒済ニ可相成、其内ニ者主膳も帰府可仕候ニ付、貴地之御模様も委敷承知之上、万々御礼可被申上心得ニ御坐候、今以多端之御用向ニ而、主人も何事ニ付而も手後れ勝ニ相成候次第ニ御坐候、右之趣御指含宜御執成之程、私より貴君迄御頼申上置候様ニ与、呉々被申付候

一、亜夷条約之義ニ付、間部侯昨年御上京、関東之御主意委細被　仰進候処、旧蝋
勅答被　仰出候御趣意、此度諸大名江御触示しニ相成候方与間部侯ニ者御見込ニ候へ共、今般
勅答之旨白地ニ御達しニ相成候義者、人気立可申哉之御懸念も有之ニ付、何分御達し難被成、御見合之方ニも可有之哉、又不得止之事情、審
御氷解被為在候与計ニ候へハ、触示し候而も御指問も無之候得共、前々御国法通り鎖国之良法ニ可被戻、方今、今之処
御猶予之御事ニ候云々、
叡慮之処者於関東も御尤ニ被　思召候、主人初御閣老方ニも、何卒早く復古致度との御志願ニ候へ共、いつ比其場ニ可至との御見居へも無之事を、白地ニ諸侯江被　仰出候様相成候而者、忽諸侯江洩れ候者必定、左候時ハ忽チ争乱之基ニ付、
叡慮之趣ハ深秘ニ致し置、如何ニも武備引立置、機を見て良法ニ御引戻しニ相成不申而者大害与相成候旨、御評議ニ相成候所、間部侯ニハ、一応　殿下江伺候上ならてハ治定難被成趣ニ而、今度御伺ニ相成候趣ニ御坐候

一、水府江被下候
勅書、　公辺江御指出し被成候様との御達ニ相成候而者、彼天狗連初末々之者共、又々心得違ニ而如何様之事仕出し可申も難計ニ付、とふ歟京都江直ニ返上之都合ニ相成候様被成度、中納言殿御心配之趣、内々被聞込候事も有之、如何ニも京都江直ニ返上ニ相成候方穏ニ而可然与、是又御評議ニ相成候ニ付、何卒京都江直ニ御取戻し之御手段不被為在哉、御所司代江御達しニ相成、返上与申都合被成候へハ重畳之事与奉存候、此義も、今度　殿下江間部侯より御伺ニ相成候趣ニ御坐候、右両条とも主人心配之次第御賢察被成候、程よく御沙汰御坐候様、貴君迄御執成御頼申上候様被申付候、呉々も
殿下之御聖徳ハ申上候も恐多く、貴君之御精忠ニ而、小臣迄も今春ハ再生之思ひをなし難有奉存候、右御頼申上度、尚重便可奉申上候、以上

四月九日　　宇津木六之丞

嶋田左近様

尚々兎角不同之季候ニ御坐候、折角御厭乍憚専一ニ奉存候、以上

＊本状は『井伊』十八―四四号では「公用深秘録」より引載。

四月七日

一、水野出羽守様大名小路御屋敷江御引移ニ付、湖東製陶器弐箱・青籠入交御肴被遣、御使者六之丞相勤、御逢之義相願候処御逢有之、御酒・御吸物・御肴・御料理・御菓子被下置、御返答罷帰り御直ニ申上ル

＊1 但、　御壱人立被為　召候事、京都之御茶十分ニ無之、　勅書御

返し方之事、間部侯乗馬　御覧之事、紀州実性院殿一条、御談し
部屋之一件、薬師寺・松永等之事御談し也

＊1の部分頭注「〇別書ニ一条ニ作ル」と加筆あり。

［＊1
四月八日

御勘定奉行松平式部少輔様江六之丞御使者相勤
水野筑後守様・村垣淡路守様、御勘定奉行当分兼帯被　仰付候義、
鳥札一件、堀割一条、青銅金根証文、天保銭等之事御直話有之、罷
帰申上ル、御懸合御菓子・猟《漁》之魚御到来之由ニ而被下候間、罷帰御
礼御返答申上ル］＊2

＊1〜2の［　］の部分、提出本では削除。

四月十一日

一、今日御上御壱人　御休息江被為　召、御政務筋御談し被遊候上、昨年
来抜群御忠勤ニ而　御安心之場ニ至り候旨、段々御懇之被為蒙　上意
ニ付、奉伺、誠ニ以恐悦至極
［但、奥勤兼勤之御老中之外ハ、　御休息江被為　召候義ハ決而
無之処、誠ニ御格別之由、御老中様方ニも御歓被　仰上候由］

＊［　］の部分、提出本では削除。

四月十二日

一、昨日　御休息へ被為　召候節、彼是御世話御坐候為御挨拶、水野出羽
守様へ六之丞御使者相勤、御直答有之、御直ニ申上候

一、長野主膳江之文通、左之通
去二日付之御書付拝見仕候、暖和之節、先以
御上益御機嫌能被為遊御座、御同意奉恐悦候、然ハ［＊1去月廿八日三
大臣御転任之一条も無滞相済候由、恐悦至極御安心之御義与奉存候、
併、近・鷹御三方御辞官等御願立之通御聞済之一条、前日迄も矢張
ごてつき、別紙諸司代之御答書之通ニ候処、漸廿八日落着ニハ相成
候得とも、其後も中山殿異論被申立候ニ付、廿九日伏見内藤家、都
合三度中山家江御行向、先々表者治り候得とも、何分落飾相済候迄
ハ　殿下も甚御心配之御事之由、此一条相済候得者、梵鐘之一件、
皇女之一条ニ御取懸り、右相済、京地御締方粗御治定之処ニて、夫々
御用向御伺、御帰府可被成由、何卒一日も早く御帰府御待申居候
一、兼而御案思被成候ニ三両月も相済、御安心之由、如何にも此程者世
上も穏ニ相成安心仕候、御役人も追々御引替ニ相成、其上今度御側
御用人被　仰付候水野出羽守様者、素々薬師寺同志之方ニて、精忠
之御方ニ有之、　御眼鏡を以被仰付候処、至極御相当、奥向御取締
ニも宜趣、殊之外
御上を御慕ひ被成、無御覆蔵被　仰談、至極之御用弁与奉存候、薬
師寺之事も不一方御配慮被為遊候間、其内ニ者御転役ニ可相□（成カ）、昨
年来］＊2 追々御丹精ニ而、関東者先々邪正分明与申場ニ至り、
公方様之御評判も　御上之御評判も弥御宜、扨々難有候事ニ御坐候
一、間部侯一万石御替地者実事ニて、内実ハ御加増与御同様、御手柄成
事ニ御坐候、池内大学・藤森恭助毒殺之噂、斎藤拙堂御召捕之事ハ

虚説ニ御坐候、御別紙ハ　御覧後、西丸下江御廻し申候
一、兎角多忙不快等ニて御無音ニ相成、御様子も御分り不被成、御心配之段奉恐入候、別紙書付御廻し申上候、尤是与申程之事御坐候得者、早速申上候得とも、先々御静謐ニ付、日々之事ニ追れ御無沙汰ニ相成候義ニ御坐候
*3
［一、去三日附・同五日付之貴書、昨十一日昼後着拝見仕候、四方罪刑一条ニ付、中山殿異論被申立候趣ニ而、伏見内藤家、中山殿江三月廿九日三度目御行向之次第、御問答書御廻し拝見仕候処、内藤ニも一段之御模様与違、手強キ御懸合、是与申も御所司代御改心故之事与安心仕候事ニ御坐候、其後久我殿・中山殿御参　内ニ而、御四方御願通り被　聞召候方、御憐愍筋ニも相成候旨奏上之由ニ而御安心之処、三日八ツ時、二条殿、九条殿江御越、四方辞官のミニ而、落飾之義ハ御指止被遊度
叡慮之旨被　仰出、　殿下も殆御困、新御所公も御心配、何分近・鷹・三之御四方江御尋之方可然旨、
殿下より御返答ニ相成、尤三条殿ハ御異存も無之ニ付、近・鷹御三方江者十分ニ手ヲ廻し、二条殿も御同意ニ而御三方落飾之御運ひニ者相成候得共、併、如何相成候事哉、　殿下ニも深く御心配、嶋田も無拠御用向ニ付二三日他行中ニ而、夜分大奥向江運ひヲ御付被成候事之由、御心配之次第奉遠察候］*4
一、三日朝嶋田留守ゟ別紙　御直書御下ケ、急便　君上之御内慮御伺ひ被成候様被　仰出候付、
御直書写御廻し直様差上ニ付、今日御持出御内談被遊候、詰り以後之御例ニ相成不申との義ニ付、何卒
主上思召通りニ相成候様、御評議被下置候様ニ与奉申上置候、分り次第可申上候
一、三日二条殿事、　殿下江御行向之節之事、少々間違ニ而、内実者、落飾之義直ニ御聞済相成候而も御気之毒ニ　思召候処より、　殿下江内々御相談之次第ニ而、落飾御指止被遊度との叡慮とも相聞へ不申由、其御様子ニ候得ハ難有事、能き方江間違、御同慶仕候
一、昨十一日、御上御壱人　御休息江被為　召、御政務筋御談し有之、其上昨年来抜群御忠勤被為遊候旨御賞美被遊、此末とも頼
思召との段々難有被為蒙
上意、誠ニ以恐悦至極、是迄奥向御勤被成候御老中ハ御休息へ被為召候事も有之候得共、今日之御次第ハ誠ニ格別之趣、御老中様方ニも御申被成候由、右様之御次第ニ付、
御上之御威権も益重く相成、是則
公儀之御威光輝、太平之基与難有奉存候、右報迄如斯ニ御坐候、以上

四月十二日　　宇津木六之丞

長野主膳様

猶々時下御厭専一ニ奉存候、小子不快之義御懇ニ御尋、天正丸御恵被下千々辱次第奉厚謝候、右御薬ハ誠ニ能薬ニ御坐候、今便弐百疋指上申候、右丈御求、御序ニ御廻し被下候様奉希候、以上

＊1～2、3～4の［　］部分、提出本では削除。原本も切断の上、貼り継がれている（『井伊』十八―四七号）。

四月廿二日

一、長野主膳方江左之通申越（遣ス）

去十二日、同十四日付之貴書拝見仕候、先以
御上益御機嫌能被為遊御坐、御同意奉恐悦候、然ハ十二日申半刻京都御出立、翌十三日未刻御帰藩被成候処、十四日京都より四方落飾慎等之事、弥廿二日ニ可被　仰付旨、十三日申半刻
勅書を以被　仰出候ニ付、［此度ハ違変有間敷ニ付、此段御安心、］早々申上候様態飛脚を以、
台命之旨龍章より申来候付、以宿継御申上被成□（候カ）御紙面十九日夜着、直様入　御覧候処、［誠ニ御満悦御安心被遊候、］直様西丸下江も御廻し申上［候処、是以殊之外御喜悦ニ御坐候、段々之御丹精ニより御十分之場ニ至り、跡々御取締も付可申与恐悦不過之、扨々大安心難有奉存候、付而者、］過日被仰下候
朝廷御局増人之義、とふ歟御早く御承知ニ相成候様仕度奉存候［、此程中より乍恐申上居候］得共、新規之事ニ付、何分御評義手間取候由ニ而、未御評決相成不申様ニ候間、［尚亦御早く御埒付候様願置候間、］分り次第、早速申上候様可仕候、此上者、
皇女一条・梵鐘之一件御片付ニ相成候得者御帰府可被下旨、とふ歟一日も早く御帰府御待申候、先ハ御受迄如此御座候、以上

四月廿二日　宇津木六之丞

長野主膳様

猶々時下御厭乍憚専一奉存候、御令閨様御大病ニ付、俄ニ御帰藩被成候由、兼而御不快之趣者承知致居候得共、右様御大病与者不奉存候処、案外之次第、扨々御察申上候、何分此上御看病乍憚専一ニ奉存候、御帰藩被成候而も、録（祿カ）々御看病之暇もなく御用談御坐候よし、何とも御察し申上候次第ニ御坐候、呉々御大事ニ御介抱専一ニ奉存候、以上

＊［　］の部分、提出本では削除。本状原本も切除の上、貼り継がれている（『井伊』十八―六一号）。

五月二日

一、長野主膳江之文通、左之通

四月廿二日付之貴書拝見仕候、薄暑之節、先以
君上益御機嫌能日々御登　城被為遊、御同意奉恐悦候、然ハ御落飾之一条、弥廿二日ニ被　仰出候条、［寔ニ以　御安心被為遊、］是ニ而貴地之一件御万端済、上々之御都合、第一　朝廷之御為、下万民之幸福与奉存候、［実ニ　殿下之御忠勤、貴兄・嶋田等之御丹精ニより御安心之場ニ至り、御満悦被遊候御事ニ御坐候、］西丸下江者新御所公之御書并嶋田之手紙　御城江御持出ニ而、御直ニ御吹聴被遊候処、間部侯ハ不申及、御同列様方ニも御一同御安心御満悦之趣ニ御坐候、一体間部侯御在京之節与ハ打而代り候、御所司代之御勢ひ御居り宜敷、夫故御埒能相済候事与奉存候、実ハ間部侯被為在候内ハ如何様ニ而も宜候得共、御帰府後之処御案思申居候処、今度之

御手際ニ而ハ、此後御取締も御行届可被成旨、乍恐難有奉存候事ニ御坐候、五手懸り御吟味も、東行之向ハ追々御調も付、此程水府御家老安嶋帯刀、外ニ大竹儀兵衛・茅根伊予之助御呼出しニ相成、御糺し之上、帯刀ハ九鬼長門守様江御預ケ、外両人ハ水府より附添人江御預ケ与相成申候、右之外ニも御呼出しニ相成候得共、御国許江参り候趣ニ而、着次第御呼出しニ相成候との事ニ御坐候、一体御呼出しニ成候而も、容易ニ御差出しニハ相成間敷哉と申噂も候得共、子細なく御差出しニ相成候帯刀御預ケニ相成候事ハ、殊之外御迷惑之由ニ而御歎訴被成候得とも、御聞届無之由ニ御坐候、右一条ニ付而ハ、いつれ天狗共ニハ騒立可申、不遠自滅可致、是ニ而真ニ太平ニ帰し候事と奉存候、昨年之此比ハ真之闇暗ニ而、十方ニ暮居候処、必至之御覚悟ニ而御忠勤被下置候故、白日晴天之世与相成、久昌院様御遠忌済并御役ニ付御祝ひ三日之御能も、四月朔日・同十五日・十八日無御滞相済、当朔日ニハ　宮内大輔様御聟入、弥千代様ニも被為　入、御祝式万端首尾能被為済、右四日とも誠ニ快晴ニ而御都合宜、扨々恐悦至極ニ奉存候

一、御帰藩被成居候処、江戸表ゟ被　仰越候義ニ付、急々御用向出来之旨ニ而御帰京被成候様、嶋田より申来り、廿日朝御出立、夜通し御帰京被成候由、右一条ハ水　勅并　勅答御達之義ニ可有之与被思召候得とも、未嶋田ニ御出会不被成ニ付御分り不被成旨、御尤ニ奉存候、貴兄御在京有無相分り不申ニ付、御趣意之処ハ指付ケ嶋田へ申遣置候間、右書面御熟覧之上、程よく御取扱被下候様仕度奉存候

一、御局之義御談し相成有之候得共、新規之義ニ付、存外御手間取候趣ニ御坐候、御如才なく御催足も被為遊候趣ニ付、其内ニハ御分りニ可相成、左候ハ、早速申上候様可仕、此段御差含御沙汰も御坐候ハ、、程能被仰上候様仕度奉存候、右貴答旁如此ニ御坐候、以上

五月二日　　宇津木六之丞

長野主膳様

＊［　］の部分、提出本では削除。本状原本も切除の上、貼り継がれている（『井伊』十九—八号）。

内密書

大津築出し一件、絵図も出来候得共、今少し御考方も有之ニ付、後便否可被仰下、御入面ハ凡三千より五千迄之見積ニ候へ共、水天之浅深も有之、委敷事ハ表向被　仰出候上なら而ハ積出来兼候由、右金子返納方之義ニ付而ハ、犬塚見込も有之候得共、何分表ハ御守護之方第一之処［、其始より利益筋之懸合表与成候而不宜］ニ付、庵太夫江御伺被成候処、佐藤へ御談し被成候様との事ニ付、孫右衛門へ御厚談被成候所、右者行々［御徳（益）も可有之、指当り松原御蔵も一ヶ所願置候事ニ付、幸大津ニ而御土蔵出来候ハ、、］北湖辺之運送米、其所より直ニ大津江為廻候ハ、、納メ方ハ京詰御代官も有之義ニ付、惣方共手数も不懸上下之御為ニ可相成との見込有之由、付而ハ、右御普請ハ御守護御用之筋を以御代官江被仰付、御領分百姓手透之時節を考へ遣ひ候ハ、、御入面も少く、且上方江対し下々伏従して御手伝仕候手並も為見候ハ、、旁以可然との御見込、大津奉行両人ともニ同意之由被仰下、如何ニも御尤之御見込、御代官へ御用

懸り被仰付候ハヽ、下々意気込御手伝も可仕、忽御入面丈之金子ニ御指問も有之間敷、誠ニ御良策与奉存候、［右御入面之金子返済方ハ築地出来之上、御益銀を以償候訳ニ無之而ハ永々御為方ニ相成不申ニ付、］右等之処も熟考被致、猶貴兄へ御厚談之上被申越候様、大津奉行佐藤江も申遣候間、左様御承知可被下候

一、御預地之事も、御鷹場之調之振ニ而内調御談し被下候由、承知仕候迚も出来候事ニ候得ハ、少しニ而も余慶之方御都合宜候間、其御積りニ而御調可被下候

*1一、京詰御人数御守護御警衛之御差別之事、右者名目計ハ相分居候得共、内々御取調被成候処、只今京詰一番手之御人数ハ土居内之固メを持有之、大坂・兵庫等ニ異船ニ而も見候へハ、先御家之御人数五条下街道辺へ出張可致被仰付有之、二番手ニ而九門之内五門ハ御家之持、残り四ツハ酒井・柳沢御両家持之由、左候へハ二番手出張迄、平日御守護之人数ニ詰合無之、右ニ而ハ御不安心ニ思召候処より、二番手も禁裏御守護ニ指出し置候様との仰ニ而も有之候而ハ一大事ニ付、色々御申上被成、今度之御尋ニ而治り候事之由、右ニ付御賢考被成候処、只今之一番手御土居内之御固メヲ止メ、
禁裏御守護之方ニ成候へハ、大坂・兵庫等江異船入津候とも二番手出張ニ不及、援兵ハ大津御陣屋ニ為控候ハヽ、大津より二番手上京之場ニ至り候ハヽ、三番手ハ御家老衆人数を率、大津ニ控へ、自然之節ハ、平日御預地ニ被指置候先手之御足軽等ヲ率、京都之動作を考、　禁裏御気遣ひニ相成候時ニハ馳付、
主上を奉始堂上方至迄守護し奉り、まさかの時ニハ物人数をまとめ、近国之士ニ命道筋を固させ、　御安穏之地江移し奉り、如何程大危難ニ相成候共、御気遣ひ無之様可奉守護之旨、其節諸手人数、　公儀之軍勢ニ至迄、御所向ニ係り候事之指揮ハ、御深密□（故）之次第も有之旨を以、御答ニ相成候ハヽ、治り可申旨、夫々御紙面之趣承知仕候、御家一番手五条を固メ候との御手配ハ、御警衛方御両家之御調ニ可有之、其後讃岐守様・越中守様・出羽守様増御固被　仰付、援兵ハ藤堂様江被仰付候ニ付、外衛向ハ右之御方々ニ而御勤、御家之御人数ハ丸々御守護之方与心得居候事ニ御坐候間、今一応御取調可被下、此度之御答ハ誠ニ御大事之御義ニ付、種々御配慮、今以御差出しニ相成不申候、貴兄御見込之所、御十分ニ御書取御上ケ被下候ハヽ、御参考ニ相成可然御義奉存候、大津築地御預所等之事も御答書江御認メ被遊候へハ、京地之所之都合至極可然候へ共、
公辺御伺済ニ無之而ハ指支候事と奉存候、御預所与申事御願ニ相成候而も、容易ニハ御許容無之趣ニ候へ共、大津築地与一同之御伺ニ相成候へ者、全御勝手ニ付、御願ニ無之与申義顕然与いたし有之［事ニ付、大ニ御都合宜事与当時之御勢ひニ付、大体之事ハ通り可申候得とも、］御勝手筋ニて被仰立候様相聞へ候而ハ後年之憂ニ付、如何ニも御守護筋御大切□□心得被遊候処より被仰立候与聞へ候様ニ無之而者不宜義与奉存候、右被仰立方之御案文、乍御苦労御認御廻し被下候様仕度、此方ニ而も愚考も可仕候得共、貴地之御模様も有之義ニ付相願候事ニ御坐候、何分御賢考可被下候、以上

五月二日

＊［　］の部分、提出本では削除。本状の原本は前欠。＊1以下の部分のみ現存す

る（『井伊』十九―八号）。

五月六日

一、長野主膳江御飛脚立ニ付、左之通及文通

四月廿一日付之貴書拝見仕候、薄暑之節、先以御上益御機嫌能被為遊御座、恐悦至極御同意奉存候、＊1［然ハ廿二日御落飾済、京地御静謐ニ候へ共、○役者并御四方之中ニハ、兎角国家之御為ヲ存被成候処、此成行遺恨ニ被思召、既○役者ニハ此節御引籠、奥三間ハ近習始決而出入無之、三度之食事も次迄持参申上置候而引立候位之事、夜分床下ニ而様子考江候者之申ニハ、子刻過何歟壱人唱候声有之、其後ハ無音之由、其外　御所御奥向ニ而も此節之風聞ニハ、鷹右印ニハ関東ヲ調伏、近左印ニハ
主上をも御調伏之沙汰有之由、何レニも隙ヲ窺、遺恨御晴し可被成との事、今日□□（場カ）ニ至り候而も御改心無之、右様之御所行□（実カ）ニ□（天カ）魔とも可申方々与被存候、終ニハ御自滅可被成与奉存候］＊2

一、廿二日ニハ東坊城殿も永蟄居被　仰付候由、追々邪正分明ニ相成、恐悦奉存候

一、水戸領季（李）恭申口之中、鯉渕次平探索書御廻し、則入　御覧申候

一、此節鷹印御内并悪謀方余党之者噂御聞被成候得ハ、貴兄与嶋田を活してさへおかすハ、斯迄露顕ハ致間敷与残念狩居候由、右等之風聞も有之ニ付、加納繁三郎手先へ申付、乍蔭貴兄ヲ守護いたし候由、素より公儀を大切ニ被致候処より之事ニハ候へ共、扨々深切成事感心仕候、今度之御用向ハ、国家治乱興廃ニ拘り候御大切之御事ニ付、御一命ハなきものとの御覚悟ニ而御勤被成候事ニ候へ共、今日之場ニ至り無分別者ニ御出逢、不慮之事候而ハ無念之事ニ候、勝而兜之緒を〆候与申古語之如く、如何ニも御用心専一ニ奉希候

一、梵鐘之一件、未被　仰上候時節ニ□［無］之、尚篤与御考之趣、若御急き之事ニ候ハヽ、其旨得御意候様被仰下、則相伺候処、右者□［差］急き□［御］埒□［済］ニ相成不申而ハ指問候与申儀ニハ無之、宜□□□［御時節］御考之上ニ而可然御義与思召、併、右一条ハ関東より被　仰進候訳ニ無之、間部侯御在京中被仰立候事ニ付、御同人より何と　殿下へ被仰立置候哉、其義ハ未御承知不被遊候得共、　御上ニハ前文之通思召候趣ニ御坐候、右御報迄如此ニ御坐候、以上

五月六日　　宇津木六之丞

永（マヽ）野主膳様

＊1～2［　］の部分、提出本では削除。行間の［　］は、提出本により補う。

内密貴答

貿易一条御猶予之文字之事、右ハ昨冬公武御合躰甚六ケ敷候節、叡慮之旨一ッも相立不申而者、迚も御折合ニハ不相成、殊ニ御後見・御大老・御老中之御印も入用位之期ニ臨候得共、　殿下之御働ニ而御猶予之文字ニ而治り付、此度御落飾始、夫々御仕置向大体相済候ニ付而ハ、元より御委任之御政事向之義ニ付、公辺より
朝廷江御伺御相談之義者格別、諸侯□［江］御達之義ハ公辺之　思召通り

ニ而可然義与　殿下ニも思召候へ共、御内々御尋与有之候而者御返答被遊兼□□［候由］ニ付、近々御鼎足ニ而、其御返答可被仰立筈ニ候へ共、其旨心得候様被仰下、御尤ニ奉存候、　御前始御老若様方ニ者、前文御同様之御見込ニ而御居り被為□［在］候得とも、何分間部侯ニ者　殿下江御伺不被成而ハ御落着不被成趣ニ而、御伺ニ相成候由ニ御坐候、程よく御返答被仰進候様相成候へ者重畳之御義、何分御面倒との事ニ候ハヽ、此御返答ハ握潰しニ相成候様仕度、其内ニハ期も延候ニ付、もはや御達しニ及不申様可相成与奉存候

一、水　勅御取戻し一件ハ諸司代江被　仰出、御老中様江廻り候事ニ付、何時も調可申、何分天狗連之動作ニ御恐怖被遊候様相聞へ候而者、悪謀方勢ひ付可申ニ付、此所差含候様被仰下、御尤ニ承知仕候、二日出ニ申上候通、天狗頭安嶋帯刀も生捕ニ相成、是ヲ手始ニ而追々御手入ニ相成候事ニ付、悪謀方ニ者弥恐怖仕候様成行候次第ニ而、公辺ニて天狗を御恐レ有之抔と申義者、一切風聞も無之候

一、右御伺一条ニ付而者、　殿下も段々御心配之筋被為在、大切之御用向且関東ニ而も御意内之程難相分ニ付而ハ、御心配も可有之ニ付、貴兄一度御下向可被成、併、方今之形勢関東より在京之者無之而ハ御不安心ニ候ハヽ、芥川当分残し置可申旨御申上被成候所、尤□［ニ］思召候間、廿八日迄ニ御返答可被　仰出との御事、右御伺之通り被仰出候得ハヽ、節句前後ニ御出立も難計、若又京地御取締方ニ付、直ニ関東江□□［可申］遣筋も有之候間、今暫く見合候様との御事ニ候ハヽ、五月中旬ならてハ御出立日限者相分り不申由被仰下、いつれニも近々御帰府ニ相成可申、御上ニも御待兼之事ニ付、其地之御用向相済候ハヽ、少しも早く御帰府被下候様仕度奉存候、以上

五月六日

＊行間の［　］は、提出本により補う。

水府御家来御呼出し相成候処、其内御国元ニ居候趣ニて罷出不申ものも有之

御家老　安嶋帯刀
御右筆組頭　茅根伊予之助
大竹儀兵衛

右三人罷出、一通り御尋之上、帯刀者九鬼長門守様江御預ケ、外両人者召連人江御預ケニ相成候処、是等より御調口分り候故ニ哉、御国元ニ居候趣申立候者共も速ニ着揃、追々御呼出御取調御坐候所、此節ニ至り候而者、水戸家御重役初いかにも老公御心得違、中々両三年位之御企ニ無□［之］、不容易事柄与申事聢与相分り、成程是ニ而ハ老公御慎　御免、尚中納言様御登　城被成度抔可申出訳柄ニ無之、先比中御領内騒立候比者、実者　公辺之御所置御尤とも不被存候故、御取締も不行届ニ候へ共、加程之御工ミ有之候而者、公辺ニ而御心配之段、御尤与申所江追々合点参り、此節自然御領内騒立候様之義有之とも、早々取鎮、急度御取締付候様可取計旨申合居候よし、安嶋御預ケニ相成候処ゟ、段々水府ニ而も御取しらへ有之処、同人是迄之所置、追々相分り候処より右様相成候哉ニ被存候、右者たとへ取拵候にもせよ、ケ様ニ御居合ニ相成候へ者、公辺之御威光も相

立、万事御都合よく相成可申、此様子ニ而ハ、最早不遠全く之御安心与可相成、此一事相治り候ハヽ、誠之天下泰平恐悦之御義与難有事ニ御坐候、尚不遠御吉左右可申上候事

＊本状は『井伊』十九―一三号では「公用深秘録」より引載。

一、嶋田左近より間部侯江之申上書、左之通

依仰一翰奉呈候、先以御安泰御奉職之旨被為聞、御安心重畳御満悦思召候、□[尚]御方□准印公御始、弥御安寧被成御坐候条、御休意可被遊候、然ハ過日御内々御伺ニ相成候二ケ条御深密之義、別紙之通御返答被仰進候、尤、御達し無之方云々之義者、素より　公儀之御委任之辺を以種々様々御在京中御苦慮之上、漸々御猶予之二字ヲ生シ、公武之御趣意両全ニ帰し候御事、今更被仰進迄ニ者不及申候得共、実ニ一朝一夕之御事ニ無之、以心伝心之深訳ヲ以、更ニ　御氷解御委任被為在候御事ニ相成候義者、其　御方様ゟ外ニ者実地ニ御当り不被成、其節之事情も委曲御会得不被為有候御事歟と、是のミハ少々鶴公ニも御残念之御様子ニ相伺候、尤、今度宇六より申来候書状中、廉立候義者更ニ無之候得共、聊不足らしき様ニモ被　聞召候、右者大介ヨリ不寄何事巨細ニ彦公御承知之御事ニ而、御不足者有御坐間敷ト者被　思召候得共、一僻有之大介、且遠隔之義、口上ニて如申委敷者難書取候ニ付、其辺如何可有之与御懸念被為在候、尤、昨冬之事情御猶予之二字ニて事治り、今更ニ御評定御仕直し等之義者決而不宜候ニ付、別紙之通御治定被遊候方可然旨被　仰進候

一、水勅之義、是又別紙之通御返答被仰入候、右者宇六ゟ申来り書状面ニ有之天狗連云々、右等之次第委細京地江相聞、夫ニ付京都へ直ニ返上と申様成事ニ相聞候而者、
公儀之御威光薄キニ当り、京都ニ於而も却て弊を生し可申との御懸念、実ニ深重
御案思被為有候事ニ御坐候、依之別紙両通之通り御返答被仰入候、乍併、此上ニも御評決難被遊御次第も被為有候ハヽ、夫こそ御遠慮なく再三無御伏臓被　仰進候様被遊度、呉々思召候、此段厚御組取分ケ可被進　鶴公之御心底、偏ニ御賢察可被成進候

一、鶴世子君へ御加筆之趣、其儘差上候処、誠ニ御欣悦被成、毎々御懇情之御教諭深重畏思召候、猶可然厚く御挨拶申上候様被　仰付候、尤、御直翰も被為進度思召候得とも、四五日前ゟ少々御所労気ニ付、猶跡より被為進度旨御沙汰ニ御坐候事、文蔵殿永々滞京ニ相成、誠ニ気毒ニ者思召候得共、帰府相成候而者無便、御心淋敷被思召候間、其御方様ニ者御迷惑之御義共奉恐察候得共、前文之御次第も有之、且者京坂之事情探索事等追々被得奇妙候事ニ付、第一御用弁ニ相成、乍恐於私も今更断別難仕程ニ奉存候、いつれ今暫滞京之後、大介同道帰府可被致候得とも、又々上京之義、御頼入被成度との思召ニ御坐候旨、相伺罷在候、何分不悪御聞取被成進度奉願候

一、両町尹京都遊所見分之義ニ付、御内々若印江御尋有之、若印ヨリ御返答被申上候次第とも内々致承知候、右者更ニ不申上共御承知も有御坐御事ニ付、委敷ハ言上不仕候得とも、大分異同有之義ニ御坐候、如何ニも遊所タリとも支配所之事ニ付、見分有之とも、一家ニ二三人ツヽ、遊女・売女ヲ据置見分と申事ハ、真実浅野ゟ相始り、猶更其場

所ニ限り家来迄改衣服候事、是又不当之事ニ奉存候、其上美婦人之名前ヲ筆記為致候事、是又相違無之事ニ御坐候、実者若印ゟ之御返答ニも異同無之ニ者あらす候ニ付、此段奉言上置候、猶委細者［三］舟之ゟ可奉言上候、此外言上仕度事件多端御坐候得とも、今度者深密ニケ条之御用答迄如此ニ御坐候、恐惶謹言

四月廿八日　　辰

上

*行間の［　］は、提出本により補う。

先般　勅諚御返答之趣、諸列侯江御達被仰出候義ニ付、種々御評論被為在候得共、何分勅諚御文面通ニて者御差支之筋も多く被為在候、又軽く御取直し被　仰出候事ニ相成候而者、御所向江相聞候所御不都合ニ相成候而ハ不宜ニ付、夫是御一同御懇配、御評決も御未決之趣、依之此度者諸列侯江御達し之義ハ無之方可然哉、又者御趣意之所御差間之廉々御差略方有之御達御坐候而も苦狩間敷哉、両様之内何れ可然哉御尋之趣、御書付之儘鶴公へ差上置候間、種々様々御心配御勘考被為在候得共、可然御良工も相付不申、漸一昨日御治定被仰進候事ニ相成候、右者惣而御委任之廉を以、　公武御両全之御懇配より御猶予之二字ニ千条万言差含有之御事ニ付、其御次第呉々厚御組取被為在、此度之　勅諚者一切御達し無之方可然与被　思召候、若万一列侯之内ゟ御趣意被相伺候方有之候ハヽ、惣而関東江御委任之辺計御返答被為在候方可然思召候、尤、御委任与申文字ハ無之候へ共、十二月廿日勅答御書付結文ニ、宜在御勘考候事、是則取茂不直御委任之旨顕然ニ御坐候、猶又　公武両全之御所置ニ付而ハ御在京中数十度被　仰入候通、先般之義者、*1五分々々ニ相成不申而者太平ニ者難治との御見込より、其御方様ニも御粉骨砕身被為在、鶴公ニも十分之御心配、実以被為尽万計、遂ニ漸々御氷解御安心と迄被仰出候場合ニ至り、不得止事情更ニ御猶予御勘考ト迄被　仰出候事ハ不容易御事、中々万分之一も難尽筆頭思食候、其次第審ニ御同列様方江被仰入度思召候間、可然御差含可被下候、仍而御返答被　仰進候事

四月廿八日

*1の部分、宇津木本では「公武とも」を挿入。提出本にはなし。

水勅一条御返答

水　勅之義ニ付、於京都種々御心配被為在、公儀江被差出候与御同様御引戻し御取計之義、段々御一同御評義被為尽候得共、当節之御形勢ニ而ハ、　公辺より被　仰出候而者彼是御差支之筋も被為在、何分治方不宜ニ付、猶再三種々御評義被為在候得共、此上者外ニ御所置方も無之旨ニ付、御所向ゟ御引戻被成度趣御取計ニ相成候ハヽ、無事故相済可申与之御見込ニ御決定被為在候、付而者、右御取計方有之候ハヽ、所司代江被　仰出候か、又者御所置方も有之候ハヽ、角立不申様御心配被為在候様との御書付、其儘鶴公江差上置、種々様々御勘考被為在候得共、於京都ハ当時之模様一旦被仰進候義、天狗連之義者暫差置、再御評義相成候而者必定異存申募族も可有之との御見込ニ被為在候、依之、別紙之外ニ於鶴

公者御勘考之被為附方不被為有候、諸事御心底御賢察可被成進候、
仍而別紙を以被仰進候事

案

去年八月被　仰進候　勅諚書付之御趣意者、素々　公武御合躰御一
致之厚き
思食ゟ被　仰出候義ニ有之候処、最早御安心益御一和被為在候義ニ
付、今度　御沙汰止被　仰出候、依之、水戸中納言江被下置候　勅
諚書付、速ニ返上有之候様、其筋江可被相達候、仍而此段被仰進候
事

大略左之如、此外
関東之御勝手宜敷様御書改ニて水府江御達し被遊可然旨、尤、若印
ゟ御老中方へ御達ニ相成候趣を以水府江御達し、直ニ若印江返上ニ
相成候方、又ハ御老中方江御返上ニ相成、夫ゟ若印を以　殿下江御
返上と申都合ニ相成候歟、兎も角も可然御取直し、御都合宜敷様ニ
御引直し御取計御坐候而可然旨ニ御坐候、此義改而京都江表向御相
談ニ相成候而者、必定不宜との御見込ニ被為在候間、必々深密〔秘〕ニ被
成置、一寸も京都江不相知様可相成義ニ候ハヽ、若印江も不被　仰
含而も可宜狩との御事ニ御坐候、乍併、此義者関東之御都合次第ニ
御取計可被遊方可然旨被　仰進候、尤、其御方様御差出之御書付面
ニハ、　御所ゟ御引戻云々、右御取計方所司代江被仰出候歟云々、
右者禁中ニおゐて再評ニ相成候而者、必定故障出来可申御見込ニ被
為在候旨ニ付、如前文、惣而御引戻之一条者、一端若印之手ヲ経而
御持帰りニ相成候事ニ付、御再評者決而不宜、尤、最初之御約定ニ
者、
公辺御勝手御宜敷時分ニ御引戻云々之御書付、水印へ可被仰進旨ニ
付、最初之御文面ニ不振様ニ御書改御引直し等之分ち一切差支不申
候旨、尤、若印ゟ御達被申上候分ニ御引直し御坐候而も、於御当方
者更ニ御差支不被為在候、乍併、其外ニも　公辺御差支之筋も被為
在候ハヽ、猶又御内々被　仰越候様被遊度思召候、仍而此段極密御
返答被仰進候事

＊本状は『井伊』十九—二〇号では「公用深秘録」より引載。

［＊3 御書下ケ之写
嶋左より間部へ返事相廻り申候処、書中ニ六之丞より文通之事も有
之、義言之非ヲ討候事、惣而之文意、嶋左之心得方不得其意、一体
此度之大業ヲ何程才器有之而も、嶋左壱人ニ而取計候義成間敷、三
分か二者義言之働キ与存候、然ルニ右様申越候与申ものハ、間部江
之軽薄、且は己か功立ニいたし候心得与存候、右様ニ而ハ、此後共
如何様之義申出候も難計、実ニ可悪事ニ候、此手紙写置、義言方江
も遣し、油断不致やう、且早々帰府之方可然と申候而可然存候事

五月十一日　　六之丞へ］＊4

＊3〜4［　］の部分、提出本では削除。
＊本状は原本あり（『井伊』十九—一九号）。

＊5

極密事、他見無用

別紙書付三通ハ、嶋左ゟ間部侯江被指上候写ニ御坐候、右書中ニ貴兄之非を討候所有之、此度之大業如何程才器有之候迚、嶋左壱人之取計ニ而成就可致筋ニ無之、三分之二ハ貴兄之御勤功ニ有之処、間部侯江之軽薄か、又ハ自分之功立ニいたし候事哉、実ニ不軽事ニ付写取、御心得ニ御廻し申置候様ニ与被　仰出、人と申物ハ扨々油断不相成事、もはや貴地之一件も御事済ニ相成候事ニ付、少しも早く御帰府被成候方可然との　思召ニ付、其旨申進候様被仰出候ニ付、表状ニハ三大夫御帰府ニ付、別而御用多与認置候得共、内実ハ前文之御意味御坐候事ニ付、其旨御心得可被下、小子より文通之事も有之、何か御不足ニ思召候哉との御疑惑も被為在候事ニ付、本文ニハ夫となく右之申解之意味を含認置候事ニ御坐候、誠ニ昨年来当地之義ハ〔及〕不申聞、貴地之事ニ付而ハ、　御上之御配慮も如何計之御事ニ可有之哉、一旦之処ニ而ハ、間部侯ニも浮足ニ御成被成候処、当地より厳敷被仰進候故、御踏答ニ相成、今日ニ而ハ壱人ニ而御功名被成候様成御振廻、扨々押之強き御事、嶋左之今度之文中ニ而、是も同様之心得与見へ、扨々不軽事ニ御坐候、乍去、とかく隠徳程宜事ハ無之与申事ニ付、夫等之事ニ頓着なく、功成候上ハ少しも早く貴地御引払御上策与奉存候、此段極密申進候様との御沙汰ニ御坐候、以上

五月十一日

＊提出本では、＊5の部分に「五月十一日」と加筆する。
＊本状は原本あり（『井伊』十九―二〇号）。

尚以御廻し之御書付、夫々奉入　御覧候、相済候事ハ一々不及御報、略義御免可被下候、以上

四月廿八日・当月二日両度之御書付拝見仕候、向暑之節、先以御上御機嫌能被為遊御坐、御同意奉恐悦候、然ハ　勅諚之旨、諸大名方江御達ニ相成候而者、御猶予之二字御指支之□次第柄、嶋田氏江委細申進、厚御差含方之義御願被遊候処御承知被遊、右者諸大名江表向御達者無之方ニ御治定可然旨、極密御伺被　仰上候御紙面入御覧候処、大ニ御安心被遊候、一体旧冬関東ゟ被　仰上候節、外夷通信之義、悉皆御止被遊度との
叡慮ニ候得共、扨者国家之御為不相成、且関東之御趣意も相立不申ニ付、　殿下格別ニ御心配被遊候処より、然らハ後年急度夷人を退ケ候与申御書付御印被成進候様ニ与御注文出候、是以大害与思召、　殿下も間部侯も格別之御心配ニ而、御証印之事も相止ミ候得共、兵庫開港を始、一ニ而も
叡慮之相立不申而ハ　公武御一致之場ニ者及不申、依之段々御配慮之上、漸御猶予と申二字を以、強而
叡慮之旨を立テ、其余者関東之　思召通ニ相成候義ニ付、右二字之義ニ付而者、京都ニ而聊も彼是難被　仰次第ニ候得共、併内実
殿下之思召ニ者、一件治り御一和相成候上ハ、素ゟ御委任之御政務ニ付、諸大名江御達等之義者関東之　思召通ニ而可然御義、唯京都よりハ御猶予と被　仰出、関東よりハ行々夷人を退ケ候様との御約定者、　公武共ニ御意内ニ可有之義、表向諸大名江御達等之義ハ関

東之　思召通、時宜ニ而可然候旨、併、此義乍御内々　殿下之思召より出候事与申事ハ決而不相成、又御相談相成候与風聞ニ而も有之候而ハ、甚御指支ニ相成候付、其段篤与申上置候様ニ与被仰出、尤、御猶予之二字ニ而御一和相成候迄之御手続、不容易御次第柄者、昨年中追々被　仰上候御義ニ而、篤与御承知可有之義ニ候得共、尚深く其次第柄御指含ニ而御所置御坐候様、小子迄被仰越候様御沙汰之趣、夫々敬承仕候、右一件ニ付、乍恐千辛万苦御丹精之訳柄ハ具ニ御申上被成候事ニ付、一々御承知、如何ニも悪謀方根強く飽迄讒訴いたし候事ニ付、誠ニ極々難物不容易次第ニ候処、　御氷解之場ニ至り候事、実ニ　殿下之御聖徳与忝仕合ニ思召候趣ハ、追々申進候通り之次第ニ御坐候処、　勅諚之趣、諸侯江触示し不申而ハ不宜との間部侯御見込、左候而ハ、彼御猶予之二字秘中之事共、表向ニ成候而已ならす、外夷迄も洩れ聞へ候者、必定実ニ大害之基、昨年来
殿下之御丹精も画餅与可相成与思召ニ候、段々御利害御討論被遊候得共、一応　殿下へ御伺之上ニ無之而ハ御挨拶被成兼候との御事、此上御押付被遊候事も難相成ニ付、左候ハヽ、御伺可被成旨御挨拶被成置候ニ付、当方之御模様柄密々申上、御差含方相願候様被　仰付候ニ付、嶋田氏江委細申進候処、程よく　御聴届ニ相成、御都合よく被仰出、大ニ御安心被遊候、御内々なからも、右様之義御伺ニ相成候而ハ　殿下御迷惑可被　思召候、其段も御察し被　思召候得共、御在京中何等之御内話被為在候事哉も難計ニ付、間部侯御見込之通為御任被遊候御義ニ有之、扨々御うるさく可被　思召与、其段者深く御きのどくニ思召候旨《所》、御都合よく被　仰出候而御安心御大慶思召候段々御礼之義御取繕、宜被　仰上候様ニ与呉々被　仰出候

一、水　勅御取戻之一条、

右者京都より御諸司江迄被　仰出候御振合ニ御取直ニ相成候而もよろしく、又御文面之処御書改ニ相成候而も宜敷、如何様共御都合宜様ニ御引直し、扨水戸江被下候
勅諚書者、直ニ御諸司江向返上相成候様、
公辺ニ而御取計御坐候而可然旨、但京都より御取戻之義、直ニ水府江被仰遣候様ニ者不相成義ニ付、為念被仰下置候との御事、扨御内慮ニ者、此一条ハ如何様ニも御都合宜方ニ御所置有之候而、御諸司江者ケ様々々ニ取計候与計被　仰越候様、又諸司江者御沙汰ニ不及も可然歟、唯々関東ニ而手余り、諸司江免しテクレ角シテクレ抔与御頼口上被仰越候而者、自然他へ漏レ候節、御権威も不相立候而ハ不宜との思召之旨、御承知被遊候、先以
勅諚書御取戻し一条も御都合能被仰出御安心、且御内教之旨御厚意之次第、寔ニ以忝次第ニ思召候、右之御礼も程よく御取繕、宜被仰上候様ニ与呉々被仰出候、一体其御地ニ而ハ、貴兄初公辺之御所置、天狗共ニ御恐怖被為在候様御見込被成候哉与被存候、過日も申上候通、天狗共騒立候迚、御家御一手ニ而も十分ニ御行届之義、況哉　公儀之御威光ヲ以御成敗被遊候事、何之苦も無之御事ニ候得共、兼而も御承知之通、老公之御所置、忠義を表として私欲を御隠謀之事ニ付、右御隠謀之次第顕然与致シ候上ニ無之而者衆人承伏不致義、且ハ　御親藩之御事ニ付、とふかなとの厚き思召も有之、追々御吟

味も御坐候事ニ而、世上よりハ、彼天狗ニ御恐怖被遊候抔との憶説も出候事ニ可有之、扨々大き成間違ニ御坐候、乍去、貴地ニ而左様之御見込風説等いたし候事尤成義、昨年来
公辺之御役人方ニ而も、寛猛之御所置種々御見込狂ひ、様々被仰立候得とも、
君上ニハ更ニ御動き無之、始終一鉄ニ御居り被為在候所より、追々御役人方ニも御合点参り、此節ニ至り　君上之御英断ニ御感伏被成、水藩ニ而ハ恐縮いたし、老公御慎御免、中納言殿御登　城御免等之義内願いたし候段、恐入候与申居候趣ニ御坐候、右様相成不申内ニ御仕置被仰出候而者、世上ニ而も疑惑いたし、水藩ニ而ハ尚更承伏も仕間敷所、今日之場合ニ至り候義者、全　君上之御居り一ツニ而御十分ニ相成候次第ニ有之候間、此旨御心得可被下候

一、典侍局之御事、僅弐百石位之御事、　御手元より被進候而も何程之事ニも無之義との御事、一応御尤ニ奉存候、乍去、
朝廷江　公辺より被進物を御家ゟ与被申義ニも相成不申、尤、無御拠御訳柄、且ハ此度限り之御義、殊ニ僅之御米之事、　殿下より之御内意与申、早速御承知之旨被　仰進度思召候得共、惣而新規之事与申候得者、物之多少ニハ不拘、一ツ御例出来候へ者、是も無拠事、是も難指置事与申様ニ相成、終ハ御規格も崩れ候様成行候物ニ付、先例無之事ハ容易ニ御役方ニ而も御承知無之ものニ有之、其処を思召候故、　殿下ニも御内意被仰進候事ニ付、大体御内意之上ニ而御受も被仰上度与段々御取調被遊候得とも、素より御内々之御取調ニ付御手間取、今以御治定之御返答ハ被成兼、何共御不本意ニ思召候、併、　御上ニ者今度之義者御役方ニ而彼是被仰立候とも、是非　殿下之　思召通りニ被為遊候与申義ハ御決心被為在候御義ニ付、
朝廷之御模様余り遅々ニ相成、　殿下ニも御困り被遊候様之御義ニも候ハヽ、御返答御見合なく、御諸司江御同意被仰出候而も可然哉与奉存候事ニ御坐候

一、梵鐘御沙汰止之事

一、皇女御入輿之事

右者内実御賢考被為在候処、何分今一段人気治り候上ニ而、表向被
　仰上候方可然旨御決定被為在候趣、依之、竹輿連中克々御吟味御仕置方片付次第、先般御内々被仰進候
御所向を奉始、諸堂上方一同江之御宛行之義、早々御取計被進候様との御義、克々御承知厚く御差含御評義被遊候趣ニ候間、是又宜被仰上候様との御事ニ御坐候、誠ニ段々御丹精ニより京地之一条御落着ニ相成、呉々御安心御大慶、誠ニ　殿下之御聖徳、　新御所公之御忠孝、嶋田氏之御精忠、貴兄之御骨折等毎々被仰出、御満足之御義ニ御坐候、彦藩ニも庵大夫御一人ニ而御勝手向之事も御手張、当地も先々折合候ニ付、三太夫ニも御暇被下置、五日ニ御発途被成候処、御内密之御用向等御不都合ニ付、
殿下江程能被仰上、一日も早く御帰府被成候様可申達旨御沙汰ニ御坐候間、少しも早く御帰府可被下候、右御報旁如此ニ御坐候、以上

五月十二日　　宇津木六之丞

長野主膳様

尚々時下御厭乍憚専一ニ奉存候、小子不快之義御懇問難有

追々全快、大体平体ニ相成候間、乍憚御省念可被下候、天正丸早速御越、千々奉多謝候、御不幸後、彦根之事も御打捨御上京被成候事ニ付、一ト先御帰藩不被成而ハ如何ニも御不都合ニ可有之与奉存候、

御上ニも御待兼候事ニ付、成丈ケ御手廻し御帰府可被下候、

以上

＊本状は『井伊』十九―二一号では「公用深秘録」より引載。

一、右同日嶋田左近江之返書、左之通

御返翰謹而奉拝見候、向暑之節益御勇健被為渉、乍憚目出度御義奉存候、然者

勅書諸大名江御達方之義ニ付、御差含方之儀御願被申候処、程よく御内教被仰出安心大慶被致候、抑右御一条ニ付而者、悪謀方より根強く種々様々讒訴御坐候事ニ付、乍恐　殿下ニも不容易御配慮段々之御丹精ニ而、御猶予之二字ニ而終ニ　御氷解之場ニ至り候、御千辛御万苦之御次第柄ハ主膳より一々申越、承知被致居候事ニ付、乍御内々間部侯より右様之義御伺被成候而者、実ニ御迷惑可被遊旨も恐察被致、段々討論も被致候得共、何分御伺不被成而者御落着不被成趣ニ有之、其御地御滞留中之御模様柄も腚与相弁へ不被申事ニ付、強而指止被申候場合ニも至り不申、扨々　殿下ニも御煩敷可被為思召与御気之毒ニ被存候、先々御程能御内教被仰出、大ニ安心被致候、水

勅御取戻し一条も御都合能被仰出、是ニ而間部侯ニも御安堵被成御一致之場ニ至り大ニ安心被致、全貴兄御執成ニ而両条とも御都合能被仰出、扨々大慶被致、私より宜御礼御挨拶申上候様被申付候、何分此上宜御執成被仰上被下候様奉希候、右御礼為可申上如斯御坐候、

以上

五月十二日　　　　宇津木六之丞

嶋田左近様

猶々時下御厭乍憚専一ニ奉存候、五手懸り御吟味物も追々御吟味詰り、水藩ニ而者大ニ恐怖いたし候趣ニ相聞へ、委細者主膳方被申遣候間、御聞取可被下候、以上

＊本状は『井伊』十九―二二号では「公用深秘録」より引載。

五月十七日

一、関口園十郎より左之風聞書指出候ニ付、添書いたし申上ル

風聞之趣　　　　関口園十郎

水戸道中、此程及混雑罷在候処、追々水府より人数操出し、当十四日小金町江凡七百人余罷出、翌十五日ニ至り千人余ニ相成、右旅宿之義者、同町困窮之者相除キ、中以上之者不残江宿被申付、存外之混雑、就而ハ小金町御旅館明地江陣小屋与唱、間口四間奥行拾五間之小屋三ケ所、当十五日中ニ出来候様、出張之向より厳談ニ付直様取懸候処、尚模様替ニ付奥行四十間之積、昨十六日朝一棟出来上り、昨夜より右小屋江相詰申候、追々右之外本所小梅蔵屋敷江も出来之

風聞、且十四日夜我孫子宿江神主・修験凡四百人余止宿致し、十五日同宿より追々小金町江行移候様子、是迄江戸江罷越候もの凡弐千四百余人之由

一、十五日夜小金町江者人数詰り切不申、水府目付役之者ゟ及差図、直ニ小金町ゟ壱里余流山村江六百人余相廻し、同所ゟ江戸表江操込候由、同夜百人程者日光道中草加宿江一泊仕、昨十六日板橋通り駒込之方江罷越候由

未五月十七日

＊本状は原本あり（『井伊』十九―二九号）。

別紙風聞書之趣ニ而者、如何ニも
公儀を蔑視致候所行不軽次第、此儘被指置候而者、乍恐　御威権ニも拘り候義ニ付、水戸御屋形江急度御沙汰被為遊、夫共及遅々候ハヽ、
公儀より御取押可被成旨不被　仰出而者、向後御取締ニも拘り可申、右出張之面々者狂人同様之者共ニ付、如何様之義仕出し可申も難計、万一之義有之、御手当無之而者御不覚之次第、夫者指置候而も、先達而以来、水府之天狗共ニ御恐怖之様ニ京都ニ而も申唱候哉ニ有之、今度穏便之御所置ニ而者誠ニ以御一大事之御義与奉存候間、乍恐御賢考被下置候様仕度、此段奉申上候

五月十七日　　公用人

＊本状は原本あり（『井伊』十九―二九号）。

昨夕奉申上候、小金江出張人数之義ニ付、猶又左ニ奉申上候

一、此侭被指置、水府御咎メ方御手弱く候得者、弥以御恐怖之御所置与申唱候様可相成、御手強く被　仰出候節ニ者、不敬之所行可致ハ必定ニ付、其節者急度御手当之上ニ無之而ハ難被　仰出、其期ニ至り候得者、是非鉾戟を用ひ候場ニ至り可申与奉存候、即今厳重之御手当之上、厳敷御沙汰ニ相成候迚、老公初天狗共御咎メ之軽重知れ不申内ニ者、死ニ物狂ひ之働可仕御気問ハ無之、昨年騒立候節ニ者荷胆之諸侯も有之、御役人方ニも徒党之方も有之事ニ付、其侭被指置候義、誠ニ無御拠次第ニ候得共、今日厳威御示し被遊候機会、此図を御はつし被遊候ハヽ、却而真ニ争乱之場ニ至り可申与奉存候ニ付、御威光を以不届之奴原厳重ニ被　仰付候上者、老公初天狗共　御憐愍御坐候而も、真ニ　御憐愍与心得可申、此侭ニ而御仁憐之御沙汰ニ相成候而者、乍恐　御威権ニ拘り、実ニ一大事と奉存候、昨年来水藩之模様相考候処、驕慢強情之者共ニ付、いつれニも一度ハ厳敷不被仰出而者治り付申間敷、左候得者、此節厳威御示し被遊、至極之機会歟与奉存候

一、弥厳重之御手当被　仰付候御義ニ候ハヽ、
御膝元之義ニ付、御先手両御番・大御番頭町御奉行等、御籏本之御人数ニ付御取押ニ相成可然、右ニて御不足ニ　思召候ハヽ、御譜代御大名江被　仰付候而可然、御在府之御譜代御役人之外ニ而も凡八十人計御坐候様奉存候、右等を被指置、国持外様江被　仰付候而者、是又　御威権ニ拘り可申与奉存候、乍恐御賢考可被下置候

五月十八日　　公用人

＊本状は原本あり（『井伊』十九―三〇号）。

一、五月廿一日長野主膳江左之通申越

貴書拝見仕候、如命薄暑之節、先以
君上益御機嫌能被為遊御坐、御同意奉恐悦候、然ハ、東西与力之内
間惑乱難止、右者全く今度之一件無功之上、水老江恐れ
公儀江不忠不義之輩、有功之加納・渡金等之事を大久保勢州江讒し、
自分気ニ入、既ニ取立等ニも相成候位之小事とのミ御聞込之処、東
組之与力之内ニ而、貴兄と芥舟とをしてやり候ハヽ、彼徒ニ従《随》之者
共ハ自然与弱可申内密相談いたし候事、加納・渡辺聞付大ニ驚、用
心方御心添申出候由ニ候得共、右者昨年之如く貴兄ヲ害し候と申儀
ニ而者有之間敷、畢竟ハ此節迄御在京之次第入訳不存故、御用ニ詑
し御逗留御遊興、其上鞍馬口御普請ニ付、奸商共後閑ヲ讒、貴兄も
御同意ニて米惣抔より金子御取入抔と、跡形もなき事を申立候事も
御聞込も有之、格別根深き事ニ者有之間敷与其侭ニ被成置候処、此
節堂上之内間ニて、

正親町三条　広幡　中山
徳大寺

右四方ヲ四天王と称し、近・鷹之腰押ニ而、今度之一件ニ付、根元
たる水隠を其侭ニ指置、摂家方始、堂上計枝葉之方々ヲ罰し候ハ如
何之義与、
勅諚ヲ出し可申下巧ニ而茂有之哉、　殿下之御見込ニ而者、今度貴
兄・嶋田・芥川、与力ニ而者加納・渡辺等正道ヲ働候者之探索ハ、
悪謀之残党より被頼候事ニ相違有之間敷、草間列五郎ハ鷹司殿無二
之御舘入、手嶋敬之介ハ近衛殿御舘入、其外も皆水戸引之者共ニ而、
大久保勢刕ハ其奸者ニ十分被抱込、何分加納ヲ其侭差置候而者治り
不申之旨、御諸司代江申上も有之、若州侯も甚御心配之趣ニ而、貴
兄江御噂ニ者、与力ハ奉行之支配之義ニ付、奉行より申出候事者達
而彼是も難申、乍去、今此所ニ而繁三郎を為引候而者、御用立候者
者壱人も無之、如何致可然哉与貴兄之御存意御考ニ付、御答被成候
者、加納有功之者といへとも、諸人申通、実以平生悪事有之候ハヽ、
功ハ功ニ而立、罰ハ罰ニ而可然、乍去、今度申立候者共四五人者、
皆水老へおもねり候者共ニ而、
公辺之御為方を存候者ニ而も無之間、両方之申口を以御調相成候方
可然旨再三御申上、御探索候得共、加納者悪事無之、平日無欲ニ而
下々ニ而も評判宜敷、筋違之事有之候得者、奉行江も無遠慮申立候
生質ニ候得共、何分大久保十分ニ被抱込候事故、正実難相分、大久
保も役付早々事情をも不弁、内より如此奸人ニ被抱込、同役江相談
も不致、諸司代江も不伺強情申立候而ハ、此侭ニ指置如何様之騒動
ニ可相成も難計候間、早々大久保転役之事、関東江可申上と御決心
ニ付、間部侯江被仰遣候ハん与御心得被成候、左候ハヽ、早々御聞
済相成候様被成度、未四方落飾相成候迄ニ而内間治り切候与申場ニ
も無之処、心得違之与力・同心悪謀方江付、奉行も右様之事ニ而ハ
何等之大変可生も難計ニ付、一日も早く転役ニ相成不申而者一大事、
小笠原長州も被驚入候由ニ而、諸司与御心を合セ御内談御坐候趣委
細承知、扨々不軽事、一体大久保ハ水戸江関係之風聞も有之候処、

日下部伊三治遠行ニ付実否不分、幸ひニまぬかれ仕合成事ニ付、御改心も可有之処、先達而も松永半六・永坂為蔵上京致候節も間部侯江讒訴被成候由、今以御改心無之而者自滅被成候事与被存候、御紙面之趣、
御上より御閣老方江御談しニ相成候間、其内何と歟可被仰出与奉存候、石谷氏抔ハ、加納者不宜者与御聞込之由、奸人共ハ沢山ニて、正道之人を讒訴功者ニいたし候事与被存、扨々憎き事共ニ御坐候、右様之次第ニ付、外ニ御役人方ニも正邪間違之御聞込も可有之歟与心配仕候事ニ御坐候、何よりも昨年之御様子とハ御諸司之御居り宜故、何より以難有安心仕候事ニ御坐候、跡から〳〵御心配絶へ不申、扨々御苦心奉遠察候、水府之安嶋帯刀も大体御調ハ付候へとも、今少し之処陳し居候趣ニ御坐候、しかし最早格別手間取候訳も有之間敷との事ニ御坐候ハヽ、水戸之御埒付候得者真之太平ニ帰し候得共、此御埒済迄ハ、悪謀方ニ而ハ不絶もかき候事与被存候
一、京都御助成筋之義ハ御紙面を以申上候、此義も御評議中之御義与奉恐察候、貴地ニ而ハ、右様之義ハ一日も御早く被仰出候様被成度、殿下ニも御もとかしく可被　思召与、其段者深く御察被為在候得とも、　公辺之事ハ中々左様ニ思召侭ニも不参物之由ニ而、甚御心配被為遊候事ニ御坐候、其段ハ宜御賢察被下置候様、御沙汰も候ハヽ、殿下江程よく被　仰上被下候様仕度奉存候
一、京詰御人数、　御守護・御警衛之差別ハ名目計ニ而、其実ハ御同様之勤与申義、今度委細ニ被仰下、且京都江之御答振、　公辺江之被　仰立方御案文御廻し被下、御繁勤中別而御苦労ニ奉存候、右ニて貴地之御振合、貴君之御見込御眼目之処も承知仕候、御趣意柄至極御尤ニ奉存候、中ニハ指支不申哉与心付候廉も御坐候間、此節同役中厚談仕候事ニ御坐候、其上ニて御伺可申上、呉々も御眼目承知仕候事ニ付、是よりハ評議もいたし、能奉厚謝候
一、登起申口ニ而ハ、戸田銀次郎より京都江手入方之義ニ付而者、何レ之御殿江与歟、必名指候方可有之見込ニ付、追々吟味之筈ニ候得共、加納者不快、渡金も帰京後間も無之、旁其侭ニ相成居候由、京都ニ而之内評ニ而者、戸田銀次郎を壱人御召捕ニ相成候ハヽ、水戸之内謀も大躰治り、老公之罪も御手軽く相済可申との義御尤、どふ歟左様相成候得ハ重畳之義与奉存候、然処、町御奉行又ハ御諸司ゟ右様之義御申立ニ相成候得者宜候得とも、実ハ貴君被仰上計ニ而ハ其筋江御達被遊候事難相成、其所ニ甚指支申候、一体先達而ゟ貴君ゟハ貴地之御模様早速御申上被成候得とも、肝心之御諸司・町方より之申上ハ、いつも〳〵遅り候様子ニ御坐候間、間部侯又ハ御閣老中迄ハ、貴君被仰上之次第、時宜ニ寄御咄し被遊候得とも、何分表向より被仰立無之事を表方御役人江御達し被遊候訳ニハ難相成ニ付、右様之事ハ少しも早く表向被仰立ニ相成候様、御差含御取計被下候ハ、重畳之御義与奉存候
［一、四方之号為御聞被下、鷹司禅閤拙山とハ可笑事との御沙汰ニ付、如何ニも可笑事、但余り拙き山にも無之、随分鋭き山ニて、危き事与申上居候事ニ御坐候］
＊［　］の部分、提出本では削除。提出稿本では墨線で抹消。
一、小笠原長州江古鍔之御挨拶も書加へ候様被仰下、則書入、渡金方江

頼遣し候、江州布一条之事、産物方より頼参り、則御同人迄相願候処、御心頭ニ被為懸御取調被下候、御出逢も候ハヽ、宜御挨拶奉頼候、右両度之御報迄如斯御坐候、以上

五月廿一日　　宇津木六之丞

長野主膳様

猶々例なから梅雨中日々欝々敷天気ニ御坐候、先便早々御帰府之事被仰出候ニ付、程なく御下向与御待申居候、俄ニ暑気ニ可相成、別而御厭御下りを奉待候、岡大夫初同役江之御伝言相達候処、尚宜との事ニ御坐候、小子不快之事も毎々御懇問忝、もはや全快、此節専ら灸治仕居候、乍憚御省慮可被下候、以上

別紙

別紙内々申上候、水藩又々騒立候由、別紙風聞書出候ニ付、両通之通愚意申上候処、御不快押而十八日御登　城、段々御評義御座候処、全士分ハ少く、多分修験・百姓・郷士体之者之由ニ付、　公辺より御人数被指出候もおとけ候訳ニ有之、水府江御達ニ相成候方可然との御評決ニ相成、即日水藩家老両人御城へ御呼出し、早速取鎮メ可申、左無之而ハ　公儀御法通り被仰付候旨御達ニ相成、恐入畏候由、尤、自然之節ニ者、被指向候御人数之御調も御手中ニ御取極ニ相成候趣ニ御座候、鱗麿様御逝去、御愁傷之御中、殊ニ御風邪ニ而御引籠中之処、押而御登　城、夫々御手筈御指揮被下置、扨々難有奉存候、鱗様事ハ不及是非、誠ニ恐入候事ニ御坐候、御愛憐之情御忘れ被遊候様仕度ニ付、小子方江之御文通ニハ、右御不幸之事ハ御認不被下候様仕度、入　御覧候時ニハ、

思召被出候様相成候而者恐入候間、此旨御心得可被下候、以上

五月廿一日　　宇津木六之丞

長野主膳様

＊本状は原本あり（『井伊』十九—三六号）。

［六月廿一日］

＊［　］の部分、提出本では削除。

一、長野主膳江返書遣ス、左之通

追々之御懇書、夫々相達拝見仕候所、去十日比ニ者其御地御出立も可被成趣ニ付、もはや御返書差出候而も御入違ニ可相成与奉存候付、六日出ニも御返事不申上、自然未御出立も不被成候様之御事ニ候ハヽ、其趣御伝へ被下候様ニ与内膳殿へ御頼申越候次第ニ御坐候所、十二日出御便り着致候得共、未御発途御治定無之由、尤不日御発足之由ニ付、此手紙ハ定而御行違ニ可相成与奉存候得共、一書申上候事ニ御坐候、甚暑与相成候処、先以上御益御機嫌能被為遊御坐、御同意奉恐悦候、然者内藤・大久保被為　召候ニ付、与力之もめ合もひつそりといたし、堂上方江も響候趣ハ宜候得とも、又々内　勅等之次第、油断不成事とも殿下ニも御配慮之段、　御上ニも深く御察思召候、当地も神奈川開港之御時節ニ至り、英仏蘭魯等之船追々渡来御談判中ニ有之、尤、今春以来ハ是迄之弊風御一洗ニ而、随分手

強き御掛合ニ相成候ニ付、又々軍艦数十艘引連強訴可致抔との風説も有之、兎角多端之御用向ニ而不容易御心配中、案外之御心配出来、其子細者、間部侯御帰府後御高慢増長、諸御役方ニも甚不服ニ付、御上より再三御異見被遊候処、其節ハ程よく御挨拶被成置、此節ニ至り候而ハ　御上之悪口散々御申触し、弥以我（ママ）慢増長、殆与御困り被為入、此様子ニ而ハ、京地江も
御上之悪口被　仰進候様ニも可相成与、深く御心配被為遊候、尤、当地ニ而ハ何程悪口御申被成候而も眼前御所置振御役人方ニも御承知之事ニ付、却而間部侯を悪く申立候計ニ候得共、隔地ニ而ハ左様之訳ニ者無之、間部侯より之讒訴とハ成不申時ニハ、　殿下始御疑惑被遊候様可相成与深く御配慮被遊候ニ付、右之次第、貴兄御含迄ニ申進候様との御沙汰ニ御坐候、右様之次第ニ付、被進金御局之一条等も埒明不申事与奉存候、付而ハ貴地御模様時々剋々委細被仰下候事ニ付、夫々御承知之事ニハ候へ共、口上ニ而被仰上候様ニ者行届不申、且者当地之模様も篤与被仰候上ニ而、京地之御取計向御賢考も可被遊思召ニ而、貴兄御登りを御待兼被遊候次第ニ候処、貴地ニ而も無拠御訳柄ニ而追々御延引ニ相成、其所も無理ニハ不被思召候得共、前文之次第柄ニ付、一日も早く御帰府被成、其次第柄ニ寄候而ハ又々御上京被成候而も宜候間、此書状着致候ハヽ、早々御帰府之御都合ニ御取計被成候様可申進旨被　仰出候間、左様御承知可被下候、もはや不日拝顔仕候事ニ付、一々不及貴報文略御免可被下候、以上

六月廿一日　　宇津木六之丞

長野主膳様

尚々今年者俄ニ大暑ニ相成、一入難堪、此節之御旅行御察申上候事ニ御坐候、御食物等も御気を被付、随分〳〵御厭専一ニ奉存候、御長屋ハ橋本太右衛門拝借之御長屋を当分拝借仕、北庵等江頼御待受仕候間、左様御承知可被下候、以上

＊本状は原本あり（『井伊』十九―六五号）。

内密書

副啓申上候、此書状着致候比ニ至り候而も、
殿下御用向ニ而御出立難被成哉も難計、其節嶋田へ本文為御見被下候而者不宜候ニ付、為御見被成候而も宜様ニ別紙差上候事ニ御坐候、本文ニ者間部侯之事認御坐候、此義者嶋田へハ決々御泄し不被成様御心得可被下候、外之事ハ宜候得共、此一条ハ嶋田へ洩候而ハ大害ニ御坐候、委細ハ御帰府之上可申上候、以上

六月廿一日

＊本状は原本あり（『井伊』十九―六五号）。

別紙得貴意候、本文貴兄御帰府之義被　仰出候ニ付申進候得とも、自然於貴地、
殿下御用向被為在候ニ付御引留可被遊も難計与奉存候ニ付、尚又申上候事ニ御坐候、実ハ貴地より被仰進候件々、何角も御埒能為御済被成度との海山思召ニ候得とも、京地之事情篤与御弁へ無之御役方ハ、兎角御異存被仰立候様相成、一日々々与御延引ニ相成、甚御心

配被遊候、貴地之次第柄篤与御承知も被遊度ニ付、一日も早く御帰府被成候様ニ与被　仰出候事ニ付、自然　殿下御用向被為在候共、前文之次第委細被仰上、暫く成とも早々御帰府被成候様御取計可被下、余り延々ニ相成候ニ付而ハ、嶋田氏初如何与之御見込も可有之歟与心配仕候、実ニ打捨被置候訳ニ者更ニ無之候得とも、指向候事共多忙ニ而御手後レ之上、前文之通り之御役方も有之、実者京地之一条ハ、　殿下之御高徳ニより程よく相済候故、するく被成候様ニも相見へ、夫ニ而ハ不相済与厳敷御催促御坐候而も、如何ニも指向候事共計ニ付、つゐく今日迄遅々いたし候間、
御上ニも甚御心配被遊候事ニ御坐候、此節書状着次第、何分早々御帰府被下候様仕度奉存候、以上

六月廿一日　　　　宇　六之丞

主膳様

＊本状は『井伊』十九―六五号では「公用深秘録」より引載。

六月廿六日

一、今日宿継飛脚を以、長野主膳方へ左之通及文通

但、御賄手代能瀬忠右衛門へ渡

去十七日付之急御用状、廿三日ニ相届拝見仕候、甚暑之節、先以
御上益御機嫌能被為遊御坐、恐悦至極御同意ニ奉存候、然ハ　殿下
御口上書之趣奉拝見、実ニ御等閑之様ニ被　思召候段、御尤至極、
此義ハ
御上ニも深く御配慮被遊、御役方江も段々御催促も被遊候得共、昨年来之御次第柄委く御承知ハ無之事ニ付、御先規等彼是被　仰立候ニ付、御説得ニも手間取、且ハ貴地之御模様未御さつはり共致不申ニ付、内藤・大久保之御両人も被為　召候様之御次第ニ付、実以御安心与申場ニ至り、御沙汰御坐候方可然哉との思召も有之、彼是御配慮中、神奈川開港御時節ニ指懸り、未御手当も行届不申内、期月ニ及候事ニ付、五ヶ国之夷船追々渡来、指向へ御用向ニ而肝腰之御役方ハ御寸暇も無之、外国御奉行等ハ昼夜之差別なく、御伺事等ニも御出被成候様之御次第ニ有之、水府之御吟味物鈴木藤吉郎一件等不容易御調事有之、今以御役方ニも悪謀方之余党有之、少しも御油断不相成、実ニ表ニ而ハ最早御安心之姿ニ相見へ候得共、時々剋々御心配ハ絶へ不申、乍去、其御地ニ而ハ右様内間之御混雑ハ更ニ御承知無之事ニ付、打捨おかれ候様思召候而ハ不宜ニ付、御あせり被為入、付而ハ、貴地之御様子追々御承知之事ニハ候得共、筆談ニ而ハ難行届、貴兄御帰之上、篤与御模様御承知御工夫可被遊との思召ニ有之、御待被為在候所、四月中ニも御帰府可被成旨ニ候処、追々御延引ニ相成候間、御心もせかせられ御催足申候様被仰出、追々得御意候通り之次第、廿一日出ニも厳敷御催足申進候義ニ而、右一条少しも御忘れ被遊候訳ハ更ニ無之、多端之御用向御取扱中ニも始終御苦心被為遊候得共、何分思召通りニも参り兼、　殿下之御不興被為在候御場合ニ至り深く恐入思召候、殊ニ
台翰之御請御延引ニ相成候段、全拙子貴兄江申上方不行届より今般之御不審も生し候段重々奉恐入候、早速御受、且段々之御忠精ニ而御安心之場ニ至り候御礼海山被仰上度思召ニ候得共、　殿下江御内

通悪計被成候様与〔抔〕申触し候次第も有之事ニ付、嫌疑も有之、態与御礼御請書ハ御延引ニ相成候旨、程よく被仰上候様被仰付候ニ付、其旨申上候心得ニ御座候処、不行届故今日之場ニ至り、何とも申上様も無之奉恐入候、何分ニも嶋田氏へ御縋り、御詫之程宜御頼被下候様、伏而奉願候、前文之次第ニ付、少しも早く貴兄御帰府不被下而ハ、尚更万事御手後レニ可相成候付、品ニ寄又々御上京被成候而も、一ト先急々御帰府御坐候様仕度、御報旁此段得御意候、以上

六月廿四日　　　　　　　　宇津木六之丞

実々廿六日ニ出候得共、日附如斯

長野主膳様

尚々時下御厭乍憚専一ニ奉存候、本文一条ニ付、嶋田氏ニも御不興被蒙候よし、扨々気之毒千万、何分宜御断可被下、昨年来御出精〔勤〕之御賞賜ハ無之、剰御不首尾ニ成候段、心外之程御察申居候、乍去抜群之忠勤、天之照覧御坐候事ニ付、其内御発達之御時節も可有之与奉存候事ニ御坐候、已上

＊本状は『井伊』十九―七二号では「公用深秘録」より引載。

極密書

今度之御下ケニ相成候御直書、被入台覧候御義ニ候ハヽ、直様御下ケニ相成、間部侯等江移りニ而も不被仰進候様御取計可被成、追々申進候通り之御次第柄ニ付、自然間部侯へ被仰進候様之義御坐候而者大害之基ニ付、此旨厚御心得可被下、右様申進候而ハ不審ニ可被思召候得とも、一旦之御調子とハ大ニ相違いたし、中々御談し合も被遊兼候次第ニ付、貴地之御手紙も間部様へハ入御覧兼候次第ニ御坐候、尤、此節御工夫中ニ付、其内ニハ御解ケ、右ニ可相成候得共、今暫之処ハ何分御六ケ敷御次第柄ニ付、今度被遣候　御直書之御主意ハ勿論、拙子より申進候事も洩不申様厚く御懸念可被下候、此段尚又得御意候、以上

六月廿六日

＊本状は原本あり（『井伊』十九―七二号）。

[＊1]
［一、義言江被下置候御直書之写、左之通

殿下御口上書之趣、夫々承知、昨年来出格之御丹誠ニ而漸　公武御合躰ニ相成候事ニ付、下総守江被仰含候義共、早速取計可致所、御所江被進金并堂上一統江御助力金・典侍御給米之儀者、御役方ニ而ハ先規ニ拘り彼是申立も有之、且未内外共治〔治〕り切候与申場ニも無之、旁以手数相懸り日間取候へ共、被進金・典侍御給米等之事ハ不日被仰進候様可相成候

一、三月十二日附之　台翰御受之義、等閑置候様　思召之程、何とも恐入候次第、兼而申遣置候通、　殿下江我等より御内通申候旨、悪党より申立候次第も有之ニ付、態与御受不奉指上趣を程能入　台聴置候様申遣し候処、六之丞より申遣方不行届歟、其方取計方不宜哉、趣意貫通不致、何共恐入候次第ニ相成、御断之義宜取計可申候、不日其方帰府之上ニ者、嫌疑も無之ニ付、万々御礼可申上心得ニ候

一、御守護向之儀、殿下御心得迄ニとハ被

仰越候得とも、近来増御警衛も被仰付候程之御時節ニ付、是《是》迄之心得方与相違之事も有之、御役方江も為打合事等も有之、旁延引ニ相成申候、一体御守護御手当向之事ハ深秘之事ニ候得共、　殿下迄之御義ニ付、予め御安心相成候様、其内可申上旨宜可申上事

一、九殿御加増等之事承知、今般之御忠勤実ニ御抜群之事ニ付、　公辺より御挨拶無之而者難済御次第者勿論之事、此義も深く心配致居候事

右之件々不悪御聞分ニ相成候様言上可致候、呉々も等閑置候訳ニ者更ニ無之候得とも、無拠事共ニ而遅々ニ及心配いたし候間、最早其方も帰府可致義、其地之様子も委敷承り候上、何而も取計候得者都合も宜候、旁以帰府之事追々申遣候事ニ候、此旨心得、御用済次第早々帰府可致候事

一、此程中より御所労之御様子ニ承知いたし候、大暑之折柄、別而御大事ニ御保養被為在候様ニ与、宜御見舞可申上事

月日　　義言江」*2

＊1〜2の［　］部分、提出本では全て削除。

＊本状は原本あり（『井伊』十九―七二号）。

〔六月廿六日〕

＊［　］の部分、提出本では削除。

一、田村伊予守様江文通、左之通

極密申上書

両三日難堪暑気ニ御坐候処、益御機嫌能被為渉、奉恐悦候、然者一昨々日

御城ニ而之御模様被相考候処、別段相替ル義無之、紀伊守様・中務大輔様より備後守様へ御談し之義、見聞不被致候、尤、平日より御内談与申事、何分御六ヶ敷相成居候間、別席ニ而之御逢ひ、備後様へ御談し之義ハ急々如何可有御坐、無覚束奉存候、但し和泉守様未タ御引込中ニ付、御出勤御待合も候哉、又御文通ニ而御談し中ニも可有之哉、別段備後様初御心配之御模様ニも見受不被申候、是与申義も候ハヽ、早速可被申上候得共、

田安様ニも御案思被下置候事ニ付、此両日之御模様極密申上候様被申付候間、此段奉申上候

六月廿六日

一、未八月四日所司代酒井若狭守江継飛脚ニ而申遣候趣、左之通

禁裏炎上後、追々御手厚被成進候処、御手元御不自由之由をも被聞召候ニ付、何歟之為御用途、御内々より金五千両被進候段被　仰出候、尤、是迄右様之御例も無之候得共、昨年　御継統も被為済候御会釈旁、格別之訳を以御内々被進候　思召ニ候間、其段も伝　奏衆江可被相達候、以上

八月四日　　老中連名

酒井若狭守殿

九条関白殿儀、当節御事多之折柄、天下国下之御為深く被存込、諸

事格段ニ被骨折、
禁裏おゐても　御安慮被　思召候様被致心配、御忠誠之段被　聞召候ニ付、出格之訳を以、千石御加増被成遣、且職務中別段米五百俵宛年々被遣候旨被仰出候間、其段可被相達候、以上

八月四日　老中連名

酒井若狭守殿

近来摂家方其外堂上之面々、地下役人ニ至迄、困窮小禄之向ニ者、心得違不取締之儀も有之趣ニ被
聞召、如何之事ニ候、当節品々御用途多之折柄ニ者候得共、昨年御継統も被為済候御祝儀旁、此度限格別之訳を以、一統江金弐万両被遣被下候間、御附之者江も示談之上、程能割賦被取計、尤、小禄之面々ハ勿論、一同御祝儀旁御救筋之儀ニ付、厚く勘弁被致、両卿并御附之者等ニ而引請、永く御救之御趣意相立不取締無之様可被取計候、右者格別之　思召を以被遣被下候儀ニ付、以後之例ニハ決而難相成旨をも伝　奏衆江可被達候、以上

八月四日　老中連名

酒井若狭守殿

広橋前大納言儀、近来品々御事多之御時節、出精相勤御感被　思召候、依之白銀五拾枚被下候旨被　仰出候間、其段可被達候、尤被下銀者例之通可被取計候、以上

八月四日　老中連名

酒井若狭守殿

九条殿屋敷地之内、町家相挟り居候処、当時
冨貴宮御逗留も有之、御差支之儀も有之哉ニ付、右町家之地所為添地可被遣候間、代地等之儀、町奉行江被申達為取調可被申越候、以上

八月四日　老中連名

酒井若狭守殿

此度
禁裏江御内々被進金之儀、小判金を以可被進候処、通用金銀之事故、御用途筋ニおゐて御差支も有之間敷候間、弐歩金ニ而可被進候積、其余被遣被下候金弐万両者、弐歩金・壱歩銀取交為差登候筈ニ付、被得其意、尤被進金之儀、万一小判金ニ無之候而ハ御差支も有之候ハヽ、於　御所向御引替相成候様被取計候様ニと存候、以上

八月四日　老中連名

酒井若狭守殿

九条関白殿家来嶋田左近事、格別出精相勤候趣奇特之事ニ候、此段九条殿ゟ被賞置候様可被相達候、且又御内々九条殿迄白銀三十枚・時服三被遣候間、右銀子・時服、左近江被賜候様ニとの御沙汰ニ付、其段も可被達候、時服者只紋之積り、其表ニ而支度被申付可被相渡候、以上

八月四日
老中連名
酒井若狭守殿

＊前記の老中奉書七通を写した書付原本あり（『井伊』二十―三三号）。

八月廿七日

一、水府一条御落着、左之通被　仰出

申渡候書付
八月廿七日

御作事奉行
岩瀬肥後守
名代
御軍艦奉行
永井玄蕃頭
名代

思召有之ニ付、御役御免、部屋住、御切米被　召上、差控被
仰付之

西丸御留守居
川路左衛門尉
名代

思召有之ニ付、御役御免、隠居被　仰付、差控可罷在候

御小姓組
仙石右近組
川路太郎
名代

祖父左衛門尉儀、
思召有之ニ付、御役御免、隠居被　仰付候、家督無相違其方江

被下之

右、今晩於稲垣長門守宅申渡、若年寄列座、御目付神保伯耆守・
小倉九八郎相越

＊本状は『井伊』二十―六三号では「公用深秘録」より引載。

申渡候書付、列座
八月廿八日

小普請奉行
浅野備前守
名代長谷川能登守
西丸御留守居
大久保伊勢守

思召有之ニ付、御役被成御免候

右、於御右筆部屋縁頰和泉守申渡、掃部頭・老中列座、若年寄中
侍座

申渡候書付、列座
八月廿八日

備中守父
隠居
太田道醇

思召有之ニ付、慎可罷在候

右之趣、道醇方江罷越可申渡旨、堀田豊前守并大目付遠山隼人正
江於御黒書院溜和泉守申渡、書付渡之、掃部頭・老中列座

九月十日

思召有之ニ付、御役御免、隠居被　仰付、差控可罷在候

小普請奉行次席
駿府町奉行
鵜殿民部少輔
名代平岡与右衛門

御先手
十郎左衛門六男
鵜殿適之助
名代榊原一郎右衛門

鵜殿民部少輔事、
思召有之ニ付、御役御免、隠居被　仰付候、先達而仮養子ニも
相願候儀ニ付養子被　仰付、家督無相違其方江被下、小普請入
被　仰付之
右、今晩於本多越中守宅申渡、若年寄列座、御目付松平弾正・神
保伯耆守相越

九月十日

精姫君様御用人並
黒川嘉兵衛
名代伊佐新三郎

御書物奉行
平山謙二郎
名代嶋田帯刀

思召有之ニ付、御役御免、小普請入、差控被仰付之

小十人
本多一学組
平岡円四郎
名代松平太郎

不束之次第有之ニ付、御番御免、小普請入、差控被　仰付之
右、今晩於本多越中守宅申渡、列座無之、御目付神保伯耆守相越

＊本状は原本あり（『井伊』二十一―一二号）。

相達候書付、列座

八月廿七日

煩　松平左京大夫
松平左兵衛督
差添　成瀬隼人正

水戸前中納言殿御事、国家之
御為筋之儀被仰立候御当然之儀ニ候得共、御建白之次第御取用無
之迚、御家来之者を以御見込之筋品々京都江被　仰遣、加之、
御養君之儀ニ付而も軽キ者共、宮・堂上方を取繕候始末、関東御
暴政之筋ニ申成し、人心惑乱為致、讒奏ヶ間敷事より、終重き
勅諚を軽輩之手ニ為取扱、且
綸旨を懇願等ニ及ひ候段、公武之御確執、国家之大事を醸候筋ニ
而不容易儀、仮令御家来之者共御内存を察し、私ニ周旋致し候儀
ニ候共、素御心得方不宜より右躰之次第ニ至り、被対
公儀御後闇御所置候、依之急度も可被　仰出処、今度重き御法会
も被為済候ニ付、格別之　思召を以、水戸表江永御蟄居被　仰出
候、此段左京大夫・左兵衛督相越、水戸殿・前中納言殿江可相達
旨　御意ニ候

右三人

水戸中納言殿御事、前中納言殿京都江種々御内通被有之候より、
御家来之者共御意内相察、不容易企ニ及ひ候次第、被対
公儀、総而御後闇儀ニも有之、御父子之御間柄無御拠儀与者乍申、
御取計候方も可有之処其儀無之、就而者御家来之者共厳重ニ取締
可有之筈之処無其儀、剰御家来末々之者迄多人数出張致し、右之
御取鎮方等も御不行届之至ニ付、急度も可被　仰出処、是迄追々
御配慮も被有之候上之事ニ而、御情実止事を不被得御場合ニ相聞
候、依之、格別之
思召を以、御差控可被有之旨被
仰出候、此段左京大夫・左兵衛督相越可相達旨　御意ニ候

右、於御黒書院御下段、両度ニ和泉守申達、書付渡之、掃部頭・老
中列座
　但、溜詰も列座

＊本状は『井伊』二十―六四号では「公用深秘録」より引載。

申渡候書付、列座　松平讃岐守
　松平大学頭
　松平播磨守
八月廿七日

其方共、水戸殿御家之儀ニ付而者、
御沙汰之趣も有之、厚致心配候段ハ被
聞召届、尤ニ被
思召候得共、前中納言殿御心得違より家来之者迄不容易企ニ及ひ、
且水府表之者共、不憚　公儀を御府内近郊共多人数出張□（ニカ）及ひ候
等之次第、其方共身分ニ而者御沙汰を相待候迄も無之、取締向急
度申付方も可有之処、其儀ニも不及不行届之段、如何之儀与
思召候

右、於御黒書院溜和泉守申渡、書付渡之、掃部頭・老中列座

申渡候書付　水戸殿家老
　中山備前守
　名代町野左近
八月廿七日

其方儀、家柄をも相弁、兼々厚心得方も可有之処、此度前中納言
殿御心得違より、御家来共不容易企ニ及ひ候段被附置候、詮も無
之不行届之至ニ思召候、依之、急度も可被　仰付処、未若年之儀、
別段之御憐愍を以差控被　仰付之

右、今晩於和泉守宅申渡、大目付伊沢美作守・御目付鳥居権之助相
越

申渡候書付、列座　水戸殿
　家老共
八月廿七日

其方共重き役儀をも相勤候身分ニ而、御家ニも可拘程之儀をも不
心附、等閑ニ打過罷在候段、不念之至候、依之、急度も可被　仰

付処、以後之御国政取締第一之儀ニ被
思召候ニ付、不及其儀候、右之御趣意相心得、此上公儀江御苦労
不相懸様、取締向急度可有之事
右、於芙蓉間和泉守申渡、書付渡之、掃部頭・老中列座

相達候書付、列座
八月廿七日
徳川刑部卿殿
思召　御旨有之ニ付、御隠居御慎被
仰出候
右、於笹之間河野対馬守・竹田豊前守江和泉守申達、書付渡之、掃
部頭・老中列座
河野対馬守
竹田豊前守
一橋亭江相越、刑部卿殿江
上意之趣相達候様
御意ニ候、御請之儀者、登　城之上可被申聞候
右、申渡相済、於同席同人書付渡之

申渡候書付、列座
八月廿七日
刑部卿殿御事、
思召　御旨有之ニ付、御隠居御慎被
仰出、只今迄之御領知其侭、御附人御抱入之者共も一橋附与可被
心得候
右之通、刑部卿殿家老江書付を以達之

介錯人并出役姓名　御控

石谷因幡守組同心
介錯人
瀧田五十五郎
未三十一才
添介錯
松原新吾
未廿四才
池田播磨守組同心
同
後藤徳次郎
未四十二才
石谷因幡守組与力
検使出役
磯貝鋭次郎
同組同心
弐人
池田播磨守組与力
同
安嶋初太郎
〃同同組同心
弐人
御徒目付
山本新次郎
御小人目付
壱人
御使之もの

首討役并出役姓名

壱人

石谷因幡守組同心
首討役
篠崎孝助
未廿四才

村田喜三郎
未三十才

池田播磨守組同心
同
日向野兵市
未三十才

諸岡初五郎
未廿八才

石谷因幡守組与力
検使出役
中村為次郎

同組同心
三人

池田播磨守組与力
同
中田潤之助

同組同心
三人

御小人目付
弐人

未八月廿七日

水戸殿家来
茅根伊予之助

其方儀、外夷御取扱振之儀ニ付、前中納言殿思召之趣御認有之御直書を、京地詰同藩鵜飼吉左衛門并同人忰鵜飼幸吉等江相達る儀者、其時之御内命を受取計ふ儀ニ有之与も、右者於　公儀近年厚御世話も被為在、当今第一之御政事ニ而、尤、御憚可有之儀を堂上方等江被仰遣るゝハ如何ニ有之［を］其心附も無之、却而前中納言殿思召之趣貫通可為致与、右躰御世話有之、重事を不憚、其方存意之次第をも相認、右吉左衛門・幸吉江差遣す故、右を烏丸下長者町上ル町芳兵衛借家儒医池内大学ヲ以、青蓮院宮・三条前内府殿江差出、又者御養君之儀、刑部卿殿ニ可被為在抔、路傍之浮説承り、其段前中納言殿江申上る処、右様ニも相成間敷旨を被仰聞、御喜色之御様子ニ有之迚、天運ニ被為叶有様、此上精力を尽す与も御不興之儀者有之間敷与、御同人御意内を推量、仮令主家之為筋ニ有之与も軽輩之身分をも不憚、　御養君之儀者紀伊殿又者一橋殿両公之内ニ而異論両説ニあるなれとも、自然一橋殿ニ者賢明之長君、右ニ御治定相成なれ者天下之御為、且水府之御為ニも可相成間、厚勘弁いたすへく抔、前中納言殿御直命ニ紛敷儀を幸吉江内状およふ故、同人父子おゐてハ、右をも御内命之儀与心得、品々奸計を廻らし人心惑乱為致、既公武御確執ニも可及場合ニ至る始末不届ニ付死罪申付ル

*行間の［ ］は提出本にて補う。

水戸殿家来
鮎沢伊太夫

其方儀、身分ニ不預重き御事柄ニ付、堂上方江手入可致ため、日下部伊三次江路用金差遣、同人を上京為致ル儀者勿論、前中納言殿御

慎解等之儀ニ付而周旋いたす儀者無之与も、同藩加藤木賞蔵方江身分囲ひ可呉旨申聞、便り参ル松平讃岐守家来長谷川宗右衛門悴速水を主家立退くもの与乍存、右賞蔵ゟ取計方相談受候節、水戸表江立退キ可然旨及挨拶、其上外夷御所置振之儀ニ付、堀田備中守殿上京之御様子柄等及承、往々之儀如何可成行哉与深く心配いたす折柄、外夷江被為対ル御所置振等品々伊三治ゟ申越ス迚、猥承久之例抔申唱、又者品々恐多事共相認、歎息之次第、度々同人方江及文通始末、御政事を批判いたす筋ニ而、不憚
公儀儀不届、遠嶋申付ル

近衛殿老女
村岡

其方儀、兼而主家江舘入いたす清水成就院隠居忍向引付ヲ以、水戸殿家来吉左衛門悴鵜飼幸吉ニ面会いたす□［節］、同人儀、水戸前中納言殿、其外御慎御隠居□［等］被　仰出候次第ヲ相歎、主家御取持ヲ以、右御方之御慎解相成ル様内願いたし置間、猶取成之儀相頼旨申聞るならハ如何之儀与心附、取合申間敷処無其儀、幸吉ゟ忍向江之内状其方江向ケ差越す間、主家江取次差出可呉旨、幸吉相頼をも承受、追而同人方より上ハ封小札其方宛ニ而、岩波与認メある文箱差越すを請取、右ニ入有之忍向、変名月照宛之文通を同人罷越す節相達、又者主家江取次差出す始末、幸吉等江馴合筋ハ無之与も、右始末不埒ニ付、押込申付ル

水戸殿家老
安嶋帯刀

其方儀、御舘より一橋家御相続有之ル当刑部卿殿　御養君ニ被　仰出、西丸江御直可被在哉与之儀、兼々風聞等およふ処、近年専ら世評等有之、此上自然□［天］運ニ被叶、右之通御治定相成ルならハ無此上恐悦之御儀与、一藩難有儀ニ存居、右風聞之趣折ニ触、前中納言殿江入御聴ル処、右様之儀申唱ルもの有之与も程能申消し、猥ニ口外等いたす間敷、寄々藩内之もの江も心得違無之様申聞可置旨、無急度御沙汰有之処、右申上ル節、御気色御不興与申ニも無之、右ハ紀伊殿も被為在ル御儀ニ付、右様御沙汰者有之なれとも、自然世評之通相成ならハ御満悦可思召与、普通之人情を以御意内を推量、兼而口外をもいたす間敷旨被命ル趣申立なから、仮令外用向申遣ス文通端書ニあるとも、同家来在京役鵜飼吉左衛門并同人悴鵜飼幸吉江、右世評之趣大慶同意之旨等書加へ申遣、同藩茅根伊予之助より同様之義ニ付、猶勘弁可致旨、右吉左衛門父子江申遣ス趣、追而伊予之助ゟ噂およふをも其侭ニいたし置、且去午七月中、元御家来、其頃松平薩摩守家来日下部伊三次上京之砌、市中酒店おゐて及出会ハ、餞別迄之事与申立ルなれとも、既同人上京之上、吉左衛門父子申合、不容易儀堂上方江入説いたし、伝　奏衆ヨリ同人江
勅諚御渡相成ル次第ニ至ル上□［者］全餞別迄与之申分紛敷、其上去午年九月十▨［十］日附鵜飼父子ゟ此もの宛之書状弐通、并日下部伊三次宛此もの方まて差出ス書状、都合□（三）通ニ、文意ニ而も是迄専ら彼もの共与同□［様］相働く的証相見へ、一体　御養君之儀者御大切之御儀ニ付、たとへ御主君御内命有之儀ニあるとも、御諫言をも可申職掌之処、却而御意内を推察致し、右躰鵜飼父子江文通およふ処ゟ、猶右之者

＊行間の［　］は、提出本にて補う。

共、京地ニ而種々奸計を廻らし、公武御確執ニも可及場合ニ至ル段、
対
公儀不軽儀、右始末不届ニ付、切腹申付ル

*行間の［　］は、提出本により補う。

水戸殿家来
京都留守居役
鵜飼吉左衛門

其方儀、外夷御取扱之義ニ付、前中納言殿思召之趣御認有之御直書等、度々同藩茅根伊予之助ゟ差越、右御直書者、烏丸下長者町芳兵衛借家儒医池内大学を以、青蓮院宮・三条家江差出す様、前中納言殿御内命之由をも伊予之助ゟ申越、右者国家之御為筋与相心得ル与も、御政事向ニ拘ル重大之儀ニ付、一概ニ宮堂上方江書面差出す義者、対
公儀御斟酌も可有之筋ニ付取計方も可［有］之処、其度々大学を以右向々江入内見、殊去午正月頃、
御養君之儀ニ付、世上区々風聞有之折柄、一橋刑部卿殿者年長賢明之御方ニ付、御同人ニ御治定相成るならハ
天下之御為、且水府之御為ニも可相成、勘弁可致旨等、猶伊予之助より書状を以申越、又者、其頃同藩側用人相勤ル安嶋帯刀ゟ、刑部卿殿
御養君ニ可被為成哉与之儀、路傍之風聞も有之難有旨等申越義も有之、右御運ひニも相成ルなら者、前中納言殿御［満］足ニ茂可被思召哉与存居る段者一藩同意ニ付、蜜ニ御意内を推量、悴幸吉申合、是又池内大学を以青蓮院宮・三条家江右書状差出、又者前中納言殿御慎被　仰付候ニ付、御慎解相成る様、其外御同人御罪状
御所向ゟ関東江御尋有之度旨等、是又大学を以三条家江内願致し、或者松平薩摩守家来日下部伊三治も同様内願与して上京いたし、同人義者、前中納言殿御内命受、
御所向手入いたす事之由申聞る義も有之、一同弥決心、猶伊三治申合、頻ニ周旋いたす故、既水戸殿江重き
勅諚御差出、其方江御渡相成るを、猶幸吉申合、右
勅諚者同人幷伊三治江相渡、両人を出府為致段、不恐
公儀いたし方、右始末不届ニ付、死罪申付ル

*行間の［　］は、提出本により補う。

水戸殿家来
吉左衛門悴
京［都］留守居役見習
鵜飼幸吉

其方儀、外夷御取扱之義ニ付、前中納言殿思召之趣御認有之御直書等、度々同藩茅根伊予之助ゟ差越、右御直書者、烏丸下長者町芳兵衛借家儒医池内大学を以青蓮院宮・三条家江差出す様、前中納言殿御内命之由をも［伊］予之助ゟ申越、右［者］
国家之御為筋与相心得るとも御政事向ニ拘り重大之義ニ付、一概ニ宮堂上方江書面差出す義者、対
公儀御斟酌も可有之筋ニ付取計方も可有之処、其［度］々大学を以右向々江入内覧（見）、殊去午正月頃
御養君之儀ニ付世上区々風聞有之折柄、一橋刑部卿殿者年長賢明之御方ニ付、御同人ニ御治定相成るならハ天下之御為、且水府之御為

ニも可相成、勘弁可致旨等、猶伊予之助ゟ書状を以申越、又者其頃
同藩側用人相勤ル安嶋帯刀ゟ、刑部卿殿
御養君ニ可被為成哉与之義、路傍之風聞も有之難有旨等申越ス義も
有之、右御運ひニも相成るならハ、前中納言殿御満足ニも可被思召
哉与存居る段者一藩同意ニ付、蜜ニ御意内を推量、父吉左衛門申合、
是又池内大学を以青蓮院宮・三条家江右書状差出、又々前中納言殿
御慎被　仰付候ニ付、御慎解相成る様、其外御同人御罪状
御所向ゟ関東江御尋有之度旨、是又大学を以三条家江内願致し、或
者松平薩摩守家来日下部伊三治も同様内願として上京致し、同人義
者、前中納言殿御内命請、
御所向手入いたし候事之由申聞る義も有之、一同弥決心、猶伊三治
申合、頻ニ周旋いたす故、既水戸殿江重き
勅諚御差出、吉左衛門江御渡相成る次第ニ至り、殊右
勅諚、伊三治一同守護出府いたす節、小瀬伝左衛門与申変名相名乗
罷下、其上重き御品柄ニ付、□□［着之上］者直様御舘江可差出処、小石川
春日町旅人宿長右衛門方□□［江一旦］着、追而安嶋帯刀宅江蜜ニ持参、同
人江相渡ス段、御品柄江対し不敬之至り、剰水戸殿おゐて、右
勅諚諸家江廻達者勿論、尊奉等も無之由□［を］以
御所向ゟ右御催促有之様、又者
綸旨御着下相成る様周旋方之義、伊三治ゟ申越、或者紀伊殿用達町
人世古恪太郎ゟ之書状之趣ニも、先達而御差出有之候
勅諚者偽書ニ有之抔申越ス迚、右書面持参、鷹司殿家来小林民部権
大輔方江罷越、
綸旨御差出方之義頻ニ相望む節、只管願意可遂ため、世上之浮説等
取交、重キ御役人之身分等之義、不軽譬を以同人与品々論談いたし、
或者至而恐多事共をも民部権大輔江申聞相頼、剰右体不容易
綸旨之儀相届む者、主命歟自己之周旋ニある哉之旨同人ゟ尋受る節、
主命ニ有之旨取繕及答段、縦令右
綸旨之儀者事を不遂とも、不恐
公儀いたし方、右始末不届至極ニ付、獄門申付ル

京都烏丸下長者町上ル町
芳兵衛借家
儒医
池内大学

＊行間の［　］は、提出本により補う。

其方、外夷御取扱振之義ニ付、水戸前中納言思召之趣御認有之御直
書、名者同家々来茅根伊予之助存意□［之］次第等認度々差越ス書状、或
者
御養君之儀、紀伊殿・一橋殿両公之内ニ而異論両説ニ候得共、自然
一橋殿ニ者賢明之長君ニ付、右ニ御治定相成なら者天下之御為、且
水府之御為ニも可相成ル間、厚勘弁可致旨、右伊予之助より之書状
者何れも前中納言殿内意之趣ニ付、夫々江入説致し呉、同家来鵜飼
吉左衛門并同人忰鵜飼幸吉任頼、右御直書其外与も一覧いたし、中
ニ者徹底いたす義も有之候迚、御政事向ニ拘り候極重之義、殊卑賤
之身分をも不顧、
御養君之儀を青蓮院宮、又者三条家等江入説致し、殊去ル秋中、先
尾張殿・水戸両中納言殿・先松平越前守御咎被

仰出候節、右之御方々御罪状之次第
御所向ゟ関東江御尋之上、早速御慎解ニ相成ル様いたし度抔、是又吉左衛門并幸吉相頼候迚、右をも青蓮院宮・三条家等江歎願いたし遣、尤、水戸殿江
勅諚御渡相成ル義者追而承り候由ニ而、右様之御品柄懇願いたし遣候義者勿論、仮令自己之存念ゟ周旋いたし候義ニ者無之、夫々頼受仕成候とも、不容易御事柄等ニ携□［義］者、対
公儀恐入義与存、一旦欠落致し、追而先非を悔自訴いたし候与も、右始末不届ニ付、中追放申付ル

＊行間の［ ］は、提出本により補う。

鷹司殿家来
小林民部権大輔

其方、先松平越前守家来橋本左内□［事］、其節桃井伊織与変名いたし居段者不存与も、鷹司殿家来三国大学義、一橋殿を
御養君御名差之
勅命、関東江御差下相成ル様取計方之□［義］、右左内事伊織ゟ頼受ル間、主家江申立呉ル様申聞、追而同人・大学同道罷越、前同様頼聞ル節、左内事伊織ゟ之頼ニ而ハ如何与、心附程之義ニあるならハ急度可申断処、右越前守より大学迄江之直書ニ而も不差越候而者取計兼ル旨、一己ニ答およひ、其後越前守ゟ右願筋申越ス直書之趣を以、大学ゟ相廻ル迚、右書面太閤殿江差出ス処、御養君御名差者六ヶ敷、品々御治定相成ル様関東江被仰進ル義ハ出来可致旨、御同人被申聞ル迚、其段大学江申達、又者水戸殿家来吉左衛門悴鵜飼幸吉義、前御同家江賜ル
勅諚、諸家江廻達不相成者重き御役人等之奸計故ニ候様、其外風聞之趣ニ付、品々不穏儀与も申聞、右大臣殿御取計を以 前中納言殿御登 城有之、
勅諚尊奉之御取計向相成ル様御書載、御同人江之
綸旨頂戴致し度、若又右様之
綸旨調かたくならハ、
勅諚尊奉之御催促内覧之命ニ而被 仰進度旨、主命之趣を以、幸吉頼聞ル与も不容易儀ニ付、主家江申立□［取］計方も可有之処、譬者掃部頭殿江一発切込もの有之節者乱□［ニ］可相成、其節者乱を鎮ルため、
綸旨御差出可相成哉抔及答段、同人申談ル□［言］語ニ与風泥ミ、譬迄与者乍申、右体不穏儀を麁忽ニ幸吉江申聞、其上同人相尋ル迚、御所向之風聞、其外主家御噂之趣等品々為申聞、或者 御所向御評義之□［模］様三条家江聞繕遣ス段、右体不容易儀取持ル処ゟ
公武御確執ニも可及場合ニ至、終ニ主家之迷惑ニも相成ル始末、旁不届ニ付、遠嶋申付ル

＊提出本では、この間に「提出本抄出」のNo.6～10までを挿入。

九月八日

＊1［一、九条関白殿江被進候 御直翰、左之通
秋色稍向抄之節、先以
益御清健御奉職之条奉恐悦候、扨昨日営中御休息江被召御政談之後、

今般之一件ニ付、依
殿下之御精忠御勤労、既被為安
宸襟之期ニ至候次第、追々達御聴御感不浅、国家之幸福厚御満悦思
召、於当家者深由緒茂有之間、此旨具ニ可申達与之御事、且密ニ自
御［手］許別紙御目録之品被進之度思召候間、是亦自［下拙］宜相達之旨蒙
仰候故、即以飛脚捧之候、深御親ミ之情意致貫徹、御掌領相成候者
御本懐之御事与奉存候、寔昨年来御千辛万苦之御次第者人天斎く仰
之、実ニ徳風払浮雲、
皇天之照明於是極畢、宜哉、大樹公之御喜色已如前件、於下拙恭喜
無量奉存候、抑昨春来奉音信、殊七月家臣義言を以伺御左右候之後、
度々蒙　御懇之命、亦今年八月同人帰府之砌、品々拝領之冥加之至
極難有奉存候、将亦今度御加増之御事　御家門之繁栄与幾久奉祝候、
依之、目録之通軽微之品々敬祝之験迄ニ進献之候、尚万謝難尽筆首、
冀ハ陳方今之事端及旧来之鄙懐而聊慰下情度存候へ共、実ニ速急多
忙ニ迫り懺念無極候、偏仰願諒察耳、頓首、誠惶恐懼謹言

九月八日　　井伊掃部頭

謹上　九条殿下
　　　尊前

尚以、当春者御懇之
台翰給之、早速御請可申上之処、実ニ公用不得寸暇、乍思失其
期恐縮之至奉存候、併最早事過候故、別ニ不及御請候、偏所仰
御宥免候也、誠恐謹言

＊行間の［ ］は、原本により補う。

＊本状は原本あり（『井伊』二十一－一〇号）。

目録
御料紙硯箱　龍虎蒔絵
御掛物　山水牧渓筆
以上

折表ニ
九条殿別紙

別紙申上候、昨日御内命ニ、以前者公武之間別而御親ミ厚被成、自
将軍家御手許　禁中江折節之被進物、往々相見候所、近来其儀中絶
候者、全良便無之故歟、于時当家者殿下ニ由緒も有之間、更ニ宜執
計之旨被命候、併　御職中白地ニ進達之候而者、却而御内密之御趣
意ニ可相悖歟、幸
准后御方ニ者御続合も被為在候故、彼御方ニ而御披露被成進候様、
其　御殿御内証より御執計ニ者相成間敷哉、実ハ追々蒙
御懇之命、因之心緒［無］所匿言上誠候、尤、急々御左右伺之度奉存候
事

一、九条中納言中将殿江被進候御直翰、左之通
秋冷之節、愈御清健奉賀候、抑昨年来就　公武混雑、　殿下之御誠
忠無申計、国家之御為於下拙も難有奉存候、且尊公御配意之次第
毎々承之、忠孝之達道、実ニ感服此事ニ候、殊過日御加増之事、将
亦今般大樹公厚思召之、両品殿下へ御贈相成、寔ニ愛度御家門之繁

栄与幾久奉祝候、右敬祝旁任幸便、別紙目録之通進上之候、聊音信
之験迄ニ御坐候、恐惶謹言

九月八日　　　　井伊掃部頭

中納言中将殿

尚以、先頃義言帰府之砌者御念書給之、御懇情之至、厚忝奉万
謝候、併、御封中之事件多端相済候ニ付、御報略之候

*行間の［ ］は、原本により補う。
*本状は原本あり（『井伊』二十一―一〇号）。

御封し立之上御認方之図

謹上九条殿下 尊前　　井伊掃部頭

白木御状箱之上書之図

九条殿下 侍者中　　井伊掃部頭

御封し上御認方之図

中納言中将殿 玉机下　　井伊掃部頭

白木御状箱之上書之図

中納言中将殿　　井伊掃部頭］*2

*1～2［ ］の部分、提出本ではNo.11のように書き改められる。

上略

［一、別紙御書取拝見いたし候、］左之通

*［ ］の部分、提出本では「一、間部下総守様江被遣候御書取、」と記す。

水戸一条も今般仮成ニ御埒済ニ相成候事、全く和泉殿ニ者初発より格別ニ骨折候義ニ付、その内何とか御賞し方相願度、此義者御一同ニも定而御心配被成候事与存候、扨夫ニ付、先繰り成申事ニ而甚如何敷候得共、小子抔者何とも御賞し等之義可有筈者毛頭無之義なから、万々一何とか御配慮被為在候様成御模様ニ而者、甚以恐入当惑仕候、兼々御存知被下候通り、不肖之小子、何分ニも大任ニ不堪、万事不行届、実者斯而在職致居候も心不成、昼夜恐縮而已之（候）、乍去、折角

台命を蒙り候御義、責而者累代之御鴻恩ニ聊奉報度、微力ニ及候限り相勤候より外無之候、素より小子ニ於而者、報恩之御奉公と覚悟致居候事ニ而、乍恐

御上御繁昌御成長被為在候ハヽ、すらりと御役御免さへ被仰付被下置候者十分之至り、然し夫とても不調法者何時も難計、たとへ如何程千辛万苦致候而も、御為故なれハ当然之義、況や己か心ニ是へと

申程之功未た無之処、万々一此節右様之御配慮之数ニ入候様ニ而者、実以恐入当惑之次第、且者世評も如何敷、第一
上之御徳ニ拘り、次ニ小子か冥加も悪敷候間、何卒〳〵御心配無之様相願度、小子か赤心之程宜敷御取成希上候、又々無滞相勤候上、後年ニも至り候ハヽ、万一御沙汰を蒙り難有時節も可有哉、何分只今之処ニ而者年功も無之、何ニ付而も甲斐ナキ小子之義ニ候間、先々今暫之処者何等之御沙汰も無之、只々御斟酌無之被召仕被下置候義、是而已本望之至り候、右者如何ニも先繰り成事、且者主意押張り候様御聞取ニ而者如何ニ候得共、実ニ恐縮いたし候間、伏蔵無キ処御咄し不悪御汲取希上候、尤、前文之通り和泉殿ニ者老躰と申、格別之骨折ニ付、是者是非〳〵御賞し御坐候様共ニ相願度、次ニ松左兵衛督事、死地ニ入抜群之働、何とか御沙汰願度、此間中も右等之義御内談可申所存ニ候得共、何とそ愚身ニ響合候様ニ而申兼居候事候、然し能々考候得者、素より響合可申筈も無之、依而御内含之義、偏ニ希上候、甚愚文心事申尽難く、宜敷御覧分可被下候、以上

右和泉守外三所宛名

*行間の（　）は、原本により補う。
*本状は原本あり（『井伊』二十一―二〇号）。

折表ニ

此別紙者老中江見セ候ニ者無之、御自分方御心得迄ニ存付候侭相認〆申候事

此後万一小子抔へ拝領物被仰付候御含も御坐候節者、其御品十ニも二十ニも切きさみ、奥之者へ不碌ニ不相成様被下候方ニ致度、右申候子細者、
上之御徳を唱候事者、先御膝元より出候事ニ而、夫より世上江も輝候事ニ付、右之御工夫専一歟与存候事

折表ニ

比古根君　勝

貴翰致拝見候、愈御安清奉恭賀候、陳ハ御内々御趣意書御越被成、致入手候、御文意之趣至極御尤奉感服候、尚同列衆ニも申達懇談可仕、其上ニ而、品ニ寄奉申上候儀も可有之候哉、其段ハ御含置可被下、何も貴報迄早々申上候、頓首拝

九月十四日　間下総守

上包ニ

井　掃部頭様

公用秘録　自筆草稿本（宇津木家本）

安政六年十月八日～同年十月二十三日

(表紙)「安政六年
公用秘録
十月より　　宇六　」

十月八日

一、今夕薬師寺筑前守様へ罷越、御内談いたし、五ツ時ニ罷帰(カ)、御鎖口ニ而御目通し仕、御返答申上ル

筑前様為御内祝火鉢・炭取被遣候御挨拶、高井豊前守様新番頭格ニ被仰付候御悦、以来私より及文通候様いたし度ニ付、前以御沙汰置被下候様□(申カ)述御承知、奥向へ御取締筋被仰出置、筑前様御下案　田安様へ御相談ニ相成有之、両三日中ニハ御治定ニ可相成、御精忠之程御感心被成候旨も申述置、　此方様御賞賜ハ決而無之様被成度旨も尚又申述候処、思召之処ハ御尤至極、実ニ感伏いたし居候得とも、一向御沙汰なし(カ)と申事ハ、何分□□□申ニ付、表向ニ無之御休息江被為　召、御懇之上意を以、御内々被下物ニ而も御座候ハヽ、双方之御主意も立可申哉との御見込之由御噂ニ付、表立不申とも御賞賜方無之而ハ不相成との御評決ニ相成候事ニ候得者、前以一応御沙汰被成下候様仕度、左候ハヽ、尚又主人存意も可被申旨申上置候、和泉様ニハ御村替ニ而も□(被)仰付、大体間部様へハ御同様位之御賞賜、松平左兵衛督様今度　上使之御褒美等之義も申上置、奥勤御兼勤ニ相成候ハヽ、御為筋可然との御噂も有之、申上置

筑前守様御下案左之通朱書ハ掛紙ニ而御前被遊、　田安様江御上ケ被遊候事

当

御代様御儀者(朱書)「御養君御取究以前より」水戸中納言殿兼々謀叛(朱書)「御隠謀」之御企も有之候処、御筋目之義、且

温恭院様(朱書)「御先代」　思召之通　御養君に被為　成(朱書)「候処」無御間(朱書)「も」温恭院様御病発ニ而乍不及も(朱書)「恐入候砌不肖之」某江御後見被　仰付、此節柄深心配致候、依(カ)而者外国之御所置其外諸大名ヲ始メ不容易候時節　御発明ニ被為在、難有奉存候得共、未(朱書)「若」御幼年之義、御初政万端御事馴被遊候迄、四五年之処、実ニ御大切之御場合、掃部頭ニも常々深く心配被致、申談候義も有之、旁御側廻勤仕之面々御為第一ニ厚被申合▨含(朱書)「万事後年ニ至、御心得違等被為在候事」、俣々御我意御奢等被為附候而者、国家之御大事ニ付、御側廻之者共格別ニ心を合智仁勇ヲ御兼備被遊(朱書)「御仁政を被施」、四海之万民御恩徳を難有奉　仰候御時節ニ致度志願ニ付、御側御用人御用掛初御側廻之者共、能々被申合、誠実ニ御奉公被相勤候様可被致候事

月(ママ)　御名

田安様御下案左之通り

当

口上之覚

御代様御養君ニ御取究以前より水戸前中納言殿御隠謀之御企も
有之候処、御筋目之義宜、
御先代様　思召之通
御養君ニ被為　成難有奉存候処、無御間茂
温恭院様御病発恐入候砌、不肖之某江御後見被　仰付、深心配
致し居候、別而外国之御所置者国家之御安危并諸大名之気合ニ
も相拘り不容易御時節、元より
御聡明ニ被為在候得共、未夕御若気之御儀、且御初政之折柄御
事馴被遊候迄四五年之処、実ニ御大切之御場合掃部頭ニも常々
深く心配被致、申談候義も有之、就而者　御側廻勤仕之面々も
右等之義を能々勘弁仕候而、御為第一ニ厚ク申合、追従軽薄ヶ
間敷ハ相互ニ申戒、心付候廉者無腹蔵入　御聴、往々
御明君之御仁政を天下之者奉感候様不致候而ハ不相成儀与被存
候ニ付、御側御用人・御用御取次初御側廻之者共厚被申合、誠
実ニ御奉公被相勤候様致し度志願ニ候事

一、十月廿三日左之通申上ル
御本丸御普請ニ付而者種々御規則も可有御座、指向諸御大名よ
り献金御手伝も御願可被成、纔二十年程之内ニ両御丸四度之之
炎上ニ而、其都度々々御手伝震災風損等ニ而諸家困窮仕詰候、
上、夷船一条ニ付而者海岸御固等被成、莫太入費之折柄、又々
此度御手伝献金等被　仰付候得者、諸家困窮者指見候事ニ付、、
何卒此度者　御英断を以御手伝献金等　御免被　仰出、
公儀ニ而如何様共御仕法を以御造営被　仰付候様仕度、仮令ハ
十万石之御方壱万金之献金被　仰付候義ハ、左而已其御家之響
ニ不相成様ニ相見へ候得とも、如何にも困窮仕詰候折柄ニ付、
壱万金之事ニ而も容易ニ御手繰難出来、其御領分下々迄之難義
如何程之事ニ可有之候歟、夫か為ニ田畑を売、子を売、甚敷ハ
飢渇ニ及候者も出来可仕哉とも奉存候、
御初政之折柄ニも有之、何分　御仁憐被下置候様仕度、尤献金
被　仰付候迚、夫丈ニ而御普請御出来与申場ニハ至り申間敷、
いつれニも
公儀ニ而御仕法無之而者、御造営御成就ニハ相成不申義与奉存
候ニ付、兼而申立居候青銅金天保銭鋳立被　仰付候得者、壱ヶ
年ニ弐百万両宛之御益出来仕候趣ニ御座候、右等を初金銀銅鉄
堀出し方物而径（経）済ニ懸り候事共、御引受ニ而御取扱被成候御役
方別段御人撰ニ而被　仰付、御勘定御勝手公事方与同様径済方
一局御取建ニ相成候ハ、、今度之御普請御心配なく御出来ニ相
成、永世臨時御手当海防筋御用途等ニも可然御義与奉存候、然
し是迄之御規則も有之事ニ付、今時御手伝不被　仰付而者、御
威権ニも拘り可申哉との御評議も可有之哉ニ候得とも、夫ハ平
常之御評論今日之如く大厄難指湊候御時節ニハ出格之御仁憐無
之而者、諸家御示しも行届不申、却而　御威光ニも拘り候様成
行可申、
公辺ニ而茂相続莫太之御用途ニ而必至御指問之折柄ニ候得と
も、諸家之困窮万民之難義深御愛憐ニ而、今度ハ御手伝不被

仰付与申義、下々迄御仁徳貫徹いたし候ハヽ、実以難有心得一統誠実ニ相務候様成行候得者、御普請御入面も格別ニ御減少、御堅固ニ御出来ニ可相成、左候得者

上之御仁徳ハ申上候迄も無之、

御前之御美名与奉存候、尤此程中より飽迄　御仁憐之　思召ハ奉伺居候事ニ付、右様之繰言奉申上候義、　御覧之程も奉恐入候得とも、姑息因循之御役人方も多分被為在候趣ニも承り、自然　御失徳之義出来候得者、今度之炎上格別之　御日柄与申、悪謀之余党如何様之妖言申触し、人心惑乱為致候様可相成候も難計与、此程中同役一同苦心仕候ニ付、乍恐愚意之趣奉申上候、

十月廿三日　　公用人

一、久貝因幡守様江左之通申上ル

昨日御目通仕候処、不相変奉蒙　御懇命、難有仕合ニ奉存候、其砌御口上之趣主人被為申聞候処、被為入御念候御義ニ被奉存候、然者真野一郎与申者根証文与申義工夫致し、右仕法ハ借り方・貸し方共ニ利益ニ成候良法之趣、昨年河尻式部少輔様御申立被成候処、主人ニ者算勘之義別而不得手ニ付、私より相伺候様被申付相伺、尚又一郎江も承り候処、上下共有益之仕法与被存候間、御勘定所江御尋ニ相成候ハヽ、可然与申聞、則相尋被申、其後催促も被致候処、何分入組候事ニ付碇与御見留付不申由ニ而、今以可否之御答無之、然処今般日光より御帰府、頻ニ尚又被仰立候ニ付、私申上候者当時之御模様ニ而者、迚も急々御取用ニ可相成与ハ不被存、右ニ付而者御勘定径（経）済方与申御役新規ニ被　仰付、御所務御運上等ハ御勝手持金銀銅鉄堀出し方初、根証文、青銅金吹立、天保銭鋳立等、惣而径済方之義ニ懸り候御役所御取建ニ相成候事御急務与奉存候付、愚意之趣、兼々久貝様ニ者奉蒙御懇命候事ニ付奉申上候処御聞受宜趣申上候処、彼御方者上下共尊信いたし候格別之御役人当世之人傑、此御方より御口出シ被成候様相成候ハヽ、一時ニ被行候様可相成、兼而御懇意之事ニも有之、幸之事承り候迚、殊之外御歓被為在候ニ付、右之御談しも可有御座与奉存候間、御含之程奉願候、

抑

御本丸御普請ニ付而者御規則御先蹤も可有御座、指向諸御大名より献金御手伝も御願可被成、纔ニ十年程之間ニ　両御丸四度之炎上、其都度々々御手伝、震災・風損等ニ而諸家仕詰候上、夷船一条ニ付而者海岸御固等ニ而莫太入費之折柄、又々此度御手伝献金等被　仰付候得者、諸家之困窮ハ指見候事ニ付、何卒此度者御英断を以、　御造営被（ママ）仰付候様仕度、仮令ハ十万石之御方壱万金之献金被　仰付候義、左而已其御家之響ニ不相成様ニ相見候へとも、如何ニも困窮仕詰候折柄ニ付、壱万金之事ニ而も容易ニ御手繰難出来、其御領分下々迄之難義如何程之事ニ可有之候歟、夫カ為ニ田畑を売、子を売、甚敷ハ飢渇ニ及候者も出来可仕哉とも奉存候、　御初政之折柄ニ付、何分　御仁憐被下置候様仕度、尤献金被　仰付候迚、夫丈ニ而御普請御出来与申場ニハ至り申間敷、いつれニも　公儀ニ而御仕法無之而

者御造営御成就ニハ相成不申義与奉存候ニ付、兼而申立居候青
銅金、天保銭鋳立被　仰付候得者、壱ヶ年弐百万両ツヽ之御益
出来仕候趣ニ御座候、右等を以初、根証文、金銀銅鉄堀出し方、
惣而径（経）済ニ懸り候事共御引請ニ而御取扱被成候御役方別段御人
撰ニ而被　仰付、御勘定御勝手公事方与同様、経済方一局御取
建ニ相成候ハヽ、今度之御普請御心配なく御出来ニ相成、永世
臨時御手当海防筋御用途等ニも可然御義与奉存候、然し是迄之
御規則も有之事ニ付、今時御手伝不被　仰付而者
御威権ニも拘り可申哉との御評議も可有之哉ニ候へとも、夫ハ
平常之御論、今日之如ク大厄難指湊候　御時節ニ者出格之御仁
憐無之而者、諸家御示しも行届不申、却而　御威光ニ拘り候様
成行可申、　公辺ニ而茂打続莫太之御用途ニ而必至御指問之折
柄ニ候得共、諸家之困窮万民之難義深御愛憐ニ而、今度ハ御手
伝不被　仰付与申義、下々迄御仁徳貫徹致し候ハヽ、実以難有
心得一統誠実ニ相務申候様成行候得者、御普請御入面も格別ニ
御減少、
御仁徳を礎として御堅固之御普請御造営ニ相成候ハヽ、恐悦之
至、万一　御失徳之義出来候得者、今度之炎上格別之　御日柄
与申、悪謀之余党如何様之妖言申触し、人心惑乱為致候様可相
成も難計と此程中乍恐苦心仕候、併右様之義奉申上候段主人江
相聞へハ、越俎過言之咎め可被申付義与奉存候、□□（後欠）

公用方秘録　提出本写本（東京大学史料編纂所本）

安政五年四月～同年九月五日

（表紙左上題箋）
「井伊直弼公用方秘録　一」
（内表紙）
「安政五午年四月ヨリ
同年七月マテ
公用方秘録　」

亜人御取扱之儀、旧臘諸大名江御尋有之、
京都江ハ御老中堀田備中守殿・海防懸り川路左衛門尉・岩瀬肥後守・原弥十郎、其余小役人被召連、叡慮御伺ニ相成候処、御伺済ニ相成不申、叡慮之次第被　仰進、三公始堂上方非職非役之者迄、御国体ニ拘り候趣、九条殿下江追々申立候由、備中守殿ニも京地御発足被成候与之事、何分此儘ニ而ハ治り付申間敷、天朝ニ而第一御憂被遊候兵庫港丈ニ而も御閉不被遊而ハ、将軍家之御権威ニも拘り、御一大事与奉存候間、別紙之趣被仰上候ハヽ、可然歟与存候間、指上候処、*1［尤ニ被為思召候、程無ク備中守も着致候間、其上ニ而可申立与之事ニ而、書付御手許ニ御留メ被遊］

亜人応接之次第、追々書付類御渡シ、且御直話之趣承知仕候処、彼ガ願意御指留ニ相成候得ハ、忽軍艦数艘沿海手薄之場所へ指向乱暴可致、左候而ハ万民之憂苦難計、実ニ前代未聞之御治世打続、太平之御恩沢ニ浴シ、イツトナク士気弛ミ候折柄、争端ヲ開キ候而も勝算無覚束、且彼カ願意ハ全交易而已之儀ニ而、申立候通り御国益ニ相成候得ハ、重畳之義、一ト先願意之通御許容被成置、追々沿海御手当被仰渡、士気御引立、充実之御備も出来候ハヽ、万夷伏従可致与之御遠謀御仁恤之御取扱、御尤之御義与奉存候処、却而世上ニ而ハ打払与申者ハ勇々敷、和ヲ唱者ハ憶病之如ク申触シ候由、勝算無之無謀ニ打払申立候輩ハ、所謂暴虎馮河之徒、其実ハ彼ヲ恐怖致シ候ヨリ出候事ニ而、御取用ヒ可相成筋ニハ無之処、京都ニ而ハ深ク御案思、今一応諸侯之赤心御尋御座候様被仰出候由、一旦諸侯之存慮御尋之上、御評決ニ相成、京都へ被仰進候儀、猶又御尋被仰出候義も如何ニ付、当今之形勢達而被仰進可然儀与奉存候処、風説之趣ニ而ハ、京都へ伝手ヲ求メ種々及内奏候向有之処ヨリ、天朝ニ而も深ク御案思、右様ニ被仰出候趣ニも相聞、実以左様之事ニ候ハヽ、急度御沙汰ニ可被及御儀、併シ一旦勅命御座候儀、強而彼是被仰進候而ハ御尊敬之道ニも外レ可申ニ付、今一応存意御尋、且京家へ取入、彼是申立候様之義出来不申様御取締被仰出可然与奉存候、数港御開被成候儀ハ、彼カ懇願難黙止処ヨリ之義ニ候得共、兵庫港而已ハ深ク
叡慮ヲ被為悩候趣ニ相聞候ニ付、如何にも無拠御訳柄御申諭シ、右港ハ御差除ニ相成候方可然、彼カ眼目致シ望居候由ニ而容易ニ承伏致間敷候得共、元来辰年、亜人浦賀へ渡来之節申立候ハ、一港ヲ開キ薪水食料欠乏之品被下候様之願ニ候処、今度数港御許シ交易も御免ニ相成候事ニ付、兵庫港丈之儀、強而御断ニ相成候与も、忽争端ヲ開キ候様之御気遣ハ有之間敷、掛り御役方ニ而飽迄丹精致候様被仰渡可然、左も無之彼カ望之通りニ相成不申節ニハ、忽軍艦指向候与之事ニ候ハヽ、和親ニハ無之、属国之姿ニ相成、　公儀之御威権も軽く可相成与深く心配仕候間、厚く御評議御坐候様仕度奉存候、

＊本状は『井伊』六―四二では「御内用留」より引載。

右［御草稿］[＊2]、内膳方・長野主膳江も存寄御尋ニ相成候、御側役江も御尋被遊候処、此御時節ニ付、断然与被仰上候事可然旨申上、中ニも主膳事ハ是非被　仰立候様ニ与厳敷申上、四月廿日ニも、猶又被仰立ニ相成候様仕度旨、同役相談之上申上候、廿一日、弥千代様、宮内大輔様へ御引越ニ付、右相済候ハヽ、可被仰立旨御決心ニ相成候

＊1～2の［　］部分は、書き改める。

一、四月廿二日九ツ時過、御徒頭薬師寺筑前守様御出、御客番小野田小一郎罷出候処、今日推参仕候儀、
御上之御一大事為可申上、御家ヲ見込罷出候間、何与も奉恐入候得共、御逢被成下置候様仕度、御取次ニ而ハ何分申上兼候次第ニ付、幾重ニも御目通之儀奉願候与て封書御渡被成候旨、小一郎被申上候ニ付、則御逢被遊候処、御人払ニ而数刻御密談、始終筑前守様ニハ御落涙之御様子ニ御坐候、七ツ時頃ニ相済、御湯漬被差出、筑前守様ニハ本意を達し候迚、殊之外御歓、呉々御礼御申御退出被成候、
御逢相済候与被為召候間罷出候処、筑前守密談之次第ハ、水府老公陰謀有之、当
将軍様を押込、一ツ橋様を立、御自身御権威御振ヒ可被成御隠謀有之、同志之者共より御老中方江申立候者も有之候得共、不及力与之事、此上ハ御家江御縋り申上候より致方無之迚、巨細之訳柄申述、悲歎ニ沈ミ申聞候次第、不容易事柄ニ付、唯今より書状相認め伊賀守方へ遣し候間、留守居之者使者ニ罷越候様用意為致置候様被仰候而、奥江被為入

一、七ツ半時頃、御老中様方御連名之御奉書内藤紀伊守様より御到来之由ニ而、御取次吉川軍左衛門差出候間、御用使ヲ以指上ル、御同席様方にも御用召之御方御坐候哉、御取次心得ニ而御使者江為相尋候処、外様ハ無之趣申聞候間、御落手御請ハ此方様ゟ可差出旨被相達候様、軍左衛門江申達ス

右ニ付、内膳方御用部屋中同役江唯今出殿被致候様相達し、御城使冨田権兵衛呼出候処、外勤之由ニ付手附ニ承り候処、御奉書御到来与之儀承り、直様奥御右筆へ馳出し候との事、御用使を以御鎖口江廻り候様被　仰出、程なく御鎖口へ御出、何等之御用召ニ可有哉与御尋ニ付、此御時節ニ付、御用部屋入、又ハ御役ニ而も可有之哉与奉存候、尤御部屋入ニ候得ハ御連名ニハ無之哉与奉存候ニ付、山本伝八郎江内々御先例為取調置候旨申上候処、御部屋入ニ無之御役被　仰付候御例有之哉与御尋被遊候間、右様之御例ハ無之様奉存候、［いつれ］無程権兵衛罷帰り候ハヽ、御様子相分り可申旨申上、暫く有之、権兵衛罷帰り申聞候ニハ、奥御右筆加藤惣兵衛様ニ而内々承り候処、御大老職被為蒙　仰候との事、尤今日迄少しも御様子無之、俄之事之由御聞被成候由［申帰候間、］直様右次第奉申上候処、此御時節大任恐入候との御意ニ付、大厄難之折柄ニ付被　仰付候御義ニ付、何卒御忠勤被為遊候様奉願候旨申上候処、尤之義、如何にも粉骨砕身いたし候而も忠勤可致との御意ニ付、国家太平ニ帰し候ハヽ、早々御辞職被為遊候様ニと申上候得ハ、是ハ如何成事、早き約束与被仰候間、其期ニ及候而ハ難申上候間、唯今ゟ申上置候与申上候得ハ、尤之義与御笑ニ而、内膳方

へ右之次第申達し、内々役割等為取調候様被仰出［相達、］明日ハ松平宮内大輔様為御聟入御出ニ付、御殿向御飾り付等出来上り候処、俄ニ御取崩し讃州様へ御断、御役被　仰付候御調与相成、夜中大混雑ニ御座候

但、跡ニ而承り候処、松平越前守様江御大老被仰付可然旨伺ニ相成候処、

上様御驚、家柄与申人物ニ候ハヽ、彦根を指置き越前江可被仰付筋無之ニ付、掃部頭へ可被仰付与之　上意ニ而、俄ニ御取極りニ相成候与之事承り申候

＊［　］の部分は、加筆。

四月廿三日

一、依御奉書、六半時過御登城被遊候処、於御座之御間御懇之被為蒙　上意、御大老職被為蒙　仰、難有旨御請被仰上、御老中様御同道ニ而御部屋へ被為入、一老堀田備中守殿江被仰候ハ、不肖之私、大任被仰付候段、難有奉存候得共、御時節柄与申、何分恐入候間、御役之義者蒙御免度、宜御取成被下候様ニ与被仰述候処、

上之御眼鏡を以被仰付候事ニ付、無御辞退御勤被遊候様、備中守殿・松平伊賀守殿、言葉を尽し被仰候得とも御聞入無之故、無拠御側衆平岡丹波守殿を以、御辞退之趣被仰上候処、　思召を以被　仰出候儀ニ付、無辞退相勤候様ニと御懇ニ被仰出候間、此上御辞退被遊候而ハ却而恐入候旨、御請被仰上、一老之上座せられ、＊1［直ニ天下之政を御聞、］即日より議論御討話被遊候由

但し其後、奥御右筆組頭原弥十郎殿江冨田権兵衛面会之序ニ御同人御咄被成候ハ、是迄御老中被為蒙仰候方々、其日之御進退ニ御拘り中々御政事等御耳にも入不申様ニ相見候処、

大守様ニハ誠ニ御格別ニ而、未タ畳へあたゝまりの通り不申内ニ御異存被　仰出候事ニ付、同役共ニも舌を巻候与の御内話御座候

御書付之写

御名

向後勤方之義、先格之趣ニ不拘繁々登　城、奥表老中列座ニ而申渡有之節ハ列座可被致候、

端午・重陽・歳暮・参勤等之音物、惣而献上物之御残、其外音物等前々之通受納可有之候事

一、御三家方始其外江も、御用ハ格別、外之勤ニ不及候事

＊2［右ニ付、御退出より脇坂中務大輔様御同道ニ而御広敷江被遊御出、御台様　本寿院様江之御礼被仰上、御帰掛ケ堀田備中守様・松平伊賀守様江為御礼御回勤、晩景ニ相成候ニ付、外御老中様江ハ御回勤不被遊、七ツ半時余程過候而御帰館被遊候

但、右ニ付、外御老中様方江御直勤代御使者等不被差出

一、公用人初夫々当分御役被　仰出、自分公用人当分兼帯被　仰付、右ニ付、御役ニより御老中様方類役江吹聴、手紙差出ス

一、御先例之通り、今日殿中熨斗目上下、跡二日染袷上下之事］

＊1は書き改め、＊2の［　］部分は、木俣家本では省略。

四月廿四日

一、四ツ時江御附人ニ而御登　城、八ツ時前御退出、昨日御回勤残り、久世大和守様・内藤紀伊守様・脇坂中務大輔様江為御礼御回勤
一、御役中出火之節、塗笠・小紋・股引・紺足袋之由ニ付伺出、則伺之通被　仰出、平日御供揃ハ拍子木、出火之節ハタ、ミ拍子木之旨、御供頭黒柳孫左衛門被申聞
一、明日、御誓詞ニ付、当朝服穢御改、御用番御側役江相達ス
＊この日の箇条、木俣家本にはなし。

四月廿五日

一、例刻御附人ニ而御登　城、今日御誓詞被為済、七ツ半時過御帰館
＊この日の箇条、木俣家本にはなし。

四月廿六日

［一、例刻御附人ニ而御登　城、八ツ半時過御帰館］
今日御前御壱人被為　召、御政務之儀品々御談し、何分頼ミ思召候旨難有　上意を被為蒙候ニ付、私御役中ハ何事ニ不寄、聊無御斟酌被仰出候様仕度旨被仰上候由、御直ニ奉伺、世上之風説与違ひ中々御聡明被為渉候迚、殊之外御歓被為在候
＊［　］の部分、木俣家本にはなし。

四月廿七日

一、御登　城前、松平讃岐守様・伊達遠江守様、為御逢御出
一、例刻御登　城、七ツ時御帰館
一、三山御参詣之節、御先着之儀、天保度ニハ両山ハ御装束之節計、紅葉山ハ御長袴之節も御先勤被遊候ニ付、右之趣、於　御城御老中様江御相談之上、御先例之通御勤無之段被　仰出、尤御先勤無之日者御登城も無之事
＊この日の箇条、木俣家本にはなし。

四月廿八日

一、五時、御附人ニ而御登　城、弥千代様御婚姻之御礼并ニ今般御役儀被為蒙　仰候御礼、於御座間被　仰上、御退出より御老中様方御回勤、九半時二分前御帰館被遊候事
＊この日の箇条、木俣家本にはなし。

四月廿九日

一、四時、御附人ニ而御登　城、御帰館八ツ半時
＊この日の箇条、木俣家本にはなし。

五月朔日

一、五ツ時、御附人ニ而御登　城被遊候、御帰館九ツ時
＊この日の箇条、木俣家本になし。

五月二日

一、御登　城前、松平越前守様為御逢御出、於御書院御密談、右者御養君

之儀、一ツ橋様ニ相成候ハヽ、可然、外国御取扱之義ニ付而も御異存被
仰、御老中様方にも御困り被成候ニ付、今日御呼御説得被成候処、御
屈伏之御様子与相伺申候
一、四ツ時、御附人ニ而御登　城、御帰館七半時三分前
＊この日の箇条、木俣家本にはなし。

五月四日

一、差掛り御疝痛、其上御頭痛ニ付、御登　城御断
＊この日の箇条、木俣家本になし。

五月五日

＊1
［一、御快方ニ付、五ツ時へ御附人ニ而御登　城］
御用番中務大輔様へ、左之通り御達し
掃部頭儀、今般大老職被　仰付候ニ付、都而御役ニ付而之着座者溜
詰之上江着致候様被仰出候事
＊2
［　右ニ付、恐悦申上ル
一、今日御持帰り書付、左之通
嘉永六丑年
大目付江
御倹約御年限中ハ、月番之老中・若年寄対客刻限、暑寒初而之対客
ハ六時、其外平日六半時、非番之対客者相止、逢日ニ相成刻限ハ都
而五時より相始候、此段向々江可被達候
十月
同文言、尤西丸御目付江も可有通達候
右書付、伊勢守・遠藤但馬守渡之
十月六日
申合書
対客等之節、都而是迄十月より三月迄火鉢差出来候処、御倹約御年
限中ハ十二月より正月迄差出可申事
＊3
十月］
＊1、2～3の［　］の部分、木俣家本にはなし。

五月六日

［一、例刻御附人ニ而御登　城、九ツ半時御帰館］
＊［　］の部分、木俣家本になし。

五月七日

一、例刻御附人ニ而御登　城
一、今日御壱人立被為　召
但、御養君紀州様ニ被遊度旨、堀田備中守様ニハ京都ニ而不行届
ニ付、御役御免相成候方与
思召候旨　上意ニ付、紀州様之義ハ御尤ニ被存、備中守義者猶相
考可申上［旨、被仰上候趣、］御沙汰之由奉伺候

五月八日

一、例刻御附人ニ而御登　城、御退出八半時過

＊この日の箇条、木俣家本にはなし。

五月九日

＊1
［一、例刻御附人ニ而御登　城、御退出九半時三分過］
一、七ツ半時、薬師寺筑前守様御出、御逢有之、六半時過相済、御湯漬被
差出
水府老公・松平越前守様并海防掛之方々、＊2［外夷渡来ニ事寄セ、
当
将軍様を押込、一橋様を立、御威権御振ひ被成度、］不容易隠謀
有之由、御心得ニ相成候儀色々被　仰上

＊1・2の［ ］の部分、木俣家本にはなし。

五月十日

一、例刻御附人ニ而御登　城、御帰館八ツ時三分前

＊この日の箇条、木俣家本になし。

五月十一日

＊1
御奉文を以テ
御台様より縮緬五巻・鮮鯛一折、
本寿院様より縮緬三巻・鮮鯛一折、今御役儀被為蒙　仰候ニ付、為御
祝儀御頂戴被遊候、右者当役取扱無之、御自用人取扱也

＊この日の箇条、木俣家本になし。宇津木家本では＊1の部分に次の＊2［ ］の箇条を記す。

＊2
［一、不時御礼ニ付、五ツ打四寸廻り江御附人ニ而御登　城、御帰館九ツ時
三歩前］

五月十二日

［一、例刻御登　城、八ツ時三分前御帰館］
一、御壱人立　御目見
但、外夷御取扱振、品々御配慮、
御養君御取極之事共御内意御座候由

＊［ ］の部分、木俣家本になし。

五月十三日

一、例刻御附人ニ而御登　城、御退出八ツ時二分前
一、御城より御持帰り御書付、左之通
向後年中紅葉山
御宮御参詣并同所御霊屋江斗
御参詣之節、登　城之上、自分ニも老衆同様
御先江相越、御先立之溜詰不残煩候節ハ、是又老衆同様御先立も
相心得可申候事
五月

＊この日の箇条、木俣家本になし。

五月十四日

一、例刻御附人ニ而御登　城、御退出八ツ時

＊この日の箇条、木俣家本になし。

五月十五日

一、五ツ時御附人ニ而御登　城、御退出九半時

＊この日の箇条、木俣家本になし。

五月十六日

一、例刻御登　城、八ツ半時御退出

一、明十七日紅葉山　御成ニ付、六ツ打三寸廻り御附人ニ而御登　城、夫より紅葉山江為御先勤御出可被遊之処、御中暑御頭痛ニ而、御登　城御断之旨被　仰出、依而明朝御徒使七ツ時ニ被罷出候様、御目付江相達、御用番御側役・御小納戸頭取方江相達ス、其余者御案詞ゟ相達ス

＊この日の箇条、木俣家本になし。

五月十七日

一、今暁七ツ時御徒使ニ而御登　城御断之御手紙、御老中様方、若年寄御月番江御手紙被遣

一、公方様、紅葉山江被為成候ニ付、早之者御城江遣置候処、五時過　御成、　還御相済候ニ付、ヒラ紙ニ而申上、例之向々江為相触候事

＊この日の箇条、木俣家本になし。

五月十八日

一、御快方ニ付、例刻御附人ニ而御登　城、九ツ半時過御帰館

一、堀田備中守様より、初御対客之節、三ケ日とも公用人壱人、御頭取壱人ツ、被相詰候様被成度、尤初日前夕ニハ、右之両役壱人ツ、相越、為習礼致被呉候様御口上取繕、権内御使者相勤、御承知御相答有之

＊この日の箇条、木俣家本になし。

五月十九日

［一、例刻御附人ニ而御登　城、八半時過御帰館］

＊［　］の部分、木俣家本になし。

五月廿日

一、例刻御登　城、八時過御退出

一、明廿一日、初御対客ニ而堀田様公用人・御頭取被参、習礼致ス

＊この日の箇条、木俣家本になし。

五月廿一日

一、初御対客ニ而上下着用、八ツ時揃、六ツ時御開門、五ツ半時過ニ相済

一、例刻御附人ニ而御登　城、九ツ半時御帰館

＊この日の箇条、木俣家本になし。

五月廿二日

［一、例刻御附人ニ而御登　城、七時四半前御帰館］

＊［　］の部分、木俣家本になし。

五月廿三日

［一、二日目初対客被為請
一、例刻御附人ニ而御登　城、八ツ時過御帰館］

＊［　］の部分、木俣家本になし。

五月廿四日

［一、例刻御附人ニ而御登　城］
一、今朝五ツ時頃、酒井若狭守様御出、御逢有之

＊［　］の箇条、木俣家本になし。

五月廿五日

［一、例刻御附人ニ而御登　城、八ツ時二分過御帰館］

＊［　］の箇条、木俣家本になし。

五月廿六日

一、三日目初御対客被為請、三日相済候間、恐悦申上ル
一、例刻御附人ニ而御登　城、八ツ半時三分過御退出

＊この日の箇条、木俣家本になし。

五月廿七日

一、例刻御附人ニ而御登　城、御退出九ツ半時

＊この日の箇条、木俣家本になし。

五月廿八日

一、例刻御附人ニ而御登　城、九半時過御帰館

＊この日の箇条、木俣家本になし。

五月廿九日

一、例刻御附人ニ而御登　城、九半時過御帰館

＊この日の箇条、木俣家本になし。

五月晦日

［一、例刻御附人ニ而御登　城、御帰館八ツ時過］
一、間部下総守様江御直書被　進、御留守居呼出相渡ス

＊［　］の箇条、木俣家本になし。

六月朔日

［一、五ツ時御附人ニ而御登　城、御退出九ツ半時四半過］
［一、今日］公用人［初夫々］本役［ニ被仰付候］

＊［　］の部分、木俣家本になし。

六月二日

一、例刻御附人ニ而御登　城、八時過御退出
一、御養君之義、京都江宿継飛脚を以被仰進
＊この日の箇条、木俣家本になし。

六月三日

［一、例刻御附人ニ而御登　城、御退出八ツ時］
＊［　］の箇条、木俣家本になし。

六月四日

一、例刻御登　城、御退出八ツ時二分過
＊この日の箇条、木俣家本になし。

六月五日

一、御対客ニ付、六ツ半時御開門、二席ニ而相済、五ツ時過御断
一、例刻御附人ニ而御登　城、八ツ半時四半前
＊この日の箇条、木俣家本になし。

六月六日

一、例刻御附人ニ而御登　城、御退出八時二分過
一、天保度之御例を以、左之書付今日
＊1［御城江御持出、御老中様方江一応御見せ被成、御右筆組頭江御渡、大目付田村伊与（予）守様・御目付都筑金三郎様御承知之由］
一、年始七種迄
一、暑寒入四五日之内
一、五節句
一、八朔
一、歳暮
一、触達有之、惣廻勤之事
＊2［右者、節々］表門内大番所ニ而致取次候事
＊この日の箇条、木俣家本になし。＊1［　］の部分、提出本には記載ないが、提出稿本により補う。＊2［　］の部分、提出稿本では「右之節ニ」と記す。

六月七日

一、今日御逢日ニ付、五ツ時より御逢有之、五ツ半時過御断
＊この日の箇条、木俣家本になし。

六月八日

一、例刻御登　城、八ツ時弐分過御退出
一、御城より御持帰之書付、左之通り

覚

菩提所世田ケ谷豪徳寺江参詣之義、御役中ハ以来参詣之前日、月番之年寄衆江届書差出し、登　城御用捨被　仰出参詣致候筈之事
＊この日の箇条、木俣家本になし。

六月九日

一、例刻御附人ニ而御登　城、七ツ時弐分過御帰館

＊この日の箇条、木俣家本になし。

六月十日

［一、従彦根表、去ル五日出宿継飛脚着、京都諏訪町松原辺より出火、北西風烈敷追々焼広り大火ニ相成候旨注進状来り、御届書御持出ニ相成］

一、御壱人立御目見、御養君一条、海防之儀、御談被遊

＊［　］の箇条、木俣家本になし。

六月十一日

＊1［一、不時御礼ニ付、五打三寸過江御附人ニ而御登　城、御退出九ツ時過］

一、間部下総守様、今日御参勤之御礼被　仰上候ニ付御出、御退出御待被為入、御逢有之

＊2［一、今日御持帰り、左之通

折表

控　掃部頭

大目付

寺社奉行江相達覚

大目付

覚

上野増上寺

御霊屋江掃部頭為自拝相越候節、溜詰之面々与出会候砌、拝礼之儀ハ御役之廉ニ而官位順ニ不拘、溜詰より先江拝礼有之間、為心得可被達置候事

一、今日於御前　上意、御召御帷子御拝領被遊、恐悦申上ル］＊3

＊1、2～3の［　］の部分、木俣家本になし。

六月十二日

＊1［一、例刻御附人ニ而御登　城、八ツ半時二分前御帰館］

一、間部下総守様江御自翰被進、＊2［六之丞御使相勤、］御逢可有之間、篤与御談申帰り候様被仰付候

但、御側役を以御自翰差出候処、程なく御逢有之、今日仮条約約定相済候処、天朝より被　仰進候御次第ハ御尤之御儀ニハ候得とも、＊3［今更違約も難相成］此後被喰込不申様、御取締致候より致方も無之思召、夫ニ付、　天朝江之御使ハ酒井若狭守被遣候而者如何哉之旨、御内意申上候処、尤之儀、今更条約取縮候而者不宜ニ付、一旦仮条約差免し置、追而本国へ此方より使者差越し、迷惑之筋ハ及掛合候方可然、御使ハ京地功者之事ニも有之、若州ニ而可然旨御返答有之

＊1の［　］の箇条、木俣家本になし。＊2の［　］の部分は加筆。＊3［　］の部分、提出本には記載ないが、提出稿本では墨塗りにより抹消。

六月十三日

一、例刻御附人ニ而御登　城
一、鮮鯛　一折
御台様御袖留之為御祝儀、御老女御奉文を以御頂戴
＊この日の箇条、木俣家本になし。

六月十四日

一、例刻御登　城、御退出八時二分過
＊この日の箇条、木俣家本になし。

六月十五日

＊1［一、例刻御附人ニ而御登　城、八ツ時二分過御退出］
一、御養君之儀、京都江被　仰進候御返答、昨十四日迄ニハ是非着可致之処、此程中雨天続ニ而川々閊候故歟、着不致、弥着不致節ニハ、十八日御発しニ差支候間、御道中奉行本多加賀守江被仰渡、此方ゟ迎之人差出、川々突破り、御状箱是非共着致候様取計可申旨御達ニ相成、昼時頃より早加(ママ)籠ニ而手代出立致候由＊2［奉伺］
＊1の［］の箇条、木俣家本になし。＊2の［］部分は加筆。

六月十六日

一、五ツ時御附人ニ而御登　城被遊、八ツ時過御退出
一、御近親御出会書ニ不苦旨、御書取御渡相成候事
＊この日の箇条、木俣家本になし。

六月十七日

一、酒井若狭守様御出、御逢
但、京都江御使之儀御内談
一、左之御書付御持帰り
井伊掃部頭
京都御守護被相勤候ニ付、鞍馬口ニ而六千坪為陣屋地被下候、地所引渡之儀ハ追而可相達候
＊この日の箇条、木俣家本になし。

六月十八日

＊1［一、今朝御逢有之、万石以上拾人以下七人］
＊2［一、例刻御附人ニ而御登　城、御退出七ツ時二寸過］
一、左之通、御書付御持帰り
去ル十三日、下田湊江亜墨利加国之蒸気船一艘入津致候、同所滞留之官吏乗組、右船一艘十七日小柴沖江入津致候、魯西亜船一艘、一昨十六日下田へ渡来、引続入津可致趣相聞、且又英吉利・仏蘭西も近々江戸近海江渡来可致哉之由申立候間、為心得相達候
＊1・2の［］の箇条、木俣家本になし。

六月十九日

*1［一、例刻御附人ニ而御登　城、七ツ時御退出
今日］応接掛り井上信濃守・岩瀬肥後守、金川より罷帰り申出候者、近々英仏之軍艦数十艘渡来致候趣、尤清国ニ十分打勝勢ひニ乗し押懸り候事ニ付、応接方甚御面倒ニ可相成、乍去仮条約書ニ御調印済御渡しニ相成候ハヽ、如何様ニも骨折御迷惑ニ相成不申様取計可申旨申聞候間、三奉行始御役人中一同御評議ニ相成候処、軍艦数十艘渡来之上御免し与相成候而ハ、御国威も不相立ニ付、唯今御免ニ相成候方可然旨、異口同音ニ御申立被成候間、　天朝江御伺済ニ不相成内ハ如何程御迷惑ニ相成候共、仮条約調印ハ難相成旨被仰候処、御尤与御同心被成候ハ、若年寄本多越中守斗ニ而、其余之衆者何分数十艘引請候上之応接与相成候而者、仮条約丈ケニ而者相済不申様相成可申、実以不容易儀、
天朝より被　仰進候義も御国体を穢不申様との御趣意ニ付、古制ニ泥ミ居候而者、憂患今日ニ十倍可致、無拠御訳柄御申解ハ如何程も可有之候得共、一旦争端を開き候而ハ　皇居初沿海御手当も行届不申事ニ付、調印致相渡候より外無之旨御申立ニ而、尚御考可被遊旨被仰、御用部屋へ御帰り、尚御評議被成候処、堀田備中守様・松平伊賀守様ニハ素ゟ御計（許）可被成御底意、其余之方々様ニも指当り致方も無之ニ付、成丈為引延候方可然趣を以、井上・岩瀬両人御呼出、如何様ニも骨折、
天朝江御伺済ニ相成候迄引延し候様被仰候処、信濃守被申候者、仰之趣奉畏候得とも、不及是非ニ節ニハ調印可被仰付哉与御伺被成候間、其節ハ致方無之候得とも、成丈ケ相働候様被仰候得ハ、肥後守御申ニハ、初より左様之了管（簡）ニ而ハ迚も行届不申ニ付、是非とも引延覚悟ニ而応接可致趣御申被成、則其趣を以御伺済ニ相成、両人ニハ御出立被成候由、*2［御帰館之上被　仰候ニ付、
御前江罷出、譬
公方様江伺済なりとても、
天朝之御沙汰を不被遊御待、条約書ニ調印御達被遊候ハ、全隠謀方之術中ニ御落入被遊候与申者ニて、御違勅与申唱へ讒奏可致、実ニ御家之御大事、其罪御前御壱人ニ御引受被遊候様可相成ニ付、急速加奈川江御使を以調印御差留被遊候様申上候処、
公方様江伺之上、既ニ相達候事ニ付、今更私ニ指留候訳ニハ難相成与之御意ニ付、猶又平常
天朝を御尊敬被遊候　御前ニ而、京都之御沙汰を不被遊御待、右様被遊御達ハ如何之御次第ニ御座候哉与、段々御迫り申上候ハ（ヘハカ）、其方共申処一理尤ニハ候得共、事危急ニ迫り、　勅許を待候余日も無之、猶又海外諸蕃之形勢を考察致候ニ、古昔と違ひ航海之術ニ達し、万里も比隣之如交易通商を開き、其外兵器軍制等皆実戦ニ試ミ、国富ミ兵強く、強て之を拒絶し兵端を開き、幸ニ一時勝を得候とも、海外皆敵与為ス時ハ、全勝孰れニ在るや量るべからす、苟も敗を取り、地を割き償ハさるを得さる場合ニ至らハ、国辱焉より大ひなるハなし、
今日拒絶して永く国体を辱かしむると　勅許を待すして国体を辱

めさると孰れか重き、唯今ニ而ハ海防軍備充分ならす、暫時彼が願意を取捨して害なき者を択ミ許すのミ、且　朝廷より被　仰進候儀ハ、御国体を穢さゝる様との御趣意ニ有之、抑も大政ハ関東へ御委任、政を執る者臨機之権道なかるへからす、然与いへとも勅許を待さる重罪ハ甘して自分壱人ニ受候決意ニ付、亦云ふ事勿かれとの御意有之、夜も追々更候ニ付、御休息可被遊様申上、直様奥江被為入］*3

*1の［ ］の部分、木俣家本になし。*2〜3の［ ］の部分は、提出本においての書き改め。

六月廿日

一、公方様、上野江御参詣、右ニ付御登　城無之、御中暑ニ付御参詣御延引

六月廿一日

［一、五ツ時打三寸廻りへ御附人ニ而御登　城可被遊処、御手心ニ而少し早メ御登　城、御退出七ツ時二分過］

*この［ ］の箇条、木俣家本になし。

一、備中守様・伊賀守様江被遣候御手紙、左之通

以書付得御意候、御自分儀　思召有之間、登　城差留候様上意ニ御座候、此段御達申候、以上

六月廿一日　御　名

堀田備中守様

右同文松平伊賀守様ニも被遣

右御取次頭取御使者ニ而被差越、夫々御請書、左之通

御書付拝見仕候、然者私儀
思召有之候間、登　城御差留被成候旨、
上意之趣被仰聞奉畏恐入奉存候、右御請奉申上候、以上

六月廿一日　堀田備中守

井伊掃部頭様

*本状は原本あり（『井伊』七―三八号）。

御書付拝見仕候、然者私儀
思召有之間、登　城不仕候様
上意之趣奉謹承恐入奉存候、右御請奉申上候、以上

六月廿一日　松平伊賀守

井伊掃部頭様

*本状は原本あり（『井伊』七―三七号）。

京都江被遣候下案

亜夷条約之儀、段々御配慮之御次第、一々御尤之御儀ニ付、再応諸侯之赤心御尋ニ相成、追々考意書も差出、今少しニ而書付出揃候間、其上篤与御評議、猶御尋可被成思召ニ候処、今度魯亜両国之船渡来申立候者、英仏之軍艦、近々渡来可致、清国ニ十分勝勢ひに乗し押

懸り候事ニ付、御応接方甚御案思申上候、併仮条約之通御承知ニ相成、調印済候ハヽ、英仏江ハ如何様ニも申論、御迷惑ニ相成不申様取斗可仕旨、兼而滞留之使節申立候ニ付、厚く御評議御座候処、
朝廷ニ而御配慮被為在候御儀も、全御国体を思召候而之御儀、不容易御儀ニ付、海防掛り之者共調印之上、約条書御渡ニ相成申候、誠ニ無御拠御場合ニ付、右様之御取計ニハ相成候得とも、　朝廷ニ而御配慮之段者、実以テ御尤之御儀ニ付、此後之御取締方沿海御手当等充実ニ相成、被為安　叡慮候様可被遊思召ニ候、委細之儀者猶追々可被仰進候得とも、先此段可被遂
奏聞候事

＊本状は原本あり（『井伊』七―三一号）。

諸大名江御達之下按

亜夷条約之次第、
朝廷江御伺ニ相成候処、深ク　叡慮被為脳候御次第被仰進候段、御尤之御儀ニ付、再応各赤心御尋ニ相成、今少シニ而存意書も揃候間、其上篤与御評議之上、御決定可被遊思召ニ而、精々御差急き被為在候折柄、今度魯亜両国之船渡来申立候趣ハ、英仏之軍艦、近日渡来可致、尤清国ニ十分打勝、其勢ひニ乗し押懸り候事ニ付、応接方甚御面倒ニ可相成与御案思申上候、併仮条約之通、御承知相成、調印も相済候ハヽ、英仏江ハ如何様ニも申論、御迷惑に相成不申様取計可申旨、使節申立候ニ付、評議致候処、如何程御迷惑ニ相成候共、
朝廷江御申上済ニ相成不申而ハ、御取計難被遊御儀、乍去忽争端ヲ開、万一清国之覆轍を踏ミ候様之儀出来候而者、不容易御儀ニ付、海防掛り井上信濃守・岩瀬肥後守、於神奈川調印致し使節へ相渡申候、誠ニ無御拠御場合ニ付、右様之御取計ニハ相成候得共、
朝廷ニ而御配慮之段ハ、実以テ御尤之御儀ニ付、此後之御取締方沿海御手当等充実ニ相成、被為安
叡慮候様可被遊思召ニ候、此度之御一条、不取敢飛脚を以京都江被
仰進、委細之義ハ追々被仰進候事ニ候、此後之御所置ニ付考意も有之向者、無覆臓可被申聞候事

＊本状は原本あり（『井伊』七―四一号）。

一、諸大名惣登　城之義ハ廿三日、京都へハ明日立ニ而被仰進候様御評決之趣、御退出之上被仰候
一、御持帰り之御書付、左之通

御名

京都表御警衛向之儀、猶亦御手厚ニ被成度旨被　仰進候趣も有之候ニ付、此度松平讃岐守・松平出羽守・松平越中守儀、増御警衛、藤堂和泉守儀ハ臨時出張致し援兵被　仰付候間、諸事可被申合候、尤御守護之儀者是迄之通り可被心得候

六月廿二日

［一、例刻御登　城、御退出七ツ時過
一、明廿三日御逢流レニ相成、夫々相達ス
一、間部下総守様・松平和泉守様江御直書被進、夫々御留守居御勝手

江呼出し相渡ス」

＊「　」の部分、木俣家本になし。

一、今日惣出仕、於席々左之通被仰出、御持帰り
被遊

亜墨利加条約之次第

朝廷江御伺相成候処、深く被為悩
叡慮候御次第被　仰進候段、御尤之御儀ニ付、再応各赤心御尋ニ相成、今少しニ而存意書も揃候間、其上篤与御勘考之上御決定可
被遊
思召ニて、精々御差急き被為在候折柄、今度魯亜両国之船渡来申立候趣者、英仏之軍艦近日渡来可致、尤清国ニ十分打勝、其勢ニ乗し押懸ケ候事ニ付、応接方甚御面倒ニ可相成与御思案申上候、併仮条約之通御承知ニ相成、調印も相済候ハヽ、英仏へハ如何様ニも申諭、御迷惑ニ相成不申様取計可申旨、亜国使節申立候ニ付、御勘考被遊候処、如何程御迷惑ニ相成候とも、　朝廷江御申上済ニ相成不申候而者御取計難被遊御儀、乍去忽争端を開、万一清国之覆轍を踏候様之儀御出来候而ハ不容易御儀ニ付、井上信濃守・岩瀬肥後守、於神奈川調印致し使節江相渡し候、誠ニ無御拠御場合ニ付、右様之御取計ニハ相成候得共、　朝廷ニ而御配慮之段ハ実以御尤之御儀ニ付、此後之御取締方沿海御手当等充実ニ相成、
被為安
叡慮候様可被遊　思召ニ候、此度之御一条、不取敢宿次奉書を以、京都江被仰進、委細之儀ハ追々被仰進候事ニ候、此後之御所置ニ而考意も有之向者、無覆臓可申聞候事

＊本状は原本あり（『井伊』七―四一号）。

右於席々大和守申達書付渡之、掃部頭・老中列座
但、備中守可申達処、病気ニ付、如右

六月廿二日

＊この日付衍カ。

控六月廿二日之次飛脚ニ遣之

伝奏衆江相達候趣

一筆致啓達候、外国御取扱方之儀ニ付、御使備中守被差登、委細之事情及言上候処、
勅答之趣も有之候ニ付、猶又三家以下諸大名江御尋有之、追々差出候御答書等入
叡覧、其上御所置有之思召之処、最早亜墨利加条約御取結無之而ハ難相成場合ニ至、実ニ不被為得止事次第ニ而、再応被仰進候日合も無之、無余儀御決着相成候者深ク御酙（斟）酌　思召候得共、先般被仰進候趣を以、今度条約為御取替有之候、右無余儀次第、委細別紙之通り候、此段先不取敢宜有　奏聞旨被仰出候、恐惶謹言

六月廿一日　　老中連判

広幡大納言殿
万里小路大納言殿

別紙

亜墨利加条約之次第、先達而別段御使を以被
仰進候処、深く被為悩
叡慮候御次第被仰出候段、御尤之御儀ニ付、再応御三家以下諸大名江赤心御尋ニ相成、今少しニ而存意揃候間、其上篤与御勘考之上、御決定可被遊思召ニ而、精々御差急き被為在候折柄、今度魯西・亜墨利加両国之船渡来申立候趣ハ、英吉利・仏蘭西之軍艦近日渡来可致、尤清国ニ十分打勝、其勢ニ乗し押懸候事ニ付、応接方甚面倒ニ可相成与御案思申上候、併仮条約之通御承知ニ相成調印も相済候ハヽ、英・仏へハ如何様共申諭、御迷惑ニ相成不申様取計可申旨、亜国使節申立候ニ付、御勘考被遊候処、如何程御迷惑ニ相成候とも、
　朝廷へ御申上済ニ相成不申候而者御取計難被遊御儀、乍去忽争端を開、万一清国之覆轍を踏候様之儀出来候而ハ不容易御儀ニ付、井上信濃守・岩瀬肥後守、於神奈川調印致し使節へ相渡候、誠ニ無御拠御場合ニ付、右様之御取計ニハ相成候得とも、
朝廷ニ而御配慮之段ハ、実以御尤之御儀ニ付、此度之御取締方沿海御手当等充実ニ相成、被為安
叡慮候様可被遊　思召候、委細之儀ハ、猶追々可被遂　奏聞候事

　六月

　別紙

禁裏附江申遣候趣
伝奏衆江呈奉書候間可被達候、且又、右奉書ハ昨廿一日差立候積之処、及今日候間、備中守・伊賀守連名有之候得共、其侭差立候事ニ候、此段為心得相達候、以上

六月廿二（ママ）日　　　　老中連名

岡部備後守殿

大久保大隅守殿

猶以伝奏衆江呈御奉書、差急候儀ニ付、東海道・中仙道両道より差立候間、跡ゟ着次第、追々可被相達候、以上

＊本状は原本あり（『井伊』七―三一号）。

一、昨日一橋様御逢被成度ニ付、御屋形へ御出可被下哉、　御城ニ而御逢可被成哉之旨、御附御家老を以被仰入候間、此節御用多ニ付、御屋形へ罷出候猶予無之、御登　城被成候ハヽ、御目通り可仕、何等之御用向ニ候哉相弁不申候得共、初而御逢之儀ニ付、御酙（斟）酌御座候而ハ不宜、無御遠慮御十分ニ御談御座候様被成度旨申置、今日御逢有之、色々御談之上、西丸ハ殿方ニ御治定相成候哉与御尋ニ付、紀伊殿ニ御取極相成候与申上候得ハ、御血筋与申御様子も宜御方ニ付、重畳之御儀、紀伊家之御相続ハ如何相成候哉与御尋ニ付、あなた様御出被成候而者如何与申上候得ハ、大藩之儀、自分抔参り候而者迚も納り不申与御申被成候迚、御一笑被遊、
田安様ニも御逢被成候処、国家之儀、真ニ御案思、是又西丸之事御尋ニ付、紀伊殿ニ御治定と相成候段申上候処、扨々恐悦至極、先頃ゟ一橋ニ可相成との風説有之、自然右様ニ相成候而ハ、乱之基与潜ニ心配致居候処、右様御極りに相成候段承り安心致候迚、殊之外御歓、国家大厄難之折柄ニ而甚心配致居候処、其許江御役被仰付候ニ付、

上之御力ニ成、是迄之弊風御挽廻ニ可相成与大慶致シ居候、私弟ニ候得とも、松平越前守儀不所存者ニ付、毎々異見致し候得とも、中々相用ヒ不申、国家之御為ニ候間、御手前より厳敷御示し被下度、実ニ国家安危ニ相拘り申候御大切之御場合、偏ニ御忠勤被下候様致度旨、御落涙ニ而染々被仰述、一橋殿御談し与ハ雲泥之相違与御噂御座候

六月廿三日

［一、例刻御附人ニ而御登　城、御退出六半時四半前］

堀田備中守様
松平伊賀守様

右

思召有之、御役御免、帝鑑之間席被仰付

太田道醇様
間部下総守様
松平和泉守様

右

御加判之列被蒙　仰

但、道醇様江者年々三万俵ツヽ、被下置、備後守与御改名

［一、右御三人様江(自カ)公用人御使者ニ而二種千疋ツヽ、御到来、此方様よりも御成規之通被進］

一、今夕薬師寺様御出、御蜜(密)談有之

一、御養君之儀、京都江被仰進候御返答、思召無之旨之御状、去ル八日付之御状、今日奥御右筆志賀金八郎御用部屋江持出候ニ付、弥廿五日御発し与相成、

上ニも殊之外御悦ニ而安心致し候、尤京都ゟ八日付之御状、夫々去ル十四日ニ着致有之処、此御状計延着、何とも不審成事与の御沙汰ニ御座候

＊［　］の部分、木俣家本になし。

六月廿四日

［一、牧野備後(前)守様御出、御逢有之］

＊［　］の部分、木俣家本になし。

一、松平越前守様御出御逢有之

［但、］今度仮条約ニ調印相済候ニ付而ハ、兼而京都より被仰進候御趣意ニ相触レ不容易御儀、此侭ニ而ハ難相済との義被仰候故、左様之訳ニハ無之、此程御達し申候通之次第、無御拠事柄、京都ニ而御承知ニ相成候ハヽ、尤与御聞取も可被遊旨御答被遊候処、中々御聞入無之、其中御附人帰り候間、其旨申上御断被成候処、今暫御談被成度との事ニ付、もはや登　城刻ニ相成候間、是非御断与申切被遊候処、殊之外御立服(ママ)ニ而、左様ニ候ハヽ、只今ゟ登　城可致間御逢被下候様ニ与御申ニ付、左様之儀ハ決而難相成儀、時刻も移候間、御送りハ御断被成候旨御挨拶被遊、御引取被遊候、越前守様ニハ殊之外御立服(ママ)之体ニ而御帰り、御中門ニ而御供頭江御手紙様之物御渡被成候処を見請候者有之、跡ニ而承り候得ハ、水戸様江早馬ニ而被参候由

＊［　］の部分、木俣家本になし。

一、例刻御附人ニ而御登　城、御退出夜四時
四ツ半時頃、水戸中納言様・尾張中納言様・水戸前中納言様御登
城、御大老・御老中江御逢被成度旨被仰入、松平越前守様ニも御登
城、久世様江御逢被成度旨被仰入、御三家方御廊下ニ而、此度仮条
約江調印致候儀、御違
勅ニ付、今日ハ掃部頭ニ腹切らせ不申而ハ退出不致迚、大音ニ御詈
り被成、御役方追々聞付、御部屋へ御注進被成候ニ付、間部下総守
様被仰候ハ、私共罷出、如何様ニも御なため可申間、掃部頭殿ニハ
御逢無之様致度旨御申被成候得ハ、御同列ニも如何ニも左様相成候
方可然与同音ニ被仰候処、御前被仰候ハ、私初御逢被成度旨被仰候
処、御断申候而ハ憶し候様ニ被思召候而ハ、
上之御威権ニも拘り可申、私切腹致
上之御用ニ立候儀ニ候ハヽ、厭ひ候訳ニも無之、各御一同可罷出与
被仰候へハ、左候ハヽ一同罷出可申との御談しニ相成、御逢被成候
処、前中納言様被仰候ハ、条約一条ニ付而者京都ニ而厚御配慮被
仰進も有之処、
勅答も不相済内ニ調印為致候而御渡ニ相成候而ハ御違勅ニ相成、以
之外之儀、三家之場合ニ而ハ聞捨ニ難相成、今日登　城致、各存寄
承り、　御目通りも御願被成候趣ニ而厳敷御談しニ付、御前御答被
遊候ハ、仰之趣一応御尤ニハ相聞候へとも、京都ゟ被仰進候儀ハ
素々御国体ニ拘り不申様ニ与御配慮之処より被仰進候儀ニ有之、然
ル処、蛮夷之形勢往古与変革致し、天涯も比隣之如き航海之術相開
ケ、軍制兵器等実戦ニ試ミ、追々強国与相成、諸蛮交易通商相願候
ニ付、古制を御守り手強く御断ニ相成候へハ、忽争端を開き可申、
左候へハ手薄之場所々々諸夷乱妨致し、諸大名御固メニ当惑致し可
申、尤四方海岸之御国ニ付、沿海充実之御備容易ニ難出来ニ付、彼
か懇願成丈ケ御取縮め、通商御免し可被遊思召ニ而、諸大名江存寄
り御尋ニ相成候処、今日及戦争可然との見込之者無之、
朝廷江御伺ニ相成候処、大変革之儀ニ付、今一応諸侯之赤心相尋候
様被仰進候間、再応御尋ニ相成候処、前同様之見込、在国之向、今
少しニ而出揃候間、左候ハヽ、再応可被仰進思召之処、英仏之軍艦、
近日渡来可致、尤清国ニ打勝勢ひニ乗し渡来、剛訴可致、左候而者
争端を開き候場ニも至り可申、其期ニ臨ミ条約御取結ひニ相成候而
ハ実ニ御迷惑ニ可相成趣、亜夷使節より申立候儀尤ニ相聞へ、諸大
名之存意も和を主と致し、
上ニも和与御決し被遊候御儀、京都江不被仰進御取計之段ハ何とも
恐入候御儀与、深ク御心配も被遊候得共、一旦争端を開き候得ハ、
百万之生霊塗炭ニ困しミ、終ニ清国之覆轍を踏候様可相成、
朝廷ニも御国体を被思召候而之御儀ニ付、委細之訳柄被仰進候ハヽ、
尤与御承知可被遊との思召ニ而被遊候御儀、御違　勅与申儀ニ而ハ
更ニ無之由、段々理を尽し事を分ケ被仰候得ハ、流石之老公も被仰
方無之、越前守儀ハ格別之者ニ有之、今日登　城致居候間、此席江
呼候様被仰候ニ付、越前守家柄之者ニハ候得共、此席江呼候儀如何
可有之哉与被仰候得ハ、尾張様御申被成候者、　西城江ハ御年長の
御方御立被成可然との京都之思召ニ有之処、紀伊殿ニハ御幼少之事
ニ付、一ツ橋殿御立成可然、御同人ハ御年長与申、御賢明之方ニも

有之、右を御立被成候ハヽ、
朝廷ニも御満悦可被遊、左候得ハ今度之御申解も御聴分ケ可宜与被
仰候間、　西城之御儀ハ
上之思召より出候儀ニ付、私共取計ニハ難相成旨被仰候得ハ、左候
ハ、御目見相願候与被仰候間、
上様ニハ少々御様体ニも被為在候御儀、殊ニ紀伊殿ニハ御血統与申
聡明ニ被為渉候御事、既ニ明日御発シ与相成候儀、唯今彼是被仰上
候儀ハ甚不穏御儀ニ付、御控被成候方可然旨被仰候得ハ、老公御申
被成候ハ、今日之形勢無御拠処より仮条約書調印御渡ニ相成候共、
何レニも
朝廷より被仰進候御主意ニ振れ候段ハ、
将軍家ニも被恐入候御訳柄ニ付、右御申解相済候迄ハ、御慎被為在
可然御儀、左すれハ、
西城御発し之儀も右御申解相済候迄、御見合ニ相成可然与被仰候間、
此儀ハ唯今段々申上候通り無拠御場合ニ至り御許しニ相成候御儀ニ
而、委細之事柄御承知ニ相成候得ハ、尤与御聞請被成候ハ必定之御
儀、　西城も久々御明き有之ニ付而ハ、早く御取極メ相成候方可然
旨、備中守上京之節、御内定も御座候事故、少しも早く御取極メ相
成候儀、京都之　思召ニも被為叶候御次第ニ付、御延しニ可相成筋
とハ相心得不申旨被仰候得ハ、左様なれハ何故早く御申解之御使不
被差越哉与被仰候ニ付、此儀ハ宿次飛脚を以早速被仰進、尚御使可
被進旨御答被成候へハ、右様之御使ハ少しも早く被進候方可然、未
タ御使ハ定り不申哉与御尋ニ付、此儀ハ間部下総守可被遣御内定ニ
而、明日被仰付候御含与被仰候得ハ、老公又被仰候ハ、松平越前守
儀ハ格別之者ニ付、御大老ニ被仰付候ハ、可然与御申被成候間、此
儀私同役ニ被仰付候事ニ付、何とも御請申上兼候間、年寄共江御尋
被下置候様ニと被仰聞候処、太田備後守様御申被成候ハ、掃部頭格
別入はまり出精御用便いたし居候事ニ付、越前守被仰付候ニも及申
間敷旨被仰上候処、老公被仰候ハ、如何ニも左様ニ可有之、乍去諸
蛮引続渡来不容易御時節ニ付、成丈ケ御手厚ニ相成候方可然与被仰
候得ハ、間部下総守様御答被成候ハ仰之趣一応御尤ニハ候得とも、
神祖以来深き思召被為在、大老・老中共ニ限り御座候儀、御三家を
立被為置候も、是亦深き
思召被為在候御儀、今時御連枝之方之内ニ格別之御方有之迚、御三
家を御四家ニ被遊候事も難相成与滑稽交りニ御申被成、御一同御笑
与相成、御談し相済、御三家様方ニハ八ツ時過手持不沙汰、初め之
御威勢ニ事変りすこ〳〵御退出被成候由、右御談し与相成候ニ付、
若年寄衆初詰合之諸役人衆何与成行可申哉、［万一］
上様江御目見被仰付候様相成候而ハ如何成変事出来可致も難斗与、
手ニ汗を握り御控被成候由、御小姓組御番頭酒井対馬守様ニハ、以
前奥勤被成候御方ニ而、御小姓頭取諏訪安房守様・高井豊前守様へ
御逢ひ、老公初御三家方、今日御登
城之御様子不一通［御様子、］誠ニ狂乱人之如き御有様ニ而、品ニ
寄り　御目通りも御願被成候との事、其子細ハ条約調印為致候事難
相済ニ付、今日ハ掃部頭ニ腹切らせ不申而者退出不致迚、先刻より
高声ニ御罵り被為在、唯今掃部頭殿初御老中方御討論初り候処、不

軽御勢ひニ付、様子ニより　御目通り御願ニ可相成も難斗、左様相成候而ハ如何様之事出来可致も難斗与、表方御役人共、手ニ汗を握り居候次第ニ付、如何様被仰候とも、今日ハ　御対顔無之様差含取扱被成候様ニと御内話ニ付、御両人御驚、早速右之次、内々言上被成候処、
上様殊之外御逆鱗、掃部頭ニ腹切らす抔との儀、不軽悪言、逢度与之事ニ候得ハ逢候而厳敷説得可致、今日天下之人心惑乱為致候も、元ハ前中納言之仕業、此尽ニハ難差置とて以之外之御気色なり、尤上様ニハ平日御温和之御方ニ而、今日之如く御逆鱗被遊候儀、御側廻りニ而奉見上候事無之、弥御対顔与相成候而ハ何様之儀出来可致与、皆々顔色を失ひ御心配被為在候処、掃部頭初老中より段々説得致し御承伏被成候旨内々申上り、左も可有之迚、甚御気色不宜由、委細之訳柄、薬師寺筑前守様より承之、御三家方与御応対相済、御用部屋江御引被遊候御道筋へ大小御目付・町奉行・御勘定奉行等追々御待請、今日之御応対如何可相成与一同御案思申上候処、流石之老公を御申伏被遊候御勢ひ、乍憚奉感称候迚、御歓被仰上候由

＊［ ］の部分、木俣家本になし。

一、松平越前守様ニハ御三家方御対話之御様子御聞被成、もはや御一同江ハ御逢不被成、久世大和守様へ御逢、七ツ時頃ニすこ〳〵御退出被成候よし

一、今朝より江戸地之様子不穏、其上前文之通り御三家・越前家等御登城も、明日
御養君御発しを御妨被成候御手段もはつれ候与見へ、弥明日御発し与被仰出候旨御城ゟ申来、此上ハ水戸方ニ而如何様之工ミ可有之も難斗、越前守様今朝之御気色与申、何与も不案心ニ存居候処、夜ニ入候而も御退出無之、甚気遣ケ敷、［夜にも入、］殊ニ雨中暗夜之事にも有之、何とも不安心ニ付、其旨内膳殿へも申談し、当役ニ而幹之進・権内・自分、奥向ニ而臼居安之丞・今村多門次参り合居候ニ付、長野主膳下馬へ罷越、近辺心掛り之処々見回申候、御供方も士分并提灯持ハ代り合与唱罷越、御供致候故、御下りニハ士分ハ倍之御人数ニ相成申候、四ツ時過ニ御帰館被遊候ニ付、御跡ニ付添表御門ゟ這入　御前へ出候得ハ、御案詞奉行御箱取調引候与、六之丞と御意有之、活て返たとの御意ニ而暫く御言葉も無之、御疲れ之御様子ニ付、御小姓ニ申、御茶為指上、一ト口召上り而今日之始末奉伺、誠ニ危き場合ニ候処、よくも御言伏せ被遊候儀与、乍恐奉感称候

＊［ ］の部分、木俣家本になし。

一、今日思召を以、奥御仕立御膳御頂戴被遊候

六月廿五日

＊1［一、五ツ打三寸廻り、御附人ニ而御登　城、御退出ゟ御広敷へ御出、御帰館暮時前］

一、紀伊宰相様
御養君被　仰出、　宰相様与可奉称、御殿
西丸与被　仰出、但、当分御本丸御逗留被　仰出

＊2［一、御冠棚　壱脚

一、御料紙箱
一、楽焼御茶碗
右者　御養君様より御拝領被遊
一、御肴　　壱箱
公方様より思召を以御頂戴
脇坂中務大輔様
御養君附御老中被仰出］[*3]

*1、2~3の［　］の部分、木俣家本になし。

六月廿六日

一、御養君被　仰出、惣出仕ニ付、五ツ打三寸廻り御附人ニ而御登　城、御退出七半時過

*この日の箇条、木俣家本になし。

六月廿七日

［一、例刻御附人ニ而御登　城、御退出七ツ半時］

*［　］の部分、木俣家本になし。

一、藤堂和泉守様、昨夕御逢御頼之処、御断ニ相成候得とも、此程被　仰置候御封書御認メ、御登　城前一寸御逢御頼被成候旨御留守居申来候処、御登城前ニ相成候而も御出無之ニ付、御持参被成候ハヽ受取、御城江差上候様被仰置、四ツ半時頃御出ニ付、自分罷出候処、最卒与御早く御出可被成処、御延引ニ相成候得共受取、　御城江差出候儀相成候哉与御尋ニ付、御持参被成候ハヽ、直様　御城江差越候様被申置候旨申上候処、左候ハヽ、右封書　御城江差上呉候様被仰述、御渡被成候、尤此程御内話之通、精々御差含被成候得とも、国持衆御存意之処、丸々御潰し被成候事も難被成、成丈ケハ御談之方へ御引付被成候旨、御退出之上密ニ申上候様ニ与被仰、御留守居被差置候間、御落手ニ相成候哉申上候様被仰置候ニ付、直様　御城江為持遣し、御落手之旨御留守居江相達、御帰館之上御内話之趣も申上ル、御差出之書付拝見被仰付、左ニ記ス

此間御渡相成候御書付篤与拝見、愚考仕候処、魯亜両国船申立候趣ハ、英仏之軍艦於清国得全勝、其勢ひニ乗し近日可致渡来旨、亜使節より仮条約調印整居候ハヽ、御迷惑不相成様周旋可仕段申出候ニ付、被遊御勘考候処、如何程御迷惑ニ相成候共、　朝廷江御申上済ニ不相成候而ハ御所置難被遊段、御尤至極奉存候、乍然燃頭之大難不容易迫切時勢ニ相至候ニ付、井上信濃守・岩瀬肥後守江被命、於神奈川調印相済候由、右様之危殆ニ相及候而者ハ不被得止御所置ニも可有御座候得とも、此儀ニ付而ハ最前より、乍恐被為悩
叡慮、被仰出候御主意も御座候故、此御場合ニ至り候而も迅速以御使其事情委細被仰上、一応
天意御伺可有御座筋合与奉存候、尤
勅答不被　仰出前、患起不測御場合ニ至候ハヽ、御不本意至極之儀ニ御座候得とも、臨期之御所置ニ相成候共無御拠訳ニも可有御座

候得共、亜使節申立候ニ付、一応之
天意御伺も不被為在調印被命候而者、御違
勅之様ニも相聞へ、何分御尤ニハ不奉存候、此後ハ早々右之御汚
辱被為雪候様御所置御座候而、被為安
叡慮候様御施行有御座度、尚此後之御所置ニ付、存意も有之候
ハヽ、可申上旨被仰聞候処、追々建議も仕候通ニ而、別段心付も無
御座候、以上
六月廿七日
藤堂和泉守
丹羽左京大夫
松平内蔵頭
有馬中務大輔
伊達遠江守
津軽越中守
松平土佐守
佐竹右京大夫

*1［一、昨日御持帰り之御書付弐通

申合之書

御養君被　仰出候御祝儀御礼之日
一、部屋番・朝伺共、麻上下着用之事
一、用人・取次・広間、不残麻上下着用之事
一、門開置可申事
一、供廻り五節句之通、駕籠脇、不残麻上下着用之事

申合之書付

宰相様御養君被　仰出候ニ付、
宰相様御機嫌之儀、朝々差出し、部屋番之者を以テ御附御側衆迄
御機嫌相伺可申事
右御部屋番・御取次頭取・御供頭へ相達ス

一、今日御持帰り之御書付、左之通

大目付江

来月二日、御養君被仰出候御祝儀御礼被為請候間、出仕并為御祝儀
相廻り候儀、先達而相達候通可被相得(心脱カ)候
一、五半時揃之事
一、御台様　本寿院様江差上物、来月二日朝六時より五時迄之内可差上
候
右之通可被相触候］*2

*1～2の［　］の部分、木俣家本になし。

一、午六月　九条関白殿ゟ之御直書、左之通
芳翰令披見候、梅雨之時節晴雨不定、追々暑気増候、弥御堅固御
勤御安寧之御事与令賀候、抑過月者被為補大老職之旨承り、先以
大慶不斜奉存候、嘸々御繁多、彼是日々政務配慮之御儀与令恐察

候、愚拙者漸宮中雑事斗之儀ニ候得共、微才之身故朝暮苦患不少暮居候、併御心易頼入候、扨亜夷一件、於貴地ハ御心配之御筋、段々無拠条約之趣意ハ令恐察候、能々相分り御尤至極云々、偖大任職蒙仰居後、兼て公武一致之存心、乍去兎角故障之訳云々、幸貴家執権之職掌、実ニ於不佞も内々辱候、何卒々々万端御談合之儀ニ相成候得者深安心致候、且又御指登之使者へ申含メ、暮々委細申試置候故、御勘考宜御聞取可給頼致候也、頓首謹言

五月十八日認置　尚忠

井伊掃部頭殿　座右内々

＊本状は原本あり（『井伊』六―八三号）。

右ニ付、六月廿七日附ニ而御自筆之御請、左之通

過日ハ御懇之令旨恭奉拝誦候、先以酷暑之節、益御機嫌能御勤職之条恐賀之至ニ忝奉存候、今般就蒙大老職候為御祝詞蒙御懇之台命、冥加至極難有奉拝謝候、誠ニ不肖之小臣、殊国家危難之場ニ臨、重任難堪再応雖及辞退候、厳命難黙止痛心此事ニ御座候、抑墨夷条約一条ニ付、深被為悩
叡慮、且　勅答之趣、乍恐御尤之御儀、恐懼之至ニ付、是迄之御所置精々致改復度、倩察事情候之処、幕府役人共之心得違者勿論、剰不容易密計有之候間、右等取除候上ニ無之而者対蛮夷手強御所置も難相成、尤隠謀之起元者
西城御相続之儀ニ付、速ニ固其元、内間一洗之上、外夷之所置ニ可取掛之処存ニ而、雖長蛇恣毒群害将臻之形勢、彼是混雑之間、依之漸々令遅滞候之処、魯墨并英仏之軍艦追々渡来之注進有之、雖然可恐者、何分奉始　帝都諸警衛并防禦之手当、未行届兼候之上、抱内患、唯今争乱を開候而ハ実ニ国家之大事ニ付、雖未経
叡聞候、危急之一計ニ応接人之調印為致候者、実ニ方今之御所置無念之次第、
天朝之思召も如何可有之哉、恐縮之至ニ奉存候、前件之始末者先日以飛脚申上候得共、猶巨細ニ為可奉言上之、近々間部下総守被為指登候、返々今度之一儀
御聞済相成候上ハ、速ニ鎮強僭反側之徒、専得平穏之地而可奉安
叡慮之思、宜御賢察奉希候、使下総守よりも予願置呉候様申聞候、猶書外近日可仕言上候、日外無実之朝報者処希　殿下玄鑑候也、頓首、誠惶謹言

六月廿七日　直弼

＊本状は原本あり（『井伊』七―五四号）。

六月廿八日

一、今早朝、間部下総守様江御使者相勤
［一、例刻御附人ニ而御登　城、御退出七ツ時一歩前
一、御小姓頭取諏訪安房守を以、　思召ニ而御菓子御頂戴被為遊］

＊［　］の部分、木俣家本になし。

六月廿九日

一、御中暑其上御頭痛ニ付、御登　城御断ニ而御用番様初御老中様方、若年寄御月番江御手紙被遣御徒使、右ニ付、御用番・御供頭・御案詞より御取次頭取・御側役・御部屋番江相達ス

＊この日の箇条、木俣家本になし。

七月朔日

一、御中暑御頭痛御快方ニ候得共、聢与不被遊候ニ付、今日御登　城御断、御用番様江御手紙被遣御徒使

一、明二日
御養君様被　仰出候ニ付、物出仕并廻勤有之ニ付、表御門内大番所明、御広間向上下着用、先日御申合之通り頭取へ相達ス

＊この日の箇条、木俣家本になし。

七月二日

一、御快方ニ付御登　城［＊1被遊候間、御老中様方若年寄御月番へ御手紙被遣御徒使

一、御養君様被　仰出惣出仕ニ付、今日上下着用

一、五ツ打三寸廻り御附人ニ而御登　城、御退出七時］＊2

一、京町奉行小笠原長門守様御出、御逢有之
　但、京都之儀被　仰含、堀割之事も御申含

一、志賀金八郎、昨日自殺致候由、京都より之飛脚一件ニ可有之、何とも怪事と御沙汰有之

＊1〜2の［　］の部分、木俣家本になし。

七月三日

一、例刻御附人ニ而御登　城、御退出夜九半時

一、公方様御脚気之御症ニ而、御勝不被遊、
殿様御初御老中様方ニも大奥御寝所江被為召候由
　戸塚静海
　青木春岱
　遠田長庵
　伊藤玄朴
右今日御召拘、奥医師被　仰付

七月四日

［一、例刻御附人ニ而御登　城、六時壱歩前］

＊［　］の部分、木俣家本になし。

一、今朝伊達遠江守様差付御出、無拠一寸御逢、御用向承り候様被　仰置、外夷御所置之儀者、今日之御取計より外無之義ニ候処、手弱御所置之様ニ申唱候処ヨリ、京都よりも彼是被　仰進候様ニ相成申候ニ付、外国取扱之儀、国持大名御見立海防掛被　仰付候ハヽ、天下之人心も居合可申、尤永ク御加へニ及不申、少し居り合候迄右様ニ相成候ハヽ、可然、此時節士気御引立、御改革も不被仰出而ハ相成不申、内外御混雑ニ可相成ニ付、旁以右様相成候ハヽ、可然与之御趣意ニ付、御帰館之上申上ル

一、公方様、今朝より御両便御通し御付被遊、御膳も目形弐拾目、御にうめん等被差上、大ニ御宜敷趣、御帰館之上御沙汰有之、殊之外御大慶ニ御座候

一、殿様御初御老中様方大奥江被為召、御用向被仰含、右者思召之御旨被為在候ニ付、尾張中納言様御隠居御慎、水戸前中納言様急度御慎、松平越前守様御隠居、急度御慎等被　仰付候儀を被仰含候由

一、異船三艘品川沖江乗込、
　但し英国之由

一、魯西亜人今日出府、愛宕下真福寺旅宿ニ相成候

七月五日

一、例刻御附人ニ而御登　城、御退出八ツ時半

一、今日御持帰り、左之通

松平肥後守
松平左京大夫
丹羽左京大夫

尾張中納言殿御事
思召御旨も被為在候ニ付、御隠居被　仰出候、外山屋敷江居住、穏便ニ急度御慎可被在之候、尾張家御相続之儀者、松平摂津守江被　仰付候、此段松平肥後守・松平左京大夫・丹羽越前守相越、尾張中納言殿江可相達旨御意ニ候

右於御黒書院溜、紀伊守申達之書付渡之、掃部頭・老中列座、但、溜詰も列座、
　中納言殿急速外山屋敷江御引移候様可被取計候、且又中納言殿御近親之面々、其外絶而書通往復等無之様、家老共始へ急度可申達与之御沙汰ニ候条、取締方厚く心得候様可被致候

一、万事摂津守殿江竹腰兵部少輔・成瀬隼人正ゟ無遠慮相伺、宜様ニ可取計事
右之趣、家老共へ可被申聞候
右三人江心得ニ渡候書付

尾張殿家老
竹腰兵部少輔
成瀬隼人正

市谷屋敷江被相越、中納言殿不及面談候、被　仰出之趣、竹腰兵部少輔・成瀬隼人正、其外家老共江被申合可相達之由被申聞、書付兵部少輔・隼人正江可被渡候、御請も右之もの共罷出、申達筈ニ候

一、右御請之儀ハ可及深更ニも候間、三人共明日登　城ニ而可被申聞候
右於同席書付を以達之

右一同ニ御椽側江呼寄、御敷居際迄召寄、被仰出之趣、紀伊守申渡之、兵部少輔ハ可相残候、隼人正ハ上使之前後江可罷帰旨申聞之
　但、松平肥後守・松平左京大夫・丹羽越前守も着座

松平摂津守

尾張中納言殿御事
思召御旨も被為在候ニ付、御隠居被　仰出、外山屋敷江居住、
穏便ニ急度御慎可被在之旨被　仰出候
右於同席同人申渡、列座同前
控　掃部頭
申達候書付列座
七月五日

松平讃岐守
松平大学頭
松平播摩〔磨〕守
松平掃部頭

水戸前中納言殿御事
思召御旨も被為在候ニ付、駒込屋敷江居住、穏便ニ急度御慎可被
罷在旨被　仰出候、此段讃岐守・大学頭・播摩〔ママ〕守・掃部頭相越、
水戸殿前中納言殿へ可相達旨　御意候
右於御書院溜、紀伊守申達、書付渡之、掃部頭・老中列座

右四人

水戸前中納言殿、急速駒込屋敷へ被引移候様可被取計候、且又前
中納言殿附家来共ハ一同夫々御引替可被成候、且又御近親之面々、
其外総而書通往復等無之様、家老共始へ急度可申達与之御沙汰ニ
候条、取締方厚く心得候様可被致候
右於同席書付を以達之
控　掃部頭
申達候書付、列座
七月五日

松平摂津守

尾張家相続被　仰付、称号
徳川ニ可被改之旨被　仰出候、仕置等可被入念段　御意候
右今晩松平摂津守宅江為
上使下総守・和泉守相越、達之
控　掃部頭
御両卿家老へ渡候書付
七月五日

徳川刑部卿殿

思召御旨も被為在候ニ付、当分之内御登
城之儀ハ御見合被成候様被　仰出候
右之趣可申上旨、刑部卿殿家老竹内豊前守へ於土圭間紀伊守書付渡
之

*1
［徳川刑部卿殿御事］

同文言
右之通被　仰出候間、田安殿江可申上旨、家老水野筑後守へ於同席
同人書付渡之

控　掃部頭
申渡候書付、列座
七月五日

松平越前守
思召御旨も被為在候ニ付、隠居被　仰付之、急度慎可罷在候

松平日向守
松平越前守事
思召御旨も被為在候ニ付、隠居被　仰付之、急度慎可罷在旨被
仰出候、家督之儀者無相違其方江相続被仰付候
右於御黒書院溜、細川越中守・阿部伊予守・松平佐渡守《ママ》・山口丹
波守江両度ニ紀伊守申渡、書付両通渡之、掃部守・老中列座

松平日向守家老共
松平越前守儀、隠居急度慎可罷在旨被　仰付候、松平日向守江家
督相続之儀被　仰出候処、日向守事未タ若年之事ニも有之、家柄
之儀ニ候得者《ママ》、家老共申合、万端相慎諸事入念可申付候、*2［右申
渡相済而紀伊守書付渡之

控　掃部頭］
申達候書付、列座
五月《ママ》五日

松平讃岐守
松平大学頭
松平播磨守《ママ》

前中納言殿御事
思召御旨も被為在候ニ付、駒込屋敷江居住穏便ニ急度御慎被　仰
出候、右ハ兼々中納言殿ニも御心添可被成処、御不念ニ　思召候、
此段水戸中納言殿江可相達旨　御意ニ候
右於御黒書院御下段、紀伊守申達、書付渡之、掃部頭・老中列座

*1〜2［　］の部分、木俣家本にはなし。

一、御退出夜ニ入候ニ付、士分代り合、御人数差出、田中雄助御持筒組弐拾人召連、宇津木幹之進・冨田権兵衛、御用役・御櫛役非番之向、御日付奥山又市等下馬辺江罷越、潜ニ警備致し候

七月六日

一、例刻御附人ニ而御登　城、御退出より御用番内藤紀伊守様江御老中様方御一同御越、御用向相済御帰館、夜五ツ時前
但、若年寄本郷丹後守様御役御免、菊之間縁側詰被　仰付
*1［一、松平宮内大輔様夕刻御出、御逢御頼相成、御待請ニ付御帰館直様御逢有之］

思召ニ不応御役御免、寄合差控被　仰付　　御側石河土佐守
御奉公召放、隠居慎被　仰付　　御ヒ（匙）岡楳仙院
同人忰 岡良節
父楳仙院御奉公召放候ニ付、*2［御切米］二百五十俵被下、小普請
入被　仰付
但、知行八百石之由
一、右若年寄本多越中守宅ニ而同人申渡之、御目付待座
一、京都より今夕宿次飛脚到着致候ニ付、御下ケ之御書札、左之通
*3［七月六日到着］
京状写
以別紙奉申上候、去ル廿二日之御別紙被　仰下候通り、御手前様
方より伝　奏衆江之御書翰壱封即刻相達候処、則右御返翰壱通并
同写壱通被相渡、以急便可差上旨被申聞候ニ付、則差上申候、尤
刻附宿次ヲ以御返翰、本紙之方ハ東海道江差立、写之方ハ中山道
江差立申候、以上
六月廿九日　　大久保大隅守
連名宛
別紙
別紙二通之趣、東海道江も差立候得共、延着之程も難計、猶又写
二通中山道江差立候、若本紙延着候ハヽ、此写ヲ以本紙同様御取
扱有之候様致度存候事
*4［六月廿九日］
来翰　七月六日到来
別紙之通被　仰出候、仍此段早々申進候、恐々謹言
六月廿九日　　正房
光成
連名殿
別紙
六月廿一日、老中奉書ヲ以テ言上之儀ニ付、三家并大老之内、
早々上京可有之候様被遊度、此旨
大樹公江被　仰進候事
右七月六日到来、中山道之方到着候

*1〜4の［　］の部分、木俣家本になし。
*本状は原本あり（『井伊』七—九二号）。

七月七日

［一、五時御附人ニ而御登　城、御退出八ツ半時前］
［一、七夕御祝儀、御側役を以申上ル］
*［　］の部分、木俣家本になし。

一、京都江御返答之御草稿、左之通り

御三家并大老之内、早々上京可有之候様被遊度、此旨　公方様江

被　仰進候旨、

叡慮之趣及言上候処、則御領掌被遊候段被　仰出候、猶委細之儀

ハ別紙を以被　仰進候、此旨宜預奏達候、恐惶謹言

月日　　　　御連名

「*1 別紙*3

六月廿一日奉書を以言上之儀ニ付、御三家并大老之内、早々上京可有之候様被遊度、此旨被　仰進候段、

叡慮之趣御領掌被遊候、然処御三家之内、尾張中納言殿・水戸前中納言殿ニハ不束之事共被在之、尾張殿ハ隠居之上、下屋敷ニ居住、急度慎罷在、水戸前中納言殿ニも下屋敷ニ居住、急度慎罷在候様被　仰出、水戸中納言殿ニも慎罷在、其外ハ若輩之仁躰ニ付、いつれも上京等難被　仰付候、大老井伊掃部頭儀者当節之要務諸般引請罷在、差向候御用多端ニ付、是亦急速上京難被　仰付候、尤廿一日言上之儀ニ付而者、間部下総守儀為御使上京被　仰、委細之事柄言上候様去月廿六日被　仰出、酒井若狭守儀も差急罷登候筈ニ候間、先下総守被差登ニ而可有之候間、委細之事柄御垂問被為在候様被遊度思召候、猶掃部頭引請罷在候要務、大凡済寄候ハヽ、時宜次第被　仰進候通、上京可被　仰付候得共、急ニハ出立も難仕候ニ付、此段両卿御心得候而、宜被達

叡聞候様被遊度候事」*2

*1〜2の「　」の部分、提出稿本では墨線で抹消の上、頭注に「此別紙ハ墨塗り有之候得共、活ケ」と記し、*2の部分に「此別紙を写取事」と注記あり。

七月八日

「*1一、例刻御附人ニ而御登　城、御退出七半時過」

是迄都而　御城ニ而被仰渡之節、御用番之次ニ

殿様御着座被遊、「*2夫より非番之御老中御列座被成候得とも、」以来ハ御用番之上江御着座被遊、夫より御用番・非番之御老中御列座ニ相成候旨、御取極被遊候旨　御意ニ有之

*1〜2の「　」の部分二箇所、木俣家本になし。

七月九日

「*1一、例刻御附人ニ而御登　城、御退出八ツ半時過」

「*2一、松平讃岐守様・松平大学頭様・松平播摩（ママ）守様御登　城前、於御小書院御逢被遊」

「*3一、魯西亜人江応接、太田備後守様御宅ニ而有之」

一、今日京都江被差越候奉書、左之通

貴翰致拝見候、然者六月廿一日奉書を以言上之儀ニ付、御三家并大老之内、早々上京可有之候様被　遊度、此旨　公方様江被　仰進候旨

叡慮之趣及言上候処、則御領掌被遊候旨被　仰出候、猶委細之儀

ハ別紙を以被　仰進候、此旨宜預　奏達候、恐惶謹言

年寄衆

連名判

七月九日

広橋大納言殿

万里小路大納言殿

*4［但、別紙ハ前之御草稿与同断ニ付略ス］

＊1～4の［　］の部分四箇所、木俣家本になし。

＊本状は原本あり（『井伊』七―九二号）。

七月十日

［一、例刻御附人ニ而御登　城、御退出七ツ時三分過］

一、田安中納言様江

公方様御大病ニ付、以来御政事向御相談可被成旨、御側平岡丹波守様を以被　仰出候

一、英吉利人応接、太田備後守様於御宅有之

＊［　］の部分、木俣家本になし。

［七月十一日

一、例刻御附人ニ而御登　城、御退出七ツ半時一分過］

＊この日の箇条、木俣家本になし。

七月十二日

一、五ツ打三寸廻りへ御附人ニ而御登　城、御退出八ツ半時過、御召服染帷子御上下

一、魯西亜使者登　城、

公方様御病気ニ付、為御名代

宰相様大広間御上段ニ出御、御目見被為請

但、御式書ニ　殿様御下段、御老中様方上ニ御着座与相成有之ニ付、右ハ　公方様御上段江　出御之節ニハ、御中段ニ御着座被遊候御規格ニ而、天保度ニも

将軍　宣下并正月六日寺院御礼之節ハ、御中段ニ御着座被遊候御儀ニ有之、則古例書抜入御覧、今日御中段ニ御着座被遊候様仕度旨申上候処、此程御式書言上済ニ相成有之、今日差懸り候事ニ付如何可有之哉、且　立御御礼被為請候節之式相分り不申与之　御意ニ付、左様候ハヽ、御留記跡より　御城江可差上、右ニ而御進退御承知可被下置、一体昨日申上候へハ宜敷処、今朝心付差懸り奉申上候段者奉恐入候得とも、御中段ニ御着座与申儀、外々様ニ而御大老御勤被遊候而ハ相成不申、其訳ハ

厳有院様御大老之節、御中段御着座被為遊候御形りニ而、御代々様御中段ニ御着座被為遊候趣ハ、先々小野田小一郎ゟ承り居候儀、今日ハ外国人拝礼之儀ニも有之候得者、是非御中段ニ御着座不被遊而ハ、御家格ニ拘り候段申上候処、御承知ニ而御留　御城へ差上候様御意ニ付、御入用之処計り引抜、御鍵番ニ為持　御城江差上、則御中段ニ御着座与相成、尤下より二畳目ニ御着座被遊

御持帰り左之通

掃部頭

右掃部頭儀、御下段年寄共之上江着座之積ニ取調候処、先格も有之候間、御中段江着座候様仕候

一、上様御上段之節ハ、何時与而も殿様御中段ニ御着座被遊候御先格ニ有之候間、心得居候様奥御右筆へ被仰渡候由、御意有之

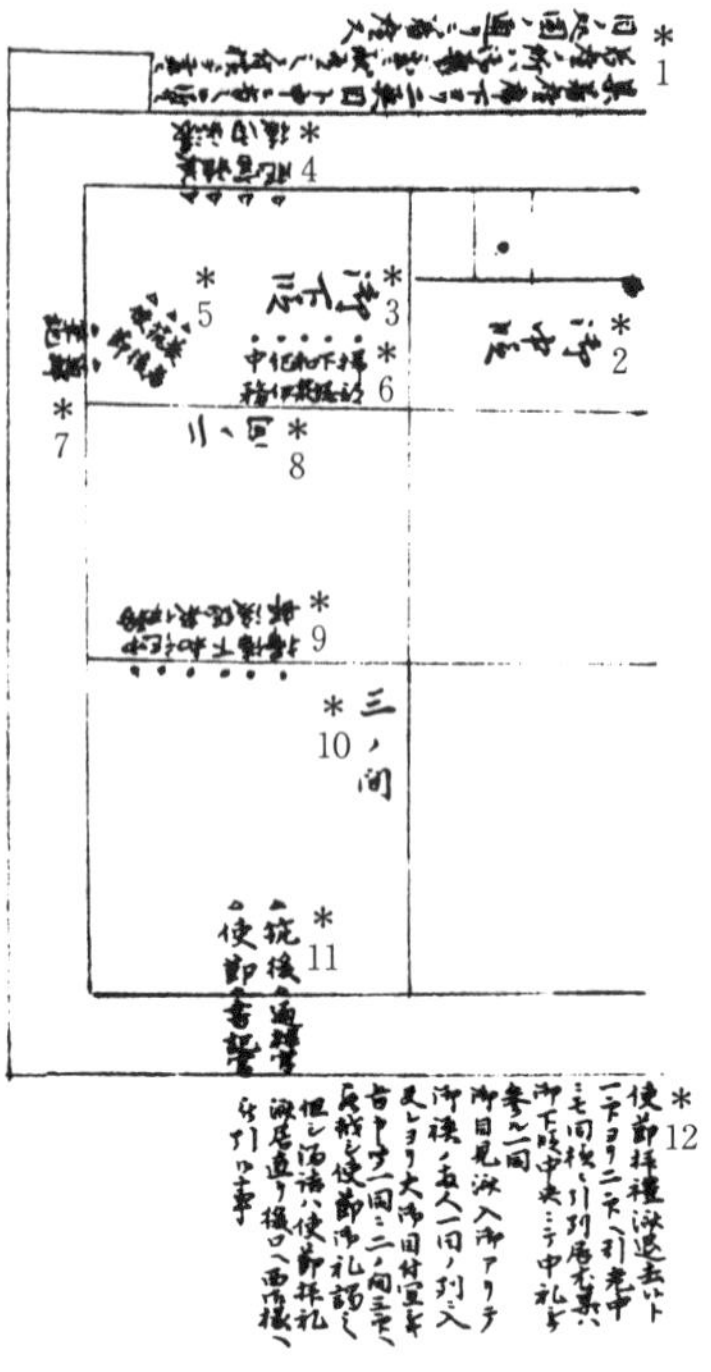

（図中文字）

*1「某着座廊下ヨリ二畳目ト申ニ有之候得共着座ノ所ハ御畳タテニシテ有之ニ付、横ニテ二畳目ノ処図ノ通リニ着座致ス」

*2「御中段」

*3「御下段」

*4「△美濃△雅楽△宮内△肥後」

*5「▲奏者▲筑後△使節」

*6「●備後●下総●和泉●紀伊●中務」

*7「△通弁△筆記」

*8「二ノ間」

*9「●掃部　●備後　●下総　●和泉　●紀伊　●中務」

*10「三ノ間」

*11「▲筑後△使節　△通弁官△書記官」

*12「使節拝礼済退去候ト一印ヨリ二印へ引、老中ニモ同様ニ引列居、尤某ハ御下段中央ニテ中礼シテ参ル、一同御目見済入御アリテ御襖ノ両人一同ノ列ニ入、夫レヨリ大目付宜シキ旨申聞、一同ニ三ノ間三印へ罷越シ使節御礼謁之、但、溜詰ハ使節拝礼済、居直リ後ロへ西御椽へ被引候事」

［一、今夕差向松平宮内大輔様為御逢御出、御帰館直様御逢有之］

＊［ ］の箇条、木俣家本になし。

［**七月十三日**

一、松平讃岐守様・伊達遠江守様、今朝御逢有之、暮時過、再讃岐守様御出有之

一、例刻御附人ニ而御登　城、御退出七ツ半時過」

＊この日の箇条、木俣家本になし。

七月十四日

［一、例刻御附人ニ而御登　城、御退出八半時二分過］

御持帰り左之通

掃部頭

御政事向之儀、万端惣括被致候ハ当然之事ニ候得共、当節外国江拘り候御用筋ハ別而御大節(切)之事ニ被思召候間、外国御用重立候儀ハ厚く申談、其外心附候儀も有之候ハヽ、無伏臓申合候様被　仰出候

＊［　］の部分、木俣家本になし。

＊本状は『井伊』七―一一三号では「公用方秘録」より引載。

［七月十五日

一、例刻御附人ニ而御登　城、御退出七ツ時二分過］

＊この日の箇条、木俣家本になし。

七月十六日

［一、例刻御附人ニ而御登　城］

＊［　］の箇条、木俣家本になし。

一、英吉利応接相済、都而亜人条約之通ニ而相済

一、明十七日、間部下総守様、京都江御持参之御書付草稿御出来、御用部屋江御持参御相談被遊候処、少々御点削御座候ニ付、清書致し、［本紙ハ京師江廻し］九条殿下江入御内覧、草稿ハ間部様江上ケ置

＊［　］の部分、木俣家本では「主膳より」と記す。

京都江被仰進之草稿、左之通

先般備中守儀、外国御取扱方之儀ニ付、為御伺
叡慮御使被　仰付、上京之節、亜墨利加条約一条委細及言上候処、
神州之大患国家之安危ニ係り誠ニ不容易、奉始神宮　御代々江被為対恐多被為　思召、
東照宮已来之良法を変革之儀ハ、闔国人心之帰向ニも相拘り、永世安全難量、深ク被悩
叡慮候、尤往年、下田開港之条約不容易之上、今度仮条約之趣ニ而ハ御国威難立被　思召候、且諸卿群議ニも今度之条々殊ニ御国体ニ拘り、後患難測之由言上候ニ付、猶御三家以下諸大名へ被仰出、再応衆議之上可有之言上旨、
叡慮之趣御尤之次第ニ思召候、依之、
勅諚之通、御三家以下諸大名へ被仰出候処、各存意別冊之通言上候、右之内凡外洋各国之形勢変革ニ随ひ、蒸気船等致発明、航海之術益相開、天涯も比隣与相成、加之軍制兵器等実戦ニ相試ミ、往古与ハ強弱勢を異ニし、異人ハ禽獣同様ニ唱来候得共、今ニ至り候而ハ各国往々非常之人材も出来、全ク強大国与相成、世界中割拠之勢ひを振ひ候折柄、是より容易ニ兵端を開候而者勝算有之間敷与之見込も当然之理ニ有之、併無饜之夷情近付候而ハ後患難測、此上　神祇冥睠其恐不少候ニ付、段々衆議相建候得共、何分彼か懇願種々有之、精々談判之上取縮、漸く今日迄之御所置ニ相成候儀、壁(譬)へ旧染之弊有之候共、一時ニ改復致シ、只今無謀之争端を開候而ハ、一旦戦ニ者勝利を得候共、忽洋外之各国仇讐之思をなし、若

皇国四面之海岸を襲来、通船運漕を妨け、竟にハ　御国力疲弊之時を窺ひ、諸蛮之軍艦一時ニ差向候ハヽ、如何成大事ニ及ひ可申も難計候間、仮条約按文之趣御差許相成、先ツ神奈川・長崎・箱館・新潟等ニ而交易御差許有之、得失利害御試之上無別条候ハヽ、五六年之後、兵庫も御開相成候共、其間ニハ京師を始メ諸国海岸之御警備も相整、凡十三四年之内、御試可有之、尤外国ニより使者差越候ハヽ、墨夷之例ニ倣ひ江戸表へ被召寄、西洋各国之風俗情態、其様子をも篤与御糺可有之、其内防禦之手術十分相整候上者、時宜ニ寄り和戦之二道、何レとも御心ニ可被任哉ニ候得とも、今之処ニ而者穏当之御沙汰ニ無之候而者難相成次第、衆議之趣言上之為メ御使可被差登御用意候処、去月十七日、下田表へ渡来之亜船へ彼国之使者パルリス并通弁之者乗組、神奈川へ入津致シ書翰差出、今度英仏之軍艦清国之戦ニ勝、其勢ニ乗し、近々弥御国江渡来致し、強訴之企有之由及注進候、尤昨年以来相願候仮条約案文之趣御差許有之、調印相済候ハヽ、何程之軍艦渡来候共、御心配無之様取扱可致之由申立候ニ付、諸役人中評議にも、仮令及戦争候とも被為遂　奏聞候上ニ無之候而ハ調印不成者勿論之事ニ候得とも、併彼是手間取候内、英仏等之軍艦渡来、自然混雑致し無拠兵端を開、万一清国之覆轍を踏候様之儀有之候而ハ、憂患今日ニ十倍致し、汚辱を後代ニ伝へ候とも相雪候術無之、実以不容易儀ニ候間、非を見而進むも道ニあらす、何分危急之場合ニ迫り、応接井上信濃守・岩瀬肥後守調印致し候儀御差許相成候、然ル処、先般
勅（ママ）定之趣も有之、仮令一時之御計策ニ候とも不被為遂　奏聞候而、右様御取計有之候義ハ、
叡慮之程も如何可有之与恐入思召候得共、諸大名建議ニも、只今兵端等開候而ハ不容易御一大事之由、尤一両人ハ別段之存意も申立候得共、今日之形勢御採用難相成次第ハ前文之通ニ候得共、只紙上之当理而已に有之、実ニ無御拠次第、宜被達
叡聞候、猶被　仰出候条々之御旨ハ、左ニ被　仰進候

被仰出之条々

、永世安全可被安
叡慮之事

一、不拘国体、後患無之方略之事

一、下田条約之外不被遊御許容候節ハ、自然及異変候も難計ニ付、防禦之所置被　聞食度事

一、衆議言上之上　叡慮猶難被決候ハヽ、伊勢
神宮　神慮可被伺定儀も可有之哉之事

右者弘安度蒙古之寇襲来候時之如ク、一国之儀ニ候ハ、如何様ニも可奉安　宸襟様之手術も可有之候へとも、方今洋外各国之形勢を御洞察有之候而ハ容易之御所置も難相成、又此後御国港内ニ夷狄を必不寄様可致儀ハ決而難相成時勢ニ付、御熟考衆評之上、堅制強兵を内ニ蓄へ、外ニハ永世平安之術を行フニ道を以テ為可き之為メ、条約再議年限之間、西洋各国ニ和親御取結相成候ハヽ、素より利欲ニ走ル夷情、追年御国ニ多分之品無之、一同ニ其利を得候事不能事実を弁知致候ハヽ、是ニ於而銘々奇特之懇儀を結ヒ、独自由之志願を起し可申事、

必然之儀ニ候へ者、其期ニ及ひ、漸々　皇統至尊之徳を示し、　神国
清浄之風儀ニ懐ケ、自然与尊信之志を生し、我より彼を可制御威勢ニ
相成候上ハ、洋外諸蛮之大軍も不可恐、中ニも抜群ニ帰服致し、献貢
之品を持来り候時ハ、交易ニ倍して報ひ遣し候様御所置有之候ハヽ、
交易之名を改、献貢として諸品持来り候国も出来可申、右を第一之遠
客として別段厚く御取扱有之、御撫恤を加へられ候ハヽ、其余之諸蛮
も随而相傚ひ可申、其上不敬之国も有之候ハヽ、服従之国々ニ謀り御
制禦有之内ニハ、御国禁を厳重にして従ハしめ候様御取計有之候ハヽ、
幾千（ママ）之年を経すして海外之諸蛮此方之掌中ニ納ル、事、三韓掌握之
往古ニ復すへし、仮令時勢其儀迄ニハ不及候共、各港ニ厳禁之制度を
立、犯者ハ厳重ニ罰し、守者ハ撫恤を加へて弥懐け、漸々　皇国之風
ニ従ハしめ、開闢以来相承之　神武を以て海外ニ御威光を示し、天壌
与無窮之　皇統万代ニ余慶を伝へ給ふへき程之事ハ、難かる間敷歟、
然らハ方今之場合ニ臨ミ、強而僅ミ兵庫一港を閉し候与も、若此上異
変出て来り危急ニ迫り、無拠畿内近辺迄数港を御開有之候様相成候
而ハ、此上幾許可奉驚　宸襟程之御大事出来之程も難計候へ者、仮令
五六年之後一度ハ兵庫を開き、大坂も商売之為に居留ハ御差許相成
候とも、前条之通り厳禁を立、終に夷人を此方之策ニ入候様致候ハヽ、
行々御心配之筋無之様可相成哉、実ニ方今之形勢猥リニ兵端を開候
而ハ、其害永世ニ及ふへく、寛裕穏当之御取計有之、漸々至尊之徳を
示し、術を以テ懐ケ候時ハ、宇内無比類　皇統至尊其実を弁候ハヽ、
夷狄与雖も尊信之心を生せすんハあるへからす、左候得ハ、永世安全
可奉　叡慮基本、且　御国体ニ不拘後患無之方略ニ可有御座与思召
候、右之通、十三四年之後、条約改正迄之間、篤与御試、精々人力を尽
し候上、弥
国家之御大事ニ及ひ、自然和戦両条難被決儀も有之候ハヽ、伊勢
　神宮之神慮御伺ニ相成、無二之御決定被遊度思召候、右之趣宜被
達
叡聞候

＊本状は原本あり（『井伊』七―一一五号）。

七月十七日

［一、例刻御附人ニ而御登　城被遊、御退出七時三分過］
但、御登口城迄御清之事

＊［　］の箇条、木俣家本になし。

七月十八日

［一、例刻御附人ニ而御登　城、御退出七ツ時三分前
一、端午之御内書御頂戴、御用部屋ニ而御掛紀伊守様御渡、御退出より右
御同人様江為御礼御直勤被遊
一、暮六ツ時過より伊達伊予入道様御出、御居間ニ而御逢、九ツ半時過相
済］

＊［　］の部分、木俣家本になし。

七月十九日

［一、例刻御附人ニ而御登　城、御退出七ツ時三分前］

一、英吉利使節応接相済、今日退帆致し候
但、英人支那之振合を以条約取結度旨申立候得とも、亜人条約通りより御許し無之旨厳敷被　仰渡、承伏致、帰帆致候事

＊［　］の箇条、木俣家本になし。

七月廿日

［一、例刻御附人ニ而御登　城、御退出七時過］
一、松平和泉守様江御内用ニ付、六之丞御使者相勤、御逢有之ニ付、御返答申上候

＊［　］の箇条、木俣家本になし。

七月廿一日

［*1 一、例刻御附人ニ而御登　城、御退出八ツ時三分過
一、玉川鮎　一籠宛
御老中様方へ御用頼、御右筆江被進
一、今日御持帰り
宰相様江御名　家茂《モチ》公与被進
一、此度御養君被　仰出候ニ付、
公方様より御時服　七
一、宰相様より同　七
右之通御拝領、御用部屋ニ而紀伊守様・中務大輔様御達し、御頂戴被遊
一、鮮鯛　一折宛　但、代ニ而
公方様　宰相様　御台様　本寿院様
今度之為御祝儀、一紙目録を以献上被遊］*2

＊1～2の［　］の部分、木俣家本になし。

［七月廿二日

一、御中暑、其上御頭痛ニ付、今日御登　城御断、右ニ付御用番・御側役・御部屋番頭取・御供頭・御按詞へ相達ス
一、右ニ付御老中様方・若御年寄御月番江御手紙被遣］

＊この日の箇条、木俣家本になし。

七月廿三日

［*1 一、御同篇ニ付、今日も御登　城御断、御老中御月番江御手紙被遣御徒使］
［*2 一、墨塗御箱　御菓子入
御台様　思召を以被下置、御不参ニ付、紀伊守様御名代ニ而御頂戴、御礼之儀ハ御出勤之上被仰上候様与之御状、御品物ハ御広敷御用人青山録平様ゟ為持来］
一、薬師寺筑前守様御出、品々被仰上、御尋も有之、六之丞御取次致し御湯漬・御菓子被差出、夜四ツ時御退出
［*3 一、昨日御頂戴之御菓子一包ツヽ、同役江被下置］

＊1～3の［　］の三箇条、木俣家本になし。

［七月廿四日

一、御快方ニ付、例刻御附人ニ而御登　城、七ツ半時御退出、　但、御快方ニ付御登　城被遊候旨、御老中様方・若御年寄御月番へ御手紙被遣御徒使］

＊この日の箇条、木俣家本になし。

［七月廿五日

一、例刻御附人ニ而御登　城、御退出七時三分前

御持帰り

買請候ケウエール筒弐百挺、明後廿七日四時、長崎屋源右衛門方江取ニ可遣事

但、代銀ハ長崎表より申越候上、追而差遣候積ニ候事

右之趣、内膳方へ相達ス］

＊この日の箇条、木俣家本になし。

七月廿六日

［一、例刻御附人ニ而御登　城、御退出七ツ時過］

一、薬師寺筑前守様御出、御湯漬被差出、今日御頂戴之御菓子被遣、六ツ時過より御逢、五ツ時前相済

＊［　］の箇条、木俣家本になし。

［七月廿七日

一、伊達遠江守様・水野日向守様、為御逢御出

一、例刻御附人ニ而御登　城、御退出八ツ半時過］

＊この日の箇条、木俣家本になし。

七月廿八日

［一、五時御附人ニ而御登　城、御退出七ツ半時壱分前］

＊［　］の部分、木俣家本になし。

御持帰り　折表ニ　御名

申達候書付　御黒書院溜　芙蓉間御列座

七月廿八日

松平讃岐守

松平大学頭

松平播磨（ママ）守

水戸前中納言殿御慎之儀ニ付、其方共申合御取締万事可申談、且家来共之内申付、駒込屋敷江為相詰可申候、竹腰兵部少輔・水野土佐守へも申談候様可被致候

右於御黒書院溜、下総守申渡、書付渡之、掃部頭・老中列座

竹腰兵部少輔

水野土佐守

中山龍吉儀、未幼年之義ニ付、水戸前中納言殿御慎之儀、其方共申合万事心を附御取締附候様可被取計候、松平讃岐守・松平大学頭・松平播摩（ママ）守江も申談可被取計候

右於芙蓉間、同人申達、書付渡之、列座同前

大目付山口丹波守
御目付野々山鉦蔵

水戸前中納言殿御慎之儀ニ付、松平讃岐守・松平大学頭・松平播摩守（ママ）江御取締之為メ万事可申談、且家来共之内、駒込屋敷へ為相詰候様、竹腰兵部少輔・水野土佐守江も相達候ニ付、御取締附候様可取計旨被仰出候間得其意、時々見廻り、心附候儀ハ無遠慮、右之面々江申談可被致候、尤事立候儀ハ早々可被申聞候

右於新部屋前溜、下総守申渡、書付渡之、列座無之

折表　御名
控
松平讃岐守始へ相達候書取

組合之者共、松平讃岐守其外へ罷出候ハヽ、月番之老中江引渡候上、町奉行へ相達、揚屋入可申付候事

但、老中江罷出候ハヽ、町奉行へ引渡、同断申付候事

一、其仁相応之者ハ大名之内へ御預可被仰付事

一、万一以之外不法之取計方有之候ハヽ、町奉行より捕方可申付事

一、右ニ付、内探見分シ附置候儀、御目付ニ而可取計事

＊右の七月二十八日の書は原本あり（『井伊』八―一六号）。

右ニ付被仰渡、左之通

其仁相応之者ハ、大名江御預ケ被仰付候事ニ候得とも、此方様江参り候節ハ、竹腰兵部少輔殿・水野土佐守殿江相渡候事

但、物頭以上ハ右御両人江引渡し、平士以下ハ町奉行へ引渡可申旨伺済ニ付、其旨内膳殿へ達ス

初件物頭以上之取扱		二件平士以下可取扱	
御取次頭取	一人	御取次頭取	一人
御取次	一人	御中小姓	二人
御中小姓	一人	御騎馬徒	三人
非番御供目付二人		御足軽	廿五人
御騎馬徒	拾人		
御足軽	拾五人		

物頭以上拾人罷越候ハヽ、警固初件之通、平士以下拾人ニ候ハヽ、二件之通り、右之通人数多少ニ寄警固増減可仕、入置候場所ハ御作事方役所可然旨内膳殿被相伺、則伺之通被仰出候事

［一、右様之被　仰渡有之ニ付、三丁火消外廻致し、御取次も当分六人相詰候様内膳殿被相伺、窺之通被　仰出］

＊［　］の箇条、木俣家本になし。

七月廿九日

［一、例刻御附人ニ而御登　城、御退出暮六時三分前］

＊［　］の箇条、木俣家本になし。

八月朔日

[一、五時御附人ニ而御登　城、御退出七ツ時前]

＊［　］の箇条、木俣家本になし。

八月二日

[一、例刻御附人ニ而御登　城、七ツ半時四半時前御退出
一、水野筑後守様為御逢夕刻御出
　但、外国御取扱御談し]

＊［　］の二箇条、木俣家本になし。

一、松平確堂様江御手紙之写

一書呈上仕候、残暑強御坐候処、御揃増御勇健ニ被為在、目出度御儀奉存候、然者私儀先般御大老職蒙　仰候処、兼而御承知被下候通り愚昧者ニ付、再三御辞退申上候得とも、厳命難黙止御請申上候得とも、御見聞之通り国家大厄難指湊候折柄、難堪重職困苦仕候得とも、奉窺
上慮、今日迄仮成勤続候処、
公方様御大病、　宰相様ニ者御幼年、御三家方始一橋殿にも無御拠御次第ニ而、無此上御手薄之御時節ニ付、清水御屋形被進、国家之御鎮護ニ被遊度与之思召ニ付、此程下総守より御内意申上候処、御多病ニ付御隠居被為遊候御訳柄、委細被　仰遣候趣承知仕、御尤ニ奉存候、乍去恭廟之御連枝も今日ニ至り候而者御残り少ク被為成、誠ニ御血統も御手薄、旁以御内意被　仰出候御儀与奉存候、御病苦ニ付世塵御逃レ、風月を友与被遊候御身、再ヒ俗事ニ御携被遊候儀、御迷惑之段深ク御察申上候得とも、国家之御大政御相談被遊度与之御内慮ニ而、素より烈敷御勤にハ無之御事ニ付、程よく御請被仰上候ハヽ、
公方様にも御安心、万民之幸福不過之、譬思召之通り御隠居被為在候とも、国家之御安危ニ拘り候御場合ニ至り候而者、余所ニ被御覧候御義ニハ有之間敷ニ付、枉而御請被　仰上候様仕度、此段奉願候、右申上度、如此

　月日

＊1[尚々時下御厭、乍憚専一ニ奉存候、御役後何分多忙ニ付、心外之御無音御仁免可被成下候、以上

＊本状は『井伊』八―四四号では「公用方秘録」より引載。

　大目付江
公方様少々御勝不被遊方ニ付、為伺
御機嫌溜詰・同格・雁之間詰・奏者番、明三日四時可有登　城候
　但、雁之間詰・御奏者番、嫡子ハ登　城ニ不及候
一、病気幼少在国在邑之面々ニハ、使者不及差出候
右之通可被相触候
　八月二日
右書付、下総守相渡之]＊2

＊1～2の［　］の部分、木俣本になし。

（奥書）
「明治十九年一月華族伯爵井伊直憲蔵書ヲ写ス
御雇写字児玉利直
一級写字生男沢抱一校㊞」

（表紙左上題箋）
「井伊直弼 公用方秘録」

（内表紙）
「安政五戊午年　八月三日より
九月五日迄
公用方秘録
」

「八月三日」

一、例刻御附人ニ而御登　城、御退出七ツ時前
今日御持帰り、下総殿御渡

京都御守護被相勤候ニ付、鞍馬口ニ而被下候陣屋地之儀、地町（ママ）割
合方取調も出来候間、近々京都町奉行より彼地ニ罷在候家来江引
渡ニ而可有之候事

折表　御名
大目付御目付江渡候書付

大目付江
公方様御不例ニ付、為伺御機嫌溜詰・同格・御譜代衆・高家・雁之間
詰・同嫡子・御奏者番・同嫡子・菊之間縁側詰・諸番頭・物頭・布衣
以上之御役人、明四日四時可有出仕候
一、病気幼少之面々ハ掃部頭・月番之老中宅江使者可差出候
一、右之外国持并万石以上之面々も掃部頭・月番之老中江使者可差出候

一、在国在邑之面々ハ掃部頭・月番之老中へ飛札可差出候
右之通り可被相触候
八月
御目付江
同文言、尤　西丸御目付へも可有通達候
右書付、下総守・本多越中守渡之」

＊この日の箇条、木俣家本になし。

「**八月四日**

一、例刻御附人ニ而御登　城
一、公方様御不例ニ付、為伺御機嫌、依御触面溜詰・同格・御譜代衆・高家・雁之間詰・同嫡子・御奏者番・同嫡子・菊之間椽側詰・諸番頭・諸物頭・布衣以上之御役人出仕有之、右ニ付、国持并万石以上、其外病気幼少之面々より御使者被差出候ニ付、此方共罷出、謁ス、謁詞振、左之通り
為伺御機嫌御使者被差出候趣＊1被申上マス、此段御名被申達マス
但、御機嫌伺之衆与申呼一同江相達ス、御大勢ニ付御送り御断与申、三人迄ハ送る
一、金地院使僧を以伺御機嫌、謁ス、送り不申
一、松平確堂様江御直書被進
但、＊2清水御屋形御一条之由」

＊この日の箇条、木俣家本になし。提出稿本では、＊1の部分は四文字程度、＊2の部分は八文字程度、墨塗りによる削除あり。

八月五日

＊1「一、例刻御附人ニ而御登　城、御退出七ツ時四半前
大目付江
公方様御不例御同様ニ而御勝不被遊方ニ付、為伺御機嫌溜詰・同格・国持大名并庶流御譜代衆・外様大名・高家・雁之間詰・同嫡子・御奏者番・同嫡子・菊之間椽側詰・交替寄合・表高家・諸番頭・諸物頭・布衣以上之御役人、明六日四時可有出仕候
一、病気幼少之面々ハ掃部頭・月番之老中宅江使者可差出候
一、在国在邑之面々ハ掃部頭・月番之老中宅へ使者可差出候
一、在国在邑之面々ハ掃部頭・月番之老中へ飛札可差越候
八月
御目付江
同文言、尤　西丸御目付江も可有通達候
右書付、下総守・本多越中守渡之
右御持帰りニ付、御勤番・御用番方江差出し、頭取方へも達ス」＊2

＊1〜2の「」の部分、木俣家本になし。

一、彦根表ゟ宿次御飛脚着、三条様より京御留守居山下兵五郎被召呼、御尋有之、九条様衆嶋田左近ゟ長野主膳江之手紙到来ニ付、開封入御覧、

今夕木曽路宿次差立、［長野主膳方へ］左之通り及文通

＊［　］の部分、木俣家本になし。

一書啓上仕候、秋暑之節、先以
殿様益御機嫌能、日々御登　城御精勤被下置、御同意難有奉存候、然者今五日、嶋田左近ゟ別紙到来、開封則入御覧候処、追々貴兄より御差出被成候御紙面も相届き、嶋田氏御忠諫ニ而殿下御辞職思召御止り被遊候趣御承知、誠ニ御安心、天下之幸福不過之迚、御満悦被遊候、隠謀方大敗北ニ而三条様ニも御心配之御様子、此御様子ニ候得者、程よく御治りも付可申哉与被思召候得とも、水老公御慎方不宜、夜分極々御忍ひニ而御出歩行、御簾中ゟ上野宮様江御文被遣、京都江頻りニ御手入有之趣、駒込御屋形ゟ者、今日も京都ゟ飛脚着致し候へハ、御慎御免被成候抔との義、囁合居候趣ニ相聞へ、何分御不慎、此侭被差置候而ハ、終ニハ水戸之御家にも疵付候様可相成との御配慮ニ而、別紙之通御取締被　仰出候間、此後之処、先々御安心に候得とも、是迄京地江十分讒訴被成候事与被察、自然真顔ニ御聞込、御慎御免等之御沙汰御座候而ハ、折角是迄御取鎮ニ相成候儀も再発致し、忽争乱ニ及ひ可申与深く御心配被為在候、若州侯にハ最初之御様子とハ事代り、内藤豊後守様ニ京地荒切為致、其跡へ御上京可被成御心組ニ候得とも、左候而ハ御手後れニ相成候間、少しも早く御発駕被成候様、御責付被遊候得ハ、病気御申立、とかく遅々被成候得共、最早不日ニ御発途被成候趣ニ御坐候、内藤様にハ今度御城主格ニ被　仰出候ニ付、格別ニ御意気込御登り被成候趣ニ御座候、貴兄御着後御模様分り次第、急便を以不取敢被　仰上、委細之訳柄ハ追々ニ被仰越候様仕度奉存候、
公方様にも当月八日御発し之由、是計ハ取戻し無之、何とも残念至極ニ奉存候、田安様ニハ程なく
御後見与被仰出候趣ニ御座候、くれ〳〵も貴地御模様分り次第、早々被仰上可被下候、右得御意度、如此御座候、以上

八月五日　　宇津木六之丞

長野主膳様

尚々時下御厭ひ乍憚専一ニ奉存候、嶋田氏御忠勤之程、御感心被遊候旨も宜敷御伝へ被成候様被仰出候、以上

別紙得御意候、
公方様にも弥来ル八日御発しニ相成候ニ付、間部様にも御発駕大延引ニ相成候間、御忌中ニ而も不苦候間、早々御上京被成候様との御沙汰ニ相成候様被遊度思召候
一、将軍　宣下之儀、彼是手間取候而ハ、又々浮説を唱候様可相成ニ付、速ニ　宣旨下候様、精々御差含御尽力被成候様被　仰出候

＊本状は『井伊』八―五一号では「公用方秘録」より引載。

［一、松平確堂様より此程之御返書御到来
御返翰拝見仕候処、被仰進候趣、夫々御尤ニ被思召候へとも、何分御病気之事ニ而、即御受も被成兼候間、両三日御猶予被成下候

様との御文意也」

＊［　］の箇条、木俣家本になし。提出稿本では、この箇条の次に、以下の二行分を記し、墨塗りにより削除する。

「一、今日、石谷様へ六之丞罷越候事
但、水戸家御取締筋ニ付　御役人方折合之義ニ付［　］事」

「八月六日

一、例刻御附人ニ而御登　城、御退出七時二分過
一、為伺御機嫌、依御触面惣出仕
一、為伺御機嫌諸家様より御使者被差出、当役謁ス
一、明日之御逢御流レニ相成、夫々相達ス
一、公方様御不例ニ付、従今日夕伺罷出候趣、御部屋番ゟ通達有之
一、御内用ニ付、下総守様江六之丞御使者相勤」

＊この日の箇条、木俣家本になし。

「八月七日

一、例刻御附人ニ而御登　城、御退出七ツ時過
一、公方様御不例ニ付而之御祈禱之儀ハ、内実御承知之上ハ神を穢し候訳ニも相成候ニ付、御談之上御止メニ相成候よし御意有之
一、御三家様より伺御機嫌之御使者被差出
御対客之間ニ而　御直答被遊、御用被為在候節ハ、此方共其訳を御答申述候事
但、御直答之節ハ、御上ハ御対客之御席ニ御着座、此方とも御襖開、御取次頭取名披露、内へ入、被伺御機嫌、御機嫌御障り不被為在との御意有之、椽側之方へ被引取、此方共莚敷迄送り候事、
今日ハ此方共より相達候事
一、明八日六半時二寸前、御側様より御手紙来り次第、即刻御登　城被為遊候ニ付、六ツ時過迄ニ御供揃置候様被仰出、夫々相達御取次頭取江も心得達し置
今日御持帰り、御勤番御用番方江差出ス

大目付江
公方様御勝不被遊候ニ付、為伺御機嫌、明八日四時惣出仕之事
右之通り可被相触候

御目付江
同文言、尤西丸御目付へも可有通達候」

＊この日の箇条、木俣家本になし。

「八月八日

一、今朝六時頃御供相揃ひ、六半時過、御側様ゟ之御手紙御到来、即刻御登　城、御返書取調差越候事、御退出七時三分前

以切紙啓上仕候、然者
公方様御不例御大切被為在候旨、半井策庵申聞候、依之申上候、
以上
八月八日　　平岡丹波守

夏目左近将監
坪内伊豆守
蜷川相模守

井伊掃部頭様

御返書、左之通

公方様御不例御大切被為在候旨、半井策庵申聞候由、依之被申聞候趣令承知候、以上

八月八日　　　　　　御　名

四人様

一、今日惣出仕ニ付、御病気御幼少より使者被差出、謁ス

一、公方様、今巳下刻薨御被遊候段、

御城御部屋番より申来

一、右ニ付、諸家様ゟ伺御機嫌御使者被差出、謁詞振り下総守様衆江問合、左之通り

為伺御機嫌、依御触面御使者諸家より被差出、右謁之口上振相伺度候事

下ケ札、御機嫌御障も不被為在候旨

一、稲葉伊予守様御使者林友喜参り、及面会候処、今日田安中納言様御後見被　仰出候ニ付、出仕無之面々并在邑江不洩様御達之御書付、伊予守様御受取、御同席中へ御通達被成候由、右ニ付而者御承知之上、御銘々より御答御使者被差出候御義哉、伊予守様ゟ介取御使者被差出可然哉、相伺候様被仰付候段申出、則申上候処、明日御登　城御取調可被遊ニ付、御退出へ伺ニ罷出候様被仰出、其旨相達候

一、御三家様ゟ薨御ニ付、夕伺御機嫌御使者来り候処、御用御取調中ニ付、御直答不被遊、御機嫌御障不被為在旨謁之ス

一、諸家様ゟ追々為伺御機嫌御使者出し有之、此方共謁之、着用継上下、夜四ツ半時頃頭取より相談有之、御玄関仕廻候処、其後も三人御使者来り、謁詞振、左之通

宰相様御機嫌御障被為在マセス、此段御達申候様、御名被申マスト申、自分名前申、三人以上なれハ、御大勢ニ付御送り御断与申、引取

一、伊達遠江守様ゟ六之丞被為召候間、今夕罷出、被　仰含候儀罷帰り御目通りニ而申上、翌日御深切ニ被　仰進候御挨拶、御側御用人迄、六之丞より及文通

但、京都　御使并間部侯御役人方気請、講武所等之事ニ付、御心付之義被　仰進

一、今晩両海道江御用状被差立候ニ付、長野主膳江御用状、六之丞より差出ス

但、此節之御模様心得ニ申遣候事

今日御持帰り、左之通

大目付江

公方様薨御ニ付、今日より普請鳴物停止ニ候

右之通り可被相触候

八月

御目付江

同文言、尤　西丸御目付江も可有通達候

右書付、下総守・本多越中守渡之

大目付江

公方様薨御ニ付、

御台様為伺御機嫌、在府之万石以上、今明日中月番之老中宅江使者
可被差越候、在国在邑之面々ハ飛札可被差越候

右之通可被相触候

八月

右書付、下総守渡之

大目付江

公方様薨御ニ付、万石以上以下、其外軽き者共并陪臣迄、月代剃候
日限之儀ハ追而可相達候間、其段向々江可被達候

八月

御目付江

同文言、尤　西丸御目付江も可有通達候

右書付、下総守・本多越中守渡之

大目付江

諸役人御番衆、其外軽きもの共迄勤方之儀、先只今迄之通相心得候
様可被達候

八月

同文言、尤　西丸御目付江も可有通達候

右書付、備後守・本多越中守渡之

大目付江

宰相様御事、御殿西丸ニ被　仰出、当分
御本丸ニ御逗留被遊候旨、先達而相達置候得共、其侭直ニ　御本丸
ニ被成御座候

右之通り可被相触候

八月

御目付江

同文言、尤　西丸御目付江も可有通達候

右書付、備後守・本多越中守渡之

大目付江

宰相様御若年ニ付、御後見之儀被　仰出候趣、今日出仕無之面々并
在国在邑とも不洩様通達可致旨可被達候

八月

右書付、備後守渡之

大目付江
公方様薨御ニ付、
宰相様為伺御機嫌、病気幼少隠居之面々ハ掃部頭・老中宅江使者
可差出候
一、在国在邑之面々掃部頭・老中江使札可差越候
右之通可被相触候
八月
右書付、下総守渡之

大目付江
八月
九日　惣出仕
十日　惣出仕
十一日　万石以上之面々
右之通、
宰相様為御機嫌出仕候様可被相触候
八月

御目付江
同文言、尤　西丸御目付江も可有通達候
右書付、下総守・本多越中守渡之

大目付江
公方様薨去ニ付、今日より
宰相様定式之御忌服被為受候事
八月八日
御本丸・西丸御目付江同文言
右書付、下総守・本多越中守渡之

大目付江
公方様、御不例御養生不被為叶、今巳下刻薨御被遊候、此段今日出
仕無之面々江可被達候
八月

御目付江
同文言、尤　西丸御目付江も可有通達候
右書付、下総守・本多越中守渡之
御後見之儀、席々ニ而達之覚
田安中納言殿
御座間御下段掃部頭申達、書付達之、老中列座
徳川賢吉殿
徳川摂津守殿
御黒書院御下段同人申達、書付達之、老中列座
溜詰・同格・大広間・帝鑑間・柳之間・表高家・雁之間詰・御奏
者番・菊之間椽側詰・諸番頭・諸物頭・布衣以上御役人、刑部卿

殿家老・水戸殿上野執当、右席々ニ而申達、書付渡之
但、万石以下之面々江者書付不相渡、大目付・御目付ゟ拝見為
致候事
申渡
掃部頭申渡
老中列座
宰相様御若年被成御座候間、御政事向之儀、当分田安中納言殿御
後見被成候様ニとの　御遺言候、何も入念大切ニ可相勤旨被　仰
置候
御差重御達、掃部頭申達、老中列座
笹之間　田安中納言殿
御白書院西椽側　徳川賢吉殿
徳川摂津守殿
公方様御不例、御差重被遊候段申達、尤御控被在之候様ニと可申
上候事
薨御之段達、掃部頭申達、老中列座、席々ニ而相達ス
公方様御不例御養生不被為叶、今巳下刻被遊
薨御候段可達事
備後守
御代替御用　御殿向御取締并御人勤方等調御用被　仰付之

右御用部屋おゐて、下総守申達、掃部頭・老中列座
本多越中守
御代替御用　御殿向御取締并御人勤方等調御用被　仰付之
右於御用部屋、備後守申渡、列座無之
若年寄
牧野遠江守
稲垣長門守
勤方之儀、先只今迄之通可相心得旨被仰出之
御側衆
宰相様
御側衆
前同断
右於御用部屋、両度ニ掃部頭申渡、老中・中務大輔列座
和泉守
御出棺御葬送并　御霊屋御宝塔御普請御遺物御用・御法事惣奉行
被　仰付之
右於同席、下総守申渡之
酒井右京亮
御出棺御葬送御遺物御用被　仰付之

右於同席、和泉守申渡之

覚

掃部頭

天明度

浚明院様薨御之節并天保度

文恭院様同断之節共、自分居屋敷表門大扉開き置候ニ付、此度御

発し有之候而も、右先例之通大扉開き置候事」

山口丹波承
都筑金三郎承之

＊この日の箇条、木俣家本になし。

八月九日

[＊1]「一、例刻御附人ニ而御登　城、御退出八ツ時三寸過

但、御召服継上下

大目付江

宰相様御事、今日より

上様与奉称候、弥以御精勤を励可申旨被　仰出候段、今日出仕無之

面々江者同席之面々より達候様可被相達候

八月九日

右書付、備後守・本多越中守渡之

大目付江

公方様薨御ニ付、東叡山江　御入棺御葬送被遊、且又

御霊屋御造立ニ不及候、

常憲院様

有徳院様　御霊屋江、

孝恭院様

御相殿　御霊牌　御安置候様被　仰出候、

御宝塔之儀ハ

御代々御格之通御造立可有之候

右之通被仰出候間、無急度寄々可被達候

八月

右之通今日御持帰り

一、昨夜、稲葉伊予守様ゟ伺出候義ニ付、御挨拶方御取調へ、今日左之通

御持帰りニ付、御同人御使者江相達ス

承知之上、銘々より使者を以自分宅江請申聞候様、可及挨拶事

一、御三家様ゟ為伺御機嫌御使者被差出、御直答被遊

一、松平確堂様ゟ御直書御到来、鶴見甲平を以差上候処、正ニ御落手、御

返書ハ此方様ゟ与被　仰出、御来紙内々拝見被　仰付、左之通」[＊2]

＊1〜2の「　」の部分、木俣家本になし。

一簡拝呈仕候、今度ハ御同前誠ニ以奉恐入候御儀御座候、尚更御

職務御心労之御儀、万々御察申候、随分御加養御精勤之程奉仰候、

扨此程御懇書を以御内移り御座候、御手薄之御時節ニ付、拙者身

分御引取相成、清水御殿被下置、国家鎮護之御内意、再度之御沙

汰ニ付、恐謹勘弁仕候処、兼而御承知之通り未熟之某、病身之儀、

右様之大任迚も相勤候義ニ無之、且国家之御安危ニ拘り候御時節、
隠居之身ニ候得共、乍不及抛身命、隋身之忠節相尽し可奉報、
御厚恩与不安寝食心思慮仕候得共、御内移り御座候、御引取清水
御屋形被下置候而之大任ハ、何分にも不及力、幾重にも御断奉申
上候、今度之御一条御伺候付而も、強く心配之処より病気差発り、
諸症相加り気分欝々敷、追日相勝不申、大躰に而ハ急々全快も無
覚束次第、乍去再応之御沙汰難黙止、迚も相勤り候義与ハ不奉存
候得とも、責而ハ此侭之義ニ候得ハ、身分に応し候義ハ全快之後
可也にも相勤り可申哉、此段心底無腹臓申上候、程能御汲取宜御
取扱被下度奉拝願候、過日之御答旁奉呈寸楮候、頓首

　八月九日

猶以時候御自愛専一ニ奉存候、病中平臥御答延引、乱筆御宥恕
所仰候、以上

井　掃部頭様　　　　　　　　松　確堂

＊本状は『井伊』八―五一号では「公用方秘録」より引載。

八月十日

*1[一、御差懸り御症瀉、其上御歯痛ニ付御登
城御断、例之通り御老中様方江御手紙被差出、御徒使
御部屋番持帰り、左之通

　　大目付江

八月

十二日　万石以下
十三日　溜詰同格
十四日　御譜代　外様万石以上
十五日　溜詰同格　諸番頭・諸物頭・諸役人寄合
十六日　国持并庶流　四品以上

右之通為伺御機嫌出仕候様可被相触候*2]

＊1～2の［ ］の部分、木俣家本になし。

*3[一、松平確堂様江之御返書*4、左之通*5]

御懇書謹而拝見仕候、如尊諭、今度ハ絶言語奉恐入候御義ニ御座
候、然者此程御内意奉申上候清水御殿被進、国家御鎮護之義御熟
考被遊候処、御未熟御病気之趣を以御辞退、併国家之御安危ニ拘
り候御時節ニハ、今日之御場合に而も被為抛御身命御忠節被遊候
との御義、無御拠御訳柄ニハ候得共、田安殿にも前代未聞之大厄
難差湊候折柄、何分御手薄之事ニ付、如何様にも御納得被成候様
取斗可申迚、此程別紙御書下ケも御渡しニ相成、閣老衆にも是非
御承引被為在候様、御進被申呉候様申聞候間、其旨可申上心得之
処、此程之御混雑ニ而取紛居候折節、御断被仰下置候事ニ付、御
主意之処、尚又田安殿江も申上候処、前文之通之思召ニ而、飽迄
御進メ申候様被仰候間、再応申上候義ニ御座候、事ニ臨候節にハ
御忠節被遊候との御儀、御尤ニハ候得とも、清水江御引移り御鎮
護与被為成候得ハ、所謂禍を未然ニ防候訳、強而御承諾無之時に

ハ清水ハ永く明き御殿与相成、御血統も御手薄、旁以深き思召を
以被　仰出候義、御未熟抔与御謙退も時に依り候御義歟与奉存候、
尤御病身之義ハ一同承知罷在候事ニ付、成丈ケ不奉懸御苦労心得
ニ候間、是非とも御承知被成下置候様、一同押而御願申上候間、
枉而御承引被成下置候様仕度、御請旁此段申上候

＊3の［　］の部分、提出稿本では、＊4の部分に、「取調候様被仰付候、六之丞」、
＊5の部分に「上ル」と記した上で、墨塗りにより削除する。
＊本状は『井伊』八―七四号では「公用方秘録」より引載。

八月十一日

[*1一、御症瀉御歯痛御同扁ニ付、今日も御登　城御断ニ付、御用番様江之御
手紙被差出、御徒使
一、御朦中御逢御対客等無之旨、夫々御役方へ達置
一、御機嫌伺御使者諸家より来、謁之*2]
一、御本丸御局より内用文　壱封
右松平大隅守様ゟ御到来之処、其筋ゟ申出候事ニ無之而ハ御取扱被成
兼候趣を以、御返却被成、来紙御返書写し、封置
[*3一、御三家様ゟ夕為伺御機嫌御使者被差出、御不快中ニ付、此方共謁ス、
日々伺有之、此以下略之]

＊1～2、3［　］の四箇条、木俣家本になし。

八月十二日

[*1一、御症瀉、其上御歯痛御快方ニ候得とも、聢与不被遊候付、今日も御登
城御断、御用番様江御手紙被遣、御徒使
一、今日一紙目録を以、御中陰中為伺御機嫌御献上之義ニ付、御頼之御使
者、下総守様江御使者権内相勤、御承知之旨御相答申上候様被仰出、
申上ル
上様　御台様江　御桧重　一組宛
本寿院様江御干菓子　一箱宛
右之通献上之事
御部屋番持帰り

大目付江
八月十八日
巳刻　御出棺
申下刻　御葬送
右之通り候間被得其意、向々江可被達候
一、酒井若狭守様ゟ被為召候ニ付、六之丞罷出、御用向被仰含候間、罷帰
申上ル、　京都并水府等之儀也*2]

＊1～2の［　］の三箇条、木俣家本になし。

一、明日御退出頃ゟ六之丞罷出候様、間部様衆ゟ申来候間、[承知仕候旨]
御請書差出ス

＊［　］の部分、木俣家本になし。

一、御飛脚立ニ付、長野主膳方江左之通り及文通
然者、荻原宿迄御日割通り御旅行被成候間、最早無御滞御上着可

被成旨、小幡二郎八江御伝言被下、則申上候処、能御都合ニ而御満悦被遊候、殿下にも益御威光相増、万事之御都合可然御義与被為思召候、兎角三条様之処、御解ケ兼被成候事与被為思召候ニ付、どふか程よく御説得方御丹精被成候様ニ与思召し、御上ニも此程御症瀉、其上御歯痛ニ而、十日より今日迄御登　城御断ニ相成候得とも、もはや御快方ニ付、明日より御登　城被遊候間、御安心可被成候、水府之義もいろ〳〵取沙汰仕候得とも、藩中割れ〳〵に相成、一致不致にハ相違無之趣ニ相聞へ申候、今日之所ニ而も、京地ゟ之御沙汰を待居候趣ニ相聞へ申候、追々御取締も被　仰出候得共、とかく不取締之沙汰有之、此上御咎等被　仰出候様之義無之様との御配慮ニ而、いろ〳〵御手当方被　仰出候事ニ御座候、去ル五日六日頃ニ一ツ橋様之御家来、上方へ両人登り候由、此者ハ水府より附参り候者との事、老公之御簾中ゟも種々御手入有之御様子ニ付、其辺之処も厚く御含御手当方御工夫被成候様ニ与思召候、今日若州様江罷出候処、最早御快方ニ付、十六日ニ御発駕被成候趣ニ御座候、貴兄江も宜敷申進候様ニとの御沙汰ニ御座候、彼方様ゟ探索被成候処、京地之御模様大ニ宜相成候ニ付、此様子なれハ大体治りも可相付哉与思召候迚、御喜悦ニ御座候

一、将軍　宣下之儀、御例より遅く相成候様之義御座候而ハ、又々人気ニも拘り候事ニ付、成丈ケ御都合宜敷様、精々御働被成候様被　仰出候、右得御意度、如此御座候、以上

［八月十三日

一、御快方ニ付、例刻御附人ニ而御登　城、御退出より御広敷江為入、御帰館七時二分過

一、御快気御登　城ニ付、御老中様不残・脇坂中務大輔様・若御年寄御用番本多越中守様江御案内之御手紙被差出

一、野菜　一折
奥御右筆
阿久津丑助様江御実母御死去ニ付、御朦中為御見舞伺済御用番方御支度ニ而此方共奉札を以達ス］

＊この日の箇条、木俣家本になし。

八月十四日

＊1
［一、例刻御附人ニ而御登　城、御退出七時二分過

一、御菓子　一箱　御目録添
右紀州様ゟ此節之為御見舞被遣之

大目付江
御直参之面々御初七日過、髭剃可申候
一、陪臣者御初七日過、月代剃可申候
但、御目見仕候陪臣も同断
右之通可被相触候

右御持帰り
一、御桧重　一組

一、渋紙包　二
右御頂戴之御品之趣、御賄頭様ゟ御手紙添被遣御返書遣ス］*2
一、太田様・間部様江御内用ニ付、六之丞罷越ス
仏蘭西船御取扱之義ニ付、御目通りニ而申上［*3罷帰、御返答申
上ル］
＊1～2、3の［　］の部分、木俣家本になし。

八月十五日

*1［一、例刻御附人ニ而御登　城、御退出
来ル十八日、上野江召連候供廻り
百三十七人
内、足軽以下百拾壱人
宿坊江相詰候家来
四拾弐人
内、足軽以下三十六人
右之通御座候、以上
八月十五日　　御名内 山田甚五右衛門
右御人数書御覧済、御部屋番江渡、夫より御徒目付江被差出候事］*2
＊1～2の［　］の部分、木俣家本になし。
一、長野主膳ゟ之手紙、昨日着、今日宿継飛脚を以、左之通り及文通、来
紙外ニ有之故略ス
去五日八日両度之御書付、昨十四日八ツ半頃着、拝見仕候、秋冷
之節先以御機嫌克日々御登　城被遊候間、御安心可被下候、貴様
御道中無御滞彦根へ御着、御用番五右衛門殿・助右衛門殿・左馬
助殿江当地之御模様委敷御咄し、廿七日大風雨ニ而川々満水御滞
留、朔日ニ彦根御出立、三日ニ御京着被成候処、廿七日ニ彦根表
ゟ飛脚差立被置候事ニ付、
殿下ニも御待兼被為在候由、夫迄之御模様御伺ひ被成候処、危急
之場ニ迫り御辞職与御決心之様第、左近殿江被下候御書并
若君様之御書ニ而、其時之有様想像仕、能も御踏答へ被下置候御
儀与　御上にも御満悦、殊ニ
若君様御孝道御忠精ニも御感伏、流石藤氏之御正統、殿下之御孫
与被仰、再三御感賞被遊候御儀ニ御座候、江戸表ゟ追々被差立候
御紙面、七月七日・十一日・十六日与追々到着、関東之御模様御
分りニ相成、　殿下御辞職も思召止り、隠謀之方簾色悪敷、終ニ
太閤も内覧御免ニ相成候由、乍去三条殿ニハ今以根強く種々御働
被成候処、久我・中山之御両卿隠謀与申事、御合点参り、殿下之
御正道ニ御従ひ被成候間、此上ハ深く御心配ニ不及旨被仰上、
先々御安心御大慶被遊候、此程若州侯ゟ探索之模様ニ而ハ、隠謀
方大敗軍之趣ニ相聞へ御安心ニ御座候処、此度之御申上ニ而又々
御安思被遊候得とも、如何にも危急之御場合さへ御壱人ニ而御持
答被遊候程之御儀、追々隠謀方負け色ニ相成、貴兄より関東之御
模様被仰上候事ニ付、もはや大丈夫与ハ思召候へとも、今日ニ至
候而ハ隠謀方必至之場合ニ付、死物狂ひニ而如何様之儀仕出し候
も難斗、誠ニ御太切之御場合ニ付、御如才ハ無之事ニ候得とも、

無御抜目御気配り可被成、若州侯にも弥明十六日に御発駕ニ相成候間、今日　御城ニ而、猶被　仰含候思召ニ御座候由

一、水府藩中面会致度との儀、何与も合点不参事ニ候、右様之者へ御対面ハ決し而不宜、例之御大胆ニ而御面会、先方之御様子御聞取利得ニ被成候御心得ニ可有之哉、君子危ニ近不寄、別而一大事之場合、右様之事ハ大事之前之小事、決而御面会不被成方宜与可申進旨被仰出候、飽迄御大切之御場合、前文之通り隠謀方ニハ必至与働居候時節、市中之御滞留甚気遣敷ニ付、御屋敷内ニ住居、成丈御忍ひ御用向御勤被成候方可然哉与被為思召候間、御考量可被下候、右之次第ハ内膳殿〆隊長江も可被仰遣候間、弥御屋敷江御住居被成候ハヽ、其由御申出、随分御用心専一ニ可被成候、呉々も軽々敷御取斗無之様ニ与被　仰出候

一、仏蘭西之船三艘、金川沖ニ昨十四日ニ渡来、即日応接御座候処、英夷通りニ相願候との事、此儀ハ兼而御免ニ可相成御覚悟ニ候得とも、御朦中之儀ニ付、万端慎候様御達ニ相成候処、祝炮等も相止メ慎居候趣ニ御座候、是迄之御応接方与ハ事変り、追々御国威も相立難有奉存候

一、間部候御上京之節、御忌解与申御都合ニ而可然、少しも早く御上京之方可然殿下思召之由、御承知被遊、昨日右之次第被　仰進候処、御承知ニ付、其御都合ニ御発駕被成候間、左様御承知可被成、当地先ツ相変候事も無之、御安意可被成候、右御報旁得御意候様被　仰付、如此ニ御座候、以上

八月十五日　　　宇津木六之丞

長野主膳様

＊本状は『井伊』八―八四号では「公用方秘録」より引載。

一、今夕石谷様江御内用ニ付、権兵衛・六之丞罷越ス

但、水府一条也

八月十六日

［一、例刻御附人ニ而御登　城、御退出七ツ時過］

＊この箇条、木俣家本になし。

一、先頃、水府御家老より太田備後守様江格別御懇意之訳を以差出候書付

前中納言殿慎被　仰付候儀ニ付而ハ、御懐をも不奉存候義故、国許士民之人情心痛之余動立候様之義も可有之哉与、深掛念被致、精々被申付、静謐相成居候処、此度之被仰出ニ付而ハ、君臣之情合如何様存詰動立候ものも可有之哉与、深心配被致候、旁別紙申上候意味、厚御再慮被為在候様与奉願候、此段申上候様被申付候

午七月

別紙

昨日、岡田信濃守・太田誠左衛門両人江御渡相成候御書付二通、水戸殿被致承知候処、前中納言殿慎被　仰付候以来、元より敬上之素志厳重相慎被罷在、何等不慎之廉も無之処、此度連枝方始江取締方被　仰付候段、畢竟不被行届義有之故与、深被致心配候、

併下総守殿ゟ両人江御申諭之趣も、是与申証跡ハ無之候得共、風聞を被受候義有之故との趣ニ候へとも、右迄御疑心奉受候儀、祖先以来忠孝之志取失候姿ニ相成、恥辱無此上、殊更三家方之儀ハ一躰与申内、尾張殿・紀伊殿之家老迄立入取締被　仰付候義、三家方之規格も不相立、乍恐
東照宮ニ而三家御立置被遊候甲斐も無之様相成、第一水戸殿於一身孝道も不相立、誠ニ以歎ケ敷次第被存候、前中納言殿儀ニ付、何歟風聞等有之候ハヽ、家老共之内御吟味之上、不慎等之証跡も有之ニ於而ハ、其廉を以被仰出候ハヽ、幾重にも手切取締方可被申付候間、昨日御渡御書付、連枝方始取締向立入候義ハ厚御評議之上御免被　仰出候様、偏ニ奉願候、此段申上候様被申付候

午七月　　武田修理
　　　　　太田誠左衛門

水府御家老江

別紙御内意被　仰入候、何等御不慎之廉も無之処、御庶流方始江御取締筋被　仰出候義、御心外之段一応御尤ニハ候得とも、是与申廉相顕れ候得者、其侭可被差置儀ニハ無之、御親藩御格別之訳柄ニ付、厚き思召を以　公辺御役人迄御差加へニ相成候義ニ有之間、御主意御守り御談し之上、御締も付候様相成候得ハ御不慎之説も相止ミ、御為方可然義ニ付、各厚キ思召之処会得被致、此旨宜被申上候

口述

前中納言殿御儀、上方筋江極密御手入、不容易事柄も相聞へ候得とも、御親藩格別之御訳、厚き　思召御含を以御慎被　仰出候処、御ケ条を以不被　仰出ニ付、却而御家臣共彼是申唱候義も有之哉ニ相聞へ、以之外心得違与存候、譬　公辺御調達之筋有之候とも、被　仰出候筋相守り御主意相立候上、穏ニ被　仰立候義ハ格別、今度之儀ハ前条之次第ニ付、即今被　仰出候儀彼是被仰立候而者御違背ニも相当り、国持等之規範にも相成候御家柄御不似合与被存候間、厚勘弁可被致候事

一、今夕、太田様江御内用ニ付、六之烝罷越、［御達(ママ)有之、御返答之趣、罷帰り御直ニ申上ル］

但、水府一条ニ付、御役人方居り合不宜始末并白井宗伴内訴之事等也

＊［　］の部分、木俣家本になし。

＊1
［一、今日御持帰り御触

大目付江
御目付江

明後十八日　御出棺之事ニ候間、火之元随分入念候様、向々江可被達候

八月十六日

大目付江

八月
十七日　高家・鳫之間詰・同嫡子・御奏者番
　　　　同嫡子・菊之間椽側詰
十九日　惣出仕
廿日　溜詰・同格
廿一日　諸番頭・諸物頭・諸役人寄合
廿二日　外様万石以上
廿四日　溜詰・同格・国持并庶流四品以上
右之通、為伺御機嫌出仕候様可被相触候
右御触面ハ、前々ハ御勤番、跡々ハ判番御用人江差出ス」＊2

＊1〜2の［ ］の部分、木俣家本になし。

「八月十七日

一、例刻御附人ニ而御登　城、御退出七ツ時二分也
一、明日上野江為御先勤御出被遊、御参着之上、寺社奉行様江御案内之儀、掛川様衆江為問合候処、左之通申来
明日、御先立之御方様、上野江御参着之上、寺社奉行様へ御案内之儀、紀伊守様衆へも打合、左之通之小札、松平豊前守様・板倉周防守様御宿坊江壱枚ツヽ、供之、徒士ニ為持差出候積ニ兼而供頭へ渡遣候心得ニ御座候
一、惣奉行松平和泉守様江も御案内之札差越置候様、御供頭へ達ス、右ハ内藤紀伊守様衆面会之節、天保度も御届有之趣申聞候ニ付、其通取極候

六寸五分

宿坊江唯今致参着候 下より四寸 太田備後守　使　四分明ケ 八月十八日　下より壱寸五分

右之通り申来候ニ付、奥御右筆方ニ而三枚控共為相認、御供頭江相渡置

此度、
公儀御出棺御送葬之節、
殿様上野江為御先勤御出被遊、御大切之御勤之儀、万事相慎御供清雲院ニ而、其場所々々ニ急度控居候様下々迄念入可申候、尤此度上野ニ而、従
公儀御供中又ものニ至迄、御配被下置候、従
御上之頂戴ものゝ義、如何様之義有之候共、彼是申間敷、随分麁抹ニ相成不申様、慎頂戴可致候、此段下々江得与可申付置旨被仰出候事
右之通御供頭江相達ス
一、明十八日
公方様御尊骸御入棺ニ付、六時御附人ニ而御登
城被遊、夫より上野江為御先勤御出被遊候段被　仰出、頭取方江達ス
一、食札　四度分侍三十弐人・下供百四十七人
合テ七百拾六枚
右之通り御徒目付・御小人目付ゟ受取、御部屋番持帰り候ニ付受取、御供頭江可渡処御延引ニ相成候間、御部屋番ゟ為戻候事
一、渋紙包　弐
右者御頂戴被遊候趣を以、御賄頭より御手紙添被遣、奥江直ニ差上候、

尤御返書遣ス
右御菓子、御用部屋・御近習向・公用人・御安詞・奥御右筆江被下置、
御礼申上ル
一、明日之御登　城并上野江御先勤、差懸り御症瀉、其上御頭痛ニ付御断
被　仰出候、尤御断御手紙ハ明朝被差出候ニ付、明暁八ツ半時ニ御徒
使被罷出候様、御目付江相達ス
一、明日御登　城御断ニ相成候ニ付、上野江
御新葬御勤も不被遊事ニ付、御届方等無之哉取調候処、御先例相見へ
不申、尤紅葉山御先勤等之節、御断ニ相成候而も、例之御手紙而已ニ
而何等之御取扱無之候得共、夫ゟハ御手重何分落付兼、幸幹之進、内
藤様より御相宿坊ニ付、御頼之御使者来候為御挨拶罷越候間、彼方様
類役江問合候処、例之御手紙斗ニ而惣奉行・寺社奉行等之御届向無之、
御用番様江為念御内封ニ而被遣候ハ、可然旨、久永半蔵申聞候ニ付、
御用番間部様衆江左之通申遣ス

然者、掃部頭様今日御退出後、御症瀉、其上御頭痛ニ付、明日御登
　城之ほども無覚束、自然御断ニ相成候節之先例相分り不申ニ付、
内藤様衆へ承り候処、例之御手紙差出候而已ニ而何等之御取扱も無
之趣ニハ候得とも、為念御用番様へ申上置候方ニも可有之哉之旨被
申聞候ニ付而ハ、差向申上、御取調方御都合も如何可有之哉与奉存
候ニ付、未御断与御治定被成候義ニハ無之候得とも、各様御心得迄
ニ申上置候、弥御断ニ相成候ハ、御手紙被差出候ニ付、御取扱方も
御座候御義ニ候ハヽ、宜御取斗被下候様仕度、此段御内々御頼得御
意候、以上
右相答申来ル」

＊この日の箇条、木俣家本になし。

［八月十八日］

一、差掛り御症瀉、其上御頭痛ニ付、御登　城御断被　仰出候付、今暁八
ツ半時御徒使六人呼出し、例之御手紙御老中様方并若年寄御月番本多
越中守様江被差出、例之向々江御延引相達ス
一、御出棺済注進、ひら札ニ而奥江申上ル
一、今日御登　城不被遊候ニ付、間部下総守様并御側様江御手紙、御部屋
番　御城ゟ持帰り候ニ付、例之通御返書取調入御覧、下総守様江ハ御
徒使、御側様へハ御鍵番ニ為持遣ス
一、八半時頃、一橋辻固引ケ候趣申来候段、頭取申出旨御目付へ相達ス
一、上野御新葬御先勤、太田様初夕七時過御帰り被成候由
一、脇坂様公用人金田鄙被参、今日御相宿坊相成候ニ付、御頼御使者昨夜
可相勤所、少々調落ニ相成申候ニ付、何卒昨夜相勤候振相含呉候様申
来候ニ付、御挨拶御使者相勤
　但、相勤候振ニ及入魂
一、今暁五ツ時頃、従東叡山御注進状御到来、即刻入　御覧、御側岡部因
幡守様・坪内伊豆守様御宛之御手紙添入御覧、相済、　御城江被差出
之御使御鍵番大塚錬三郎相勤、四ツ時過罷帰り、岡部因幡守様ゟ之御
返書参り、則入御覧候事
　但、御注進状者、松平和泉守様・松平豊前守様・板倉周防守様・

遠山隼人正様・土岐下野守様御連名旅封ニ而来、御返事ニ不及、
御落手之段御取次江相達ス
一、東叡山ゟ之注進状、上紙取払、小奉書ニ而折懸包之上江添御手紙越、
上封も小奉書旅封

折掛包之図

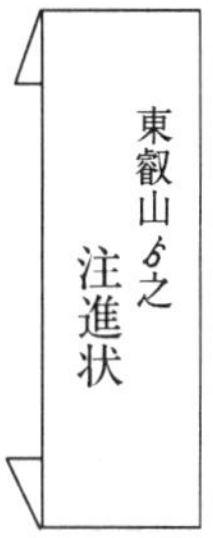

一、御症瀉、其上御頭痛御同扁ニ付、明日も御登　城不被遊段被仰出、例之通り相達
一、右ニ付御徒使壱人、明朝被罷出候様御目付へ相達ス
一、一紙目録并小目六入御覧、相済封し置、明日昼出、御部屋番江相渡し候事
一、御出棺御葬送無御滞被為済候ニ付、明日御登　城之上、御機嫌御伺可被遊候処、今日御伺被成候内へ籠り候旨、御同人様御用部屋坊主衆を以被　仰出候旨、御部屋番杉原惣左衛門罷帰り申聞候事
但、天保度
文恭院様御出棺之節ハ、御先勤被遊候而、翌日御不参ニ付、御伺方御部屋番ゟ此度ハ御先勤御断ニ付、本文之通」

＊この日の箇条、木俣家本になし。

八月十九日

*1「一、御不参ニ付、昨夜被　仰出候通、御手紙御用番下総守様江被遣、御覧済御封し立為致、御徒使ニ相渡ス
一、間部下総守様江御直書被遣、御下ケ被遊候ニ付、上封為致、御使番を以差越候事
一、昨夜差出候注進状御返書　御城より参り候ニ付、入御覧、和泉守様江御徒使ニ為持遣ス、御文面御右筆方ニ為留置
一、御同篇ニ付、明日も御登　城不被遊段被　仰出、夫々相達ス」*2

＊1～2の「　」の四箇条、木俣家本になし。

一、御内用ニ付、太田備後守様江六之丞*3罷越、夜四ツ半時過罷帰ル
但、備後守様、早速御目通り被仰付候間、此度仏蘭西人より承り候流行病ニ付而之薬法御触達之儀、御老中様方御同意之処、彼是御異存被仰候義、如何ニ有之、且御仁恵之御筋合之義ニ付、旁以御心配被成候得共、右様之御触達等ニ相成候而ハ、兎角異国風を御信し被成候様成行可申、日本ニハ右を治し候薬法無之儀ニ候得者致方も無之候へ共、左様之訳にも無之、仏人之薬法急度功能有之義ニ候へハ、町奉行等より達候ハ、忽ち弘り可申、既ニ右仏人教へ候薬法とて、世上ニ而も弥知り候者多分有之哉ニ相聞へ、左候得ハ、御触達与申ニも不及義ニ可有之との思召之旨申上候処、至極御尤之御儀ニ付、御同意被成候由、水府御家老へ御達方之御書付も被遣、御尤ニ付、尚相考候様可致、扨今日京都より飛脚到着、異国へ条約調印一条ニ付、御三家・大老之内上京致し候様被仰進候処、今以上京不致、異国江之条約何分
叡慮ニ不応との趣、厳敷　勅諚之旨被　仰下置候、右　勅諚之趣ニ而ハ、迚も御申解御聞無之哉与被存候程之御文言ニ候得とも、伝奏衆より添状有之、右様被　仰出候得共、決而御隔意被為在候

訳柄ニハ無之旨申来候、猶又水戸殿ゟ御書を以　勅命之趣も有之、御為筋申上度候間、同列之内両人罷出候様被仰下候間、此節御慎ミ御方へ老中罷越候義ハ有之間敷事ニ候得共、勅命と承り候而者御断申上候事も難相成ニ付、自分下総守同道ニ而罷出候処、中納言殿御逢、

綸旨拝見仕候処、老中江被下候与御同文言ニ而伝奏衆より之添状も無之故、中納言殿にも甚御驚如何致候哉与御尋ニ付、右　勅諚之趣ハ拙者共江被下候与御同様之御儀奉恐入候、唯今右様取計可仕与申見居へも付不申、誠ニ不容易御儀、此程ゟ掃部頭も不快ニ而登　城不致候得共、明日ハ押而登　城之義申遣、篤与評議可仕旨申上候処、如何ニも尤之義、自分ニも深く心配致候間、何分上之御為宜敷様取計被呉候様致度、

勅答之致方当惑致候間、今日之処ニ而ハ受取同様之事ニ致置候との御沙汰ニ而深く御案思被為在候、右之次第ニ付、何とも御迷惑ニハ可有之候へとも、明日押而御登　城被成下候様致度、尤押而御登　城之段ハ、私より申上置候間、例刻より遅く御上り、右御評義相済候ハヽ、直様御退出被成候而宜間、何分御登　城被成候様可申上旨被仰含候ニ付、罷帰り御目通り相願、委細ニ申上ル

＊3の部分、提出稿本には五文字程度墨塗りによる削除。

＊4
［一、明日御不快御同篇ニ候得共、押而御登　城被遊候段被　仰出、例之向々江相達ス

一、右ニ付、御徒使四人、明朝六ツ半時被罷出様、御目付へ相達ス］＊5

＊4～5の［　］の二箇条、木俣家本になし。

八月廿日

一、昨日、京都より被　仰遣候御請下案、左之通り

去何日出宿継飛脚、昨十九日着、被　仰下置候勅諚之趣奉畏候、亜夷条約調印一条ニ付、御三家・大老之内上京仕候様、先達而被　仰下置奉畏候得共、無拠訳柄有之、御猶予之儀申上、兼而被　仰付候御使間部下総守近々上京致候段申上置候間、早速発足可仕之処、　公方様俄ニ御大病、御内実薨御ニ付忌服之恐れも御座候間、上京之節、旅中ニ而忌解ケ之頃合相考発足可仕之心得ニ而、踟躕仕居候義ニ御座候、内実之次第御両卿迄可申上置之処、無其儀延引仕候段、何共不行届奉恐入候、御詫之儀宜御執成奉願候、委細ハ下総守上京之上可申上候得共、不取敢御断申上候、何分宜奉頼候、恐惶謹言

八月廿日

猶以、昨日も申進候通、忌中ニ而も不苦との儀候得者、早速上京仕候間、御心得可被下候、以上

＊本状は原本あり（『井伊』九―一一）。

一、例刻御供揃、御太鼓之注進申上り、奥より被為出、暫く有て御登　城、暮時御退出＊1［今日上野へ御参詣可被遊処、遅く候間御延引］

今日種々御評議御座候而、下総守様直ニ御上京可被成との御見込有之候得とも、詰り今朝之下案ニ少々御点削之上被差出候趣、御沙汰

ニ御座候

＊１［　］の部分、木俣家本になし。

［＊2 一、今日御登　城被遊候ニ付、御老中様方・若御年寄御月番本多越中守様
江、例之通御手紙被遣、御徒使

一、左之書取御部屋番ゟ差出ス
今日者不快之処、押而登　城致候義ニ付、登　城懸ニ御役人様初
御一統御逢之儀御断被申候間、此旨御用部屋坊主衆を以、御同朋
頭様江申上、登　城懸ケ御逢之儀御断被申候間、其旨宜御取斗有
之様可申入事
八月　大目付・御目付江相達候
廿二日　外様万石以上
右之通、為伺御機嫌出仕候様相達候処、同日者
東叡山参詣日割ニ相成候間、右之分
八月
廿三日
右之通、出仕候様可被達候事
八月
右、御持帰ニ有之

一、今日被　仰合之通、一紙目録を以、
上様　御台様江　御干菓子、
本寿院様江　野菜御献上被遊候事＊3］

＊２～３［　］の部分、木俣家本になし。

八月廿一日

［＊1 一、昨夜被　仰出候通り、時気御感冒之上、御風疹御発被遊候ニ付、御登
城御断、例之御手紙被差出

一、八ツ時頃、東叡山より御法事ニ付注進状、御掛り御老中様初御勘定奉
行迄御連名ニ而御到来、
御城御側衆江被差出、但、日々来候得共、以後略して不記＊2］

＊１～２の［　］の二箇条、木俣本になし。

一、薬師寺筑前守様御出ニ付、六之丞罷出被仰上御尋等有之、御湯漬被差
出、御到来合之御菓子箱被遣

一、間部下総守様ゟ六之丞江御逢被成度旨被仰越候ニ付、申上候処、京都
江御発駕之御頃合、水府御家老江御諭し、流行病ニ付薬法書等之義被
仰含、則罷出候処、御逢有之、今度　勅諚之出候起本、藤堂侯之儀
等被仰含候間、罷帰り　御目通相願申上候

八月廿二日

［一、御同扁ニ付御登　城御断、御老中御月番江例之御手紙被差出］

＊［　］の箇条、木俣本になし。

一、下総守様江御直書被進、六之丞持参、御返書被進候間、安之丞を以差
上ル

一、太田備後守様江六之丞御使者相勤

水戸中納言様江此程御逢之節、老公与御同腹ニハ無之御様子ニ御見極被成候趣ニ候得とも、一旦被仰出、其侭ニ相成候而者御威権ニ拘り候間、乍御苦労御諭しニ相成候様との儀申上候処、御尤之儀、此程被遣候諭し書にて至極宜候得とも、少々御存寄りも被為在候間、今一応御談之上御取斗可被成との事、彼方様御家来、京地へ内密被遣候ニ付、心得ニ可相成、風聞書抜差上候処、近々拙者御長屋江可被差出ニ付、厚談致候様被仰付

一、去十二日、長野主膳ゟ和田多仲名前ニ而書状着、直様入御覧、帷子・菓子・茶盆等も来、帷子ハ御預り申置、二品者御手許江差上ル

八月廿三日

一、御同篇ニ付御登　城御断

一、長野主膳ゟ間部様御上京、五六日立ニ而御忌解ニ相成候頃合御考、少しも早く御上京ニ相成候方可然との殿下之御内意も御座候ニ付、左之通、間部様江被仰遣候

然者、長野主膳ゟ去ル十二日出之書状、昨夕着致し、京地之模様申越候内、去ル七日九条殿ニハ参　内無之処、隠謀之徒参　内、主上を奉勧、今度之　勅諚出候趣、ケ程之大事、関白御承知無之与申儀ハ如何にも不軽事ニ候得共、何分隠謀方勢ひ強く、主上豪邁之御気質江付け込取計候事ニ付、殿下直諫被成候ハヽ、違勅与唱、御職掌御免ニ致候工ミも有之趣ニ付、容易ニ御手出しも難被成、貴兄之御上京を御待兼之趣、殿下家臣嶋田左近江内々被遣候御書借受、証拠ニ差越し候間入御覧申候、右御書ハ早便差戻し呉候様申越候間、御覧後御戻可被下候、付而者御忌解之頃合御考、御発駕ニ相成候ハヽ、御都合可然、左候得者、来月十日過之御発途ニ付、最早日間も無之事ニ付、内外御都合も可有御座と奉存候間、不取敢此段得御意候、委細者近日拝顔ニ可申上候

＊本状は原本あり（『井伊』九―一二二号）。

一、御直書　　御壱封

右、間部下総守様江被進、御使役河嶋佐左衛門江相渡候処、正ニ御落手、彼方様より御返書可被進旨申帰り、其段申上、暫く有之、御返書来ル、奥江差上ル

外国奉行
水野筑後守
永井玄蕃頭
御目付
津田半三郎
加藤正三郎

亜墨利加国江本条約為取替可被差遣間可致用意候

右被　仰付、書付御部屋番持帰り

八月廿四日

［一、御同扁ニ付御登　城御断］

＊［　］の箇条、木俣家本になし。

一、去十五日・同十八日両度飛脚、長野主膳ゟ之書状、入御覧

一、間部様江六之丞御使者相勤

京都江御発駕之儀、此程被　仰進候処、彼地江被　仰進候事有之ニ付、御返答来候上ニ御治定可被成旨被　仰遣候得とも、少しも早く御上京可然、御忌中ニ御発駕被成候而も宜敷段者、殿下御内調被成候旨申来候間、御進メ申参候様ニ与被　仰付候間参上、委細申上候処、左候ハヽ、十日前後之処ニ而御出立可被成旨御返答有之、御直ニ申上ル

一、六之丞・権兵衛之内御逢被成度旨、石谷様ゟ申来ル、権兵衛今夕罷出ル

八月廿五日

*1［一、御快気ニ付、例刻御附人ニ而御登　城被遊、御老若様江御徒使を以、例之御手紙被差出

　　大目付江

八月
　廿七日　　溜詰同格　御譜代大名
　廿七日　　高家鳫之間詰同嫡子　御奏者番同嫡子菊之間　椽側詰諸番頭諸物頭　諸役人寄合
晦日　　溜詰同格

右之通、為伺御機嫌出仕候様可被相触候

　　大目付江

普請者来ル廿八日より御免候間、其段可被相触候

右御持帰り

一、左之書付、御手許江差上、則御持出被遊候

天保九戌年八月五日、若年寄森川内膳正病気ニ付、御役　御免願、同八日御尋之御奉書ニ付、御老中方退出より御一同為御見舞御出、右之節、天明之例を以用人使者差出候事

天保十一子年三月三日、若年寄小笠原相模守病気ニ付、御役御免願、同八日御尋之御奉書之節も前同断ニ候事

右本庄安芸守様御病気ニ付、御役御免之義御願ニ相成候ニ付、御心得迄ニ差上候事］*2

＊1〜2の［　］の部分、木俣家本になし。

一、彦根江之御飛脚立ニ付、長野主膳方江文通入御覧、左之通り申来、但、来紙ハ別ニ封し有之

去ル十二日付、和田多仲名前ニ而被差出候御書付、同廿二日ニ着、拝見仕候、秋冷之節、先以

御上益御機嫌克被為遊御座、*3［同］御内意奉恐悦候、然者、去月廿六日之御直書并差上候愚書、去十日着致候由被仰下、安心仕候、八日出ニ被仰下候後、先々御別条無之由、其節被仰下候水戸藩斎藤喜介江御面会被成候処、御按外之事共ニ而、却而不便ニ被思召候由、夫々被仰下、右様之者へ御出会、御大切之御用先甚危き事、乍恐御上ニも御安思被遊候間、向後右様之衆江決而御面会不被成様、先便申進候事ニ御座候、先々事故なく相済一ト安心仕候、三条様ニハ臨機之御取斗も可有之哉与の思召ニ而、九日夜御参殿被成候

処、御不例御申立、若狭守を以申上候様との御儀ニ付、何事も不被仰御退出被成候処、其後正親町三条殿江左近与貴様之事を色々附会し、九条様江ハ度々御出被成候由御申ふらし被成候との事、不軽事共ニ御座候

*3 [ ] の部分は、提出稿本での加筆。

一、今度御別紙之通り、公卿御参　内、殿下御承知無之
勅命を水府迄も被下候由、殿下を邪魔ニ被成候事、是ニ而も分明之由、御尤ニ奉存候、右　宣旨去ル十九日ニ着致候処、間部様御上京之上、委細言上可被成との御請ニ相成候由、貴地ゟ被仰上候与御同様之御取扱ニ相成申候、水府江　勅諚下り候ニ付、御老中之内ニ而御両人御出候様ニとの御書　御城江来り、御慎之御方へ御出被成候儀者如何ニ候得共、　勅諚ニ付而之御事与有之事ニ付、太田様・間部様御出被成候処、　宣旨御取出し拝見致候様との御沙汰ニ付、御拝見被成、右者御同様之　宣旨私共江も被下候旨、御答被成候へ者、如何御請致候哉との御尋ニ付、唯今到着仕候儀、不容易事柄、殊ニ御名不快ニ而此程より登　城も不致ニ付、明日者押而も登　城之義申遣、其上評議仕候旨被仰候処、如何にも尤之義、自分ニも深く心配致し候、何分ニも公辺御為宜様取斗被呉候様ニと被仰御様体、真ニ御驚之体ニ相見へ、更ニ御存無之御様子之由、右
勅諚之御文言、是迄之御文格与相違致し何とも合点不参事ニ付、御探索被成候処、出処ハ水老公ニ而、先日申進候山本貞一郎御使ニ参り候趣ニ相聞へ、尚御穿鑿中、近々証拠も出候様子ニ相成、隠謀露顕之糸口、実ニ邪ハ正ニ不勝、自業自得与奉存候

一、殿下与御家御内通有之由之投書ニ付、嶋田氏差控被　仰付候由、御迷惑きのとく、乍去御忠節故之義、却而美名之基与奉存候、諸司代御上京之節ハ桑名辺迄御出迎、京地之模様委細被仰上、一ト先彦根へ御引取、間部様御上京之節、忍ひ而御供可被成との事、可然旨御沙汰ニ御座候、
御旅宿江投書致し候ニ付、亭主和介気を付候由、神妙之事ニ候、付而ハ方々より御用心之事申候得共、京地七口ニ固メ候程之場ニ至り不申而ハ御案思申候ニ及不申との義、御尤ニハ候得とも、前文にも得御意候通、御大切之御用先ニ付、成丈御用心専一ニ奉存候

一、殿下非道之御辞職にも相成候ハヽ、直ニ悪謀之方
宮中出入りを留置、殿下を以奸悪之始末言上ニ相成候ハヽ、非道之　勅命ハ出申間敷、其儀御手後れニ相成、万一非道之義ニ而も、一旦　勅命出候上ニ而ハ　違勅之唱へニ相成候而者不容易との御配慮、御尤ニ奉存候、乍去下として摂家幷門跡方を押籠候事ハ公儀之御失徳を万代に流し候義ニ而、何共奉恐入候事ニ付、右辺之処ハ成丈ケ未然ニ妨(防カ)(ママ)不申而ハ不相成義ニ付、御所司代江篤被仰上候様仕度奉存候

一、関東思召之処、漸々
主上江通、御書付御指上被成候様ニとの御内　勅も御座候との事、誠抜群之御*4[働]義、とうか関東之思召貫通致候様、此上御丹精被成候様可申進旨御意ニ御座候

＊4［ ］の部分は、提出本での加筆。

一、右御便り之節、御菓子・御茶盆・御帷子被遣候得とも、何之訳与申義御認無之、定而御失念与奉存候、高貴之御方之御品も難計ニ付、大切ニ仕舞置申候、重便否御申越可被下候

一、去十五日出御書付、昨廿四日着致し、近衛殿初、鷹・三・徳四人、十二日御参　内、御下りハ丑ノ刻ニ相成候由、其子細者水府江之　勅命殿下御不承知ニ付、存分ニハ難被　仰出ニ付、又々御工風之由、何分隠謀方勢ひ強く折々　主上をも奉驚候処より、殿下之御趣意難立廉多く、右之口より御聞被成候へハ、間部侯御上京候ハ、堀田侯同様ニいたし度御企有之由、隠謀之間者ハ却而間部家より之隠謀方与申居候由、飽迄隠謀方手を尽し候事与あきれ候

一、御摂家ニ而ハ公儀之御猶子ハ二条殿斗ニ而、昔より国家惑乱之節ハ官武御治メ相成候例も有之候ニ付、方今関東ゟ　台命を被下候ハ、急度御取治可被成、尚又先日来とハ事替、御名之御功積（ママ）水老之思召違等之儀、委敷御承知相成候趣、就中条約［之儀］＊5 御心配之上、［詰り］＊6 調印之事［ニ相成候得共］＊7、却而後年之幸ひと可相成様之御所置

天朝へ申上、右ニ而御安心相成候ハ、重畳之事、其上ニも官家ニ而御良策有之候ハ、夫々随ひ可申、是非ニ不抱異国之事、水府之御所置無之而ハ思召ニ不叶与申事ニ候ハ、致方無之間、関東ニ而ハ手を束候而御所置を御覧可被成思召ニ而も候半歟、

天朝を思ひ国家を思ひ政事被執候事を、神州一之大逆与迄申唱へ候人々を正道と思召、右様之投書を御取用ニ而、省中之御惑乱言語ニ絶し候次第、神国の道を不知者ハ格別、我徒ニおゐてハ有之間敷候

＊以上5〜7の［ ］の部分三箇所、提出本での加筆。

一、小笠原長州江も近々御出被成候由、大久保勢州江も御出之趣、御両人とも御丹精ニ而風説書も被遣候［趣］＊8

＊8［ ］の部分、提出稿本での加筆。

一、尾州家ゟ年長之御方

西丸江御立被成候様との

勅命下り候ハ、、日光同様と有之、左候へハ一万三千と見へ候よし、佐倉より龍章へハ当礼五百金、永々三百石との事、是ハ急度証拠ニ成候品ニ付、此方へ御廻しニ相成候様ニハ相成間敷哉、被遣候迚、咎を被　仰付候ニハ無之候得とも、今以残党彼是申立候間、其節之奥之手ニ致度事ニ御座候、御働可被下候

一、去十八日付之御書付も昨十八（廿四カ）（ママ）日九ツ半時ニ着致候、十五日之方ハ御留守居より出候付、七ツ時ニ着致、十五日出ハ却而遅く着致候間、以来迚も丁子屋へ御出し被下候方早く届申候、七日以後、朝廷之御模様種々ニ相成候へとも、終ニ　勅命下候次第、委細被　仰下、扨々隠謀方根強き事ニ御座候、

主上にハ御合点参り、彦根ハ其心得ニ而可有之儀を御承知との御内勅も御座候との御儀、彼投書三条殿御持参被入　叡覧候処、見るへき物ニハ無之迚、御下ケ○役者殿下之御辞職無之儀を御怨之処、アレカラハ何も申聞候事無之と被仰、○役者大閉口赤面との事気味能事、全く貴兄之御丹精与深く［御大慶被遊候］＊9

*9［ ］の部分、提出稿本では「御大慶被候」と墨塗りにより改める。

一、間部侯一日も早く御上京、尤御上着之上、五六(日脱カ)位して御忌明ケ之御都合ニ而可然、御内　勅之義御願被成候処、其儀ハ不宜、忌中なから出立不苦事ハ御取調被成候との御沙汰之趣被　仰越、此儀早速間部様江被　仰進、来月十日前後之所ニ而御発駕与御取極り付申候、尤貴地へ御問合之事も有之ニ付、聢与御日限御治定ニハ相成不申事ニ御座候

一、投書等之事始メ、もはや相済候義ハ一々不及御報、文略御免可被下候、殿下之御書、若君之御書等惣而拾三通返上仕候間、正ニ御落手可被下候、右御報迄、早々、以上

八月廿五日　　宇津木六之丞

長野主膳様

尚々、御全快ニ付、今日より御登
城被遊、難有御安心可被成候、以上

*本状は原本あり（『井伊』九―二八号）。

［八月廿六日］

一、例刻御附人ニ而御登　城、御退出七ツ半時三分前

一、若年寄本庄安芸守様御一類御登　城之処、御病気御勝不被成、御役御免御願被成候処、御病気間も無之候間、其侭御勤、緩々御養生有之様ニ与之被仰出有之、且又御尋之御奉書御到来之趣、右ニ付御老中方ニハ御退出ゟ為御見舞［*1御越被成候、殿様ニハ天保度之御例を以御越不被遊、以御使者*2］御見舞被仰遣、伺済御用人江遣ス］

*この日の箇条、木俣家本になし。*1～2の［ ］の部分は提出稿本での加筆で、「以御使者」の部分は、稿本では「御用人御使者ヲ以」と記す。

［八月廿七日］

一、六ツ時御供揃ニ而、六ツ時過御駕台より御出駕、上野江御参詣被遊、尤初而ニ付、御直垂ニ而御参詣被遊候事、五ツ半時弐分過御出口江御帰り被遊

一、天保十二丑年・嘉永六丑年之度、普請不苦旨諸向江相達候得共、同列者御中陰明迄遠慮致し候様談済候ニ付、此度も右同様ニ而可然与存候段、御名殿同列衆江談之事

右之通り談し相済候事

此件、備後殿御談之事

一、普請者明廿八日より御免被　仰出候処、先例同列衆申談ニ而、御中陰明迄ハ相憚り候義ニ有之候、然ル処、自分屋敷御役席向模様替、新規建足候場所も有之、御中陰明ゟ取懸り候而ハ、年内月番引受候処江ハ致兼候間、外普請共違、御役席之義にも有之、御法会済後　御参詣も被為済候上、普請取掛り候得者、年内月番引請候様相成都合宜候ニ付、不苦儀ニ可有之候哉、御名殿同列衆江談候事

右之通、備後殿談相済候事

右二通、下総守様より被相廻候ニ付、写済回達ス、尤御勤番江写差出ス

上様
御台様 江

御野菜　　一籠宛
本寿院様江
水御菓子　一籠
右之通り御中陰中伺として一紙目録を以御献上有之、尤　御城仕出し
事」

＊この日の箇条、木俣家本になし。

八月廿八日

［一、例刻御附人ニ而御登　城、御退出七時五分過］
一、六之丞御内用ニ付、間部様江罷出ル
主膳ゟ申来候京都之模様申上、且来月三日京都江御発駕ニ付、御
用向御尋、今日水戸殿江之御模様等相伺罷帰り、御直ニ申上ル

＊［　］の部分、木俣家本になし。

八月廿九日

［一、例刻御附人ニ而御登　城、御退出七ツ半時過
大目付江
御台様御事
天璋院様与奉称候、此段向々江可被相達候］

＊［　］の部分、木俣家本になし。

右、今日御持帰
去ル十一日、京都町奉行岡部土佐守ゟ彼地家来之者江、於鞍馬口
陣屋地六千坪可相渡旨達有之、翌十二日家来之者差出候処、両町
奉行組之者共立合受取候趣申越候、此段御届申達候、以上
八月廿九日　　御名

一、今日御持出ニ相成候下書、左之通
勅諚、墨夷条約調印一条、先達而諸大名衆議被　聞食度被　仰出
之詮も無之、誠ニ
皇国重大之儀、調印之後言上、
叡慮御伺之御趣意も不相立、尤　勅答之御次第ニ相背、軽率之取
斗、　大樹公賢明之処、有志心得如何与御不審　思召、右様之次
第ニ而ハ蛮夷之義ハ暫差置、方今御国内之治乱如何与更ニ深被脳
叡慮、何卒　公武御実情を被尽、御合躰永久安全之様ニ与偏被
思召、三家或ハ大老上京被　仰出之処、水戸・尾張両家慎中之趣
被　聞食、且又其余宗室之向々も同様御沙汰之趣被及聞召、右者
何等之罪状ニ候哉難斗候得共、柳営羽翼之面々、当今外夷追々入
津不容易時節、既人心之帰向ニも可相拘、被脳
宸衷兼而三家以下諸大名衆儀（議カ）被　聞召度被　仰出候ハ、全永世安
危公武御合躰ニ而被安
叡慮候様被　思召之外、虜（慮カ）計之儀ニ而も無之、内憂有之候而ハ殊
更深被脳　宸襟、彼是国家之大事ニ候間、大老・閣老、其他三
家・三卿・家門、列藩外様・譜代共一同群議評定有之、誠忠之心
を以得与相正し、国内治平公武御合躰、＊1［弥御長久之様、］徳川御

家を扶助有之、内を整、外夷之侮を不受様被　思召、早々可致商
議
勅諚之趣奉畏候、右者御国体を深く被為　思召候而之御儀、乍恐
御尤至極ニ奉存候、一体御政務万端御委任之御義にハ候得共、如何ニも重大之御事柄ニ付、諸大名之建議をも被聞召候処、蛮夷之形勢往古与変革致し、航海之術相開ケ、軍制・兵器等実戦ニ相試、強弱勢を異にし、*2［世界中割拠之勢ひを振ひ候折柄、漫りニ］争端を開候てハ不可然との見込多分ニ有之、尤、打払を申立候向も有之候得共、必勝之算無之、
皇国四面之海岸江群蛮引受候而者、一旦之勝利ハ有之候得共、終ニハ奔命ニ疲れ、御国体ニ抱り可申との衆議一決之上、仮条約一件　叡慮御伺ニ相成候処、今一応諸侯之赤心相尋候様被　仰出候ニ付、則御尋ニ相成候処、同様之見込ニ有之、今少し出揃ひ不申ニ付、御返答不相済之内、亜国之使者申立候次第も有之、仮条約調印為致候訳柄難尽筆紙、為　上使間部下総守被差越候筈ニ相成候処、御不例引続御中陰ニ相成、彼是延引ニ而事情御分り不被遊ニ付、又々　勅諚被成下候段、乍恐御尤之御儀ニ奉存候、乍去再応御尋ニ相成候儀、殊ニ古例にも無之別　勅、別而慎中之水戸家へ被成下候様之儀ハ実以不容易御儀、乍恐国内治平公武御合体との厚き
叡慮も却而御主意ニ振れ、争乱之基ニ可相成ニ付、御中陰中ニハ候得とも、不日ニ下総守上京委細言上仕候、依而水戸殿江　勅諚之趣も列藩江被達候事ハ御差止被成候間、此旨宜被達　奏聞候様
可被取計候

＊本状は原本あり（『井伊』九―三一号）。
＊1～2の［　］の部分、木俣家本になし。

右御持出ニ相成候処、間部侯左之通御持出ニ相成、御同人様御上京ニ而此度之儀御取斗被成候事ニ付、被任其意、今日宿継を以被差立候由

秋冷之節御座候へとも弥御安躰珍重存候、然者、今度水戸中納言殿江備後守・下総守御逢御相談被成度趣被申越候ニ付、両人罷出候処、八月八日其御地ニおゐて中納言殿へ被　仰出候御書面、御別紙ニ三卿・家門之者以上隠居ニ至ル迄、列藩一同ニも御趣意被相心得、向々伝達可有之旨被　仰出候ニ付而ハ、如何可致哉御尋ニ付、三家・三卿之向江ハ御通達可被成段申上置候処、又候列藩一同へも御通達可被成旨御申聞候得とも、先達而列藩之者共再応之存意書差出候ニ付而ハ、委細之訳柄言上可仕為御使下総守上京被　仰付候儀ニ付、七月九日御暇も被下、其後早々発足可仕処、御先代様御不例、引続薨去も被為成候間、自然御使之儀も延引及ひ候処より、今般被　仰進候儀与恐察仕候間、於関東無御拠御差問之御模様柄も有之、旁以、右等中納言殿ゟ御達ニ不及、御心配之儀者下総守上京之上可申上段、其等之儀為御任被進候様申上置候、右之段御程能御含御執成之程御頼申入候、以上

八月廿九日　間部下総守

広橋
万里小路　御両卿宛

＊本状は原本あり（『井伊』九—三二号）。

一、今日御退出ゟ太田様・間部様・水戸様江御出、今度
勅諚列藩江御逢ニ不及旨御申上被成候由

八月卅日

[1]「一、六ツ時過御駕台より御登　城門より上野江御参詣、御帰館五ツ半時、[3]「へ向」
御召服長御上下

一、例刻御附人ニ而御登　城、御退出七半時過

大目付江

九月

二日　国持并庶流
四品以上
高家・雁之間詰・同嫡子・御奏者番
五日　同嫡子・菊之間椽側詰

右之通、為伺御機嫌出仕候様可被相触候」[2]

＊1～2の「　」の部分、木俣家本になし。＊3「　」は、提出稿本による異同。

右御持帰り

水戸殿家老
岡田信濃守
大場弥右衛門
武田修理

中納言殿御為筋ニ不相成儀も相聞候間、隠居被　仰付候

水戸殿家老
安嶋帯刀
水戸前中納言殿家老
尾崎豊後

中納言殿御為筋ニ不相成儀も相聞候間、表家老被　仰付候

水戸殿家老
鈴木石見守

今般御用筋有之候間、早々出府候様被　仰出候

太田丹波守

是迄隠居慎ミ之処、御免被　仰付候

右之通、御取計相成候様被　仰出候間、其段中納言殿江可被申上候

八月

右、封し候而水戸殿江可申上旨、下総守相達、家老太田誠左衛門江書付渡之、備後守列座

松平讃岐守
松平大学頭
松平播磨守

中納言殿御用筋御直談之節可罷出候御取締之儀ニ付、此後繁々罷出
不苦候事

水野土佐守

竹腰兵部少輔

先達而水戸家御取締之儀被　仰付候処、先御見合被　仰出候

右、於　御城書付を以達之

＊本状は原本あり（『井伊』九―三八号）。

九月朔日

［一、例刻御附人ニ而御登　城、御退出六ツ時二分過

一、御野袴地　五端

一、八丈縞　五端

一、御樽代　五百疋］

＊［　］の部分、木俣家本になし。

間部下総守様江明後三日京都江御発駕ニ付、為御餞別被進、六之丞御使者相勤、御逢有之、主膳方へ之御用向并太田様江も罷出呉候様との御沙汰ニ付、備後守様江も罷出ル

間部様江六之丞差上候書付

昨晦日飛脚着、長野主膳ゟ申越候ハ、隠謀方危急ニ迫り、種々奸計を廻らし手先多分有之、八月廿一日宵暗ニ関白殿御内玄関江侍二人上下を着用し、四ツ目之小丸灯燈を燈し、案内を乞、大封書を投出し、［逸足を出し］逃去候由、兎角殿下を落し可申与必術与相働候者之内ニ、梅田源二郎・安藤石見介・入江伊織・梁川星巌・奥村春平与申者、尤相働居候趣ニ付、御上洛之上、品ニ寄御召捕ニ相成不申而ハ治り申間敷哉、いつれ主膳事、上方近き御旅館へ罷出、委細言上仕候趣申越候、此段乍恐奉申上候

九月朔日　　宇津木六之丞

九月二日

［一、例刻御附人ニ而御登　城、御退出七ツ半時過］

＊この箇条、木俣家本になし。

一、木曽路宿継飛脚を以、主膳方江左之通申越

以書付得御意候、然者、昨夜間部様江罷出、御逢有之候ニ付、貴兄ニハ定而垂井宿迄御出迎可被成候、尤忍ひて参上仕候事ニ付、御家来之内、誰殿江尋参候様可仕哉与相伺候処、中村勘次与申者へ御申含置被成候間、右へ尋御出候様、尤本名ニ而ハ不宜ニ付、小川大介与御改名御出候様御通し申候様との御事ニ御座候、恐多き事ニ候得共、一体御軽率之御気質歟与被伺候ニ付、御心得迄ニ申上置候、殿下を御目当、貴兄を頼与被成居候より外無之由ニ付、何分ニも御丹精御吉左右奉待候

一、水府之儀種々風説御座候ニ付、尚又別紙之通被　仰出候、京地之悪党共勢ひ挫き候御一助ニも可相成哉与奉存候、右得御意度、如此ニ御座候、以上

九月二日　　宇津木六之丞

長野主膳様

八月廿四日付之御書付、同晦日ニ着、拝見仕候、秋冷弥増ニ相成候処、先以、

御上益御機嫌克被為遊御座、御同意恐悦至極ニ奉存候、然者、十七日付ニ而差出候紙面、大津より御帰藩之御途中ニ而相届、水府ゟ之隠密使、京并彦根江忍入候一条御承知、京都ニ而ハ間部侯之隠密与思ひ候様仕懸け、数多忍ひ居候由、貴兄両度迄御面会候ハ六十才斗之小男ニ而眼疾之様御見受、表ハ柔和ニ相見へ候とも、弁舌者至て一物有之様御見受被成、杉浦・浜田両人之内に無之哉与被仰越、杉浦仁右衛門ハ眼疾有之、人体符合致シ、油断不相成義与奉存候

一、広幡殿御下向、御忠心与相聞へ候得とも、水府両君より御文通も御座候故、油断不成との事、御尤ニ御承知被遊候

一、嶋田氏ゟ貴兄江之紙面拝見、扨々隠謀方根強く、殿下御配慮奉恐入候、嶋田之心配察入候事ニ御座候、梅田初隠謀方ニ而手強く相働候五人之者共ハ、品ニ寄御召捕ニ相成不申而ハ治り申間敷、いつれ上方近き御旅館江貴兄御出迎ひ、委細ハ御申上被成候旨間部様江申上置候、御同人様火急ニ御上京ニ付而ハ陰謀方手筈相違致し可申、御上京之上ハ迅速ニ御取斗、兼而御見込之通り、殿下直ニ被達　叡聞、速ニ御埒済ニ相成候様御丹精可被下候、併余り据候繕之様相成候而ハ間部様御気受如何ニ付、随分下総守様御手柄ニ相成候様、［御心得］御取斗被成候様との御沙汰ニ御座候

＊［　］の部分、木俣家本になし。

一、此度、若州様御上着ニ而、彼梅田を召捕之上ニ而も、弥悪謀方強く殿下之一大事ニも可相成時ハ、時宜ニ寄、彼投書ニ付御疑与して表向貴兄京都江被召出、御吟味之筋ニ相成候様可被成も難斗、其期ニ至り太閤方之悪謀ハ御取押へ可被成、其節御所司代腰を折可被成様兼而御心得之一書御下ケ之義、御尤ニ奉存候、乍去間部侯急発与相成候ニ付而ハ、右様之御計策被成居候而ハ御手後与可相成ニ付、御下ケ之儀ハ不奉願候、程なく間部侯江御逢之節、何角之儀被仰上、御取斗可然与奉存候、右御報旁、如此御座候、以上

九月二日　　宇津木六之丞

長野主膳様

一、水府御役人御入替、△字之分ハ悪党ニ付、御国行御役御免、無印之分御取立ニ相成候御調之由ニ而、讃岐守様被仰上候、御書付拝見被仰付、左ニ記

側用人　小山田軍平
右跡江　三浦贇男△
側用人江　久貝十治郎
国勝手　戸田銀二郎△
大学頭付　津川伊太夫
小性頭取　平松茂木
金奉行　皆川八十吉
小性頭取　山崎伝四郎
小性　「久貝正吉

再勤　中沢丈衛門
庭奉行　(国)玉分五郎治
小性頭取　麻沼四郎八郎
小納戸　渡辺冨之進
再勤大納戸奉行へ　軽部平之允
国勝手　修理悴子 武田彦衛門
同　岡田杢助

三日程過　岡田信濃守
大場弥右衛門
二日　武田修理
安嶋帯刀
尾崎豊後
五日　鈴木石見守
太田丹波守
出府之儀ハ追而公辺より被　仰出　太田丹波守

御簾中殿、三日八ツ時駒込江被引移候事

*1
[一、今日左之書付御持出し
京都御守護御用、追々手厚ニ被　仰付、此度於鞍馬口陣屋地拝領
被　仰付候ニ付、是迄河原町買得屋敷之儀も、以来拝領地ニ被
仰付候様仕度、御守護向万端便利宜敷御座候間、此段相願申候、
以上
九月二日　御　名

一、今日御持帰り、左之通
近来国持并表方大名老中江用向有之候節、於　殿中逢候事も有之
候処、以来ハ先々之通、大老・老中等相談有之節ハ、宅江相越被
申聞候様可被致候
右之趣、大目付より為心得無急度可被申通候事]*2

*1〜2の[　]の二箇条、木俣家本になし。

一、間部下総守様、京都江御発駕ニ付、[昨日]於
御座間御三所物・御紋付御鞍覆・御鞍鐙御拝領被成候事

*[　]の部分、木俣家本になし。

一、松平薩摩守様、於御国許、七月廿日御卒去ニ付、
天璋院様御父之御忌服被為　請候事

九月三日

[一、例刻御附人ニ而御登　城]

*この箇条、木俣家本になし。

一、九条殿御内嶋田左近ゟ六之丞江之手紙、京御留守居山下兵五郎添状、
八月廿五日出、今日着致、入御覧
昨日政事方申付ル　宇都宮弥三郎

出府申付ル

家老
┌白井織部
若年寄
└奥津蔵人

此者不宜候ニ付、国元騒働（動）為致候様ニと申付、国勝手、其上ニ而不申付、尤今朝発足為致候　太田誠左衛門

安嶋帯刀、京都江御請之使者被申付候処免し、代り奥津所左衛門江被申付候由

九月四日　快晴

［一、六ツ時前御供揃、六ツ時過御出駕、上野中堂江御参詣被為遊、御帰館五ツ半時］

［一、例刻御附人帰御登　城被遊、御退出七時過］

＊［　］の二箇条、木俣本になし。

一、御持帰之御書付、左之通

折表ニ　掃部頭

徳川摂津守殿家老衆江

徳川摂津守家老江渡候書付

御家政向之儀、諸事被入御念候者勿論ニ候得共、御三家方之儀者夫々之御格合御仕来も有之事候間、御相続未御間も無之御初政ニ候得者、御一己之御了簡不被押立、御附家老始、古老之者江篤与御相談、巨細御聞糺、万端御取扱可有之、抑御三家方之御立置候深き御主意之段をも厚く御心得、公儀御世話不被為掛候様御心懸可被成候、尤、御家政向等御改革被在之候共、上下一致之上被行候様可被成旨可申上候

右書付、於山吹間、竹腰兵部少輔・鈴木丹後守江備後守渡之

別段竹腰兵部少輔江達

中納言殿御事、当時御慎中之事故、御政事向御口出者被成間敷義申迄も無之候得共、今日被　仰出之儀も候間、別而御忽之御心得無之御慎之義、厚被心懸申上置候様可被致候

［**九月五日**

一、例刻御附人ニ而御登　城、御退出七ツ半時過］

＊この日の箇条、木俣家本になし。

（奥書）
「明治十九年一月華族伯爵井伊直憲蔵書ヲ写ス

御雇写字下平英太郎

一級写字生男沢抱一校㊞」

公用方秘録　提出本写本（東京大学史料編纂所本）抄出

安政五年九月六日～同六年九月十四日

No.1　安政五年九月八日条

［一、長野主膳江之宿次御用状指立、左之通申遣ス］

八月廿九〔七〕日御差立之御札、昨九日着、拝見致候処、悪謀之徒頻りニ　殿下を退け、間部侯御上京之節、妨之手段専らニ而、宮中ニ而も御名　殿下之悪言無憚処申ふらせ、且　准后を因〔困〕らせ奉り候処より　准后様にも御たまりかね、二三日御引立られ度旨　殿下江被　仰上候云々具ニ申上、猶又去ル四日付宿継飛脚、今日朝五ツ時前ニ着致し候、　殿下御辞職之事も、当二日悪謀方存分ニ悪口之正を邪ニ申成シ、恐多くも

主上を欺き奉り、無勿体事共　殿下之事心中押斗られ天下之御為恐入候次第ニ御座候、

御上にも今日ハ公家衆上野江参堂ニ付、唯今御出駕与申処へ御手紙着、荒々御覧、殊之外御驚、直ニ御懐中上野ニ而御相談も可被遊迚御出ニ相成申候、右二通之御札慥ニ着致候間、不取敢御答迄申上候、猶々御相談之御模様等委敷事ハ重便ニ可申上候、以上

九月八日　宇津木六之丞

長野主膳様

＊［　］の部分は、提出稿本により補う。なお、宇津木家本では「一、長野主膳江宇津木六之丞〆之文通」と記す。

＊本状は『井伊』十―一二号では「公用方秘録」より引載。

No.2　安政五年九月十一日条

一、自然此上老公江御後見、大老・老中ども引かへとの
勅諚下り候も難斗、右者全く関東の形勢御承知無之処より之事ニ付、老公是迄之風聞等取集御覧に入候へ者、決而　違勅之筋合ニ者無之段御合点可参事

No.3　安政五年十二月十四日条

一、三条前内府殿御書翰、左之通

二白、呉々も其後者御無音打過心外之至候、返々此寒気御保護祈入候也

甚寒之節、弥御揃御安泰珍重存候、当節御用繁と令察候、御壮健御勤務之御事、重畳恭賀之至ニ存候、其御地寒気如何御座候哉、当地至此頃追々寒威相増申候、折角御自愛専一存候、彼是御無音打過背本意候、先ハ寒中御見舞申入度如此候也、恐々謹言

十二月三日　三条前内府

彦根中将殿

玉几下

別紙、左之通

其後者御疎濶存候、厳寒之節、弥御安泰御勤務珍重之至存候、誠ニ心外御無音打過背本意候、先以、今般者　将軍　宣下恐悦存候、

以前ゟ無々御繁務之御事与存候、万端無御滞被為済、御安喜之義与致遙察候、猶以、夫々御規式等可有御座、御多繁令察候、将又、先達而以来不一方御心苦之儀共御察申入候、間部総州ニも上京、其内御用済、帰府ニも可相成哉と存居申候処、とうか今暫在京之趣、実ハ下官儀、先頃以来所労勝ニ而、御用向取掛り等之儀御免相願候ニ付、当節之御模様柄も不相伺、如何之御都合哉と存居申候、去春以来御入組ニ相成候次第、何卒御程能処ニ而御折合、公武御一体御熟和相成候様竊ニ祈居申候、去夏頃、誠ニ苦心之余り種々不弁前後儀共内々申入、其後御懇札も被下候処、行違之筋共有之候哉与、甚々痛心候事ニ御座候、先頃ハ酒井若州再役被　仰付上京ニ而、右者先年役中毎々面会候続柄も有之、此度面話申候、何か御地之事情、貴官格別御厚配之儀共致承知、大幸存候、扨又、先達而来当地其筋取調も有之候趣ニ而、種々風評承及候、就而者、堂上向下拙共名も出有之候哉ニ伝聞候、併一々不承及候事故、如何程之事ニ候哉難計候得共、小子なと元来微弱短才之質、深慮遠謀も無之、勿論強暴なる筋ハ決而不相好候事ニ御座候、自然不可思議之行違も有之哉と、其段ハ深致心配候、尤当今何等之異心有之候者ハ無之事、申迄も無御座存候、孰レとても公武御静謐祈入候事ニ有之候、貴官万端骨折之趣、若州ゟ申承、朝廷之御為御周旋之段、誠以感悦候、前文ニ申入候通り、下拙儀、先達而来兎角所労勝ニ而、腫物之処も今以不致平癒、其上度々邪気感冒熱往来等去かね困入、永々打臥居申候、漸快方ニハ趣候得とも、今以発輝と不致、難渋ノ事ニ候、先頃より以書状心緒申入度存居なから、自然及延滞候、何も御賢察被下度候、呉々も御疎遠相成居、甚心外之至ニ存候、当節一入御用繁ニ御勤仕之事と、寒気之候、折角御厭為国家祈入申候、先荒々御見舞申入度旁如此候、万々期後信之時候也、恐々謹言

十二月四日　　　　　　　　　　実万

巻表ニ
掃部頭殿

内々御直披

二白、呉々も其後ハ御無音打過心外之至候、返々此寒気御保護祈入候也

＊本状は原本あり（『井伊』十三―四七号）。

No. 4　安政五年十二月二十一日条

＊「公用深秘録　清書本（井伊家本）では、安政六年正月五日条に収められる。

一、正月七日着、京都間部下総守様ゟ去朔日立御状、其外書類御手元留ニ写置可申様被仰付候ニ付、同役心得迄ニ極密書取、大略左之通

　　　　　　　　　　　　　　　　下総守

巻表ニ
掃部頭様
備後守様
和泉守様
紀伊守様
中務大輔様

当春、為御使堀田備中守被差登、亜墨利加条約一条委細及言上候処、
神妙之大患国家之安危ニ係り、誠ニ不容易、奉始
神宮　御代々被為対恐多被思召、　東照宮以来之良法を変革之儀者、
闔国人心之帰向ニも相拘、永世安全難量、深被悩
叡慮、下田開港之条約以後、仮条約之趣
御国威難立、諸卿群議ニも後患難測、猶御三家・諸大名再応衆議書面
を以申上、且仮条約之儀も不被仰上前ニ取結候段、恐入被　思召候へ
とも、其砌、魯西亜・英吉利・仏蘭子等追々渡来仕候ニ付、仮条約御
取結無之候而ハ、跡々之者共御取扱方御六ケ敷ゟ不得止事、条約調印
迄ニ相成候儀等委細其節之次第柄、内外密事等迄及言上、殊ニ不容易
隠謀有之哉ニ而、堂上方其外江種々之手段巡らし、外夷一条為及混乱、
其機ニ乗し隠謀を可相遂内存ニも相聞へ、内乱を引起、非望を希ひ候
隠謀之向有之、実ニ内外大患を一時ニ可引起、万一争端を開候ハヽ、
三百年ニ近き太平、忽紊乱之世与相変、可被奉安　宸襟期も有御座間
敷、自然関東之御力ニ不被為及、譬大藩御守護申上候とも、戦争与罷
成候而者、乍恐
皇居御安穏可被為在様無之、戦争敗亡之後、条約取結候様相成候ハヽ、
既ニ清国同様之姿、夷人十分之所置願通ニ不被仰付候而者承知不仕様
成行、
温恭院様御配慮被為在候旨及言上、其他、掃部頭初同列共心配之趣意
并軍艦銃炮御全備ニ不相成内者、必勝之利無之、仮条約之通御聞済被
成下置、追々右等全備ニ至り候ハヽ、　思召通り如何様共　御国辱ニ
不相成様御取計方ハ幾重ニも可有之旨、精々尽丹精、参　内之節も
愚弁之及たけ申述候、其後、九条殿ゟ十一月十日以若狭守被仰聞候ニハ、
奏達之処、不得止事情与者被聞食候得共、猶
叡慮者当春以来ニ不被為替、唯々貿易取結御免ニ相成候而ハ、譬五六
年者扨置、一日ニ而も夷人与国民馴合、貿易商館相極候時者、去ル六
月、
伊勢へ公卿　勅使被発遣候節、
宸筆　宣命之御趣意ニも齟齬致し、中々以容易ニ御聞受可有之御姿無
之候間、即、先般申上置候通、一躰外国御取扱方之儀、容易之事ニハ
無之、関東ニ於ても御沙汰之通相成儀ニ候ハヽ、斯迄御心配者不被遊、
縦何様之訳柄有之候共、重き
勅諚之儀ニ付、如何様ニも御所置被為在、
叡慮相立候様被遊度思召ニ在之候得共、追々英・仏渡来之期ニ至、和
戦之二道御決着之境ニ付、
御累代御委任之御場合を以御決断有之、併被仰上無之、調印相成候段
ハ御斟酌被思召、
温恭院様深く御心配被為在被　仰含候御趣意、此程申上候通り之次第、
殊ニ双方調印為取替候仮条約引戻候儀者迚も出来難仕、只今引戻し方
之儀、如何様及談判候とも決而承伏不仕、今般御沙汰之次第ニ而ハ、
条約を破り戦争を仕候様ニと被　仰出候も御同様之儀、此方ゟ条約を
破り候ハヽ、彼ニ名有て我ニ義なく、各国挙而不信不義之名を唱、軍
艦差向候ハヽ、当時船炮も不相整、無謀ニ兵端を引起し候而者勝算無
之而已ならす、三百年ニ近き泰平も忽乱世与罷成可申、目当も無之兵

端を開き、得失軽重何れ之所ニ可有御座哉、譬夷族を　帝都江可被召呼　勅諚出候共、国家之御為不相成儀者御奉行難被遊、既ニ仮条約為取替相済候上之儀ニ付、何様御沙汰御座候共、当節引戻方之儀者内外危難を招く義ニ御座候、強而引戻候ニハ、戦争と覚悟仕候外無御座、然ル処、軍艦大炮之兵器全備不仕、諸大名迚も同様不相整、上下疲弊之折柄、如何様　神国之勇武を振ひ及戦争候とも、彼ハ年来実戦ニ事馴、軍艦炮器自在を得、彼同盟之国々申合、　御国四面之海岸へ軍艦数万艦差向、放火乱妨ニ及候節ハ、御国一ケ国ニ而万国を相手ニ引受候義、差当り只今之防禦さへ手段無之、其上、隠岐・佐渡を初、海中孤立之嶋々者、忽彼ニ奪取られ候場合ニ至候ハヽ、　皇居も御安穏可被為在様無之、億万生霊之難苦、如何計ニ可有之哉、実ニ其患害難申上尽、戦争後、終ニ和議を構し候ハヽ、十分之条約取結、雑居者勿論、地所貸渡、彼が意ニ随ひ不申而ハ難叶、清国の姿荒増申上、乍恐幾応も御諫諍《（マヽ）》申上、当節無余義次第被為聞召分、往々叡慮相立候様取計可申、　公武御合体被為在度との事ニ而、当六月、

　伊勢公卿　勅使被発遣候節、

宸筆　宣命之御趣意ニも齟齬致候段、何とも奉恐入、叡慮之所御尤之御儀奉存候得共、関東之情態、倨傲不遜なと、事々敷申触し候者有之、忘言虚説等漸々天聴を汚し候哉之趣相聞へ、悉遂吟味候ハヽ、重罪ニ当り候者も不少哉、厚き叡慮も却而御趣意ニ振れ候儀と、実以奉恐入、厳重吟味仕、明白ニ入叡聞候様可仕、京・関共ニ、此節追々吟味取掛り罷在候云々与迄申上候段ハ、先便申上置候処、今般別紙之通、再九条殿ゟ所司代若狭守を以被仰候ニハ、亜夷之子細、能々分明ニ御承知ニ候得共、皇都近国大坂出商売丈ケニ而も被止、且夷人雑居遊歩等総テ唐・蘭同様与之御趣意ニ而、人民馴合、邪教伝染之時ハ　神国之風俗も自然与崩れ易く、其時ニ至り悔候事眼前ニ有之与思召、是非唐・蘭同様之取扱ニ可相成様と被　仰出候趣、尤先々之儀ハ極密之義ニ而、内々九条殿ニも御内含有之候儀、筆頭を以難申上筋合ニ御座候、尚私帰府之上篤与可申上、委細別紙之趣被遂御一覧、御承知可被下候様奉頼候事

十二月晦日

十一月廿九日、間部侯御旅館へ御所司代御招き被渡、九条殿へ之御答書写、内々大略書取、左之通り

亜夷壱条、段々無拠子細、能々分明ニ御承知被下候へ共、　公武御合体之御訳柄とも不被　思召、壱条ニ而も、叡慮相立候ハヽ、寛宥之御次第も可被為在哉与迄御勘弁之上、厚被仰下候処、猶又、前段之趣意繰返し申上候も、実ニ奉恐入候間、大坂出商売丈ケ之儀ハ、御趣意相立候様何与歟工夫、精々彼国へ為掛合候様可仕候、且又、夷人雑居、猥ニ遊歩等被停止、総而唐・蘭同様、厳重御取扱与之御趣意、雑居之儀者、夷住居可致区々場所を設置候積ニ付、兼而申上候通、決而雑居与申義ニ者相成不申候、遊歩之儀者、亜夷今般之条約ゟ差許候事ニも無之、近来、蘭人之儀も長崎表ニおいて遊歩

等緩優相成候へ共、御取締之儀ハ前々ゟ却而厳重ニ御取計有之候儀ニ御座候、都而開港場ニ於て遊歩之節々、役人附添へ、其上町在共所々ニ役人相詰見張罷在候仕法ニ付、決而不取締之儀者無御座候、所々人民夷人与馴合、邪教伝染之時者、

神国之風俗も自然与崩れ可申との御掛念之趣、御尤千万之御事ニ奉存候、此儀者関東ニおゐて格別御配慮有之、夷人罷居候場所々々者、役人番所等取立、密売買等厳敷相禁し、只正法之通、商為致、私之交会等者決而不為仕、邪教之儀者彼国ニおゐて当時者人目を驚し候術等行ひ候儀者無之、乍然 御国ニおゐて御厳禁之段ハ、是迄渡来之国々へ急度申達し、彼国之宗法、日本ニおゐて不弘様堅申渡置、 御国内之者江も伝染不致様、前々よりも厳重ニ申付候儀ニ而、都而御取締向之儀者、粗唐・蘭同様之振合ニ有之、規定之細目等ニ至り候而者、却而厳重之仕法ニ御座候、尤、先達而ゟ及言上候通り、軍艦銃炮武備整候上ハ、兼々御趣意之通、外夷御取扱方、是迄

御国法ニ引戻し、 御安慮被為在候様可仕候間、御猶与被成下、偏ニ

公武御合体之程、幾重ニも希候儀ニ御座候事、

十一月廿九日所司代へ渡し

九条殿江御答書ニ添へ差出別紙

墨夷条約之儀、段々之御趣意も御座候処、右

御趣意通り難相整段再三申上候者、奉恐入候得共、畢竟、双方異論無之ため之条約ニ候間、申さバ此方ゟ動し候得者、又彼方よりも違変可致、其節者制止方も有御座間敷、互ニ都合勝手ニ寄、条約を替候様相成候而ハ、終ニハ彼等願意之通申張、却而深入致し候様可相成も難計、一躰初ゟ只管談判不行届之様ニも可被思召哉ニ候得とも、右者世上之議論、彼是達

叡聞候故之儀ニも可有之、右議論与申候者、兼々入 御内聴候通、不容易隠謀を企候者有之、外夷壱条為及混乱、其機ニ乗し可遂志願と種々計策を巡らし、蛮夷御隔絶出来候様之儀、猥ニ申触し、右ニ雷同致候者も多分有之、甚しきハ隠謀の筋行ハれ候得者、蛮夷者急度御拒絶相成候様可仕なと、申上候者も可有之哉ニ候得とも、右者全く蛮夷を退候様ニ与之 御趣意ニ附込、隠謀を可遂之手段ニ而、当節各国之形勢、中々右様ニ者難相成儀ニ付、隠謀取行候上ハ、素より不義之富貴を願ひ候輩、いかでか無謀之戦争を可仕哉、忽前言ニハ反覆致し、外夷之条約取結ひ、 御国政を随意に可取捌、偽姦謀顕然致候儀ニ御座候、然ル処、腐儒・浪士之類、如何ニも正論之趣ニ申成し、世上之人聴を惑わし、国家之大事を誤り候類不少与、重々心配仕候儀ニ御座候間、幾重ニも御汲分、関東御委任之御筋合相立、万世不朽之御政道確乎として御動無之様、偏ニ希居候儀ニ御座候事

十二月十日、若狭守ゟ差越

十二月十八日、差出

九条殿へ御答書并

勅諚書写とも

今般、東使下総守ゟ差出候書付壱紙、外患内憂等之事情、逐一詳聞及候、外患壱条、朕苦悩之処、今度不計モ内憂相生し、実驚歎之事ニ候、

譬へニ、同舟風波ニ遇ハ胡越モ一心ト申ニ、此難危之際ニ紛々之事共差起り、昼夜不寐、内憂一条忠憤之心ゟ出候歟、乍去其内間ニ者、隠謀凶邪之徒モ雑り入有之由ニ聞エ、関東諸老始皆々一段心配之事共、如何計歟苦心之儀ニ候、今度是等処置之宜ヲ得候ハヽ、内憂之事ハ先可取鎮、扨外患之儀者、当春来追々申諭も、究竟者所々開港雑居之姿ニ及而ハ、他年万一争端起候節、夷人我邦之事情ヲ能々窺知り、防禦方極而艱難ナル歟ニ思事ニ而、禍ハ遅共禍も大ニ成之理、今日、朕一人之安逸ヲ思、他日奉対祖先面目モ無之様之時者、深恐多儀ニ候間、反復打合ニ及候也、乍去方今宇内形勢モ相変り、於関東不得止之事情者、則於朕亦不得止之事候、只畿内近海之処者、前日持来之書中ニ急度考量可有之趣ニ付、此事篤与詳談合可有之候様、下総守へ談合可有之、但、先達而下総守差出候書数通之中、蛮夷ヲ可遠之儀者、大樹以下老中ニも同意之趣ニ候得共、聊疑念モ相残候間、過日来之所存、今一応押返し申試候事、又毎々申述候通、何卒一日モ早ク無怠真実ニ相遠ケ候様念願ニ存候事、

右之書付、折掛包ニ致し、上書ニ左之通

十二月九日、九条殿より酒井若狭守江被相渡、同人を以御達

勅書之写

巻表ニ張紙

十二月十八日、酒井若狭守江以書状達之、二通之内

九条殿江之御答書写

今般奉差上候書付一紙、外患内憂等之事情、逐一詳被及　聞食候、外患一条

御苦悩之処、今度不計も内憂相生し、実

御驚嘆之御事ニ候、譬エニ同舟風波ニ遇ハ胡越も一心と申、此難危之際ニ紛々之事共差起り、昼夜不寐、内憂一条忠憤之心より出候歟、乍去其中間ニ者陰謀凶邪之徒も雑り入有之由ニ聞食候との御旨

此儀、外患一条

御苦悩之処、今度不計も内憂を生し候との儀、元来今度之一件者内憂之隠謀より外患を生し候事ニ候得者、右内憂を差置、外患を取除候与計御所置之次第前後仕候而者、累卵之危眼前ニ而、内憂一条隠謀之発端者是迄追々言上仕候間、委細御明察被為在候御事与奉存候、扨隠謀江荷担之方々者、元者忠憤之心より出候歟との儀、

御叡慮被為在候通、元来悪謀方之密計、忠憤之心ニ附入、百方勧諭被致候義ニ自然と押移り、誠情及混動、其実者悪謀之偽を信しられ、此後聢与改心之期不相見迄ハ正道とハ難申、其上、真実之忠義ニ候ハヽ、国家之安危前後之場合を被顧、考量金言も可有之処、一旦紙上之議論ニ泥ミ、天下之大事ニ不心付被迷(建カ)(ママ)我慢評段者真之忠与ハ難申、剰国家を傾ケ候反逆事情、粗相分り候上ニ而も、猶隠謀之荷担被致候而、関東を仇讐之如く讒し被申候次第、仮令一旦者逆人と与モニ志を遂候とも、及天下惑乱候得者、真忠憤之心とハ難唱、殊ニ虚忘(妄)之讒奏を以奉驚

宸襟候等之次第、其不信不義、悪謀張本同様とも可申哉、就中、大老・老中ニ悪逆之偽名を附、態与讒を設られ候次第、追々囚人共之申口ニ而も顕然たるべき事ニ而御座候事

関東諸老初皆々一段心配之事共、如何計歟
御苦心被思食御儀ニ付、今度是等之所置之儀ハ、当春来追々被仰諭も、
究竟者所々開港雑居之姿ニ及候而者、他年万一争端起り候節、夷人
御国之事情を能々窺知り、防禦方極而艱難なる歟ニ被　思食事ニ而、
禍ハ遅共禍も大ニ成之理、今日、
御壱人之御安逸、他日被為対
御祖先御面目も無之様之時者、深恐多被
思食御儀ニ候間、反復　御沙汰被為　在候与之御旨、乍去、方今宇内
形勢も相変り、於関東不得止之事情者、則於　禁中も亦不被得止之御
事ニ候、唯畿内近海之処者、前日差上候書中ニ急度考量可仕趣申上候
ニ付、此事篤与詳御談合与之事

此儀、於関東大老始一同心配仕候事共、如何計歟
御苦心被　思食候与之御事、誠ニ以難有御儀奉存候、乍然斯迄被
悩　叡慮候段、実以無勿体奉恐入候、内憂一条ハ前書ニ奉申上候
通之次第ニ而、扨又、外患之儀者、当春来追々被　仰出候通、究
竟者所々開港雑居之姿ニ及候而者、他年万一争端起候節者、夷人
皇国之事情を能々窺知り、防禦方極而艱難なる歟ニ被　思食候御
旨、御沙汰之件々御尤之御儀、方今争端を不開、他事之治道を量
候儀、於関東深重之御趣意、兵法神妙之極意、往々
叡慮之御旨相立候様御所置可有之、且又、畿内近海之処ハ先達而
申上候通り、大坂出商売丈ケ之儀ハ引戻し相成候様、精々彼国江
為掛合候様可仕候間、追々申上候通之次第ニ而御推察相願候事
先達而差上候書中、蛮夷を可遠之儀者、関東ニおゐて私共迄も同意
之趣ニ被　思食候得共、聊　御疑念も被為残候間、過日来之所存、
今一応押返し被仰試候事、又毎々被　仰出候通、何卒一日も早く無
怠、真実ニ相遠ケ候様被　思食候与之御事

此儀、聊　御疑念も被為残候との御事、右ハ是迄、悪謀方より
種々之妄説入　御耳有之候処、今度真実之事情言上仕候ニ付而者、
黒白相反し居候儀も多く有之、定而　御驚愕被為在候御儀ニ可有
御座、依而者、猶　御疑念も被為残候段、御尤之御儀ニ付、猶又
繰返し申上候、抑外夷一条、開港貿易等好候者一人も無之段者申
上候迄も無之、明白之義、乍去当時何分御拒絶難相成次第故、暫
く彼か願意之内取締御聞届相成、追而御武備整頓之上、前々之御
国法通り引戻可申候間、御猶予被成下候様、再往申上候通ニ御座
候、且又、蛮夷を可遠之儀者、品々御所置振も可有之候へ共、前
以定置兼候、所謂当意即妙・臨機応変ニ而、猶被為安　叡慮候様、
其筋ニ任候役人共厚く相心得取計候儀ニ而、一躰御政事向之儀、
深量御趣意之端ニ至候而者、民これに由らしむへし、知らしむべ
からす、衆人の心得へき事ニ者無之、前々ゟ之御法ニ候処、近来
庶士横議、猥ニ御政事を誹謗致し候類不少、一体只今迄、悪謀荷
担之方々ゟ内
奏之次第可有之、右者都而凶邪小人之作説諸方へ申込候手続等、
今般召捕候者共吟味之上白状、ニ及ひ、是迄之成行も追々相分り
候儀ニ而、此程以来言上仕候次第者、乍恐真実之事情、正道不曲
を以言上仕候儀、大老始内々申合、彼是取繕候儀等ハ、聊以て無
之事ニ御座候、且又、真実ニ遠ケ候様被　思食候旨被　仰出候段、

酒井若狭守を以被　仰下候趣、一々奉謹承候、尤右御趣意之次第、於関東深く御心配者勿論、大老・老中共、素ゟ同意之儀ニ御座候間、此上者聊　御疑念不被為在候様願度、尤御趣意之通幾重ニも相守、重役一同日夜無懈怠相心得罷在候儀ニ、猶又可被仰付候事

表ニ張紙ニ而

十二月廿七日、以手紙所司代江達し、二通之内

九条殿江之御答書控

亜夷壱条ニ付、先日奉差上候書付被為入
叡覧、追々被為在　御氷解候間、弥　公武御合体、何卒早く良策を廻し、夷族を遠去し、関東之良法、鎖国之御旧制ニ相復候様、殊　神宮之儀ハ、先日被　仰出候御趣意故、宜　御勘考有之候様可被　仰出、私ニも長逗留ニ相成心配仕候段、乍恐　御叡察被成下、両三日中ニ表向可被仰出候哉ニ被　思食候ニ付、此辺を以、反及覆御談有之候様被仰出候旨、酒井若狭守を以て被　仰下候趣奉謹承候、追々奉言上候趣被為在　御明察、　叡慮御氷解被為遊、御安心候との段々厚き御沙汰之趣、誠以難有御儀ニ奉存候、兼々奉申上候通、軍艦銃炮等武備相整候上ハ、いつれニも御趣意之通り、外夷御取扱方是迄之御国法ニ御引戻、被為在御安慮候様御考量可有之、大老初私共ニも急度心配仕候儀ニ御座候、且亦、九条殿迄差出候書取之儀ニ付、委細之御趣意等奉敬承候事

巻表ニ張り紙ニ而

十二月廿七日、以手紙所司代江達し二通之内

九条殿江之御答書控

先日奉差上候書中ニ、開港一事、如何ニも兵庫者遠さかり可申様、急度考量之趣、然ルニ此度奉差上候書中ニハ、大坂出商売丈ケ之儀者何と歟工夫仕候由、前日書中与此度書付相違ニ相成、如何様之次第、是等重事無忽略様、急度御談合ニ被為及候旨、酒井若狭守を以被
仰下候趣奉謹承候、右ハ先日奉申上候通り、如何ニも兵庫之儀ハ御趣意厚く相心得、遠さかり候様御所置可被為在、大坂出商売丈ケ之儀者引戻し相成候様、精々彼国へ為掛合候心得を以申上候儀ニ御座候事

※

間部侯ゟ

正月朔日刻付卯上刻出、同七日申上刻到来、御連名之御状御写、内々拝見、左之通

上封、左之通

井　掃部頭様

太　備後守様

松　和泉守様

内　紀伊守様

脇　中務大輔様

間　下総守

今晦日参　内被　仰出、於　小御所　九条関白殿并伝　奏広橋前大納言脇座ニ而、別紙之通、今般
御使　勅答、関白殿被相達候間、委細奉畏可申上旨御答申述候、右

ニ付、私帰府之節、本書者持参可仕与奉存候、依之、写ニ而先今便奉申上候、右ニ付而、此後御取計振等之儀、私見込之趣も御座候間、后便可申上候、差急先此段奉申上候、宜被仰上可被下候、田安殿江も御吹聴被成下候様仕度、此段宜奉願候、以上

十二月晦日

尚以、万里小路前大納言不参ニ御座候、以上

蛮夷和親貿易、已下之条件

皇国之瑕瑾

神州之汚穢、既

先朝ニ茂甚被悩　叡慮、被　仰出之御儀茂被為在候、当　御代ヨリ被始行候而者、実ニ被為対

皇太神宮御始　御代々恐多無被　仰訳、深歎被　思食候ニ付、日夜被悩

叡慮候御趣意者、春来度々被　仰出候御事ニ候処、今般、間部下総守・酒井若狭守上京、彼是言上之趣者、　大樹公已下大老・老中役々ニ茂、何れ於蛮夷者如

叡慮相遠ケ、前々御国法通鎖国之良法ニ可引戻段、一致之儀被　聞食、誠以御安心之御事ニ候、然ル上者、弥

公武合躰ニ而、何分早被廻良策、先件之通可被引戻候、於不止得事情者、審　御氷解被為在、方今之処、御猶予之御事ニ候、殊　神宮并京師近海之儀者、先日申達候通、全御伝国之神器被相重候御事ニ候間、宜在御勘考被　仰出候事

折掛紙表ニ

禁裏より御口上書写

弥御安全目出度思食候、此御所置益御機嫌克被為成候、此度下総守被差登、御目録之通御進献、御口上被仰進、御内々より茂珍敷御品々御進献、不浅御満悦被思食候、依之御目録之通被進候、宜被申上候

＊本状の原本あり。※印より前は『井伊』十四―五〇号の一部削除。後は『井伊』十四―四九号。

No.5　安政六年正月十八日条

一、正月十一日出、同廿日到着、京都間部下総守様御返書、左之通り

巻表ニ

下総守

掃部頭様

正月四日御認尊書拝見仕候、如貴命　改春御目出度奉恭賀候、先以公方様益御機嫌能被成御座、奉恐悦候、次ニ弥御安清御重歳被成候事、珍重奉賀候、然者、御規式万端被為済、殊ニ天気相も打続宜趣御同慶奉存候、扨又

御使壱条者、先日申上候通、十二月晦日無滞相済、其後御取締之義ニ付御相談申上候義ニ付、日々御沙汰之趣相待罷在候、追々御取締附不申候而者、此後、悪謀相含ミ居候衆も有之哉ニ而、甚以掛念千万ニ御

座候、早々御取締御下知奉希申候
一、旧臘被仰下候水府密使之儀ニ付、縷々被仰下、早々町奉行長門守江申付、探索仕候義ニ而御座候、何れ相分り候ハヽ、早々可申上候、実ニ種々ニ手を替悪謀相働候ニ者、当惑之儀ニ御座候、何卒、水戸家来共、追々御呼出シ吟味相済候様仕度、悉皆御事済ニハ御間合可有之候得共、追々ニ勢抜候様仕度事ニ御座候、何茂貴報迄、恐々御請謹白

正月十一日

尚々、知順初召捕方之義、奉承知候、大抵御取締方相済候ハヽ、大坂江相廻り帰府仕度、此段宜御含置可被下候、同列衆伝言被仰下奉謝候、猶宜御伝言奉願候、以上

＊本状の原本あり『井伊』十六―一六号）。

No.6　安政六年八月二十七日条

一、水戸前中納言様隠謀一件ニ付、永蟄居御国表へ可被遣旨被　仰出候、右ニ付、中納言様御差控被仰出、右ニ周旋致候御家来四人御仕置被仰付候

一、松平左兵衛督様御留守居小林処三郎罷出、今日左兵衛督様御儀、水戸様江　上使被　仰付御越之処、水戸御屋形表御門江警固之者共弐拾人計居通し不申、段々御懸合被成候処、　上意之趣、御門外ニ而相伺可申旨申聞、何分承知不仕候ニ付、其侭御駕被立置、如何御取斗可被成哉、差向御心得方御用番和泉守様江御伺可被成処、彼是手間取候而者御心配被成候間、御差図可被下様被　仰遣、則申上候処、以之外之儀ニ付、此上御通不申候ハヽ、御家老呼出、篤与御利解被成、夫とも御家老も罷出不申候ハヽ、御家老代り之人ニ而も御呼出被成、御利解可被成、夫共ニも何分承引不仕候ハヽ、姓名等御聞取被成、右之趣御月番様江御届可被成旨御指図相済、直様罷帰り候、猶又、余程過同人罷出、過刻御差図相伺候処、早速御差図被成下、忝右御挨拶被　仰進、過刻直様小石川江乗付候処、田安御門外ニ而主人ニ出逢候ニ付、御差図之趣申聞候処、此方様江御伺被成候後、種々御利解被成候処、其内承服仕、御通申候趣ニ付、　上使無御滞御勤済ニ而只今御引取、御受之儀、明朝御登　城之上可被仰上旨、先此段不取敢被　仰遣候由、右ニ付、只今御用番和泉守様江も罷出、最初ゟ之始末御届申上置候段被申聞、夫々申上候

但、御請之儀者如何様之御請ニ相成候哉、途中之儀ニ付、聢与聞届不申候へとも、　上使者無滞相勤候段主人申聞候趣、処三郎与申聞、其段も申上置

No.7　安政六年八月二十八日条

八月廿八日

一、松平讃岐守様
昨日依御封書御登　城被成候処、水戸様御家御取締之儀ニ付、御不行届被　思召候旨、松平和泉守様ゟ被　仰渡候由

No.8　安政六年八月二十九日条

八月廿九日

一、明朔日五時、御附人ニ而御登　城被　仰出候段、公用方ゟ達有之間、
下座見江相達ス

一、松平讃岐守様
同　宮内大輔様
水戸様御家御取締方御不行届之旨、讃岐守様被蒙　仰之趣并水戸様前
中納言様江　仰出之趣ニ付、御差控被成御伺候処、讃岐守様御指控、
宮内大輔様ニ者　御目通被成御指控候様御差図御座候由

No.9　安政六年九月六日条

九月六日

一、松平讃岐守様
同　宮内大輔様
昨日、間部下総守様ゟ御家来御呼出、讃岐守様御差控、宮内大輔様御
目通り御指控被成御免候段被　仰渡候由

No.10　安政六年九月七日条

九月七日

一、今日御城ゟ左之御書付御下ケ被遊候間、当役壱人相越可申旨、公用人
権内申聞候間、忠右衛門承之、右者御拝領物ニも無之、全く進上物等
之儀ニ付、下役共差越可然哉之旨相答候処、間部下総守様衆へ一応可
及問合、何分急之儀ニ付、支度者致し居候様申聞候間、心得罷在候処、
無程下総守様ニ而者御徒壱人、其外持夫才領被遣候趣、依而当方下役
差越為請取候様談有之、詰合下役中原悌輔差遣ス
御下ケ之御書付二通、左之通

折表

覚

仏蘭西国より相贈候品々為受取、大振長持壱棹、持人才領添、今
日直ニ白金済海寺へ差遣、外国奉行支配向引合可持帰事

九月七日

折表

御名殿

置時計	壱
望遠鏡	壱
羅紗	一反
金銀銅貨幣	一箱
短筒	一箱
匂ヒ水入香箱	一箱
織物	一反
ギヤマンコップ	一対
同酒瓶	一対
玉器	四品

シヤンハイ酒　弐拾四瓶
絵　三枚
以上

御品引渡之節立合
仏蘭西人旅館済海寺詰
外国方
原喜太三
小沢俊蔵

No.11　安政六年九月八日条

一、昨日御休息江被為　召、品々御政談之上、左之通被為蒙上意候
九条殿ニ者昨年以来格別骨折心配被致候ニ付而、　御所向も折合候趣ニ而安心致す、此二品者内々差贈るによつて、掃部より宜敷申伝るやうに

御品物
料紙硯箱　龍虎研出し蒔絵
御掛物　牧渓筆山水

右之通被進候ニ付、御足軽飛脚ニ而被遣候

解題　『公用方秘録』の成立と改編

母利美和

本稿では、第一に、彦根藩における公用人の記録としての『公用方秘録』の原本（自筆本）の成立過程を明らかにし、第二に、明治以降、井伊家から明治政府に提出するため改編された提出本と言うべき写本の成立過程を明らかにすることにより、現在流布する『公用方秘録』の諸本について史料論の観点から検討する。それによって、『公用方秘録』の持つ歴史的意義と問題点を明らかにしてみたい。

はじめに

『公用方秘録』は、幕末期の大老井伊直弼の時代における彦根藩公用人の活動記録である。(1)この記録は、井伊直弼の大老就任期間における彦根藩の動向は言うまでもなく、幕府内部の政治動向を知る有力な史料として周知の史料であろう。とくに井伊直弼の大老政治についての叙述では、島田三郎が明治二十一年（一八八八）に著した『開国始末』(2)において『公用方秘録』をはじめ「秘書集録」などの井伊家史料の存在を公表して以来、彦根藩側の史料という限定つきではあるが、多くの研究者がこの記録を引用して論じてきており、(3)当該期の政治史研究にとって不可欠な史料となっている。

しかし、井伊家史料の公表があまりにもセンセーショナルであったためか、十分な史料批判がおこなわれずに用いられてきた面も見られる。(4)

一　現存する諸本

『大日本維新史料』編纂と『公用方秘録』

『公用方秘録』は、東京大学史料編纂所（以下、史料編纂所と略記する。）における『大日本維新史料　類纂之部　井伊家史料　八』（以下、『井伊家史料　八』のように略記する。）の編纂において、安政五年（一八五八）八月二日の記事として、はじめて部分的に収録文書が引載された。(5)それ以前の編纂において、『公用方秘録』からの引載がなされなかった事情は存知しないが、この段階で井伊家史料の中には原本がなく、『公用方秘録』のみに収録される書状や記事の重要性が注目されたのであろう。続巻の『井伊家史料 九』以降においては、『公用方秘録』に収録される記事を引いて、現存文書の成立年代の推定、写本の交合、原本欠落部分の補足などにも利用されるようになった。[6]

　しかし、この段階で編纂に用いられた『公用方秘録』は、「本所架蔵ノ写本ヨリ引載セリ」[7]と注記されるように、史料編纂所の所蔵写本であった。この写本の成立については後述するが、その後、史料編纂所では井伊家所蔵の『公用方秘録』の写真を入手し、『井伊家史料 十一』以降は、「井伊家所蔵ノ『公用方秘録』ヨリ引載セリ」[8]とする注記が見られるようになる。この井伊家所蔵の『公用方秘録』は、「尚、此箇所ハ、宇津木六之丞ノ筆ニ係ル」などと、筆者についても注記が加えられており、彦根藩公用人宇津木六之丞らの自筆による『公用方秘録』の原本と考えられるものである。

　また、『井伊家史料 十八』の一一号史料の注記には、「井伊家所蔵『公用深秘録』草稿ノ三月九日ノ條ヨリ引載セリ、ナホ、本書ノ前半ハ宇津木景福ノ筆ニ、後半ハ某ノ筆ニ係ル」とあり、編纂には公用人自筆の草稿本も利用されていることが知られる。[9]

諸本の概要

　『公用方秘録』は、『井伊家史料』の編纂においても、自筆原本・草稿本のほかに写本が利用され、また、その書名も『公用方秘録』と総称されてきたが、厳密に言えば安政五年十二月六日以降の部分は「公用深秘録」と表題されていることが確認される。[10]

　ところで、これらの諸本は、井伊家の自筆本以外に、史料編纂所の所蔵分の写本だけでも六本が確認される。このほか、管見の限りでは、井伊家伝来古文書の内の『彦根藩井伊家文書』[11]に四本、『宇津木三右衛門家文書』[12]に二本、木俣清左衛門家旧蔵文書[13]に一本、宇和島伊達家文書[14]に一本、京都大学文学部に三本、[15]お茶の水図書館の成簣堂文庫[16]に一本、福井県立図書館の越前松平家文庫[17]に一本、下総佐倉藩堀田家文書に一本が伝[18]存している。

　つぎに、現存する自筆本および写本のデータを示す。但し、井伊家本以外の写本データは一部略記した。次頁の表①は、これら諸本の収録期間・分冊状況を自筆本と写本を区別して示したものである。左記の諸本のデータの内、各書名の「　」内は原題、〔　〕内は原題がなく後に与えられた書名であることを表している。

□井伊家本：彦根城博物館所蔵

（A）自筆本（草稿）三冊：『彦根藩井伊家文書』報番(二)-734/735/740

　「公用方秘録」安政五年九月六日～同年九月二十一日

　　＊法量二四・四×一七・〇cm、四穴大和綴、表紙共紙。

　　表題も宇津木景福の自筆。

　「公用方秘録」安政五年九月二十一日～同年十二月二日

　　＊法量二四・四×一七・〇cm、四穴大和綴、表紙共紙。

　　表題も宇津木景福の自筆。

【表①】　『公用方秘録』諸本一覧

	安政5.4/ ～8/2	安政5.8/3 ～9/5	安政5.9/6 ～9/21	安政5.9/21 ～12/2	安政5.12/6 ～同6.3/晦	安政6.4/9 ～9/14	安政6.8/27 ～文久3.12	備考（蔵書記号・奥書・伝来等）
[自筆原本]								
宇津木家本 （A） 自筆草稿本	×	×	×	×	×	×	○　×	表題「公用秘録」。『宇津木三右衛門家文書』報番-282、調番B2-17-2。安政6年10月8日～同23日までのみ。後欠。
井伊家本 （A） 自筆草稿本	×	× 「公用方 秘録」	○ 「公用方 秘録」	○	○ 安政5.12/6～ 同6.6/26 [宇津木景福手留]	×	×	『彦根藩井伊家文書』報番（二）-734:調番28020 『彦根藩井伊家文書』報番（二）-735:調番28006 『彦根藩井伊家文書』報番（二）-740:調番27447
井伊家本 （B） 清書本	×	×	×	×	○ 安政5.12/6 ～同6.9/14 「公用深秘録　宇六」		×	『彦根藩井伊家文書』報番（二）-737:調番28005
[自筆原本の写本抄録]								
木俣家本 清書本写本	○安政5.4/ ～8/22抄録 「公用方秘録」	○安政5.8/23 ～9/29抄録 「公用方秘録」	○安政5.9/29 ～12/2抄録 「公用方秘録」		×	×	×	[木俣清左衛門家旧蔵文書（井伊達夫氏所蔵）]
[明治政府提出本系の写本]								
井伊家本 （C） 提出本草稿	○ 「公用方 秘録」 ＊1	○ 「公用方 秘録」 ＊2	○ 「公用方 秘録」 ＊3	○ 「公用方 秘録」	○ 「公用 深秘録」	○ 「公用 深秘録」	○「御城使寄合留帳・直勤日記・公用方諸事記・公用諸事留・御取次頭取諸事留帳抜粋」＊4	『彦根藩井伊家文書』報番（二）-730～33:調番28091～94、報番（二）-736・738:調番28095・28096。 ＊1（表紙右端墨書）「十九年二月改」 ＊2（表紙右下墨書）「明治十九年二月改」 ＊3（表紙右下墨書）「十九年二月改」 ＊4「井伊家伝来古文書」調番31464（表紙見返し朱書）「以下四拾弐枚紅紙迄写取、公用方秘録ニ添へ修史館へ指出ス、明治十八年八月」。
井伊家本 （D） 提出本写本	×	×	×	×	×	×	○「御城使寄合留帳他抜粋」	「井伊家伝来古文書」調番31463。調番31464の写本。(奥書)「昭和二十四己丑年七月、七拾六叟　高橋敬吉写之」。
宇津木家本 （B） 提出本写本	○ 「公用方 秘録」	○ 「公用方 秘録」	○ 「公用方 秘録」	○ 「公用方 秘録」	○ 「公用 深秘録」	○ 「公用 深秘録」	×	『宇津木三右衛門家文書』報番272・276～8・280・281：調番B2-18-1～6。 ＊提出本成稿の直前稿本の写本と推定される。
東大史料編纂所本（A） 提出本写本	○ 「公用方 秘録」	○ 「公用方 秘録」	○ 「公用方 秘録」	○ 「公用方 秘録」	○ 「公用 深秘録」	○ 「公用 深秘録」	○「御城使寄合留帳他抜粋　×	[記号2072-20]『井伊直弼 公用方秘録』写本七冊。(奥書)「明治十九年一月華族伯爵井伊直憲蔵書ヲ写ス」。修史局作成。第7冊は、万延元年5月25日までの記事。
東大史料編纂所本（B） 提出本写本	×	×	×	×	○「公用深秘録」　○同左	○同左　○同左　○「公用深秘録」	×	[史談会引継本:史3架-（5）-516～520]『史談会採集史料 公用深秘録』写本5冊。明治30年史談会作成。(奥書)「六月廿六日謄写、磯野佐一郎差出、原書井伊家所蔵」。
東大史料編纂所本（C） 提出本写本	○ 「公用方 秘録」	○ 「公用方 秘録」	○ 「公用方 秘録」	○ 「公用方 秘録」	○ 「公用 深秘録」	○ 「公用 深秘録」	○「御城使寄合留帳他抜粋　×	[維新引継本:2ほ-1]『公用方秘録』写本7冊。第1～4冊は明治44年彰明会作成。同年、維新史料編纂会に寄贈。第5～7冊は維新史料編纂会作成。第7冊は、万延元年5月25日までの記事。
東大史料編纂所本（D） 提出本写本	○ 「公用方 秘録」	○ 「公用方 秘録」	○ 「公用方 秘録」	○ 「公用方 秘録」	○ 「公用 深秘録	○安政6.4/9～ 万延1.5/25 「公用深秘録」	×	[記号4173-1]『公用方秘録』写本6冊。もとは[維新引継本:2ほ-56;4冊]、[維新引継本:2ほ-41;2冊]。(外題墨書)「係井伊氏原本」。
東大史料編纂所本（E） 提出本写本					○ 「公用 深秘録」	○ 「公用 深秘録」		[記号「-ほ-41]『公用深秘録』写本2冊。 本紙罫紙「維新史料編纂会」。(奥書)「図書寮所蔵写本、和田正平、着手 大正元年十二月六日、完了 同二年一月十日
東大史料編纂所本（F） 提出本写本	○ 「公用方 秘録」	○ 「公用方 秘録」	○ 「公用方 秘録」	○ 「公用方 秘録」				[記号「-ほ-56]『公用方秘録』写本4冊。 扉書「原書井伊家所蔵」。(奥書)「台本出所　宮内省図書寮所蔵写本、謄写人氏名印 田畑顕雄、着手 大正二年三月一日、完了 大正二年三月十五日、校合終了 大正二年三月二十九日、校正終了 大正二年四月二十九日、校定者氏名 片桐正義、豊原資清」
宇和島 伊達家本 提出本写本	○ 「公用方 秘録壱」	○ 「公用方 秘録二」	○ 「公用方 秘録三」	○ 「公用方 秘録四」	○ 「公用深 秘録一」	○ 「公用深 秘録二」	×	「伊達家稿本目録」による。
宮内庁 書陵部本 提出本写本	未確認	未確認	未確認	未確認	未確認	未確認	未確認	4冊（『国書総目録』による）
京都大学文学部本（A） 提出本写本	○ 「公用方 秘録」	○ 「公用方 秘録」	○ 「公用方 秘録」	○ 「公用方 秘録」	○ 「公用 深秘録」	○安政6.4/9～ 万延1.5/25 「公用深秘録」	×	文学部古文書室保管：[国史-か2-近江32（1～6）]「原本井伊家所蔵」昭和十五年謄写本。(標注)「帝国大学史料編纂掛蔵本ヲ以テ校訂ス」。
京都大学文学部本（B） 提出本写本	×	×	×	×	○ 「公用 深秘録」	○ 「公用 深秘録」	×	文学部古文書室保管：[国史-か2-近江33（乾・坤）]、昭和15～16年謄写本。(奥書)「台本出処、図書寮所蔵写本、維新編纂事務局写本」。
京都大学文学部本（C） 提出本写本	○ 「公用方 秘録」	○ 「公用方 秘録」	○ 「公用方 秘録」	○ 「公用方 秘録」	○ 「公用 深秘録」	○安政6.4/9～ 万延1.5/25 「公用深秘録」	×	文学部閲覧室保管：[国史-き7-8（1～6）]「原書井伊家所蔵」。「昭和二年十月三十一日」付受入。(標注)「帝国大学史料編纂掛蔵本ヲ以テ校訂ス」。
福井県立図書館松平本 提出本写本	○ 「公用方 秘録」	○ 「公用方 秘録」	○ 「公用方 秘録」	○ 「公用方 秘録」	×	×	×	[松平文庫：210-25]（第一冊墨書）「原書井伊家取蔵」。明治20年頃の写本。
お茶の水図書館成簣堂 提出本写本	○ 「公用方 秘録」	○ 「公用方 秘録」	○ 「公用方 秘録」	○ 「公用方 秘録」	○ 「公用 深秘録」	×	×	徳富蘇峰所持、成簣堂文庫本。(表紙見返し墨書)「是書、岩崎鏡川旧儲、偶昭和三年六月廿三日、於古書展覧会観焉、乃授重値購来、措于成簣堂中、廿六日、蘇峰六十六叟」。
佐倉藩 堀田家文書 提出本写本	○ 「公用方 秘録」	○ 「公用方 秘録」	○ 「公用方 秘録」	○ 「公用方 秘録」	○ 「公用 深秘録」	○安政6.4/9～ 万延1.5/25 「公用深秘録」	×	『下総佐倉藩堀田家文書本』

［宇津木景福手留］安政五年十二月六日～同六年六月二十六日
＊法量二五・〇×一七・五㎝、四穴大和綴、表紙別紙（後補）。
＊＊但し、［宇津木景福手留］は原題はなく、表紙欠、後欠の可能性あり。近代に茶色表紙、四穴大和綴にて再製本される。

（B）自筆本（清書）　一冊：『彦根藩井伊家文書』報番(二)-737
「公用深秘録 宇六」安政五年十二月六日～同六年九月十四日
＊法量二四・二×一六・七㎝、四穴大和綴、表紙共紙。
表題も宇津木景福の自筆。

（C）写本　七冊：『彦根藩井伊家文書』報番(二)-730/731/732/733/736/738、調番-31464
「公用方秘録」安政五年四月～同年八月二日
＊法量一八・二×一三・〇㎝、四穴和綴、表紙共紙。
表紙右端墨書「十九年二月改」、本文筆跡は多数。

「公用方秘録」安政五年八月三日～同年九月五日
＊法量一八・二×一二・八㎝、四穴和綴、表紙共紙。
表紙右下墨書「明治十九年二月改」、本文筆跡は多数。

「公用方秘録」安政五年九月六日～同年九月二十一日
＊法量一八・一×一三・〇㎝、四穴和綴、表紙共紙。
表紙右下墨書「十九年二月改」、本文筆跡は多数。

「公用方秘録」安政五年九月二十一日～同年十二月二日
＊法量一八・一×一三・〇㎝、四穴和綴、表紙共紙。
本文筆跡は多数。

「公用深秘録」安政五年十二月六日～同六年三月晦日
＊法量一八・九×一二・八㎝、四穴和綴、表紙共紙。
本文筆跡は多数。

「公用深秘録」安政六年四月九日～同年九月十四日
＊法量一八・八×一三・〇㎝、四穴和綴、表紙共紙。
本文筆跡は多数。

「御城使寄合留帳・直勤日記・公用方諸事記・公用諸事留・御取次頭取諸事留帳抜粋」

安政六年八月二十七日～文久三年十二月二十七日
＊法量一八・四×一三・四㎝、四穴和綴、表紙共紙。
表紙見返し朱書「以下四拾弐枚紅紙迄写取、公用方秘録ニ添へ修史館へ指出ス、明治十八年八月」、万延元年五月二十五日条下部付札朱書「是迄之処、修史館へ指出有之、此処迄御写被下度願上候」、本文筆跡は多数。
＊＊但し、いずれも藍色罫紙。安政五年九月六日以降は全て「金花堂」の刻印罫紙、それ以前は一部「金花堂」の刻印罫紙を使用する。

（D）写本　一冊：「井伊家伝来古文書」調番-31463
「御城使寄合留帳・直勤日記・公用方諸事記・公用諸事留・御取次頭取諸事留帳抜粋」

安政六年八月二十七日～文久三年十二月二十七日

＊法量二五・〇×一七・六㎝、四穴和綴、表紙共紙。
本文筆跡は多数。

□宇津木三右衛門家本：個人蔵（彦根城博物館寄託資料）

（A）自筆本（草稿） 一冊：『宇津木三右衛門家文書』報番-282
「公用秘録」安政六年十月八日～同年十月二十三日
＊法量二五・四×一七・八㎝、本紙楮紙、墨筆書（一部朱筆）、表紙共紙、二穴紙縒仮綴、後欠。

（B）写本 六冊：『宇津木三右衛門家文書』報番-272/276/277/278/280/281
「公用方秘録」一～四、安政五年四月日～同年十二月二日
「公用深秘録」五～六、安政五年十二月六日～同六年九月十四日
＊各法量二五・〇×一七・四㎝、本紙楮紙、墨筆書、表紙共紙、四穴大和綴。
＊＊但し、筆跡は六冊とも同一人物、提出本成稿の直前の写本と考えられる。

□木俣家本：井伊達夫氏所蔵

『公用方秘録』写本（抄本） 三冊：番号-400/401/403
「公用方秘録 上」、安政五年四月～同年八月二十二日
「公用方秘録 中」、安政五年八月二十三日～同年九月二十九日
「公用方秘録 下」、安政五年九月二十九日～同年十二月二日
＊各法量二四・二×一七・一㎝、四穴大和綴、表紙薄茶染紙、本紙楮紙、墨筆書（一部朱筆）。外題は短冊形雲母引きに墨書。
＊＊但し、三冊共同筆跡、他の同家の同筆跡の史料から、幕末期の写本と推定される。昭和四十年に『彦根藩公用方秘録』と題して影印本で刊行。

□東京大学史料編纂所所蔵本

（A）『井伊直弼 公用方秘録』写本 七冊：記号-2072-20
「公用方秘録」一～四、安政五年四月～同年十二月二日
「公用深秘録」五～七、安政五年十二月六日～万延元年五月二十五日
＊各法量二六・七×一九・〇㎝、四穴和綴、表紙薄茶染紙。
＊＊但し、筆跡は六冊とも同一人物、提出本の写本と考えられる。第七冊の内題は、「御城使寄合留・公用諸事留抜粋」。明治十九年修史局作成。
奥書「明治十九年一月華族伯爵井伊直憲蔵書ヲ写ス、
御雇写字 児玉利直
一級写字生 男澤抱一校（印）」他。

（B）『史談会採集史料 公用深秘録』写本 五冊
：請求記号 史談会引継本：史3架-(5)-516～520
「公用深秘録」一～五、安政五年十二月六日～同六年九月十四日
＊各法量二六・六×一八・四㎝、四穴和綴、表紙水色染紙

本紙罫紙「事跡取調所」。
＊＊但し、筆跡は五冊とも同一人物、提出本の写本と考えられる。
明治三十年、史談会が筆写。
巻之一に「六月二十六日謄写、磯野佐一郎差出、原書井伊家所蔵」と記載有り。

（C）『公用方秘録』写本　七冊：記号 維新引継本：2ほ-1
「公用方秘録」一～四、安政五年四月～同年十二月二日
「公用深秘録」五～六、安政五年十二月六日～同六年九月十四日
「御城使寄合留・公用諸事留抜粋」七、安政六年十月十七日
～万延元年五月二十五日
＊各法量二三・六×一六・〇cm、四穴和綴、表紙薄茶染紙。
＊＊但し、筆跡は七冊とも同一人物、提出本の写本と考えられる。
明治四十四年、維新史料編纂会作成。
第一冊奥書「明治十九年一月華族伯爵井伊直憲蔵書ヲ写ス、
御雇写字　児玉利直
一級写字生　男澤抱一校
明治四十四年四月、彰明会ニテ写ス　」
第五冊奥書「明治四十四年六月、維新史料編纂会ニテ之ヲ写ス」

（D）『公用方秘録』写本　六冊：記号4173-1
「公用方秘録」一～四、安政五年四月～同年十二月二日
「公用深秘録」五～六、安政五年十二月六日
～万延元年五月二十五日
＊各法量二七・五×一九・四cm、四穴和綴、表紙赤茶染紙。
本紙罫紙「東京榛原製」。
＊＊但し、筆跡は六冊とも同一人物、提出本の写本と考えられる。
六冊目は、東大（A）の六～七の部分を合綴する。
もとは維新引継本：2ほ-56（四冊）、維新引継本：2ほ-41（二冊）。
外題に「係井伊氏原本」と記載有り。

（E）『公用方秘録』写本　二冊：記号Ⅱ-ほ-41
「公用深秘録」乾・坤、安政五年十二月～安政六年九月
＊各法量二七・二×一九・二cm、四穴和綴、表紙薄茶色布目紙。
本紙罫紙「維新史料編纂会」。
＊＊但し、筆跡は二冊とも同一人物、提出本の写本と考えられる。
（奥書）「図書寮所蔵写本、和田正平、着手 大正元年十二月六日、完了 同二年一月十日」と記す。

（F）『公用方秘録』写本　四冊：記号Ⅱ-ほ-56
「公用方秘録」一～四、安政五年四月～同年十二月二日
＊各法量二七・二×一九・二cm、四穴和綴、表紙薄茶色布目紙。

本紙罫紙「維新史料編纂会」。
＊＊但し、筆跡は四冊とも同一人物、提出本の写本と考えられる。扉に「原書井伊家所蔵」と記載有り。（奥書）「台本出所　宮内省図書寮所蔵写本、謄写人氏名印　田畑顕雄、着手　大正二年三月一日、完了　大正二年三月十五日、校合終了　大正二年三月二十九日、校正終了　大正二年四月二十九日、校定者氏名　片桐正義、豊原資清」などと記す。

□宇和島伊達家本：㈶宇和島伊達文化保存会所蔵

『公用方秘録』写本　七冊：「伊達家稿本目録」所収。
「公用方秘録」一～四、安政五年四月～同年十二月二日
「公用深秘録」一～二、安政五年十二月六日～同六年九月十四日
＊各法量二七・五×一九・四㎝。
＊＊但し、筆跡は七冊とも同一人物、提出本の写本と考えられる。データは、財団法人宇和島伊達文化保存会のご教示による。

□宮内庁書陵部所蔵本

『公用方秘録』写本　四冊：『国書総目録』による
＊現在、閲覧不能。但し、京都大学文学部本（B）の奥書に「台本出処、図書寮所蔵写本、維新編纂事務局写本」と記されており、図書寮は宮内庁書陵部の前身であるため、これが元本の可能性がある。

□京都大学文学部所蔵本

（A）『井伊家公用方秘録』写本　六冊：国史·か2·近江32（1～6）
「公用方秘録」一～四、安政五年四月～同年十二月二日
「公用深秘録」五～六、安政五年十二月六日
～万延元年五月二十五日
＊各法量二七・一×一九・三㎝、五穴大和綴、表紙茶染紙。
＊＊但し、筆跡は六冊とも同一人物。昭和十五年謄写本。「原書井伊家所蔵」と記されるが、内容は提出本と一致し、第六冊目冒頭の標注に「帝国大学史料編纂掛蔵本ヲ以テ校訂ス」、また同冊安政六年十月以降の部分の中扉には「御城使寄合留・公用諸事留抜粋」と内題があり、同所標注には「以下帝国大学史料編纂掛蔵本ニ拠リテ増補ス」と記される。

（B）『井伊家公用方秘録』写本　二冊：国史·か2·近江33（乾・坤）
「公用深秘録」乾・坤、安政五年十二月六日～同年九月十四日
＊各法量二七・一×一九・五㎝、五穴大和綴、表紙茶染紙。
＊＊但し、筆跡は六冊とも同一人物。昭和十五～十六年謄写本。京大本（A）と同時期に作成される。
奥書「台本出処、図書寮所蔵写本、維新編纂事務局写本」

（C）『井伊家公用方秘録』写本　六冊：国史·き7·8（1～6）
「公用方秘録」一～四、安政五年四月～同年十二月二日
「公用深秘録」五～六、安政五年十二月六日
～万延元年五月二十五日

＊各法量二七・四×一九・五㎝、四穴大和綴、本紙罫紙「虎ノ門鈴木製」、墨筆書、表紙茶染紙。

＊＊但し、第六冊の安政六年十月十七日からは、天罫上欄に「以下帝国大学史料編纂掛蔵本ニ拠リテ増補ス」とあり「御城使寄合留・公用諸事留抜粋」と内題される。筆跡は六冊とも同一人物。「公用深秘録」の冒頭天罫上欄に「帝国大学史料編纂掛蔵本ヲ以テ校訂ス」とあり提出本の写本と考えられる。

＊＊＊「昭和二年十月三十一日」付、受入印有り。

□松平文庫本：福井県立図書館所蔵

『公用方秘録』写本　四冊：「松平文庫目録」所収。

「公用方秘録」一～四、安政五年四月～同年十二月二日

＊各法量二三・二×一五・六㎝、四穴大和綴、表紙青染葵紋散紙。本紙罫紙「松平家」。

＊＊但し、筆跡は四冊とも同一人物、提出本の写本と考えられる。使用罫紙は明治二十年前後から福井松平家で使用されたもの。第一冊に「原書井伊家取（所カ）蔵」と記載有り。

□成簣堂文庫本：お茶の水図書館所蔵本

『公用方秘録』写本　四冊：

「公用方秘録」一～四、安政五年四月～同年十二月二日

＊各法量二六・〇×一八・三㎝、四穴大和綴、表紙青色卍繋地文紙。

＊＊但し、第六冊目欠。筆跡は四冊とも同一人物、提出本の写本と考えられる。表紙見返し墨書「是書、岩崎鏡川旧儲偶、昭和三年六月廿三日、於古書展覧会観焉、乃授重値購来、措成簣堂中、廿六日、蘇峰六十六鯵叟」

□下総佐倉藩堀田家文書本：財団法人 日産厚生会佐倉厚生園所蔵

『公用方秘録』写本　六冊：雄松堂書店マイクロフィルム版による

「公用方秘録」一～四、安政五年四月～同年十二月二日

「公用深秘録」五～六、安政五年十二月六日

～万延元年五月二十五日

＊各法量二三・二×一六・四㎝、四穴大和綴

＊＊筆跡は六冊とも同一人物。六冊目は、東大(A)の六～七の部分を合綴する。

これら諸本において、まず第一に注目したい点は、安政五年四月から安政六年九月の期間に限って言えば、井伊家本の自筆本と木俣家本以外の写本は、現存部分の多少はあるが、分冊状況が一致していることである。木俣家本は他の諸本と全く異なる分冊がおこなわれており、例外的といえるが、自筆本と他の写本の違いは、安政五年十二月六日から安政六年九月十四日の部分の分冊方法である。この部分は自筆本では、一冊にまとめられているが、写本ではいずれも安政六年三月晦日で二分冊されている。

第二には、安政六年十月以降の記事内容である。自筆本では宇津木家

本に安政六年十月八日から同二十三日の部分のみを収録する「公用秘録」と題するものが現存するが、写本では安政六年八月二十七日から万延元年（一八六〇）五月までを収録したものや、文久三年（一八六三）十二月二十七日まで収録するものもある。しかしながら、写本のこの期間の部分は、表題では「公用深秘録」となっていても、内題に「御城使寄合留帳・公用諸事留抜粋」と記しているものがあり、公用人による『公用方秘録』の写本とは言いがたいものである。また、この時期の写本と自筆本では、内容の一致する記事が皆無である点から見ても、自筆本「公用秘録」とは成立・性質を異にするものと推測される。

第三に、写本において諸本の内容を検討すると、木俣家本以外は誤写などによる若干の異同や脱漏は認められるが、基本的には同一底本による写本が流布したものと考えられる点である。

第四に、自筆本の伝存状況である。現存するのは、『彦根藩井伊家文書』の内に、写本でいうと第三冊から第六冊まで、安政五年九月六日から安政六年九月十四日までの分と、『宇津木三右衛門家文書』の内に安政六年十月八日から二十三日分が確認される。後者は、他の写本には全く収録されていない内容である。『公用方秘録』の成立過程を検討する上で、この部分の存在と、写本の第一冊・第二冊の部分が現存しないことに注目しておきたい。

以下、これらの点に留意しながら、『公用方秘録』の成立過程を、自筆本と写本に分けて検討してみよう。

二　自筆本の成立過程と意義

吉田常吉氏の自筆本理解

戦後、井伊家に秘蔵されていた大老関係史料が公開され、史料編纂所において『井伊家史料』の編纂刊行に従事した吉田常吉氏は、昭和三十八年に井伊家史料による豊富な新知見をもとにした『井伊直弼』[19]を著した。吉田氏は、その著作の中で引用した史料を巻末に掲げ、第一に『井伊家秘書集録』四冊、第二に『公用方秘録』六冊を挙げている。おそらくこれは、史料編纂所所蔵の写本と考えられるが、二三五頁に掲載された『公用方秘録』の写真（口絵3―①）は、本文中に「井伊家所蔵の『公用方秘録』」の表現が見られることから、これが史料編纂所所蔵写本の元本と考えていたものであろう。

しかし、これは井伊家所蔵の写本、厳密に言えば、明治政府のもとで『大日本編年史』の編纂をおこなっていた太政官修史館へ提出するために改編した稿本（表①では井伊家本（C）、提出本草稿とする）である。当時吉田氏は、『公用方秘録』は彦根藩主井伊直弼の「側役宇津木景福が公用人として認めた公用方の日記」[20]と考えていたようであるが、口絵3の史料は宇津木景福の筆跡ではない。すでに井伊家史料が公開され、宇津木の自筆については詳細な検討が可能であったと思われるので、何故宇津木が認めたものと理解したのか疑問が残る。おそらく、当時公開された膨大な史料群のなかで、当時、井伊家史料の中で『公用方秘録』として確認ができたのが図版のもののみで、宇津木を含む公用人自筆の原本の存在をまだ確認できていなかったためであろう。

その後、吉田氏をはじめ史料編纂所は、前述のように『井伊家史料十二』の刊行に際して、井伊家史料の中に宇津木景福ら公用人の自筆原本があることを知り、編纂刊行にはその原本を採用するにいたった。平成三年に吉田氏が著した『安政の大獄』[21]で本文二八六頁に掲載された写真（図版1）は、まさしく宇津木自筆の部分である。これが「公用深秘録」の公用人自筆の原本であり、先に表①で示した井伊家本（B）に該当する。公用人自筆のものは、このほか井伊家本（A）、および宇津木家本（A）があるが、おしむらくは、安政五年四月から同年九月五日までの部分が現存しない。現在、史料編纂所が編纂用に撮影した自筆本も、やはりこの期間のものを欠いており、戦後、井伊家にも宇津木家にもこの部分の自筆本は失われていたようである。

自筆本の筆者

『公用方秘録』の筆者について、『井伊家史料十二』以降、引載史料の注記には、ほとんど筆者が明記されるようになった。そこにおいて明確にされたのは、側役兼公用人の宇津木景福と、公用人富田権兵衛の筆跡（図版2―①―②）である。ほかにもう二人の筆跡（図版3―①―②）が判別されるが、その人物は解明されておらず、「公用人某」として注記されている[22]。

ところで、大老井伊直弼の公用人は何人任命されたのであろう。宇津木景福が、安政五年四月二十三日付で国許の嗣子宇津木文之進に宛てた書状[23]には、直弼が大老職に任じられたことともに、「我等事、当分公用人被仰付」と自身が公用人となったことを知らせている。さらに、同年四月二十六日付で、宇津木が国許の家族へ宛てた書状[24]には、直弼が大老に就任した際の江戸城の様子や藩邸の様子がつぶさに述べられ、二十四日までは御客・御使者も少しであったが、二十五日朝から次々に詰めかけ、「公用人四人」目がまわる状態であったと記している。つまり、大老就任当初、公用人は四人任命されていたのである。

しかし、これは「当分」のことであり、暫定的な人事であったようである。彦根藩士の履歴史料である「侍中由緒帳」[25]によれば、宇津木が正式に側役の上に公用人兼帯を任命されたのは、安政五年六月朔日と記録されている。この日、城使役の富田権兵衛と大久保忠督の二人も公用人に役替えとなり、都合三人が正式に公用人となったことが確認される。そうすると、筆跡不明の二人の内一人は、この大久保の可能性が高く、現存する大久保自筆文書の筆跡（図版4）[26]と一致するため、もう一人の筆跡のみが不明となる。「侍中由緒帳」の内、二百石前後の藩士十家を収録した二十四号が現存しないため、このほかに公用人がいた可能性はあるが、他の公用人が三百石以上の藩士から任じられていることから判断すれば、もう一人の存在は可能性としては低い。また、直弼の大老就任期間における他の側役や城使役の筆跡も、現在のところ該当する人物は判明していない。しかし、自筆本の筆跡は、必ずしも公用人のみではないことも考えられるであろう。今後の課題としておきたい。

自筆本の性質と作成時期

吉田氏は、『公用方秘録』は「側役宇津木景福が公用人として認めた公用方の日記」と定義しているが、はたして彼らは公用人の公務「日記」

として、就任当初から『公用方秘録』を記録し始めたのであろうか。

彦根藩において、公務として記録された「日記」は、江戸藩邸と幕府・諸藩との使者を勤めた城使の輪番日記である「御城使寄合留帳」をはじめ、表用人による「表御用所日記」、側役による「側役日記」や「道中日記」、諸御用屋敷御付役による「御屋敷日記」、小納戸役による「小納戸方日記」などが現存するが、すべてが当該役人による輪番記録である。(27)

『公用方秘録』は、安政五年四月の記録開始部分の自筆本が現存しないため、いつから起筆されたか確定することは困難であるが、公務日記と考えるには、いくつかの疑問点がある。

まず第一に、書式は日付を見出しとして記した日記体であるが、他の公務日記に見られるような輪番による当番者（記録者）の名前が記されていないことである。自筆の草稿が現存する安政五年十二月六日から安政六年五月の部分は、前半は殆どが宇津木景福の筆跡で書かれており、後半は逆に富田権兵衛・大久保忠督と「某」の筆跡が多く見られる。また、一通の書状を写す際に、途中から筆跡が替わる場合があり（図版5―①―②）、少なくとも輪番記録とは考えがたいものである。

第二に、自筆本で確認できる記録期間が安政六年十月で終わっていることである。公務日記であれば、少なくとも直弼が暗殺された安政七年三月までの記録が作成されたはずである。安政六年八月以降、たしかに公用人宇津木とともに直弼の大老政治を支えた長野義言は、京都での任務を終え在府したため、宇津木との書状の交信が少なくなり、宇津木が日記を記録する必要がなくなったことも考えられるが、実際には、宇津木発給の書状案や断簡が現存している。また、この期間の『公用方秘録』が後世に散逸した可能性も考えられるが、宇津木家本に現存する安政六年十月の記録「公用秘録」が、他の自筆本とは異なり、四穴綴じの製本ではなく、紙縒によって二箇所綴じられた仮綴であることを考慮すれば、これ以降の記録は未完成であったと考えるのが妥当である。

第三に、自筆本の内二冊には、表紙に表題とともに左下部に「宇六」と記されている点である。彦根藩では、各役方の公務日記・留帳には、表紙に表題とともに「表御用所」「御案詞方」「御小納戸」などと役方の名称か、記録者全員の姓名を左下部に書き入れる場合があるが、個人の備忘用に記録したものには「西尾」「横野」などと個人名を左下部に記した例が多い。(28)宇津木景福の場合、表用人を勤めた天保十二年（一八四一）七月に心覚えとして記録した「表御用人心得抜書」には「宇六」と姓名を略記し、嘉永四年（一八五一）五月から嘉永六年七月まで相州預所奉行兼城使役を勤めた時期に記録した「公私要用留」には「宇津木」の姓を記していた。これらの例から考えれば、公務日記に他の筆録者の名前を記さずに、「宇六」とのみ記すのは不自然といえよう。

第四に、自筆草稿においては訂正や加筆部分も多く見られるが、全体に書式が整いすぎている点である。訂正や加筆部分も、草稿にしては乱雑ではなく、訂正個所の元の文字が判別できる程度に削除の墨引きを書き入れている。

第五に、草稿における訂正部分を現存する書状と比較すると、訂正後の部分が全く一致するものもあるが、一致しないものも確認されることである。例えば、次に示した、安政六年正月二十九日付、宇津木景福書状（長野義言宛）である。(29)全文を掲出するのは煩雑になるので、最も異同の多い最後の箇条により検討してみよう。

【書状原本】

（前略）

一、堀割一条之義、若州様御発駕前ニ小笠原様へ、何となく御止メニ相
成候様御差含、御取扱御坐候様ニと御談しも有之、小笠原様へ御上
よりも篤と被仰含候事ニ付、御気遣ひハ無之思召候得共、万一再発
致候而ハ一大事之義ニ付、貴兄御在京中ニ、御両所へ篤と御談し、
動き不申様御取固メ被成置候様ニと被　仰出候、越前敦賀なとも、
今度御見分御坐候得共、京近之場所ニ付、右ハ御差除ケ、多分新潟
ニ御取極可被成　思召ニ候、其段ハ御安心と申義、若州様へ被仰上
候而宜との御沙汰ニ御坐候、一体、堀割之一条ハ、未間部様江ハ御
直話不被遊候由、鯖江之為ニハ、堀割出来候方御弁理之趣ニ付、被
申上候事ニ候ハ、不容易御次第柄、篤と間部様へも御申上置被成候
様ニと被仰出候間、宜御取計可被下候、以上

【「公用深秘録」自筆草稿本】

一、堀割一条之義、若州様御発駕前ニ小笠原様へも、何となく御止メニ
相成候様御差含、御取扱御坐候様ニと御談しも有之、（も有之、最早御気遣無之事ニ被思召候得共○）小笠原様へ御
直々被仰含置候御義ニハ候得共、○万一再発いたし候様之義御坐
候而ハ一大事之義ニ付、（御）（篤与）貴兄御在京中ニ、（置）若州侯・小笠原様江も、
尚又篤与御主意咄し、御取固メ被成候様ニ与被仰出候、越前敦賀な
とも、今度御見分御坐候得とも、京都近き御場所ニ付、右ハ御差除
ケ、多分新潟ニ御取極可被成　思召ニ付、其段ハ御安心与申義、若
州様江被仰上候而宜との御沙汰ニ御坐候、一体、堀割之一条ハ、未
間部様江ハ御直話不被遊候よし、鯖江之為ニハ、堀割出来候方御弁
理之趣ニ付、被申上候事ニ候ハ、不容易御次第柄、篤与間部様へも
御申上置被成候様ニ与被仰出候、（間）宜御取計可被下候、

この部分は、以前、安政四年（一八五八）に若狭小浜藩が越前の敦賀と琵琶湖を運河で結ぶ堀割を幕府に願い出た一件について、再発しないよう若狭藩主酒井忠義と京都町奉行小笠原長常へ申し含むようにという直弼からの命を、宇津木から在京中の長野へ伝えたものである。大意の齟齬は見られないが、文中の傍線部分に異同が認められる。すなわち、『公用方秘録』に収録された書状草稿と、実際に長野へ出された書状原本との間に、もう一段階の推敲が行われていたのである。

それでは、この部分の記録者である宇津木は、何故長野へ出した清書の写しを書き留めなかったのであろう。『公用方秘録』が時事を書き留めた公務日記であれば、すくなくとも数日後にまとめて書いたとしても、清書段階で草稿を訂正した個所は記憶しているはずである。

たしかに、たまたまこの書状については、清書の段階で訂正をしたが、その写しを残していなかったとも考えられる。しかし、これらの疑問点をふまえて判断すれば、むしろ『公用方秘録』は、日々記録したというよりも、後に宇津木らが手許に留め置いた発給文書の草稿や、来翰の原本、「公務諸事留」などの記録をもとに、一定の目的によって、ある時点で編纂されたと考えるのが妥当であろう。

その編纂の中心人物は、おそらく宇津木であると考えられ、自筆本草稿には、一度筆写してから、宇津木の筆跡で部分的な整序の指示が書き込まれている。その部分は、清書本では整序された通りに筆写し直され

ているのである。また、その編纂の開始時期は、少なくとも前掲の書状で、清書した内容が思い出せないほど後のことと考えられる。

「公用方秘録」から「公用深秘録」へ

『公用方秘録』の表題は、時期を追って「公用方秘録」から「公用秘録」へ、さらに未完であるが「公用秘録」へと変化する。[30] そして、その変化は、まず、安政五年十二月二日から同月六日への時期、つぎに、安政六年九月十四日から同年十月六日への時期に起こっている。この変化の時期は、一般的な公務日記が、形式的に年次や月の変わり目を分冊の区切りとするのに較べ、いずれも年次・月の途中である。そこには、分冊の時期や表題の変更による、編者の明確な意図を想定できよう。

それでは、編者は何を意図していたのであろう。まずここでは、前者の時期、安政五年十二月初旬について検討してみよう。

この時期は、この年七月から始まった一橋派の大名・幕臣の処分に続き、八月八日の戊午の密勅を契機に始まった安政の大獄が、京都・江戸での反幕府派の廷臣・志士・水戸藩士らの捕縛により一段落し、捕縛された廷臣・志士らの江戸送還が開始された頃である。また、十二月朔日には、直弼らが推進した徳川慶福の将軍擁立が、この日の将軍宣下によって確定した。「公用方秘録」に収録された最後の書状写は、まさにこの将軍宣下の翌日、宇津木が在京の長野に宛てたものである。[31]

（前略）

向寒之節、先以

君上益御機嫌能被遊御坐、就中、朔日ニは、将軍　宣下も御首尾能相済、恐悦至極、是ニ而人心も落付、御上ニも一御安心、乍恐、小子迄も難有、実ニ天下之幸福与奉存候、天気快晴ニ而、万民御登　城拝見群集いたし、君上之御徳を口々ニ申唱居、聞度ニ嬉敷心地能事ニ御坐候（以下略、傍線母利、以下同。）

宇津木は、無事に将軍宣下の日を迎えた歓びを、包み隠すことなく書中の冒頭に表現している。群集した人々が、「君上」つまり直弼の「御徳を口々ニ申唱」えているのを耳にした宇津木が、「聞度ニ嬉敷心地能事」と吐露したのは、直弼の側近として忠節を尽くしてきた彼の率直な実感であろう。また、その心境を分かち合えるのは、終始連絡を密にして事をおこなってきた、長野義言をおいて他にいなかったのである。宇津木が長野に宛てた書状には、安政五年一月に長野が上京し、京都手入れを開始して以来、時々刻々変化する状況に対して緊迫した様子が見られた。しかし、この書状で、はじめて安堵の様子が伝えられており、宇津木・長野の間では、この時点で一つの到達点に達した感があったのであろう。その到達点は、慶福擁立が将軍宣下により動かしがたい既成事実となったことであり、主君直弼の名誉が公然のものとなったことであった。

ところで、宇津木がこの時と同様に、長野へ歓喜の心境を書状にあらわした時期が、約一ヶ月後にある。十二月末、老中間部詮勝の朝廷交渉が漸く結果を見せ、条約調印にたいする孝明天皇の一応の叡慮氷解が示されたという長野からの報告を得た時である。吉報を得た喜びをもって新春を迎えた宇津木は、長野宛の年頭書状に次のように記した。[32]

新春之御吉兆千里同風目出度申納候、先以上方様益御機嫌能為　遊御超歳、御同意奉恐悦候、随而貴様愈御安全被成御越年、目出度御儀ニ奉存候、右年始御祝詞申上度、猶期永日之時候、恐惶謹言、

正月三日　　宇津木六之丞

景福（花押）

長野主膳様　人々御中

猶以春寒強御坐候、折角御厭乍憚専一ニ奉存候、誠ニ今度ハ抜群之御手柄、万民余波之恩沢ヲ蒙り候次第、旧年ニ引替御心地よく春ヲ御迎へ被成候事と奉存、小子も此春ハ別而長閑ニ相覚、全御高庇と奉恐感、実ニ恐悦状拝見之難有さ、御勝軍此事之心地ニ御坐候、程なく拝眉、御互ニ積る御咄可仕と、今より楽罷在候、以上

文中の「今度ハ抜群之御手柄」とは、条約調印についての叡慮氷解を得たことを指しており、宇津木は条約勅許となれば、「御勝軍」の心地であると述べ、無断調印の責任を問いつめてきた一橋派に勝利した心境であるとした。

しかし、この長野の報に歓喜した宇津木の状況判断は誤っていた。三月十二日になり、京都から江戸に帰着した間部詮勝が携えてきた朝廷からの「宣達書」(33)には、「何レ於蛮夷ハ如叡慮相遠ケ、前々御国法通鎖国之良法」に引き戻すとのことなので、条約調印したやむを得ない事情は「御氷解」され、暫く猶予すると記されていた。「御勝軍」とまで解されていた叡慮氷解とは、かけ離れた内容である。幕府にとって鎖国の旧制に復することを含んだ「宣達書」をそのまま布告することなど不可能なことであった。

幕府では、これを勅書としてそのまま諸大名へ布告するか論議があり、公布する幕府達書案(34)を作成していたが、宇津木は直弼からこの案の検討を命じられた。三月二十二日、宇津木は直弼に対して、まず達書案の内容は「難物」であり恐れ入ると述べた上で、幕府案に対する意見を自案(35)を添えて「申上書」(36)として回答した。幕府案と宇津木の自案は、次の通りである。

【幕府案】（前略）

何れ於蛮夷は如叡慮相遠ケ、前々御国法通鎖国之良法ニ可被引戻段、御一致之儀被御安心之御事ニ候、然候上は、弥公武御合体ニ而何分早被廻良策、千件之通可被引戻候、於不止得事情は審御氷解被為在、方今之処御猶予之御事ニ候旨、勅答被仰出候（以下略）

【宇津木案】（前略）

今日之御所置不止得事、訳柄審御氷解被為在候間、其旨承知可被致候、尤和親通商御免ニ相成候迚、不慮之変何時可生も難計ニ付、弥以大砲軍艦を始、武備行届候様励精いたし、自然之節御国体を穢し不申様厚く可被致懸念旨、急度相達し候様被仰出候

幕府案と宇津木案の相違点は、幕府案が、いずれは「鎖国之良法」に戻すことを条件として、現今の事情（無断条約調印）について「御氷解」があったと勅書の文言を引いて示しているのに対し、宇津木案は、現今の事情について「御氷解」があり、「和親通商」が許されたことを主旨として、「不慮之変」に備えるよう示し、勅書の最も重要な部分である「鎖国之良法」に復することについては一切触れていないことである。

宇津木は「申上書」の中で、勅書のまま布告すれば「夷人」の耳に入

り、たちまち「破レ之基」、つまり条約破棄につながるので、「叡慮」の内容は「深秘」にし、「武備充実」を奨励することで、間部が京都で交渉した内容と齟齬がなくなるであろうと述べている。布告したあとの事態を予測した上での苦肉の策であったが、幕府は、ついにこの勅書の存在を公表できず「違勅」の責を免れることができなかった。間部上京は、結局無為に終わったのである。

宇津木にとって、十二月末に長野から得た「叡慮氷解」の吉報は、この時点で一転して難事となり、宇津木の政治活動のなかで転機として意識されなくなった。そのため、「公用方秘録」から「公用深秘録」への転機は、一ヶ月前の将軍宣下の時期をおいて他に考えられなかったのであろう。

「公用深秘録」から「公用秘録」へ

『公用方秘録』は、安政六年九月十四日から同年十月六日への時期に「公用深秘録」から「公用秘録」へと再度表題が改められる。

「公用深秘録」の自筆本最後の記事は、九月十四日付の間部詮勝書状であり[37]、内容は次の通りである。

手紙を拝見し、「御内々之御趣意書」を届けられ入手した。文意は「至極御尤」と感服したので、同列衆へも伝えて懇談した上で、品により申し上げるべきこともあるかと思うので、その旨含み置かれたい。

具体的には、何の「趣意書」であったのか判然としない。これに関連すると思われる書状が、「公用深秘録」の自筆本の、九月八日付九条道孝宛の井伊直弼書状写の次に、「別紙御書取拝見いたし候、左之通」と見出しを付して収録される[38]。同文の書状が「公用深秘録」の写本[39]にも収録され、「間部下総守へ被遣候御書取、左之通」と見出しが付けられている。いずれも末尾に「和泉守外三所宛名」と記され、松平乗全（和泉守）と間部を含む三人宛と推測される。

しかし、ほぼ同文の直弼自筆の書状案[40]（図版６）が現存し、そこには、端裏書に「未九月十四日、間部・内藤・脇坂へ遣候下之書」と直弼自筆で墨書されていることにより、これら関連する書状が、安政六年未九月十四日に、間部詮勝・内藤信親・脇坂安宅ら、当時の老中三名へ宛てた直弼書状案であることが確認される。よって「公用深秘録」に記された「和泉守外三所宛名」は、編纂時の誤認である可能性が高い。

つぎに掲げた史料は、その直弼自筆書状案である。訂正・加筆が多く判読しにくい部分もあり煩雑となるので、最終稿と考えられる部分のみを採用した。

秋冷之砌、弥御清栄奉賀候、然者、水戸一条も今般仮成ニ落着致候、和泉殿ニ者初発より格別ニ骨折候義ニ付、その内何とか御賞し方相願度、此義者御一同ニも定而御心配被成候事と存候、扨夫ニ付、先繰り成申事ニ而甚如何敷候得共、小子等ニ者何も御賞し等之如者可有筈者、毛頭無之義なから、何か携居候様之姿ニ而、万々一何とか御配慮被為在候様成御模様ニ而者、甚以恐入当惑仕候、兼々御存知被下候通り、不肖之小子、何分ニも大任ニ不堪、万事不行届、実者斯而相勤居候も不成心、昼夜恐縮而已候、乍去折角台命を蒙り候義、責而者累代之鴻恩ニ聊奉報度、及ひ候限り骨身致候、素より小子ニ於而者、呉々も報恩之御奉公と覚悟仕候事ニ而、乍恐、御上御生長も被為在候ハヽ、すらりと御役御免さへ被仰付被下置候得者、十分之至り、然し、夫とても不調法共、何時も難計、たとへ如何程千辛万苦致候而も、御為故なれハ夫ハ当然之義、況や小子か心ニ是ハと申程之切も未無之処、万々一此節右様之御心配之数々入候程ニ而者、実以恐入当惑之次第、且者世評も如何敷、第一
上之御為ニ不成、次ニ小子か冥加も悪敷候間、決而御心配無之様相願度、是者、小子か赤心ニ候間、何卒宜敷御取成し希上候、又々無滞相勤、後年ニも至り候はヽ、万一御沙汰ヲ蒙り難有可存候時節も可有哉、何分年功とても無之、何ニ付而も甲斐なき小子之義ニ候間、先々今暫之処者、何等之御沙汰も無之、只々御斟酌無之被召仕被下置候義、是而已本望之至りニ候、右者如何ニも先繰成事、且者主意唯々押張り候様御聞取ニ而者如何□得も、実ニ恐縮いたし候間、伏蔵無ク御願申候、不悪御扱取希上候、尤前文之通り、和泉殿ニ者老体と云、格別之骨折ニ付、是者、是非〳〵御賞し御坐候様、共々相願度義、次ニ松左兵衛督事、死地ニ入て、抜群之御手柄ニ付、何とか御沙汰願度、此間中も右等之義、御内談し申度存候得とも、何と□□小子か身ニ響合候様ニ而申兼居候事ニ候、尚々能々考候へ者、素より響合可申筈も無之、尚暫ク御□明御勤無之方、実ニ難有、依而御内含之義、偏ニ希上候、甚以悪文心事申尽難く、宜敷御□覧希上候、

「公用深秘録」に収録された写とは部分的に異同はあるが、大意は同じであり、和泉守（老中松平乗全）および松平左兵衛督（矢田藩主松平信和）の働きについて「御賞」を検討願いたいこと、直弼自身の「御賞」については、さしでがましいが万事不行届きであり、ご配慮はなさらないようにと、老中「御一同」に対して依頼したものである。先の老中間部の書状は、これに対する返書と考えられる。

そして、その「御賞」とは、冒頭に記された「水戸一条」に関するものであったことは明白であろう。すなわち、安政六年八月二十七日、徳川斉昭に対する国許永蟄居の処断をさしていた(41)。松平乗全は、水戸藩家老らを城中に召し、斉昭処分について上使派遣を申し渡した際、大老直弼とともに列座しており、松平信和は水戸藩の小石川屋敷へ派遣された上使を勤めたのである。文中の「死地ニ入、抜群之御手柄」とは、藩士の暴発さえ招きかねない状況の水戸藩邸へ出向いて「申渡」をおこなうという、決死の重責をはたしたことを指している。

この日、評定所では水戸藩関係者を中心とする密勅関係者への断罪がおこなわれ（第一次断罪）、翌日から九月にかけて、幕府諸役人にたいする処罰が開始され、九月六日、前老中太田資始には慎み、同十日には前老中堀田正睦・松平忠固らには依願隠居をさせた。

つまり、「公用深秘録」から「公用秘録」へと表題が改められた時期は、ちょうどこれら水戸藩および幕府関係役人への一連の処断が一段落した頃であった。安政五年八月、水戸藩への戊午密勅の降下以来、水戸藩の陰謀説を確信した大老直弼と宇津木らにとって、「水戸一件」の落着は最も重要な到達点であった。まさに、将軍宣下から水戸藩処断までは、水戸藩の動きに翻弄された「深秘」の時期と意識されたのであろう。

『公用方秘録』の編纂過程

このように、『公用方秘録』は、従来考えられてきたような公用人による日記ではなく、あきらかに一定の目的のもとに、公用人宇津木景福が中心となって編纂した記録であることが確認されたであろう。

表題の変化には、宇津木らの活動の到達点が段階を追って意識され、公用人の活動を中心とした視点で書き綴られている。そこには、長野から宇津木へ宛てた書簡はほとんど採用されておらず、あくまで大老直弼の公用人としての具体的な公務活動を跡づけるものであり、つまるところ公用人宇津木の事績そのものであった。「公用深秘録」と「公用秘録」の自筆本の表題に記された「宇六」の署名は、まさに宇津木自身の意図による編纂記録であったことを示していたのであろう。それは、彼らが採録した文書の圧倒的多数が、直弼の意を受けた宇津木景福の発給文書であること、見出しや本文に記された直弼と宇津木とのやりとりが[42]、他の公用人の言葉ではなく、すべて宇津木の言葉によって表されていることからも窺える。ただし、富田権兵衛や大久保忠督や「某」など宇津木とともに在江戸であった藩士たちが編纂協力していることは、『公用方秘録』の編纂が全く宇津木の私的資料だけによる編纂ではなく、彦根藩の公務記録などを資料とした、なかば公的編纂として位置づけられていたことも窺える。

さて、その編纂時期については、「公用方秘録」「公用深秘録」「公用秘録」の自筆本が、書式・筆跡とも乱れておらず、編纂のためにそれほど長期間を費やしたとは考えられないこと、また最後の「公用秘録」が安政六年十月の途中で未完のまま終わってしまっていることは、編纂途中で、宇津木の身に何か不可抗力が働いたためであると考えられることから、宇津木が文久二年（一八六二）閏八月、幼主井伊直憲を動かして起こった反直弼派の彦根藩士らによる政変により処分される直前であったと考えられる。

文久二年（一八六二）八月二十四日に始まった政変は、長野義言の「揚屋入り」、家老木俣守彝の「慎」を手始めに、同二十七日、家老木俣を「隠居」「下屋敷慎」、同庵原朝儀の「隠居」「慎」に処し、同日、長野の斬罪へと転回した。閏八月朔日、宇津木は江戸において「公私慎」となり、彦根へ送られ、同十三日に「親類預り」、翌十四日、「揚屋入り」となり、十月二十七日、長野と同様に斬罪に処せられたのである。つまり、江戸において、宇津木が中心となって編纂してきた『公用方秘録』は、閏八月朔日、突如の宇津木に対する「公私慎」「彦根送還」により頓挫したのである。

編纂の開始時期の特定は困難であるが、公用人の輪番記録でないことから、公用人富田権兵衛と大久保忠督が公用人から城使役に役替えとなる安政七年三月朔日以降、あるいは、宇津木も役替えとなる万延元年（一八六〇）閏三月二十五日以降とも考えられる[43]。直弼は、安政七年三月三日に桜田門外の変で暗殺されるが、直弼没後、大老政治を側近として支えた宇津木が、大老政治の正当性および自らの果たした役割を記録として遺そうとしたのではないだろうか。主君暗殺という非常事態にあたり、はじめて、彼らのこれまでの事績が闇に葬られるという、危機感をもったのではないだろうか。

あくまで推測であるが、編纂の様子は次のような手順であったと考えられる。まず彼らは、宇津木の指示に従って、宇津木のもとにあった発給文書の案・控や来翰を集め、城使役の公務日記である「御城使寄合留帳」等、当時の公務日記を参考に年次順に整理した。さらに彼らの手記等をもとに日付順に見出しや本文を宇津木が記し、そこには各日付に該当する書状や記録が筆写されていった。草稿本段階では、宇津木発給文書などは宇津木自身の手で筆写されるものが多く、富田・大久保らは宇津木以外の文書を中心に筆写を担当したようだが、宇津木の公務の関係からか、宇津木が筆写しかけた文書を、途中から他の者が引き継ぐ場合も見られた。そして、ようやく最初の「公用方秘録」の部分が完成し、四冊にまとめられた。さらに、編纂は次の「公用深秘録」の草稿へ進められ、文久二年八月頃には、ほぼ草稿が完成した段階で清書に移された。清書は、ほとんど富田・大久保らに任され、宇津木は次の「公用秘録」の草稿にとりかかり、安政六年十月分の筆写にとりかかった段階で、突然の政変が起こったのである。

三　写本の成立過程

井伊家本写本（提出本草稿）の成立

井伊家本には(C)(D)の二本の写本が原存する。但し、(D)は(C)の第七冊部分のみの写本であり、奥書によって昭和二十四年(一九四九)七月に高橋啓吉氏が筆写したものであることが確認される。

井伊家本(C)には、諸本のデータに示したように第一冊から第三冊には「明治十九年二月改」などの墨書があり、第七冊目には「以下四拾弐枚紅紙迄写取、公用方秘録ニ添へ修史館へ指出ス、明治十八年八月」と記されている。これらの記述から、「公用方秘録」四冊、「公用深秘録」二冊の写本に、第七冊「御城使寄合留帳・直勤日記・公用方諸事記・公用諸事留・御取次頭取諸事留帳抜粋」の部分的な写本を添えて、明治十八年八月に井伊家から明治政府の「修史館」へ提出されたことが確認できる。つまり、この井伊家本（C）は、明治政府へ提出する際の提出稿本と考えられる。

第七冊目は、前述したように表題に記された諸記録からの抜粋記事であり、厳密に言えば『公用方秘録』とは成立が異なるものであった。しかし、他の六冊も自筆本が現存する時期の記事内容を逐一照合していくと、多くの異同が認められる。たんに、誤写・誤字にとどまらず、自筆本にない書状や記事が収録されていたり、また逆に、自筆本に収録されているものが写本に欠けている場合もある。さらに重大な問題は、自筆本の書状や記事の一部が、写本において削除され、前後が繋ぎ合わされて一文にされたり、全く解釈の異なる記事に書き替えられていることである。明らかに、記事内容を改竄したというべき部分も見られ、写本の作成において、自筆本を故意に史料操作し、あらたな『公用方秘録』に改編していたのである。

日記・記録などの史料においては、記録者の主観・作為が必ず前提として考えられなければならない問題であり、宇津木らによる自筆本の編纂過程においても、おのずから宇津木らの状況認識がそこに加えられるのは必然である。しかし、この写本の場合は、あきらかに宇津木らとは異なる見解をあらたに表明していたのである。その行為の対象は、いうまでもなく明治政府であった。

井伊家が『公用方秘録』を明治政府に提出した経緯については、井伊家側の史料では確認されていない。しかし、『開国始末』には、井伊家に秘蔵されてきた『秘書集録』および『公用方秘録』の閲覧の経緯とともに、「修史局」(太政官修史館の誤認か)への提出の経緯を割注として、次のように略記している。

公用方秘録は重もに宇津木の手に成りし者にして、安政五年四月より同六年九月に至る一年余の公事に関する件は、一々之を掲げざるなし、本書都て六巻別に附録一巻あり、(附録は万延元年の記にして直弼暗殺後の事をも略載せり)原書は現に井伊氏に蔵せり、嘗て修史局の令に応じ一部を写して進呈せしといふ。

また、さらに『秘書集録』の割注には、つぎのように略記していた。

直弼の世嗣となりて彦藩に居りし時より、大老となりて卒する後に至るまで藩政及び大政に関するの文書(中略)数百通にして、其本書ハ井伊氏に蔵せり、予が通覧せる者のみにても三百八十九通ありて、大老在職の間、長野・宇津木の間に往復せる者多し、明治二十年、之を写して十巻となし、秘書集録と名け、之を修史局に進呈したり。

これによって、『公用方秘録』と『秘書集録』は、「修史局の令」によって一部を写して進呈されたことが窺える。おそらくこの令は、井伊家本(C)の墨書にあるように明治十八年前後に出されたものと考えられる。その背景には、井伊家や彦根藩関係者における直弼顕彰の動きが関係していたのではないだろうか(44)。

提出本作成(改編)の過程

明治政府の令を請け、井伊家では何を提出すべきかの検討にとりかかったと思われるが、『公用方秘録』について最初におこなったのは、自筆本の点検であったと考えられる。現存する自筆本の草稿には、宇津木自筆の加筆や抹消の墨書が多数見られる。これらは、宇津木らの手になる清書本作成のための作業であった。しかし、自筆本草稿の一部に、宇津木自身の手に依らないと思われる、朱点による抹消符合が確認される(口絵写真1―②)(45)。その部分は、自筆の清書本が現存しないため、最終稿を確認できないが、宇津木自身が他の部分で表記した、墨で抹消部分の文字を囲むという方法とは異なる表記である。また、その部分は井伊家本(C)(提出稿本)の作成時には、当初の筆写の段階から削除されている。つまり、井伊家本(C)の作成にあたり、自筆本全部を最初に筆写するのではなく、あらかじめ点検をおこない、記事の中で削除すべき部分を朱点によって指示したものと考えられる。

つぎに、点検の結果、削除する部分を除いて全部が筆写された。その際の用紙は、竪半帳の大きさの藍色罫紙であるが、第二冊目の安政五年九月五日までのものと、三冊目以降のものとは用紙が異なる。三冊目以降の罫紙は、匡郭の子持枠の罫高が若干大きく、匡郭右下の欄外に「金花堂」の版元名が刷り込まれている。

さらに、もう一度点検がおこなわれ、安政五年十月二十六日条では、紅色紙によって「○ 右者太田以下、元本ニハ別行ニ認メ有之、矢張元本ニ準シタル方可然ナラン」と標注が付されている。新たに削除する部分は墨で塗りつぶし、書き改める必要のある部分は、当初の筆写部分を抜き取り、別の用紙に書き改めて挿入した。罫紙で書き改める場合の用紙は、第二冊目までの部分では、第三冊目以降の筆写用紙として用いられた「金花堂」のものが用いられている。

削除や書き改めがおこなわれる一方で、現存する書状等が調査され、採用して挿入すべきかどうか検討がおこなわれた。自筆本に無い書状を追加する場合は、全く異なる大きさの巻紙などの用紙に筆写され、挿入し綴じ込まれた。井伊家本（C）の標注に「壱号書類此所へ入ル」「別紙二号書類一綴、此所へ入ル」「三号・四号、此所へ写シ込ミ」「四号、此所へ書込」等と朱書された部分である。(46)採用された書状の中には、安政五年十二月四日付の三条実万書状や安政六年正月十一日付の間部詮勝書状(47)などがある。

これらの過程を経て転写されたものが『公用方秘録』の提出本として完成された。(48)

また、『公用方秘録』の自筆本の最後の部分「公用秘録」が未完成であったため、安政六年九月以降の部分を補足するため、御城使寄合留帳・直勤日記・公用方諸事記・公用諸事留・御取次頭取諸事留帳などが調査され、安政六年八月二十七日から文久三年十二月二十七日までの記事が抜粋され、一冊にまとめられた。ただし、この一冊は、全部提出されたわけではない。表紙見返し朱書に「以下四拾弐枚紅紙迄写取、公用方秘録ニ添へ修史館へ指出ス、明治十八年八月」、万延元年五月二十五日条の下部付札朱書に「是迄之処、修史館へ指出有之、此処迄御写被下度願上候」とあるように、万延元年五月二十五日までの部分が転写され、『公用方秘録』とともに付録として修史館へ指し出されたのである。

改編の実態

現存する写本では、木俣家本以外のすべてが、この明治政府の太政官修史館へ提出された写本、もしくは提出本の控えから派生した再写本と考えられる。史料編纂所は、当初『井伊家史料』の編纂において、『公用方秘録』の編纂所所蔵写本を引載していたが、途中から写本と自筆本との差異に気付き、井伊家所蔵の自筆本からの引載に切り替えた。現在までに刊行された『井伊家史料』の中では、八巻から十巻までが史料編纂所所蔵写本から引載している。そのうち、『井伊家史料　八』五一号・『井伊家史料　十』七号などに故意に自筆本から削除したと思われる部分がある。(49)削除された部分は、総じて「隠謀方」が「三条様」や「左右大臣」、あるいは「薩州」であると表現している部分であり、これらは、当時明治政府の主権を握っていた三条家や旧薩摩藩に対する配慮からであろう。

ただし、『井伊家史料　十』十二号の場合は、ほとんど原文をとどめないくらいに削除が繰り返され、自筆本では六丁余にわたる宇津木から長野へ宛てた長文の書状が、写本では半丁余に縮められている。自筆本の主旨は、関白九条尚忠が直弼と手を組み謀反をおこしたとして辞職に追い詰められたのは、近衛忠熙・鷹司政通・三条実万らの手入れによること、京都の様子が不穏であるので上京を見合わせること、梅田雲浜ら「悪謀方」の召し捕らえの手はずのことなどであるが、写本では、九条関白の辞職についての知らせに直弼が驚き、この日、公家衆が上野（寛永寺）へ参堂するので、手紙を懐中して相談のため出かけたという話しにすり替えられている。これも、三条ら「隠謀方」への批判や、「悪謀方」の逮捕についての具体的な内容であったため、大部分を削除し、関白九条辞職の一件のみについての書状として改竄がおこなわれたと考えられる。

このように、すでに写本から引載されて刊行された『井伊家史料』の中にも改竄されたと考えられる部分が確認されるが、『井伊家史料』以外にも目を向けてみると、もっと重大な改竄部分が含まれていた。明治二十一年に島田三郎氏が『開国始末』を著し、はじめて『公用方秘録』の存在が公表されて以来、『井伊家史料』の編纂において自筆本の存在が確認されるまで、多くの研究者が条約調印をめぐる井伊直弼の立場を知る史料として、『開国始末』あるいは史料編纂所所蔵写本から引用している、安政五年六月十九日、条約調印当日の記事である(50)。

井伊家本(C)をはじめとする提出本系統の収録する記事と、『開国始末』の引用文はほとんど同じである(51)。前半部分は、ハリスから突きつけられた条約調印を求めた最後通牒に対して応接するため、六月十八日にポーハタン号でハリスと会談した下田奉行井上清直・目付岩瀬忠震の二人が、江戸城に登城したときの閣内評議の模様であり、大意は次の通りである。

近々英仏軍艦数十艘が清国を打ち破った勢いに乗じて渡来するので、そうなれば対応が面倒になる。それまでに日米条約に調印すれば、ハリスは居中調停の労をとろうと言っているとの井上らの報告により、幕府では、三奉行はじめ諸役人を召集して評議となった。ほとんどの役人が異口同音に、直ちに調印すべきと申し立てたのに対し、大老直弼は勅許を得ないうちは調印すべきでないと主張したが、賛成する者は若年寄本多忠徳のみであったので、直弼はなお熟考するとして、御用部屋にもどり老中らと審議した。堀田正睦・松平忠固は即時調印、その他の者はさし当たり術はなく、なるべく延引させるしかないという意見であった。そのため直弼は、井上・岩瀬の両人を召し寄せ、勅許が得られるまではできる限り調印を延期するように交渉するよう命じた。その時井上は、交渉がいき詰まった場合は調印してもよいか直弼に伺ったので、その際は仕方がないが、なるべく延期するよう努めよと答えると、岩瀬は、初めからそのような了簡ではとても行き届かないので、是非とも延期する覚悟で応接に臨むと述べ、応接に出立した。

結局、基本的には延期交渉を命じたが、最悪の場合は直弼の内意として調印を許したとする。

後半部分は、次のように記されている。

御帰館之上被仰候ニ付、御前へ罷出、譬公方様へ伺済なりとて、天朝之御沙汰を不被遊御待、条約書に調印御達被遊候ハ、全陰謀方之術中に御落入被遊候与申者ニて、御違勅と申唱へ必ず譏奏可致、実ニ御家之御大事、其罪御前御壱人ニ御引受被遊候様可相成ニ付、急速神奈川へ御使を以、調印御指留被遊候様申上候処、公方様へ伺之上、既ニ相達候事ニ付、今更私ニ指留候訳ニハ難相成と之御意ニ付、猶又平常　天朝を御尊敬被遊候御前ニて、京都之御沙汰を不被遊御待、右様被遊御達候ハ、如何之御次第ニ御坐候哉与、段々御迫り申上候処、其方共申処一理尤ニハ候得とも、事危急ニ迫り、勅許を待候余日も無之、猶又海外諸蕃之形勢を考察致候ニ、古昔と違ひ航海之術ニ達シ、万里も比隣の如交易通商を開き、其外兵器軍制等皆実戦ニ試ミ、国富ミ兵強ク、強て之ヲ拒絶シ兵端を開き、幸ニ一時勝を得候共、海外皆敵と為す時ハ、全勝孰れニ在るや、予メ量るへからず、苟も敗を取、地を割き償ハさるを得ざる場合ニ至らバ、国辱焉より大ひなるハなし、今日拒絶して永く国体を辱かしむると、勅許を待ずして国体を辱めさると、孰れか重き、只今ニてハ海防軍備充分ならす、暫時彼が願意を取捨して害なき者を択ミ許すのミ、且朝廷より被仰進候儀ハ、御国体を穢さゝる様との御趣意ニ有之、抑も大政ハ関東へ御委任、政を執る者臨機の権道なかるへからず、然と雖ども、勅許を待さる重罪は、甘して我等壱人に受候決意ニ付、亦云ふ事勿かれとの御意有之、夜も追々更候ニ付御休息可被遊様申上、直様奥へ被為入、

この部分は、直弼が帰館してからその様子を聞いた際の、藩邸内での直弼と宇津木らとのやりとりの模様であり、大意は次の通りである。

宇津木は、たとえ将軍へ伺い済みとしても、勅許を待たずに調印を命じれば、「陰謀方」の術中に落ち入り、必ず違勅といって讒奏に及ぶであろう。そうなれば御家の大事となり、その罪は御前（直弼）一人が負わなければならなくなるので、神奈川へ至急使者を派遣し調印を差し止められたいと諫言した。しかし、直弼はすでに将軍に伺った上で命じたことであり、今更、一存で差し止めることはできないと答えたので、さらに「平常、天朝を御尊敬被遊候御前」なのに、なぜ「京都之御沙汰」を待たずに命じられたのかと尋ねた。これに対し直弼は、宇津木らの言うところは一理あるが、事は危急を要し勅許を待つ余日もない、海外の軍備の情勢を見れば、調印は拒絶しがたいと述べ、そもそも「大政ハ関東へ御委任」されており、執政者は臨機の権道がなくてはならない、今一時の勝ちをとるより、国体を守るためにも調印し、「勅許を待ざる重罪ハ甘じて我等壱人ニ受候」との決意を表明した。

この後半の部分は、直弼の条約調印に対する覚悟を表明したとする部分で、吉田氏の論考でも、直弼の当時の苦衷を物語る部分として全文が引用されている[52]。

しかし、この部分の井伊家本（C）には不審な点が見られる（口絵写真3―②）。十九日条の前半部分の途中から、写本の用紙が「金花堂」と刻された罫紙に変わっている。筆跡は同一人物と見られるが、罫紙の天地幅（罫高）がずれているのに気付くであろう。この用紙の変更は六月二十日条のところまで続き、そこからまた元の用紙に戻っている。つまり、この部分は、一度自筆本から採用する部分を写し取り、その後何らかの事情でもう一度筆写し直されたと思われるのである。

ところで、木俣家本の写本は、この部分をつぎのように記している（口絵写真2―①～④[53]）。長文となるが、重要な部分であるので全文を掲載する。①から③による改行は、論述の便宜上、筆者がおこなったものである。

①御帰館直様被仰候間、右之御場合ニ至り候上ハ、御前御壱人如何程被仰候而も被成方ハ有御座間敷候得共、諸大名之存意も御尋之上ニ而御治定ニ相成候へハ宜候得共、左も無之而ハ世上ニ而も彼是申唱、弥以京都ニ而も御逆鱗ニ可有御座与申上候処、如何ニも其所へ心付不申段ハ無念之至、此上ハ身分伺候より致方無之との御意ニ付、内膳方江も御相談被遊可然与申上、則内膳方被為召、御側役・公用人

両役不残呼出し評議いたし候処、今日之御次第、公辺御役方本多様之外御壱人も御同心無之上ハ、実以被遊方ハ有之間敷、乍去不及是非節ニハ、調印致候より致方ハ有之間敷与御同心被遊、此義天朝思召ニ叶不申時ニハ、諸役人之罪御大老職ニ而御引受被遊候様可相成ニ付、急速金川江使を以調印之義御差留ニ相成候方可然与評決いたし、其段申上候処、内膳殿ニも右様御取計可然与共々御申上被成候へ共、最早衆議一決、公方様江伺済相達候事、私ニ差留候事も難相成との御意ニ付、致方なく内膳殿ニも御前御下り被成候、

②然ル処、今日之御様子内々御目付中相伺、岡嶋七右衛門早使を以、条約書調印之義ハ御指留不被遊而ハ御家之御一大事ニ付、何卒急々御差留ニ相成候様仕度旨、達而内膳殿江申出、御同人自分を御呼、各初私ニも右之趣ハ申上候得共、御承知不被遊候事ニ付、御目付中申出候迚同様之事ニ候得共、折角申出候事ニ付、今一応申上候様との御事ニ付、心配之段ハ尤之義、早速可申上旨申置、則申上候処、只今も申候通り之次第ニ而、衆議一決伺済之事、私ニ差留候事も難相成、但し諸大名江一応相尋不申段ハ幾重ニも無念ニ候得共、今更致方も無之、御為方を存申出候段ハ神妙ニ思召候旨相達候様との御事ニ付、其旨内膳方江相達、

③猶又被為召候間罷出候処、今日之場合能々御考被遊候へハ、陰謀之輩之術中ニ御落入被遊候哉与被思召、呉々残念ニ思召候との御事、此上ハ身分御伺被遊候より致方無之との御意ニ付、如何ニも御残念ニ被為思召候段御尤ニ奉存候、乍去御前御身分御伺与相成候節ニハ、乍恐公方様ニも御仕落与可相成、左候へハ弥以陰謀之輩術中被落入候事と奉存候、仮条約ニ調印為致可然との事ハ御決定ニ而候得共、只々天朝伺相済不申丈ハ被恐入候御義、乍去古語ニも将在軍てハ君命も用ひさる事有之与申候、素より国家之大政関東江御委任、征夷之御職掌ニ而之御取扱、危急ニ迫り候而之御取計ニ付、京都江之被仰立方は如何程も可有之御義歟与奉存候、諸大名へ一応御尋無之段ハ、乍恐御不行届歟与奉存候得共、是以両度御存寄御尋ニ相成候処、争端を開候而可然との御見込之方ハ御壱人も無之事ニ付、今日御尋ニ相成候迚、別段御存寄も有之間敷候得共、右様被成置候得ハ、天朝江之被仰訳方可然と奉存候迄之御義、今日御身分御願与相成而ハ、実ニ陰謀之術中ニ落入候事ニ付、右等之御後悔ハ御打捨、此後之御取計方御賢孝奉願候、乍恐拙者も愚考可仕旨申上候処、如何ニも尤之義、何分此後之所置勘弁致候様ニとの御意ニ付、夜も更候間御早く御休息可被下置旨申上、直様奥江被為入

木俣家本に記された大意は、次の通りである。

①帰館され直ぐに（城内）での様子を聞かされたので、御前一人が（勅許を得るまで待て）と主張しても、その場に至っては致し方ない。しかし、諸大名の存意伺いの上決定されたのであれば良いが、さもなければ世上にも批判が生じ、京都の天皇も逆鱗となり、その点に気づかなかったのは無念である。この上は、身分伺いより他はないとの御意だが、（家老三浦）内膳にも相談し、側役・公用人全員が評議した結果、至急神奈川へ使者を派遣し調印を中止させるよう申し上げた。直弼は、最早（老中の）衆議は決し、将軍へも伺い済みの事、私に中止することはできないと述べた。

②今日の事情を、（彦根藩の）目付たちが内々伺い、使者をもって条約調印を中止しなければ「御家之御一大事」となると申し出てきたので、家老三浦内膳にも相談し、再度直弼に中止されるよう申し上げたが、致し方ないとの御意であった。

③宇津木はまた召され、今日の事態は「陰謀之術中」に陥りかねない、残念であるが身分伺いするしかないとの御意であった。宇津木は、もし身分伺いすれば、公方様(将軍)にも責任がかかるのではないか、そうなればますます「陰謀之輩術中」に陥ると申し上げ、朝廷の許可を得なかったことは落度であるが、本来「国家之大政関東江御委任」のこと、危急の事ゆえ将軍にて処置をしたとして、京都への報告は如何様にもできるであろう、これまで調印について諸大名は、「争端を開候而可然」との意見は一人もないので、この度尋ねなかったことは行き届かないが、朝廷への釈明はそのようにすればよいのではないか、後悔は打ち捨て、拙者も検討するので今後の処置を考えていただきたいと申し上げた。

すなわち、彼らが問題としたのは、勅許の有無はもちろんであるが、勅許を得ないとしても、諸大名の意見を伺った上で決定しなかったことであり、そこにつけ込まれたら陰謀方の術中に陥り、また一人直弼の責任にとどまらず、将軍、井伊家の一大事となることであった。そして、宇津木は、条約調印の問題は、本来幕府に大政が委任されているのだから、危急の事態のため幕府において処置したこと、諸大名への意見聴取の問題は、これまでの意見聴取では「争端を開候而可然」との意見は一人もないと釈明できるのでは、との見通しを示したのである。

そこには、提出本系統の写本に見られるような「平常、天朝を御尊敬被遊候御前」という直弼の尊王意識や、「勅許を待ざる重罪ハ甘じて我等壱人ニ受候」との決意表明は全く記されておらず、かえって事態の深刻さに後悔し、成す術を失っていた様子がうかがえる。また、「大政ハ関東へ御委任」の論理によって、執政者は臨機の権道がなくてはならないと、意気消沈する直弼に対して冷静に事態打開へ激励したのは、宇津木の方であった。

さらに、提出本では、六月二十日の記事は、将軍の上野寛永寺への参詣が暑気あたりのため延期になったことのみ記すが、木俣家本では、引き続いてつぎのように記されている。(54)

①昨日の処置について、宇津木は「陰謀方之術中」へ陥るので、一日も早く老中堀田正睦・同松平忠固を罷免し、間部詮勝・太田資始を跡役に入れるべき決心をされるよう述べたが、直弼が長野義言を呼んで意見を聞いたところ、将軍に伺済みでなければ進言しやすいが、「御養君」の布告後、との将軍の内命がすでにあるので不可能であると述べた。

②それに対し宇津木は、「陰謀方術中」へ陥るのは必定、このままでは「違勅」を責められ将軍は隠居、「御家」はいかなる処置があるかわからない、一橋慶喜が世継となれば「陰謀方」の思いどおりとなるが、天下は（将軍方＝南紀派と一橋派とに）二分し、その時には将軍方を「朝敵」と「悪謀方」が唱えるのは眼前のことと述べ、（堀田・松平）両人の罷免を行わなければ条約調印の申し開きができず、「御大事」の事態となると主張した。

③結局、長野もこれに同意したので、（直弼は）明日にも（将軍に）御目見得の上進言することに決し、突然の進言では了解が得られないかも知れないので、幕府徒士頭薬師寺元真を通じて、前もって同志の者から委細を言上しておくよう命じた。宇津木は、薬師寺へ駆けつけて委細を告げ、小姓頭取諏訪・高井の両人から言上するとの確約をとり、その旨直弼に報告し、もし条約調印となれば、明日にでも惣登城を命じて「無御拠御次第」を伝え、諸大名の（今後の処置についての）意見を伺い、京都へも取りあえず宿継飛脚で報告してはどうかと述べたところ、下書を作成するよう命じられた。

すなわち、「違勅」の譴責をうけ「陰謀方之術中」に陥らないため、宇津木の発案により、まず大老直弼と立場を異にする老中堀田正睦と同松平忠固の罷免を決定し、老練の間部詮勝・太田資始を再登用することで幕府内部を固めようとした。翌二十一日、堀田・松平両老中は登城停止を命じられ、二十二日、在府中の諸大名へ惣登城を命じて条約調印を布告し、かつ今後の処置について建白を求めた。ついで二十三日には、堀田・松平の両人を罷免し、太田・間部両人と西尾藩主松平乗全を老中に任じたのである(55)。

このような削除・改竄による改編箇所は、表②・③「『公用方秘録』採録記事の異同一覧表（抄録）」に示したように、主要なものだけでも、百箇所以上にのぼる。その改編内容は多岐にわたり、改編の意図については詳細な分析が必要であり、今後の課題としておくが、概観すると以下の傾向が指摘できる。まず、削除・改竄されたものでは天皇・宮家・公家に対する批判的記事、井伊直弼の動揺、井伊家と九条家の由緒にもとづく関係記事、九条家家司島田龍章や長野義言による調停工作、所司代酒井忠義の調停工作、井伊直弼の大老政治に関与したものへの献金・贈与・役職昇進、徳川斉昭の処分経緯、幕府役人の処分経緯など、朝廷関係者への批判や政治的な裏工作に関係するものが多く見られ、これらを削除・改竄することにより当時の直弼の政治的立場を公正なものと表明しようとした意図が読みとれる。また、加筆部分では、松平慶永への条約調印・将軍継嗣についての説得、三条実万との信頼関係を示すなど、維新後にも影響力をもった人物との良好な関係があったことを示すことで、直弼の政治的立場を擁護しようとしたと考えられる。

以上のように、提出本では、あきらかに意図的に自筆本を改編していたことが確認される。とくに、条約調印をめぐる直弼の立場を大幅に改竄した部分が、自筆本が現存しない期間（安政五年四月から安政五年九月二十一日）に含まれることを考慮すれば、この期間の自筆本は意図的に破棄された可能性もある。幸いにして、木俣家本の写本が幕末期に作成されていたため、自筆本の原文の復元が可能となったが、提出本の作成者たちにとって、部分的な削除や追加をおこなった部分は問題ないが、改竄した部分については、自筆本の存在そのものが井伊家の立場を危うくすると考えたのではないだろうか。

おわりに

この時期の幕府内の対立を、「保守派＝消極的開国派」と「改革派＝積極的開国派」の対立という将軍継嗣と条約調印をめぐる二局的な対立の構図で捉える見解があるが(56)、直弼の大老就任以降では、幕府内では条約調印不可避は合意事項でり、むしろ問題は将軍継嗣であった。たしかに、条約調印は外交上の重要課題であったが、直弼および彦根藩関係者にとっても、諸大名の衆議一致の上、勅許を奏請すれば理解が得られるであろうとの見込みと、もし勅許が得られなくとも最終期限である七月二十七日か二十八日頃には、調印を決行する決意があったからである(58)。そのため、条約調印にあたっては、少なくとも諸大名の意見聴取が必要であったという宇津木らの認識があったわけであり、『公用方秘録』の編纂においても、安政五年六月十九日の条約調印も、同年十二月末の条約調印に対する叡慮氷解も、画期とはなり得なかったのである。

直弼らは、「一橋派」を「隠謀方」と呼んでおり、その中心的人物は水戸徳川斉昭・薩摩島津斉彬・越前松平慶永らと考えていた。なかでもその根元は薬師寺元真の入説によって斉昭自身にあると見ており、安政五年八月の戊午の密勅が水戸藩に出されたことで斉昭隠謀説を確信した(59)。また、他方では「一橋派」と呼応する勢力として京都の公家・尊王攘夷派志士らを「悪謀方」と呼んで区別していた。「隠謀方」「悪謀方」の区別は『公用方秘録』のなかでも混同して用いられることもあるが、直弼らの活動は、この「隠謀方」との政権闘争であり、かつ「悪謀方」への弾圧の過程でもあった。

『公用方秘録』を編纂した宇津木は、大老直弼および宇津木自身の政治活動の中で、二つの転機があったと認識していた。一つは、徳川慶福の「将軍宣下」によって将軍継嗣問題が確定したこと、もう一つは、徳川斉昭への「永蟄居申し渡し」によって、彼らが描いていた公武一致による幕府政権の強化に対抗し、譜代門閥政治の秩序を乱そうとする「隠謀方」の封じ込めに成功したことである。宇津木は、この二つの転機で区切られた三つの政治段階における、宇津木を中心とした公用人の活動を、それぞれ「公用方秘録」「公用深秘録」「公用秘録」として編纂しようとしていたのである。そこには、もちろん「隠謀方」「悪謀方」と呼んでいた幕臣・諸大名や公家への痛烈な批判が含まれていた。

井伊家本（C）（提出稿本）によって完成された明治政府への提出本は、あきらかに当時長野・宇津木らが「悪謀方」と呼んでいた三条家をはじめとする公家への批判や、「隠謀方」と呼んでいた勢力の内、薩摩藩など、のちに明治新政府の実権を握った人々に関する記事、幕閣内部での動きや長野義言の京都工作に関する記事を抹消し、改編していたのである。その結果、「隠謀方」の活動に関する記事が徳川斉昭らに集中し、その責任がすべて斉昭にあるかのような記事に改竄されていった。また、一方では、当時の直弼の立場にも手を入れ、直弼の「尊王思想」の強調と、さし迫った時局との葛藤の中でやむなく「条約調印」の決断をし、その責任は「我等壱人」で負うという美談にすり替えたのである。これらは、戊辰戦争を境に倒幕派に転向し、新政府の中での生き残りにかけた彦根藩の立場や、維新後の井伊家や旧彦根藩士族のおかれた立場を如実に物語っていると考えられる。

提出本系統の『公用方秘録』は、たしかに自筆本を改編、さらには一部改竄したものであり、幕末期の政治史研究に利用するには慎重を要する性格の史料である。しかし、反面では、改編部分や改竄内容の検討によって、維新後の歴史観の中で、幕末期における彦根藩井伊家の立場をどう表明しようとしたのかを如実に伝える貴重な史料ともいえる。井伊家史料の中で、文書が途中で切断され継ぎ合わされているものがあるが、これらも『公用方秘録』の改編と同じ時期に『秘書集録』編纂のためにおこなわれたものと考えられる。(60)

一方、自筆本の『公用方秘録』は編纂史料であり、その編纂にあたっては宇津木らの主観が入っていることは疑い得ない。しかし、収録された史料のほとんどが、原本や草稿が一次史料の形で現存しており、収録文書の信憑性は高い。『公用方秘録』の自筆本や、従来ほとんど利用されてこなかった自筆本の写本と考えられる木俣家本のみに収録される史料については、今後、関連史料との対応関係を検討した上で、積極的に利用されることを期待する。

注

1 近世において、「公用役」「公用人」の職名は、幕府老中などに就任した大名の家臣の役職として知られているが、彦根藩の職制において「公用役」「公用人」の役職が用いられたのは、天明四年（一七八四）十一月二十八日、十代藩主井伊直幸が大老職に就任した際、荒居善盈が「公用役」に任用されたのが初見である。四代藩主井伊直興が大老職に就いた元禄年間には「公用人」や「公用役」の職名は見られないことから、役職としての成立は井伊直幸の大老職就任時と推定される。彦根藩では、歴代藩主は溜間詰となるが、大老職就任期以外は、通常は非役であるため、公用人が置かれるのは大老就任期間のみである。この役職が彦根藩において、なぜ直幸の大老就任時に際して設けられることになったかは、彦根藩の職制の変遷過程や「公用人」の職務を考える上で重要な問題であるが、まだ未解明の部分が多い。直幸の公用人に限らず、つぎに大老に就任した十二代藩主井伊直亮の公用人についても、彦根藩の藩政史料として知られる『彦根藩井伊家文書』（彦根城博物館所蔵）の内には、その時期の公用人発給文書が確認されず、その実態の考察は困難な状況である。彦根藩において、「公用人」に関する記録が最も多い時期は、安政五年四月二十三日に大老に就任した井伊直弼の時代である。そのほとんどが直弼の側役兼公用人であった宇津木景福の発給文書であるが、本稿で取り上げる『公用方秘録』も、宇津木が中心となって書き記した彦根藩公用人としての公務に関する記録である。

2 島田三郎『開国始末』（輿論社、一八八八年）

3 中村勝麻呂『井伊直弼と開港』（啓成社、一九〇九年）、鵜田東皐『是耶非耶井伊大老』（啓文社、一九一一年）、維新史料編纂会編『維新史』第二巻（一九四〇年、吉川弘文館復刊本）、岡繁樹『井伊大老』（さわもと書房、一九四八年）、吉田常吉①『井伊直弼』（吉川弘文館、一九六三年）、同②『安政の大獄』（吉川弘文館、一九九三年）、山口宗之①『改訂増補幕末政治思想史研究』（ぺりかん社、一九八二年）、同②『ペリー来航前後-幕末開国史』（ぺりかん社、一九八八年）、同③『井伊直弼』（ぺりかん社、一九九四年）、小野正雄①「開国」（『講座日本歴史』近世5、一九七七年）、同②「井伊政権下の幕府政治」（『歴史学研究』六四五号、一九九三年）

4　島田三郎氏は『開国始末』の緒言において、「井伊直弼の事に感ずるあり、因て其実迹を考捜せしに、刊本載する所は概ね一様にして多く考異の材料を得ず、乃ち相識の彦根人豊原基臣に書を与へて、予の志を通じ遺文の往事を徴し、故老の当時を知る者あらざるやを問ひしに、幸いにして公用方秘録の今に存するあるを知り、其家に蔵する所の写本を借覧するを得たり（割注略）、更に豊原を介して其本書を借覧し、是によりて世伝の誤謬果して予の想像に違はざるを確知し」と、『公用方秘録』閲覧の経緯を記し、「写本」借覧の後に、その「本書」を借覧したとするが、引用された記事は写本からのものである。「本書」が公用人自筆の原本をさしている可能性は低く、また原本であったとしても写本との齟齬は検討しなかったと考えられる。また、山口宗之氏も、その論考のなかで東京大学史料編纂所所蔵の写本のみを引用している。

5　『井伊家史料 八』では、四四・五一・七二号史料が「「公用方秘録」ヨリ引載セリ」として収載されている。

6　『井伊家史料 九』二〇・二八・三一・七〇号。
『井伊家史料 十』一一・一七・一八・一九・三〇・三四号。

『井伊家史料 十二』五二・五三号。

『井伊家史料 十三』一〇・一九・四五・五三・五九・六九号。

『井伊家史料 十四』一九（以下は「公用深秘録」）・二五号。

『井伊家史料 十六』九・五六・五七・六二号。

『井伊家史料 十七』三五号。

『井伊家史料 十八』三〇・三五・四七号。

『井伊家史料 十九』三六・七二号。

7　『井伊家史料 十』六・七・一二・一八・三七・四六号など。

8　『井伊家史料 十一』五・一六・四二・四三・四四・六二・六三号。
『井伊家史料 十二』二四・三九・五七・六六・七〇号。

『井伊家史料 十三』一九・二六・四五・四六号（以下は「公用深秘録」）。

『井伊家史料 十四』四・一八・二四・二六・四〇号。

『井伊家史料 十六』四・五・六・一九・四二・六八号。

『井伊家史料 十八』一一（但し、井伊家所蔵「公用深秘録」草稿とあり）・四四・六一号。

『井伊家史料 二〇』六三・六四号。

『井伊家史料 十九』八・一三・二〇・二一・二二・六五号。

9　『井伊家史料 十七』八・一七・三一・三二号など。

10　本稿では、「公用方秘録」「公用深秘録」「公用秘録」の各名称を限定的に用いる場合以外は、以下『公用方秘録』を総称として用いることとする。

11　井伊家伝来古文書の内、平成七年に国重要文化財に指定された二万七千八〇〇通の彦根藩井伊家関係の近世文書。彦根市教育委員会『彦根藩文書調査報告書』（一）-（四）（一九八三年）、彦根城博物館編『彦根城博物館調査報告書Ⅱ　彦根藩文書調査報告書（追加目録）』（一九九五年）。

12　彦根城博物館編『彦根城博物館古文書調査報告書Ⅲ　宇津木三右衛門家文書調査報告書』（一九九五年）。

13　個人蔵。中村達夫編『公用方秘録』（彦根藩史料研究普及会、一九七五年）として影印本が刊行されている。

14　財団法人宇和島伊達文化保存会「所蔵稿本目録」。

15　二本は文学部古文書室、一本は文学部閲覧室に架蔵される。

16　財団法人石川文化事業財団お茶の水図書館所蔵。

17　『松平文庫目録』

18　『下総佐倉藩堀田家文書』（雄松堂マイクロ出版）

19　吉田常吉前掲書①。

20　吉田常吉前掲書①②。

21　吉田常吉前掲書②。

22　『井伊家史料 十四』二四号では「彦根藩公用人富田権兵衛他一名ノ筆ニ係ル」、同二六号には「筆写ハ不明ナリ」とあり、『井伊家史料 十六』には「公用人某ノ筆ニ係ル」と注記される。

23 『宇津木三右衛門家文書』「宇津木景福書状」調査番号C-3-2（以下「調番C-3-2」と略記する）。

24 『宇津木三右衛門家文書』「宇津木景福書状」調番C-3-1

25 『彦根藩井伊家文書』報告書整理番号（三）-3461～3540（以下「報番（三）-3461～3540」と略記する）。

26 『彦根藩井伊家文書』報番（四）-5990：調番25389

27 いずれも『彦根藩文書調査報告書』（三）に収録される。

28 『彦根藩井伊家文書』彦根藩元方関係史料、「公私留記」報番（四）-5847：調査番号27418（以下、調番27418と略記する）、「公私録」報番（四）-5848：調番27417など。

29 『彦根藩井伊家文書』報番（二）-660：調番23511。なお、『井伊家史料 十六』六二号には、原本を収載する。

30 安政五年四月から同年九月五日までの部分は自筆本が現存しないが、それに続く安政五年九月六日から同年十二月二日までの自筆本二冊の表題は、井伊家本（C）と一致している。井伊家本（C）は、少なくとも自筆本から筆写されたものと考えられることから、自筆本が現存しない部分についても、写本は自筆本の表題を踏襲していると考えられる。

31 『井伊家史料 十三』四五号に、「公用方秘録」から引載した史料として「彦根藩側役兼公用人宇津木六之丞景福書状」が収録される。

32 「宇津木景福書状」『彦根藩井伊家文書』報番（二）-653：調番23107。『井伊家史料 十六』三号として収録。同日付の長野宛「宇津木景福書状」では、「国家之幸福不過、千秋万歳恐悦至極」と記している。

33 『孝明天皇紀 第三』の安政五年十二月三十日条。間部詮勝が参内し、帰府の暇を賜い勅書を授けられたとして「尚忠公記」から引載される。

34 『彦根藩井伊家文書』報番（二）-2049・911：調番23115・23118。『井伊家史料十八』三一号として収録。

35 『彦根藩井伊家文書』報番（二）-908：調番23112。『井伊家史料十八』三一号として収録。

36 『彦根藩井伊家文書』報番（二）-668：調番24268。『井伊家史料十八』三一号として収録。

37 『彦根藩井伊家文書』「公用方秘録」報番（二）-737：調番28005。

38 『彦根藩井伊家文書』「公用方秘録」報番（二）-737：調番28005。

39 『宇津木三右衛門家文書』調番B-2-18-6。

40 『彦根藩井伊家文書』「井伊直弼書状案」報番（二）-149：調番21819。

41 吉田前掲書②、第七-安政の大獄。

42 例えば、安政五年四月二十二日の大老就任前日や、同年六月十九日の条約調印当日のやりとりに窺える。

43 富田も大久保も公用人から城使役に役替えとなり、宇津木は公用人を免じられ、側役一役となる。。

44 また、直弼の銅像を横浜に建造する運動が、明治十六（一八八三）年十一月頃から始まっており（「横浜掃部山井伊直弼公銅像建設沿革」『新修彦根市史』史料編 近代一、所収文書657）、『開国始末』の緒言には、文久二年の政変の後、「直弼の執政間、其手録の文書及親臣の記録を存するが為めに災害の闔藩に及ばんことを恐れ、一切焚燬して迹を没せんとの議に決し、龍宝寺清人（始め中居弥五八といふ）・大久保章男の二人、此等の文書を執りて一炬に附せりと聞えぬ。」と、大老関係文書が、後の譴責をのがれるため、焼却処分されることになっていたが、維新の後に「世態一変し、井伊氏も亦勤王の功を以て賞を被りしと雖、直弼の事に至ては世論之尤めて、万口一辞皆擅権不臣の人と言ハざるなし、然るに、歳月の移るに随ひ、時運の開くると共に、世漸く其然らざるを想ふ者ありしが、明治十九年三月の法会に際し、生前反対の政論を執られし人々も亦詩歌を贈りて、之を弔し、新聞紙上其逸事を掲げて其志を説くも、世間又之を非議する者なきに至りければ、大久保章男は時機漸く到れりとなして、彦根に赴き、多年其家に秘し置ける文書を携へて、再び東京に出たり、是れ即ち、先きに一炬に附せしと披露せし者にして、直弼が公卿諸侯に往復せし文書、長野・宇津木・島田（割注省略）、其他当時機密に干与せし人々の手翰数百通、皆幕府の継嗣、海港の開鎖、京師・水府の事情を記せし者に係れり」と、明治十九年、世論の変化により、焼却したはずの大老関係文書を秘匿していた大久保章男が、意を決して井伊家に提出したいきさつを記している。

45　「公用方秘録」第一冊（自筆本草稿）、安政五年九月六日・同十一日条など。

46　安政五年十二月十四日条、安政六年正月五日付と同年正月十一日付の宇津木景福書状の間、同年正月十八日条の末尾部分、正月二十九日条の直前部分の標注。但し、実際に提出された写本では、指示どおりの位置には筆写されずに異なる部分に挿入されている場合もある。

47　『井伊家史料 十三』四七号の前内大臣三条実万書状、『井伊家史料 十六』一六号の老中間部詮勝書状の一部。

48　井伊家本（C）は、明治十九年に修史局（館）で作成された写本（史料編纂所本（A））と校合すると、記事配列の異同や欠落部分があり不完全である。そのため、井伊家本（C）と提出本との間には、もう一段階稿本があった可能性もある。宇津木三右衛門家本（B）の写本は、基本的には提出本の系統の写本であるが、井伊家本（C）において削除の指示がされた部分の一部がまだ残されており、提出本より一段階前の稿本からの写本と考えられる。なお、『公用方秘録』とほぼ同時期に提出された『秘書集録』は、「井伊家の依嘱によって、元公用人大久保権内（後松軒）が筆写し、一〇巻にまとめて、大老伝記の責任者中村不能斎の手を経て修史局に出すため編纂されたもの」と『彦根市史下巻』（彦根市、一九六四年）に記しており、『公用方秘録』の提出本作成にも彼らがかかわっていた可能性がある。

49　『井伊家史料 八』五一号、一六一頁五行目「御心配之御様子、」に続く「一笑仕候」、一六二頁二行目の頭の「候、」に続く「此節、御上之御評判誠ニよろ敷、御登城御出引、町家之面々拝ミニ出候趣御座候、戯作もいろいろ出候得共、陰謀方ヲ誉候もの ハ壱人も無之、天下之人心陰謀方ヲ飽迄憎ミ候事与奉存候、是ニ而も奸佞与申事顕然与いたし候事与奉存候、戯作一弐別紙ニ認御廻し申候」の部分、また『井伊家史料 十』七号、四二頁三行目「・・次第柄ヲ初、」に続く「京都之模様如何ニも御六ケ敷御次第ハ追々」、四三頁一行目「・・争乱之基、」に続く「異国之義ハ暫指置、方今御国内之治乱如何与叡慮被為悩候与申、勅諚ニ反し候次第、殿下之御賢考御願被成候旨、左近方へ申遣し、此義ハ左右大臣初メ、陰謀方を御押へ被為遊候程ニ可相成与奉存候」、同頁十二行目「専一ニ奉存候、」に続く「薩州も弥御卒去之御届出、陰謀之旗頭□□残党弥勢ひを失ひ」の部分を写本は削除している。但し、『井伊家史料 八』五一号の部分は自筆本が現存しないので、自筆本の忠実な抄録と推定される木俣家本によって校合した。また、『井伊家史料 十』七号の部分は井伊家本の自筆本により校合したが、後ろ二箇所の削除部分は自筆本に後の加筆と思われる朱点が付されている。

50　中村勝麻呂前掲書、岡繁樹前掲書、吉田前掲書①②、山口前掲書①②など。

51　本書収録の提出本の安政五年六月十九日条参照。

52　その他、鴇田東皐『是耶非耶 井伊大老』、維新史料編纂会編『維新史』第二巻、岡繁樹『井伊大老』なども本文を引用する。

53　木俣家本は写本であるが、他の写本とは内容が異なっている。他の写本が、明治政府に提出するため自筆本に収録された書状の一部を削除したり、全く自筆本にない文章を加筆し、改編・改竄をおこなっているのに対し、木俣家本の場合は、自筆本が現存する部分と校合すると、一日の記事の内、一部の条文を削除し省略している部分はあるが、書状や一連の記事の一部を削除したり、改竄をおこなうことはない。また、一部見出しの表現が異なる部分はあるが、自筆本にはない書状や記事の加筆が全くないことから、自筆本に忠実な抄本と見なされ、自筆本が現存しない安政五年四月から安政五年九月五日の部分の、原文を窺い知り得る唯一の写本と推定される。

54　本書収録の木俣家本、安政五年六月二十日条参照。

55　従来、堀田正睦・松平忠固の老中罷免の決定経緯は不明であったが、この記事により、六月二十二日、すでに宇津木の発案により内定されていた可能性が高い。

56　石井孝氏は、『日本開国史』（吉川弘文館、一九七二年）の中で、この派閥対立を「改革」と「保守」をキーワードとして次のように整理した。将軍継嗣として一橋慶喜を擁立しようとする「一橋派」は、老中阿部正弘政権のもとで登用された海防掛の面々を含む幕府内部での「改革派」と、松平慶永を中心として諸藩連合政権を樹立しようとする諸藩での「改革派」の全国的な結合であり、阿部路線による外交姿勢による即時条約調印を主張し、積極的に開国政策を推進しようとする派閥でもある。一方、紀州徳川慶福を擁立しようとする「南紀派」は、阿部政権に対して譜代門閥による政治秩序の維持を標榜する「保守派」であり、条約調印には勅許を得ることが前提と考え、開国後には時期を見て鎖国体制に引き戻そうとする消極的態度をもつ派閥であり、その外交政策は鎖国意識を内包し、「朝廷の鎖攘精神」と相通じる」とする。たしかに、条約調印の決定の評議にあたり、直弼は勅許の必要を主張したが、鎖国攘夷思想を根強くもっていたことは疑問である。嘉永六年八月、藩儒中川禄郎の意見をもとに幕府に提出した「別段存寄書」において、「籠城退縮」の弊害を述べ、かつての朱印船貿易のように「海外へ雄飛」するという積極的開国論を披瀝した直弼が、中川没後、側近の長野義言らの影響により、保守的傾向を強めた可能性はあるが、直弼らにとって勅許は必要十分条件ではなかった。あくまで、堀田政権において聴取した諸大名の意見の一致と勅許の両者が揃うことが理想であり、最悪の場合、勅許がハリスとの交渉により定められた期限に間に合わなければ調印を決行することを決意していたからである。また、「鎖国之良法」に戻すという京都における間部詮勝の弁疏が、はたして当時の幕閣や直弼・宇津木らの一致した外交見解であったか疑問である。条約調印前に再度の諸大名存意伺いをせずに調印を許可した幕府の失策により、「隠謀方」の追及をかわす事態打開策として、朝廷に「鎖国之良法」に戻すとの方便を用いて調印の事後承認を得ることが不可欠であった考えられるからである。条約調印についての叡慮氷解の沙汰書の公布について、当初の幕府案では「鎖国之良法」の言葉がそのまま文面に表れており、宇津木の修正案ではじめて問題にされたことから、間部ら幕閣の一部には「鎖国之良法」の言葉を含んだ勅答を公布することの対外的な重大な問題性を認識していなかったことが窺え、外交政策において直弼と間部の間には認識の差異が見られた可能性が大きい。

57　安政五年五月三日付、井伊直弼書状（長野義言宛）『彦根藩井伊家文書』報番（二）-3：調番28037-4。『井伊家史料　六』六一号。

58　従来、戊午の密勅は水戸藩や薩摩藩の朝廷工作によると見られてきたが、実際には天皇自身の主導であったとされる（佐々木克『幕末維新の個性5　岩倉具視』吉川弘文館、二〇〇六年）

59　『井伊家史料』においても、原本の切断・接合は明治以降におこなわれたものとの指摘がある。

〈付記〉本稿は、『彦根城博物館研究紀要』第九号（彦根市教育委員会、一九九八年）に掲載された同名の論文を、本史料集の解題とするためその後の知見を加えて部分的に改稿したものである。論旨は基本的に同じであるが、前稿後に確認した諸写本データを追加し、原本と提出本の主要な異同についての一覧表を追加した。

表②『公用方秘録』採録記事の異同一覧表（抄録）　安政５年４月～安政５年９月６日（木俣家本と提出本の校合）

年月日	木俣家本と提出本の異同部分	削除・改竄内容
安政５年４月	提出本では「国家危急存亡之秋ニ至り余所ニ被御覧候場合ニ無之」の部分削除	時勢状況
４月	提出本では「至極尤ニ而、もはや座視可致時節ニ無之候間、急度存寄可申立」、「指上候書付左之通、但、四月十六日ニ此書付指上候」のぶ部分削除	時勢状況
４月22日	提出本では「御逢可被遊哉否存寄申上候様被仰出ニ付、評義いたし候処、此御時節御家を見込御逢之義御願被成候与申義ハ不容易事柄与被察候間、御逢之上御聞取被遊候ハヽ、御心得ニ可相成義も可有之旨申上」の部分削除	薬師寺との対面経緯
４月22日	提出本では「水老方之手段ニ而」「隠謀之次第ハ粗御承知之事ニ付被仰出候ハ」の部分削除	水戸斉昭の陰謀関与
５月２日	提出本では「一、御登城前、松平越前守様為御逢御出、於御書院御密談、右者御養君之儀、一ツ橋様ニ相成候ハヽ可然、外国御取扱之義ニ付而も御異存被仰、御老中様方ニも御困り被成候ニ付、今日御呼御説得被成候処、御屈伏之御様子与相伺申候」を加筆	将軍継嗣・条約問題に付き松平慶永への説得
５月９日	提出本では「外夷渡来ニ事寄セ、当将軍様を押込、一橋様を立、御威権御振ひ被成度」を加筆	斉昭・慶永の陰謀説
５月12日	提出本では「此程中より精々差急き候得共、松平伊賀守事異存申立、（以下略）」の部分削除	老中松平忠固罷免の理由
５月19日	提出本では「今夕、薬師寺筑前守様呼ニ遣し候様被仰出、小野田小一郎より申遣、御出有之、松平伊賀守様御為方ニ相成不申次第御咄し、御役御免ニ相成候方可然旨、御小姓　頭取諏訪安房守様・高井豊前守様等江被　仰遣、御内分公方様へ言上致し候様ニ与被仰含」の部分削除	老中松平忠固罷免工作
５月22日	提出本では「今夜、平岡丹波守様江御直書、冨田権兵衛を以被遣、御返書来、但、伊賀守様御趣意強く（以下略）」の部分削除	老中松平忠固罷免工作
５月23日	提出本では「今朝、平岡丹波守様ニ御直書、権兵衛を以被遣、但、昨夜申来候義御承知、左候ハヽ今日御　壱人立被為召候様取計可申旨被仰遣候処、承知仕候、只今登城懸ケニ付、仰ニ従ひ口上ニ而御請仕候旨申来、　一、今日御壱人立被為　召、伊賀守様我意強く（以下略）」を削除	老中松平忠固罷免工作
６月12日	提出本では「今日仮条約々定相済候処、天朝より被仰進候御次第ハ、御尤之御義ニハ候得共、<u>今更違約も難相成、</u>」の下線部削除	仮条約の違約は困難の旨
６月19日	提出本では「御帰館直様被仰候間（以下略）」の部分を全面的に削除の上、改竄	条約調印後、家臣による諸大名存意伺いの不備指摘、直弼辞意表明
６月20日	提出本では「今日被為召、昨日之義ニ付取計方考意御尋ニ付申上候ハ、昨夜中段々愚考仕候処、御賢察之通隠謀方之術中江堕入被遊候事与奉存候ニ付、もはや暫くも御猶予難相成、一日も早く備中守様・伊賀守様御取除ケ（以下略）」以下の部分を全部削除	条約調印後の堀田・松平伊賀罷免等の事後策
６月21日	提出本では「今朝御出懸、昨日之見込弥動き不申哉との上意ニ付、見込之処動き不申、御前御気弱く、上様之　上意ニ御従ひ可被遊哉与、夫計心配仕居候旨申上候処、もはや決心いたし候間（以下略）」以下の部分を全部削除	条約調印後の堀田・松平伊賀罷免等の事後策
６月21日	提出本では「一、今日御退出之節、御下部屋ニ而御右筆組頭志賀金八郎御呼御用筋有之間、罷越候様ニ与被仰候処、此義ハ迷惑仕候旨被申候ニ付、御用筋ニ而参り候様申候事を迷惑とハ何故ニ候哉（以下略）」以下の部分を全部削除	志賀金八郎の自害、諸大名存意伺いの不備後悔の旨
６月22日	提出本では「右御持帰り、其方骨折候下書近比宜とて、評判宜旨御沙汰被下置右書付相達候以前、大目付池田播磨守を以存寄有之向ハ、聊無遠慮可被申聞、自分江逢申度向も有之候ハヽ、直ニ承り可申間（以下略）」以下の部分削除	条約調印の朝廷への沙汰書について諸大名の評判
６月27日	提出本では「一、午六月、九条関白殿より之御直書左之通」の内、「（前略）何卒々々内密万端御談合之義ニ相成候得ハ、深安心<u>幾重ニも御互ニ極密ナレハ無差支、総而宜御頼申入度存候、</u>」の下線部削除	井伊家と九条家の関係

年月日	木俣家本と提出本の異同部分	削除・改竄内容
6月27日	提出本では「右ニ付、六月廿七日附ニ而御自筆之御請、左之通」の内、「(前略)猶書外義言ニ申含、近日言上可仕候」の下線部削除	京都工作への長野義言の関与
6月28日	提出本では「一、今早朝、間部下総守様江御使者相勤、但、御逢有之、水府老公等御取締之御評義、昨日有之(以下略)」の下線部削除	斉昭等への取締評議
7月5日	提出本では「一、今暁、久世大和守様ゟ御直書御到来」の内、「(前略)大和守様より之御手紙拝見被仰付、則拝見仕候処、御三家方御咎被仰出候義ハ、実以御大事之御義、(以下略)」の部分削除	御三家への処分内談
7月5日	提出本では「一、御退出、夜ニ入甚物忽ニ付、内膳殿江申出、御供方士分代り合与申御人数指出、田中雄助御持筒組弐十人召連、宇津木幹之進・富田権兵衛、御用使・御櫛役・非番之向・御目付奥山又市等下馬近江罷越、潜ニ警衛致候様取計、尾　水戸・越前家江も模様隠密ニ探索、内膳殿より士分ニ而被遣」の下線部削除	直弼護衛強化、尾張・水戸・越前家への隠密探索指示
7月16日	提出本では「一、明十七日、長野主膳京都江出立、間部下総守様京都江御持参之御書付草稿御屋敷ニ而御出来、(中略)主膳より九条殿下江入御内覧候ニ付持参、草稿ハ下総守様江六之丞持参上ケ置」の下線部削除	京都工作への長野義言の関与
7月17日	提出本では「一、御内用ニ付、太田備後守様・間部下総守様へ六之丞御使者相勤候事、　御直筆御心覚書持参(以下略)」の部分削除	岩瀬肥後守以下幕府役人の外交処置に対する直弼心覚書
7月18日	提出本では「一、今夕、河村対馬守様・薬師寺筑前守様へ六之丞御内使者相勤、但、河村江ハ水府之様子探索、薬師寺江ハ奥向御取締之事被仰遣候也」の部分削除	水戸探索・奥向取締の指示
7月21日	提出本では「一、間部下総守様江御内用ニ付、六之丞御使者相勤、御逢之上御返答被仰置申上ル、　但、京都御使所司代・伏見奉行御発駕、水戸老公御慎方等之義ニ付、被仰談」の部分削除	水戸動向に付き、老中間部との協議
7月23日	提出本では「一、酒井若狭守様江六之丞御使者相勤、　但、京都江御発駕ニ付、仮条約調印一条之御申解方(以下略)」を削除	酒井忠義京都発駕、仮条約の朝廷へ申解
7月26日	提出本では「一、御直翰御答封、　右長野主膳江被下置、御賄へ相達、主膳上京致居候ハヽ直様京都江遣し候様相達、六之丞ゟも御用状指出ス」の部分削除	直翰、上京する長野主膳へ託す
7月29日	提出本では「一、御内用ニ付、間部様へ六之丞罷出候事、御逢有之、外国へ御使者并中山一条之事、　確堂様之事ニ付而之御談」の部分削除	間部との協議
8月1日	提出本では「一、伊達遠江守様へ御内用ニ付、御側役之廉ニ而六之丞御使者被仰付、　但、水戸様御取締一条御内意被仰進」の部分削除	水戸取締に付き、伊達宗城と協議
8月2日	提出本では「一、水野筑後守様為御逢夕刻御出、　但、外国御取扱御談し」の部分加筆	外国取扱に付、水野忠徳と協議
8月5日	提出本では「隠謀方大敗北ニ而、三条様ニも御心配之御様子、一笑仕候、此御様子ニ候得者、程よく御治りも付」の下線部削除	三条家への侮辱
8月5日	提出本では「一、別紙得御意候、　公方様ニも弥来ル八日ニ御発しニ相成候ニ付、間部様ニも御発駕大延引ニ相成候間(以下略)」の部分削除	太田・井伊以下、幕府役人への風刺
8月12日	提出本では「一、御飛脚立ニ付、長野主膳方江左之通及文通」の内、「(前略)最早無御滞御上着可被成と小幡二郎八江御伝言被下、則申上候処、能御都合ニも御満悦被遊候、太閤様ニも内覧御免被相成候由ニ付而者、殿下ニも益御威光相増、万事之御都合可然御義与被為思召候」の下線部削除	太閤鷹司の内覧御免
8月15日	提出本では、「若州侯と間部侯与被仰方両様ニ相成候而者不宜候ニ付、(中略)左近殿江も御厚談之上ニて御取計可然与思召候、水府藩中面会いたし度との義、何とも合点不参事ニ候、　猶々殿下之御忠精ニて徳川之御家ハ不及申、万民之幸福与思召候間(中略)、　一、別紙得御意候、岡大夫江御伝言之趣承知仕候、三条家御説得御承伏不相成節ニハ、御合力米も不被進と迄ニ御申上可被成との義ハ(以下略)」の下線部削除	京都工作における所司代・間部の連携、九条家の関与、三条家への説得など

年月日	木俣家本と提出本の異同部分	削除・改竄内容
8月19日	提出本では「(前略) 異国江条約調印一条ニ付、御三家・大老之内上京致候様被仰進候処、上京不致、為御使間部下総守罷登り候趣之処、今以上京不致、」の下線部削除	間部上京の件
8月22日	提出本では「一、太田備後守様江六之丞御使者相勤」の内、「(中略) 右御家来両人江御内々金子弐拾両、上書銀三十枚と認被下方、公用人牧田貞右衛門へ達し被呉候様申述、備後守様御逢後相渡 (以下略)」の下線部削除	太田資始の取込のため献金
8月23日	提出本では「(前略) 去ル七日、九条殿ニハ参　内無之処、三条家を初隠謀之徒参、主上を奉勧、今度之　勅諚出候趣、」の下線部削除	三条家を隠謀の徒とする
8月24日	提出本では「一、間部様江六之丞御使者相勤」の内、「京都江御発駕之義此程被仰進候処、彼地江被仰進候事有之ニ付、(中略) 主膳より少しも早く御上京可然、(中略) 御進メ申参り候様ニ与被仰付候間、主膳手紙持参委細申上候処、」の下線部削除	長野義言の京都工作関与
8月25日	提出本では「(前略) 三条様ハ隠藩之張本ニ候得共、」(中略)「一、殿下非道之御辞職ニも相成候ハヽ、直ニ御人数被差登、鷹司殿・近衛殿・粟田宮を初、御門出入を厳敷御差留、昼夜番を付置、悪謀之方宮中出入を留置、」(中略)「一、越前之家老、江戸より火急ニ上京、水戸屋敷ニ忍ひ居候由、薩州ニも卒去との事、隠謀方ニ而ハ落力与被察候」(中略)「一、自然之節、殿下を以被仰上候次第ハ、(以下略)」など下線部削除	三条家は隠謀の張本、鷹司・近衛家、粟田宮の隠謀への関与、九条家の京都工作への関与、条約における切支丹制限など
8月28日	提出本では「勅諚、墨夷条約調印一条、(中略) 国内治平公武御合躰、弥御長久之様、徳川御家を扶助有之、(中略) 蛮夷之形勢往古与変革致し、航海之術相開ケ、軍制・兵器等実戦ニ相試、強弱勢を異にし、世界中割拠之勢ひを振ひ候折柄、漫りニ争端を開候てハ不可然との見込多分ニ有之、」の下線部を加筆	時勢状況
9月29日	提出本では「一、両海道江宿継飛脚を長野主膳方江、間部侯九月三日江戸御発駕、別紙泊り割之通木曽路御登り被成候間、(以下略)」以下の7箇条削除	長野・九条・所司代の京都工作への関与、三条家への合力米など
9月2日	提出本では「一木曽路宿継飛脚を以主膳方江左之通申越ス」の内、「(中略) 梅田初五人之悪徒之事申上候処、町御奉行直様申越為召捕可申哉との御談しニ付、時宜ニ寄其場ニ及ニ与貴兄より御申越之事ニ付、御上京之上之御取計ニ而可然旨申上候処、左候ハヽ、大津駅迄小笠原長門守呼迎へ、談し候様可致との御沙汰ニ付、至極可然旨申上置候、申も恐多き事ニ候得共、一体御軽卒之御気質歟与被伺候ニ付、御心得迄ニ申上置候、(中略) 嶋田へ此節之為見廻浜ちりめん三疋被遣候由申上、御承知ニ御坐候」など下線部削除	上京途次の長野へ京都の様子を伝えること、島田龍章への音物

表③『公用方秘録』採録記事の異同一覧表（抄録） 安政５年９月６日～安政６年９月（井伊家原本と提出本の校合）

年月日	井伊家原本と提出本の異同部分	削除・改竄内容
安政５年9月11日	提出本では「一、長野主膳江之宿次御用状指立、左之通申遣ス」の内、「（前略）八月廿九日桑名駅より御差立之御札昨九日ニ着、致拝見候、御帰藩後去月廿四日付京地より書状御到来之処、悪謀之徒頻ニ　殿下ヲ退ケ、間部侯御上京之節、妨之手段専ら之趣、　宮中ニて1ハ御名と殿下と手ヲ引、御謀反之思召有之、貴兄左近と発頭申立、御局向ハ太左三前内等より御手入無憚所悪言御申ふらさせ候ニ付　准后様も御たまりかね、（以下略）」以下の書状下線部を大幅に削除の上改稿、９月８日条に加筆	彦根家中の梁川星巌との内通、九条家と井伊家の密謀の風聞など
9月11日	提出本では「一、長野主膳江左之通申遣ス」の内、「（前略）此御書付者、貴兄江此御趣意ニ而申進候様ニとて之御書下ケニ御坐候、若申上候様之御書付も左近殿江為御見被成候方可然哉とも奉存候ニ付、」の下線部削除	島田龍章の京都工作への関与
9月11日	提出本では「五日附之御書付十日夜九ツ時ニ着いたし候殿下御辞職之事左近働ニて止り候得とも、（以下略）」の部分削除	島田龍章の京都工作への関与
9月11日	提出本では「一、主膳へ廻し候御書下ケ左之通」の内、「（前略）一、自然此上老公御後見大老・老中とも引かへ等之厳敷勅諚下り候節之覚悟、何レニも関東之形勢御存知無之而ハ、被仰出候義ニ付、右様ニ而ハ迚も天下治り不申、大乱ニ相成候段押返し可申上積り、尤老公是迄之風聞取集御覧ニ入候積り、左候へハ違勅と申事又々相起り可申候得共、決而違勅之筋合ニ者無之、御合点之参り候様可申上候事、精々此上之　勅諚者出不申様御訪付之事」の下線部削除	朝廷・天皇への配慮
9月15日	提出本では「一、金弐千疋宛　　右、御徒目付松永伴六・永坂為蔵上方筋江被遣候ニ付被遣」の部分削除	御徒目付松永伴六・永坂為蔵らの京都派遣
9月16日	提出本では「一、長野主膳江之下書　（前略）間部侯ニ者必死之御覚悟ニて、飽迄御手強く御取計可被成御含之由被仰進、（中略）今日ニ迫り候而者手ぬるき事ニ而者勝利無之事与奉存候、（以下略）」の下線部削除	京都工作の強化
9月16日	提出本では「一、松平久之丞様江申遣ス左之通」の内、「乍恐書取を以奉申上候永坂為蔵事、昨日掃部頭被申候義不行届（以下略）」以下の書取削除	御徒目付松永伴六らの京都工作関与
9月17日	提出本では「一間、部様より之御手紙拝見被仰付、左ニ記ス」の内、「（前略）勅諚相下候趣、只々御幼君を軽蔑ニ而　御若気之至りニ而、一方口悪方之申分計御聞込、逆鱗之余前後之御勘弁も無之段ハ実悲歎千万之儀ニ御坐候、（中略）九関を除き他之者ハ皆々敵方、其敵方を説説候（以下略）」などの下線部削除	天皇の言動、九条家と幕府との関係、将軍家定の死因不審など
9月17日	提出本では「十六日之処江可書入」以下の内、「（前略）何分左大臣はじめ　上之気違ヲも不顧思付之儘種々と姦計のミにて、甚敷邪気之人々ニて候故、（以下略）」などの部分削除	公家・天皇への批判
9月20日	提出本では「一、佐野松茸　弐拾五本宛　　河野対馬守様・薬師寺筑前守様右、御内々被遣、六之丞手紙ヲ以指越ス」の部分削除	薬師寺等への贈与
9月26日	提出本では「九月廿六日義言江之返書」の内、「（前略）粟田宮弥強情ニ候ハヽ、妾を取預ケ鵜飼父子御召捕ニ而も、（中略）間部侯之義も稀成御気量ニ而、頼母敷　思召候由重畳之御義与奉存候、左近も必死之働、ま事ニ能行届候事与感心仕候、三条様へも御恐怖之由気味能事ニ御坐候（以下略）」の下線部削除	粟田宮・三条家への揶揄
9月28日	提出本では「一、薬師寺様御出、六之丞面会　御手許より御菓子被遣（中略）一、太田備後守様へ六之丞御使者相勤、御逢有之、京都ニ而ハ三条大□殿を裏切之大将ニ可被成との事（以下略）」などの部分削除	薬師寺への贈与、三条家への批判
9月29日	提出本では「一、長野主膳方江宿次飛脚を以左之通申遣ス」の内、「去廿一日同廿二日両度之御紙面・・鵜飼父子御召捕ニ相成候付、悪謀方火先弱り、三条殿ニも御恐怖被成候由ニ付、（以下略）」などの下線部削除	三条家への批判
9月29日	提出本では「御直書左之通　　九月廿九日間部江遣し候別紙之下書 上略　今度御申越御文中ニも、三条家返忠此上之処（以下略）」を削除	「三条家返忠」など三条家批判
10月2日	提出本では「一、宿継飛脚ヲ以、後閑弥太郎・長野主膳へ左之通文通いたし候」の内「（前略）三条殿ニ者弥以御恐怖、拘服ニ堪かね被成候由、此御方者此度之御張本ニ而、御返り忠与見へ候而も、　（中略）	三条家・粟田宮への批判

年月日	井伊家原本と提出本の異同部分	削除・改竄内容
	一、粟田宮妾之事御穿鑿中宮中ニ而猥なる事有之、参　内御指留ニ相成候との事、自業自得心地能事ニ奉存候　」など下線部削除	
10月5日	提出本では「一、別紙御状御下ケ、御返答方内膳殿へも相談之上、取調指上候様被仰付」の内、「諸司代見込　　鷹司殿父子之義ハ、今般一件之重犯人ニ付、此儘ニ而相済候ハヽ、再度之謀計も難計候間（以下略）」など以下削除	鷹司父子以下、公家の処分案
10月6日	提出本では「九月廿八日出之貴書、去四日ニ着、拝見仕候、（中略）今度之重犯人ハ鷹司殿御父子ニ付、小林・金田之吟味口ニより御父子ヲ遠嶋ニ被仰付候ハヽ、外堂上方口出し候者無之、」の下線部削除	鷹司父子以下処分についての小林・金田吟味
10月10日	提出本では「一、松平和泉守様公用人中川善右衛門御用ニ付被為召、御坐之間ニ而御用向被仰含、　但、八丈縞壱反被下置、六之丞達之」の下線部削除	老中松平乗全への贈与
10月12日	提出本では「一、正六日便り丁子屋へ出し、主膳へ左之通及文通」の内、「（前略）三条殿御返り忠ニ而、関白御復職之義者両三日中ニ御取計可被成との事、此御方者隠謀之張本ニ付、（中略）朝廷之悪物御一洗ニ相成候処眼目ニ而」など下線部削除	三条家・公家への批判
10月16日	提出本では「一、長野主膳江之返書左之通」の内、「（前略）近衛殿・三条殿御改心と申計ニ而ハ、迚も関東之思召　主上江御貫通之場ニハ至申間敷候得共、准后様二日より御出勤ニ付、段々御手段も被為在候間、いつれニも不日御十分之場ニ至り可申旨追々能御模様御承知」の下線部削除	長野義言の京都工作への関与
10月22日	提出本では「一、長野主膳江之文通左之通」の内、「（前略）結句貴兄・嶋田氏邪魔ニ被成候付、妙満寺江右之次第御申立被成候所、是亦御所司代之方江御傾き被成候御様子（中略）一、殿下并若御所様之御直書六通今便返上仕候、正ニ御落手可被下候、当地相変候事無之、奸物共追々御吟味御坐候得共、慥成証拠物ハ未出不申、小林・金田等も今一際厳敷御糺（以下略）」の下線部削除	長野義言・島田龍章の京都工作への関与、小林・金田吟味のこと
11月6日	提出本では「口上　　一、先達而夷人渡来より於関東種々御心配有之候得共、（中略）其節掃部頭ニ者甚以不承知ニ而、御聞済無之争戦ニ及ひ候共、被対京都御義理合も不相立、殊ニ官武御和合ニ不相成候而者、不相済義ニ付、調印御差延しニ而、京都江被　仰進候方与申切候得共、備中守・伊賀守、右掃部頭病気引中取計相済候事、」の下線部削除	条約調印評議につき、堀田・松平伊賀が直弼の「病気引中」に処置と偽った「口上」を伝奏衆へ差し出したこと
11月10日	提出本では、「一、間部下総守様ゟ六之丞江之御直書左之通」の内、「折表ニ宇津木六之丞殿へ　今般江戸より別紙之義申参り、（以下略）」以下全部削除	間部よりの京都工作についての情報
11月23日	提出本では「一、御飛脚立ニ付、長野主膳江之返書、左之通」の内、「（前略）一、此度妙満寺より御答書下案拝見仕候処、（中略）右之次第ニ付、隠公家ニ荷担いたし候諸侯ハ有之間敷、（中略）」の下線部を「隠謀家」と改変、また「別紙　　別紙得御意候、紺屋町弥兵衛之一件、（以下略）」の部分削除	公家批判、紺屋町弥兵衛一件につき大金償いのこと
12月6日	提出本では「（前略）一、新御所江御進物之事、　御上ニも実ニ御感心被為遊候ニ付、近々何そ可被進思召ニ御坐候、もはや相済候義ハ不及御報、文略御免可被下、右御報迄如此ニ御坐候、已上」の下線部削除	九条家への進物
12月6日	提出本では「一、長野主膳江左之通及文通　（前略）何分悪謀方飽迄根強く候間、無拠手荒之御所置ニ可成行哉与、歎息罷在候事ニ御坐候、付而者、嶋田氏与御厚談ニ而之御草稿等、御丹精之御義与奉存候 一、小林民部権大輔ゟ御取上ケ之書付写御廻し、・・・水府勅諚も三条殿御引請ニ而主上御位御すへり等之事も皆御同人之御所為、森寺・丹羽等之働も明白ニ有之由、・・・」などの下線部削除	長野義言・島田龍章らの京都工作関与、天皇の動向
12月14日	提出本では12月3日、同4日付の三条実万書状（井伊直弼宛）を加筆	公武静謐について斡旋尽力について
12月21日	提出本では「一、主膳江之返書」の内、「（前略）一、梅田源次郎申口ニ、粟田宮者今度之一条、水戸ニ為騒候而、御自分還俗して（以下略）　」の下線部以下の3箇条削除	粟田宮の密勅への関与、梅田吟味のこと、吟味物へ五手掛任命、松平忠固京都留守居の彦根への悪口など

年月日	井伊家原本と提出本の異同部分	削除・改竄内容
12月21日	提出本では「一、正月七日着、京都間部下総守様ゟ去朔日立御状、其外書類御手元留ニ写置可申様被仰付候ニ付、同役心得迄ニ極密書取、大略左之通」として以下10通を加筆	
(12月28日)	提出本では「一、長野主膳江之返書左之通」の内、「(中略) 一、此度夷人之願条を御挙用被遊候而者、御国体相立不申候、御国体を失ひ候而者、御国威も相立不申候間、奉始　神宮、御代々之被対　宗廟候而も相済不申候故、御英断を以御挙用不被遊方歟、(中略) 右之外、頼三樹等申口も同様之事之由、間部侯御上京前より天下　王政之議論等始り、二条殿を謀主といたし候由、誠ニ危き場ニ至り候事与、今更汗背いたし候 (以下略) 」の下線部削除	国体を失い国威立たず、王政の議論のこと
(12月28日)	提出本では「一、去廿三日付之御書付、今夕着、拝見仕候、(中略) 一、三条様御合力米之事、御所司代より御取持之一条如何ニも卑劣成事捧服成事共ニ御坐候 (中略) 一、嶋田氏ニも御勤被致候様相成候為御悦被下物之義相伺候処、(以下略)」の下線部削除	三条家への合力米、島田龍章への下され物のこと
(12月28日)	提出本では「別紙得御意候、殿下段々之御忠精ニ而、御疑念被為解候趣御承知、誠ニ以御満悦、御直書を以御礼も被仰上度思召ニ候得共、此節柄御遠慮ニ付、貴兄より厚く御礼之義御取計可被成、嶋田氏之義も兼々気之毒ニ思召候処、雲霧晴レ候趣御承知、殊之外御満悦為御悦別紙目録之通被遣候間、貴兄より程能御伝へ被成候様ニと被仰出候、(以下略)」の全文削除	九条家への贈与
安政6年 1月3日	提出本では「一、長野主膳江之返書」の内、「(前略) 御追書拝見仕候、右様速ニ御事済候事ハ二条殿江戸表より殿下へ御内書被遣、(以下略)」以下の部分削除	二条斉敬の奸計が関東への忠節となったこと、間部への褒詞など
1月3日	提出本では「一、左之御書下ケ、旧冬廿八日出ニ長野主膳方江遣し可申所、取落ニ相成候間、今日断申遣ス」の内、「義言江一昨日之拝領物之義吹聴可申越候一、若州江当方ゟ厳敷申参り候義ハ、(以下略)」の書状全部削除	所司代酒井、幕府の主意を理解せず譴責するも、なお誤解し再譴責
1月5日	提出本では「別紙得御意候、大晦日ニ者、間部侯御参　内諸事御事済之上、(中略)　一、旧臘廿九日、御所司代より三七を以、しゝら御慰斗目御紋付御小袖麻御上下御頂戴被成候よし、君上へも申上、両大夫同役江も吹聴いたし候様被仰下、承知仕候」の下線部削除	所司代酒井家から井伊家へ音物
1月5日	提出本では「　極密書　　兵庫之北風某与申者、近国ニ而之富家之由、右之者御舘入ニ相成候ハヽ、亀蔵・権蔵両人も同様之富家ニ而諸共ニ御出入も可仕見込ニ有之、幸右北風者間部侯之御家中、毎日御出会被成候芥川舟之廻縁之者ニ付(以下略)」の極密書全部削除	兵庫の北風某という者を御館入願、京都三井・井善に調達金を担わせ扶持方にすること
1月18日	提出本では「一、正月十一日出、同廿日到着、京都間部下総守様御返書、左之通り (以下略)」と間部書状 (井伊直弼宛) を加筆 (『井伊』16-16)	京都工作における所司代の関与
1月24日	提出本では「一、安政五午年九月十五日附ニ而酒井若狭守様より、同廿三日太田備後守様江御到来状之写」に続く「(前略) 此御書付之趣、後【後】年御警衛を御守護与致候御下心与見候間 (以下略)」との下線部の公用人添書部分削除	所司代酒井家が京都警衛を、後年御守護にしたいとの下心あり
1月29日	提出本であは「一、長野主膳江之返書左之通　(前略) 右様御自分より恐入御願ニ相成候へ者、穏ニ而至極之御都合与　御上ニも被思召候、貴兄并嶋田氏御働格別之御義与奉存候 (中略)　一、嶋田江之被下物、浜縮緬代銀三拾枚之事申上置候 (以下略)」の下線部削除	京都工作における長野義言・島田龍章の関与、島田への下され物
1月29日	提出本では「一、前文与同時主膳江極密申遣ス」の内、「竹輿東行之面々吟味方大切之御義ニ付 (中略) 是ニ付而も陰謀方根深き事、油断成不申義与奉存候 一、太閤殿初左大臣・三条殿等御咎方之義、(中略) 右御紙面類ニハ矢張関東より罪状御取極メ之様ニも見へ申候由、関東より御取極与成候時ニハ竹輿連中御吟味請之上ニ無之而ハ罪状御取極難相成ニ付、飽迄　主上之思召を以御咎被　仰付候事ニ相成不申而者、後々御不都合ニ相成候間、此所厚く御心得御取計御坐候様ニ与被仰出候 (以下略)」の下線部削除	京都囚人への五手掛吟味で吟味継続に付き評議二分、鷹司以下の処罰は天皇の命によらなければ不都合
1月29日	提出本では「一、長野主膳江之返書」の内、「一、君上御災難除之御札差上申候、(中略)」に続く3箇条と、「一、新御所公之御手紙　御覧、実ニ行末頼母敷御方	大獄批判・幕府役人の処分、近衛・鷹司・三

年月日	井伊家原本と提出本の異同部分	削除・改竄内容
	与御感心被為遊、[被進物之事も何分　思召付も無之、指向候御用向等ニ而御延行ニ相成候へとも、其内ニ者被進候事与奉存候、」の下線部	条ら罪状書、密勅取り戻し、九条家への進物
2月16日	提出本では「一、長野主膳江左之通及文通」の内、「然ハ板倉様佐々木之一件御承知御立腹之次第御尤ニ奉存候、(中略) 夫々厳重ニ被仰付候ニ付、一体御役方眠も覚、弥々御為方五手之御調ハ勿論正路ニ相成、此節御調も始り候間、追々分明ニ分り候様可相成与奉存候」の部分削除	幕府内部の板倉・佐々木ら大獄批判役人の処分
2月26日	提出本では「一、長野主膳江町飛脚ニ而返書左之通」の内、「然ハ近・鷹・三之御四方、大原家等之罪状之事、　主上も御承知にて御安心之処、九日ニ 殿下御参内之節、　主上仰られ候ニハ、今度之一件元来ハ昨春堀田上京之節不道理成事を申候ニ付、(中略) 呉々も御心配御苦労之程深く御察被遊候事ニ御坐候　」の部分と、「一、四方之罪状も（以下略)」の箇条の部分削除	三公以下の処分を幕府から行えば御失徳になるなど
3月9日	提出本では「一、長野主膳方江之返書左之通丁子屋へ出ス」の内、「一、廿五日付之貴書拝見仕候、(中略) 築地出来候得ハ永々御益筋、且当時御入用丈之金子ハ調達為致可申との事、兼而大津奉行申居候、右辺之処聢与御談し詰被下候様仕度、(以下略)」の箇条の下線部削除	大津築地の入用金調達のこと
3月17日	提出本では「一、御退出後、六之丞被為召、御意ニハ、下総守今度　御使首尾能相勤候ニ付、御褒美御取調有之候処、(中略) 則坪内様御用人大竹五兵衛呼出し御趣意之処、(中略) 則申上候処御承知、五兵衛事昨夜より大義懸候事ニ付、何そ為取候様ニとの御意ニ付八丈嶋壱疋被下ニ致」の下線部削除	坪内様御用人大竹五兵衛への贈与
4月8日	提出本では「四月八日　御勘定奉行松平式部少輔様江六之丞御使者相勤、水野筑後守様・村垣淡路守様御勘定奉行当分兼帯被　仰付候義、鳥札一件、堀割一条、青銅金根証文天保銭等之事御直話有之、罷帰申上ル、御懸合御菓子・漁猟之魚御到来之由ニ而被下候間、罷帰御礼御返答申上ル」の部分削除	水野忠徳らへの勘定奉行兼帯、鳥札一件、堀割一条など
4月11日	提出本では「一、今日御上御壱人　御休息江被為　召御政務筋御談し（中略）但、奥勤兼勤之御老中之外ハ　御休息江被為　召候義ハ決而無之処、誠ニ御格別之由御老中様方ニも御歓被　仰上候由」の下線部削除	井伊直弼が将軍家茂から格別に「御休息」の間に召されたこと
4月12日	提出本では「一、長野主膳江之文通左之通」の内、「去二日付之御書付拝見仕候、暖和之節、先以　御上益御機嫌能被為遊御座御同意奉恐悦候、然ハ去月廿八日三大臣御転任之一条も無滞相済候由、(中略) 何卒一日も早く御帰府御待申居候」、「一、兼而御案思被成候二三両月も相済御安心之由、(中略) 其内ニ者御転役ニ可相成、昨年来追々御丹精ニ而関東者先々邪正分明与申場ニ至り（以下略)」などの下線部と、「一、去三日附同五日付之貴書、昨十一日昼後着拝見仕候、四方罪刑一条ニ付、(以下略)」　の箇条全部削除	三公処分についての中山忠能の異論、薬師寺の栄転など
4月22日	提出本では「一、長野主膳方江左之通申遣ス」の内、「(前略) 十四日京都より四方落飾慎等之事、弥廿二日ニ可被仰付旨、十三日申半刻　勅書を以被　仰出候ニ付、此度ハ違変有間敷ニ付、此段御安心」、「誠ニ御満悦御安心被遊候、直様西丸下江も御廻し申上候処、是以殊之外御喜悦ニ御坐候、段々之御丹精ニより御十分之場ニ至り、跡々御取締も付可申与恐悦不過之、扨々大安心難有奉存候、付而者、過日被仰下候、朝廷御局増人之義、とふ歟御早く御承知ニ相成候様仕度奉存候、此程中より乍恐申上居候得共、新規之事ニ付何分御評義手間取候由ニ而、未御評決相成不申様ニ候間、尚亦御早く御埒付候様願置候間、分り次第早速申上候様可仕候」などの下線部削除	四方落飾について「御安心」「御満悦」「御埒付」などの言葉、長野・島田らの関与
5月2日	提出本では「一、長野主膳江之文通左之通」の内、「(前略) 御落飾之一条、弥廿二日ニ被仰出候条、寔ニ以御安心被為遊、是ニ而貴地之一件御万端済、上々之御都合、(中略) 実ニ殿下之御忠勤、貴兄嶋田等之御丹精ニより御安心之場ニ至り御満悦被遊候御事ニ御坐候、」の下線部削除	四方落飾について「御安心」の言葉、長野・島田らの関与
5月2日	提出本では「内密書」の内、「大津築出し一件絵図も出来候得共、(中略) 其始より利益筋之懸合表与成候而不宜ニ付、(中略) 右者行々御益も可有之、指当り松原御蔵も一ヶ所願置候事ニ付、幸大津ニ而御土蔵出来候ハヽ（中略) 誠ニ御良策与奉存候、右御入面之金子返済方ハ築地出来之上御益銀を以償候訳ニ無之而ハ永々御為方ニ相成不申ニ付（以下略)」などの下線部削除	大津築地の利益のこと

年月日	井伊家原本と提出本の異同部分	削除・改竄内容
5月6日	提出本では「一、長野主膳江御飛脚立ニ付、左之通及文通」の内、「(前略)然ハ廿二日御落飾済京地御静謐ニ候へ共、(中略)御所御奥向ニ而も此節之風聞ニハ鷹右印ニハ関東ヲ調伏、近左印ニハ　主上をも御調伏之沙汰有之由、何レニも隙ヲ窺遺恨御晴し(以下略)」の下線部削除	四方落飾済むが、鷹司・近衛らは幕府、天皇に遺恨含み改心なしとの風聞
5月6日	提出本では5月11日付、井伊直弼「御書下ケ之写」(宇津木宛)の全部削除	京都工作における長野・島田の関与と、島田の増長
5月21日	提出本では「長野主膳江左之通申越」の内、「(前略)一、四方之号為御聞被下、鷹司禅閤拙山とハ可笑事との御沙汰ニ付如何ニも可笑事、但余り拙き山にも無之、随分鋭き山ニて危き事与申上居候事ニ御坐候」の箇条削除	鷹司の隠居号への嘲笑
6月26日	提出本では「一、義言江被下置候御直書之写、左之通」の「殿下御口上書之趣、夫々承知、昨年来出格之御丹誠ニ而漸　公武御合躰ニ相成候事ニ付、下総守江被仰含候義共早速取計可致所、御所江被進金并堂上一統江御助力金典侍御給米之儀者、御役方ニ而ハ先規ニ拘り彼是申立も有之(以下略)」、など全部削除	「公武御合体」により御所への「被進金」、堂上一統への「御助力金」配布のこと
8月27日	提出本では「一、水戸前中納言様陰謀一件ニ付、永蟄居御国表へ可被遣旨被仰出候、右ニ付、中納言様御差控被仰出、右ニ周旋致候御家来四人御仕置被仰付候」以下の2箇条を加筆	斉昭処分、水戸家来への仕置、水戸処分に際しての上使派遣
8月28日	提出本では「一、松平讃岐守様　昨日依御封書御登城被成候処、水戸様御家御取締之儀ニ付、御不行届被思召候旨、松平和泉守様より被仰渡候由」の箇条を加筆	高松松平頼胤、水戸取締の不届きにより譴責
8月29日	提出本では「一、明朔日五時、御附人ニ而御登　城被(以下略)」「一、松平讃岐守様・同宮内大輔様　水戸様御家御取締方御不行届之旨、讃岐守様被蒙仰之趣并水戸様前中納言様江仰出之趣ニ付、御差控被成御伺候処、(以下略)」以下の2箇条を加筆	高松松平頼胤父子、水戸取締の不届きにより譴責
9月6日	提出本では「一、松平讃岐守様・同　宮内大輔様　昨日、間部下総守様ゟ御家来御呼出、讃岐守様御差控、宮内大輔様御目通り御指控被成御免候段被仰渡候由」の箇条を加筆	高松松平頼胤父子、水戸取締の不届きにより譴責
9月7日	提出本では「一、今日御城より左之御書付御下ケ被遊候間、当役壱人相越可申旨、公用人権内申聞候間、忠右衛門承之、右者御拝領物ニも無之、全く進上物等之儀ニ付、下役共差越可然哉之旨相答候処、間部下総守様衆へ一応可及問合、(以下略)」の箇条を加筆	「仏蘭西国より相贈候品々為受取」のこと
9月8日	提出本では「一、九条関白殿江被進候御直翰、左之通」以下の書状、別紙の大部分を削除し、「一、昨日御休息江被為召、品々御政談之上、左之通被為蒙上意候、九条殿ニ者昨年以来格別骨折心配被致候ニ付而、御所向も折合候趣ニ而安心致す、此二品者内々差贈るによつて、掃部より宜敷申伝るやうに 　　御品物 　料紙硯箱　　　龍虎研出し蒔絵 　御掛物　　　　牧渓筆山水 右之通被進候ニ付、御足軽飛脚ニ而被遣候」と改竄する。	井伊家と九条家との「深由緒」について、将軍家から禁中への「被進物」、九条家への加増、長野の関与など

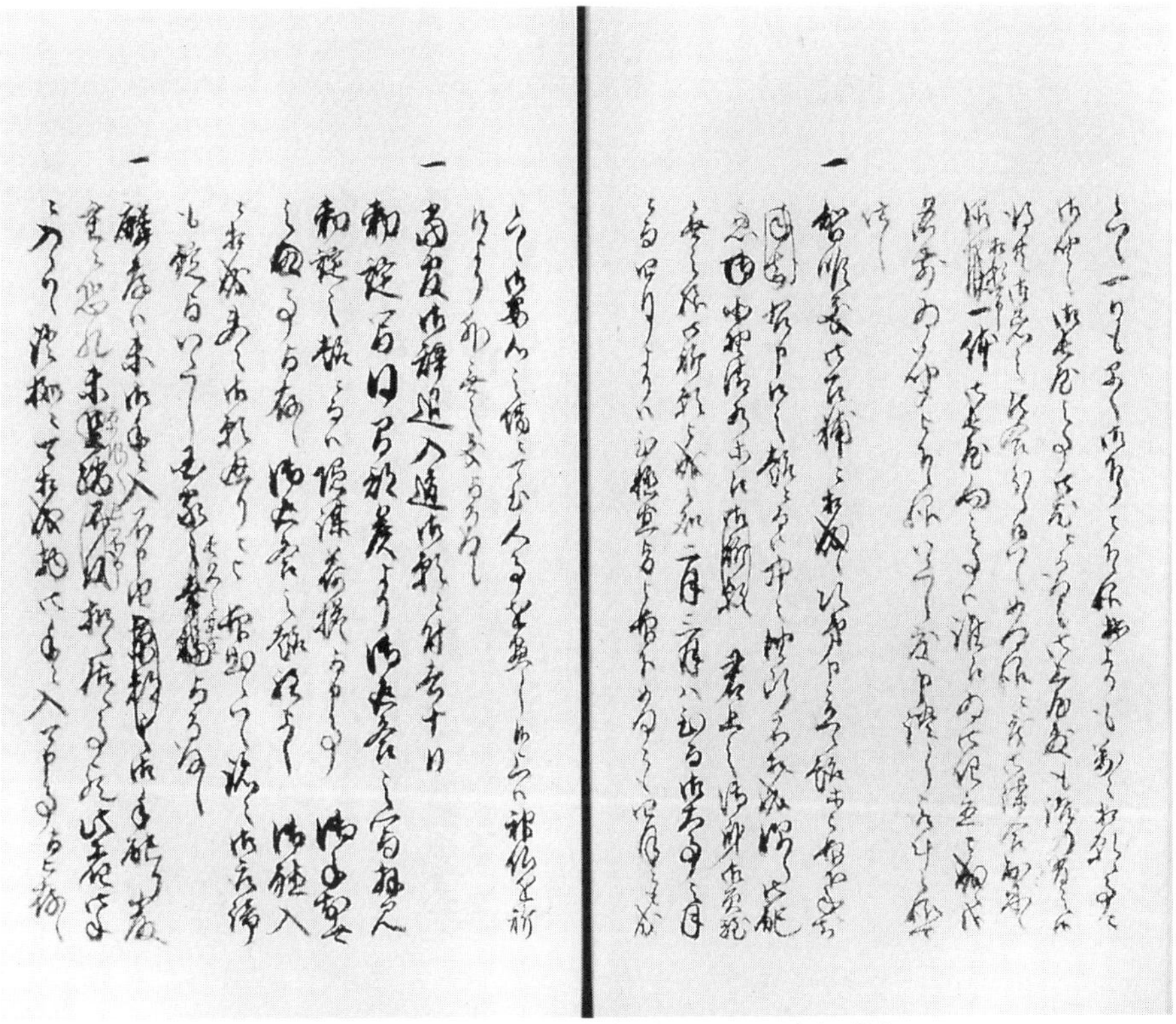

図版1－①　「宇津木景福手留」（自筆草稿本、安政6年正月29日条）部分

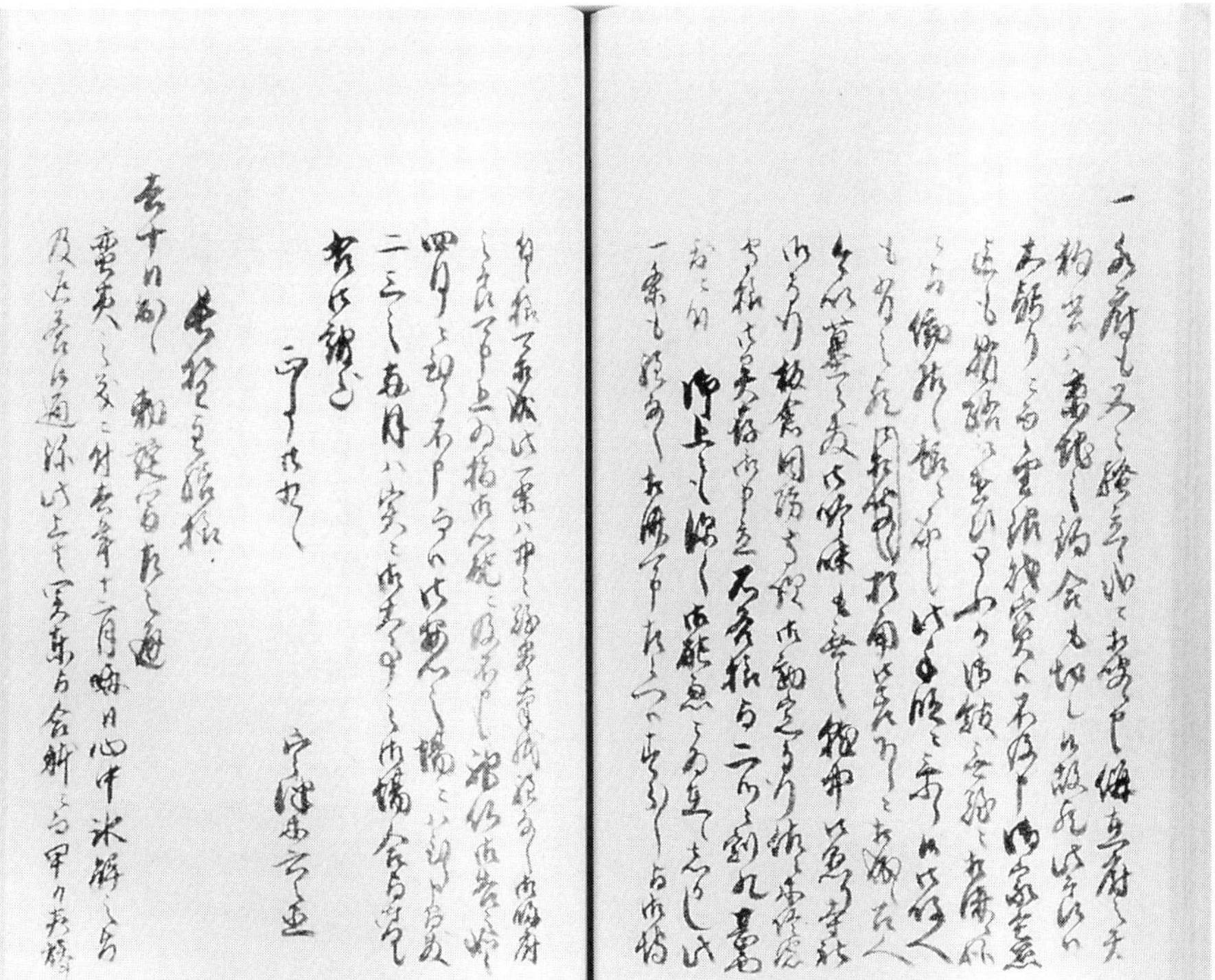

図版1－②　「宇津木景福手留」（自筆草稿本、安政6年正月29日条）部分

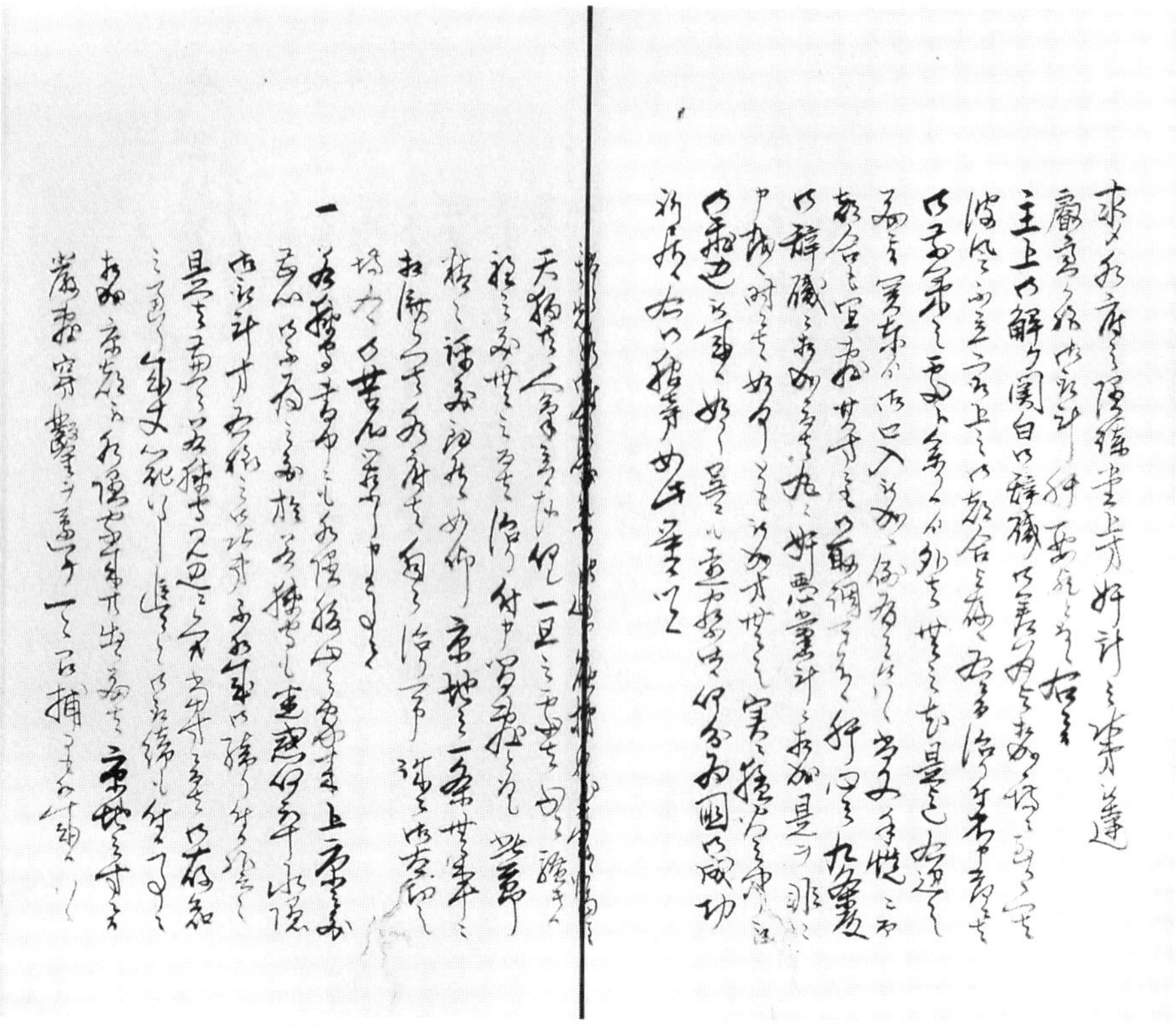

図版2－①　「公用方秘録」（自筆草稿本、安政5年9月13日条）部分

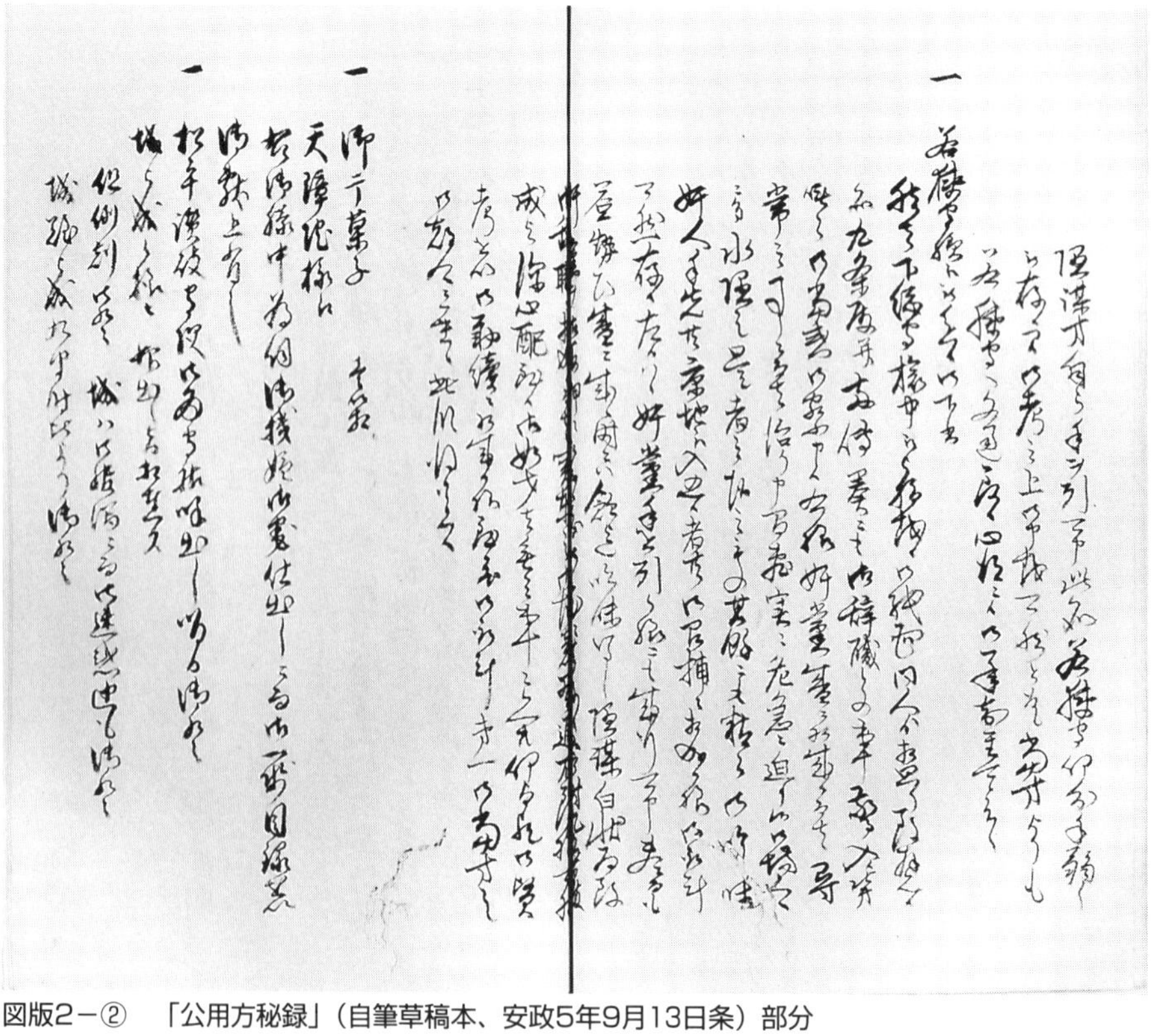

図版2－②　「公用方秘録」（自筆草稿本、安政5年9月13日条）部分

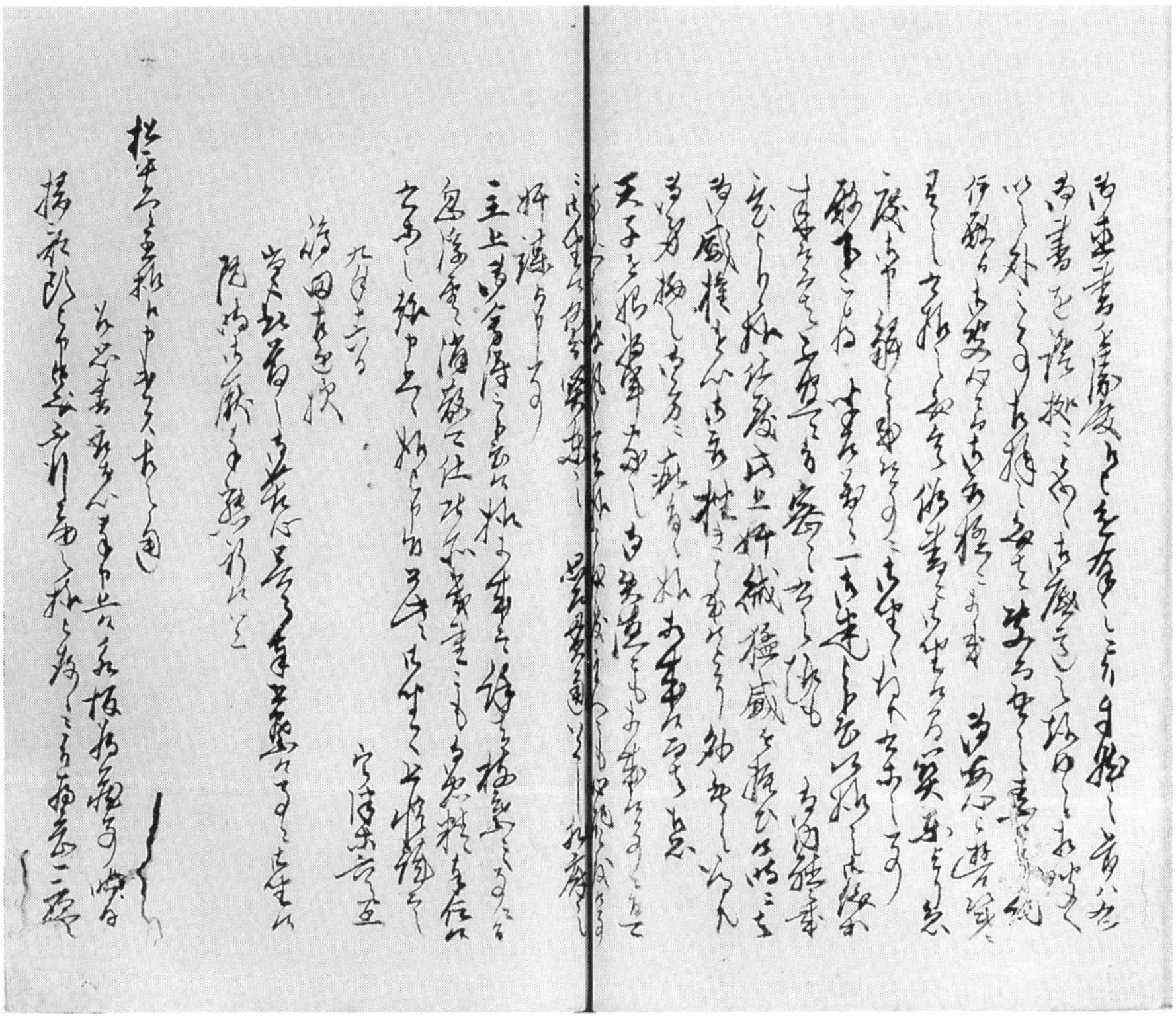

図版3－①　「公用方秘録」（自筆草稿本、安政5年9月16日条）　大久保忠督の筆跡部分

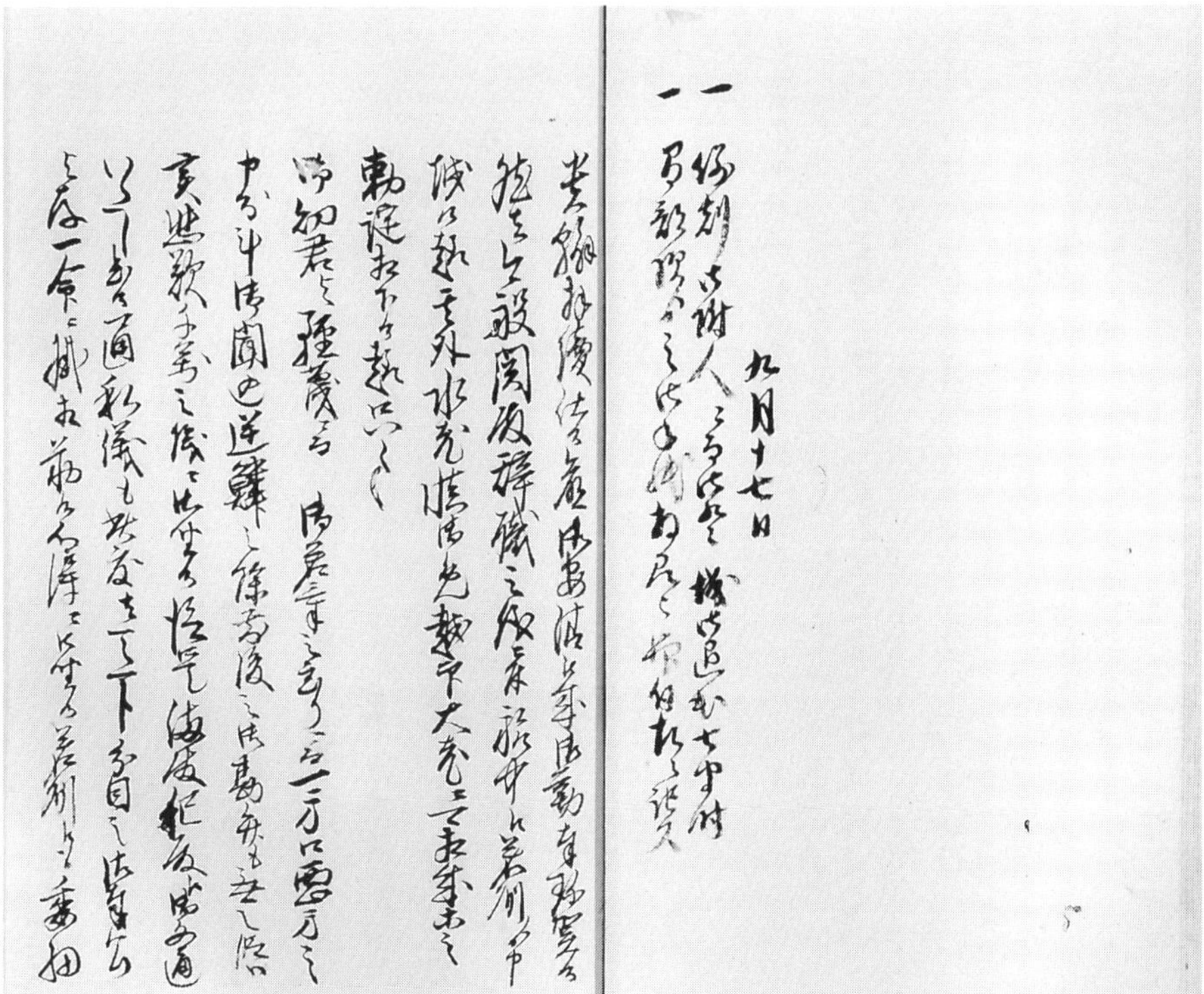

図版3－②　「公用方秘録」（自筆草稿本、安政5年9月17日条）部分　前三行は宇津木等、以下は「某」筆

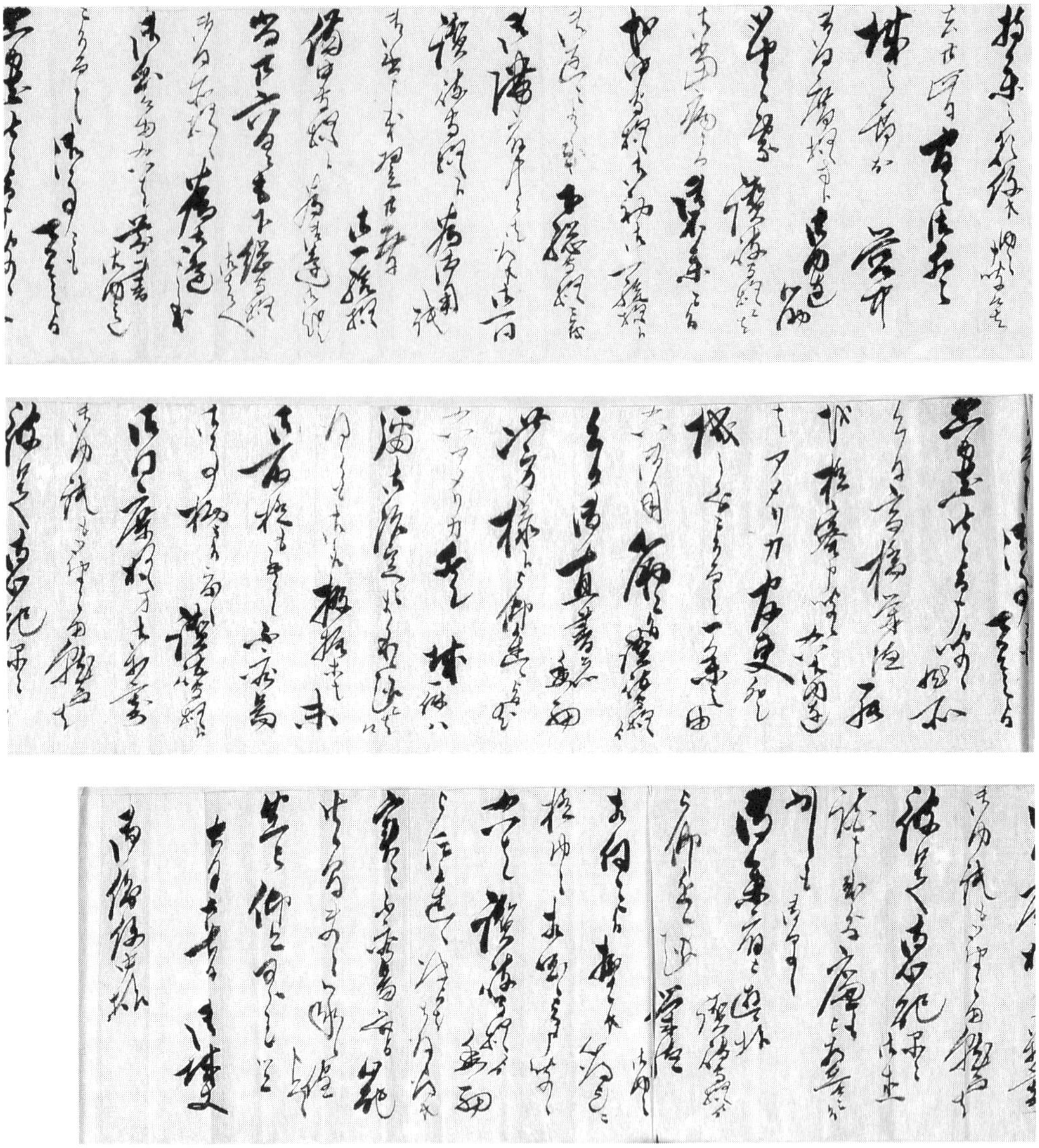

図版４　大久保忠督書状

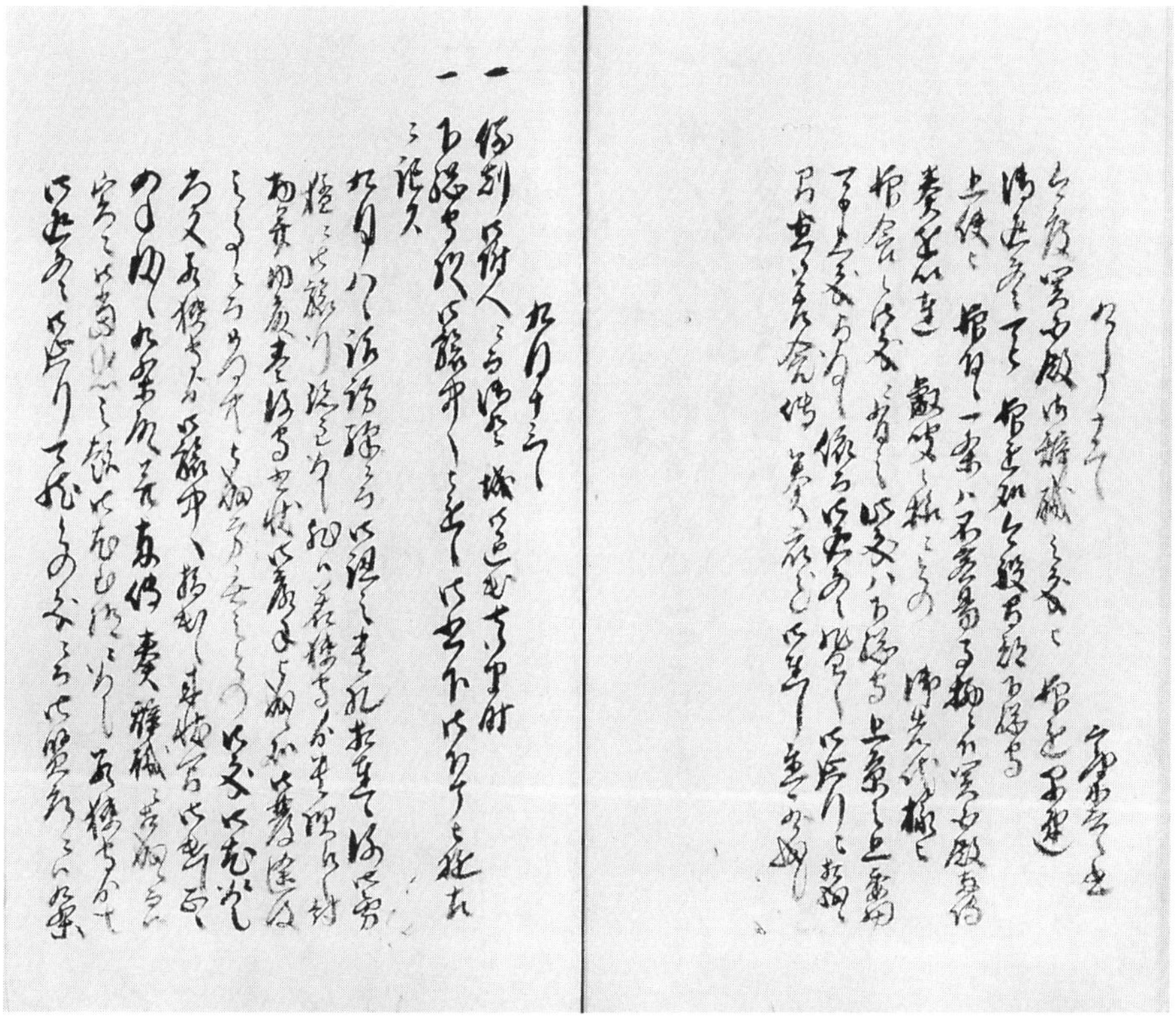

図版5－①　「公用方秘録」(自筆草稿本、安政5年9月12日・同13日条)　宇津木の筆跡部分

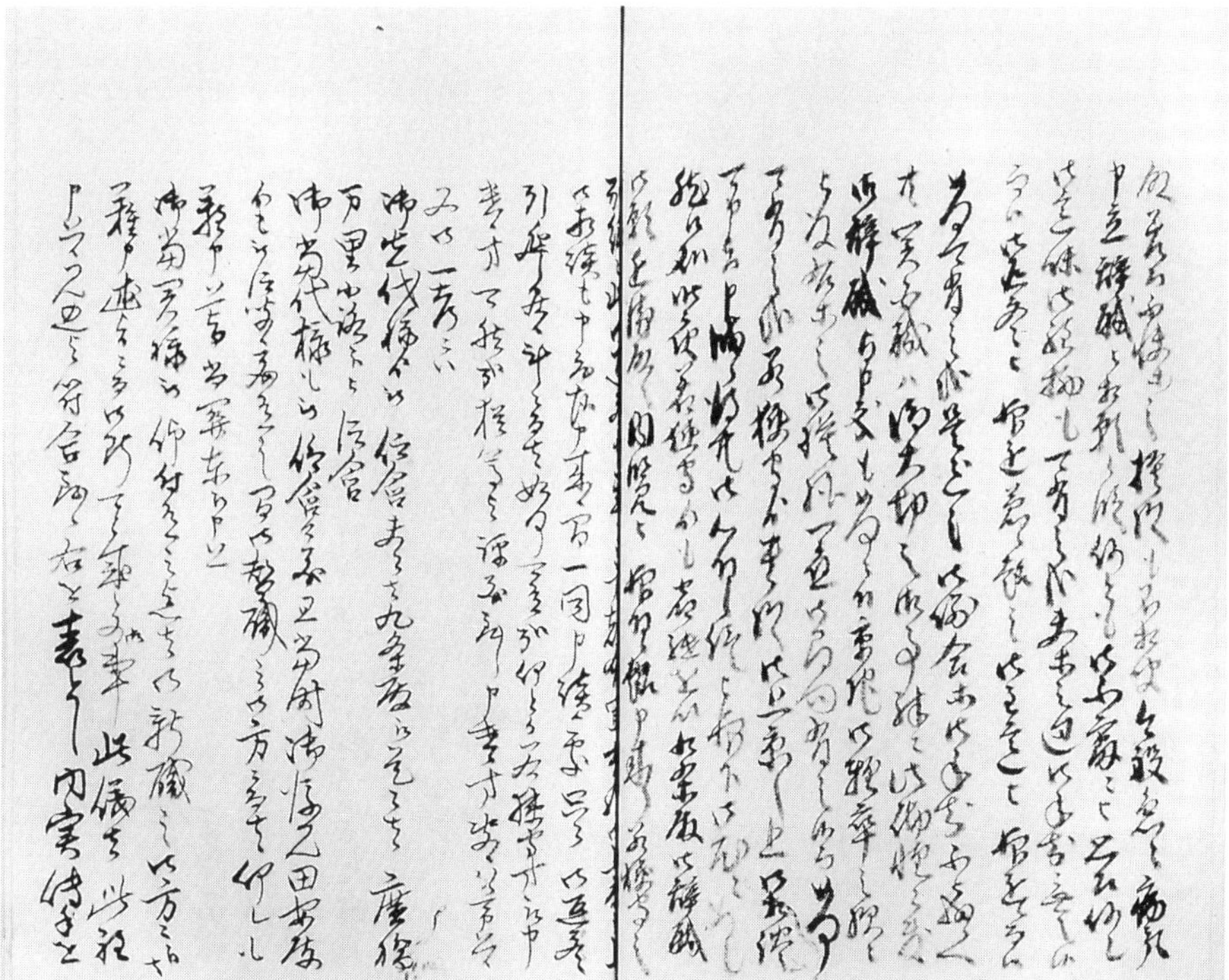

図版5－②　「公用方秘録」(自筆草稿本、安政5年9月13日条)　宇津木から富田へ筆跡が変わる部分

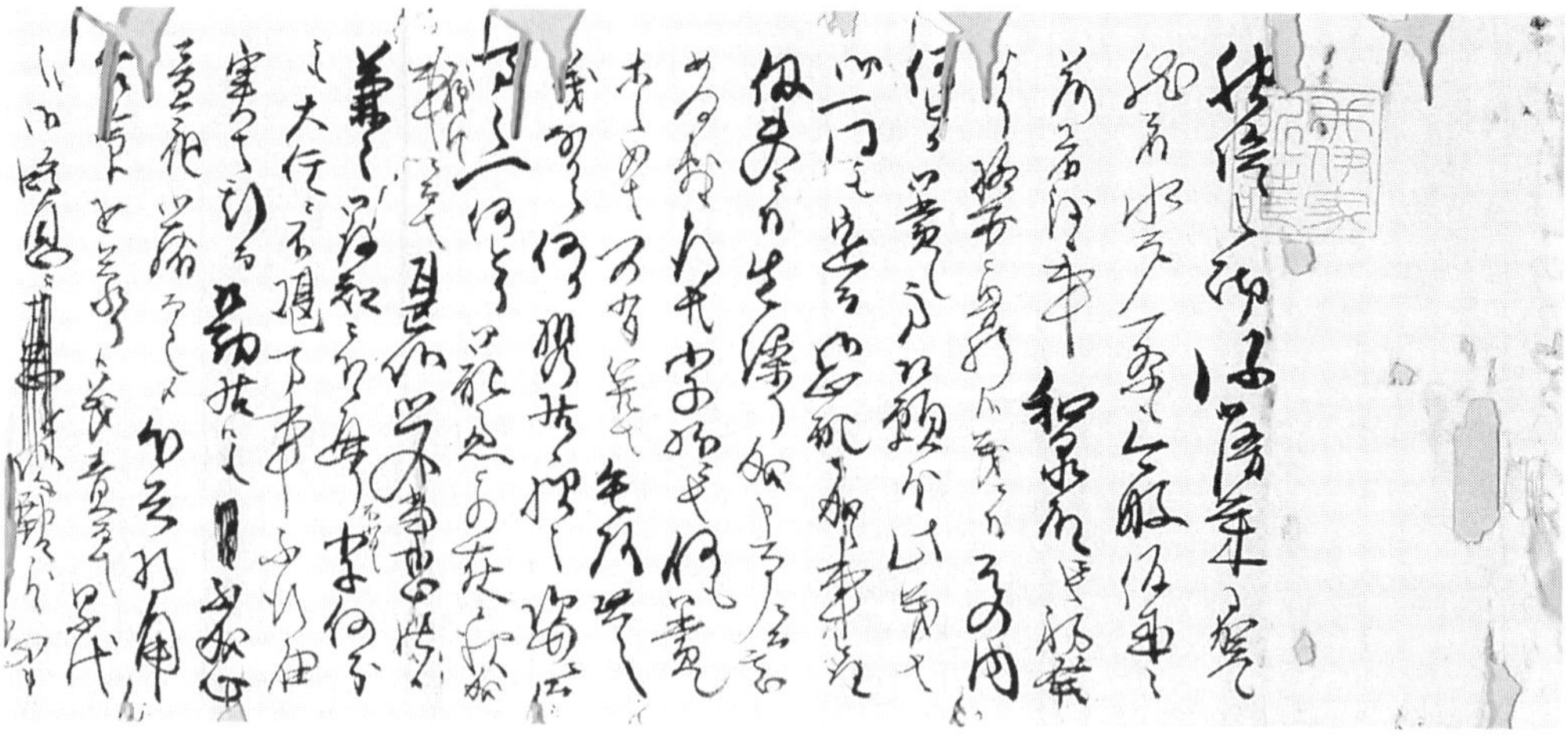

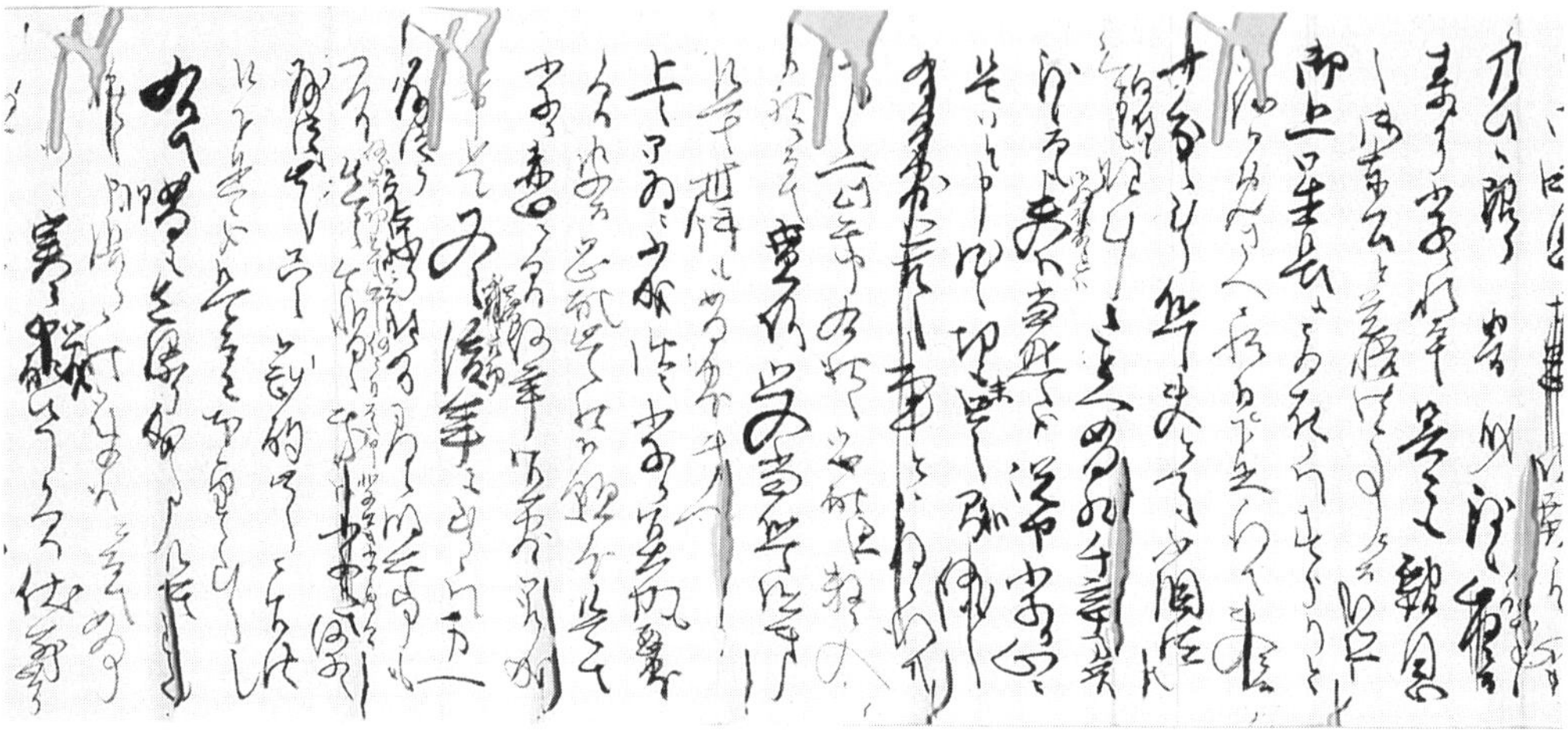

（端裏書）

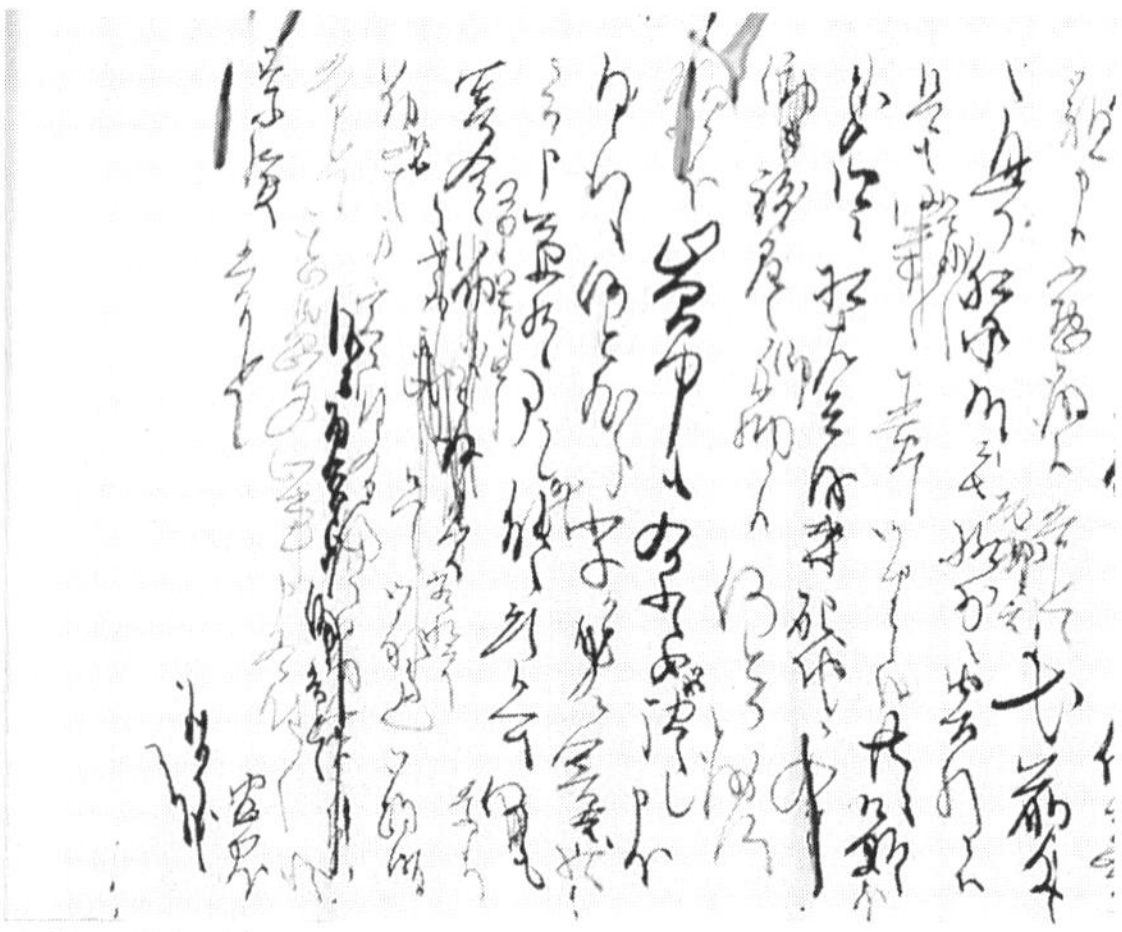

図版6　井伊直弼書状案（未9月14日付、間部・内藤・脇坂宛）

『史料　公用方秘録』登場人物一覧

1　本一覧は、本書翻刻史料に登場する各人全員の名前を五十音順に配列し、諱や、役職、地位等の情報を注記したものである。
2　名前には、略称・異称を史料記載のとおり収録した。人物説明文中の → は、矢印で示した人物が同一人物であることをあらわす。人物に関する情報は、矢印で示した人名の箇所を参照されたい。
3　注記した役職・地位は、本書翻刻史料の内容年代（安政５年４月～同６年10月23日）のものである。先例など過去の出来事を記した部分は、その限りではない。
4　本一覧は、『柳営補任』『大日本維新史料　類纂之部　井伊家史料』、『明治維新人名辞典』『徳川諸家系譜』『寛政重修諸家譜』「侍中由緒帳」（彦根藩井伊家文書）等を典拠とした。
5　本一覧は、高井多佳子氏・片山正彦氏の協力を得て、渡辺恒一が作成した。

あ

青木春岱	今治藩医、安政５年７月３日より幕府奥医師
青木兵部少丞	不詳
青山録平	幕臣、広敷用人
赤牛	→井伊直弼
赤坐寿兵衛	上田藩士、上田藩京都留守居
秋元但馬守	正徳２年当時。秋元喬朝、谷村藩主、幕府老中
芥川	→芥川舟之
芥川舟	→芥川舟之
芥川舟之	鯖江藩士
芥舟	→芥川舟之
阿久津丑助	幕府奥右筆
浅田殿	不詳
浅沼四郎八郎	水戸藩士
浅野	→浅野備前守
浅野備前守	浅野長祚。幕臣。小普請奉行。安政５年６月５日京都町奉行より転任
朝彦親王	皇族
安嶋帯刀	安嶋信立。水戸藩家老（安政５年７月～）
安嶋初太郎	町奉行所池田播磨守組与力
安嶋弥次郎	→安嶋帯刀
阿州	→蜂須賀阿波守
阿州弾正大弼	→蜂須賀弾正大弼
阿原権輔	近江国坂田郡志賀谷村郷士、和歌山藩付家老水野氏代官。長野義言門人
阿部伊勢守	嘉永６年当時。阿部正弘。福山藩主。幕府老中。安政４年６月17日卒
阿部伊予守	阿部正教。福山藩主
阿部豊後守	正徳２年。阿部正喬。忍藩主
鮎沢伊太夫	鮎沢国維。水戸藩士
有馬中務大輔	有馬慶頼。久留米藩主
粟田	→粟田宮
粟田王	→粟田宮
粟田宮	→朝彦親王
安藤	→安藤石見介
安藤石見介	未詳
安藤対馬守	安藤信睦。磐城平藩主。若年寄

い

庵	→庵原朝儀。彦根藩家老
井伊掃部頭	→井伊直弼
井伊家国学者某	→長野主膳。彦根藩系譜編集用懸
飯泉喜内	飯泉友輔。三条家家士
井伊鏻麿	井伊直弼六男（さえまろ）
井伊直弼	彦根藩主。幕府大老
井伊直孝	彦根藩２代藩主
井伊兵部少輔	井伊直充。与板藩主
井伊保麻呂	井伊直達。井伊直弼７男
家茂	→徳川家茂
伊織	→桃井伊織
伊賀守	→松平伊賀守
池内大学	池内奉時。儒者
池田播磨守	池田頼方。幕臣。町奉行。安政５年10月９日大目付より転任、同６年２月３日勘定奉行公事方懸り兼帯
伊三治	→日下部伊三次
伊佐新三郎	伊佐岑満（新次郎）下田奉行支配組頭
伊沢美作守	伊沢政義。幕臣。大目付。安政５年10月９日町奉行より転任
石谷因幡守	石谷穆清。幕臣。町奉行。安政５年5月24日勘定奉行より転任
石河土佐守	石河政平。幕臣。側衆。安政５年７月６日免
和泉（守）	→松平和泉守。西尾藩主。幕府老中。安政５年６月23日溜間詰格より転任、万延１年４月28日免
伊勢守	→阿部伊勢守
井善	→井筒屋善助
磯貝鋭次郎	町奉行所石谷因幡守組与力
板倉周防守	板倉勝静。松山藩主。寺社奉行。安政４年８月11日奏者番より兼、同６年２月2日免

伊丹蔵人	伊丹重賢。青蓮院宮諸大夫
庵太夫	→庵原朝儀
一条	→一条忠香
一条左大臣	→一条忠香
一条忠香	堂上公家。左大臣。安政6年3月28日左大臣
井筒屋善助	豪商、小野組三代当主。京都烏丸通
井出源左衛門	正徳2年時点。井出源左衛門。幕臣。奥右筆組頭
伊藤玄朴	佐賀藩医。安政5年7月3日より奥医師
稲生次郎左衛門	正徳2年当時。稲生正武。幕臣。幕府目付
稲垣長門守	稲垣太知（太篤）。山上藩主。幕府若年寄。安政5年6月25日奏者番より転任
因幡	→石谷因幡守
稲葉伊予守	稲葉観通。臼杵藩主
犬源	→犬塚源之丞
犬塚	→犬塚源之丞
犬塚源之丞	犬塚正安。彦根藩大津蔵奉行
井上河内守	正徳2年当時。井上正峯。笠間藩主。幕府老中
井上信濃守	井上清直。幕臣。下田奉行、安政5年7月8日外国奉行兼帯。安政6年4月27日小普請奉行へ転任
庵原助右衛門	庵原朝儀。彦根藩家老
今井小平太	京都町奉行小笠原長門守組同心
今村多門次	彦根藩櫛役・奥御用使役兼帯
伊予守	→稲葉伊予守、伊達伊予守
伊予之助	→茅根（ちのね）伊予之助
入江伊織	入江重恕。二条家家士
入江雅楽頭	入江則賢。一条家諸大夫
岩崎	九条家老女。嶋田龍章母
岩瀬肥後守	岩瀬忠震。幕臣。外国奉行。安政5年9月5日作事奉行に転役。同6年8月27日免
岩波	不詳

う

上様	→徳川家茂
鵜飼吉左衛門	鵜飼知信。水戸藩京都留守居。安政3年8月勝手掛兼帯
鵜飼幸吉	鵜飼知明。水戸藩京都留守居助役。鵜飼吉左衛門子
鵜飼父子	→鵜飼吉左衛門・鵜飼幸吉
鶉沢信三	不詳
臼居安之丞	彦根藩馬役・御厩頭取・奥御用使役兼帯
雅楽	→酒井雅楽頭
右大臣	→鷹司輔熙
宇津木幹之進	彦根藩側役あるいは公用人か
宇津木六之丞	宇津木景福。彦根藩側役兼公用人
宇都宮弥三郎	宇都宮憲綱。水戸藩士。安政5年7月附人
鵜殿十郎左衛門	鵜殿長徳。幕臣。先手鉄炮頭
鵜殿適之助	鵜殿民部小輔養子
鵜殿民部少輔	鵜殿長鋭。幕臣。駿府町奉行。安政5年5月20日小普請奉行次席目付より転任、同6年9月10日免
うめ	→山本うめ
梅田源二(次)郎	梅田定明（雲浜)。小浜藩士
梅田言明	→梅田源次郎（雲浜）
裏松	裏松恭光。堂上公家。参議
宇六	→宇津木六之丞

え

越前守	→松平越前守
越	→松平越前守
越印	→松平越前守
越中守	→松平越中守
遠田長庵	江戸城奥医師
遠藤但馬守	遠藤胤緒。三上藩主。幕府若年寄

お

小山田軍平	水戸藩側用人
正親町三条	正親町三条実愛。堂上公家。議奏加勢
大井十太郎	大井信道。幕臣。幕府目付。安政5年10月24日西丸目付より転任
大久保伊勢守	大久保忠寛。幕臣。京都町奉行。安政年6月24日西丸留守居に転任
大久保大隅守	大久保忠良。幕臣。禁裏付。嘉永7年1月22日目付より転任、文久1年9月14日普請奉行へ転任
大久保加賀守	正徳2年当時。大久保忠増。小田原藩主
大久保勢州	→大久保伊勢守
大竹儀兵衛	大竹安直。水戸藩士
大竹五兵衛	坪内伊豆守用人
太田資始	掛川藩主。安政5年6月23日から同6年7月23日まで幕府老中
太田誠左衛門	太田資忠。水戸藩若年寄
太田丹波守	太田資春。水戸藩家老

太田道醇	→太田資始
太田備後守	→太田資始
大塚錬三郎	御鍵番
大場弥右衛門	大場景淑。水戸藩家老
大原三位	→大原重徳
大原重徳	堂上公家
小笠原相模守	天保11年当時。小笠原長貴。勝山藩主。若年寄
小笠原長州	→小笠原長門守
小笠原長門	→小笠原長門守
小笠原長門守	小笠原長常。幕臣。京都町奉行。安政5年6月5日浦賀奉行より転任
岡嶋七右衛門	彦根藩目付役
岡田式部	冷泉為恭。画家
岡田信濃守	岡田徳至。水戸藩家老
岡田杢助	水戸藩士、岡田信濃守子
岡大夫	→岡本半介
岡部因幡守	岡部長富。幕臣。側衆
岡部土佐守	岡部豊常。幕臣。京都町奉行。嘉永6年12月26日禁裏付より転任、安政6年2月13日御鎗奉行へ転任
岡部備後守	→岡部土佐守
岡本半介	岡本宣廸。彦根藩家老
岡櫟仙院	将軍家奥医師。安政5年7月6日免
岡良節	岡櫟仙院子、将軍家奥詰医師
小川大介	長野主膳の変名
奥津蔵人	興津良能。水戸藩家老
奥津所左衛門	興津良顕。水戸藩家老
奥村春平	未詳
奥山又市	彦根藩目付役
小倉九八郎	小倉正義。幕臣。幕府目付。安政6年8月13日御使番見廻兼帯より転任
尾崎豊後	尾崎為貴。水戸藩家老
小沢俊蔵	幕府外国方役人
小瀬伝左衛門	鵜飼幸吉の変名
小の善	→井筒屋善助
小野田小一郎	彦根藩中老役
小幡二郎八	彦根藩母衣役
尾張	→徳川慶勝。前尾張藩主
尾張中納言	正徳2年当時。徳川吉通。尾張藩主
温恭院	→徳川家定

か

鶴	→九条尚忠
鶴世子	→九条道孝
確堂	→松平確堂
花山院右大臣	花山院家厚。堂上公家。右大臣
加治八次郎	梶安正。水戸藩士
加州	→前田加賀守
春日讃岐守	春日仲襄。久我家諸大夫
主馬	→椋原主馬。彦根藩側役・用人役兼帯
勝	→間部下総守
加藤木賞蔵	水戸藩士
加藤正三郎	加藤則著。幕臣。幕府目付。安政5年8月2日徒頭より、同6年2月24日外国奉行へ転任
加藤惣兵衛	幕臣。奥右筆組頭。安政4年8月9日奥右筆より同格、同5年7月13日本役
金田伊織	兼田義和。鷹司家家士
金田蔀	竜野藩士。脇坂中務大輔公用人
加納繁三郎	加納救臣。京都町奉行所与力
亀蔵	不詳
掃部	→井伊直弼
掃部頭	→井伊直弼
軽部平之允	水戸藩大納戸奉行
川路左衛門尉	川路聖謨。幕臣。西丸留守居。安政5年5月6日勘定奉行より転任、同6年8月27日免
川路太郎	川路温。川路左衛門尉聖謨孫
河尻式部小輔	不詳
河嶋佐左衛門	彦根藩御取次・御使番
川村対馬守	川村修就幕臣。西丸留守居。安政4年4月15日小普請奉行より転任、万延2年1月22日大坂町奉行
関	→九条尚忠
観音寺智順	下野国那須沢村観音寺智順事奥州岩城盤前郡住吉村返照院役僧長善院
関白	→九条尚忠

き

紀	→徳川慶福
紀伊	→徳川慶福
紀伊中納言	正徳2年当時。徳川吉宗。和歌山藩主委
紀伊守	→内藤紀伊守
紀州	→徳川茂承
北風某	未詳
北野松蔭坊	不詳
北村六右衛門	彦根藩賄手代
吉左衛門	→鵜飼吉左衛門
紀殿	→内藤紀伊守
木村敬蔵	木村勝教。幕臣。評定所留役勘定組頭

久昌院	→井伊直孝
刑部卿	→徳川刑部卿
近	→近衛忠熙
近左印	→近衛忠熙
金三郎	→渡辺金三郎

く

九	→九条尚忠
久貝因幡守	久貝正典。幕臣。幕府大目付・講武所総裁兼帯
久貝十治郎	水戸藩側用人
久貝正吉	水戸藩小姓
九関	→九条尚忠
九鬼長門守	九鬼精隆。三田藩主
日下部伊三二(次·治)	日下部翼。水戸藩士、のち薩摩藩士。水戸太田学館幹事
草間列五郎	京都町奉行所与力
九条	→九条尚忠
九条関白	→九条尚忠
九条中納言中将	→九条道孝
九条夙子	九条尚忠娘
九条尚忠	堂上公家。関白
九条道孝	堂上公家。九条尚忠息男
九印	→九条尚忠
久世	→久世大和守
久世大和守	久世広周。関宿藩主。幕府老中。嘉永1年10月18日奏者番兼帯寺社奉行より転任、安政5年10月27日辞任
久世大和守	正徳2年当時。久世重之。関宿藩主。幕府老中
宮内	→松平宮内大輔
宮内大輔	→松平宮内大輔
公方	→徳川家定
倉科七郎左衛門	不詳
蔵人	→伊丹蔵人
黒川嘉兵衛	黒川雅敬。幕臣。精姫様用人並。安政5年11月24日御広敷番之頭より転任
黒沢時子	歌人。常陸国茨木郡鈴高野村文通手跡師範
黒柳孫左衛門	彦根藩供頭
軍左衛門	→吉川軍左衛門

け

敬蔵	→木村敬蔵。幕臣。評定所留役勘定組頭。嘉永6年4月12日評定所留役勘定組頭格より転役
月照	忍向の変名
源右衛門	近藤茂左衛門（弘方）雇飛脚、信州松本定飛脚堤屋十兵衛宰領
賢吉	→徳川茂承
源次郎	梅田源次郎（雲浜）。小浜藩士
厳有院	徳川家綱。4代将軍

こ

小一郎	→小野田小一郎
鯉渕次平	鯉淵鈴陳（要人）？神官。常陸国茨城郡上古内村
幸吉	→鵜飼幸吉
孝恭院	徳川家基。10代将軍徳川家治長子
上野宮	輪王寺慈性入道。慈性法親王。有栖川韶仁親王男
河野対馬守	河野通訓。田安家家老。安政5年7月11日作事奉行より転任
孝明天皇	統仁
五右衛門	→脇五右衛門
久我	→久我大納言
久我大納言	堂上公家。議奏
後閑弥太郎	後閑義利。彦根藩京都留守居
国分五郎治	水戸藩士
児玉金兵衛	久世大和守公用人
後藤政次郎	水戸藩士
後藤徳次郎	町奉行所池田播磨守組同心
近衛	→近衛忠熙
近衛左大臣	→近衛忠熙
近衛左府	→近衛忠熙
近衛忠熙	堂上公家。左大臣
小林処三郎	松平左兵衛督留守居
小林民部権大輔	小林良典。鷹司家諸大夫
五兵衛	→大竹五兵衛
米惣	米屋惣七。不詳
権蔵	不詳
近藤源次郎	不詳
近藤茂左衛門	近藤弘方。信州松本大名主、志士、山本貞一郎の兄
近藤六左衛門	不詳
権内	大久保権内。彦根藩公用人
権兵衛	→富田権兵衛
紺屋町弥兵衛	不詳

さ

左	→近衛忠熙
宰相	→徳川慶福
斎藤	斎藤善道（弥九郎）。剣客
斎藤喜介	水戸藩士
斎藤左次右衛門	水戸藩士
斎藤拙堂	斎藤正謙。津藩士。儒者
鏻麿（さえまろ）	→井伊鏻麿
左衛門尉	→川路左衛門尉
酒井右京亮	酒井忠毗。敦賀藩主。幕府若年

寄
酒井隠岐守　酒井忠行。幕臣。小性組番頭。安政３年3月15日寄合より転任、同６年２月24日外国奉行へ転任
酒井対馬守　→酒井隠岐守
酒井若狭守　酒井忠義。小浜藩主。京都所司代。安政５年６月26日より京都所司代再勤
榊原一郎右衛門　不詳
榊原式部大輔　榊原政愛。高田藩主
先尾張　→徳川慶勝
前中納言　→徳川斉昭
前内府　→三条実万
先松平越前守　→松平慶永
左京大夫　松平頼学。西条藩主
佐倉　→堀田正睦
左近　→嶋田左近
左近　→夏目左近。幕臣。側衆
笹井新助　不詳
佐々木　→佐々木信濃守
佐々木信濃守　佐々木顕発。幕臣。安政５年5月24日から勘定奉行
佐々千次郎　水戸藩士
沙田　九条家老女。嶋田龍章養母
左大臣　→近衛忠熙
佐竹右京太(大)夫　佐竹義就。秋田藩主
薩州　→島津薩摩守
佐藤孫右衛門　佐藤繁忠。彦根藩勘定奉行・北筋代官・松原蔵奉行・御用米蔵奉行兼帯
佐藤清五郎　右筆
左内　→橋本左内
讃岐守　→松平讃岐守
実万　→三条実万
佐野順次郎　水戸藩士
鯖江　→間部下総守
左兵衛督　→松平左兵衛督
左府　→近衛忠熙
左馬助　→新野左馬助
三　→三条実万
三前内　→三条実万
三前内府　→三条実万
三七　→三浦七兵衛
讃州　→松平讃岐守
三条　→三条実万
三条前内大臣　→三条実万
三条前内府　→三条実万
三条実万　堂上公家。前内大臣
三大（太）夫　→三浦内膳

し

塩小路　→塩小路大蔵権少輔
塩小路大蔵権少輔　塩小路光徳。九条家諸大夫
志賀金八郎　幕臣。奥右筆組頭。安政３年４月25日より、同５年７月死
式部権少輔　→進藤式部権小輔
繁三郎　→加納繁三郎
七兵衛　→三浦七兵衛
実性院　不詳
信濃小路　→信濃小路民部少輔
信濃小路民部少輔　信濃小路季重。九条家諸大夫。鷹司家諸大夫牧義脩弟
信濃守　→井上信濃守
篠崎孝助　町奉行所石谷因幡守組同心
嶋左　→嶋田左近
嶋田　→嶋田左近
嶋田左近　嶋田龍章。九条家家士
嶋田帯刀　幕臣。書物奉行
島津斉彬　薩摩藩主。安政５年７月16日卒
下総守　→間部下総守
下野隼次郎　水戸藩士
舟　→芥川舟之
舟之　→芥川舟之
十郎左衛門　→鵜殿十郎左衛門
主上　→孝明天皇
主印　→孝明天皇
主膳　→長野主膳
准后　→九条夙子
准印　→九条夙子
俊平　→奥村俊平
浚明院　徳川家治。10代将軍
常憲院　徳川綱吉。５代将軍
庄次郎　→早川庄次郎
乗全　→松平和泉守
賞蔵　加藤木賞蔵。水戸藩士
青蓮院宮　→朝彦親王
処三郎　→小林処三郎
白井織部　白井久胤。水戸藩家老
白井宗伴　小普請阿部兵庫組
新　→新野（にいの）矩明
信右衛門　→山本貞一郎
新御所　→九条道孝
進藤式部権小輔　進藤長義。近衛家諸大夫
慎徳院　徳川家慶。12代将軍
神保伯耆守　神保長興。幕臣。幕府目付

す

水　→徳川斉昭
水隠　→徳川斉昭
水印　→徳川慶篤
水内当主　→徳川慶篤

水府老公	→徳川斉昭
水老	→徳川斉昭
杉浦仁右衛門	水戸藩隠密方与力
杉原惣左衛門	彦根藩小納戸役、御城御部屋番
助右衛門	→庵原助右衛門
鈴木石見守	鈴木重矩。水戸藩家老
鈴木丹後守	不詳
鈴木藤吉郎	町奉行御用聞米油諸色潤沢掛。安政５年６月まで町奉行御用聞、同年７月26日揚屋入
砂村六治	山本貞一郎の変名
住谷寅之介	住谷信順。安政４年、水戸藩格式馬廻組列軍用掛見習
諏訪安房守	幕臣。小姓頭取
諏訪部弥三郎	不詳

せ

星巌	→梁川星巌
清五郎	→佐藤清五郎
精姫	有栖川韶仁親王女、徳川家慶養女、久留米藩主有馬慶頼室
関出雲守	関行篤。幕臣。幕府作事奉行。安政５年12月29日小普請奉行より転任、同６年９月18日宗門改加役、同年11月４日京都町奉行
関口園十郎	関東取締出役
世古恪太郎	世古延世。神職。国学者。伊勢国松坂
摂津守	→徳川摂津守
仙石右近	仙石久祇。幕臣。小姓組番頭。安政６年４月22日、小普請組支配より転任
仙台	→伊達陸奥守

た

太	→鷹司政通
大学	→池内大学
大学	→三国大学
大学頭	→松平大学頭
太閤	→鷹司政通
大樹	→徳川家茂
大介	長野主膳の変名
大楽某	大楽奥年（源太郎）。萩藩士
鷹	→鷹司
高井	→高井豊前守
高井豊前守	高井実孝。幕臣。小姓頭取
鷹右印	→鷹司輔熙
高木	不詳
鷹印	→鷹司
鷹司右大臣	→鷹司輔熙
鷹司右府	→鷹司輔熙
鷹司輔熙	堂上公家。右大臣
鷹司禅閤拙山	→鷹司政通
鷹司太閤	→鷹司政通
鷹司父子	→鷹司政通・輔熙
鷹司政通	堂上公家。前関白。太閤
高橋兵部権大輔	高橋俊？。鷹司家諸大夫
高松	高松保実。堂上公家
瀧田五十五郎	町奉行所石谷因幡守組同心
武内近江	武内九十九。勢州一志郡高野村八幡宮神主
竹腰兵部少輔	竹腰正美。尾張藩付家老、今尾城主
武田修理	武田正生（耕雲斎）。水戸藩家老
武田彦(右)衛門	武田正勝。水戸藩士。武田修理子
竹田豊前守	竹田斯綏。一橋家家老。安政４年６月25日御小納戸頭取より転任
田子一郎左衛門	鯖江藩用人
龍章	→嶋田左近
伊達伊予入道	→伊達宗紀
伊達春山	→伊達宗紀
伊達遠江守	→伊達宗城
伊達入道	→伊達宗紀
伊達陸奥守	伊達慶邦。仙台藩主
伊達宗紀	前宇和島藩主
伊達宗城	宇和島藩主。安政５年11月23日致仕
帯刀	→安嶋帯刀
田中雄助	田中信意。彦根藩側役
田村伊予守	田村顕影。幕臣。幕府大目付。安政５年８月６日田安家家老に転役
為蔵	→永坂為蔵
田安	→田安中納言
田安中納言	徳川慶頼。田安家当主。将軍後見職。安政５年７月11日幕政参与
俵屋和助	京都の旅宿
弾正大弼	→蜂須賀弾正大弼

ち

筑後	→水野筑後守
筑前守	→薬師寺元真
千種殿	堂上公家　千種有文か
智順	→観音寺智順
茅根伊予之助	茅根泰。水戸藩士
千葉	千葉成政（周作）。剣士。安政２年没
忠右衛門	不詳

中将	→井伊直弼
中納言	→徳川慶篤
中納言中将	→九条道孝
長右衛門	小石川春日町旅人宿
長左衛門	→吉見長左衛門
丁字屋	不詳
長寿院	正徳1年当時。井伊直興。彦根藩4代藩主

つ

津軽越中守	津軽順承。弘前藩主
津川伊太夫	水戸藩士
津田半三郎	津田正路。幕臣。幕府目付。安政3年2月10日西丸目付より、同5年10月11日箱館奉行へ転任
土屋相模守	正徳2年当時。土屋政直。田中藩主。幕府老中
都筑金三郎	都筑峰暉。幕臣。幕府目付
堤屋茂左衛門	→近藤茂左衛門
津幡陸奥守	津幡泰基。二条家諸大夫
坪内伊豆守	坪内保之。幕臣。側衆。安政4年2月9日駿府城代より転任
坪内先生	坪内孫兵衛。小浜藩弓術指南役
鶴見甲平	彦根藩櫛役

て

貞一郎	→山本貞一郎
貞慎院	不詳
手嶋敬之介	京都町奉行与力
出羽守	→松平出羽守
天璋院	敬子。13代将軍徳川家定室。近衛忠煕養女

と

十一屋源兵衛	京都町人。木屋町二条下ル樵木町
道醇	→太田資始
東照宮	徳川家康
藤堂和泉守	藤堂高猷。津藩主
遠田長庵	遠田澄庵。津山藩医。安政5年7月3日より奥医師
遠江守	→伊達宗城
遠江父子	→伊達宗紀、伊達宗城
遠山隼人正	遠山則訓。幕臣。幕府大目付。安政4年2月24日作事奉行より転任、万延1年12月15日西丸留守居
戸川播磨守	戸川安清。幕臣。宰相様付小性組番頭格式。安政5年6月24日西丸留守居より転任
とき	→黒沢時子
土岐下野守	土岐朝昌。幕臣。勘定奉行。安政6年3月9日駿府城代へ転任
時之助	→柳沢時之助
徳	→徳大寺
徳川家定	13代将軍
徳川家茂	14代将軍
徳川刑部卿	徳川慶喜。一橋家家主。のち15代将軍
徳川賢吉	徳川茂承。和歌山藩主
徳川摂津守	徳川茂徳。尾張藩主
徳川斉昭	前水戸藩主
徳川茂承	安政5年6月25日、和歌山藩主
徳川慶篤	水戸藩主
徳川慶勝	前尾張藩主
徳川慶福	和歌山藩主。安政5年6月20日家定養子
徳大寺前内府	徳大寺実堅。前内大臣。安政5年11月11日卒
徳大寺大納言	徳大寺公純。権大納言。議奏
土佐守	→岡部土佐守
土州	→松平土佐守
戸田銀次(二)郎	戸田忠則。水戸藩側用人
戸塚静海	薩摩藩医。安政5年7月3日より奥医師
外村禎輔	不詳
富小路左馬頭	富小路敬直。堂上公家
富田織部	富田基建。三条家家臣。儒者
富田権兵衛	彦根藩公用人
とよ	→山本とよ
豊嶋伊勢守	豊嶋泰盛。有栖川宮諸大夫
鳥居権之助	鳥居忠善。幕臣。幕府目付。安政6年3月9日西丸目付より転任

な

内	→一条忠香
内膳	→三浦内膳
内藤紀伊守	内藤信親。村上藩主。幕府老中。嘉永4年12月21日京都所司代より転任、文久2年5月26日免
内藤豊後守	内藤正縄。岩村田藩主。伏見奉行。天保9年9月24日大番頭より転任、安政6年8月11日免
内藤豊州	→内藤豊後守
内豊	→内藤豊後守
直弼	→井伊直弼
永井玄蕃頭	永井尚志。幕臣。外国奉行。安政5年7月8日勘定奉行より転任、同6年2月24日御軍艦奉行へ転任
中川善右衛門	西尾藩士。松平和泉守公用人

永坂為蔵	幕臣。徒目付
長崎屋源右衛門	
中沢丈衛門	水戸藩士
中嶋作兵衛	酒井若狭守側用人
中田潤之助	町奉行所池田播磨守組与力
中務	→脇坂中務大輔
中務大輔	→脇坂中務大輔
長門守	→小笠原長門守
長野	→長野主膳
中野小三郎	中野邦三。彦根藩家老役
長野主膳	長野義言。彦根藩系譜編集用懸
中原悌輔	彦根藩下役
中村勘次	鯖江藩用人
中村為次郎	町奉行石谷因幡守組与力
中山大納言	中山忠能。堂上公家。議奏
中山龍吉	中山信宝。水戸藩付家老、松岡城主
中山備前守	→中山龍吉
長義言	→長野主膳
半井策庵	将軍家奥医師
夏目左近将監	夏目信明。幕臣。側衆
鍋島内匠頭	鍋島直孝。幕臣
斉敬	→二条斉敬
成瀬隼人正	成瀬正肥。犬山城主。尾張藩付家老

に

新野左馬助	新野矩明。彦根藩家老
二条	→二条斉敬
二条大納言	→二条斉敬
二条内大臣	→二条斉敬
二条斉敬	堂上公家。権大納言、安政6年3月28日、内大臣
蜷川相模守	蜷川親宝。幕臣。側衆
丹羽越前守	丹羽長国。丹羽左京大夫男。安政5年10月11日、二本松藩主
丹羽左京大夫	丹羽長富。二本松藩主。安政5年10月11日、致仕
丹羽豊前守	丹羽正庸。三条家諸大夫
丹羽若狭守	三条家士か
忍向	僧侶、京都清水寺成就院住職

の

能瀬忠右衛門	彦根藩賄手代
野宮宰相	野宮定功。堂上公家。参議
野(々)山鉦蔵	野々山兼寛。幕臣。幕府目付。安政3年12月1日西丸目付より、同6年5月26日辞任

は

橋本左内	橋本綱紀。福井藩士、蘭学者
橋本太右衛門	彦根藩奥御用使役
長谷川宗右衛門	長谷川秀驥。高松藩士
長谷川能登守	長谷川正直。幕臣。日光奉行
長谷川速水	長谷川秀雄。高松藩士。長谷川宗右衛門子
八条三位	八条隆祐。堂上公家。参議
蜂須賀阿波守	蜂須賀斉裕。徳島藩主
蜂須賀弾正大弼	蜂須賀斉昌
浜田	浜田平助。水戸藩士。杉浦仁右衛門弟
早川庄次郎	右筆
林友喜	臼杵藩士。稲葉伊予守使者
隼人正	→成瀬隼人正
速水	→長谷川速水(秀雄)
原喜太三	幕府外国方役人
原弥十郎	原思孝。幕臣。奥右筆組頭。安政3年4月25日奥右筆より転任、同6年8月28日天璋院御用人
播磨守	→松平播磨守
ハルリス	Harris,Townsend。駐日米国公使
半介(半助)	→岡本半介
伴六	→松永伴六

ひ

尾	→徳川慶勝
備	→太田資始
東坊城	東坊城聡長。堂上公家。安政5年3月17日まで武家伝奏
彦	→井伊直弼
肥後	→松平肥後守
彦印	→井伊直弼
彦根	→井伊直弼
比古根	→井伊直弼
肥後守	→岩瀬肥後守
尚忠	→九条尚忠
久永半蔵	不詳
尾州	→徳川慶勝
備中守	→堀田備中守
一橋	→徳川慶喜
一橋刑部卿	→徳川慶喜
鶉沢信三	日下部伊三治の変名
日向野兵市	町奉行所池田播磨守組同心
兵部少輔	竹腰兵部少輔。尾張藩付家老
平岡円四郎	平岡方中。一橋家小姓
平岡丹波守	平岡道弘。幕臣。側衆。嘉永2年11月28日小性組番頭格奥勤より転任、安政5年6月1日御養君御用
平岡与右衛門	不詳
平松茂木	水戸藩小姓頭取

平山謙二郎	平山敬忠。幕臣。書物奉行。安政5年7月9日御賄頭次席徒目付より転任、同6年9月10日免
広瀬美濃	彦根藩中老役
広橋大納言	広橋光成。堂上公家。武家伝奏
広幡大納言	広幡忠礼。堂上公家
備後	→太田資始

ふ

冨貴宮	孝明天皇第二皇女、母は准后夙子。安政5年6月12日生、同6年8月2日死去
藤森恭助	藤森大雅（弘庵）。儒者
文恭院	徳川家斉。11代将軍
文蔵	→三好文蔵

へ

平三郎	水戸藩士。加治八次郎（梶安正）兄

ほ

北庵	→三浦北庵
細川越中守	細川斉護。熊本藩主
堀田備中守	堀田正睦。佐倉藩主。安政2年10月9日溜詰より、安政5年6月23日老中辞任
堀田豊前守	堀田正誠。宮川藩主。大番頭
堀織部正	堀利熙。幕臣。外国奉行。安政5年7月8日箱館奉行より兼帯
本郷丹後守	本郷泰固。幕臣。若年寄。安政4年8月28日側用御取次より転任、同5年7月6日免
本寿院	於美津。13代将軍家定生母、跡部氏
本庄安芸守	本庄道貫。高富藩主。幕府若年寄。天保12年9月14日奏者番より転役、安政5年8月26日卒
本多一学	本多忠慎。幕臣。小十人頭
本多越中守	本多忠徳。泉藩主。幕府若年寄。天保12年7月12日奏者番より転任、万延1年6月28日卒
本多加賀守	本多安英。幕臣。勘定奉行。嘉永5年4月28日大坂町奉行より、安政5年11月26日卒
本多中務大輔	正徳2年当時。本多忠良。岡崎藩主
本多孫左衛門	小浜藩士

ま

間	→間部下総守
前田加賀守	前田斉泰。加賀藩主
牧式部少輔	牧義脩。鷹司家諸大夫
牧田貞右衛門	掛川藩士。太田資始公用人
牧野遠江守	牧野康哉。小諸藩主。幕府若年寄。安政5年6月25日奏者番より転任
牧野備前守	牧野忠雅。長岡藩主。溜詰
孫右衛門	→佐藤孫右衛門
正房	→万里小路正房
間印	→間部下総守
又五郎	正徳2年当時。不詳
町野左近	町野清典。幕臣。先手鉄炮頭
松井杢之丞	上田藩京都留守居
松左兵衛督	→松平左兵衛督
松平伊賀守	松平忠固。上田藩主。幕府老中。安政4年9月13日帝鑑間席より転役、同5年6月23日免
松平和泉守	松平乗全。西尾藩主。幕府老中。安政5年6月23日溜間詰格より転役、万延1年4月28日免
松平越前守	松平慶永。福井藩主
松平越中守	松平猷。桑名藩主
松平大隅守	松平信敏。幕臣
松平確堂	松平斉民。前津山藩主
松平掃部頭	松平頼升。陸奥守山藩世子
松平宮内大輔	松平頼聡。高松藩世子
松平内蔵頭	池田慶政。岡山藩主
松平故薩摩守	→松平薩摩守
松平相模守	池田慶徳。鳥取藩主
松平左京大夫	松平頼学。西条藩主
松平薩摩守	島津斉彬。鹿児島藩主。安政5年7月16日卒
松平佐渡守	松平直諒。広瀬藩主
松平讃岐守	松平頼胤。高松藩主
松平左兵衛督	松平信和（吉井信発）。矢田藩主
松平式部少輔	松平近韶。幕臣。勘定奉行。安政6年3月9日小性組番頭より転任
松平摂津守	高須藩主。松平義比。安政5年7月5日、尾張藩主就任。のち徳川茂徳
松平大学頭	松平頼誠。陸奥守山藩主
松平太郎	不詳
松平弾正	松平正之。幕臣。幕府目付
松平丹波守	戸田光則。松本藩主
松平出羽守	松平定安。松江藩主
松平時之助	柳沢保申。大和郡山藩主
松平土佐守	山内豊信（容堂）。高知藩主
松平播磨守	松平頼縄。常陸府中藩主
松平肥後守	松平容保。会津藩主
松平久之丞	松平康正。幕臣。幕府目付。安

	政2年1月11日御使番より転役、同6年9月10日勘定奉行へ転役
松平飛騨守	前田利思。大聖寺藩主
松平秀麿	松平義端。高須藩主
松平日向守	松平茂昭（直廉より改名）。糸魚川藩主。安政5年7月6日、福井藩主就任
松平豊前守	松平信義。亀山藩主」。奏者番。嘉永1年10月18日兼寺社奉行より転役、安政5年11月26日大坂城代へ転役
松平伯耆守	本庄宗秀。宮津藩主。寺社奉行。安政5年10月9日奏者番より兼帯
松永	→松永伴六
松永伴六	田安家小普請奉行
松原新吾	町奉行所石谷因幡守組同心
松本半大夫	松永伴六の変名
万里大	→万里小路大納言
万里小路	→万里小路大納言
万里小路大印	→万里小路大納言
万里小路大納言	万里小路正房。堂上公家。武家伝奏。安政6年1月17日辞職
間部安房守	間部詮全。間部下総守世子
間部越前守	正徳2年当時。間部詮房。鯖江藩主
間部下総守	間部詮勝。鯖江藩主。幕府老中。安政5年6月23日雁間詰より転任、同6年12月14日辞任
真野一郎	不詳
○役者	→朝彦親王

み

三浦七兵衛	→三浦吉信（柳斎）。小浜藩士
三浦内膳	三浦正猷。彦根藩家老
三浦北庵	三浦尚之。彦根藩医
三浦贇男	三浦忠昌。水戸藩小姓頭取
三樹	→頼三樹三郎
幹之進	→宇津木幹之進
三樹三郎	→頼三樹三郎
三樹八郎	→頼三樹八郎
三国大学	三国直準。豪商、儒者、鷹司家侍講越。前国坂井郡三国湊
水の越前	天保年間当時。水野忠邦。浜松藩主
水野筑後守	水野忠徳。幕臣。外国奉行。安政5年7月8日田安家家老より転任
水野出羽守	水野忠寛。沼津藩主。側用人。安政6年3月9日奏者番より転任
水野土佐守	水野忠央。新宮城主。和歌山藩付家老
水野日向守	水野勝進。結城藩主
御台	→天璋院
三井	三井高善。豪商。京都新町通六角下ル
光成	→広橋大納言
満宮	輪王寺公現入道親王。伏見宮邦家親王第九王子梶井門主。安政5年9月27日、輪王寺門主入道慈性親王の附弟となる
水戸	→徳川慶篤
水戸前中納言	→徳川斉昭
水戸中納言	正徳2年当時。徳川綱条。水戸藩主
水戸老	→徳川斉昭
皆川八十吉	水戸藩士
妙満（寺）	→間部下総守。京都妙満寺は間部宿所
三好文蔵	芥川舟之の変名
民部権大輔	→小林民部権大輔

む

椋原主馬	椋原正紀。彦根藩側役・用人役兼帯
武藤信左衛門	彦根藩御取頭取
村岡	津崎矩子。近衛家老女
村垣	→村垣淡路守
村垣淡路守	村垣範正。幕臣。外国奉行。安政5年10月9日箱館奉行より、10月11日箱館奉行兼帯
村田喜三郎	町奉行所石谷因幡守組同心

も

茂左衛門	→近藤茂左衛門
望月四郎太夫	望月重明。鷹司家政所付用人
望月禎蔵	小浜藩士
桃井伊織	橋本左内の変名
森川内膳正	天保3年当時。森川俊知。生実藩主。幕府若年寄
森寺因幡守	森寺常安。三条家諸大夫
森寺因幡守父子	森寺常安・森寺常邦
森山多吉郎	オランダ通詞
諸岡初五郎	町奉行所池田播磨守組同心

や

薬師寺筑前守	薬師寺元真。幕臣。徒頭
安之丞	→臼居安之丞
弥太郎	→後閑義利
弥千代	井伊弥千代。井伊直弼二女。安

政5年4月22日、高松藩世子松平頼聡に嫁す
梁川星巌（厳）　梁川孟緯（星巖）。詩人、志士
柳沢時之助　柳沢保申。大和郡山藩主
柳田　柳田光善。三条家家士
矢野長九郎　矢野長道。水戸藩士
山方運阿波　水戸家使者
山口新少内記
山口丹波守　山口直信。幕臣。幕府大目付。安政5年6月21日普請奉行より転任、同年10月9日西丸留守居
山崎伝四郎　水戸藩士
山下兵五郎　彦根藩京都留守居
山田左一郎　磐城平藩士。安藤対馬守公用人
山田甚五右衛門　彦根藩小納戸役・御城御部屋番兼帯
山田豊太郎　水戸藩士
山貞　→山本貞一郎
大和守　→久世大和守
山兵　→山下兵五郎
山本うめ　山本貞一郎娘
山本さい　山本貞一郎家族
山本新次郎　幕府徒目付
山本貞一郎　山本弘素。旗本近藤家代官、志士、近藤茂左衛門弟
山本伝八郎　彦根藩御案詞奉行
山本とよ　山本貞一郎妻

ゆ

雄助　→田中雄助
有徳院　徳川吉宗。8代将軍

よ

横田備中守　正徳2年当時。横田重松。幕臣
吉川軍左衛門　彦根藩取次
吉田寅次郎　吉田矩方（松陰）。萩藩士
義言　→長野主膳
芳兵衛　京都町人。烏丸下長者町上ル町
吉見長左衛門　吉見家憲。宇和島藩士
予州　→伊達宗城

ら

頼　→頼三樹三郎
頼三陽（頼山陽）　儒者
頼三樹　→頼三樹三郎
頼三樹三郎　頼醇。儒者、志士、頼山陽三男
頼三樹八郎　→頼三樹三郎
櫟仙院　→岡櫟仙院

り

季（李）恭　黒沢時子。歌人。常陸国茨木郡鈴高野村文通手跡師範
麟孝　小松寺麟孝。常陸国茨城郡入野村

ろ

老　→徳川斉昭
六之丞　→宇津木六之丞

わ

若　→酒井忠義
若君　→九条道孝
若御所　→九条道孝
若狭守　→酒井若狭守
若刕（州）　→酒井若狭守
若印　→酒井若狭守
若大守　→間部安房守
若松　→若松杢権頭
若松杢権頭　若松永福。一条家諸大夫
脇五右衛門　脇豊武。彦根藩家老
脇坂中務大輔　脇坂安宅。竜野藩主。幕府老中。安政4年8月11日京都所司代より転任、万延1年11月29日辞任
和介　→俵屋和助
渡金　→渡辺金三郎
和田多仲　長野主膳の変名
渡辺一（市）兵衛　彦根藩馬役
渡辺金三郎　京都町奉行所与力
渡辺冨之進　水戸藩小姓頭取

幕末政治史研究班員紹介

班長・本書編集代表

佐々木　克　京都大学名誉教授

班員（＊は本書校訂者）

青山　忠正　佛教大学教授
落合　弘樹　中央大学助教授
岸本　覚　鳥取大学助教授
＊鈴木　栄樹　京都薬科大学助教授
羽賀　祥二　名古屋大学教授
＊母利　美和　京都女子大学助教授

ゲスト研究員

佐藤　隆一　青山学院高等学校教諭

事務局

＊渡辺　恒一　彦根城博物館学芸員

彦根城博物館叢書7

史料　公用方秘録

二〇〇七年三月三十一日　発行

編　集　彦根藩資料調査研究委員会
編集代表　幕末政治史研究班　佐々木　克
発　行　彦根城博物館
〒五二二―〇〇六一
滋賀県彦根市金亀町一―一
TEL〇七四九―二二―六一〇〇
FAX〇七四九―二二―六五二〇
発売元　サンライズ出版
〒五二二―〇〇〇四
滋賀県彦根市鳥居本町六五五―一
TEL〇七四九―二二―〇六二七
FAX〇七四九―二三―七七二〇

定価はカバーに表示しています。
©Printed in Japan　ISBN978-4-88325-306-7 C3321